中国社会科学院近代史研究所中华民国史研究室

总编 李 新

中华民国史

大事记

第五卷

(1928—1930)

韩信夫 姜克夫 主编

中 华 书 局

编著者名录

1905—1910 年　韩信夫　刘明逵

1911 年　郭永才　王明湘　齐福霖　范明礼

1912 年　张允侯　张友坤　章伯锋　胡柏立
　　　　　耿来金　刘寿林　钟碧容

1913 年　胡柏立　耿来金

1914 年　章伯锋　张允侯

1915 年　钟碧容

1916 年　郭永才　王明湘

1917 年　韩信夫　范明礼

1918 年　刘寿林　钟卓安　章伯锋

1919 年　张允侯　张友坤

1920 年　钟碧容

1921 年　齐福霖

1922 年　陈　崧　王好立

1923 年　朱信泉　任泽全

1924 年　蔡静仪

1925 年　韩信夫　丁启予　陈永福

1926 年　严如平　柏宏文

1927 年　吴以群　罗文起

1928 年　查建瑜　韩信夫

1929 年　娄献阁　白吉庵

1930 年	李静之	张小曼	
1931 年	任泽全		
1932 年	石芳勤	徐玉珍	
1933 年	江绍贞		
1934 年	熊尚厚		
1935 年	吴以群	刘一凡	
1936 年	郭　光		
1937 年	郭大钧	王文瑞	李起民
	李隆基	常丕军	刘敬坤
1938 年	陈道真	韩信夫	
1939 年	李振民	张振德	
1940 年	梁星亮		
1941 年	陈仁庚	梁星亮	
1942 年	董国芳		
1943 年	李振民	张守宪	
1944 年	梁星亮	张振德	
1945 年	齐福霖	王荣斌	
1946 年	查建瑜	任泽全	
1947 年	陈　敏	章笑明	汪朝光
1948 年	卞修跃	贾　维	陈　民
1949 年	江绍贞	朱宗震	

审　订　李　新　韩信夫　姜克夫　齐福霖　吴以群
　　　　（以下按姓氏笔划为序）
　　　　王学庄　江绍贞　刘敬坤　朱宗震　朱信泉
　　　　孙思白　汪朝光　李振民　严如平　杨天石

杨光辉　邱权政　张允侯　陈铁健　郑则民

尚明轩　周天度　查建瑜　贾　维　梁星亮

章伯锋　曾业英

校　阅　王述曾

修　订　韩信夫　江绍贞　齐福霖　孙思源

目　录

第五卷

1928 年(民国十七年)

1 月

1 月 1 日　国民政府在首都南京集会庆祝民国开国第十七周年,国民政府常委谭延闿、李烈钧及国府委员、军事委员会委员、国民党中央执监委员及党政军官员约千人参加大会。按:此系民国元年元旦孙中山在南京就任临时大总统举行开国庆典以来,国民政府首次在南京举行开国纪念大会。

△　李烈钧、谭延闿、李宗仁由宁赴沪,请蒋介石回宁复职。

△　国民革命军第一集团军第四十军贺耀组部由鲁南进攻,是日占领临城(今枣庄西)。

△　建国豫军总司令樊钟秀自枣阳通电誓师北伐。

△　国民革命军第二集团军总司令冯玉祥通电揭橥豫、陕、甘三省除害兴利七事:一、肃清匪患;二、恢复交通;三、改良农业;四、改善贫民生活;五、普及教育;六、振兴工商;七、筹集经费。并提出延揽专家,组织三省建设讨论会,从容筹议。11 日,国民政府电冯赞同七项措施,并希"切实施行"。

△　蒋介石指定周佛海(总负责)、戴季陶、邵力子、陈果夫、陈布雷五人在上海创办之《新生命月刊》杂志创刊。

　　△　川军第二十军军长杨森不顾国民政府通缉令,派"彝陵"、"长安"、"福川"三轮驶往白帝城,迎吴佩孚及其眷属随员,连同卫队共2000余人,于3日到达四川万县,住杨森花园。8日,杨森电上海驻沪代表刘介藩,嘱其向国民政府报告,诡称拥吴移居万县纯属私谊,"免滋误会"。

　　△　全国注册局在南京成立,局长李宗侗。

　　△　奉天通化、临江一带农民,不堪苛政暴敛,组成大刀会举行起事。该会原系白莲教一支派,发源于山东农村,渐及于东三省,以自治自卫为宗旨,设督办、参谋长、总教师等,总会设于临江,分会设于通化、抚松、安东、桓仁、宽甸等县,入会者甚夥,最多达到2.4万人。

　　△　天津中原公司百货商店正式开幕。创办人为黄文谦、林寿田、林紫垣、陈军海、赵泽芩、何逸洲等,官僚资本有陈耀珊、陈光远、陈希晃、徐善伯等人,海外华侨有蓝赞襄、鲍翼君、黄启功、王重山等人。股东1000余户。蓝赞襄为总经理。资本总额为130万元,经营洋广杂货、布匹、呢绒、绸缎及食品用具,并附设游艺场、大戏院、酒楼。前大总统黎元洪剪彩揭幕,千万顾客拥进商场,竟日川流不息。

　　△　台湾机械工会联合会于台北市港町(今环河北街)成立,台湾省机械工会代表78人出席成立大会。

　　1月2日　国民政府致电上海蒋介石总司令,"应即旋都复职,共竟革命全功"。

　　△　北方革命军总司令阎锡山致电蒋介石,敦促莅京复职;同日,冯玉祥致电蒋介石,拥护出山。

　　△　武汉卫戍司令胡宗铎通告,所有工会、农民协会、商民协会、妇女协会、学生联合会等为共产党把持之民众团体一律解散,听候中央命令办理。

　　1月3日　蒋介石通电国民党中央执监委员及各级党部,主张恢复最高党部,速开中央全体会议,以结束过去党内纠纷,树立国家大计之新基;并表示"即日驰赴首都,负责筹画一切,务使会议开成,党基重奠"。

　　△　国民政府明令蒋介石、冯玉祥、阎锡山、杨树庄四总司令督率所部，完成北伐。

　　△　国民政府第二十九次会议决议增推蒋介石、孙科、林森为国民政府常务委员，是日明令公布，着即就职。

　　△　国民政府增设建设部，调任孙科为部长，所遗财政部长缺，着国民政府委员宋子文兼任。

　　△　国民政府特派外交部长伍朝枢任赴美改订条约特使，部务着次长郭泰祺代理。

　　△　国民政府派上海中法大学校长褚民谊赴法国调查卫生事宜。

　　△　第一集团军第九军军长顾祝同到京欢迎蒋介石，并赴军委会报告前线军情。

　　△　驻南京各省军、师代表暨办事处主任、留守处主任熊斌、刘朴忱、谭星阁、袁绩熙、史毓锟、陈戎生、黄朋等 24 人联衔电请蒋介石出山，"早日命驾入都，主持军事"。

　　△　孙传芳、张宗昌派便衣潜行到沪，勾结匪徒百余人，夜晚在南市暴动，抢劫三山会馆李明扬独立一师军械库枪械，被刘峙第一军余思聪第二十二师击毙九人，逮捕六人，独立一师炮兵营有通敌嫌疑，被缴械。

　　△　奉天通化、临江、辑安大刀会蜂起，是日袭击四道沟，5 日袭击辑安县城及三道沟。张作霖派兵两营往剿。

　　△　驻京日使芳泽谦吉对日本记者团谈话，谓满蒙交涉已达相当程度；无线电问题，中、日、美三国均表示妥协态度，若谋解决之途，则以在北京聚商为便。

　　1 月 4 日　下午蒋介石偕谭延闿、杨树庄、何成濬、陈立夫等人乘火车由沪抵宁。当晚，国民政府公宴蒋介石。李烈钧致欢迎辞，蒋介石发表演说，希望四中全会早日召开，完成北伐。

　　△　蒋介石致电汉口程潜、白崇禧，告以本日抵京，望群策群力，早日完成北伐。

　　△　伍朝枢电国民政府辞赴美改约特使,谓派员与美国缔结新约,现在是否为适当时机尚须斟酌,请勿明令发表改订条约特使之令。

　　△　安国军第一方面军军团长孙传芳应安国军陆军大元帅张作霖之邀入京,讨论前方军事。津浦正面防务仍由孙军担任,孙军饷项、军装及枪械则由北京军政府供给。5 日下午,北京军政府总理潘复及全体阁员设宴为孙饯行。

　　△　第八路军总指挥李济深由香港返抵广州。

　　△　李济深第八路军东路军占领龙川。东路军总指挥陈铭枢获悉缪培南第四军退出广州向东江前进,将以主力趋五华、兴宁,图突破东路军防线后入赣,2 日乃作龙川战斗部署,令第十师集中合路口,从西南攻龙川,第十一师集中鹤市墟,从东南攻龙川,第二十四师为总预备队,尾随第十师后跟进。是日,东路军黄质胜第二十四师在龙川对岸东山、南山与第四军许志锐第二十六师激战。旋东路军蔡廷锴第十师援军由老隆渡河增援第二十四师,第四军不支取道蓝口(龙川西南)退向紫金,东路军第十师占领龙川。

　　△　李济深第八路军南路军占领惠州。南路总指挥徐景唐于 1 日离广州赴东江前线督战,指挥所部进攻惠州缪培南第四军。是日,徐部由博罗攻惠州,在飞鹅岭与第四军黄镇球、薛岳两师激战四小时,东路军陈铭枢部前来助战。第四军不支,退往河源,徐景唐部占领惠州城。

　　△　上海各路商界总联合会致电日本外务省,警告勿冒国际之大不韪,再度出兵来华,阻挠北伐义师,并指出:“万一复萌故态,吾中华人民必能摈贵国货物于商场以外,勿谓言之不预。”

　　△　山东省督办张宗昌、省长林宪祖以年关在即,需款孔急,用二五附税作抵,向青岛商会借款 100 万元。16 日,青岛商会召集大会,公推审查委员,落实款项分配。

　　△　武汉卫戍司令部疯狂屠杀共产党员,自去年 12 月 17 日起至是日止,李汉俊等 26 人遇害,另有 170 余人在押。

　　△　毛泽东率领工农革命军第一营和第三营的一个连攻打遂川,

在大坑打垮萧家璧之靖卫团,县城之敌闻讯弃城逃跑,次日红军乘胜占领遂川城。

△　上午,江苏崇明县附近沙同村农民六七百人,头缠红布,手持镰刀、斧头、红旗等,冲入习艺所,释放犯人 80 余名,并在村镇发表演说,张贴标语,提出"建立苏维埃政府"。农民纷纷加入,队伍很快发展为 3000 余人。旋向镇东拥入地主家,焚毁田契。至下午 6 时,始各散去。

1 月 5 日　蒋介石电国民党中央执监委全体委员,报告已于 4 日驰抵首都,四中全会业已筹备完竣,请即日命驾前来,一俟到京委员满法定人数,立即正式开会。

△　蒋介石电复洛阳冯玉祥、太原阎锡山,告以 4 日抵宁,四中全会业已筹备就绪,一俟足数,即可开会,并表示:"誓当简率军旅,会合雄师,完成北伐。"同日,并电胡汉民、孙科,"务请命驾,共支危局"。

△　国民政府电上海胡汉民,"望即遄返首都,共商大计"。

△　李烈钧对京、沪各报记者发表时局谈话,认为四中全会开会议决无问题,并谓将来蒋、冯、阎、杨四总司令同时北伐,成功乃指顾间事。

△　国民党上海特别市党部开全市党员大会,通过拥护中央全体会议、促蒋复职及反对日本出兵山东等 10 项议决案。

△　湘军将领李品仙、何键、刘兴、周斓电所部各官兵拥蒋反白,宣称"拥蒋即所以护党",指责白崇禧此次侵湘,"冀割两湖两广,以为叛党犯上之根据地"。

△　国民党广州政治分会开会议决取消军委会,派林云陔为广州市长,并议决维持金融、赈灾等五项办法。

△　杨森致电国民政府报告军队编制及军事实况,表示服从中央,请指示方略,畀以任务,并谎称吴佩孚已赴绥定。

△　朱德、陈毅率领南昌起义部队,以国民革命军第十六军第一四〇团名义,离开犁铺头(韶关西北 30 里左右)前往海陆丰与叶剑英所率领之广州起义余部会合,是日在起义农民支持下,占领广东仁化县城。

△ 奉天大刀会攻入通化县城。7日,奉天宪兵司令派步、骑兵各200名增援通化,与大刀会在城内激战。8日,大刀会向八道沟退去。

△ 国民革命军东北总司令兼北方前敌总指挥李景林任崔庭芳为东北第一军军长。

△ 褚玉璞所部白俄军官施罗维支凯少校,于上年12月下旬见所部铁甲车内机枪与炮队将被解散,且欠饷甚巨,乃径自赴北京拟见褚玉璞未遂,怏怏而返,于是晚抵济宁。当夜即有华兵将其从被中曳出,搜得拟上褚氏之呈文,遂不复审讯,押出营外枪毙。噩耗传出,白俄军心解体,纷纷逃往京、津、沪等处。

△ 海丰县苏维埃政府在红场举行数万人参加的群众大会,欢迎由叶镛、袁国平、徐向前率领的广州起义的部分队伍红四师到达海丰城。彭湃在会上发表演说。

△ 驻津法兵司令官胡志格回国,由狄娄继任,次日,狄娄就职阅兵。

1月6日 国民政府委员会开第三十次会议,议决将查办汪精卫、陈公博等九人案移交中央监察委员会检举,邓泽如、古应芬呈复通缉严办汪精卫案,亦一并移送该委员会。

△ 国民政府第三十次会议据军事委员会呈请,议决改编西征部队为第十八军及独立第八师,任陶钧为第十八军军长,刘春荣为独立第八师师长。同日,国民政府明令公布。

△ 国民政府以第六路前敌总指挥兼第二十军军长杨森把持地盘,纵庇吴佩孚潜谋不轨,是日明令免本兼各职,听候查办,所部交第六路总指挥刘湘、副总指挥刘文辉接收,第二十军军长职务准其遴员请简,并责成川中将领严拿吴佩孚解京惩办。

△ 蒋介石派邵力子赴沪迎粤方委员何香凝、陈树人、王法勤、王乐平、潘云超等人到宁,参加四中全会。

△ 晚,吴敬恒离宁悄然回沪。临行前,蒋介石闻讯曾晤吴面留。吴亦有致蒋一书留别,内有"先生之出,中外欣慰,前途光明,将无可量"等语。

△　胡汉民致函蒋介石,表示不赴南京,并谓完成北伐及肃清共产党为今日最重要之任务。

△　孙科自沪电复蒋介石,暂不赴宁,并对时局有所指陈,略谓:"目下时局之艰危,仿佛去年之九月,而繁兴之异论,亦无异于彼时。先生究采何宗旨以解决国是,安危系于此矣。以科愚见,先生果欲拯党国于危难,则此次会议,当仍本忠实同志大团结之精神,集合党中全体领袖,以建造统一而有能力之中央干部,或幸种种葛藤能从此永断。若犹泥于法统之说,不顾事实,不言正谊……亦终陷僵局而已。"并提出不能以个人代表全党,"党事之能得良好解决,惟在征集众意,无所轩轾。苟任何人欲以党为工具,以成就其个人之功业,结果无不失败者,此尤冀我中央诸同志之自觉,而无再贻党与个人以不幸之收场也"。

△　第八路军南路徐景唐部由惠州进驻河源,缪培南第四军由河源退老隆。

△　涿州开城,北方革命军第四师师长傅作义出城与安国军第三方面军第八军军长万福麟晤见,并乘车同赴保定见第三方面军军团长张学良,面商改编涿州晋军事宜。至是,安国军倾全力围攻三月不拔之涿州城,已于是日下午开城让防,结束战事。

△　万福麟致电北京军政府军事部报告傅作义已出涿州城赴保晤张学良,涿州事件业已解决,并请将发放晋军之恩饷 10 万元及军装等件,交参谋长毛福成带至松林店。

△　杨森所部何金鳌、郭汝栋两师,在万县与刘湘军队开火,因杨军一部在万县内应刘军,截击何部第十九师,杨军不支,是日全部退出万县。

△　于右任著文批评李石曾"分治合作"论,认为三民主义为"现代世界最优良之主义"。略谓:"石曾先生以为世界只有马克思(或列宁)、蒲鲁东两派,而忘却除马、蒲外,尚有吾党总理孙中山先生可与马、蒲鼎足而三也。须知总理三民主义,富于革命性而不失其和平中正,富于实际性而不流于空阔玄虚,较之马克思、列宁、蒲鲁东等之主义,均远胜

之，故现代世界最优良之主义，实非蒲鲁东主义而为孙文主义。"

1 月 7 日　国民党中央执行委员会常务委员会开临时会议，谭延闿主席，蒋介石出席，到委员 13 人。会议决定通电各省党部报告中央特别委员会业于去年 12 月 28 日结束，中央执行委员会常务委员会本日在南京开会，中央党部即日开始办公，并电请各执监委员来京参与第四次全体会议。会议讨论中央监察委员会来函所提：一、汪精卫、陈公博、顾孟馀、甘乃光四人，应停止出席第四次全体会议，交第三次全国代表大会处分；二、何香凝、陈树人、王法勤、王乐平、潘云超五人交第四次全体会议讨论，倘无处分必要，听其照常行使职权；三、第四次全体会议只能以 28 人计算。议决接受该项提案，留待审查，并电知广东军政长官。会议还决定于 11 日开政治会议第一二四次会议，政治分会问题俟政治会议决定。中央党部组织、宣传及海外部，由陈果夫、丁惟汾、周启刚三人维持部务。

△　蒋介石正式复职，并向国民政府呈报继续执行国民革命军总司令职权。同日，蒋到军事委员会办公。

△　蒋介石电复冯玉祥，告以已抵京三日，部署略定，拟即日行使职权，率领部属，追随前进，以贯彻北伐初愿；同日又电复阎锡山，表示僇力追随，以竟北伐大业。

△　白崇禧、胡宗铎、夏威、陶钧联电欢迎蒋介石莅宁复职，并望"继续北伐，完成革命"。

△　湖北省政府举行成立典礼，到主席张知本、委员张难先、胡宗铎、李建隆、严重及来宾 300 余人。国民政府派程潜监誓授印，白崇禧指导。

△　宋子文就国民政府财政部长职，当即对记者谈话谓：现在收入每月仅二三百万，支出须 1100 余万，相去甚远。

△　白崇禧所部第十三军离沪开赴武汉，闽军独立第四师张贞部由宁开沪接防，8 日下午抵沪。

△　国民党将上海工会组织统一委员会改组为上海工统会。是

日,上海工统会宣告正式成立,发表宣言,选出执委 25 人,陈彬、周先青、梁凤楼、周瑞昌、王瑞臣五人为常委,并聘请吴稚晖、张继、李石曾、居正、丁惟汾等 20 人为顾问。

△ 第二集团军冯玉祥部军队袭击山东郓城,直鲁军第二十三军杨清臣部三个旅的步炮兵猛烈抵抗,双方激战竟日,冯军始向曹州退去。

△ 奉军第三十一军郑泽生部占领山西偏关,俘晋军旅长张诚德,晋军师长李德茂率部向河曲退却。

1 月 8 日 国民政府特任蒋介石为国民革命军总司令。

△ 南京各界千余人开"欢迎中央委员及蒋总司令大会",中央委员丁惟汾等四人参加,褚民谊代表蒋介石出席。大会通过提案 10 项,其要者为:一、通电全国拥护中央全会,拥蒋复职;二、要求中央全会取消非法特别委员会所产生的各级党部各机关;三、永久开除西山会议派党籍;四、请中央全会立即拘捕"一一二二"惨案主从犯谢持、邹鲁等人;五、要求中央全会继续清除共产党。

△ 宋子文在南京召开财政紧急会议,讨论年关筹款办法,决定苏、浙、皖各征收机关认解 426.5 万元,限本月 15 日以前分两批解缴。

△ 国民党湖北省代表大会在武昌举行,胡宗铎、陶钧、石瑛、张知本、萧萱、王世杰、林逸圣当选为省党部执委,范龙光、孙绳、白志鹍为监委。同日,武汉特别市党部代表大会开会,选举严重、李焕华等七人为执委,石幼平等三人为监委。

△ 国民党浙江省党部中央特派员蒋伯诚、蒋梦麟致电中央党部,要求函请浙省政府及浙省党部一律暂停民众运动;严禁散发传单,张贴标语,聚众开会,结队游行,各地农工团体亦暂停活动,并取缔抗租、罢工,以防止共产党在浙省暴动。

△ 马超俊接长广东农工厅主任,揭示六项施政准则,其要旨为解散附赤团体,严防共产党等。

△ 国民革命军第二集团军第八方面军刘镇华部占领河南内黄

县,直鲁军第十八军袁振青部纷向大名、成安溃退。

　△　傅作义到达北京,由安国军第三、四方面联合军团参谋长鲍文樾偕同访晤张作霖。嗣又与北京军政府军事部总长何丰林会见,商谈晋军改编及移防地点等事。

　△　北京各法团、善团及总商会组织联合会,办理涿州善后事宜,拟定救济办法四项。12日,大批赈品开始由京运涿。

1月9日　蒋介石致电国民党员及全国民众,宣布于4日驰抵首都,继续行使总司令职责,专司军令,"至于党务、政治,应由中央机关主持";并表示"负责筹备第四次中央全体会议,务使早日开会"。同日,向全军将士发出宣告复职电。

　△　蒋介石致电冯玉祥、阎锡山、杨树庄报告复职,声称将以"全力完成北伐,肃清共逆",召集国民会议,早定国是。

　△　蒋介石到宁后首次出席国民政府举行之总理纪念周,发表演说,表示从今以后,不再放弃责任。同日又召集军委会各厅、部、处人员训话。

　△　国民政府讨论《国民革命军总司令部组织大纲》,国府委员谭延闿、李烈钧、何应钦、张之江、李宗仁等出席。此《组织大纲》原系去年5月2日由政治会议第八十五次会议通过,经此次讨论,提出修改之点共有二条,第一条改为:国民政府为战时统一指挥起见,特设国民革命军总司令部,凡编入作战军战斗序列之陆海空军,均归统辖指挥;第七条改为:未加入作战军战斗序列之各军,仍由军事委员会直辖,但因作战上之要求,总司令得咨请军事委员会调遣之。

　△　白崇禧在武汉召集第二、第三路军职员谈话,表示对蒋复职极为赞同,"北伐以来,介公遇我独厚,始终不忘其情"。并谓:"惟蒋对张(发奎)、黄(琪翔)及与粤有关诸委员,迄未表示明显态度,殊为遗憾。"

　△　何香凝、陈树人、王法勤、甘乃光复电蒋介石,谓粤变系特别委员会所促成,今对主持特别委员会者不加弹劾,而对我等有所处置,岂能忍受? 声明在此问题未解决前,暂难赴宁莅会。次日,蒋复电解释,

并派宋子文、褚民谊赴沪促驾。

△　阎锡山代表赵丕廉在南京分晤程潜、白崇禧,商北伐军事。

△　广州商界开维持纸币大会,议决向各县募公债 1000 万元,由政府指拨相当税款为公债保证及组织募债委员会等四项办法。李济深亦向香港、上海汇丰银行请求借款 1000 万元,以维持中央银行。

△　杨森电国民政府推卸庇吴责任,旋将吴佩孚等人送往大竹县笠竹寺隐居,并嘱驻大竹杨部第七师师长范绍增予以保护。

△　中共中央致函湖北省委书记郭亮,决定以郭亮、贺龙、周逸群、柳克明、徐特立五人组成中共湘西北特委,由中央直接领导,在湘、鄂边界发动群众,造成暴动割据局面。

△　浙江特种刑事法庭在杭州枪毙共产党员八名。20 日又枪毙共产党员七名。

△　日田中首相根据同蒋介石方面达成的默契,采取迫使张作霖承认满蒙悬案后令其返奉的方针,派町野(张作霖的顾问)、江藤(三井物产会社职员、张作霖的挚友)是日同张作霖开始就铁路问题进行谈判。

1 月 10 日　国民党中央执行委员朱培德、监察委员李宗仁联名致电蒋介石及中央执监委员陈述党务建议,强调认识主义与加强训练之重要。略谓:"……明了主义以运用势力,党国乃有重心,若徒恃势力,不明主义,虽有深长之历史,而重心不定,则党员意志不统一,必易发生纠纷。"并谓:现在中央执监预备会议既决定反共绝俄,本党主义已如日月重光,凡我同志,亟宜彻底认识主义,痛自悔过。总司令既已就职,中央会议亦在筹备,所窃窃私虑者,将来之计划,非从训练入手,实无他道可循。末谓:军队与党有密切关系,则训练不难普及,军队主义化乃有可能,"总司令训练军队,请自隗始"。

△　冯玉祥于 3 日电请国民政府接济 300 万元充北伐军饷。是日,国务会议决先解百万元。

△　阎锡山电晋军驻沪代表,谓晋军已分五路反攻,妥协一节,纯

系奉方宣传,请向沪、宁新闻界声明。12 日,阎又以京、津报载晋派代表到京议和一事,电驻汉代表向报界辟谣。

△ 戴季陶将赴欧洲考察教育,发表《告别国人书》,希望国民党诸老前辈,一致集于国都,一切行事,以总理遗教为依归,扶助蒋介石,完成北伐,领导各地当局,肃清吏治,从事建设。旋因南京中央电挽,戴未能成行。

△ 军事委员会政治训练部召集各级政训机关主任联席会议于南京正式开会,军委会政治训练部秘书长徐德培主席,各级政训主任 40余人参加。议定将军事委员会政治训练部改名为国民革命军总政治训练部,直隶于国民政府,各级政训处改名为政治训练部,海空军政治训练机关由总政训部约定办理,各独立师、旅、团增设政训机关,各军设宣传队,特种军事机关恢复政训部,恢复连指导员,改名为连政治训练员。上述各案,建议中央全体会议核议。

△ 国民党广州政治分会决议,张(发奎)、黄(琪翔)称兵广东期间之各种决议案无效;撤销各机关党代表;请广州市党部执行部复职。13日,又议决通令各党部一切民众之新组织,在中央未有办法以前,暂行停止。

△ 国民党安徽省党部改组委员会发起召开“安庆各界庆祝中央全体执监会议开幕、蒋总司令继续行使职权大会”,到各机关团体暨全体市民共 10 万人。大会以“拥蒋、反共”为宗旨,会后举行游行。

△ 第十九军军长兼武汉卫戍司令胡宗铎率第一师李思炽部自武昌乘车开赴鄂南前线。武汉卫戍司令一职,由第十八军军长陶钧代拆代行。

△ 涿州傅作义部改编为陆军第三十六师。是日,安国军第三、第四方面军军团长张学良、韩麟春自保定总部发出委任令,派白儒清为第三十六师师长,未到任以前,由团长袁庆增代理。

△ 涿州商会会长朱德恒对《晨报》记者发表谈话,略谓:“此次涿州被困已有三月,城内商民遭七万发炮弹之轰炸,统计此次全城所遭横

死者,约有二百三十余名,涿城南北大街共有铺户二百七十四家,均受炮火袭击。调查全城损失,确在四百万以上。"并谓:"吾涿商业夙称繁盛之区,今遭此大劫,三十年内恐不能救回元气。"

△ 奉天通化大刀会五六百人在于超海率领下,再围通化县城,与奉军蔡均炳所率迫击炮队二团在城内外激战,大刀会以夺取各村落巡警、保卫团及各地总商会之武器应战,对迫击炮亦毫无所惧。各地警察受其威胁辞职者颇众。

1 月 11 日 国民党中央执行委员会政治会议开第一二四次会议,谭延闿主席,蒋介石等 15 名在京委员出席,议决政治会议业经开始办公,一切提案均查照向例办理,至各地政治分会应否恢复,留待第四次全会讨论;于右任、易培基加入政治会议为委员,叶楚伧被推为秘书长。

△ 国民政府公布《修正国民政府续发江海关二五附税国库券条例》,总额为 4000 万元(去年 11 月旧券 2400 万元,新增 1600 万元),月息六厘,1933 年 4 月底还清。

△ 蒋介石宴请李宗仁、何应钦、贺耀组、谭延闿、李烈钧、张静江、蔡元培、张群、朱培德、丁惟汾等 20 余军政要人,详细讨论军政要务,商洽总司令部组织及进行等问题。

△ 国民革命军总司令部任命该部各处长等人选:总司令办公厅主任吴思豫;参谋处长葛敬恩;副官处代处长郭大荣;军法处长孙葆瑢;经理处长缪斌;兵站总监黄振兴。次日,任命张群为总参谋长,何成濬为总参议。

△ 缪培南第四军于岐岭(五华与龙川之间)大败李济深第八路军东路军。龙川之战以后,第四军退紫金,以主力趋五华、兴宁,以拊东路之背,8 日占五华。东路军决回师五华。9 日,第四军军部及教导一师向岐岭陈济棠第十一师进攻,陆续投入兵力达四师以上,双方拉锯肉搏战凡三昼夜。至是日,东路军陈铭枢第十一军及陈济棠、钱大钧两师大败,损失奇重,分向铁场、老隆方面退却。

△ 清华学校校长曹云祥辞职获准,北京军政府外交部派严鹤龄

暂代该校校长。

1月12日　　国民党中央执行委员会常务委员会举行第一一四次会议,丁惟汾主席,到蒋介石等13委员。褚民谊报告粤方五委员来宁经过。议决令纠纷较多之皖、闽、滇、鄂等省党部停止活动,候四中全会解决;纠纷较少之浙江等省党部,承认其暂维现状;苏省党部由组织部派员接收;绥远特别区党部,由商震等九人办理;其余各省党部,由组织部分别办理。

△　何香凝、陈树人、王法勤、王乐平、潘云超五粤方中央委员抵南京。

△　褚民谊在南京对记者谈去沪劝驾情形:一、甘乃光、李石曾因病不能来宁;二、何香凝、王乐平、王法勤、陈树人、潘云超已到宁;三、胡汉民、伍朝枢、吴铁城、孙科等人准备赴欧美考察;四、吴敬恒不来宁与会;五、邓泽如在沪谢绝会客;六、古应芬、萧佛成均不在沪。并谓:"予以为四次会议能出席者,无论意见如何,大家都要出席,一切党的纠纷,应该在会中解决。"

△　朱德、陈毅率领南昌起义部队以国民革命军第十六军第四十七师第一四〇团名义,发动宜章、郴州、资兴、永兴、耒阳一带农民,在宜章举行暴动(亦称"年关暴动"),推翻国民党县政权。次日,宜章县城开群众大会,到五六千人,朱德宣布暴动成功。会后,起义军改编为中国革命军第一师,下辖两个团,第一团为南昌起义部队,朱德兼团长;第二团为宜章起义农军,胡少海任团长。

△　第十一路总指挥方振武通电奉命北伐,已饬所部陆续北开,移至信阳、驻马店、确山、西平一带。方本人已于11日移驻信阳。

△　第二路总指挥白崇禧、第四路总指挥程潜以湘军将领李品仙、何键电请弭兵后,仍在平江、岳阳增兵备战,故决以西征军第七、十九、四十四、六各军为主力,直下长(沙)、岳(阳)。动员令下后,3日起第七军第一师李明瑞部自武昌南湖出发南开。是日,第四十四军于乌口附近,第六军于新店镇附近,第十三军于羊楼司附近,第七、十九军于通城

附近,均已集中完毕,准备对湘作战。

　　△　傅作义部自涿州开拔,是日首批 1700 余人开往通州。次日晨 7 时,傅军旅长白儒清带领三个团全部出城,乘车至丰台后,徒步开赴通州。

　　△　北京军政府开国务会议,军事总长何丰林报告各路军情及涿事解决情况。内务部以涿州灾情深重,提请讨论急赈办法,议决由内、财、农、实四部会同派员调查,并准免本年各项粮赋捐税。当即拟具令文,由张作霖即日明令发表。

　　△　中国共产党陕西省委通告全省各级党组织"开展游击战争,由局部的农民暴动过渡到全陕西的总暴动",并将全省划为关中、陕南、陕北三个地区,以渭华地区为暴动的重点区。要求各区沟通情况,协同作战,灵活地指挥各区的游击战争。

　　△　上海百余家丝厂营业亏折甚巨,无力支持,向政府请求救济,是日,上海特别市市长张定璠电请国民政府指定二五附税项下余款部分为保证,并令财政部电中央、交通两银行会同银行团于阴历年内分任借款。

　　△　张作霖派宪兵司令齐恩铭率队讨伐通化大刀会。

　　△　奉天通化县大刀会七八百人同官军交战,大刀会死伤 50 余人,官军官兵死伤百余人。柳河方面,亦有大刀会与官军作战。

　　1 月 13 日　国民党第二届中央执行委员会第四次全体会议在南京开第一次谈话会。到执委 17 人,监委二人,谭延闿主席。会议以沪上四中全会预备会议推定之各组审查委员及宣言起草委员,均未进行工作,议决加推邵力子等四人为"第四次全体会议宣言"起草员,加推丁惟汾、柏文蔚、蒋介石、于右任等 13 人分任"中央党部各部组织案"及"确定整理党务根本计划案"、"政治委员会组织案"、"改组国民政府案"各案审查委员。每案由一人负责召集("改组军事委员会"、"改定军事系统"、"改良军队政治工作"三案审查委员会,由蒋介石召集)。关于四中全会开会日期问题,决定先开一次预备会议,待各案审查完毕,再开正式会议。开会日期，由蒋介石决定。

△　国民政府举行第三十二次会议，谭延闿主席，到李烈钧等15委员。议决嘉勉蒋介石复职，奖励北伐军指挥作战有功人员军师长顾祝同、徐庭瑶等八人。国民政府党委、军委会主席团报告《修正国民革命军总司令部组织大纲》，议决专案讨论。

△　国民革命军第二集团军总司令冯玉祥移驻新乡督师北伐。

△　涿州傅作义部第四师7000人，至是日止全部移驻通州完毕，涿州由万福麟之第十七师入城接防。

△　广州国民党军政各界举行欢迎李济深大会，到数万人。李济深在会上发表演说。大会通过12项议决案，其要旨为：一、拥护李主席；二、从速肃清张（发奎）、黄（琪翔）叛军；三、请政府彻底严办汪精卫、陈公博等；四、请中央制止汪精卫、陈公博、何香凝、甘乃光、陈树人、顾孟馀、王法勤、王乐平、潘云超九人出席执监会议。会后游行。

△　国民政府军事委员会令高桂滋所部新编第十九军改编为国民革命军第四十七军。

△　军委会各级政训主任联席会议闭幕，通过对于时局之宣言，主张：一、促开四中全会；二、继续贯彻清党；三、拥蒋复职；四、完成北伐。

△　奉天通化大刀会因官军进剿日急，自通化退走，随后又在临江、桓仁、辑安、柳河各县蜂起。

1月14日　何应钦、贺耀组因处置苏、沪桂军问题意见分歧，是日何不出席国民党四中全会谈话会，贺亦表示不问津浦线战事。蒋介石对此事极为愤懑，向谭延闿等谈称：倘各方互挟己见，不改畴昔态度，本人唯有再下野以谢党国。

△　国民党中央委员白云梯电各方人士，略谓此次入都，原为报告蒙古革命状况及促成四次中央执监大会起见，而入都之后，失望非常，险象环生，一触即发，吁请各方以主义为前提，捐弃个人意见，早开四中全会。

△　北京军政府国务总理潘复偕同外交总长王荫泰、军事总长何

丰林、实业总长张景惠、教育总长刘哲等阁员联袂赴保定,与直督褚玉璞及军团长张学良磋商直省民政事宜。16 日,由保定回京。

△　国民党四川省第一次全省代表大会开幕,130 人出席,吴超主席。选举正式省党部执监委员及出席全国第三次党代会代表。唐德安、黄圣祥等 10 人当选为执行委员,蒋特生等七人为监察委员,选举吴超等九人为出席全国代表大会代表。

1 月 15 日　李济深第八路军西、南两路军于潭下墟(五华县城西 30 里)大败缪培南第四军。10 日,李济深第八路军西路黄绍竑及南路徐景唐两部桂军于紫金会师,决分左、右两纵队分向潭下、水寨(五华东南)前进。14 日,双方在潭下墟发生遭遇战,兵力均各在四师以上,血战两昼夜。是日,桂军全线出击,粤军第四军以久战疲乏,大败而退,第四军第二十六师师长许志锐被击毙,教导第二师师长黄镇球受重伤,双方伤亡达二万人以上。第四军经五华、老隆向赣南退走,桂军亦无力追击,至是第一次新粤桂战争(1927 年 12 月 18 日开始)宣告结束。

△　国民政府委员孙科致函广东省政府委员会主席李济深,条陈粤省军事、经济、政治办法:一、吾粤军事,务当于最短期间迅速求结束,裁汰不必要的军队,保留精良军队六师;二、关于经济,分政府财政及社会经济。"本党现为执政党,最多利用现有政权以提高农工之生活……此今日民生问题最扼要之点,尤愿先生注意及之"。三、政治方面,"鄙意以为今后之省政府与县政府,当设参事会为训政实验机关,使人民渐次养成民治之观念与习惯"。

△　西征军第四路军叶开鑫所部第四十四军先头部队,在海军第二舰队协同下,攻克城陵矶。

△　第一集团军第二十六军第六十二师赵观涛部占领郴城,直鲁军方永昌部向蓝山溃退。

△　北京京师总商会召集各业董大会,王文典主席,议决呈请政府拨款赈济涿州,并恳明令取消奢侈捐。

△　津浦铁路第二十次南下之特别快车在德州附近与北来之军用

列车相撞,引起军火爆炸,死伤军民达数百人,中有旅长一名。

△ 杨森所部军队于夜间纵火焚掠宜昌,延烧数千户,次晨火犹未熄,人民生命财产惨遭损伤。

1月16日 蒋介石在中央党务学校演讲《一切政治制度要以〈建国大纲〉为基础》,要求学员时刻不忘却《建国大纲》,要口诵心维,反复研究,以为将来实行的准备;并谓"我们要以主义为生命,头可断,身可死,主义不可弃"。

△ 国民党四中全会预备会议成立之"国民党中央党部各部组织"及"策定整理党务根本计划"两审查委员会开第一次审查会,丁惟汾主席,议决由四中全会选出常务委员九人,组织常务委员会;中央党部组织照旧。

△ 国民政府议决设立侨务局,简任钟荣光为局长,是日,钟于上海就职,局址设上海。

△ 国民党浙江省党部临时执行委员会电请中央常务委员会速派各改组委员来浙接收省党部。26日,中央常务会议议决先着陈希豪、洪陆东两委员即日前往接收。2月4日,陈、洪正式接收浙江省党部。

△ 上海英美烟厂罢工事件,经财政部长宋子文调解,劳资双方于是日晚在宋公馆正式签订劳资互助条约12款,规定职工依法组织工会,不得无故开除职工,厂方负担工人子弟学校经费,职工米贴由八元改为五元起算,女工产假定为六星期,厂方指定医院为职工治病,并负担医药费用,因公亡身者给予抚恤费1500元,罢工期间工资照发。次日,烟厂男女9000余名工人复工。按:该厂工人自去年9月30日开始罢工,历时三月之久。

△ 北京军政府外交部致电驻美公使施肇基,声明赞成改订《中美通商条约》,并令其为交涉代表。按:《中美通商条约》将满期,国民政府驻美代表李锦纶向美国政府提出改订条约,美政府表示,若南北两政府一致,始可进行。李遂与施商议,经施电北京请示,故有此举。

△ 安国军第六方面军军团长吴俊陞衔张作霖命自京归奉,亲率

黑军第二团、骑兵第一、二连约 2000 名,前往通化讨伐大刀会。是日晋京向张作霖报告派队围剿情形并请示办法。19 日始督队出征。

　　△　驻廊坊安国军第五方面军骑兵第十三师一个旅开赴通化讨伐大刀会。18 日,自黑龙江南下之黑军步兵一团过奉,亦开赴通化往剿。

　　△　驻哈尔滨日本总领事八木元八联合美、法、英、意、丹、葡各领及荷代领、比副领事,就东省特区地亩管理局为整理地亩执照并限制地亩主权转移所发之五十、五十一两布告,向东省特别区行政长官公署递交抗议照会,声称:该布告所列各款,"均与各本国侨民应享条约之利权殊有妨碍……自应视为对于各本国侨民绝难实用"。

　　1 月 17 日　国民政府委员会第三十三次会议,军委会呈送《陆军编制草案》准予备案;财政部拟具《征收卷烟统税条例》即予公布;司法部呈复《审查最高法院修改民事、刑事诉讼律意见》照案通过。会议决议任命龙云为云南省政府主席,冯玉祥为河南省政府主席。

　　△　国民政府明令改组河南省政府;省府委员冯玉祥、孙岳、鹿钟麟、薛笃弼、靳云鹗、方振武、凌勉之、刘治洲、戴修瓒、梁寿恺、刘镇华均免本职;鹿钟麟、薛笃弼、凌勉之、刘治洲、戴修瓒均免民政、财政、教育、建设、司法各厅厅长职务,任命冯玉祥、孙岳、刘镇华、方振武、梁寿恺、薛笃弼、魏宗晋、江恒源、庞炳勋为省府委员,指定冯玉祥为主席;任命薛笃弼、魏宗晋、刘镇华、江恒源分兼民政、财政、建设、教育各厅厅长。

　　△　国民政府任命龙云、范石生、胡瑛、金汉鼎、陈钧、张维翰、马聪、丁兆冠、张邦翰为云南省政府委员,指定龙云为省府主席;任命丁兆冠、陈钧分兼云南省民政、财政厅厅长。

　　△　国民政府明令改组云南省政府后,特致电龙云、周西成两军长及滇、黔两省政府,以滇、黔两省唇齿相依,为西南边陲之安危所系,务望团结一致,共济时艰,"相亲相爱,各保安宁"。

　　△　西征军占领岳阳。第四十四军军长叶开鑫率大队于 15 日由聂家市向云溪(岳阳东面)湘军第三十六军第二师进攻,陈绍宽亦率海军第二舰队协攻,湘军于水陆夹攻下,向汨罗溃退,西征军于是日占领岳阳。

　　△　冯玉祥部连日来与直鲁军在河南汤阴、彰德激战,是晨冯部第一方面军孙连仲率部攻占彰德,郑大章骑兵部占领丰乐镇,河南境内之直鲁军完全肃清。

　　△　傅作义自保定发出下野通电,宣布"谨即束身引退,以谢国人。大局稍定,言还故乡"。

　　△　张作霖决定命张作相同日本签定"满蒙新五路"承包合同,并提出三项条件要求日本承认:一、日本方面在一定期间内要严守秘密;二、不要各线问题同时着手,要一条线或两条线地逐步着手;三、政治上取得联系。2月1日,张作相自长春到北京。

　　△　云南省议会设立"清共委员会"。

　　△　中日法权委员会在北京开会,中国委员郑天锡、日本委员掘义贵出席。

　　△　武汉卫戍司令部闻共产党员贺龙、董用威(必武)、向忠发、陆沉、陈潭秋等将在汉举行年关暴动,宣布自本日起特别戒严10天。武汉市公安局亦出示布告,强令市民"举发共产党"。

　　1月18日　国民党中央政治会议第一二五次会议加推杨树庄为中央政治会议委员。

　　△　第四路总指挥兼第六军军长程潜由武汉出发,次日到达岳阳,召集第六军、第四十四军各将领开会,旋饬令各部向汨罗追击。

　　△　熊式辉到上海就代理沪淞卫戍司令职。所部第十三军第一师亦自无锡调沪。

　　△　中日修约专门委员会在北京开会,中国委员唐在章、日本委员掘义贵出席,续议通商航行问题。

　　1月19日　西征军第七军占领平江。21日,海军第二舰队攻占湘阴。

　　△　国民政府外交部江苏交涉员郭泰祺照会驻沪日总领事矢田抗议日本出兵山东,警告日政府"出兵如果实现,其结果若发生事端,其责任应由日本政府负之"。

　　△　张作霖任命梁国栋为热河道道尹。

　　△　奉天东方社电称,揭橥全省公民团军大旗之大刀会,在通化、临江及其他各县,以公立联村会长名义张贴布告,以不侵良民为标榜,商、工、农民中参加者颇众。

　　1 月 20 日　国民政府委员会第三十四次会议议决颁布《北伐全军战斗序列令》,其要旨为:(甲)北伐全军以国民革命军总司令蒋介石统辖指挥之;(乙)北伐军之兵力,以国民革命军之作战军、北方革命军之作战军、海军之作战军及航空军全部任之。

　　△　阎锡山致电国民政府,拥护《北伐全军战斗序列令》,愿率所部北方革命军听候蒋介石指挥。冯玉祥、杨树庄亦分别电蒋表示拥护。

　　△　驻鄂西第二军鲁涤平部占领沙市,杨森军向宜昌撤退。

　　△　江西遂川县苏维埃政府成立,贫农王次淳当选为政府主席。此系中国工农红军在井冈山根据地建立的第一个苏维埃政权。

　　△　共产党员古大存等率农军攻占广东五华县塘湖、石溪两乡。

　　△　福州发现中国共产党福州市执委会、共青团福州市执委会传单多起。24 日,又发现中共福州执委会、共青团福州执委会《为列宁逝世四周年纪念告农工及一切被压迫民众书》,及实行土地革命、建立农工兵政权等标语,邮局并查获自沪、宁寄来《红旗周刊》等宣传品。25日,国民党福建省主席杨树庄因传闻共产党元旦暴动,由上海回省坐镇。

　　△　自是日起至月底,据不完全统计,武汉卫戍区四出搜捕共产党,破获共产党机关两处,逮捕共产党员 260 余人,枪毙多人。

　　1 月 21 日　国民政府特派龙云为国民革命军第十三路军总指挥;任命陈焯为国民革命军第二十六军军长,胡瑛为国民革命军第三十八军军长,孟坤为国民革命军第三十九军军长。

　　△　西征军向湘军发动全线总攻击,第七军强行渡过汨罗江,突破湘军第八军及独立第一师在南岸之防线,于天岳山一带将其击溃。第十九军于汨罗江中与湘军遭遇,经数小时之争夺,双方死伤甚重,湘军

不支,退走永安市,第十九军跟踪追击,直逼长沙。当夜,叶开鑫第四十四军在岳阳黄沙街叛变,与湘军李品仙部结合,图袭西征军第六军侧面,第六军损失甚重。旋经程潜、白崇禧调三、四路军包围叶部,至 23 日始将叶部解决,俘虏 6000 余名,缴枪万余支,残部退向浏阳。

　　△　国民政府电勉刘湘、赖心辉,望维持川、滇、黔局势。

　　△　湖北应山县千余群众在共产党领导下举行暴动,于是日攻城,县长何浩率队抵抗,未克。

　　△　日本派兵舰至大冶,次日水兵上陆进大冶铁矿山示威,抗议国民政府接管该矿。

　　1 月 22 日　晚,广州卫戍司令部派兵一营,会同公安局保安队侦缉队百余名,赴长堤八旗会馆,借口"受共产党运动",将第十三师第三十九团特务队缴械,遇到激烈抵抗,双方接战半小时,军警卒攻入会馆,击毙特务队兵士 50 余人,捕获百余人,队长冯鹤亭已先期出逃。旋即向东郊出发,会同驻市第十三师第三十九团及守备队一、四、六各团共 800 余人,抵东川马路红花岗寺贝底东山一带,围攻共产党机关,共产党员起而抵抗,至次晨 5 时始撤退,计击毙共产党员数十人,又在东郊警区辖内拘获共产党员 90 余人,警区辖外捕获百余人,共搜缴枪械两百余支,及大批红旗、标语、传单。

　　1 月 23 日　湘军退出长沙。自 21 日西征军过汨罗后,各路湘军节节败退,前线无兵补充,长沙不能再守,湘军临时军事委员会遂于 22 日早下令总退却,计左路叶开鑫部退宁乡,中路刘兴部退衡州,右路李品仙部退醴陵,第十七军周斓部退宝庆,第十八军何宣师、第三十五军陶广师退湘西,省垣秩序由何键督率第八团暂行维持。是日,前线湘军纷纷过省,各向指定地点退却。同时,何键召集长沙各法团代表开会,讨论维持省垣治安事宜,当经议决设立长沙临时维持治安委员会,由各法团组织;推派五名代表前往汨罗、苦竹坳等处欢迎鄂方军队入省。

　　1 月 24 日　蒋介石电告各地中央委员,四中全会定于 2 月 1 日开会,请于 1 月 29 日到京,以便召开执监联席会议解决四中全会之各项手续及各审查案。

　　△　冯玉祥第二集团军第八方面军刘镇华军为肃清漳河以南之直鲁军,是日第一军万选才部由濮阳进攻朝城、观城,第四军第三师刘茂恩部由清丰攻南乐,第二师徐鹏部由内黄攻元村镇之敌,26日拂晓乘机往攻南乐,鏖战竟日,将敌军迫入城内。30日,第三师、第二师分别占领南乐、元村。

　　△　北京军政府与日本南满铁路公司秘密签订吉会铁路500万元合同。

　　1月25日　国民政府常委胡汉民、孙科及委员伍朝枢依照前外交委员会议决,派赴亚、非、欧各国考察政治、经济,是日由沪乘“威尔逊总统号”邮船启程。

　　△　西征军占领长沙。21日,第三路第七、第十九、第十三各军渡过汨罗江后,在三眼桥、鲁肃山、张家碑一带与湘军激战两昼夜,将湘军第八、第十七、第十八、第三十六各军及第三十五军之一部击溃,俘虏湘军1.5万余人,缴枪1.2万支,机关枪50挺,大炮20余门,是日完全占领长沙。湘军残部分向株洲、衡阳逃遁。

　　△　安国军将领在北京开军事会议,张学良、张宗昌、孙传芳、褚玉璞等出席,会议决定全力对付冯玉祥,并以韩麟春卧病未愈,三、四方面军团悉由张学良主持。经张学良商承张作霖同意后,由杨宇霆兼代第四方面军军团长,驻保定指挥军事;万福麟各部悉数南调。磁州为最前线。次日,军事会议闭幕。26日,孙、张、褚分返津、济。

　　△　内蒙古国民党中央执行委员会委员长、国民党中央执行委员白云梯致函蒋介石,请于国民政府下添设蒙藏部,以代行处理北京政府蒙藏院各项事宜,是日国民党中央执行委员会政治会议议决交四中全会解决。

　　△　国民党广州政治分会议决整理广东全省金融办法四项,规定自26日起,全省一切征收均以八成现金、二成纸币缴纳。

　　△　奉天省长刘尚清奉北京军政府命令,通令各县严厉取缔大刀

会,防其蔓延。是日,齐恩铭奉吴俊陞命率队赴四道沟继续讨伐。

△　捷克轮"辟拉辫号"载运张宗昌向牛庄某德国洋商行订购之枪九万支、子弹数百万发、铁甲车一辆运往青岛,是日行至山东海面,为国民政府军舰"飞虎号"发现,立发停轮信号,捷轮不遵,"飞虎"轮开火轰击,双方互击三小时,后捷轮开抵青岛。

△　新任中国北部英军总司令怀德洛甫少将乘轮抵沪。

1 月 26 日　国民党中央执行委员会常务委员会第一一六次会议,蒋介石等九人出席,议决要项为:令第三十八军军长龙云在云南厉行清党;浙江省党部呈送《共产分子自首条例》六条,议决交组织部审查决定办法;派陈希豪、洪陆东接收浙江省党部。

△　张作霖任杨宇霆暂代安国军第四方面军军团长。31 日,张学良偕杨宇霆由北京抵保定。

△　南京成立军官团,专收中央军校、黄埔军校及军官研究所各期毕业生之无工作者,蒋介石自兼团长,是日开始办公。

△　西征军第十九军占领浏阳。

△　鄂西驻军魏益三部第三十军,于本月 21 日起自荆门团林铺一带向大小烟墩集等处进攻,与杨森军激战三昼夜,于是日晨占领当阳县城。

△　广州卫戍司令部在西关吉星里捕获共产党员七人,搜出重要文件一束,内有苏维埃政府传单及春节暴动布告。27 日,又在贤藏街、大德路破获共产党机关两处,捕走男女六人。同日,广州公安局于东校场枪毙共产党员 11 人。

1 月 27 日　国民政府第三十五次会议议决案九项,其要项为:一、修正《大学院组织条例》、《各大学区组织条例》,简任杨铨(杏佛)为大学院副院长;二、《反革命治罪条例》,送中央党部核准;三、着财政部速拨二五库券 250 万元、现款 50 万元,接济第三集团军战费;四、任贺耀组为首都卫戍司令,军事委员会航空处处长张静愚兼北伐航空司令,郭汝栋继杨森任川军第二十军军长,仍归第六路总指挥刘湘节制。

△　财政部长宋子文发表国民政府对海关态度宣言,称:国民政府现统辖 21 省之 16 省,所收关税约占 70%。北京政府又非前经承认政府之法律继承者,国民政府自不能承认任何团体有单独行使管理关政之权,或有派任何代理人行使此种管理之权。

△　白崇禧抵长沙。次日,程潜由汨罗乘车到省。程、白两总指挥以李品仙、刘兴两部退走湘南,何键困守湘西,决定分兵追击,令第六、第十三两军留守长沙,以第七、第十九两军为主力,向株洲、衡山追击。

△　国华银行在上海开幕,资金 200 万元,后增至 400 万元,系商业银行,多为南洋华侨投资。

1 月 28 日　国民党中央委员整理党务根本计划审查会开会,丁惟汾主席,中执监委丁超五、白云梯、王乐平、郭春涛、朱霁青、何香凝等参加,通过整饬党纪方法提案 13 条、整理各地党务提案九条、训练党的人才方法提案五条等。

△　北京军政府新任土默特总管葛光庭返京,次日,访张学良报告绥远情形。

△　通化大刀会向官军无条件投降。30 日,吴俊陞自通化赴临江,继续讨伐缉安、桓仁、临江一带之大刀会。

1 月 29 日　国民政府代理外交部长郭泰祺接见路透社代表,解释宋子文 27 日之宣言,谓:此举并无干涉以海关税续付外债之意;至于内债,以在国民政府辖境之关余,供北京政府用作抵御国民军之兵费,似欠公允。又谓:易纨士南下,已得国民政府同意,惟国民政府不承认其为代理总税务司。关于海关之新任命,表示非由上海税务司梅滋荐举,国民政府碍难承认。

△　上海特别市政府公安局布告:市政府设计委员会已决定将本市租界改为特别区,计分五区,即以公共租界原定之东、西、北、中四区为特别区之东、西、北、中区,以法租界为南区。

1 月 30 日　28 日胡汉民抵香港时,李济深、黄绍竑曾交由冯祝万转致一函,对于军事、政治、党国各事,有所征询。是日,胡于赴菲律宾途中复书李、黄，告以今日革命之需要，在恢复党的整个精神与主义之实现，应以互让精神，免除互争习气，并对李石曾所提"分治合作"口号有所辨正。

△ 第四军将领缪培南、邓龙光、薛岳联名通电称，该部已安全集中江西雩都，听候中央复命。

△ 第二集团军刘镇华部占领大名，俘虏直鲁军孙殿英第十四军7000人。

△ 第三集团军左路军商震部在偏关附近击溃奉军郑泽生部，俘虏4000名。

1月31日 国民党中央执监委员联席会议在南京开会，蒋介石主席，到执监委员20人。议决：一、前经中央监察委员会检举之何香凝、陈树人、王法勤、王乐平、潘云超五委员应照常行使职权；二、定2月1日下午开中央执行委员会第四次全体会议预备会。

△ 国民政府第三十六次会议议决任命蔡元培为交通部直辖第一交通大学校长。同日，国民政府明令公布。

△ 胡汉民及孙科等一行抵马尼拉，受到旅菲侨胞热烈欢迎。胡汉民于欢迎会上发表演说，主张取消不平等条约，呼吁侨胞拥护北伐，以统一国家。

△ 湘鄂政委会开第七次例会，议决在湘设立湘鄂临时政务委员会驻湘办公处，派李隆建委员率同民、财、外交各处人员到湘，襄理一切政务。是日，李隆建偕同随员赴湘。

△ 鄂西驻军李燊所部第四十三军、魏益三部第三十军、鲁涤平部第二军占领宜昌县城，杨森部退向秭归。

△ 第二集团军第一方面军孙良诚部克复曹县。上年12月2日，吉鸿昌师及马鸿逵军围攻曹县刘镇华部叛军姜明玉部。曹县城势坚固，难以攻入。乃用坑道轰城法。历时近两月，是日坑道爆发，城垣崩陷八丈余，奋勇队争先登城，共俘姜部一军之余，姜明玉自戕。第二集团军鲁西战事暂告结束。

△　第二集团军第八方面军刘镇华部占领观城。

△　朱培德致电第八路军总指挥部,请负责堵截缪培南第四军,略谓:"张(发奎)、黄(琪翔)残部扰及赣边,已飞令第三军驰赴赣南截击,请饬贵军在闽粤赣边防堵,免使回窜。"

△　代理总税务司易纨士赴北京军政府向国务总理潘复辞行,并对南下赴宁一事同潘复有所商榷。次日,潘复会见新闻记者,谓:"易纨士之南下,系奉政府之命,以总税务司资格,调查在国民政府统治下之海关状况。"

△　驻华美公使马瑞慕访北京军政府外交部,谈中美修约事。

△　驻沪英军司令邓坎离沪乘轮船返国。

△　日本海相冈田命令前由佐世保派遣之特别陆战队 200 名由青岛归国。

△　挪威轮船"布拉戛号"装载捷克军火步枪四万支(每支附以 500 发子弹)在秦皇岛起卸。

是月　国民政府外交部电令特派江苏交涉员郭泰祺向比利时驻沪领事转驻北京比使,请要求拒绝借现款 110 万元与北京军政府。

△　国民政府财政部长宋子文电令江海、镇江、苏州、金陵各关禁止铜元出口。

△　蒋介石以湘鄂、宁汉战事均已告一段落,致电白崇禧、程潜,略谓:"目下北伐时机正属适宜,务抽选五师,参加北伐。"旋白崇禧、程潜通电,拒绝蒋介石要求,主张停止北伐,俾克努力休养民生,召集正式国民大会,以解全国纠纷。

△　方志敏、邵式平、黄道等领导赣东北弋阳、横峰地区农民起义。起义后建立了工农革命军第二军第二师第十四团第一营第一连,并先后成立了中共弋阳县委和横峰县委。5 月,在弋阳县召开第一次工农兵代表大会,建立了弋阳苏维埃政府。嗣后又成立了横峰苏维埃政府。

2　月

2月1日　国民党第二届中央执行委员会第四次全体会议预备会在南京开会,出席中执委 19 人,列席中监委六人。蒋介石主席。决定 2 月 2 日上午 10 时举行第四次中央执行委员全体会议开会式,3 日开议;推蒋介石、谭延闿、于右任为第四次中央执行委员全体会议主席团。

　△　国民党四中全会"改组国民政府审查委员会"开会,决定:国民政府委员为 35 人,由中央执行委员会推定,常务委员五至七人,互推一人为主席;国府下设八部、三院、两局、两会,为:内政、外交、财政、交通、司法、农矿、工商、教育八部,监察、审计、考试三院,蒙藏、侨务两局,建设、军事两委员会。同日,"中央政治会议审查委员会"开会,议决:政治委员会暂存,政治分会专理党务。"军事提案审查委员会"开会,商定:统一全国军政,规定全国各军及省防军数目、编制、任务,不恢复党代表制,提高各级政治训练部、处之职权,严定政治工作人员之资格。

　△　国民党中央政治会议开第一二七次会议,蒋介石等 17 委员出席,蔡元培主席。根据孙科、张静江等 11 委员提议,议决设立建设委员会;通过修正建设委员会组织法;确定建设委员孙科、张静江、李石曾、孔祥熙、叶楚伧、宋子文、郑洪年、魏道明、陈立夫、曾养甫、王征等常委;建设委员会经费定为五万元,由委员会筹集。

　△　杨宇霆、张学良在保定召集对冯军事会议,安国军将领出席者为第八军军长万福麟、第十军军长王树常、第十一军军长刘伟、第十五军军长汲金纯、第十七军军长荣臻、第二十九军军长戢翼翘及军团部参谋长鲍文樾、总参议岳兆麟等。席间讨论军事计划,决定对冯玉祥军队采取积极行动,以万福麟、戢翼翘及于学忠(第二十军)担任攻豫前锋队,东路方面由直军及团防军联合,与京汉线奉军取一致行动;奉军总副指挥,分别以万福麟、戢翼翘充任。

　△　国民党广州政治分会议决加派谢瀛洲等 10 人为省党部改组

委员；派孙科为建设厅长，未到任前，由吴铁城代理。

△　桂军第十五军军长黄绍竑抵汕头，当晚于汕头第八路总指挥部行营召集军事会议，讨论韩江上游军事及向闽、赣发展计划。据各军报告，第四军经寻邬、安远入赣者有五六千人，黄即席决定调一纵队伍廷飏部、二纵队黄旭初部、三纵队吕焕炎部克日向韩江上游开拔，一俟集中粤边后，一路以钱大钧、王文瀚为主力入闽，一路以黄旭初各部为前锋入赣。黄本人即率队驰赴韩江上游督师，追击第四军。

△　第十一路总指挥方振武部脱离冯玉祥第二集团军，由河南开抵江苏砀山加入第一集团军，并派参谋长杨可东赴徐州见蒋介石、何应钦接洽北伐。

△　原程潜第六军留守广东的第十八师苏世安部奉命自韶关北上，协同西征军夹击湘军，防堵李品仙、何键部队南下。是日，苏部向耒阳前进，在湘江附近，与李品仙部已有接触。

△　红军占领坪石。朱德、陈毅率工农革命军第一师和宜章农军共 3000 人，撤离宜章，1 月 31 自圣公坛（宜章南 40 公里）向岩泉进发，是日同国民党军第二十四师许克祥部五个团兵力相遇，激战两小时，许部不支，退向坪石。红军乘胜追击，占领坪石（广东韶关县属），歼敌 1000 余人。坪石大捷，为湘南暴动打开了胜利局面。

△　浙江省政府通令各属，凡民众运动，非经政府核准，不许举行。

△　驻华德公使卜尔熙向北京外交团声明，德国预备加入禁止军火运华协定。

△　代理总税务司易纽士离北京南下，英使蓝普森同行。行前，易纽士曾致北京军政府财政部三税务节略，其大要为：列国承认中国自定税则，分步骤进行，第一步，二五附税改海关征收，进口货一律增至一二·五，将二五税取消；第二步，在上海开税率委员会。

△　国民政府财政部以芜湖税务司贾士（又译加斯特）不遵命令，滥用职权，封锁海关，下令免职，并训饬所属各税务司，此后如有违令者，一律惩处。

　　△　武汉卫戍司令部逮捕共产党员 23 名,枪毙孝感县共产党员一名;8 日枪毙共产党员六名;14 日破获汉口共产党机关一处,逮捕共产党员 13 名,15 日续捕四名。18 日破获汉口共产党机关一处,逮捕共产党员 13 人。19 日,在汉口逮捕共产党员四名,枪毙共产党员 21 名。

　　△　武汉公安局邀请各界商议官民协助"清共"办法,责成民团随时侦缉报告,知情不报,以"附共"论罪。

　　△　湖北省黄冈县共产党率数百人进攻团风镇,与团防激战数小时,团防不支,适省军赶到,共产党始退。次晨,省军追至回龙山,枪毙共产党员五人,捕嫌疑犯 10 余人。

　　△　长江华轮复航(去年 8 月起停航)。

　　△　日本在台湾实施《台湾土地改用总则》。

　　2 月 2 日　国民党第二届中央执行委员会第四次全体会议于上午 10 时在南京举行开会式。白云梯、张静江、李烈钧、蔡元培、陈肇英、黄实、柏文蔚、朱培德、何应钦、丁超五、宋子文、潘云超、朱霁青、陈树人、经亨颐、于右任、邵力子、褚民谊、陈果夫、蒋介石、何香凝、李石曾、丁惟汾、王乐平、王法勤、缪斌、谭延闿、郭春涛、李宗仁出席。于右任主席。蒋介石致开会词,称四中全会是在推翻了共产党之后,本党团结起来召开的,可说是"本党中兴的一个会",今后的惟一工作是开第三次代表大会及国民会,欲达此目的,必须共同一致反对共产党,铲除共党的理论与方法;对侵略中国的帝国主义,做军阀的后盾来破坏革命势力的,仍然是同反抗俄国一样来反对他。

　　△　国民党二届四中全会开第二次谈话会,中执委 21 人出席,中监委八人列席,蒋介石主席,决议组织外交方针讨论会,推定于右任、李烈钧、蒋介石、宋子文等七人组成,谭延闿召集。四中全会决发《对俄民众宣言》、《对日宣言》、《对弱小民族宣言》、《对国民宣言》、《对党员训令》。

　　△　下午,整理党务审查委员会开会,决定中央党部除宣传、组织两部及秘书处不予更改外,请增设训练委员会、民众运动委员会以代替

农、工、商、青、妇五部。当晚,蒋介石召集外交方针讨论委员会开会,磋商清党后外交方针。

　　△　西征军在长沙开联席会议讨论军事、政治问题,决定分湘南、湘西两路追击湘军:由白崇禧、程潜分别指挥湘南方面;由白指挥第七军夏威、第十九军胡宗铎,一由湘潭沿朱亭进攻衡阳,一由醴陵取道茶(陵)、攸(县),抄攻衡(阳)、郴(州);一由湘乡取道宝庆(邵阳),会攻衡(阳)、永(零陵),并以第二十一军第一师向成杰部开往湘潭、湘乡,为衡(阳)、宝(庆)间总联络。湘西方面:由程指挥第十四军陈嘉祐及第六军之一部,一由宁乡攻益阳、沅江,一由汨罗、白马寺夹攻沅、益。是日上午 4 时,各队自长沙分途出发。

　　△　黄绍竑与陈铭枢在揭阳会晤,商妥入赣战略。会谈后,陈乘轮赴汕头,黄转梅县,率西南两路入赣。

　　△　第八路总指挥李济深所属之第三十二军钱大钧部于上月 26 日至五华追击缪培南第四军第十二师吴奇伟部,是日进驻蕉岭,吴部向定南败退。

　　△　第二集团军第二方面军副总指挥秦德纯率部进攻孙殿英部直军,是日占领卫辉县城,孙军全部被俘,同时并俘获军长任增祺、旅长张玉玺及团长以下军官 300 余名,机关枪百余挺,迫击炮 200 余门,炮弹5000 余发。

　　△　驻防滑县之直鲁军徐鹤亭旅及赵殿元团,响应冯玉祥,退出内黄、濮阳、清丰、南乐等县,冯军随即占领。

　　△　冯玉祥电令各军严密查拿共产党,规定:于本年 1 月 1 日起,凡讯明有据者,押送前来,定实行枪决。

　　△　共产党员、广州苏维埃政府劳动委员兼赤卫队总指挥周文雍被捕,6 日在广州黄花岗就义。

　　△　河南省政府通电指斥张作霖将"肇和"、"海琛"二舰运至旅顺请日本修理,吁请分途进讨,"务于最短期内,直捣奉鲁巢穴"。

　　△　吴佩孚在大竹设"大帅行辕",挂"讨贼联军总部"招牌。

2月3日　国民党二届四中全会举行首次会议，中执委员蒋介石、谭延闿、于右任、李烈钧、戴季陶、褚民谊、何应钦、柏文蔚、丁惟汾、周启刚、宋子文、白云梯、朱霁青、经亨颐、丁超五、黄实、朱培德、缪斌、何香凝、陈树人、王法勤、王乐平、陈肇英23人出席，中监委员蔡元培、李石曾、张静江、李宗仁、邵力子、陈果夫、郭春涛、潘云超八人列席。谭延闿主席。决议：一、开除隶属共产党之中央执行委员谭平山、林祖涵、于树德、吴玉章、杨匏安、恽代英六人，候补中央执行委员毛泽东、许苏魂、夏曦、韩麟符、董必武、屈武、邓颖超七人党籍；中央执行委员附逆有据而开除党籍者一人，已故者二人，停止职权者一人；中央候补执行委员附逆有据而开除党籍者一人，已故者一人，停止职权者一人；候补中央执行委员补为中央执行委员者10人，为白云梯、周启刚、黄实、王乐平、陈嘉祐、朱霁青、丁超五、何应钦、陈树人、褚民谊。二、开除隶属共产党之中央监察委员高语罕、候补中央监察委员江浩党籍；由候补中央监察委员黄绍竑递补。三、改组中央党部案照陈果夫、丁惟汾、蒋介石所提设组织、宣传、训练三部及民众运动委员会并各项特种委员会之提案通过。

　△　国民党二届四中全会于下午续开全体会议，中执委员21人出席，中监委员八人列席，于右任主席。决议：一、政治委员会改组案：中央政治会议及各地方分会仍可存在，候第三次全国代表大会决定。各分会应专理政治，不兼管党务。于广州、武汉、开封、太原四处设立分会，其政治指导区域，广东、广西属广州分会，湖南、湖北属武汉分会，河南、陕西、甘肃属开封分会，山西、绥远、察哈尔属太原分会，其余各省概由中央政治会议处理之；《政治会议组织条例》及《政治分会条例》，交中央党务委员会修订。二、国民政府改组案：改组国民政府审查委员会所提《中华民国国民政府组织法》，除第五条略有变动、第七条保留下次讨论外，其他十条均修正通过。

　△　北京军政府国务院总理潘复邀外、财两界要人及以前参与关会各人物，在宅内会议关税事务。决议：一、关于实施过渡关税办法，以

原定关税自主期迫,在关税自主期前之过渡税率,亟应图早日实施,决由税务处去电上海,训令到沪之易纨士,着其在沪接洽实施过渡税办法;二、决组"关税自主委员会",以潘复、夏仁虎、王荫泰、颜惠庆、顾维钧、李思浩、沈瑞麟、梁士诒、阎泽溥为委员,钱泰、严鹤龄、袁永康、金焕章为专门委员。

　　△　湘鄂政委会讨论地主、佃农间之租课问题,议决暂废止二五减租条例,仍以地主与佃农间自由意志规定之租约为准。19 日,政委会通令各县遵照。

　　△　第八路总指挥陈铭枢以粤境战事即将结束,自梅县班师,取道汕头回省。12 日,广东省、市党部欢宴陈铭枢等,军政要人赴会者 200余人,吴铁城致欢迎词,陈演说东江作战经过,对于党务力主服从中央,勿信流言。

　　△　湖北枣阳县共产党率四五百人,图扑县城,樊钟秀派兵一营,与战于县北五十里寨附近,县长余花楼亲往前线指挥,饮弹毙命,旋得樊加派景团长率队来援,始击退共产党。

　　△　朱德、陈毅率部队于 2 月 2 日离坪石北上,当晚到达白石渡,郴州守军何键部于折岭(郴州以南宜章以北)设防。红军翻山越岭,在折岭一带包围何军,是日下午,激战三小时,何军不支,向北溃退,红军直追至郴州良田,全歼何军,毙何军副师长一名,旋向郴州进发。

　　△　奉军剿平大刀会,袭击通化附近之二村大刀会根据地,凡 12岁以上之男子,悉被屠杀。

　　△　意大利驻沪总领事答复江苏特派交涉员抗议意以步枪四万支售与张作霖事,称已电询本国政府,并无其事。

　　2 月 4 日　国民党二届四中全会二次会议于上午 9 时开会,中执委员 23 人出席,中监委员八人列席,蒋介石主席。决议:一、南京"一一二二"惨案,由政府所组织之法庭依法审判,死伤各员另由政府参照党员抚恤条例从优抚恤。二、修正通过《中华民国国民政府组织法》,设内政、外交、财政、交通、司法、农矿、工商等部,并设最高法院、监察院、考试院、大学院、审计院、法制局、建设委员会、军事委员会、蒙藏委员会、侨务委员会。

△ 国民党二届四中全会第二次会议下午继续开会,谭延闿主席。决议:一、改组军事委员会、改定军事系统及改良军队政治工作三案,以"对总司令之权限及其与军委会之关系未有明确规定",决定重付审查后再提交大会讨论;加派戴季陶、何应钦共同审查国事三案。二、修正通过"整理党务根本计划"审查委员会提出之《整理各地党务决议案》;丁惟汾、陈果夫、蒋介石所提整理党务计划交中常会讨论,以本日通过之《整理各地党务决议案》之各条为原则。《整理各地党务决议案》规定,各地各级党部一律暂行停止活动,听候中央派人组成党务指导委员会,办理党员重新登记及整理事宜。

△ 下午 2 时,西征军第二十一军第一师向成杰部与湘军第三十六军在小田冲、石狮寨接战,湘军不支,向永丰、宝庆退去,向部遂占湘乡县城。

△ 湘省临时政务委员会开第一次会议,程潜主席,议决:一、派陈嘉任、刘岳峙、刘召甫、张定分任湖南民政、财政、建设、教育事宜;二、取消军事、司法、土地三厅;三、民、财、建、教四厅,限各委员于 5 日前往接收,正式办公;四、对外文件一律用湘鄂临时政委会名义,由主席程潜与各该主管委员副署;五、临时政委会职权,以湖南省政府成立之日为止。

△ 黄绍竑抵畲坑(属梅县),闻第四军向闽南移动,即分兵两路:一由兴宁入赣、一由蕉岭入闽,以西路军为主力,东、南两路为辅。

△ 第三十二军军长钱大钧由广东普宁县统兵入赣,追击第四军。

△ 日本首相田中派三井物产会社职员、张作霖的挚友江藤同张作霖会见,谈"满蒙五铁路"签约问题。下午 4 时,江藤会见张学良,张学良表示赞同,愿尽力相助。当晚 8 时,江藤再见张作霖,刚自东京归来之张作霖日本顾问町野列席,并报告日本承认张作霖所提条件。张作霖谈称,已说服张作相使其勉强同意签字,在各项合同上当须本人自签"阅"字。

△ 国民政府财政部特设湘、鄂、赣、皖四岸食盐济运总局,委松江盐运副使陈绍妩为局长,是日公布组织简章,设总局于南京,四岸各设分局;总、分局运销盐斤,由淮北各盐场配运,定额暂以 200 万担为限,从前临时官盐、商盐一律停止。

△ 红军占领郴州。红军向郴州进发,何键部守军闻风逃窜,红军未经战斗,即进占郴州。5 日,中央郴属特委会成立。6 日,郴县苏维埃政府宣告成立,李才佳为主席,旋即掀起"插标分田地"的群众运动,处决了罪大恶极的恶霸地主,没收了地主豪绅的粮食,烧毁田契,废除债务,并组建了工农革命军第七师,邓允庭任师长,蔡协民为党代表。

2 月 5 日 "首都各界拥护中央四次全会暨蒋介石复职市民大会"于南京公共体育场开会,到 10 万余人。国民党南京特别市党部洪轨主席,于右任出席并发表演说,大会通过通电全国一致拥护四中全会及拥蒋复职,要求取消特别委员会所产生之各党部及各机关,拘捕"一一二二"惨案主从各犯,完成北伐,统一民财两政,彻底肃清共产党等 10 项提案。

△ 国民政府财政部通令禁止重征赋税。同日,又通令恢复盐务稽核机关(根据民国二年善后借款而设),其前任财长孙科任内所设之上海稽核总所及江、浙、闽、粤、赣、鄂稽核人员一律停止工作;至于外债问题,俟通盘筹划,再定办法。

△ 冯玉祥由新乡赴巩县。9 日返郑,10 日即赴汴。

△ 阎锡山在太原召集晋军北伐前敌将领开紧急会议,商震、徐永昌、杨爱源及留省各师长出席,决定反攻奉军。是日,阎致电驻南京代表赵丕廉,嘱向蒋介石等转达一切。

△ 驻杨柳青褚玉璞安国军第七方面军第六旅第二团全团士兵受冯玉祥方面运动,突然哗变,绑团长而行,杀连长二名,变兵分三组,全副武装向天津出动。代理天津镇守使谢玉田等闻报急调督署镇署卫队、宪兵、保安警察前往堵截,在津南 10 余里地方与变兵交火,变兵不敌,分向安次、武清撤走。

△ 黎元洪声明否认参加北方名流发起之全国和平运动。

　　△　东三省金融界因奉票连续跌价，大起恐慌，营口东亚烟草公司职工 1300 名，要求全行发给工资未遂，全体罢工。同日，营口警察以奉票低落，生计艰难，开始总罢工。

　　△　法驻华公使玛太尔由北京南游沪、汉各地，是日，由汉口抵南京，国民政府设午宴招待，蒋介石、于右任、蔡元培等 50 余人出席，李烈钧主席致欢迎词。法使致答词，称：法愿工商上通好，中法不适之规约，亦可取消重订。

　　2 月 6 日　国民党二届四中全会于上午举行第三次全体会议，中执委员 21 人出席，中监委员八人列席，于右任主席。决议：修正通过"整理党务根本计划"审查委员会提出之《整饬党纪之方法案》；通过蒋介石、戴季陶提出之《整理特别党部原则》。

　　△　国民党二届四中全会第三次大会下午继续开会，谭延闿主席，决议六项，其要项为：一、第三次全国代表大会定于十七年(1928)8 月 1 日召集之。二、宁、汉两方决议案，交执监两委员会常务委员联席会议审查：(一)凡与联俄容共政策有关之决议案，一律取消；(二)凡因反共关系开除党籍者，一律无效。三、《国民政府军事委员会组织大纲》及《国民革命军总司令部组织大纲》均修正通过。四、《中华民国暂行刑法草案》，交中央常务会议迅予审议通过。五、于右任所提《集中革命势力限期完成北伐案》，交国民政府责成军事委员会北伐全军总司令统筹全局，从速遵办。

　　△　驻益阳之湘军何宣师向西征军投诚，编为第九师，西征军第六军第十九师胡文斗部进驻益阳。

　　△　第四军从五华退入赣南，是日，沿闽赣边退集会昌。西路总指挥黄绍竑统率伍廷飏、黄旭初、吕焕炎三师，从兴宁追入江西寻邬县。10 日，伍廷飏部叶丛华团追至澄江圩，与第四军第十二师第三十四团王超遭遇，将王部击败，第四军尽向会昌撤退。

　　△　李济深第八路军第十五军伍廷飏部克雩都，第四军第十二师退长兴。

△ 易纨士于 4 日抵上海,是日,晤国民政府财政部长宋子文,建议召集南北代表共同列席关税会议。

△ 北京军政府国务总理潘复召集关税自主委员,正式会商关税自主与增收税率问题。专门委员钱泰等人提出二五附税改由海关征收一事,应商洽日使克期开征等四项意见,顾维钧、梁士诒赞同在沪开税率会议。

△ 日本首相田中义一派大藏省财务官公森太郎、正金银行副行长武内、东亚兴业银行董事小贯调查长江流域日本对华债权、汉冶萍公司、南浔铁路等实状,于是日抵上海。次日偕矢田总领事会见宋子文及郭泰祺,面谈汉冶萍整理问题,双方各陈意见,俟调查实情后,再正式交涉。

△ 浙江省政府议决公安局即日封闭各级工会。同日,杭州公安局长章烈奉命发出布告,将所辖 400 余工会于下午 5 时以前一律封闭。

△ 国民政府大学院决定改国立第三中山大学为浙江大学,蒋梦麟任校长。

△ 中华民国拒毒会会长李登辉、总干事钟可托联名电四中全会,要求责成政府变更禁烟政策,改变"寓征于禁"政策为"寓禁于征"。

△ 晚 9 时,厦门公安局四出搜捕共产党,至 11 时,共捕走 10 余人。

△ 湖南宜章县苏维埃政府成立,毛科文任主席。

2 月 7 日 国民党二届四中全会闭幕。四中全会于上午举行第四次会议,中执委员 22 人出席,中监委员五人列席,蒋介石主席,决议七项,其要项为:一、推举戴季陶、丁惟汾、于右任、谭延闿、蒋介石为中央执行委员会常务委员;二、推举丁惟汾、于右任、王伯群等 49 人为国民政府委员;三、推定谭延闿、蔡元培、张静江、李烈钧、于右任为国民政府常务委员,谭延闿为国民政府主席;四、推选于右任、方振武、方声涛等 73 人为军事委员会委员;五、指定于右任、白崇禧、李宗仁、李济深、何应钦、朱培德、程潜、冯玉祥、杨树庄、蒋介石、阎锡山、谭延闿为军事委

员会常务委员,蒋介石为军事委员会主席;六、蔡元培等五人提议制止
共产党阴谋,铲除共产党之理论、方法、机关、运动,由全体会议交由执
监两委员会与政治会议随时审查执行。下午,四中全会举行闭幕式,于
右任主席,通过《中华民国国民党第二届中央执行委员会第四次全体会
议宣言》,即行闭幕。

　　△　江藤会见张作相,张作相谈称,承包铁路合同,事关重大,须待
战争结束回吉林商议后才能签字。

　　△　江苏省政府指令核准虞洽卿为上海租界内纳税华人会主席。

　　△　胡宗铎部第十九军于3日自长沙出发,追击湘军第八、第十
七、第三十六军,是晚占领衡山县,湘军分向宝庆、衡阳退却。

　　△　易纨士在上海访晤黄郛,略述关税问题意见:一、按以前关税
会议修正之七级表实行加税;二、由南北两政府各发同文通知书与各
国;三、增加数目全国约6000万两,以1000万两留抵担保不确实外债
之基金,余数按三七或六四比例分配于南北(南方可净增年额一千七八
百万元);四、第一次南北委员会议地点在大连,以后各次在上海。

　　△　上海总商会致电国民党四中全会,请撤废一切苛捐杂税。

　　2月8日　安国军第一方面军团长孙传芳召集直鲁将领在济南开
军事会议,张宗昌、褚玉璞、寇英杰、张敬尧、程国瑞、王栋、李藻麟、马敦
源等出席,讨论军事问题,决任褚玉璞为西路总司令指挥大名、曹州军
事,结果各方意见未获一致。

　　△　第一集团军第九军长顾祝同向徐州北上,经柳泉转贾汪,视察
右翼前线防务,并检阅驻贾汪一带之第九军第三师涂思宗、第二十一师
陈继承两部,当晚仍原车返徐。

　　△　安徽省政府致电国民党中央党部、军委会及蒋介石,恳请限期
北伐,消平奉鲁,上慰总理在天之灵,下慰群众延颈之望。

　　△　下午5时,西征军第十九军胡宗铎、第七军夏威部占衡阳。当
日,白崇禧亦到衡,湘军李品仙部退郴州。

　　△　西征军第二十一军第一师向成杰部由湘乡向永丰进逼,是日

拂晓,在铜铃铺(距永丰 10 里)与湘军第十七军激战三小时,于上午 9时占领永丰,湘军退向宝庆。

　△　上午 8 时,陈铭枢偕徐景唐抵广州,即赴第八路总指挥部晤李济深,即日午间,李设宴为陈、徐洗尘,冯祝万、吴铁城、陈章甫等 10 余人作陪,席间讨论粤善后及财政问题甚久。

　△　李济深在第八路总指挥部开粤省军事及政治会议,到陈铭枢、徐景唐、邓彦华、冯祝万等人,讨论统一财政、肃清共产党及进兵援湘等问题。议决:一、严令各军将曾截留之款项,扫数解回财政主管机关核收,并将占收之机关即日交回主管机关接管;二、决定由惠、潮两方面抽调大军,分路向海陆丰合围搜捕共产党,务期于旬日内将其扑灭,其余北、西、南三路,亦令饬防军切实剿办;三、责成范石生、胡凤璋、许克祥刻日进兵入湘,务将宜章湘军及共军击退,必要时拟增调第十一军开赴北路,以厚兵力;并电白崇禧饬部兼程追击,以收前后夹攻之效。是日,陈铭枢允就省政府主席职。

　△　国民党广州政分会议决,新编第四军回复第四军名称,陈济棠任军长。

　△　第三十二军军长钱大钧通电称,奉蒋介石冬(2 日)电,于本日集中潮梅各部,继续北伐。

　△　国民政府特别党部依四中全会整理党务计划案,决定呈报中央党部停止筹办。

　△　前国民政府代理海军局长李之龙 7 日由港来穗,8 日被捕就义。

　△　湖北省政府以东北部各县共产党大肆活动,是日颁发《湖北各县清匪奖励条例》。

　△　北京关税自主委员会委员梁士诒访日使芳泽,陈述中国方面现正组织关税自主委员会,将从明年 2 月起实行关税自主,希望日本为好意之援助。

　△　伍朝枢在新加坡游历,突遭狙击,幸未受伤,凶手当场捕获。

△　驻青岛日本陆战队乘"长良"舰全部返国。

2月9日　蒋介石偕总参议何成濬赴徐州视察军事,并谋与冯玉祥谋面,商榷北伐事宜。次日抵徐,总部参谋长林伯森及第一、第九、第二十七军各军长刘峙、顾祝同、夏斗寅到车站迎迓。

△　国民政府特任黄郛为外交部长。21日,黄郛自上海到南京就外交部长职,发表对外宣言,提出屏除不平等条约等六项与各友邦周旋之标准。

△　国民政府电令各省、市政府严密防范共产党,称:共产党"自厉行清党以后,竟有怙恶不悛之徒,潜去各方,阴谋复煽,除恶务尽,防范宜周,仰各省、市政府转饬所属,严密查拿"。

△　晋军第六军丰玉玺部在长城岭附近与奉军接仗,激战七小时,奉军不支,向阳曲方面退去,晋军占领阜平。

△　国民党广州政治分会主席兼广东省政府委员会主席李济深电李烈钧,拥护四中全会。

△　江西省政府主席朱培德以赣省进入训政时期,是日电令民政厅长杨咽冰对各县长及公安官吏"分期调考,以定去留";"至于在军队服务之人员,如有政治经验,欲在行政方面图谋建白者,亦须经考试方能录用"。

△　吴俊陞以通化大刀会讨伐告一段落,是日归奉发表谈话,略谓:"以通化为中心之大刀会员,其数已达七千名,一般性质尚属善良。此次抵抗官兵之会员,虽有相当之数,而其大部已被击毙,后事一任齐恩铭清乡督办处理。不日拟亲晋京谒见张大元帅,报告讨伐大刀会经过。"15日到京,向张作霖报告剿办经过。

△　英外相张伯伦致电易纨士,大意谓:中国关税自主,如以统一的国定税率为根据,不予英商以难堪为前提,英政府对此甚表同情,将来召集关税会议,英政府决不作梗。

△　驻华英、美、日、法四国公使,因北满中国当道于去年12月2日布告不承认由中东铁路土地局发给外国人之借地权一事,向张作

霖提出严词抗议,指责此系违反各国侨民既得权之保护声明,请予撤回。

△ 美轮"爱德摩号"于 4 日抵厦门,连日卸货,至是日该轮大副误伤华人林狗使,林被送入鼓浪屿日本医院抢救,因枪伤腹部,抢救无效而死。次日海关下令扣留该轮,交涉员刘光谦向美领提出正式抗议,美领当即道歉,并表示考虑赔偿、惩凶等要求。

△ 驻华挪威公使密那成自沪乘轮返国。

2 月 10 日 国民政府委员会第三十七次会议,讨论事项:(甲)国民党中央执委会函送四次全会议决案:(一)修正国府组织法案,决议公布施行;(二)推举国府委员(49 人)、国府常委(五人)、主席(谭延闿)案,推定军事委员会委员(73 人)、军委常委(12 人)、主席(蒋介石)案,决议录案通知;(三)修正军事委员会组织大纲案,决议通过实行;(四)修正国民革命军总司令部组织大纲案,决议公布施行;(五)限期完成北伐案,决议分令行知;(乙)中央政治会议咨送:(一)关于建设经费由建设委员会筹集案,决议交财政部拟办;(二)关于建设委员会经费开支案,决议令财部查照办理。

△ 国民政府致电张静江,告以业经四中全会推为常务委员,促其"克日莅都,共谋建设"。12 日,张由上海到南京。

△ 国民政府代理外交部长郭泰祺对日发表声明,关于张作霖向日方南满铁路会社借吉会路垫款 500 万元以及北方军阀对外任何借款,国民政府概不承认。

△ 甘肃省政府主席刘郁芬致电李烈钧报告甘肃最近情形,要点为:一、省市党部正式成立,县党部成立 10 余县,余正积极筹备;二、拉卜楞之青海番民,多数入党,已改设县治;青海内部,已将总理遗嘱、党义等译成藏文,派员带往散发,唤醒番民;三、设立省道办事处,专任修路事宜;四、设立自治训练所,养成自治人才。

△ 陈铭枢第十一军军部及第十师师部开抵惠州。次日下午,第十一军副军长蒋光鼐及第二十四师师长黄质胜抵省。

　　△　夏斗寅所部新十军奉令改为第二十七军,是日,夏于徐州宣布改称,并宣誓就职。

　　△　大学院决定将广州"第一中山大学"名称改为"中山大学","第四中山大学"名称改为"国立江苏大学"。

　　△　汕头公安局破获共产党机关七处,共捕共产党员 28 名,枪毙11 名。

　　△　驻华英公使蓝普森抵福州,访晤福建省府代理主席方声涛。国民政府电方声涛转告欢迎蓝返沪时到南京一行。

　　△　中日双方在南京国民政府外交部非正式交换对于汉冶萍公司及南浔路之意见。由中方交通部次长李仲公、司长赵世暄、整理汉冶萍专任委员湛溪等,日方驻沪总领事矢田、正金银行副行长武内、东亚兴业银行董事小贯、大藏省财务官公森等 14 人参加。日方要求李仲公将口述意见作书面发表,李答称俟报告政府再办。正式谈判俟有负责外交部长后,于最短期间开始。

　　2 月 11 日　国民政府令军事委员会及北伐全军总司令限期完成北伐。

　　△　国民政府简派陈绍宽、刘岳峙、刘召圃、陈嘉任、张定为湘鄂临时政务委员会委员。

　　△　第一路军总指挥何应钦以该路辖 10 余军之多,战线绵亘数百里,运输联络诸感不便,是日致电蒋介石请改订编制,并即请其就近指挥,己则专力于后方事务。

　　△　陈调元部第三十七军由安庆启程开赴徐州前线。

　　△　第三十二军军长钱大钧通电,定于 12 日由上杭率部北上,遵军事委员会前令加入北伐。17 日,国民政府致电嘉许。

　　△　奉军郑泽生部向山西偏关进攻,商震所部晋军还击,郑军大溃,被俘 4000 余人,郑仅以身免。

　　△　国民党中央执行委员褚民谊乘轮离沪赴法,调查军医及卫生事务。

　　△　湖北新堤关监督喻毓西电湘鄂政委会,告以贺龙军队已至监利县,向新堤进逼,特飞电请剿。

　　△　日本新任济南总领事西田过津访张绍曾谈时局,为日方出兵山东辩护,略谓:"日本出兵山东,不仅中国南北误会,即日本国人亦必攻击;惟不出兵,则一旦侨民危险时,当取何种自卫手段?"又谓:"中国若再经两年内战,则南北工商业必完全破坏无遗……列国为救济自国商务,势将采取共管手段。望君以北方先觉资格出来唤醒国人,早息内战。"

　　△　驻苏州第一军教导团团长李仙洲,赴宁向何应钦报告破获共产党机关情形。13 日返苏,奉令将所获之徐家六等 16 名共产党员一并解宁,交特别法庭讯办。

　　△　朱德派红军一连兵力,协同江西省永兴县农军,一举攻占永兴县城。次日,永兴县苏维埃政府成立,刘木为委员长,13 日,组建红色警卫团,尹子韶为团长,黄克诚为党代表。

　　2 月 12 日　蒋介石连日在徐州对第一、第九两罩长官训话。11 日,对第一军讲《恢复革命精神和纪律》,说为什么北伐军连克十省,何以直鲁打不下来?"根本原因,是因各人到了南京,便发生争权夺利的错误思想。……若这种情形不变更,各人不彻底觉悟,不决心奋斗到底,本党的命运,必蹈洪、杨的覆辙,一到南京就倒台"。12 日,蒋又对第九军讲《恢复领导重心向革命道路继续前进》。

　　△　李济深出席广东省党部纪念周,发表演说表示拥蒋(介石),称不可排蒋,致敌人乘隙离间本党。

　　△　张作霖接奉军和原直鲁联军在津浦线泊头镇附近内讧之报,是晨召集军事会议。张学良谓:最近右翼路军已发生兵变数次,杨柳青方面,逃亡之兵向京南三县百余村掠夺,与我后方安全及对冯作战影响重大;今欲谋对冯、阎作战之胜利,不得不计及后方之安全。经杨宇霆、张作相、孙传芳、汤玉麟等协议结果,张作霖决定:褚玉璞调任吉林督办,张作相为直隶督办兼三四方面军团司令,以孙传芳为山东督办,并

协同在德州之于学忠部担任山东之防护。对晋问题,决用孙传芳之主张,表面上对晋下总攻击,实则谋依赖英、美两国要人与阎锡山议和,其条件仅请阎不予援冯,此外别无他项要求。

△　第十一路总指挥方振武由信阳出发归德,是日抵开封,冯玉祥召开大会欢迎,并发表演说,谓:"希望十一路的武装同志,继续以前光荣的历史,奋斗的精神,努力杀贼,打到山东去,打到北京去,活捉张宗昌、张作霖,完成国民革命。"方表示愿随蒋、冯之后努力北伐,致力国民革命。

△　阎锡山军事代表、山西陆军第九师师长吴藻华取道郑、汉到南京,向蒋介石报告晋省军事,据吴谈称:晋军加入北伐,原定六个月到达北京,军饷军械均以六个月为预算,现逾四个月,以后如何筹措,即为此次赴京及谒蒋之目的。去年全省税收及京绥、正太两路收入,月可得380万,现在仅月收百三十万,极力张罗,只能维持至3月底。

△　第三十七军军长陈调元奉召由宁赴徐面晤蒋介石,商北伐军事。

△　第三十三军军长张克瑶奉柏文蔚令,渡江北上督师,其直辖第二师限三日内集中蚌埠。

△　湘军第四十四军军长叶开鑫致电蒋介石,要求将该部军队从湘西调回北伐。

△　程潜、白崇禧下总动员令,分兵四路,进攻湘西:以第十三军与第六军李师,由益阳、沅江、汉寿进攻常德,以第二军、第四十三军由荆、沙进攻津、澧,以新编陈渠珍师由辰、沅进攻桃源,以周朝武师由慈利、大庸进攻临澧。

△　白崇禧进驻衡阳,电粤请派兵夹击湘军。

△　北京军政府外交部电驻苏代理大使郑延禧,谓已签字之《日俄渔业协定》中,若有关于黑龙江之中俄管内渔场之各项,则系侵害中国之主权,令调查电复。

△　华北日军司令新井到北京检阅日军。

△　贵州省政府主席周西成电呈国民政府及军委会,保荐赖心辉为第九路军副总指挥。

△　国民党浙江省党部以杭州《民国日报》"任意诬蔑中央委任人员"(陈希豪、洪陆东),是日,咨请省府查办该报;又省府查封工会,并未预先征得党部同意,省党部以事关党权,特函省府质问。

2 月 13 日　国民政府明令公布军事委员会常务委员及主席人选:于右任、白崇禧、李宗仁、李济深、何应钦、朱培德、程潜、冯玉祥、杨树庄、蒋介石、阎锡山、谭延闿为军事委员会常务委员,指定蒋介石为军事委员会主席。

△　国民政府公布《修正中华民国国民政府组织法》。次日公布《修正国民政府军事委员会组织大纲》。

△　蒋介石于徐州前线电国民政府,报告本日下令改编第一路军为第一集团军,下设三个纵队:第一军、第九军、第十军编为国民革命军第一集团军第一纵队;第十七军、第二十六军、第三十七军编为国民革命军第一集团军第二纵队;第二十七军、第三十三军、第四十军编为国民革命军第一集团军第三纵队。任刘峙为第一纵队总指挥兼第一军军长,陈调元为第二纵队总指挥兼第三十七军军长,贺耀组为第三纵队总指挥兼第四十军军长(3 月 15 日国民政府明令公布)。第一集团军总司令由蒋自兼,调第一路总指挥何应钦为国民革命军总司令部参谋长。

△　蒋介石在徐州召集第四十、第二十七两军官佐训话,到贺耀组、夏斗寅等及在徐官佐政训处人员共数百人,蒋致训词要求两军保持光荣历史,继续努力,完成北伐。

△　国民政府财政部长宋子文抵杭州解决浙省财政问题,即日与省府各委员磋商,达成浙省每月解部之款由原 50 万元增至 70 万元等五项有关国税、省税协议。

△　冯玉祥派石敬亭由豫抵徐,向蒋介石接洽联络北伐军务。

△　安国军褚玉璞第七方面军团(直军)徐源泉部第六军游击旅长梁振寰,近忽由巨野向济宁撤退。褚玉璞见其有异动,遂调梁部入津。

是日,梁部北上专车开至泊头镇车站,被褚布置之军队包围,双方互战三小时,梁振寰被击毙,该旅官兵毙命者 200 余,伤百余,突围溃走者千余名,缴械者不足 500 名。

△　李景林所部东北第一军军长崔芳庭致电蒋介石,告以奉李景林令赴鲁西召集旧部,响应北伐,兹在金乡、鱼台、嘉祥、巨野等处召集郑春阳、梁宝斋两师,在蒙阴、新泰、莱芜等处召集周寿山、刘华民两师,在泗水、邹县等处召集王芳亭师、何宗文、孙法霖、李绪九三个旅,总计四万余人,均系李公旧部,现各在原驻地点枕戈待命,请催令李即日莅止前方,指导进行。

△　湘鄂临时政务委员会以湘省各地之工会、农民协会、商民协会、妇女协会、学生联合会等民众团体,"向受共产党操纵利用",是日颁发布告,宣布"一律取消,不许活动"。

△　中俄地方当局签订黑龙江、乌苏里江航行新约,未呈北京军政府批准。中方签字者黑河道张寿增、黑河税务司铎斯、东北航务局长陈文让;俄方签字者黑河领事米拉美得、俄水道局长吉阿诺夫、技术米拉依罗夫。

△　奉天临江县八道沟大刀会员 200 名与官军宪兵队激战,至 14 日始被击退。辉南县亦有大刀会员 200 余与马贼呼应,于 16 日占领大肚村,并向辉南县城进击,与官军发生激战。

2 月 14 日　国民政府与谭延闿、李烈钧分别复电蒋介石,赞同一路军改定编制新令。

△　国民政府公布《修正国民政府军事委员会组织大纲》。

△　第十一路总指挥方振武由归德到徐州晤蒋介石,次晚先蒋遄返归德候迎,并与蒋同赴汴,列席蒋、冯开封军事会议。

△　白崇禧令西征各军举行第三次总攻击,分三路进攻宝庆,五路进攻常、澧,另以一路侧击安化,以截断宝庆与湘西之联络,宝庆、安化战斗激烈进行。同日,白崇禧偕第七军军长夏威自衡阳赴红罗庙督师。

△　粤省东江军事开始收束。东江军事自张、黄部队入赣后,李济

深初拟积极追击,嗣以缪培南、薛岳通电率队北伐,而第八路军兵士亟须休养,遂决定收束军事,是日致电梅县黄绍竑先将东江各部队分别留驻或开拔,除指定驻防之部队外,其余概行班师。黄绍竑奉令后,即将西路部队分别撤回,第五师伍廷飏部由平远回梅县,第六师黄旭初部由平远回河源,第七师吕先遂部由兴宁回广州。南路部队,徐景唐之第十三师第三十七、八两团已先期陆续抵省,一部则径返江门原防。东路部队,陈铭枢之第十、第二十四、第二十六各师,亦次第来省。东、西、南三路总指挥部亦由前线迁回省垣。

　　△　京汉路郑州运输司令许骧云通电征收京汉路军事捐,宣布章程 10 条,其中规定大米、高粱、豆麦、食品征收为 70％,食盐与消耗品(如烟叶、香烟等类)同征 50％,自 15 日起开始实行。

　　△　张作霖任命沈鸿烈为海军第一舰队司令,凌霄为海军第二舰队司令。

　　△　日本大藏省财务官公森、正金银行副总裁武内等 11 人,自宁赴汉交涉汉冶萍问题,次日访湖北省府主席张知本、交涉员甘介侯。张、甘即日设宴欢迎,16 日,公森设席答宴,席间对于汉冶萍问题均有所讨论。17 日晚,公森等一行乘轮离汉,一部赴大冶视察矿地,一部赴南昌交涉南浔铁路借款问题。

　　△　驻沪之英国陆军寒泉大队官兵共 900 名奉调回国。

2 月 15 日　国民党中央政治会议第一二八次会议,张之江、钮永建提议实行信教自由,取消反对基督教及反对各教等口号,议决移送中央党部核议。

　　△　徐州各界五万人召开庆祝国民党中央四次会议及欢迎蒋介石大会,蒋演说谓:四次全会圆满,北伐已有全计,定于三个月内完成,此可以预告以慰徐州同胞。

　　△　蚌埠市各界三万余人集会庆祝国民党中央执监会议及蒋介石复职,全市休业半日,晚上举行游艺会。

　　△　各省商联会呈国民党中央党部及国民政府,请筹开国民会议,

并请选举党国名流组织国民会议起草委员会,决议各项法规,从速成立筹备处,"庶国民之总意思得以表示,而国家亦得以长治久安"。

△　刘峙、陈调元、贺耀组在徐州第一军部就第一集团军一、二、三纵队总指挥职,蒋介石亲授印并致训词,谓:现在北伐继续开始,望三总指挥不负委托,努力奋斗,完成革命工作。

△　第三十三军军长张克瑶由蚌埠抵徐州,晤蒋介石商议军务。19日,随蒋介石由徐抵蚌,奉命回寿州调遣军队,集中蚌埠,会师北伐。

△　阎锡山派山西陆军第九师师长吴藻华兼驻宁军事代表,是日到任,即偕刘璞忱晤李烈钧,报告晋战情况,商洽机宜。

△　第四军军长缪培南、副军长薛岳、第十二师师长吴奇伟、第二十五师师长李汉魂、第二十六师代师长陈芝馨、教导第一师师长邓龙光、教导第二师师长黄镇球等通电,表示一致拥护南京中央第四次执监委员会及决议案,继续北伐,完成国民革命。

△　西征军第十三军副军长谭道源由汉寿返省,陈述常德前线情形,以湘军常、澧后方极为空虚,主张速取常德,以破何(键)、叶(琪)根据,获程潜、陈嘉祐赞许。17日,西征军集中汉寿前线,陈嘉祐偕谭由省返汉寿督战,一面会知常、澧各军同时总攻,海军第二舰队司令陈绍宽亦亲率浅水炮舰"江贞号"前往监利、石首、荆河一带助战。

△　何键致电程潜、白崇禧输诚,表示愿于善后勉效绵薄,不能再事内争,重苦地方,前电停止军事行动一节,可否同意实行,以便从长协商,完成合作之愿,并表示愿亲自赴长沙面商一切。

△　新疆乌什回王全权代表定希程,为国民党第四次全体会议议决设立蒙藏委员会,而对新疆回族各事则未闻提及一事,具呈国民党中央党部及国民政府请愿,恳请速示办法,"冀能解除回族痛苦,同登平等之阶",以慰7000万回民之渴望。国民政府主席谭延闿据呈后,即函约定希程于是日赴府谈话,磋商此事。

△　驻华英公使蓝普森抵厦门,交涉署茶会招待,英使即席演说,略谓:"此行观察国民政府治下状况,极为满意,英国政府极愿视力之所

及，为国民政府助。"当日下午离厦赴汕头转广州。

△ 苏联开设之上海远东银行复业。该行于上年 7 月 16 日因有接济共产党款项嫌疑被国民政府查封，后经上海茶商联合请愿（因中国茶叶大宗销俄，该行查封，引起上海茶商恐慌），国民政府于是日下令准予启封复业。

△ 南昌卫戍司令部以铜鼓县农民协会委员、共产党员李建康召集农民 2000 余人勒缴保卫团枪械，是日拿解省垣枪决。

△ 中共北京市委书记马骏就义。

2 月 16 日 蒋介石于下午 2 时由徐州抵开封与冯玉祥会商北伐大计及作战方略。结果冯同意将国民军改编为国民革命军第二集团军；议决彰德、大名方面及山西方面先取守势，集中兵力以解决山东。其作战部队为：一、用于山东方面者为第一集团军第一军团刘峙（担任津浦路正面）、第二军团陈调元（担任郯城、沂州迤东一带）、第三军团贺耀组（担任湖西经丰、沛、单各县攻鱼台）、第四军团方振武（由归德、曹县、定陶攻金乡），第二集团军第一方面军第三军孙良诚、第四军马鸿逵、第五军石友三、第二十一军吕秀文（由菏泽攻巨野、嘉祥及郓城）、骑兵第二军席液池（由郓城以北绕汶上、宁阳截击奉军后方联络线）；二、用于河北方面者为第二集团军第二方面军孙连仲、第三方面军韩复榘、第八方面军刘骥、骑兵第一军郑大章；三、用于山西方面者为第三集团军全部。期于三个月内会师北京。阎锡山代表朱振声亦与会。

△ 国民党中央党务委员会第一一七次会议议决，遵照四中全会决议，各级党部暂停活动。次日，由中央执行委员会电告各省、市党部。

△ 陈调元返皖，调所部第三十七军加入北伐。当晚，该军第三师师长谈经国率部自安庆开抵浦口，待车北上。

△ 刘镇华部占山东堂邑县，直鲁军向东昌溃退。

△ 西征军胡宗铎部第十九军、夏威第七军于 15 日拂晓向黑田铺、两市塘、仙槎桥一带湘军进攻，战一小时。湘军第八军李品仙部、刘兴、周斓第三十六、第三十七军力不能支，西征军于是日上午占领宝庆，

李、刘、周仅率卫队数百人退至洪江。是役湘军 3000 余人被俘。

　　△　西征军鲁涤平所部第二军占领公安县,次日向湘西前进,追击湘军何键部,何部第一师师长周嵒向刘铏投诚。

　　△　第八路军第十一师师长陈济棠由汕头抵广州,旋晤李济深报告前方军事。第十师师长蔡廷锴同行。

　　△　晚,国民政府财政部长宋子文于上海私邸设席宴易纨士。宋于席散后,乘夜车回宁商定关税问题解决办法,予易氏以最后之答复。

　　△　北京商会挂牌,奉票每元值三分六,北京军政府派张焕相为哈尔滨各银行监理官,迅筹奉、哈两地东三省银号现款,救济奉票。

　　△　红军占领耒阳县。朱德率红军主力于 10 日沿郴(州)衡(阳)大道,从永兴马田圩正面进攻耒阳,是日清晨进攻耒阳县城,农民纷持大刀、梭标响应,直冲城内,占领县城。19 日,耒阳县苏维埃政府成立,刘泰为主席。同时,耒阳起义工农组建工农革命军第四师。

2 月 17 日　国民政府特任于右任、方振武、方声涛、王钧、石青阳、白崇禧、田颂尧、朱培德、朱绍良、宋哲元、李宗仁、李烈钧、李福林、李景曦、李鸣钟、李济深、何成濬、何应钦、汪精卫、周西成、岳维峻、金汉鼎、胡宗铎、胡汉民、柏文蔚、徐永昌、马福祥、孙良诚、孙岳、孙科、陈可钰、陈季良、陈训泳、陈焯、陈绍宽、陈嘉祐、陈铭枢、陈调元、夏威、曹万顺、张之江、张群、商震、鹿钟麟、贺耀组、黄绍竑、程潜、汪寿良、冯玉祥、钮永建、杨杰、杨虎城、杨爱源、杨树庄、邓锡侯、邓宝珊、樊钟秀、熊斌、钱大钧、卢师谛、刘文辉、刘郁芬、刘峙、刘湘、刘骥、蒋介石、蒋作宾、鲁涤平、赖心辉、龙云、阎锡山、谭延闿、顾祝同为国民政府军事委员会委员。

　　△　蒋介石偕冯玉祥离开封赴郑州视察,次日车至归德及砀山,先后下车分别对第十一路方振武部第四十一军及第三十四军训话,下午 2 时专车返抵徐州。

　　△　第二集团军克林县,剿平天门会。豫北、直南天门会势力极盛,蔓延 20 余县,其巢穴在林县。第二集团军令庞炳勋军由彰德经水冶、科泉攻寺县,别以许长林师由辉县、鹤壁协攻,是日克林县,次日克

油房、焚伪宫殿。自3月1日起至18日,先后凡八日,天门会患悉平,从此豫北肃清,北伐无后顾之忧。

　△　李济深召集广东高级将领会议讨论北伐问题,陈铭枢、陈济棠、徐景唐、陈章甫、邓世增、邓彦华等出席,陈铭枢提出广东应于第八路总指挥下属各军每军抽调一至二师,组成北伐军,迅速出兵,追随蒋介石进行第二次北伐。陈济棠、徐景唐亦表赞同,待黄绍竑返省后再定。

　△　广东省政府委员会第三十六次会议,广州政治分会主席李济深以本人既兼任省党部改组委员兼组织部长,又任省府主席、第八路总指挥兼第四军军长,党政军务集于一身,对于省府主席一职未遑兼顾,特提议辞职,并请以陈铭枢继任主席。出席省委员均赞成通过。陈铭枢以专心办理第十一军军务,亦坚辞不就,决下次再议。

　△　国民政府财政部长宋子文电令驻沪缉私处,责成该处专办禁烟缉私,此外如盐务、卷烟、煤油、烟酒、印花等项缉私事宜,仍由各主管机关收回办理。

2月18日　国民政府建设委员会开成立会,到谭延闿、李石曾、黄郛、郑洪年、陈立夫、王征、叶楚伧、吴敬恒等委员及苏、浙、皖三省建设厅长,张静江主席,讨论职权问题,决定由秘书处草拟暂行条例,俾资依据。

　△　国民党河南省党部通电拥护中央四次全体会议,表示“誓竭至诚,绝对服从”。并望各省各界同志同胞一致遵循,努力奋斗,俾中央议决各案早日实现。

　△　西征军鲁涤平部第二军、李燊部第四十三军由公安攻津、澧,是日鲁军占津市,李军占澧县。湘军向临澧方面退走,鲁、李军向常德前进。

　△　湘军放弃安化县城,向东坪、溆浦退走,次日西征军李韫珩师进驻安化县城。

　△　福建省府代理主席方声涛电国民政府常务委员李烈钧,告以

英使蓝普森在闽期间关于宁案之谈话要点：一、惩凶：严缉凶手，依法惩办，所有案内带兵长官，如有在逃，不在国民政府管辖区域之内者，须以明令公告，以后不再任用；二、道歉：此案在中国人方面，咸抱歉忱，两方意思，业经接近，只须正式履行道歉手续；三、赔偿：两方各派委员会同调查事实，如财产被掠、房屋被焚、被害负伤等，然后决定赔偿办法。

　　△　晚，上海大通协记航业公司"新大明"轮被日本小樽会社佐藤商会之轮船"厚田第二丸"在目鱼沙附近长江东岸撞沉，溺毙450人，损失60万元。

2月19日　蒋介石离徐州，次日凌晨抵南京会晤谭延闿、李烈钧，报告开封会议经过及前方军事编配布置情形，关于党政各要务亦有协商。

　　△　西征军夏威部第七军克新化县，湘军退走溆浦、龙潭。

　　△　第八路代总指挥黄绍竑由兴宁启程回省，是日，第八路总指挥部规定粤省东江军事结束办法六项：一、入赣追击部队限期开回粤境，由黄绍竑指定各军驻地担任"剿匪"；二、电令驻闽第十一军留守主任黄强严剿散兵，同时电赣朱（培德）将赣边散兵剿清；三、将东江战事状况及善后计划电告国府；四、补充各军缺额及军事；五、在广州、惠州、汕头设治疗所，医治伤兵及资遣敌兵回籍；六、在东江临时招募补充机关一律撤销，以后招兵须呈准总部核行。

　　△　阎锡山召集山西军政各界人员举行节俭会议，发表演说，略谓：厉行清廉政治，为表现爱国爱民之第一义，本党既先以此与国人相见，应有正确之办法。旋由各界推举代表草拟规定，公布实行。

　　△　阎锡山致电驻宁代表赵丕廉，谓山西省政府拟将三民主义、五权宪法之属于省政职权者，自行拟一办法试办，请中央派员监察，倘荷赞成，即由山西将拟定办法送呈。22日，国民党中央政治会议议决，照阎来电办理，并认为暂无派员监察之必要。

　　△　湖北省监利县长田立勋电省府，告以"昨午一时农工革命军第十五军第十三师三十七团共三百余人，猛来扑城，勋等亲率团队出击，

击毙连长等二十五人,生擒三名,将其击退,监城始得保全";又谓:"惟东南股匪,尚有数起,恳准速派大军救援。"

△ 开封共产党员李子明散发传单被捕,随又有六名共产党员被捕,省政府派军警于郑州、洛阳两地捕获同案之共产党员共三名。

△ 台湾民众党领导下之劳工团体 29 个单位(会员共有 6367 人),在台北设立台湾工友总联盟。联盟规约之宗旨,在谋工人及店员之利益与幸福及其生活之向上;其任务有"统一全岛之劳动运动"等 10 项。

2 月 20 日 国民政府致电云南省政府主席龙云,请将党国大计及地方应兴应革事宜及时敷陈,借资采择;现在滇中情形,立盼切实见告。

△ 国民政府为决定川省施政计划,推李烈钧征求该省各界意见。是日,李烈钧致电刘湘分转四川省、成都市党部及赖心辉、郭汝栋、邓锡侯、田颂尧、刘文辉等,订于 3 月 1、3、5 日,约集各界请愿代表、京沪川籍军政要员戴季陶、卢锡卿、黄复生、张希骞等人在南京会商川局。

△ 张作霖特派张宗昌兼节制直隶军务。

△ 白崇禧自宝庆行营电告第三集团军总司令阎锡山将移师北伐,略谓:"一候湘局解决,即将移兵北上,敬随我公之后,长驱朔漠,直捣幽冀,借竟全功,完成革命。"

△ 湘鄂临时政委会主席程潜公布《湖南各县清乡条例》,通令各县同时举办清乡,限各县清乡委员会成立之日起,以一个半月办竣。

△ 冯玉祥电国民政府,反对与北方对等地位开对等关税会议。

△ 美驻华公使马瑞慕离京取道济南、青岛南下,至长江"视察",25 日抵上海。

2 月 21 日 国民政府大学院明令废止祀孔,令称:查我国旧制,每届春秋上丁,例有祀孔之举,实与现代思想自由原则及本党主义大相悖谬,着将祀孔旧礼,一律废止。

△ 国民党广州政治分会议决通缉俞作柏,并令桂省政府查封其家产;又通过省党部第三次全省代表大会组织法及选举法,派李晓生赴

法、比考察农工行政。

△　南京特别市市长何民魂通电拥护国民政府关税自由,反对易纨士之主张,略谓:"……近幸我国民政府底定东南,定期十八年一月一日实行关税自主,并进而编订国定税则,凡属国人,同深庆贺。乃迩来迭见报载竟有北京伪政府代理总税务司易纨士南下,主张在中国未实行关税自主以前,将海关税征至一二·五,并主张南北双方合组税率委员会议,解决一切等语,披览之余,实深发指。"吁请国人一致否认易之主张,并誓为国民政府关税自主之后盾。

△　国民政府财政部长宋子文致电上海总商会,略谓该会代表工商谆谆以关税自主为请,与本部所抱宗旨正复相同;至易纨士南下,接洽所提关税自主前之过渡办法,纯属一种私人建议,本部以事关全局,正在慎重考虑,报载各节,率多失实;至承受巨额借款之说,更属无稽。

△　毛泽东率领工农革命军两个团自遂川攻打宁冈新城,歼灭守军多人,击毙营长王国政、靖卫团长李树滋,活捉县长张开阳,俘敌军400余人,并占领新城,是日在宁冈砻市开万人大会,成立宁冈县苏维埃政府。

△　驻厦门美领关于美轮"爱德摩号"大副枪杀华工林狗使案答复交涉署:一、正式向中国政府道歉;二、凶手按美律惩办;惟交涉署所提赔偿5500元赔款一项,当电华盛顿请示政府。次日,美领告以政府电复,允照赔5500元。

△　湖北蒲圻县县长张静修以该县东乡共产党集合500余人,有枪数百支,响应群众千余人,准备扑攻县城,连电省府告急,请求派兵往剿。

2月22日　国民党中央政治会议第一二九次会议,议决:一、设立国民政府内政、农矿、工商三部,特任薛笃弼、易培基、孔祥熙分别担任,咨国府任命;二、推黄郛为政治会议委员;三、推方振武、薛岳、岳维峻为国民政府委员;四、推李宗黄、吴忠信、刘纪文为建设委员会委员;五、推于右任为国府审计院院长;六、《立法程序法》修正通过,移送中央执委会交国府公布等 10 项议案。

△　蒋介石致电程潜,请其率军参加北伐。

△　北京安国军将领开会,重新部署作战计划:张宗昌为津浦路讨赤总指挥;孙传芳为鲁西讨赤总指挥;褚玉璞为大名方面讨赤总指挥兼津浦路讨赤副总指挥;张学良为京汉路讨赤总指挥,杨宇霆副之;张作相为京绥路讨赤总指挥,汤玉麟、高维岳副之。同时决定,所有直军系统归张宗昌指挥。

△　冯玉祥由汴赴洛。28 日,检阅第三十军刘骥部。冯任命石敬亭兼第二十二军长。

△　第十七军军长曹万顺通电称,奉蒋介石电令独立第一师着改为第十七军第二师,委李明扬为第十七军副军长兼第二师师长。

△　第三十三军师长岳相如、第十军军长杨胜治、师长张锡海、陈克逊暨各团长赴徐州开军事会议,准备北伐。

△　何键、叶琪通电表示愿让出常德,退往南县、华容、安乡各县听候改编,并派参谋长刘晴初分赴长沙、宝庆商议一切。

△　国民党江西省党部致电南京中央党部,报告奉命停止活动,已通令各县党部一律遵照,并恳请早日派员来赣,以免党务中断。

△　张作霖公布《督办军务善后事宜公署暂行条例》,凡 17 条,规定:各省军务善后事宜督办由大元帅特任;督办于军政事务承大元帅之命受军事部之监察指示;督办于军事之计划及命令承大元帅之命受军事部之监察指示;督办因维持该管区域内(在军区未定之前暂以省治为范围)各地方之治安可依省长之请求,需用兵时得酌量情形派兵协助,但遇紧急事变得径行处置。

△　张作霖公布《都统公署暂行条例》,凡 28 条,规定在热河、绥远、察哈尔设都统,都统统辖所部军队管理该管区域内军政、民政事务;都统于军政事务军事计划及命令承大元帅之命受军事部之监督;都统于管辖区域内有维持地方安宁之责,遇有特别事变或所辖道尹之呈请,认为必要时得使用兵力。

△　驻华英公使蓝普森抵澳门,英使秘书在澳发表文告,谓:"英使此次游历南华之目的,乃欲续其初莅中国任公使时之志愿,即密切调查地方情形,及亲自会晤可与处理因中国现局发生诸问题之实际的当局。"

△　湖南"铲共"特别法院将共产党员盛贵士、谭汉镇、刘光太、邓荣华四人以 19 日在长沙扑城暴动罪,在长沙枪决。

2 月 23 日　国民党中常会第一一八次会议,通过 10 项议决案,其要项为:一、推定蒋介石、戴季陶、丁惟汾分任组织、宣传、训练部长;二、民众训练委员会推定经亨颐、朱霁青、戴季陶、蒋介石、何香凝、王乐平、丁超五、陈果夫、李石曾九人组织之,李、经、朱、何、陈五人为常委;三、推丁超五为中央特别临时法庭庭长;四、推孙岳、岳维峻为国民政府委员;五、修订政治会议及分会条例案及丁、陈、蒋三委员所提整理党务案,由丁惟汾、陈果夫、蒋介石、谭延闿、蔡元培审查,丁负责召集。

△　国民政府军事委员会成立。国民政府军事委员会经四次全会议决改组,推定委员及常务委员,是日开成立会,到常委蒋介石、于右任、谭延闿、李宗仁,委员李烈钧等 20 余人,蒋介石主席,议决发表就职通电,宣布务于最短期间,完成北伐大业。

△　国民政府通令各省市政府,各地查获共产党文件,须先送交国民党中央党部审核处理,不宜流传各处,以免为共产党作反宣传。

△　程潜应何键、叶琪代表刘晴初等之请求,下令停战,并令何、叶两军即日退出常德,何部集中桃源候编,叶部集中南县、华容、安乡、汉寿候编,所有叶部给养由省府担任。

△　北京军政府实业部发给张学良矿照,准其开采热河阜新县煤矿。

△　岳维峻陕军第十九军廖仁辅师之一部于德安叛变,是日,军长李纪才通电,宣布业已派队驰剿击散。

△　驻华英公使蓝普森由澳门乘舰抵穗,广州市长林云陔、交涉员朱兆莘登舰欢迎。次日,李济深在省府宴请蓝使,席间李济深演说,表

示中英通商策源地之广州与英国有悠久历史,要求依平等相互原则,改订不合时宜条约。蓝使答称英政府对华方针已改善,赞成取消不平等条约,希望中英商务发达。

△ 驻华日公使芳泽访北京军政府外交总长王荫泰谈盐税事,询北京军政府对宋子文关于盐税声明之看法,并声明日本对于善后借款担保有动摇之事,碍难承认。

△ 日舰"浦风"停泊大冶示威,经交涉员甘介侯抗议,是日驻汉日领署函复交涉署,该舰已离大冶。

△ 驻津日军司令新井赴山海关、秦皇岛、塘沽检阅日军,26 日晚返津。

2 月 24 日 国民党中央执行委员会解决浙省党政纠纷。自本月 4 日陈希豪、洪陆东奉中央命接收浙省党部后,浙省府与省党部纠纷多有发生。22 日,省府电国民政府对陈、洪多所指责。是日,国民党中央执行委员会为解决浙省党政纠纷,特电令陈、洪回京,另由组织部派员前往,办理浙省党部将来工作。

△ 国民政府财政部令各地取消苛捐杂税。

△ 阎锡山致电国民政府报捷,略谓:据左路总指挥部漾(23 日)电称,哿(20 日)夜在神池附近毙敌营长一员,排长二名,俘虏士兵 300余名。商震部养(22 日)日在楼口附近,将敌张作相部李桂林师完全击溃。

△ 晋省驻宁各代表招待报界,到 20 余人,吴藻华报告军事情形,宣布奉方屡派代表求和,均被拒绝;表示现在晋军补充已完备,实力充足,亟盼蒋、冯两总司令迅速前驱,早定大局。赵丕廉希望舆论界对于晋军作战予以充分援助。

△ 白崇禧自长沙致电蒋介石报告湘、鄂战事,略谓:自长、岳、衡、宝相继光复,敌纷遣代表投诚,俟下常德,再剿抚兼施,三湘奠定,当追随北伐,完成革命。是日,蒋电白令其对于湘战"期于适当而已",称"惟共匪乘隙煽乱,务重创之,邪说之为害,固有甚于刀兵者也"。蒋又有致

程潜类似之电令。

　　△　代理总税务司易纨士自沪回北京。29日往访北京军政府税务督办梁士诒,关于与宋子文协商之内容,有所密谈,拟在下月召开关税自主委员会前提出正式报告书。

　　2月25日　蒋介石召集军事委员会及总部各厅处长、重要官佐会议整军节饷办法,决定:自3月1日起,一、军人自总司令至士兵一律着布制军服;二、国府直辖军队,饷银一律减折支发,士兵八成,尉官七成,校官六成。

　　△　蒋介石、李石曾赴汤山,次晨谭延闿亦前往,三人共商两湖军事及党务问题。

　　△　蒋介石致电上海总商会、县商会、闸北商会、银行公会、钱业公会,略谓:中正受命于最短期间完成北伐,大宗饷源全在推行二五库券,望联合承销二五库券1000余万元。无论如何为难,务希办到,以应急需。

　　△　上午,第八路军西路军总指挥黄绍竑返抵广州,李济深于省政府设午宴招待。黄对省文武官员谈东江军事状况,略谓:张、黄所部薛岳驻赣南,缪培南、李汉魂驻浙西,将不再穷追;又谓:第十五军此次东下,原系奉中央之命而来,任务已尽,应班师回桂,休养整顿,本人俟部队返桂后,随亦回桂,专心整理桂省政务,决不干预粤政。

　　△　张作霖特任罗文幹为外交总长,王荫泰为司法总长,姚震为大理院院长。

　　△　北京军政府财政总长阎泽溥呈请辞税务督办兼职,是日张作霖指令照准。同日,特任梁士诒为税务督办。

　　△　湘军何键、叶琪两军让出常德,西征军第十三军副军长谭道源即率岳森、成光曜两师进驻常德县城。

　　△　江苏交涉公署就日轮撞沉"新大明"轮一案,向驻沪日总领事提出抗议,并请转饬该日轮公司立将肇事人看管,依法从严惩办,赔偿各项损失,抚恤死者家属,在此案解决以前,即将"厚田丸"扣留。

2月26日 冯玉祥致电熊斌,称蒋介石"实今第一流人才",并告以蒋来汴晤面,对北军事已商定具体办法,蒋决定自提 20 万重兵循津浦线北进,与国、晋军同时动作。

△ 白云梯对《申报》记者谈关于蒙藏院问题,告以正在拟定组织大纲,一俟中央常会通过后,即可着手组织蒙藏院。并谓:应视蒙、藏同各省一样,不可认为殖民地,此事即易于办理。对于蒙、藏之方针,白谓:将先从整理西藏及内蒙西北地区之国民党党部入手,至外蒙问题,俟本党势力到北京,即可解决。主义与本党相同者即合作进行,其与本党不同者,则协同改进。末谓:对于蒙、藏之社会经济,将来须设立蒙藏银行。

△ 第四军第十一师 3000 人取道揭阳向陆丰苏维埃政权进攻,29日,攻陷陆丰县城。

△ 驻华美公使马瑞慕在上海与国民政府外交部长黄郛会谈宁案问题,驻沪美总领事克银汉、外交部司长何杰才参加。双方表示俱愿早日解决此案,美使并同意黄郛所提宁案谈判与修改中美旧约结合进行之主张。旋美使西行,黄郛急须回宁,遂各委克银汉与何杰才在沪继续谈判。

2月27日 蒋介石对南京公安局全体警察训话,告以现在市财政困难,不能按定薪饷如期发领,要求警察"忍耐辛苦",注意保障首都治安、交通、卫生,"勿放弃天职"。

△ 张作霖特派余棨昌为修订法律馆总裁。

△ 北京军政府新任外交总长罗文幹在北京行就职礼,礼毕对东方社记者谈话,表示尽力完成废除及改善不平等条约,希望日本及列国以甚深之同情加以"援助";关于实施固定税率及关税自主问题,政府正在研究,至关税会议则尚难明言。末谓对于中日外交关系,将"谋适当之措施,以竭力增进国交之亲密"。

△ 《申报》记者访谭延闿、李烈钧,叩以关于第四集团军等问题。谭、李答称,不建立第四集团军,两湖各军及南方各省国民革命军均归

第一集团军,谭暂不赴汉;又谓:"我们主张关税自主,决不能与奉方共同开会商议。"

△ 刘镇华部占大名,俘直鲁军3000余,毙旅长刘鸿勋、邓九如及团长五名,直鲁军退广平、成安。

△ 李济深特委第七军第六师师长黄旭初为河源、龙川、紫金、兴宁、五华五属绥靖处长,是日,黄于兴宁宣誓就职,当即移兵五华,赴海丰"剿共"。

△ 旅沪川人熊克武、谢持、黄复生、黄季陆等七人,以国民政府电约赴宁开会,特于是日开会征求意见,到40余人,谢持主席,通过决议案六项,其要项为:一、赞成国府议设川省政府;二、现役军人不得兼任省府主席;三、康藏绥靖委员会暂缓设立。并提出最低限度之办法14条款。

2月28日 国民政府委员会第四十二次会议,议决12项,其要项为:一、公布政治会议修正通过之《立法程序法》;二、加推方振武、岳维峻、孙岳为国府委员,录案通知;三、任命丁超五为中央特种刑事法庭庭长;四、建赵声铜像费用1.4万元照拨;五、特任蒋介石兼国民革命军第一集团军总司令,冯玉祥为第二集团军总司令,阎锡山为第三集团军总司令(29日明令公布);六、派李宗仁前赴武汉劳军,并收束军事,准备北伐。

△ 北伐军编组正式决定:北伐全军总司令蒋介石,参谋总长何应钦;第一集团军总司令蒋介石(兼)(辖18个军,29万人);第二集团军总司令冯玉祥(辖25个军,31万人);第三集团军总司令阎锡山(辖11个军,15万人);海军总司令杨树庄(辖四个舰队)。

△ 国民政府军事委员会特任汪精卫、胡汉民、陈季良为委员。

△ 国民政府特任薛笃弼为国民政府内政部长,孔祥熙为国民政府财政部长,易培基为国民政府农矿部长。同日,又特任于右任为国民政府审计院院长。

△ 国民政府以西征军出发以来,鄂、湘次第戡定,西征部队亟须

抽调加入京汉线北伐,是日,特派李宗仁前赴湘、鄂慰劳西征军将士,筹备北伐,所有整理军队、抚绥地方各事宜,并会商程潜、白崇禧两总指挥妥为办理。

△　阎锡山致电驻宁办事处,报告奉方军情,略谓:"据探报奉军将领议决对晋、冯两面积极备战,晋北由张作相指挥第五方面军及第九、第十二、第二十、第三十一各军,攻击雁门、繁峙;对京汉线龙泉正太线,由三四方面军担任;对京汉线取守,对冯决调孙传芳第三师开往濮阳,联合直鲁军进攻鲁南、豫北,以进至黄河北岸为止;对津浦线北岸取守势。"

△　国民党广州政治分会第八十四次会议据第八路总指挥部军务会议关于剿匪"清共"之议决案,讨论具体办法,决定设立全省绥靖总处,由李济深兼任处长。总处之下,划分四大军区:以陈济棠负责东区,陈铭枢负责西区,徐景唐负责中区,吕光逵负责北区,办理绥靖事宜。又东江军事既经结束,所有东、西、南三路总指挥部亦须裁撤,决定令陈铭枢、黄绍竑、徐景唐查照,并限于3月1日办竣。

△　安徽省政府通电反对易纨士南下之关税主张,要求中央保持关税改革自由,勿惑外言,勿图小利,誓死一致否认,以求贯彻而固主权。

△　北京军政府决将奉海铁路发还商股,改归官办。

△　新疆回王代表定希程偕回部驻宁办事处秘书长蔡天祚由宁到汉,是晚赴汴与冯玉祥及杨增新到汴代表共商防范伊犁共产党办法。

△　西藏代表秦世昌到宁向国民政府陈述藏事意见。

△　英国运兵船"马赛城号"载英兵500名离沪返国。

△　日本商轮"锦江丸"于27日夜在福建平潭县附近大富港触礁沉没,船员30余名经我国李一糇渔船救护出险,登日舰"葵号"返国。是日,平潭县长派员前往查勘时,突来日船"谷风",不问情由,向该处渔船及岸上民众开枪射击,死12人,伤27人,造成"二二八"惨案。

2月29日　国民党中央政治会议开第一三○次会,议决12项,其要项为：一、内政、农矿、工商三部组织法草案付审查；二、中执委员会请加派孔繁霨等12人为军事委员会委员，政治委员会加推高桂滋等四人为军事委员会委员，又再加派刘汝明等六人为军事委员会委员，均决议加派；三、新疆乌什回王全权代表定希程请愿解除民众痛苦书及17省回民旅京请愿团代表铁楚良等呈文，决议推张之江等审查后再办。

　△　张作霖特任鲍贵卿为审计院院长。

　△　张作霖公布《森林条例》，凡75条，此条例公布施行之日起，民国三年公布之《森林法》废止。

　△　张作霖任姚国桢为北京交通大学校长，程崇为唐山交通大学校长，郑林皋为锦县交通大学校长。

　△　北京军政府关税自主委员会于国务院开会，潘复、罗文幹、吴晋、顾维钧、王克敏、梁士诒、王荫泰、沈瑞麟、莫德惠、颜惠庆等13委员及专门委员出席，讨论未恢复关税自主权以前应采取之过渡办法。

　△　2月下旬，第三集团军进攻朔县，初以大批步队侧攻朔城，奉军抽怀仁兵力来战，相持颇烈。是日午前11时，奉方前锋之骑兵师，一部分触地雷而溃，步兵接应不利，炮手被虏，急向东北撤退，下午4时，朔城遂为第三集团军占领，奉军退向怀仁。

　△　阎锡山再电驻宁办事处，通报晋北奉军调动情形，略谓：第五方面军王桂林、宋日新各师，开到盘石沟、千叶树、铁角岭一带，重炮第一旅由大同调至下射村，第十一军补充旅开到山阴，郑泽生两师骑兵由洪山沟开到平鲁，郑军司令部移朔县，王英、满泰两师在滑石口。

　△　国民政府委员周震鳞离太原南下，临行语阎锡山，回宁后即促蒋介石积极北伐。3月4日，抵郑州晤冯玉祥。

　2月下旬　日使馆副官士肥原到太原，为张作霖活动议和。

　是月　中国、瑞士交换邮件，是月实行。

　△　山东利津县黄河决口成灾，附近百余村落均成泽国，灾民两万余人，为民国来未有之惨状。

3　月

3 月 1 日　国民党中常会第一一九次会议议决：一、总理逝世纪念日，各地举行植树，以为各地造中山林之提倡；二、通过孔繁霨、丰玉玺、朱绶光、张荫梧、孙楚、赵守钰、曹浩森、孙连仲、刘镇华、黄国梁、谭庆林、井秀岳、高桂滋、任应岐、方鼎英、伊德钦、刘汝明、卫定一、石友三、张维玺、韩复榘、李云龙、方本仁、夏斗寅为军事委员会委员；三、电令福建省党部停止召集各市县代表党务讨论会；四、《反革命治罪暂行条例》交国民政府公布；五、通过政治会议及分会条例；六、派组织部长蒋介石赴杭勘查浙江省党部与省政府发生之纠纷。

△　国民党中央执行委员会公布《中央执行委员会政治会议暂行条例》，凡七条，规定："政治会议为中央执行委员会特设之政治指导机关"，凡一切法律问题，经由中央政治会议议决，由中央执行委员会交国民政府执行之；凡重要政务，须经中央政治会议议决，交国民政府执行。同日公布《政治会议分会暂行条例》，凡 10 条，规定中央执行委员会得于特定地域设立政治分会，其管辖区域由中央政治会议随时指定之；政治分会于其特定区域内指导并监督最高地方政府，但不兼管党务，政治分会之决议案，交该特定地域内之最高地方政府执行之。

△　国民政府通知中央各机关及各省市政府，3 月 12 日总理逝世三周年举行纪念大会。6 日，下达纪念大会注意事项，规定男缠黑纱，女佩黑花，全国停止娱乐活动，鸣礼炮 33 响。

△　国民政府批准甘肃省拉卜楞设治局改为夏河县。

△　国民政府就整顿川省事宜召集川中各军代表、民众请愿代表、旅沪川人代表 27 人开会，李烈钧主席。通过整顿川省应废除一切害民苛捐杂税，田赋不得预征；严禁强派勒垫；严禁私造枪械扩充兵额，兵工厂须由中央派人管理；严禁各军私自设厂铸造杂币、伪币；已开除之共党分子仍逗留成都者应逮捕到案惩办等 15 项建议。

△　上午,蒋介石抵沪,检阅沪宁线、浙沪线沿路驻军。

△　冯玉祥由洛阳赴孝义,3 日抵郑州,在飞机场检阅军官学校及第三师骑兵。

△　云南省政府致电国民政府,略谓:滇省客军驱逐出境,胡(若愚)、张(汝骥)残部完全解决,三迤已告肃清,刻正遵照钧府迭次命令,对于军民两政积极筹划,从事组织,一俟内政厘定,军队编成,即行出师北伐。

△　第四军军长缪培南、副军长薛岳、第十二师师长吴奇伟、第二十五师师长李汉魂、第二十六师代师长陈兰馨、教导第一师师长邓龙光、教导第二师师长黄镇球等联衔致电国民党中央党部、国民政府、军事委员会及蒋介石,报告奉命取道赣省转赴大通,集众候令北伐,现已全部到达景德镇,并表示竭诚拥护中央第四次全会之整理党务案。

△　白崇禧电国民政府报告西征军战况,略称:第三路连克衡、宝,逆军缴械散亡为数极重,其第三十军、第十七军、第八军残部退至溆浦、沅江沿岸一带。吴尚、熊震、李云杰三师残部退至东坪,已于东(1)日通电表示服从。至湘西之敌,已退守桃源、常德一带,要求改编,并派员前来悔过输诚,当与程总指挥协商,分别诚伪,剿抚兼施,以期早奠湘局而便转旆北伐。并告衡南各县"剿共"情形,已于寝(上月 26 日)克复耒阳。

△　程潜派代表凌达如随同叶琪、何键代表陈希洛、田勉龙、周肇文、贾士杰赴常德磋商善后。

△　福建省政府发出废止台伏票四项办法之布告,其要点为:一、于 3 月 1 日登报公布。二、为责成钱商分期收回台伏票,并维持钱商兑现,调剂市面金融,特组织整理圜法委员会,设委员五人,省府三人,总商会二人(应呈由省政府委任之)。三、台伏票与大洋比价,每台票一元折合大洋九角五分。四、台伏票废止期,经商会之请求,准展至本年 7 月 31 日止。

△　湖北省各机关奉国民政府电令,自是日起实行减薪。

△ 湖北石首共产党员易在田、李兆龙等率农军 200 余人,有步枪、盒子枪百余支,由监(利)、沔(阳)交界之大营洪湖出发,进攻监利、车湾、朱河等处,围缴文宣区团防枪 30 余支,进占石首县城,并在石首组织苏维埃政府。是日,国民党独立第五师刘和鼎之一部,由沙、石开赴下游,"剿办"石首共产党。

△ 易纨士晤北京军政府总理潘复。潘述政府拟下月实行过渡税,不问南方是否同意,北方先办,至按一二·五抑按七级制,俟疏通使团后再定,易氏表示物价与税率须先对外公开。

△ 驻华日公使芳泽对记者团谈话,表示日本对于关税自主,若能成立互惠税率协定,则不持异议,但施行国定税率及暂行税率之时,当以指定其收入之用途并裁撤厘金为条件,并认为不必召开关税会议解决暂行税率问题。

3 月 2 日 国民政府委员会第四十三次会议,通过八项决议,其要项为:一、任命陈调元、柏文蔚、吴忠信等 11 人为安徽省政府委员,指定陈调元为主席;二、照准甘肃省政府呈请将狄道、导河、伏羌等 10 县改变名称;三、批准江宁区炮台司令改为江宁区要塞司令,镇江要塞司令改为镇江区要塞司令,澄路要塞司令改为江阴区要塞司令。

△ 国民政府明令改组安徽省政府,省府委员陈调元、柏文蔚、张秋白、何世桢、韩安、汤志先、雷啸岑、宁坤、孙榮、刘复、陈家栋着免本职;省府委员兼民政厅长汤志先、兼财政厅长陈家栋、兼教育厅长何世桢、兼建设厅长张秋白着免本兼各职;任命陈调元、柏文蔚、吴忠信、刘复、余谊密、韩安、胡春霖、汤志先、孙榮、张鼎勋、李应生为安徽省政府委员,指定陈调元为主席;刘复、余谊密、韩安、胡春霖分兼民政、财政、教育、建设各厅厅长。

△ 国民党中央执行委员会电各省政府,提倡造中山林,略谓:本月文(12)日为先总理逝世三周年纪念日,当此海宇将清,国基大定,益切追念国父之诚。比经决议,每岁 3 月 12 日,全国各地一致举行植树典礼,以为全国造中山林之提倡,务期蔚成大观,昭布无极。

△ 上午,蒋介石到杭州检阅军队及磋商浙省党政问题。下午,浙省府民众开大会欢迎,到数万人,何应钦主席并致词欢迎,蒋介石发表演说,深望杭州各界同志尽力帮助北伐,拥护省党部与省政府。5日,蒋介石由上海返抵南京。

△ 程潜任命许克祥为湘南"剿匪"总司令,罗霖(原湘军周斓军第二旅旅长)副之。

△ 湖北旅沪同乡会致电武昌湘鄂临时政委会、湖北省政府,以近据鄂商来沪告称,市面捐税迭增,印花税尤属繁苛,商民受累不堪,要求转饬财政当局,"遵照中央通令,将一切新旧苛税杂捐概予罢免,并速取消货物征贴印花办法,以苏商困"。

△ 福州市各钱庄为反对省府废止台伏票,举行全市罢业,停止兑现,并截止各商帮放款提款,一面赴省政府请收回成命。4日,福州市典铺亦同盟宣告止当。

△ 潘复宴各关税委员,商定各员分别担任疏通外团,约下星期会集报告,如无阻梗,即由财部税处断然通知税务司实行过渡税。

△ 厦门日警六人伪装华人,于深夜12时开枪擅捕韩籍黄埔军官学校第三期毕业生、朝鲜革命党人李箕焕及韩籍李明斋、李刚、李润炳四人,押至日本警部。3日晨,日本警部将李箕焕等转押至鼓浪屿日领署。

3月3日 国民政府批准甘肃省改定县名:狄道县改临洮县,导河县改临夏县,镇戎县改豫旺县,伏羌县改甘谷县,碾伯县改乐都县,巴戎县改巴燕县,平番县改永登县,镇番县改民勤县,抚彝县改临泽县,毛目县改鼎新县。

△ 湘鄂临时政务委员会发出《严防共党混迹》通电,颁行《清共办法》七条及《共党自首条例》八条。"办法"规定,各机关团体之员司、士兵、学生、工徒人等,均须取具五人连环保结,否则一律革退。

△ 叶琪偕西征军第十四军军长陈嘉祐由常德赶赴长沙,同程面商改编办法及湘西善后等问题。程以叶琪首先输诚,将维持其原有名

义,并令转赴湘南、湘东"清共剿匪"。

△　第三集团军商震部与奉军在平型关附近激战 24 小时,奉军不支,向灵邱溃退。

△　北伐航空司令张静愚率司令部部分人员飞抵徐州。次日,在徐州机场视察,并调后方飞机到徐参加北伐。

△　驻华美公使马瑞慕抵汉。4 日,交涉员甘介候拜会马使晤谈。5 日,湖北省府主席张知本设宴欢迎。

△　厦门各民众团体就日方藐视我国国权,擅自开枪捕人事紧急集会,议决:请司令部及交涉署向日领严重交涉,务将所捕李箕焕等四人立即交还中国官厅,并应道歉并保证以后不再派警来厦。同日,各民众团体致函国民党中央党部、国民政府请饬严重交涉。

3 月 4 日　湘军李品仙、刘兴、周斓联名致电国民党中央党部、国民政府、军事委员会、蒋介石及长沙程潜、宝庆白崇禧求和,表示不愿以民众之武力作无益之牺牲,谨率所部集结湘西,听候命令,移师北伐。

△　湘军李品仙第八军第二师师长吴尚抵长沙,向程潜输诚。程即委吴为第八军军长,拨给该军伙食费三万元,令移驻湘阴、平江一带"剿共"。同日,程潜以湘、鄂战事已定,又保举周斓为第十七军军长,廖磊为第三十六军军长,李品仙为第十二路总指挥,准备北伐。

△　湘军第八军军长李品仙到新化,约白崇禧前往会商,为白所拒。白于宝庆通过军用电话与李接谈,谓:"息兵之请,当然赞同。惟刘兴、周斓为唐生智嫡系,为消灭唐之残余势力计,对于处置方式,不能与吴尚、叶琪相同。先决条件须刘、周二人下野,交出兵柄,出洋游历,所余部队听候改编。"

3 月 5 日　国民政府召集川省代表举行第二次会议,到黄季陆等 20 人,李烈钧主席。会议就组织川省政府、提高党权等问题进行磋商,要求立即成立省政府,统一省政,省府未成立之前,先成立临时政务委员会,以戴季陶为主席。

△　国民政府电贵州省政府主席周西成及省府各委员,勉以保境绥

民、辑睦川滇。8日,周西成电复国民政府,表示拥护中央,服从命令。

△　北京军政府令设置关税自主委员会,任命顾维钧、梁士诒、曹汝霖、王克敏、李思浩、罗文幹、阎泽溥、沈瑞麟、莫德惠、夏仁虎、吴晋、朱有济、马素、潘复为委员,潘复以国务总理资格兼该会主席。7日,加派刘哲、张景惠、王荫泰、常荫槐为委员。

△　上海闸北维纶厂资本家无故开除工人,并勾结巡警将工人姜阿兴击伤,7日毙命。9日,该厂舆情激愤,推代表300余人紧急集会,强烈要求严惩凶手,从优抚恤受害者。同日,全市93家丝厂6000余人全体罢工,以示抗议。

△　厦门交涉署就日本领事馆擅自开枪捕人、侵越中国国权事向日领提出正式抗议。同日,厦门民众团体联合会向日领提出限24小时内交出所捕李箕焕等四人,正式向中国官厅道歉等四项条件。

△　哈尔滨各法团联合具呈东省特别区长官公署,列举事实说明,汇丰、花旗、朝鲜等外国银行操纵金融,压迫哈券,至本年1、2月间,哈券一元仅值金券六角二三分,月余以来,商民损失达500万元以上,吁请长官公署向各该领事提出质问,严加取缔。

3月6日　国民政府委员会第四十四次会议,议决:一、中常会加派孔繁霨、黄国梁、方本仁、夏斗寅等24人为军事委员会委员,决议照案任命;二、照准郭泰祺辞去外交部次长代理部务职务;三、王宠惠赴海牙出席国际法庭期间,特派蔡元培兼代司法部长职务;四、任命阎锡山、杨兆泰等九人为山西省府委员,阎锡山为主席。

△　中央陆军军官学校在南京成立。中央陆军军官学校及军官团举行开学典礼,蒋介石主席并致训词,何香凝、谭延闿分别代表国民党中央党部及国民政府致训词。旋即举行阅兵式。按:中央陆军军官学校原名为陆军军官学校(即"黄埔军校"),1926年1月12日改组为中央军事政治学校,1927年11月5日,军事委员会令该校改名为中央陆军军官学校。

△　日本新闻记者代表团添田嘉一、日森海雄、波多博等一行八人

抵南京。是晚,蒋介石设宴招待并发表演说,略谓:"日本与我国唇齿相依,休戚与共,故我敢相信日本国民对于我之北伐,不特不加阻害,且必进而乐观我之成功。"

△　蒋介石下令将驻颍、亳之第四十七军高桂滋部,归第十一路总指挥方振武指挥。

△　厦门港口于晨 6 时起抵制日轮生效。日轮"开城丸"自台湾经汕头驶抵厦门港,被巡察队监视,船工拒绝起卸。日领派员见交涉员,请勿抵制。交涉署坚持原提之条件。日领表示将李箕焕等四人移出日领署或另居鼓浪屿,暂不押解赴沪。各界未允,日"开城丸"遂折返汕头。

3 月 7 日　国民党中央政治会议第一三一次会议,推蒋介石为中央政治会议主席;任命李济深为政治会议广州分会主席,李宗仁为政治会议武汉分会主席,冯玉祥为政治会议开封分会主席,阎锡山为政治会议太原分会主席。

△　第二集团军总司令冯玉祥由兰封移驻新乡,就近指挥彰德(今安阳)军事,并任第九方面总指挥鹿钟麟兼任北路军总司令,令第二方面军总指挥孙连仲率第十四军、第二十三军、骑兵第一军郑大章部,调赴彰德前线增防,拒止磁州之敌南下;庞炳勋军则驻林县,与彰德互成犄角之势。迨开战后,复调驻洛阳之刘骥军、驻属县之刘汝明军、驻漯河之韩复榘军加入作战。

△　鲁军第十三军军长刘志陆偕新任第十七军军长谢文炳由城武抵济南,向张宗昌报告曹州军情,并与孙传芳、郑俊彦接洽防守计划。

△　湘民众请愿团代表何宪琦等,分呈国民党中央党部、国民政府及蒋介石,请收束西征,完成北伐,维持湘局,拯救湘民。

△　上海总商会、上海县商会、上海闸北商会、上海各路商界联合会、上海特别市商民协会等团体召集会议,到虞洽卿、林康侯、赵晋卿、冯少云、邬志豪等 10 人,讨论上海商界劝募二五库券进行办法,议决成立上海商界劝募二五库券协会,推林康侯为主任,并设相应机构,即日开始办公。

　　△　英国政府训令驻华公使蓝普森：中国实施关税自主之事，可予以承认，惟对于裁撤厘金，应与各国公使取一致之步调。关于过渡税之实施，"中国若能得各国之同意，英政府亦当承认其效力之发生"。

　　3月8日　国民党中央党务会议据组织部长蒋介石函请，决定推陈果夫代中央组织部长。

　　△　冯玉祥至道口镇，下令三路进攻大名：中路鹿钟麟，由内黄出发；东路刘镇华，由南乐出发；西路孙连仲，由临漳出发。每路兵力约一万数千人。郑大章骑兵师为别动队。直军亦分三路应战：第十四军孙殿英部为中路，以赵金熙、于世铭两师守龙王庙、徐屯、双井集；第六军徐源泉为东路，在朝城、冠县防守胡气村、东馆集；第十六军袁振青与尹之鑫团防第二支队任西路，防守岸上村、黄道村。每路兵力亦在万人上下。是日中午，中路首先在双井集接触，旋西路亦在岸上村开火，东路刘镇华部亦冲至徐屯，郑大章之骑兵别动队，更出现于大名后方之单庄高儿村一带，大名入于包围状态。酣战三小时，冯军占领直军第一道防线，大名城门紧闭。战至日暮，冯军已迫近直军第二道防线，距城仅10余里。是役直军死500余人，伤1000余人。

　　△　张宗昌在济南召开军事会议，孙传芳、郑俊彦、褚玉璞、刘志陆、寇英杰、师景云等出席，商讨对晋、豫、宁三方军事，决鲁西主攻，鲁南主守。

　　△　7日，白崇禧、陈嘉祐、叶琪抵长沙。是日，程潜设筵欢宴白、陈、叶，程潜及白、陈、叶诸人相继演说。席间并会商湘局善后事宜，其大要为：一、处置唐（生智）部问题，仍暂定编为三军，以吴尚为第八军军长，叶琪为第三十五军军长，廖磊为第三十六军军长，刘兴、何键、周斓均聘为高等军事顾问，刘、何各给两万元出洋考察军事。周斓如愿出洋，亦与刘、何同。李品仙任第十二路总指挥，将所编唐部抽调北伐之两军，归李统率北伐。第八军下属三个师，以熊震、吴尚、程泽润分任师长。第三十五军以何键、叶琪两部合并编成。第三十六军下属三个师，以廖磊、周维寅、唐哲明分任师长。二、北伐问题，李品仙率廖磊、叶琪

两军先开赴信阳待命,白崇禧所部胡、夏两军,程潜所部第四路,共六个军担任。三、处置叶开鑫部问题,派魏云前往辰州上游收编叶部。四、"剿共"问题,决定除吴尚第八军外,再由第四路抽派一军担任,与赣、粤两省部队会同堵剿。五、政治、党务问题,俟李宗仁到汉后,另开两湖善后会议解决。

　　△　厦门日领对释放李箕焕等四人事迟不答复,是日,厦对日经济绝交生效。日轮"孟那多丸"抵港,工人拒不卸货,遂折返。当夜,日领要求交涉员勿抵制,否则将调轮来厦对付。9 日,厦反日侵略委员会就外界所传李箕焕等四人被密解台湾一事,议决 12 日举行对日经济绝交示威游行,并电闽沿海各地一致对日实行经济绝交。

3 月 9 日　　国民政府委员会第四十五次会议,议决:一、任命蒋介石为中央陆军军官学校校长,李济深为副校长,何应钦为教育长;戴季陶为军事委员会政治训练部主任,何思源、方觉慧为副主任。二、设立国民政府国定关税委员会。13 日,国民政府公布中央陆军军官学校蒋、李、何之任命令。

　　△　国民政府公布《战地政务委员会条例》,凡九条,其中规定该会任务是"受国民革命军总司令之指挥,处理战地民政、财政、外交、司法、交通各政务"。

　　△　国民政府公布《暂行反革命治罪法》,凡 13 条。

　　△　国民政府明令改组山西省政府,任命阎锡山为山西省政府委员兼主席,南桂馨为民政厅长,李鸿文为财政厅长,陈受中为教育厅长,王录勋为建设厅长,杨兆泰、马骏、孟元文、冀贡泉为省政府委员。

　　△　国民党中央执行委员会电询广州政治分会,是否与香港英政府接洽粤汉、广九两路接轨事。14 日,广州政治分会电复并无其事。按:近传广州方面向香港英方提议,以广九、粤汉两路接轨为条件,借款 3000 万元,故有此电。

　　△　国民政府财政部通电各地财厅关所,凡执有部照运行之盐,经过沿途关卡,应尽先查验,立即放行,毋得稍延。

　△　国民党广州政治分会、广东省政府、广西省政府、第八路总指挥兼第四军军长李济深、第十五军军长黄绍竑、第十一军军长陈铭枢、第十六军军长范石生、代第五军军长邓彦华、副军长蒋光鼐、海军司令陈策等联名发表时局宣言,略谓张(发奎)、黄(琪翔)祸粤,应请中央明令缉办;广东大乱之后,民不聊生,故凡省会之诸被害区域之救恤,共产党及一切土匪之扫除,维持破坏之金融,恢复垂尽之工商业,须努力办理;统一之进行,在武力积极之进展,故应促北伐大计早日完成,而吾党统治之省区,则应扫除障碍,巩固后方,从事建设。

　△　北京开关税自主委员会成立大会。到关税委员顾维钧、梁士诒、王克敏、李思浩、王荫泰、刘哲、张景惠、沈瑞麟、莫德惠、吴晋、夏仁虎、马素、朱有济,专门委员钱泰、严鹤龄、袁永廉、金焕章、夏清贻、王章祐等,潘复主席。讨论通过章程及细则,决定设秘书、议案、事务三处。会后,潘复、梁士诒向张作霖报告,决定由潘复柬邀各国公使,于宴席间陈述北京办理过渡税之目的,公开向各公使疏通。

　△　奉军王树常部在阜平被第三集团军击溃,伤兵1500余名,由石家庄赴保定,运往军粮城医治。

　△　驻华法、英、美、荷等国公使,在荷使馆会议扩张禁止武器输入中国协定之范围,结果决会衔电禀本国政府,陈述1919年《禁止对华输入武器协定》之重要性及严禁一切军火输入中国之紧要,并维持其效力。

　△　香港总督金文泰到广州,广东省府隆重欢迎。次日,金文泰与李济深会商省港亲善事宜,议毕回港。

3月10日　国民政府公布《中华民国刑法》,凡387条。

　△　蒋介石遣陈仪率军事考察团赴德国考察。

　△　西康特区政务委员会在康定成立,国民革命军第二十四军军长刘文辉任命贺守贤、韩沛、吴三降、陈启图、胡人纲为该会常务委员,指派贺守贤为主席。

　△　挪威商轮"阿克号"从德国装载2482箱军火来华,是日晨5时

抵青岛,下午即将军火卸下。当晚由胶济路局押运西上即交直鲁军孙传芳部提用。

△　日驱逐舰一艘借口保护侨民驶抵厦门,泊鼓浪屿,激起厦门各界民愤。13 日,厦反日侵略委员会组织海上罢工,断绝交通。日领答应将捕去之二名韩人移交中国,以为取消抵制之交换条件。

△　《新月》杂志创刊,徐志摩主编。

3 月 11 日　国民革命军第四路总指挥程潜、第二路总指挥兼第三路总指挥白崇禧、第十二路总指挥李品仙、鄂西各军代总指挥兼第二军军长鲁涤平、兼第六军军长程潜、第七军军长夏威、第八军军长吴尚、兼第十三军军长白崇禧、第十二军军长叶琪、第十四军军长陈嘉祐、第十八军军长陶均、第十九军军长胡宗铎、第三十军军长魏益三、第三十五军军长何键、第三十六军军长廖磊、第四十三军军长李燊、独立师师长刘和鼎、向成杰、李云杰联衔通电宣布西征任务已毕,业令各军克日由湘南、湘西次第移向京汉路线南段集中,随我豫、晋友军之后,直捣幽燕,以竟北伐全功。

△　白崇禧致电国民政府军事委员会,报告已回长沙商办三湘善后,军事既经结束,即当北上驰驱,会师河朔,直捣幽燕。

△　第六路总指挥刘湘致电李烈钧,表示谨率所部,待命加入北伐。

△　李济深致电蒋介石,拟请派戴季陶、陈铭枢、李文范、冯祝万、黄绍竑、林云陔、李济深为广州政治分会委员,如须加派,则胡汉民、孙科、伍朝枢、邓泽如、古应芬、萧佛成诸同志亦可备推。21 日,国民党中央政治会议议决,李济深即可到宁出席,俟提出下次会议讨论。

△　湘鄂临时政委会驻湘办事处公布《共产党自首条例》。

△　朱培德所部第五路军第二十七师师长杨如轩派第二十五团与第七十九团由永新出发,第八十一团由遂川出发,分三路包围井冈山红军。13 日下午,第二十五团陷茅坪,毛泽东率红军千余退走湘边,红军袁文才部千数百人退向陇西。同日,第七十九团陷古城。

　　△　冯玉祥电令豫、陕、甘省政府创办要政五项：一、开河渠,掘水井,以兴水利；二、每县至少种树三百亩苗圃；三、工厂多设木工、铁工、烧砖、烧瓦。四、利用水利,设水磨电机；五、铲除贪官污吏、土豪劣绅,不许瞻徇情面,并改良监狱,不准久羁人犯,妄押无辜。

　　△　第三十三军军长柏文蔚分呈军事委员会及蒋介石,报告业将第三十三军军长职交该军第二师师长张克瑶,仅任宣慰使。

　　△　西康全区特选代表格桑泽仁同记者谈康、藏近况,并谓此次来宁目的有三：一、请求中央直接领导训练康、藏民众；二、请求中央允许在首都设立康藏办事处；三、希望中央早日成立蒙藏委员会。

　　△　奉军第八军万福麟部与第二十九军戢翼翘部受天门会挑拨,在邯郸互战四小时,万部损失甚大,经张学良电令调回石家庄补充。

3月12日　上午,南京国民党党政军各界10余万人举行纪念总理逝世三周年大会,谭延闿主席,蒋介石发表演说,称总理所遗政策未能实现,实因党内缺乏纪念训练,致使共产党操纵其间,北伐未能完成。下午,党政军及各界数万人至中山陵谒陵,并行植树典礼。

　　△　广州、汉口、福州、厦门、太原、郑州、杭州、香港等城市举行总理逝世三周年纪念大会,是日各机关停止办公,悬半旗致哀,商界停止营业,会后游行、植树。

　　△　冯玉祥下令进攻磁州,韩占元第一军,梁寿恺第三军,马鸿逵、秦德纯两师,分别由丰乐镇、临漳、清流镇前进,郑大章骑兵师扰乱磁州后方。奉军在漳河北岸布置防御工程,以戢翼翘第二十九军黄师岳、何柱国两师、马占元骑兵师程志远、张殿九两旅迎战。同日黎明,韩占元令铁甲车四列由丰镇开至河岸,发炮攻击,奉军在北岸应战。郑大章之骑兵及便衣队突然占领台城镇,同时秦、马两师亦渡河压迫讲武城及岳城镇奉军阵地,磁州岌岌可危。

　　△　独立第二师师长贺对廷部踞湖北武穴截留盐税,第二十一军向成杰部第二师师长罗启疆奉白崇禧电令由英山往剿,是日,将贺部全部缴械,贺亦就擒。

△　哈尔滨东亚无线电电报局开始与欧美各地通讯。23 日,驻哈日总领事八木向蔡运声提出抗议,认为此举侵害日方根据双桥无线电合同所取得之三井独占权,要求即刻停止。

3 月 13 日　国民政府特任李济深为国民革命军参谋总长,何应钦为国民革命军参谋次长。同日又特派何应钦代理参谋总长。本月 30 日,李通电就任。并称不能常驻南京执行职务。

△　国民政府特派蒋作宾为战地政务委员会主席委员。同日又任命何成濬为国民革命军总司令部总参议。

△　国民政府令免军事委员会常务委员办公厅主任马晓军、政治训练部代理主任陶冶公、军政厅厅长严重本职;任命杨杰兼办公厅主任,戴季陶为政治训练部主任,何思源、方觉惠为副主任,朱绍良为军政厅厅长。

△　"一一二二"惨案特别法庭各代表开联席会议,柏文蔚主席。决议:一、特别法庭于 4 月 1 日正式成立;二、通过特别法庭组织及审判程序法;三、推白云梯等三人负责筹备。

△　程潜电告湖北省府主席张知本,两湖善后会议定本月 20 日在长沙开幕,促邀同在鄂政委会各委员前往列席。

△　国民党广州政治分会经李济深推荐,委徐景唐、陈铭枢、陈济棠、王应榆分任东、南、西、北各路善后委员。

△　范石生军攻陷安岇。广东独立第三师自 2 月 26 日起,开始围攻朱德所部驻地安岇,至本月初旬,中经大小血战数十次,双方死亡二三百人,终不能得手。是日拂晓,范军挑选敢死队 500 名,持长矛短刀及手榴弹拼死冲锋,遂将安岇攻下。

△　张学良、杨宇霆为防止反侧,将原冯德麟第二十八师扩编的第十五军军长汲金纯在保定新成立之补充旅,及别动队、便衣队一律缴械遣散。

△　李景林派军长崔芳亭抵徐州组设司令部,参加北伐,招降奉系各军。

3月14日　　国民党中央政治会议第一三二次会议通过：一、蒋介石提议在北伐期间，由谭延闿代理中央政治会议主席；二、加推王伯群、孔祥熙、薛笃弼等24人为中央政治会议委员；三、决议各特任官、各省政府委员、各特别市长之任免权归政治会议；四、决议阎锡山、赵戴文、商震等九人为政治分会太原分会委员；五、加推孔繁霨、方本仁等24人为军委会委员；六、推蒋介石、黄郛、李石曾、吴敬恒等九人为外交委员会委员。

△　国民政府明令京内外各行政机关在北伐期间实行减俸，以充军费，规定：凡文职特任官俸给概照五成减支，简任六成，荐任七成，委任八成。

△　军事委员会委李品仙为第十二路军总指挥，统率第十七军、第三十六军。是日，李品仙通电宣布于新化行营就职，并请将所部移驻新化、宝庆、湘乡整理后北伐。

△　第五路军总指挥兼江西省主席朱培德为督率所部开赴徐州加入北伐，是日，离宁返省，16日抵南昌。该军之一部已于15日开抵合肥。

△　国民政府交通部长王伯群电陇海路督办王正廷，令其负责由京汉、陇海两铁路抽拨机车十辆、车辆百辆，以供北伐军运。

△　冯玉祥电令第二集团军各部禁止军人兼营商业。

△　程潜、白崇禧派王允恭抵新乡晤冯玉祥商北伐，旋赴太原访阎锡山。

△　国民政府交通部据邮政总局局长刘书蕃呈称，北京邮政总局奉北庭命令，发行一种纪念邮票，计有一分、四分、一角、一元四种，专在直隶、山东、奉天、吉林、黑龙江、新疆六省以内售卖，已通令各管理局查照，令行所属局所对于此项邮票不予承认通用。是日，交通部指令照准。

△　南北邮务统一会议在上海召开，决定：一、南北政府各设邮务总局，置总办、会办、局长各一人；二、法人台斯兰特兼任南北两总办；三、北方之会办由南方派来，南方之会办由北方派往，互相交换任命；

四、邮款存银行,由总办保管,盈余之提用,须两总局同意。是日,北方派陈廷均任南局会办,由津南下。

　　△　厦门反日浪潮日烈,纠察队焚毁日轮一艘。15 日,日领表示,李明斋、李润炳可在厦释放,李箕焕、李刚则须押解朝鲜。各界益愤,严词拒绝。日领访漳厦警备司令林国赓要求制止排日风潮。林召各界征询意见。各界坚持四李全部在厦释放,撤去在厦日警。

　　△　香港邮政局长及邮电局长抵广州,与广州政府当局商改善省港两地无线电通讯办法及开设商业航空事务。

　　△　彭湃率所部赤色教导团于海陆丰失陷后,于 10 日直扑惠来县。国军第十一军第二十六师第七十六团颜鼎成部退守城中五日,旋因形势不利,于是晚突围出城,彭湃遂率部入城。

　　3 月 15 日　国民党中常会第一二二次会议,决议中央宣传部长戴季陶未到任以前,指定叶楚伧为宣传部秘书并代理部务。会议通过《党员总登记条例》。

　　△　国民政府任命赖心辉为国民革命军第九路军副总指挥。

　　△　宋子文由宁赴沪接洽劝认二五库券,经各商家踊跃认购,共缴付现款 100 余万元,是晚,宋携巨款回宁。

　　△　广东省政府主席李济深、第十一军军长陈铭枢奉蒋介石电召赴宁,是日离穗,于 19 日到沪。同日,李在沪对《申报》记者发表谈话,宣布此次赴宁任务:"(一)筹商粤北伐事宜;(二)向中央报告共党乱后之广东一切善后事宜及军队之改编,经济之设施;(三)请示今后两广之一切办法。"

　　△　第四十六军军长方鼎英奉军委会命令,率所部第四、五、六师约二万余人,由韶关出发参加北伐,取道浙江,业已次第抵杭,是日,方鼎英抵沪。

　　△　孙岳、周震鳞致电程潜、白崇禧请速提师北伐,俾与晋军收夹攻之效。阎锡山亦电促程、白早日出兵。程、白复电称,正在准备动员中。

△　国民党中央执行委员陈公博开始在上海《贡献》(旬刊)第二卷二期发表《国民革命的危机和我们的错误》长篇文章,旋经该刊二卷三期(3月25日)、二卷四期(4月5日)及二卷五期(4月15日)四次载完。文末公开提出了改组国民党的号召,为"中国国民党改组同志会"的建立奠定了理论基础。

△　英、美、法、意、日五国代表在北京日使馆会议解决宁案方针,侧重赔偿问题。

△　北京军政府国务院总理潘复为北京商民反对奢侈税事,召见商会长孙学仕称,明年1月关税自主,届时一切杂捐均可相当减除,奢侈税为现时济急办法,望商界在此数月内多帮政府一点忙,勿再坚持。

△　新疆回王代表定希程抵新乡晤冯玉祥,接洽新疆事宜。

△　成都省立第一中学发生学生反对军阀保荐校长杨廷铨风潮,杨带兵佐将学校接收。学生闻讯,有200余名入校将杨手足捆绑坠入井中淹毙。军警闻耗往捕,捕去学生10余名。17日,军警复派兵一团将省中各校包围,共捕成都大学、师范大学、师大附中、法政学院、工业学院学生百余人,当即枪毙15人。

3月16日　蒋介石颁发国民革命军北伐总方略,分为"方针"、"前期作战任务及部署"、"后期作战任务及部署"三个部分。其中"方针"为:国民革命军以消灭奉鲁军阀,即行肃清直、鲁、热、察、绥境内反动军队之目的,决命第一、第二、第三集团军参战各部队,于4月×日(日期另电决定)开始攻击。本作战分前后两期,前期须进展至胶济路亘高唐—清河—南宫—石家庄之线,后期须进展至山海关—承德—多伦之线。"前期作战任务"分为两个阶段:第一阶段规定,第一集团军左翼部队及黄河右岸第二集团军第一方面军诸部队,首先攻占济宁,同时第一集团军之右翼及中央部队占领日照、临沂、兖州之线;第二集团军河北诸部队及第三集团军向当面之敌佯攻,并严防敌之反攻;第二阶段规定,以攻济宁诸部队之大部,迅速北渡黄河,向大名以北地区协攻京汉路方面之敌,时第二集团军主力,全力猛攻河北之敌,进取石家庄,第三集团军全力协攻石家庄,第一集团军主力肃清胶济路以南地区之敌,进占济南。"后期作战任务"规定,第一集团军沿津浦路及其东南地区急进,第二集团军沿京汉路及其东南地区急进,第三集团军进出东北一带及京绥路,会师京、津,同时各以主力部队向榆关、承德、多伦猛烈追击。

△　蒋介石在国民革命军总司令部招待京、沪各报记者,发表关于北伐及外交谈话:一、关于北伐:敌人的计划,以奉军力量集中京汉线,孙传芳的主力由济宁前进,打归德、开封,打下河南,再打山西,再打津浦线。我军方面,希望敌军深入黄河以南,一战而克河北。兵力方面,奉鲁军总计最多 20 万,我方实有 50 万以上,革命军在枪械上兵力上确有制胜的把握。二、关于外交:此次英公使到沪要求解决宁案,我们本着以平等精神和不受拘束两个原则来解决,其余各案及今后的外交,都本此原则进行,并希望赶紧和各国修改一切不平等条约,使得我们革命完全达到目的。

△　国民政府为宁案一事,通缉前国民革命军第六军政治部主任林祖涵。

△　国民政府明令重申保护在华外侨,着各省军民长官督饬所属严密查访,倘有对内外越轨行动,应即切实制止。

△　北京军政府外交总长罗文幹宴驻京各使团作初任联欢,并疏通过渡税。

△　白崇禧电复武汉两商会,已令胡宗铎军长班师回汉,绥靖地方。

△　叶琪在长沙通电就任第十二军军长,即将所部集中武汉,待命北伐。次日,该部何宣第一师、门炳岳第三师由长沙乘车赴汉,旋危宿钟第二师亦乘车赴汉。

△　第四军军长缪培南抵南京。次日,李汉魂率第二十五师抵浦口。19 日,副军长薛岳率教导第二师,吴奇伟率第十二师,陈兰馨(代师长)率第二十六师分别抵浦口。旋第二十五师开宿州,第十二师、第二十六师及教导二师开赴蚌埠,加入北伐。

　△　胡汉民、孙科、伍朝枢等抵土耳其君士坦丁堡。旋在土国考察两周,曾与代理凯末尔执政者伊斯美帕沙作深切谈话。

　△　湖南平江发生"扑城"暴动,由中共平江县委领导,县农民协会主席余本健任工农暴动总指挥部总指挥,游击队员500人为主力军,各乡20万农民暴动队伍,化装分三路"扑城",同城内民团展开激战。旋因湖南反动当局从长沙调来两个团的兵力镇压农军,暴动总指挥部为避免过大的伤亡,当即下令全部撤离了县城。

　△　日领再访漳厦警备司令林国赓,请先制止海上抵制航行,并谓纠察队向日汽船开枪。林以绝无其事驳复。旋林召各界询问可否先撤海上之抵制,众拒绝。

　△　国民政府驻日外交特派员殷汝耕乘"上海丸"到长崎。

　3月17日　李宗仁向国民党中央政治委员会建议裁兵,略谓:"本党革命方略,首在打倒军阀,欲使军不成阀,必须根本解决。为长治久安之计,惟有由中央先行颁布兵工政策奖励条例及垦殖奖励条例,一面组织兵工委员会。召集军事停止区域代表会议,限制各省兵额,确定兵饷预算,应归裁汰之军队,或筑路,或开垦,或经营各种生产工业,均依照条例,优予待遇,使兵与民能相安,民与兵为一体,军政财政,绝对统一,事后强有力之政府可以成立,建设计划自不难一一实现。"李并分电粤、桂、滇、黔四省,请予赞同。

　△　程潜、陈嘉祐以国民党中央委员名义在长沙召集党务会议,决定设湖南党务临时指导委员会,代行省党部职权,派刘召圃、刘岳峙、张定、陈嘉任、李隆建等九人为委员。次日,指委会开第一次委员会。

　△　周震鳞、孔繁霨由并到宁,即入国民政府报告山西军事情形。周并语记者:阎锡山嘱达中央谭、蒋两主席,请速北伐。晋方军队准备完全,枕戈待命。晋人愿一致努力打倒残余军阀。

　△　杨树庄、方声涛联衔向福建省府提出闽军、财、权三计划,经省府委员会通过:一、全省海军、省防独四师各军,概归海军总部闽行营指挥;二、全省土著军队卢兴邦、郭凤鸣、陈国辉、叶振凤等,均调离本防,

不遵以匪论剿；设福建"剿匪"司令，以张贞、林国赓为正副司令；三、设闽南闽北要港司令，以固海防；四、设整理财政委员会及审计委员会，先查全省月饷及税收额，移审计委员会查核，各军军饷俟点验兵报审会审定，移财会，始照拨；五、统一民政，驻军不得干政及用人。

△　第十一军第十师师长蔡廷锴率该部开抵琼州海口，布告"剿共"。

△　黄郛偕金问泗由宁赴沪，与英使蓝普森谈宁案。

△　奉天省长刘尚清与北京军政府磋商奉票救济办法，决定以2500 万元(由东三省本身筹备 2000 万元，向中、交两行借 500 万元)为基金，谋奉票之清理救济。是晚，刘尚清回奉办理。

△　南京特别市市立各校教职员以经费三月未发，生活困难，议决总辞职，并组织清理积欠委员会，推派代表赴教育局坐索欠薪。各校自19 日起暂停开课。

3 月 18 日　第一集团军第一纵队整理设计委员会在南京开会，蒋介石主席，并发表讲话，谓：我国民革命军有 50 军之多，但军风不振，若不积极整顿，革命前途殊为危险。指定邵力子、陈立夫、方觉慧、李范一、刘纪文等九人为整委会常务委员。

△　第四十六军军长方鼎英抵宁，当晚，晤蒋介石请示北伐军事。方语记者谓：所部第四、五、六师已全数开抵浙境，约五日内可转入沪宁线，部队预备分两路前进，一由津浦路线，一沿运河由扬州、清江浦、宿迁入徐州。

△　鹿钟麟派军清剿林县大刀会，是日已全部肃清，毙会众千余名，"皇帝"韩玉明自杀。

△　第三集团军商震部在浑源附近与奉军李桂林、李振声等师激战一昼夜，将其击溃，奉军向广灵方面逃遁。

△　冯玉祥致电程潜、白崇禧称，大战在即，请促叶琪部进驻信阳。次日再电程潜谓：湘军赴豫北伐，极表欢迎，请示开拔日期，俾先派员招待。

3月19日　国民政府明令皖、赣两省政府,每月筹解北伐军米七万石。据蒋介石呈称,此次国军北伐,计各部队现有人数及将来进展增加部队约在 28 万余人以上,以每日每人食米一斤四两计算,日需米2470 余石,每月应需米 74100 余石,而北方均系产麦区域,采办米粮殊属困难,自非后方源源接济,实不足以资军食而利戎机。是日,国民政府明令皖、赣两省每月筹解北伐军米七万石,内计赣省每月四万石,皖省每月三万石。自 4 月 1 日起,以三个月为率,每 10 日解运一次,每次须解每月全额三分之一。

　△　夏斗寅奉蒋介石命赴北伐前线,是日,卸徐州戒严司令兼职,由刘峙暂摄。

　△　白崇禧致电国民政府、军事委员会及蒋介石,告以此间北伐军业经动员,叶琪军已于筱(17)日开始输送北上,其余各部亦在继续输送。

　△　西征军第三十三军长魏益三奉程潜、白崇禧命,以驻鄂西远安县独立第十三师曾述孔师"勾结共党,私通杨森,扰害地方"为由,派队解决曾部,经五小时激战,是日,攻破远安县城,曾部向城东茅坪退走。

　△　陈济棠在广州就第四军军长职。同日,陈委任余汉谋为第十一师师长,香翰屏为第十二师师长,陈章甫为第十三师师长。

　△　李济深在上海向《申报》记者谈广东共产党近况,谓:"琼崖一带及海陆丰、北江等处,尚潜伏不少,共党首领彭湃、朱德等尚在北江一带,并闻海陆丰尚有共党所设之中央政府,实力亦有万人。"妄称一月之内"肃清"共产党。

　△　方鼎英在南京各界代表欢迎大会上演说,惊呼:现在广东的北江和湘南一带,"共产党都猖獗的了不得",湘、粤、赣三省壤地相接,声气相通,倘不及早扑灭,将来贻患必不堪设想,"所谓星星之火,可以燎原,这件事是极值得中央注意的"。

　△　福建省府委员会议决:一、实行禁烟,种者限本届收成止;二、整理财政,确定军政预算,军队不得截留税收;三、统一民政,军队不得

干涉行政;四、统一军政,取消军事厅,由海军总部行营添设军务、经理两处。

△　粤军邓彦华部攻占海丰城。

△　晨,陇海路东段由徐州开海州之二次票车驶至徐塘车站,突有匪众千人开枪劫车,11 节车厢倾倒,乘客百余名、第十七军押运兵一连多被匪掳,两三节车被焚,损失财产达二三十万元。

△　法国海军陆战队队员 71 名抵沪,驻防徐家汇法国兵营。

3 月 20 日　阎锡山在太原就第三集团军总司令职。

△　战地政务委员会成立。是日,战地政务委员会主席委员蒋作宾、委员蔡公时、赵世暄、陈家栋、仇鳌、林者仁,在南京国民政府大礼堂宣誓就职。国民党中央党部代表谭延闿、国民政府代表李烈钧出席并训词。蒋作宾致答词,谓:北方民众受军阀蹂躏,地方残破无遗,山东尤甚,弃田宅而逃者达 300 万人以上,本会责任重大,谨当遵依训示,群策群力,努力奋斗,期于战地薄有建树。

△　第四十军军长贺耀组呈报军事委员会总司令部,以出发在即,后方一切事宜统由副军长毛炳文处理,并请辞首都卫戍兼职,准调驻宁部队全部北伐。蒋介石面谕慰留,卫戍暂归谷正伦负责。

△　第五路军总指挥朱培德致电李烈钧,决率部北伐。22 日,国民政府复电嘉许。

△　驻津澧第四十三军军长李燊奉程潜、白崇禧电令,是日,派遣第三师第六旅全部及第五师一部,开赴桑植、石门“进剿”红军贺龙之部队。23 日,第三师师长雷光云率部抵石门。

△　范石生在乐昌召集所部训话,俟款到即续开湘南,会同胡凤璋“剿共”。

△　福州钱商因废止台伏票事全体罢市。省防司令部、市公安局派军警前往弹压,捕去店员一人。21 日晨,各钱商就捕人事推举代表晤总商会负责人,要求保释,并磋商办法五项。

△　中共湖北省委委员夏明翰在汉口就义。

△　厦门日领将李箕焕、李刚解赴台湾转轮去朝鲜。21 日,交涉员访日领事提出质问。反对侵略国权委员会开紧急会议,决派代表赴交涉署强烈要求立即解回,并电请外交部通知日本政府将该领撤换;并定 23 日厦门、鼓浪屿各地实行海陆总罢工一天。

△　驻华德公使博邺奉召回国,是日,离北京南下,4 月 5 日,由沪乘轮启程。

3 月中旬　蒋介石密电刘湘、赖心辉等人,以除吴(佩孚)必先倒杨(森),希对杨"共张挞伐"。

3 月 21 日　蒋介石将 16 日颁发之北伐总方略要旨,电达上海海军司令杨树庄,令其统率海军警戒江苏以南海面,努力防范外国军火济敌,并须相机制服敌舰,掌握直、鲁海权。

△　国民党中央政治会议第一三三次会议决议:一、由财政部迅速拨巨款 10 万元,赶修被冲崩之直南河堤;二、推李景林、马麟、蒋鸿遇等七人为军事委员会委员;三、加派陈无秩为第二集团军政治工作委员会委员。

△　李济深、陈铭枢奉蒋介石命抵南京,会商北伐大计。当晚,蒋介石设宴欢迎,李、陈即席报告粤、闽最近军政党务情形,对于时局有所讨论。

△　南京各界数百人举行欢迎周震鳞、孙岳、孔繁霨、邓宝珊四委员大会,蒋作宾主席,周等四委员分别演说,声称此来目的,在要求国民政府及蒋总司令即速北伐,以解北方民众痛苦。

△　冯玉祥第二集团军第三方面军总指挥韩复榘派张凌云师攻下为土匪占据之商水县城。

△　胡宗铎、陶钧派李国泰赴新乡晤冯玉祥协商北伐,是日冯电胡、陶表示欢迎。

△　驻粤北的独立第三师师长许克祥通电率部自坪石北上,赴耒阳"剿共"。

△　广东省政府照会各国驻穗领事,谓华盛顿会议所议之附税今

增为 10％，自是日起开征，以六个月为限；且已令海关自 5 月 11 日起征关税 20％，亦以六个月为限，所征入之款，供救济粤灾之用。

△ 浙江省政府通过委员马寅初所提统一国币应先实行"废两用元"案，是日呈请国民政府主持办理。

△ 东三省官银号由津运现洋 40 万元出关，维持奉票。4 月 2 日，又运现洋 50 万元赴奉。

△ 北京商界请改奢侈税为商界乐捐，取消奢侈捐局，由商界每月缴捐五万元。24 日，北京军政府国务会议决议照办。

△ 前北京国务总理张绍曾在天津日租界遇刺身死。4 月 5 日，北京军政府颁令优恤张绍曾，14 日，国民政府议决照陆军上将例议恤张绍曾。

△ 新加坡华侨胡文虎热心祖国慈善事业，是日呈请蒋介石在上海近郊拨公地 30 亩，出资建筑养老院，收留沪上失业老人。

△ 邮政局发表全国人口总数，共 4.85508838 亿人。过去三年中共增 4941.3885 万人。

3 月 22 日 国民政府任命阮玄武为国民革命军第三十四军军长，鲍刚为国民革命军第四十一军军长，马文德为国民革命军第四十二军军长，何应时为国民革命军第四十二军副军长。

△ 国民政府令军事委员会嗣后领款统由财政部转交该会经理处发给，切勿径电各征收机关支拨款项。各军领款统由军事委员会经理处统收分发，不得自行向各征收机关提款。

△ 李济深同蒋介石、谭延闿会谈，除商北伐军事计划外，李并报告平定粤局经过，请示今后处理粤局政策与党务方针。

△ 海军总司令杨树庄宴请李济深、陈铭枢、谭延闿、李烈钧、何应钦、李宗仁作陪，席间于军事之各项计划有所商议。

△ 程潜致电李宗仁，促来湘参加湘、鄂善后会议。

△ 白崇禧以北伐在即，致电军事委员会请辞淞沪卫戍司令职，并以第三十七师远戍沪滨，统驭不便，请改归军委会直辖。

△　钱大钧部第三十二军奉蒋介石命由浙江开拔到沪,是日第一批开抵北站。同日,该军政治部主任贾伯涛语记者,中央已内定钱军长期驻沪,决改卫戍司令部为淞沪警备司令部。

△　浙江省政府致电杭州总商会,劝续认购二五库券,要求此次各业认购额数应以 30 万元为最少限度,以促北伐之完成。

△　上海总商会致电国民政府、军事委员会、国民党中央政治委员会,响应李宗仁提倡兵工政策之建议,请政府迅予主持办理。

△　上海商民协会致电国民政府财政、工商两部,请取消苛捐杂税。

△　福州市圜委会通知钱业工会:凡钱商愿发行大洋票者,本年 3 月 31 日以前呈报到会;逾期未报者,一概不准发行。又谓:由圜委会函请中国银行暂借大洋五万元、辅币 50 万角至各钱庄,以应币面兑换之用。台伏票风潮遂告解决,被捕店员获释。

△　厦门交涉署就日领署将李箕焕、李刚解往台湾事,向日领提出正式抗议。次日,厦门反日侵略会发起抗日侵权、驱逐日领示威运动,自晨 6 时起,举行海陆总罢工,海上交通断绝。24 日,厦门各界赴福州招待新闻界,报告反日经过,并磋商办法,要求当局于 48 小时内解散日警部。

△　驻宁日领事向国民政府外交部保证赔偿被日方撞沉之"新大明"轮船"一切损失",并送吊慰金一万元为条件,要求释放被中国扣留之"厚四丸"。是日,外交部谕令海关将"厚四丸"释放。

3 月 23 日　国民政府发布《卷烟税国库券条例》,定额 1600 万元,以财政部卷烟统税为担保,言明充军政费,月息八厘,定 4 月 1 日发行,至 1930 年 11 月 30 日本息如数还清。

△　国民革命军总司令部参谋团组成,张之江任主任,是日公布参谋团条例 13 条,其中规定该团"隶属于国民革命军总司令,为国民革命军各高级干部幕僚人员之联合机关"。其业务为筹议各军联合作战事宜,协助各军之作战指导,维系各军之联络,协议各军军务之整理、改良建设事宜。

△　国民政府据冯玉祥请,电程潜、白崇禧,请将叶琪部开赴彰德。

△　刘和鼎师开赴藕池,会同李燊军进攻红军贺龙、周逸群部。

△　各省商会联合会常务委员冯少山到南京,向国民政府请愿五事:一、从速修订商事法令;二、免征国货二五税;三、修订劳资仲裁条例;四、废除苛捐杂税;五、修改印花税新章。

3 月 24 日　两湖善后会议在长沙开幕,程潜、白崇禧、鲁涤平、陈嘉祐、何键、叶琪、陈绍宽、刘铏、李品仙、夏威、张知本、李隆建、刘岳峙、刘召圃、陈嘉任、张定等 30 人出席,程潜主席,演说此次善后会议目的,在解除民众痛苦及巩固北伐后方,对于整理党务、刷新政治、缩减军备诸端,均有阐述。旋推定李宗仁、程潜、白崇禧、张知本、陈绍宽五人为主席团。通过议事细则。大会收到提案共 144 件,计党务 18 件,政治 89 件,军事 37 件。

△　军事委员会任何思源兼代该会政治训练部主任。

△　第一集团军第九军军长顾祝同由南京返抵徐州指挥军事。

△　第一集团军第四十军军长贺耀组离南京赴徐州,贺部在宁之第二师杨永清部 23 日起陆续开徐。

△　冯玉祥派何其巩赴湘促两湖军队北伐,是日何自新乡启程,27 日抵汉口。

3 月 25 日　贺耀组奉蒋介石命,赴归德与第十一路总指挥方振武会商北伐军事计划。

△　安徽省政府主席陈调元由安庆到南京,对大中社记者谈话,略谓:"今晚专晤蒋总司令,面商北伐机宜,约明后日可以出发,本人担任东路指挥,所部军队已集中江北一带,本人到达江北,即向山东开始攻击。"

△　江西第五路军参加北伐部队,业已指定第三军第八、九两师及第三十一军第二十八师,全由第三十一军军长金汉鼎指挥。是日,朱培德偕金汉鼎抵九江,举行北伐誓师典礼,并检阅驻九江之第八师朱世贵北伐部队。

△ 张学良、杨宇霆离北京抵保定。28日到东长寿检阅奉军。29日到石家庄指挥作战。

△ 英公使蓝普森因宁案交涉停顿,离沪北上。自黄郛与蓝普森谈判宁案,经数度交换意见,大体已获蓝使完全同意,内容分为三项:一、中国惩凶、赔偿;二、英国兵舰炮击南京城应道歉、赔偿;三、修改现行中英条约,以平等互尊主权为原则。正在大纲拟就解决在即之时,英政府忽以蓝使所谈判为非,第二、三两项不能与第一项同列,训令蓝氏改变交涉方针,中英宁案交涉遂告停顿。

3月26日 国民党中央组织部电成都四川省党部筹备处称,四川省1月14日全省党代会之议决各案"未经中央核准,其组织法、选举法以及执监委员人数,亦未经中央审核规定","应即宣布无效"。

△ 两湖善后会议开第一次议事会,到30人,程潜主席,通过10项议案,除继续北伐案决由负责军事领袖准备进行,并推定张知本等人起草电文外,其余九项党务案提交下次会议续议。

△ 第五路军第三军第八师朱世贵率部自九江乘轮东下,次日抵芜湖,31日抵浦口。

△ 胡汉民、孙科、伍朝枢由土耳其披里致电国民政府,报告土政府极愿与我结好,派使驻宁。

△ 第三集团军商震部与奉军于芷山部在偏关激战一昼夜,将其击溃。

△ 南京总商会、南京市商民协会致电国民政府、中央政治会议、军委会,拥护李宗仁裁军提案,请迅予施行;在未实行以前,请通令各军此后不得再有收编及招募情事。

△ 范石生部抵九峰,往郴(州)、宜(章)"剿共"。29日,吴尚所部第八军开平(江)、浏(阳)、醴(陵)"剿共"。

△ 大学院准福建私立厦门大学立案。

△ 北京军政府以奉海路沿线存货过多,决定拨用洮昂路机车两辆,货车14辆。日方借口以洮昂路有"满铁"借款关系,此事有违约定,

由日驻奉代理总领事峰谷向北京当局提出抗议。次日,北京答复日方,谓此事未违背"满铁"、洮昂车辆通融合同,此乃中国铁路内部事项,不能受日本干涉。

△　美公使马瑞慕于 25 日由汉抵沪,是日,中美双方开始在沪正式谈判宁案。

3 月 27 日　两湖善后会议第二次会议,张知本主席。党务案凡九项,全部议毕。内中重新登记党员案,议决根据中央条例设登记委员会,交两省党部执行。会议另议决组织议案审查委员会,推张知本为委员长,刘岳峙等六人为委员。

△　广东兴(宁)、(五)华、紫(金)绥靖处长黄旭初电广州黄绍竑报告共产党在潮汕之影响,略谓:"五华、紫金民众,尚多有以行共产为甚好者,因共党实行烧田契,烧租簿,掘田界,分田地,不交租,不纳税,不还债,目前利益甚多,故迷信甚深,对此点应请政府给民众以相当利益,党部给民众以针锋相对之宣传,方能善后。"

△　第十一军第二十六师师长颜德基抵汕头,与欧阳驹协商"剿共"。是日,颜赴潮阳、惠来指挥进攻。黄旭初奉总部令,将河源、紫金、兴宁、五华所部开拔赴潮,助"剿"潮、惠、普一带共产党。

△　沪新闻检查员通知各报馆称,奉蒋介石令,禁止登载军队调动、将领行动、蒋氏出发及总攻击日期等新闻。

△　南京卫戍司令部以《三民导报》社长胡大刚"屡有轻视高级军事长官之言论",着令拘捕究办。

△　日军舰六艘先后抵厦,自行卸货。下午,日"大井"舰派出武装艇两艘,掳去纠察队汽船一艘,队员八人,舆情大震。市警备司令部急派陆战队一连、武警数十人前往防范,同时函告市党部撤销纠察队,以免民众发生过激举动,致使事态扩大。是晚,反日侵权委员会召各界代表开会磋商办法,并派代表往晤林国赓从严交涉,否则自 28 日起全市罢工。林以"此举将引起共产党扰乱,纠察队撤消可免日舰往来海上"作推诿。

△　北京税务督办梁士诒对日本记者谈关税问题,称:"余此次承乏税务督办,目的不外为实行关税自主。实行关税自主有与各国订立互惠条约之必要,即不问商条已满限之国或未满限之国,须一齐订立互惠条约,俾中国得以改正从来受不平等条约所束缚之经济条约的一部分。此不仅为余个人之主张,实为南北同所切望者也。"

△　北京军政府公布设立长春关。

3月28日　国民党中央政治会议第一三四次会议通过任命李济深、戴季陶、陈铭枢、李文范、冯祝万、黄绍竑、林云陔为广州政治分会委员,以李济深为主席。

△　国民党武汉政治分会主席李宗仁,奉国民政府命令来汉慰劳西征军将士及布置北伐事宜,是日偕第十一军军长陈铭枢乘舰自南京抵汉口。

△　第十九军军长胡宗铎自汉口通电称,西征军事已告结束,奉程、白两总指挥命令班师回汉,整旅北伐,先头部队业已到达武昌。

△　第二集团军孙连仲部在磁州附近与奉军于学忠部激战一昼夜,将奉军击溃。

△　两湖善后会议第三次会议,到29人,张知本主席,议程列政治案34件,并为17件。建立湖南省政府案通过,未议及人选。财政、军事、建设、教育各案,组织提案审查委员会,推定人选为:财政白志鹃等五人,建设张定等七人,军事程潜、白崇禧等11人。

△　中共中央委员、湖北省委书记郭亮在岳阳被捕,是晚在长沙就义。

△　国民党军对驻惠来红四师、红二师决取三路合围势:一、第十一师余汉谋由海丰进攻;二、黄旭初部由紫金进攻;三、潮汕军由揭阳进攻。是日,颜德基指挥"中山"舰载守备军一团抵汕头,即登岸赴前方增援。4月5日,惠来失陷。

△　厦门、鼓浪屿工商界罢业一日,抗议日武装舰艇掳我纠察汽船之无理行径。宣传队冒雨讲演,张贴反日标语,日人住宅数处玻璃窗及

一商店被毁。30 日,厦市举行反日游行,高呼"收回鼓浪屿租界"、"打倒帝国主义"等口号。工、商、学各界分别集会,成立"反日后援会"。

△　沪、宁间民用飞行首次通航。

△　驻华巴西公使佛兰科返国,是日到北京军政府外交部辞行。

3 月 29 日　国民党中央在南京举行黄花岗七十二烈士纪念会,国民党党、政、军负责人 500 余人出席,蔡元培主席。于右任报告烈士殉国事略,蔡元培、何香凝发表演说,同日,广州、上海、武昌、郑州、厦门、香港等城市相继举行七十二烈士追悼典礼,学校停课一天。

△　李宗仁、陈铭枢由汉口赴长沙。李语人此行为筹商军事,慰劳将士,至湘鄂政分会主席,俟接洽后再定。

△　沪各商家所购二五库券 180 万元,由第三十二军派兵押解到宁。

△　张宗昌、孙传芳在济南誓师,发出通电两通,一电专攻击冯玉祥,另一电则表示希望阎、蒋两方勿助冯氏,宣称"愿与重温旧好,各不相犯"。

△　兰州中山大学举行开学成立典礼,甘肃省政府主席刘郁芬演讲,代校长马鹤天报告筹办经过。

△　德国国会通过政府提案,决议禁止由德运输军火入中国。

3 月 30 日　国民政府外交部长黄郛与驻华美使马瑞慕在上海签订解决宁案之《中美协定》。黄郛在致马瑞慕照会中谓:"兹本部长以国民政府名义,对于本事件,虽经调查证实完全为共产党于国民政府未建都南京前所煽动而发生,但国民政府仍负其责",并谓国民政府向美国"深示歉意",并"惩办肇事兵卒及其他人",赔偿美领馆人员及美侨之损失。4 月 4 日,《中美协定》全文在南京、北京、上海、华盛顿、纽约同时公布。

△　国民政府公布《国民政府内政部组织法》、《国民政府工商部组织法》、《国民政府农矿部组织法》、《国民政府审计院组织法》、《国民政府蒙藏委员会组织法》。

△　国民党中常委会第一二四次会议通过指派卢师谛、黄季陆、黄以镛、向传义、叶松石、熊晓岩、陈杰、李孟辉、杨全宇九人为四川省党务指导委员。

△　蒋介石在总司令部设东北特别委员会，以蒋作宾、熊斌、刘朴忱、张璧、孔繁霨、冷遹、卢曜、孙洪、张之江、南桂馨、李廷玉、张肇、何成濬等14人组成。是日在南京开第一次谈话会，推熊斌等三人起草组织条例。4月1日下午继续开会，讨论急于进行各事项，并推定蒋作宾、熊斌、刘朴忱为常务委员。

△　李宗仁、陈铭枢抵长沙，程潜、白崇禧亲赴南洋旅社拜晤，当晚程、白欢宴李、陈，并商北伐。

△　黄郛为南京事件解决照会美政府，"希望中美两国在外交上开一新纪元"，提议修订中美现行条约，解决其他悬案。

△　国民政府财政部前为救济四岸盐荒，曾设立济运总局，嗣因盐务署派员调查，认为尚无设立必要；又据四岸运商呈请仍由商运，借以维持盐业，经财政部呈请国民政府于是日会议核准，将四岸食盐济运局撤销，仍由淮商照旧案办理。

△　武昌总商会等160余团体通电要求汉口中央、中交银行钞票兑现，并请财政部收回国库券。

△　日炮舰"矢矧号"开抵武汉，载海军陆战队300余人，泊日租界江面。次日，日本第二舰队22艘军舰、兵员930余人驶抵青岛。

3月31日　晚，蒋介石到徐州督师北伐。同日发表《北伐出发告后方同志书》，要求后方将士努力职守，使阎闾不惊，工商乐业，前敌将士，无后顾之忧。

△　国民党中央执行委员会发出任命各省、市党务指导委员名单通告：计广东省陈铭枢、李济深、朱家骅等九人；广州特别市范其务、马超俊、郑国材等九人；广西省黄绍竑、伍廷飏、黄华美等九人；湖南省刘岳峙、李毓尧、刘召圃等九人；湖北省张知本、张难先、石瑛等八人；汉口特别市严重、孙绳、李翊东等七人；山西省赵丕廉、苗培成、姚大海等九

人;福建省鲁纯仁、沈江、何孝纯等七人;江西省周利生、陈礼江、王礼锡等九人;浙江省何应钦、周炳琳、王漱芳等九人;安徽省金维洁、韩安、王星拱等七人;南京特别市陈剑修、段锡朋、洪陆东等九人;江苏省钱大钧、叶楚伧、滕固等九人;河南省黄少谷、邓飞黄、郭春涛等七人;四川省卢师谛、黄季陆、黄以镛等九人;上海特别市潘公展、陈希豪、刘蘅静等九人;陕西省于振瀛、延国符、黄统等九人;甘肃省马鹤天、田昆山、李世家等八人;云南省张禄、罗衡、张邦翰等九人。

△ 两湖善后会议第五次会议政治案全部议完,其要项有:请中央按月发给两湖北伐军临时费 200 万元;要求中央取消洋稽核制度及食盐运济局;两湖盐税交两湖管理,两湖境内公矿官营业归省政府管理;要求中央偿还已抵债之鄂公产;汉冶萍公司所欠湖北债务,应归作湖北建设之用。

△ 国民政府财政部在上海召集财政会议,讨论北伐筹款问题,到江、浙、皖三省财政人员 60 余,宋子文主席,宣布各财政机关每月解款数。次日,续开会议,各财政机关分头与宋子文接洽认定解款数目,作最后之决定。

△ 国民政府就江苏省府及宁、沪两特别市权限、区域划分问题,指令内政部准如所拟办法办理;关于划界事宜及职员铨叙等,应由该部会同法制局查照案内事项,分别办理,呈候核夺。

△ 国民党海外部驻粤办事处、广东华侨团体及海外部驻粤代表,在广东省党部开会欢迎林森,林森演说请海外同志慎选第三次代表大会海外代表。

△ 淞沪卫戍司令部奉命撤销。同日,第三十二军军长钱大钧抵沪。次日,第三十二军军部移至龙华正式接防。

△ 彭湃率领红四师占领普宁县。

△ 广州卫戍区司令部为防共产党下月 1 日起事,宣布戒严,当晚 12 时各戏院、酒楼均停业,交通断绝,军警大索共产党,捕获嫌疑犯百余名,又派舰赴汕头载余汉谋、香翰屏两师返省。

　　△　漳厦警备司令林国赓招待新闻记者,就中日交涉事发表谈话,声称今后李箕焕案及中日交涉各案,应听由中央及厦门外交官办理,各方不得直接干涉。

　　△　厦(门)、鼓(浪屿)公布特别戒严令,称:地方不靖,为严防共产党活动,无论何人不得携带武器,妨及秩序。

　　△　厦门大学教职员反日后援会致电国民政府外交部,要求两事:一、3月20日厦门日警越界捕人,侵略国权,要求对日经济绝交;二、3月27日日舰"大井"捕去纠察队数人,事关国权,请严重抗议。

　　是月　蒋介石以大举北伐在即,命令增设首都警卫司令部,直隶总司令部,任命军事委员会军政厅长陈诚兼任警卫司令。

　　△　第一集团军策定鲁南作战计划,其要旨为:一、集中优势兵力,以两翼包围攻击,压迫敌人于汶河以南地区而歼灭之。二、第二军团于赣榆、红花埠、涝沟、邳县之线展开,以一部经赣榆向日照、莒县,以全力与第一军团联系,经郯城、临沂以西地区,向泗水、曲阜之敌攻击,并相机以强有力之一部控制海州,以策主力军侧背之安全。三、第一集团军于宿羊山、贾汪、柳泉、后想山之线展开,以一部牵制当面之敌,以主力向峄县、临城、界河之敌攻击。四、第三军团于终兴集、芳桂集之线展开,与第一、四两军团联系,除以一部控制黄口附近保护铁路外,主力向鱼台、济宁之敌攻击。五、第四军团于龙巨集、泰楼、红纸屯之线展开,与第三军团及第二集团军之第一方面军联系,除以小部位置归德附近保护铁路外,主力向金乡、济宁之敌攻击。六、第二集团军之第一方面军于龙堌集、红船口之线展开,向巨野、汶上、济宁、滋阳之敌攻击。七、各部务于4月7日由集中地开始运动,8日在所示之线展开,10日拂晓开始向敌进攻。八、航空队于4月8日晨开始侦察台儿庄、韩庄、临城、兖州、济宁、郓城、巨野、金乡、鱼台一带敌军之阵地及行动。九、战地政务委员会随同大军之进展逐步推进,展开工作,对于收复之乡村,尤须迅速建立政权,抚辑流亡。

　　△　周西成派车鸣翼到南京向国民政府报告黔省军事、实业等方

面近况,略谓:对滇已停止用兵,滇政府龙云亦派代表赴筑言和;惟滇省内容复杂,亟盼政府设法制止乱源,以免牵动大局。创办泉水冲之煤油矿,可敷黔省之用,并开凿赤水、脚角两处盐井,电力机器设备亦将完全,燃料、食盐可不仰给外省。

△　蒋介石委冯志洵为第四十一军军长。冯前任直鲁军毕庶澄军之参谋长,毕以倒戈未成遇害后,旧部多散处鲁东北,冯委盛觉民为独立第一旅旅长,偕团长鲍哲谋来徐组织司令部,招集毕之旧部参加北伐。

△　晋北前线奉军将领高维岳、汤玉麟、张作相等在大同开军事会议,大起冲突,会议无结果而散,兵士传为笑话。战地营幕流传俚歌一首,辞曰:"领袖意志不相谅,苦教士兵抱悲伤。既无枪械又无粮,一年之久未关饷。凡我弟兄快团结,同心协力倒奉张。相率去投革命军,救国救民复争光。"

△　上海浦东商业储备银行成立,董事长杜月笙,总经理裴正庸。资本 1500 万元。

△　中央研究院社会科学研究所在上海成立;又决议设历史语言研究所于广州,任傅斯年、顾颉刚、杨振声为常务筹备员。

4　月

4 月 1 日　蒋介石在徐州发表《告前方将士书》,要求前方将士"视民众之痛苦为己身之痛苦,视国家之危难如己身之危难,将存必死之心,士怀必胜之气,直薄幽燕,长驱关外,使张作霖覆灭而后,更无继张作霖而起之人"。

△　蒋介石在徐州发表《告北方将士书》,号召北方将士翩然来归,相与成不世之业。"诚能于革命军未到以前,在军阀后方自动举义者,即以原职任用;其临阵归附者,亦一律从优待遇,与革命军无稍差异"。

△　蒋介石在徐州发表《告全国民众书》,声讨张作霖罪行,要求全国同胞同心同德,完成国民革命之大业。同日又发表《告北方同胞书》。

　　△　战地政务委员会发表《告北方父老书》，望投袂而起，共同动作。

　　△　国民政府军事委员会颁布军队《连坐法修正条例》。

　　△　奉、晋两军于获鹿附近发生战事。奉军第八军由石家庄分向海山、申后、大车行及同冶、汶邑之线展开，向晋军标高六五三五高地杜家庄西方高地及土门阵地猛攻，双方激战数小时，未获进展。次日拂晓，奉军继续攻击，激战至午，死伤甚众。2日，同冶方面奉军亦推进至岭底；北塞之线，晋军被迫撤退，转而守井陉阵地。

　　△　第一集团军第四军团总司令方振武由归德赴徐州晤蒋介石，会商北伐。

　　△　贺国光、吴藻华持蒋介石亲笔函抵兰封晤冯玉祥。2日，贺、吴携冯复蒋信离兰返徐复命。函谓大战在即，一切悉听遵命。

　　△　国民党湖南省党务指导委员会在长沙开成立大会。李宗仁、程潜、白崇禧、张知本、陈嘉祐、何键、陈绍宽及各界代表200余人出席。刘岳崎主席，程潜、李宗仁等均发表讲话。该委员会由程潜、陈嘉祐以中央委员名义派定刘岳崎、刘召圃、张定、李隆建、罗介夫、赵缭、陈容、张炯、陈嘉任九人组成。

　　△　湘鄂临时政委会开军事案审查会，程潜主席。审查结果计有两湖北伐军速作各种准备，早日实行，克期完成北伐等23案。

　　△　国民政府财政会议议决由苏、浙、皖三省向中央按月解款924.3万元。

　　△　南京"一一二二"惨案特别法庭在中央党部举行成立典礼，法庭审判委员柏文蔚、白云梯等11人宣誓就职。丁惟汾主席，丁超五、徐元诰分别代表中央党部及国民政府到会监督。同日，南京各机关团体举行拥护特别法庭成立游行。

　　△　南京首都卫戍司令部以近来地痞流氓勾结散兵游勇，乘机劫掠，为维持治安，是日通令所属严行取缔。同日并制定检查逃兵办法九条。

△　独立第三师许克祥部陷宜章,宜章农军胡鳌、杨子达率部退郴州。3 日,第八路军第十六军范石生部及总预备队进驻宜章。4 日,范军第四十六师及许克祥部夹击郴州农军,双方在郴州附近 30 里地方接战,相持三小时,农军 4000 人寡不敌众。5 日,郴州失陷。

△　驻华美公使马瑞慕离沪北上,3 日抵北京。

4 月 2 日　是日至 4 日蒋介石在徐州、柳泉、贾汪各地检阅当地驻军并训话,称两个月内打下北京。5 日,蒋抵新安镇检阅第二十六、第三十七军。

△　蒋介石为渡江北伐发表《告海外同胞书》,指出此次北伐,已操左券;北伐胜利,中国能跻于自由平等之地位,事后海外同胞能享真正之幸福。"深冀海外同胞,念北伐关系之重要,共同奋斗,继续努力,俾于最短期间完成国民革命之大业"。

△　战地政务委员会主席蒋作宾、委员蔡公时自南京出发赴徐州。

△　国民政府任命龙云兼国民革命军第三十八军军长。

△　国民政府军事委员会明令淞沪卫戍司令部着改为淞沪警备司令部,该司令一职简任第三十二军军长钱大钧兼充。

△　李宗仁、陈铭枢、程潜、白崇禧在长沙开会磋商北伐,商定两湖军队组成五个纵队,由李率队北伐,白留守武汉,程坐镇长沙。7 日,李、白率第七、第十九等五军兵力参加北伐,即日开拔。

△　张学良、杨宇霆在邯郸与戢翼翘、于学忠等会议磁南军事毕,是日由邯郸北返,经石家庄抵灵寿,往平山前线视察。同日,奉军占领平山。

△　褚玉璞抵大名,召直军各将官开会磋商反冯(玉祥)军事。

△　国民政府特派李石曾、张继、丁惟汾、许世英、王瑚、王一亭、庞青城、虞洽卿、陈嘉庚、林义顺、黄贻柱、蒋作宾为直鲁赈灾委员会委员。

△　两湖善后会议开第六次会,程潜主席。建设、教育各案审查完毕,其要项有湘粤、湘桂汽车路克期筑成案,注重德性、实施党化教育案。

△ 驻厦门张贞独立第四师召集龙溪、漳浦、云霄、海澄、诏安、南靖、平和、长泰八县县长开会,决定在各县成立清乡委员会。

△ 广州市公安局破获共产党机关一处,逮捕17人,枪决五人。当晚,陈铭枢第十一军在河南凤凰岗枪杀共产党员七人。

4月3日 蒋介石在徐州行营举行第一集团军各军参谋长会议,面授作战命令,并指示方略,共七条。

△ 李宗仁电告冯玉祥定支(4日)回汉,即率部集中武胜(关)、信阳一带,追随杀贼。5日,冯电复表示"谨率三军,竭诚欢迎"。

△ 冯玉祥致电第三集团军各总指挥,勖勉将士有贼无我,有我无贼;规定六种口号,振奋杀贼精神。

△ 两湖善后会议第七次会,开议军事案62件,除六件免议外,余均通过。其要项为:一、设两湖军队统御整理机关案;二、各军师于规定期内,点验枪支,核定饷项案;三、各军队、机关厉行清党案;四、两湖军队月饷需600万元,由两湖中央税项下拨付,不足之数请中央补给案。

△ 国民政府外交部令免特派江苏交涉员郭泰祺职,遗缺以外交部第一司司长金问泗接任。

△ 北京军政府国务院会议决定将军事部内陆、海、航空三署并为军政署,任杨毓珣为署长;另设参谋署,于国翰为署长。

△ 梁士诒在北京召集各银行行长会议,拟筹借2000万元为整理奉票经费,遭中国银行行长冯耿光及各行行长一致反对。次日,梁赴津向银行界疏通借款事。

△ 上海公共租界纳税华人会开第二次代表大会,通过加入三华董、六委员案。

4月4日 国民党中央政治会议第一三五次会议决定任命冯玉祥、郭春涛、邓哲熙、凌勉之、李兴中、张吉墉、何其巩为政治会议开封分会委员;张励生、祁志厚为太原分会委员;朱家骅、陈可钰为广州分会委员;吕志伊、孙光庭、周钟岳、卢锡荣为云南省政府委员。

△ 国民政府修正公布《国民政府禁烟条例》,凡21条。规定自民

国十七年(1928)起,限期三年,将鸦片烟完全禁绝,人民戒烟期限,至迟不得逾民国十九年 12 月 31 日。

△　湘鄂善后会议闭幕。6 日,驻长沙程潜部队李明灏第六军开会拥护善后会议。

△　冯玉祥以开封政治分会主席名义电令豫、陕、甘三省政府澄清吏治,用人须注重培养、选择、陶冶、督察。

△　冯玉祥代表何其巩在湘接洽事竣,次日离湘返豫复命。程潜、白崇禧并有手书托何交冯,谓即日整师北伐。

△　奉军郑泽生部向偏关进攻,遭商震部迎击,大溃,被俘 3000余人。

△　奉天交涉员高清和、日代理总领事峰谷就奉海路向洮昂路借车事举行会谈,无结果。是日,日政府向北京军政府提出第二次严重抗议,限 5 日答复。

△　上午,广东北江共产党领导农军 2000 余人在清远龙江市暴动,攻占琶江车站,通向韶关火车停开。第八路总指挥部急调第四军前往"围剿",又饬驻韶关桂军第七师吕焕炎调大队南下夹攻。下午农军放弃车站,退向距琶江口五里地方,粤汉路火车即恢复开行。

4 月 5 日　国民党中常会第一二五次会议,修正通过中国国民党中央执行委员会《北伐宣言》及《对全体党员训令》案。

△　奉军自彰德方面向冯玉祥第二集团军猛攻。奉方兵力雄厚,第二集团军尚未布置完竣,冯玉祥调洛阳刘骥军、禹县刘汝明军、漯河韩复榘军加入前线,仍寡不敌众。9 日,濮阳、观城、南乐、内黄皆发生激战。按:奉军计划,第一步对晋猛攻,逼入山西境内,第二步对晋封锁,以全力击破第二集团军在豫北作战之部队,第三步再全力解决山西。第一步计划业已实现,此系实行第二步计划。

△　第二集团军鹿钟麟第九方面军第二十军庞炳勋将林县奉军与天门会混合各部队 5000 余人击溃,占领古城。至此,漳河以南已无奉军及天门会踪迹。

△ 奉军韩师、安师占领井陉县城。

△ 吴尚赴醴陵"剿共"。9日,程潜令长沙警备司令张轸率部开赴茶陵、攸县协同吴尚"剿共"。

△ 驻华法公使玛太尔原订是日返国,因中、美宁案解决,突奉法政府训令暂缓回法,令仍留任。

4月6日 冯玉祥下令第二集团军豫北各军向磁州、大名进攻,以分奉军优势,期解山西之危。其兵力部署为:以孙连仲率第十四军、第二十三军,郑大章骑兵第一军,由彰德向磁州进攻;庞炳勋驻林县与彰德为犄角;刘镇华部第八方面军由清丰、南乐向大名进攻,于观城、濮县对东昌方面取守势;韩占元军驻道口为刘镇华军策应;鹿钟麟为北路军总司令,凡豫北作战各军,悉听指挥。

△ 第一集团军第一、二、三纵队改为军团,仍以刘峙、陈调元、贺耀组为总指挥。第十一路军改为第四军团,以方振武为总指挥。

△ 奉军第二十四师一部及第三十五、第二十八两师,自石家庄、井陉、凤山村之线向第三集团军一一一四高地猛攻,被击退;至夜12时,第三集团军第二、第三军接合部之七八一高地,被奉军第二十八师突破,第三集团军退至梅庄附近另筑阵地扼守。

△ 日首相田中、陆军大臣白川、参谋总长铃木开会,就"山东形势遽变"研讨对策,一致同意"迅行派兵保护济南及胶济沿线日侨"。

4月7日 蒋介石下总攻击令,第一、二、三集团军分别沿津浦、京汉、正太铁路挺进。同日,蒋发布誓师词称,党国存亡,主义成败,人民祸福,同志荣辱,在此一战。

△ 蒋介石发表《告友邦人民书》,希望"友邦"不要接济旧军阀军火。宣布:我国民革命军所到之地,绝对不致有排外之行动,革命军对于外人之生命财产必与本国人民同时严密保护。

△ 蒋介石赴海州阅第十七军,次日赴运河阅第四军,缪培南同行,当晚乘专车返回徐州。

△ 蒋介石因率师北伐,所任军事委员会主席职务未便兼顾,推李

济深暂行代理,呈请国民政府备案,是日国民政府批复准予备案。

△　国民政府军事委员会电前方将士,谓:大战在即,各将士务须具牺牲决心,益励精忠,珍此残寇。同日,并训令后方将士密切与前方策应,飞刍挽粟以济饷源,除奸缉匪,以靖地方。

△　国民政府任命吕志伊、孙光庭、周钟岳、卢锡荣为云南省政府委员,吕兼建设厅厅长,卢兼教育厅厅长。

△　国民政府令:嗣后旧历清明植树节,应改为总理逝世纪念式,所有植树节应即废止。清明节各机关照常办公。

△　第一集团军第一军团奉命发动进攻。是日,第四军自土山镇攻击前进,9 日抵河南头,向枣庄、滕县攻击;同日,第九军主力由迦口圩以南渡河,一部于 9 日占领梁王城、薛家庄之线,围歼台儿庄之鲁军。

△　国民政府任命杨杰为国民革命军第一集团军总参谋长。

△　战地政务委员会主席蒋作宾奉蒋介石命到开封会晤冯玉祥,磋商北伐要务。9 日,冯偕蒋由兰封同赴柳河,讨论军事及战地政务事宜,10 日蒋由柳河返汴,后回到徐州。

△　原驻淞沪之白崇禧部第十三军第三十七师师长熊式辉抵徐州。其所部三个团均于 6 日陆续到徐。

△　江西朱培德部第五路军第三十一军军长金汉鼎离南昌遄赴徐州前线指挥北伐赣军。

△　国民政府明令照上将例恤前国民军副总司令兼第二军军长胡景翼。

△　第八路军第五军军长徐景唐率第十三师、第十一师各一部赴东江“剿共”,是日陷惠来。

△　白崇禧部第十三军第二师师长李朝芳部陷永兴。同日,湘南第一游击司令胡凤璋进攻汝城,8 日陷汝城。

4 月 8 日　军事委员会任李宗仁为国民革命军第四集团军总司令(5 月 16 日国民政府明令公布),白崇禧为第四集团军前敌总指挥,参加北伐。

　　△　蒋介石发布航空队作战命令：规定于战斗开始后，航空队任务为：一、破坏敌军后方铁路及重要交通；二、空投煽动敌军及招降传单；三、协助各军之进攻，并担任联络；四、每日两机分左右交互航行，侦察敌军情况用地图填报，重要位置须摄影报告。

　　△　第二集团军冯玉祥部骑兵在龙堌集、东莱坊将孙传芳部唐庆珊第十三混成旅包围缴械，俘虏 500 余名。

　　△　李宗仁在武汉召集军政会议，张知本、胡宗铎、夏威、叶琪、李纪才、石瑛、张难先出席，决定武汉政治分会即日成立，令叶琪所部先行北伐，夏威部继之，胡宗铎部担任“剿共”清乡。

　　△　张学良到北京，报告安国军两路军情，并领军饷百万元。10日，张离京回防，11日到石家庄与杨宇霆晤面。

　　△　张宗昌离济南下，次日到韩庄前线督师。

　　△　孙传芳部第四师第十五团由济宁开赴鱼台增防。同日，兖州直鲁联军第二师炮辎各团营、第十师郑俊彦全部抵济宁填防。

　　△　刘湘、周西成在重庆成立川黔军联合办事处。

　　△　新疆回王全权代表定希程电中央，请扩大蒙藏委员会组织，加入回族委员。次日，南京回民联合会与十七省回族代表李廷相等赴国民政府请愿，提出同样要求。

　　△　日人经营之抚顺大山煤矿贮水坑裂缝，淹毙工人 1200 余名。

　　4月9日　蒋介石下令第一集团军，今后占领区内所有民政、财政等事概归战地政务委员会处置，各军官不得干涉。

　　△　冯玉祥电告鹿钟麟、孙连仲等各将领，所有此次作战克复各地之一切政务及行政、司法、财政、外交、公安等项，概由战地政务委员会主持，不必由军人代筹，仰即遵照。

　　△　第二集团军第九方面军鹿钟麟部郑大章骑兵第一军由彭城抄袭邯郸，战胜奉军，占领邯郸城。

　　△　第一集团军第二十六军陈焯部邢震南第六十三师，向郯城张宗昌所部方永昌第四军进攻，激战数小时，击败鲁军，占领郯城。同日，

第三十七军第七十九师占领马头镇。11 日,第二十七军于李家庄西渡沂河攻占大沙沟。

△　安国军第七方面军团褚玉璞部自东昌、大名猛攻濮阳、观城、南乐、内黄之线,国民革命军第二集团军原驻道口之韩占元军已陆续增加第一线,后方空虚,驻潼关之张维玺第十三军奉命急赴道口增援,因中道受阻,全军仅半数到达。至 17 日,安国军增兵攻破观城。复派白俄兵及直鲁军之一部有绕攻濮县企图,濮县陷于孤立,第二集团军乃放弃濮阳,退至濮阳以西及清丰、内黄以北地区,利用楚旺、北伐村、六塔集等村落碉堡,构筑坚固阵地固守,并令第十三军策应前线。

△　程潜、白崇禧拨洋 10 万元、枪弹 20 万粒与第四十三军,令其务速剿灭贺龙,再移师北伐。

△　黄旭初率部抵普宁"剿共"。

△　南京各界五万余人隆重集会,追悼"一一二二"惨案受害烈士,段锡朋主席。谷正纲报告惨案经过,白云梯、王文藻分别代表中央党部和国民政府发表演说。大会通电国民政府立即拘捕惨案主、从各犯交特别法庭从严判处。

△　南满铁路会社秘书田野兰藏抵兰封访晤冯玉祥,表明该社对华态度,称:日本绝非帝国主义者,南满铁社与日政府决不助奉张。少数政客为经济关系与张勾结,诚所难免,但大多数日人决非如此。张之顾问町野氏,此次普选失败,即系因助张之故。深望此后双方开诚布公,增进友谊。冯玉祥表示:日本如能在实际上公平待我国,则我亦当以同文同种之好友公平相待。

4 月 10 日　第一集团军第一军团克台儿庄。是日,航空队侦炸台儿庄、韩庄、临城一带鲁军阵地,第一集团第九军顾祝同部第十四师攻克禹王山、王母山、车辐山,第三师向韩山、侯新闸进攻,第二十一师由枣庄、石埠向燕子景攻击。张宗昌第三十军毛思义部据险顽守,激战终日,毛部不支,向峄县退走。是晚顾军攻克台儿庄。

△　国民党各省、市党务指导委员在南京宣誓就职,于右任主席,

蔡元培监誓。参加宣誓委员为：江苏狄膺、滕固等八人；南京张厉生、洪陆东等八人；上海潘公展、吴开先、刘蘅静等七人；安徽刘真如等七人；浙江何应钦等九人；广东李安定；湖北方子樵等四人；汉口贺楚强等四人；江西萧赣等八人；云南吕志伊等五人；福建罗兆修等六人；四川陈杰、杨全宇等六人；河南邓飞黄等二人；山西赵丕廉等三人；湖南王凤喈。

　　△　蒋介石任段祥麟为暂编第十八军军长，武衍周为东北军前敌总指挥，褚敬坤为新编独立十二师师长。

　　△　上海公共租界纳税华人代表大会，选举工部局董事及委员，到代表 54 人，贝淞荪、袁履登、赵晋卿三人当选为董事，林康侯、李馥荪、秦润卿、黄明道、陈霆锐、钱龙章当选为委员。

　　△　江西第五路军第三军军长兼南昌卫戍司令王均致电长沙程潜、白崇禧报告毛泽东率部分两路由遂川进至湘东，请派湘军"协同兜剿"。11 日，程潜电复，已饬吴、李两师部同该军围剿醴陵、茶陵、攸县、酃县红军。

　　△　杨森派师长白驹抵汉，是日见李宗仁表示悔过输诚，并请抽部北伐。

　　△　湖北政委会议决文武官吏俸给自本月份起一律减成支发，充北伐军费；派刘士熊赴日考察政治。

　　△　浙江省政府下令启封各级工会。

　　△　军事委员会军事交通技术学校在南京举行开学典礼。校长李范一，分设有线电、无线电、机车、汽车、道路工程五系，教职员、学生近千人。

　　△　《中国晚报》在上海复刊。按：该报创于 1919 年，为我国夕刊新闻之创始者。

　　4 月 11 日　国民党中央政治会议第一三六次会，议决：一、任命李宗仁、程潜、张知本、严重、张华辅、刘岳峙、陈绍宽、李隆建、白崇禧为政治会议武汉分会委员；二、推谭延闿、蔡元培、孔祥熙、蒋介石、何应钦、李宗仁、杨树庄、宋子文、薛笃弼、黄郛、王伯群为财政监理委员会委员；三、《审计法》及《大学院组织法》修正通过；四、2 月 3 日四次会议关于政治会议改组决议案全文及中常会第一一九次会议修正通过之《政治会议条例》《政治分会条例》，电令各政治分会及各省府及各特别市政府遵照。

△　蒋介石就"清共"一周年密令上海警备司令钱大钧特别戒严三日，"严防共党闹事"。12 日，上海警备司令部布告，"有共党希图闹事者，决杀不贷"。

△　第一集团军第三十三军占领鱼台。10 日拂晓，第三军团第三十三军张克瑶部主力沿丰（县）、鱼（台）大道前进，上午 11 时占领渠阁，旋跟踪追击，迫近鱼台。孙传芳部李宝章师及张宗昌部第七十一旅守军败退，第三十三军乘胜包围鱼台，是日入城，完全占领。12 日，第二十七军独立第三师师长陈耀汉占领谷亭。

△　第二集团军第一方面军孙良诚部吕秀文第二十一军占领郓城，俘张宗昌第二十三军杨清臣部 2000 余名，即向汶上前进。

△　魏益三部自宜昌开拔，加入北伐，宜昌警备由第四十三军担任。13 日，魏抵汉谒李宗仁，商北伐。

△　范石生率领第四十五师会同第十三军第二师李朝芳部，与红军朱德部在资兴激战数小时，陷安仁、资兴县城。

△　国民政府军事委员会任胡宗铎为湖北清乡督办，陶钧为会办。胡、陶通电是日于武昌就职。

△　天津英租界工部局举行本年度董事举选大会，选举结果：增选陈巨熙、钟蕙生、庄乐峰三人为华董，杨嘉立等五人为英董。

△　上海公共租界纳税华人会复函工部局，提出华董席数之确定应以捐税比例为原则，租界华人教育经费、组织设施等问题亦应尊重纳税华人代表意见，以示合作诚意。

4 月 12 日　国民党中常会第一二六次会议决议：一、组织战地临时党务指导委员会，以何思源、于恩波等五人为指导委员；二、香港、九龙、澳门、广州湾、台湾、琉球群岛各地党务划归广东、福建两省就近管辖；三、蔡元培、张静江、叶楚伦、陈果夫、于右任、谭延闿、丁惟汾为中央财务委员会委员；四、训令党员严守纪律，不得有轨外举动。

△　国民政府派罗家伦为战地政务委员会委员。

△　冯玉祥致电第二集团军各将领，略谓：此次北伐为革命势力与反革命之最后生死关头，凡编入战斗序列各军，对蒋介石均应绝对服从，不可稍存不欲下人之心，自坏万里长城。

△　蒋介石电告国民党中央党部、国民政府，第四军于是日占领枣庄。

△　井陉以西雪花山昼夜血战。奉军胡毓坤、荣臻两军以该山系入井陉、获鹿、平山等县要道，以第十四师数次冲锋夺取山头，第三集团军徐永昌等据险固守。是日至 18 日，激战不息，双方死伤枕藉。

△　北京军政府正式声明，停止道胜银行各项合同权利，第三国不得承继。

△　北京军政府设政费管理委员会，鲍贵卿兼会长。

△　张作霖令吉林军入关助战。但因奉方于本月 9 日将洮南、昂昂溪路线之车辆移往奉海路线，引起日方不满，日南满铁路会社拒绝运行，13 日，吉军乃徒步南下。

4 月 13 日　国民政府第五十四次会议，内政部长薛笃弼提议，恢复忠孝、仁爱、信义、和平及格物、致知、诚意、正心、修身、齐家、治国、平天下八目之旨，由政府颁发明令昭示国人，以端趋向。在教育方面，由大学院厘定普通人民应具有之德育编为公民常识课本，责成各学校实地训育。决议通过。

△　第一集团军第九军占领临城。第一集团军第一军团第九军由小城子经杏峪、奶奶山开始攻临城。是日，鲁军第十一军张宗辅、第七军许琨、第五军王栋、第十军吴奠卿各部占领沙沟、临城以东一带高地，与第九军激战。张宗昌亲临前线，督部猛攻，激战数小时，鲁军不支，张宗昌偕许、王等分乘 13 辆列车，退向兖州，第九军占领临城。是役，鲁

军死伤 300 余名,被俘百余名,第九军阵亡少将团长一员,伤亡亦甚众。

△ 第一集团军第一军团第一军占韩庄、沙沟。10 日,第一军进占红庙、沟上、利国驿之线。11 日总指挥刘峙决以优势兵力,向敌左翼包围攻击,第一军先后占领六十子、耿山子、晋庄、王庄等地。是日,第一军第一师占领小营、张庄、大小窝,第二师占领金马驹,续向韩庄进攻。张宗昌部守军不支,向赤山口溃退,二师遂占韩庄。旋向张阿、谢庄分途攻击,张部退向界河,二师又占沙沟。同日,蒋介石抵新安镇视察,旋即返徐。

△ 北京军政府向中、交、边业三银行借紧要军费 200 万元,以崇关税收作抵,除预扣利息外,净交 167 万元。

△ 驻华日公使芳泽与北京军政府外交总长罗文干会商结束,因北京方面妥协,是日就中日奉海路交涉案达成协议,其主要内容为:一、恢复奉海、满铁两路之联运协定;二、归还奉海线借用洮昂线之车辆。

△ 夜,安国军德州兵工厂被焚,损失子弹 300 余万发。

4 月 14 日 国民政府致电各省政府,告以北伐大战开始以来,京汉、津浦两路大军全线进攻,迭克名城,山西方面亦有进展,北伐优势已彰,扫荡幽燕可冀,要求各省整理地方,修明政治,协同作战,巩固后方。

△ 孙传芳率部攻陷丰县。孙传芳以津浦正面鲁军吃紧,亲率主力五万向徐州猛攻,第三军团贺耀组部受挫。是日,孙军陷丰县,其先头部队已向黄口进发,徐州危急。同日,蒋介石在徐州获悉丰县失守,作出紧急处置:一、飞电冯玉祥调石友三部自兰封乘车至砀山下车,进攻丰县;二、自临城前线抽调第一军,令副军长蒋鼎文率领乘火车回援,在徐北茅村车站下车,徒步前进;三、令总预备队第三十七师及第三军之第八师占领徐州城西九里山阵地;四、严令第二十七军、第四十军、独立第三师死守待援。

△ 第一集团军第二十六军占领日照,张宗昌部张宗辅军向胶州退却。

　　△　首都各界北伐协助会开成立会,推举总司令部兵站总监部、市党部、下关商会、下关商民协会、市商民协会、南京总商会、市学生联合会、市妇女协会、市政府、市总工会、军事委员会、市农民协会、市公安局13团体为执委。

　　4月15日　蒋介石抵临城,询问第九军前线战况后,偕刘峙、顾祝同至官桥镇第四军视察前线防务。当晚返回徐州。

　　△　第一集团军第四军团占领羊山集。13日,方振武率第三十四军及第四十七军各一部,自单县北之鸡黍集,进攻羊山集。羊山集地势险恶,为金乡北、济宁南之重镇,孙传芳军第十三混成旅、第三十旅、第十九旅顽守,郑俊彦指挥。14日晚,方军即占领附近各村庄。是日下午5时,第三十四军阮玄武部冲锋上山,仅半小时即完全占领羊集山。

　　△　第二集团军第一方面军孙良诚部占领巨野,俘敌万余,毙敌7000余名,孙部死伤千余。孙传芳主力李宝章全军覆灭,余部向嘉祥溃退。孙良诚部跟踪尾追,午后继克嘉祥,旋向济宁追击。

　　△　淞沪警备司令钱大钧在上海龙华司令部举行就职典礼。是日,钱派兵员赴嘉定"剿共"。

　　△　湖北清乡督办胡宗铎、会办陶钧委李纪才任鄂北清乡司令,驻襄阳;严敬为鄂中清乡司令,驻沔阳;刘和鼎为鄂西清乡司令,驻宜昌;李宜煊为鄂南清乡司令,驻咸宁;廖辅仁为应、安、黄、孝等六属清乡主任,驻花园;吕冠为冈、安、麻清乡主任,驻黄冈;皮宗荣为蕲水等五属清乡主任,驻蕲水。同日,鄂清乡督办署令第十九军第三师第十七团开赴鄂东清乡"剿共"。

　　4月16日　国民党中央党部通令各党务指导委员,略谓:"各同志此次受党使命,务须确实履践,力惩颓习,凡到达各省市地方所有欢迎酬酢,应即一概谢绝。"

　　△　国民党中央组织部电达各省、市党务指导委员,规定党员登记期限:一、上海、南京、广州、汉口特别市,以一个月为限;二、浙江、江苏、安徽、江西、广东、广西、福建、湖南、湖北,以两个月为限;三、云南、四

川、河南、陕西、甘肃、山西,以三个月为限;四、在未公开地方,登记期限定为四个月。

△　国民党中央党部为派定党务指导委员事通令全体党员,略谓:此次中央所派党务指导委员,事前详立标准,慎重考察,参以各地方情形,期于适合实际工作。此后各地方党务之整理,民众之训练,皆所资赖。凡我同志,自应深念中央分配任务之重,服从党命,共同努力,不得假借党部及民众团体之名义,擅布主义,妄施攻击,使党务更受影响。中央为此,已令国民政府通令各省政府对各指导委员负责保护。兹特训令全体党员共体此意,务须严守纪律,不得有越轨之举动,是为至要。

△　李烈钧电复日本民党要人头山满,对其提出"国民党不要内讧"的好意警告表示感谢,并谓津浦、京汉两路敌军自蒋、冯、阎督师后均获大胜,山西之敌全线损失惨重,北伐完成,指日可待。

△　日驻济南陆军武官酒井隆少佐向参谋总长铃木庄六建议日本再次出兵山东。同时,青岛总领事藤田荣介暨代理济南总领事西田畊一亦向本国陈述:"出兵时期,业已到来。"

△　军事委员会主席团任命邹鹏振为国民革命军第四十四军代理军长。

△　程潜电告李宗仁已将二五库券拨 20 万充军饷,国府汇北伐军费 30 万 17 日到汉。

△　第二集团军第一方面军孙良诚部骑兵第四师占领汶上。

△　国民政府外交部照会驻华葡公使毕安琪(由葡驻宁领事转),声明 1887 年 12 月 1 日(清光绪十三年十月十七日)在北京签订之中葡《通商条约》,已不适用于现在中葡两国的政治、经济、商务情形,提议于本月 28 日(距 1888 年 4 月 28 日在天津换约已届第四个 10 年)该约期满后,由两国各派专员,重订新约。北京军政府亦于 28 日照会葡使,提议重订新约。

△　程潜令第四十三军独立第八师及第十四军新编第二师前往湘鄂边境会剿红军贺龙部。

　　△　范石生部抵郴州"剿共"。

　　△　北京军政府外交部令准严鹤龄辞清华学校校长,遗缺由温应星继任。

　　△　德国新任驻华公使卜尔熙抵北京。

　　△　美国中央探险队由北京出发,赴内蒙古探索生物遗迹,队长安德鲁斯。

　　4月17日　第二集团军第五军石友三部克复丰县。15日,石友三部奉令增援贺耀组军,即调该部及野炮兵一团,以火车输送一昼夜,运至砀山,是日进攻丰县。第一集团军第一军两师亦自茅村西进,第四十军拂晓由栖山、孟楼、吴河、高楼两道,分向华山攻击,第二十七军一部由小张寨、王小楼攻击前进,威胁华山侧背直军。旋孙传芳闻济宁报警,率部仓皇北逃,石友三部首先克丰县,并于是役击毙鲁军第二十五军军长袁家骥。

　　△　国民政府第五十五次会议,通过《修正大学院组织法》及《审计法》;准冯玉祥电请令拨库券200万元接济北伐军需。

　　△　日本内阁会议讨论山东形势,决定以鲁军撤退济宁及北伐军中断胶济铁路为由,断行出兵,由横须贺派陆战队250名乘"春日"舰赴青岛。同日,海军省公布:在该队开到前,令第二舰队所属军舰"古鹰号"泊于青岛,与第二遣外舰队之"球磨"及"对马"协力警备。20日,"春日"舰陆战队在青岛登陆。

　　△　冯玉祥第二集团军以彰德方面战事吃紧,迭电李宗仁率部北上。旋李派叶琪率队至河南漯河接替韩复榘军防务。韩军星夜北调,16日集中彰德以南,是日拂晓向奉军右翼猛攻,占领崔家桥,连下30余堡。奉军复于后方增加大部兵力,占据村寨。激战至夜,韩军师长三人均受重伤,复伤旅长两员,韩复榘遂下令退回原阵地。

　　△　李宗仁、程潜、白崇禧派代表赴兰封谒冯玉祥商讨北伐事宜。

　　△　安国军第五方面军团长张作相电召第十六师李振声率部入关作战。

△ 北京军政府任命王占元为陆军检阅使。

△ 江苏省党务指导委员会议决推叶楚伧赴省政府,请切实负责防止嘉定、青浦、无锡、江阴共产党暴动。

△ 第五路军第三军军长王均布告,以朱(培德)总指挥率师北伐,身负全赣治安之责,凡各县署公安官吏、地方团体,对"共党盗匪"须极力扫除,如有希图扰乱,则法所不容,必尽杀而后已。

△ 战地政务委员会以临城业已克复,特设整理中兴煤矿公司委员会,订定整理委员会暂行条例,委俞飞鹏、陈家栋等五人为委员,俞兼整理委员会主任,陈为副主任。是日,俞等五委员赴临城开始工作。

△ 东三省官银号派宋恩宽购现洋 15 万由津运奉。

4 月 18 日　国民党中央政治会议第一三七次会议通过《省政府组织法》;特任蔡元培为中央研究院院长,任胡宗铎为政治会议武汉分会委员,刘郁芬、宋哲元为政治会议开封分会委员,缪培南为军事委员会委员,宋子文、易培基为外交委员会委员。

△ 国民政府外交部长黄郛致电蒋介石,请于军事进行时,注意胶济沿线日侨权益,免生事端。电曰:"查胶济铁路沿线,除青岛、济南外,尚有章邱、张店、博山、周村、潍县、淄川、金岭镇、坊子八处,为中日约定自开之商埠,日侨极多。又有地名'四方'者,日人亦伙,且为胶济工厂所在地,与青岛关系尤重。胶济铁路对于日本尚有债务关系。至淄川、金岭镇、坊子三处,更有中日合办之矿业。是等处所,于军事进行时最易发生事件,除饬知战地政务委员会(蒋作宾主持)、外交处蔡(公时)主任特加注意外,应请通饬前方将领,藉备参考。"

△ 日外务省发表出兵山东声明书,谬称:山东形势急转,内乱将波及日侨,出兵纯属自卫。

△ 国民政府据密报获悉:张宗昌深恐不能固守济南,派参谋长金寿良到青岛与日本密约,即以青岛及胶济铁路权益作代价,要求日本派兵驱逐北伐军,所有青岛、济南、龙口、烟台等地完全归日军负责防守,不许北伐军驻济南。

△　第一集团军占领滕县。15日,张宗昌部退滕县、界河一带防守。16日,第一集团军第一军第二师及第四、九两军展开于花石沟、南沙河、刘庄之线,施行包围,并以第九军向龙山、界河攻击。17日,第九军与张敬尧、许琨等部接战,经一昼夜战斗,卒将张、许等部迫向界河方面溃退。是日,第三十七军迂回至张庄(邹县以东),张、许遂总退却,第九军第三师占领滕县。是役,敌军伤亡约2000名,毙师长一名,第九军亦伤亡官兵800余名。第四军于休城一带击败吴奠卿部后,亦于19日拂晓进至滕县。19日晨,蒋介石赴滕县视察。

△　第一集团军第一军团占领界河。拂晓,第一军团第一军自滕县乘胜向界河攻击。界河为鲁军第二道防线,张宗昌曾于界河附近东自龙山,西迄大马山,费金50万,历时半载,聘德人造成据点或半永久筑城三处,工事坚固。敌据险顽守,激战至午,第一军团击破敌防线,占领界河。同日,乘胜占领两下店。

△　奉军增加大部队向第二集团军正面猛攻,直插韩陵山背后东涧山,炮火极烈,飞机、坦克同时并进。至是,韩陵山阵地为双方争夺之焦点,屡得屡失,白刃相接,伤亡甚大。孙连仲亲率手枪营赴前线督战,所部高树勋、韩德元、魏凤楼各师亦艰苦应战,奉军猛攻数十次,均被击退。

△　第五路总指挥朱培德偕第三军军长王均、第三十一军军长金汉鼎抵徐州谒蒋介石,请示北伐机宜。

△　李济深召开广东军政会议,陈铭枢、黄绍竑、冯祝万、邓世增等及少将以上军官均列席,讨论各军实行划区分防及筹商军事、财政,协助北伐各问题。同日,李在本宅召各将领开谈话会,决调范石生、胡凤璋、许克祥三部加入北伐,于一月之内编第四、五、十一三个军,专任剿匪,驻粤第十五军调回桂省。

△　北京军政府因军事失利,各城门加派兵员守卫。19日,北京颁布全城戒严令。

4月19日　日本政府下令第二次出兵山东。是日,日首相田中、参谋总长铃木觐见天皇,奏请出兵山东获准。内阁召集临时阁议,通过第二次出兵山东决议。旋铃木向熊本师团颁发出兵令:加派第六师团长福田中将统率所部 5000 人从门司出发,向山东进兵;另以驻津之三个中队由小永伍率领向济南进兵。所需经费 230 万元除责任内阁支出 70 万元外,余部 160 万元追加预算于特别议会。

△　北京军政府外交部据驻日公使汪荣宝电告日本出兵山东,请严重抗议,略谓:"日本出兵,本日已下动员令,派天津驻防军步兵三个中队四百名,约二十八号到济南,并派本国第六师团步兵两旅及铁路电信队五百余名,赴青岛胶济沿线。27 日预定在青岛登陆,请严重抗议。"

△　上午 4 时,蒋介石赴邹县前线晤刘峙、顾祝同等,面授机宜。20 日返徐。

△　国民政府公布《审计法》。

△　国民政府内政部第九次部务会议,议决通告全国人民 12 条要点,令各省民政厅遵办,要点为:一、誓雪国耻;二、崇尚道德;三、破除迷信;四、购用国货;五、勤修道路;六、多种树木;七、戒除烟酒嫖赌;八、厉行勤苦俭朴;九、锻炼健全身体;十、要人人识字;十一、禁止女子缠足;十二、注重清洁卫生。

△　第一集团军第一、九两军占领邹县。18 日下午,邹县张宗昌部第七军军长许琨、第三军军长程国瑞闻兖州及两下店均已失去,即仓皇向曲阜、泗水逃遁。程国瑞部于是日上午全部退出邹县,顾祝同第九军前锋第三师随即跟进,占领邹县车站,午入城。刘峙第一军于下午 3 时由界河进驻邹县,第三十七军副军长范熙绩率部于下午 4 时抵邹。蒋介石令即晚向曲阜追击。顾祝同于下午 2 时抵邹,当晚奉命指挥所部追击曲阜残敌。

△　第一集团军第九军会同孙良诚部围攻兖州,席液池骑兵军断兖州北面铁路,鲁军无退路。是午,完全占领兖州,张宗昌、王栋、程国瑞等弃车徒步潜逃。是役俘敌师长一名,中将支队长四名,少将支队长三名,毙伤士兵万余。旋跟踪追击,继克宁阳。孙良诚命所属各部进攻济宁。

△　第二集团军庞炳勋军一部,向水冶之奉军陈光斗军及窦联芳部骑兵攻击,激战竟日,庞军占领固县村、高平等地,奉军退大正集,旋又增加兵力来攻,仍被击退。

△　国民政府外交委员会开会讨论日本出兵山东事件,到黄郛、谭延闿、蔡元培、易培基、王正廷等人,决向日本提出严重抗议。

△　东京中国国民党驻日总支部通电誓死反对日本出兵山东,乞全国一致排日。

△　日军建川少将由大连抵北京访日使芳泽及北京军政府,接洽日本出兵山东事宜。

△　重庆大火,被灾者七八千户。

4月20日　国民政府委员会第五十六次会议,通过蔡元培为国立中央研究院院长,宋子文、易培基为外交委员会委员,张群继任上海兵工厂厂长;议决令各部院制订施政纲领。

△　第二次出兵山东之首批日军到达济南。日陆军省 19 日电令驻津日军司令新井即日出兵济南。是日新井派遣步兵三中队 460 人以小泉慕次为指挥官由天津开抵济南。新井佯称:本军对南北两军将"严守中立"。

△　第一集团军占领金乡。第四军团第三十四军阮玄武率部向金乡进攻,孙传芳军马葆珩部凭城据险顽守,阮军围攻经旬,迭次肉搏,是日下午 6 时占领金乡。

△　第一集团军第二军团第九军第三师于上午 8 时占领曲阜县城。

△　第三集团军反攻石家庄。次日,阎锡山电蒋介石报告东路晋军自 20 日起已改取攻势,本人已离太原亲赴东路前线,率领全军冲出娘子关,进取石家庄。

△　第二军团第三十七军由邹县向宫里集中,第三师以急行军于楼德镇、崔家楼包围鲁军董鸿逵师予以歼灭,生擒董鸿逵。22 日集中宫里、谷里,24 日经封邱、吐丝口、锦阳关向胶济铁路明水车站挺进。

△　北京军政府外交部就日本出兵山东事电汪荣宝转知日本政府,略谓:据驻日公使汪荣宝报告谓日本阁议,已决定第二次出兵山东,如果系事实,务望从速取消,以敦邦交。

△　山东督办张宗昌、省长林宪祖联名电北京国务院、外交部,报告日本借口保侨,派兵到山东,请就近向驻京日使提出抗议。

4 月 21 日　国民政府外交部就日本第二次出兵山东事向日外交部严重抗议,要求"迅将所拟派赴山东之军队一律停止出发"。是晚该抗议书送达日驻宁领事署。

△　驻宁日领冈本一策偕海军少将中岛访何应钦、李烈钧,就国民政府外交部严重抗议日出兵事进行解释,诡释在青岛登陆之日海军,确系保侨,并无助逆情事。

△　上海市各工会、市民会等团体发表宣言,反对日本出兵山东。同日,全国学生总会在南京开会,发起组织各界反日运动委员会。

△　国民政府公布《卷烟税国库券条例》,定额 1600 万元,以卷烟统税为担保,用以抵充政府预算不敷之用。

△　第二集团军第一方面军克复济宁。16 日,孙良诚部攻济宁,占其四门。孙传芳在鱼台闻警,乃率部分兵五路,奋力反攻,一留鱼台抵抗,一援济宁,一向安居镇,一向嘉祥,一出巨野、嘉祥间,各路同时并进,冀包围孙良诚部。旋解济宁之危,固守安居镇。于是城中直鲁军与兖州来援之军,及孙传芳自前线调回之两路,合攻孙良诚军于安居镇。旋石友三军将鱼台之孙军击破,与贺耀组部急向济宁前进,方振武军也将金乡攻克,旋与孙传芳两路军相遇于嘉祥、巨野间,大败孙军,19 日围安居镇。孙军亦为孙良诚击溃。席液池骑兵军自宁阳进攻敌军后路,破坏曲阜、兖州间交通,先于 18 日乘虚占领兖州。滕县之直鲁军闻讯,亦于 19 日退走。旋孙良诚、马鸿逵军克济宁,孙军向肥城、东平退走。

△　第一集团军第十军占领峄县。18 日,第一集团军第十军杨胜治部包围峄县,鲁军孙百万部曾多次突围,均被击回。旋孙军伪装投

诚,仍密通土匪,图扰乱杨军后方,卒被截击,死伤甚众。是日,杨军乘胜占领峄县,孙军逃向官庄。同日下午,峄县各界 3000 人同第十军举行军民联欢会,庆祝北伐军占领峄县。

△　冯玉祥以彰德被围,情势危急,电请第三集团军总司令阎锡山速行大规模反攻,以解彰德之围。

△　皖南大刀会聚众 3000 余人包围和县,与县长高寿恒所率部队 80 人激战,砍死县警备队长二人,官兵死伤数十人。驻芜湖第三十七军教导师闻讯,即派兵一营往剿,会众闻风散去。

△　日先遣舰"球磨"、"古鹰"、"对马"三舰驶抵青岛。旋该三舰陆战队员 660 名登陆。

△　中共中央临时政治局委员、上海工人三次起义的领导人之一罗亦农在上海就义。

4 月 22 日　蒋介石、陈调元、刘峙抵兖州。总司令部徐州行营即日移兖州办公,何成濬、邵力子留守徐州。次日上午,蒋介石至曲阜瞻仰孔庙、孔林,召见孔子七十七代孙孔德成,下午回兖。

△　白崇禧电冯玉祥告廖磊、魏益三、周澜各军刻已开拔北上,并谓:"此次各军出发,诸多困难,艰苦成行,致稽时日,殊以为愧。"冯当即复电称:"兄部大战之后,又事长征,给养困难,自属实况,弟处筹划接济,当惟力是视。"

△　石友三奉冯玉祥令增援孝义。是日,石率部经柳河,于 19 日占领巩县,解孝义之围。旋与宋哲元部分兵两路,克临汝、密县,解登封、禹县之围,樊钟秀率部向鲁山、襄城、方城一带逃奔。至是豫西粗告平定。

△　广东省党部通电反对日本出兵,指出日派兵抵济南,冀助其走狗奉张,借保其在鲁所得权利,阻挠我革命进行;宣布愿率百粤民众为政府后盾,务达日本撤兵目的。

△　张宗昌向开滦公司借款 500 万元。

4 月 23 日　蒋介石在兖州行营部署第一集团军进攻济南战略:

一、第二军团一部攻临沂，一部由新泰向博山挺进，主力经莱芜、文祖镇、龙山镇截断胶济路，向济南袭击；二、第一军团向山口镇、泰安、界首攻击；三、第三军团向大小万德、青杨树攻击；四、第四军团于击破肥城后向石店、张夏镇、大冈山攻击；五、第二集团军第一方面军进至陈家山、东阿之线，以一部掩护左侧背，主力经平阴、长清向济南袭击；六、第三军及第三十七师为总预备队，在宁阳附近待命。

　　△　蒋介石自兖州致电国民政府主席谭延闿、常委李烈钧等人，请嘉奖有功将士，略谓："此次作战，全赖各将士用命，共同一致，克臻奇效，而第二集团军之骑兵第二军军长席液池之得力，尤为伟大；此外在鲁西各军，据冯总司令所报，为孙总指挥良诚、方总指挥振武、石军长友三、夏军长斗寅；在津浦正面各军，赖刘总指挥峙、顾军长祝同、缪军长培南，奋勇坚决，用克消灭强寇，速平鲁南，谨祈分别嘉奖。至其他有功各员，正在查明，另请叙奖。"24 日，国民政府颁令嘉奖蒋介石及北伐有功将士。

　　△　国民党中央党部召开临时会议讨论对付日本出兵山东问题，通过《为日本出兵山东事致全体党员训令》，要求党员严行保持秩序，遵守纪律，使前敌将士一意向前，无内顾之忧，个人言论行动，务当遵照中央所指示之标准，不得稍有违背。

　　△　奉军三面围攻南乐，第二集团军寡不敌众，弃守南乐，退至吉村、马村集之线。

　　△　国民政府委战地政务委员蔡公时为战地外交处主任。是日，蔡分别函告驻沪各国领事，声明国民革命军对战地各友邦侨民将尽力保护。

　　△　南京党、政、军各机关、各民众团体代表举行反日出兵山东大会，通过《警告日本民众书》、《告日田中内阁书》、《告世界民众书》，组织"首都各民众团体反日出兵山东委员会"，由各团体推举委员九人组成执行委员会。

　　△　全国学生总会通电全国，代表 500 万学生誓死反对日本出兵

山东,阻我北伐,望全国同胞共襆奸丑,屏除腥膻,保障革命。

　　△　安徽全省商会联合会在芜湖开会,就日本再次出兵山东事一致通过电请外交部迅向日本政府严重交涉。

　　△　国民党浙江省党务指导委员会成立。

　　△　中比学术慈善事业委员会(庚款委员会)在北京成立,比驻京公使华洛思、北京军政府外交总长罗文幹到会祝贺。

　　4月24日　国民党中常会第一三〇次会议就日本出兵山东问题,通过《告世界民众书》及《告日本国民书》,呼吁世界民众给予中国以正义之援助,要求日本国民力谋遏止田中内阁之侵略政策。

　　△　国民政府任命黄绍竑为国民革命军第十五军军长。

　　△　蒋介石命令第一集团军第一、二、三、四各军团及第一、四、九、三十六、三十七各军政治部主任:"我军到达胶济路后,须切实保护外侨,并对日本始终忍耐,勿出恶声。"

　　4月25日　日本熊本第六师团1600余名,由福田师团长率领,分乘三轮抵青岛。其中福田师团长及斋藤旅团长率官兵746名,乘"亚美利加丸"于上午7时到达;特别陆战队200名,乘"春日号"于上午10时到达;第六师团步、骑、通信、铁道各部队,乘"山城丸"于上午11时到达。下午1时,日步兵第六师团第十一旅团司令部、步兵第十三联队本队及十三联队一个大队、机关枪队主力、工兵一个小队,总员约600名,由大港车站登车开赴济南。

　　△　日驻青岛司令福田布告,中国时局急变,战祸将及山东,本军警备济南、青岛以及胶济铁路,负责保护日侨生命财产,若有累及日侨情事,立即严办,决不宽贷。

　　△　国民党中央政治会议第一三八次会议通过《劳资争议处理法》、《侨务委员会组织法》及裁撤华侨教育委员会,华侨教育事项归侨务委员会办理等七项议案。

　　△　国民政府明令各机关整饬纪纲,以建立庶政革新之根本。令曰:国家之败,由于官邪,现在训政伊始,端重政治上之建设,而建设良

好政治,必先以祛除积习,整肃官常为嚆矢。用特申令整饬纪纲,以立庶政革新之根本:一曰明党义;二曰崇廉洁;三曰亲民众;四曰矢慎勤;五曰尚节俭;六曰绝嗜好;七曰严奖惩;八曰督功过。

　　△　第二军团占莱芜。21 日,第二军团第二十六军进至平邑,23 日到达蒙阴,24 日向新泰推进,是日进驻莱芜。旋抄袭泰安后路,左路孙良诚部集中东阿,抄袭济南侧面。

　　△　第二集团军第一方面军占领东阿。24 日,第二集团军第一方面军吕秀文第二十一军进至东平附近,同时探知东阿有孙传芳军千余名,孙良诚遂令吕军速向东阿进展,并令第十九师进驻东平,相机援助吕军,是日第二十一军占领东阿,旋向平阴进击。

　　△　张作霖派员携现款 20 万元、枪 1000 支,抵济南慰问孙传芳。

　　△　朱德、陈毅领导的南昌起义部队到达宁冈县砻市。

　　△　江苏句容、溧阳间之茅山、黄山等处大刀会六七百人攻占溧阳县城。该大刀会众曾于 23 日抵上兴埠,与句容、溧阳、溧水三县军警激战,24 日抵南渡镇,是日入溧阳城,26 日入宜兴。

4 月 26 日　国民政府外交部照会日本外务大臣田中义一,第二次严重抗议日本出兵山东。是日下午,江苏、江宁两交涉员分别将抗议照会送达驻沪、宁日领事。照会要求迅将所拟派赴山东之军队,一律停止出动。

　　△　日军第六师团斋藤旅团长率领第二批日军 600 余人由青岛开抵济南。

　　△　河南总工会筹备委员会通电全国各报馆,吁请全国同胞一致反对日本出兵山东,并请外交部速行提出抗议,以再接再厉、百折不回之精神,不达日兵撤退之目的不止。

　　△　浙江各界"民众反对日本出兵山东委员会"在杭州成立。

　　△　国民政府以江西省府主席朱培德奉命提师北伐,是日批准杨赓笙代行江西省府主席。

　　△　驻赣第五路军第九师杨池生部在南昌誓师北伐,第三军军长

王均及杨池生先后训话。同日及 27 日，第九师第二十六、七两团开拔北上，第二十五团已于 25 日开浔转赴徐州应战。

△　第二集团军第四方面军总指挥宋哲元通电宣布调集大兵 10 万，进驻潼关，即日誓师，加入北伐。

△　阎锡山奉蒋介石所颁作战计划，以晋军倾全力出兵石家庄，以利北伐全局，是日抵井陉督师。

△　第三集团军东路右翼总指挥赵承绶先锋部队占领赞皇，暂编第六师进攻武安。

△　国民政府内政部通令各省民政厅提倡国货，规定：一、由大学院编审中小学校课本，注重提倡国货；二、由工商部速筹振兴工艺计划，并严禁商人以外货冒充国货；三、由财政部实行保护国货政策；四、由内政部、大学院分行内外各官署、各学校，嗣后购用物品，除图书、仪器及其他为中国所无而必须购用者外，应一律购用国货；五、由各省政府及特别市政府布告民众一律提倡购用国货。

△　福建全省财政会议开幕。28 日，第二次预备会上，省府报告国家、地方两税收入支出状况：一、国家税岁入：1279.9659 万元；二、地方税岁入：883.4183 万元；三、国家岁出：1553.3717 万元；四、地方岁出：1511.5726 万元；五、旧欠省债：1252.7603 万元；六、新欠省债：476.3306 万元。国家、地方收入支出，共不敷 901.5601 万元。

4 月 27 日　蒋介石以国民革命军逼近泰安，张宗昌恃泰安天险顽守，山东即将决战，日本复又出兵济南，是日自徐州专程抵兰封野鸡岗车站会晤冯玉祥磋商办法。决定以陈调元部主力攻击济南以东，刘峙部主攻界首，贺耀组部经大舍、大石桥攻济南正面，方振武部向孙伯庄、阳庄之线展开攻击，孙良诚部由东阿、平阴向长清进攻。

△　国民政府委员会开第五十八次会议，谭延闿主席，通过《军需公债条例》；特派朱培德为第一集团军前敌总指挥。同日，国民政府正式发表朱培德任命令。

△　南京特别市市政府通电国民党中央党部、国民政府、各省党

部、省政府及全国党政军各机关、各团体、各报馆暨全国民众,反对日本出兵山东,指出:"现在我们对于日本帝国主义者的暴行,除向世界各国爱好和平的民族,尤其是日本的民众,请求予以赞助外,我们要用我们的全力,来对付他们。我们相信在现有强权而无公理的时代,只有用实力去制裁他们的暴行,我们更相信军阀与帝国主义在最近的将来,要同时宣告覆灭。"

△　开封山东革命同志救鲁期成会通电全国各团体,誓死反对日本出兵山东,"所望海外友邦主持正谊,伸张公道,国内同胞,急起反抗,坚持到底,一面督促政府与日本严重抗议,一面从促进和扩大民众的组织力上着手,造成一种规模更大的群众运动,向着山东目标勇猛做去"。"日兵与舰一日不撤退,即反对工作一日不停止,希望于最短期间,达到最后目的"。

△　我国留日士官学校学生愤日本出兵山东,组织"中国国民党留日士官学校反日出兵归国团",首批 50 余人,是日离东京返国。

△　冯玉祥自新乡致电国民政府,要求以叛国通敌罪褫夺樊钟秀本兼各职,谓樊军乘玉祥动员北伐,后方空虚之际,由赊旗镇一带北犯,陷叶县(本月 1 日)、宝丰、鲁山(均 5 日)、郏县(8 日)、襄城(9 日)、舞阳(16 日)、临汝,围困禹城(19 日)、登封(20 日),陷偃师(20 日),占领黑关车站,截断陇海交通,使北伐军事受阻,勾结奉鲁逆军,扰乱后方,罪大恶极,无可逭恕,除申令石友三、宋哲元两部夹击外,请国民政府明令讨伐。

△　第二集团军第一方面军占领平阴。

△　第一集团军第三军团贺耀组军同孙传芳军在刀山、谷山附近激战。孙传芳军在肥城以东刀山、谷山一带占领阵地,构筑工事,以阻贺军前进。是日,第二十七军攻占孙家庄,旋占鱼池庄,第六十五师向黑山、甲子峪进攻,同孙军展开激烈争夺,旋占甲子峪,独立第三师集中炮火猛攻谷山,掩护步兵冲锋,孙军不支,退向大王庄,独立第三师遂占谷山。同日,第四十军亦自鱼池庄向蒋家庄附近猛攻,孙军据守穆英台

高地附近阵地,瞰射贺军,贺军伤亡重大。旋贺军奋勇鏖战,占蒋家庄、穆英台阵地,并炮攻刀山阵地,掩护步兵攀登悬崖,仰攻刀山、黄巢寨之敌。

△ 国民党广州政治分会开会,李济深提议黄埔中央军事学校改称国民革命军官学校,广西军事分校改称国民革命军官学校分校,重新派定梁漱溟、彭一湖、陆兴祺为建设委员会常务委员,均获通过。

△ 湖北省府开会,就组织惩共特别法庭磋商办法。同日,省清乡督办署通令各县司令、各县长切实清乡。

△ 中日合办吉林老沟煤矿合同签字。

△ 中国公学校董会选举胡适为校长。

4月28日 国民政府公布《财政部军需公债条例》,定额1000万元,以本年5月1日为发行期,利息为周率八厘。民国十八年起偿还,至第10年止全数偿清。

△ 国民政府再电张学良,嗣后东三省外交移交中央办理。

△ 日军1500余人开抵济南,旋自定防界,修筑工事,铺设电网,并以日领事馆、正金银行、济南医院三处称为警备区域,加设武装日警,禁止华人通行,市民惊慌。

△ 日军第四十七联队等部400余人以"护矿"为名,开抵博山布防。

△ 李济深致电国民政府反对日本出兵山东,请政府督促各军挺进北讨,一面团结各方,对日本提出严重抗议,并宣告列邦,以彰公论。

△ 江苏省政府通电全国反对日本出兵山东,要求外交当局严重抗议,责令退兵。

△ 中国留日侨胞在东京举行反对日本出兵大会,会后游行示威。日政府下令逮捕游行示威之中国留学生宋希濂等70余人。5月4日,国民党江苏省党务指导委员会通电全国,声援留日学生的爱国行动,并盼中央政府向日政府提出抗议,并进行交涉,务达圆满结果。

△ 第一集团军陈调元第二军团第三十七军占领胶济铁路明水镇

车站,旋在龙山附近展开激战。次日,炸毁权庄附近铁道,毙敌旅长任得福于龙山车站,克龙山镇。青岛、济南联络被割断,济南动摇。

△　晨,奉军以步兵坦克车五辆,向第二集团军高庄阵地攻击,被击退,并获坦克两辆。冯玉祥以敌势已衰,津浦路方面第一军团着着胜利,敌已呈全面动摇之象,乃重新部署部队,分右翼、中央及左翼三方面反攻奉军。

△　宋哲元部于 27 日抵洛阳,是日击败龙门樊钟秀部三万余人。

△　国民政府派陈立夫为战地政务委员会委员。

△　第四十六军军长方鼎英奉蒋介石命抵徐州,所部亦自明光一带陆续北开到徐,任第三预备队。

△　直鲁联军褚玉璞及孙殿英率部向清丰东大屯进攻,被第二集团军刘茂恩第八方面军击溃。

△　毛泽东率井冈山红军经鄌县回到砻市,是日与朱德率领的南昌起义部队会师。

4 月 29 日　蒋介石以济南旦夕即下,是晚 10 时专车由徐州赴兖州,措置克济时之设施。

△　日军第六师团长福田以胶济路明水站被蒋介石收编的鲁南匪刘桂棠(刘黑七)炸毁受阻,令黑田大佐为指挥官率兵 2000,于次日开抵张店"护路"。

△　第一集团军第一军团占领界首。28 日,缪培南第四军向界首西南之凤凰庄鲁军进攻,敌军自车站起至凤凰台止,共有两军之众,第四军猛烈攻击,敌军不支,退守界首车站附近。及是日拂晓,第四军以一师兵力赶至车站西南面,向车站发起冲锋,血战三小时,敌军向山地退却,缪部攻下界首,是役缴获步枪两千余支,机关枪 12 挺,迫击炮 20 门,俘虏 2000 名,敌军死伤甚众,四军之一师亦死伤千余人。

△　第二集团军彰德战事开始反攻。右翼占领郭家庄、吴家村之线,中央方面占领东西涧山、马垒村、五关之线,左翼占领固县村、郭庄之线,先后共占 20 余村。奉军张学良亲率部队至前线督战,因闻济南

败耗,乃破坏漳河铁桥及铁道、电线,向顺德方面溃退。

△　韩复榘率第十四师及第一师之一部、第七十师、骑兵、炮兵、坦克等部,向曲沟集奉部攻击,奉军猛烈抵抗,战至 5 月 1 日夜,濮阳、观城奉军不支,乃全线溃退。

△　石友三部奉第二集团军命自济宁回师河南驱除樊钟秀部,是日克复巩县,复解孝义之围。

△　湘鄂政委会、国民党广州市党部及郑州民众援助北伐委员会分别通电反对日本出兵山东。郑州援助北伐委员会通电恳请政府严重抗议,限期撤兵,并吁请各省同胞"排货练兵,同作后盾"。

4 月 30 日　蒋介石自徐州抵兖州,旋至行营主持总理纪念周,并作军事及外交之讲话。关于外交,蒋谓:据日人表示,出兵目的在于保护日侨,决不妨碍国民革命军之军事行动,不但山东如此,将来东三省方面亦须如此。如日兵不干涉我军行动最佳,万一干涉我军行动,引起我全国人民之愤恨,则我军亦不得不取相当之对付。

△　蒋介石令战地政务委员会:凡张宗昌在山东所设之苛捐杂税一律蠲除,着各县及各机关不得收纳。

△　第一集团军第一军团占领泰安。第一集团军自 26 日起分路进攻泰安,第九军由右翼绕道泰安东面山地截击泰安北面,第一、第十、第三十七、第四十七军沿铁路用铁甲车进攻正面,第四军由左翼会同第四十七军进攻界首。28 日,各路围攻泰安城,张宗昌军徐海春旅 2000 人不及退去,避入城内死守。是日,第一军第一师攻占泰安,城内守军全部投降。

△　第一集团军方振武第四军、第四十一军向肥城围攻,肥城附近直鲁军两师,于城之南北两面约五公里处设防,激战一昼夜,击毙张宗昌部第八军军长柴云陞并师、旅长三人,获枪万余,是日占领肥城。

△　第二集团军第一方面军孙良诚部于 26 日进至平阴,28 日由平阴向长清挺进,是日进占长清。

△　蒋介石派张群赴东京就日本出兵山东问题进行谈判。是日张

群自沪乘"上海丸"赴日。

　　△　黄郛自南京赴济南,行前电蒋介石告以对日情形,其要点为:"(1)最初与岳(张群)商电邀松井来,嗣得复电称,松拟下济后,径赴济晤总司令,并望岳随往。又言鲁与日关系甚深,下济后,何人当局? 甚悬念。能密示预拟人选? 若得岳当此任最佳,否则亦盼以总司令有密切关系者任之等语。……(3)与矢田谈,谓据彼所得训令及情形观之,在济日兵决不祖奉。"

　　△　济南日军司令斋藤布告称,本军负责保护胶济路及其沿线,南北两军任何一方闯入其界限内者,一律解除武装。

　　△　北京大学教授辜鸿铭在北京病故。

　　是月　余日章率中国代表团出席耶路撒冷召开的世界宣教会会议。

5　月

　　5月1日　第一集团军克复济南。第一集团军自左、中、右三路包抄济南,是晨,第九军第三师、第一军第二十二师首先入城。下午1时,刘峙进驻旧督署,下令以第二十二师维持市内秩序。同日,陈调元部第二十六军及第三十七军第三师沿胶济路南北地区攻入济南。第三十七军第一师经黄台山攻入黄河桥,敌卫队旅据新城兵工厂桥头堡顽抗,激战数小时,卒不支,借铁甲车掩护,由黄河桥北撤。方振武部击退大石桥之敌后,亦于同日进入济南。贺耀组部截击肥城之敌后进驻济南城郊。下午4时止,张宗昌直鲁军残部数万人经黄河桥逸去,济南全城被第一集团军完全占领。

　　△　上午,蒋介石由兖州抵泰安,旋赴蒿里山视察炮兵阵地;下午至界首视察。同日,蒋电国民政府,告以本日完全克复济南,并表示仍当督率各军,迅速追击残敌,务于最短期间完成北伐。

　　△　国民政府委员会举行第五十九次会议,主席谭延闿。议决公

布《侨务委员会组织法》、《修正大学区组织条例》、《修正大学委员会组织条例》；任命张邦翰为外交部特派云南交涉员；改宜昌沙市交涉员为宜昌交涉员，增设沙市交涉员一缺，分别专办宜、沙两处交涉事宜。

　　△　阎锡山策定平山出击计划，第一期消灭温汤、洪子店及其以西之敌而占领之；第二期占领获鹿、东天门，包抄右路当面之敌而歼灭之；第三期占领石家庄，断敌后路，并援助左路军之出击。决定自雁北及阳泉抽调五个师之兵力，分为三路，分别由关福安（第八师长）、赵承绶（第二师长）、徐永昌（第三军长）指挥。各出击部队于 5 月 3 日正午以前分别按指定地点集结。

　　△　冯玉祥电国民政府，谓彰德方面，我军连战皆捷，毙敌三四千人，获战利品无数，敌纷纷北退；大名徐源泉卫队团亦被缴械，徐逆潜逃无踪。次日又电谓：我军于艳（29）日开始向彰德攻击，昨（1）日下午 4 时已将其全线击溃，敌向顺德逃遁，正在追击中。

　　△　李宗仁在汉招宴冯玉祥代表李鸣钟、何其巩、马福祥，表示愿竭两湖全力，完成北伐，白崇禧总指挥并将亲赴前敌。李、何对两湖北伐极表欢迎，并表示冯可帮助给养。

　　△　宋哲元部驱除樊钟秀部，克复偃师。

　　△　国民党广东省党部、广州市党部召开反日大会，决定反日出兵大会与"五七"纪念会合并举行。同日，广州总商会通电反对日本出兵山东。

　　△　陕西省渭南县崇凝镇苏维埃政府成立。是日，在中共陕东特委领导下，渭南东原农民千余人，在崇凝镇召开群众大会，痛斥军阀罪行及地主豪绅对农民的剥削压迫，提出"打倒军阀"、"打倒土豪劣绅"、"实行耕者有其田"的口号，宣布起义。在赤卫队配合下，农民奋起推翻区公所，成立苏维埃政权，揭开了渭华起义的序幕。

　　△　中共陕西省委领导醴泉县农民起义。农民三万余人包围县城，要求县政府豁免粮款，县长撤职，惩办豪绅。次日，县长朱家骧勾结土匪武装镇压起义农民，起义失败。

△　中共湖北省委负责人向警予在汉口就义。

△　《现代中国》杂志在上海创刊，由郭昌锦、丁时政创办。

△　据广州市公安局调查，广州户数为 17.6436 万家，男 47.4074 万人，女 33.7687 万人，合计 81.1761 万人。

5 月 2 日　国民党中央政治会议第一三九次会议修正通过《著作权法》；任命林森、萧佛成等九人为侨务委员会委员，指定林森、萧佛成、邓泽如为常务委员；特任傅存怀、郭宗汾、周玳、南桂馨为军事委员会委员。

△　上午 9 时，蒋介石抵济南。下午，召集军长以上军官会议，指示地方绥靖事宜，委方振武为济南卫戍司令，马登瀛为济南公安局长。同日，方振武晤日军旅团长斋藤，声明负责保护外侨生命财产，请日军即日撤除警戒。斋藤慨然允诺。

△　国民政府外交部长黄郛抵济南。

△　日第六师团长福田彦助由青岛率所部 600 名抵济南，在正金银行楼上设立司令部。

△　第二集团军第九方面军总指挥鹿钟麟致电国民政府、军事委员会、蒋介石、阎锡山及各路总指挥，报告该军彰德前线各部已渡过漳河，占领磁州，正向顺德进攻。

△　第三集团军克复井陉。

5 月 3 日　上午 8 时，驻济南日代理总领事西田畊一带同宪兵司令到城内总司令部（设在旧山东督办公署）拜会蒋介石，佯称济南日军和宪兵“今天就要撤回去”，“特地前来辞行”。

△　日军恣意屠杀我国军民，制造济南惨案。上午，第四十军贺耀组部一名兵士因患病被送往外交部山东交涉署对面的基督教医院（在城外商埠区）治疗，日本兵阻止通行，由于语言不通而发生争执。日兵突然开枪，当场打死中国士兵及夫役各一人，余皆逃入医院。日兵又将医院包围，用机枪扫射。同时，日兵开枪打死在街上张贴标语的中国兵士。10 时半，忽有一日人在隆昌洋行附近强行通过贺耀组第四十军防

地,士兵予以制止,发生冲突。日武官酒井暗中指使特务在中日军队对峙中放枪,引起战斗。日兵听到枪声后,即沿街放枪,恣意屠杀市民和士兵,顷刻间市内血肉横飞,尸体满街。蒋介石闻讯,立即下令城外的军队于下午5时以前离开济南,并将此事通知日军第六师团长福田彦助,一面请其约束部下。混乱之际,日军乘机将第四十军第七团千余人缴械,又窜至外交部长黄郛办公室开枪射击。黄郛赴日军司令部交涉,日军迫令在文件上签字,承认冲突由中国士兵挑起,黄被扣达18小时。下午,邮政局、电报局被日军占领,交通断绝,全城辍业。在日军炮火轰击下,中国军用电台被炸毁,守台兵士全部阵亡。是夜11时,日兵20余人借口交涉署门前发现日兵尸体,强行收缴交涉署的枪械,将战地政务委员会外交处主任兼山东交涉员蔡公时及署内全体职员捆绑起来,用刺刀逼迫他们跪下。蔡用日语抗议,日军竟将蔡的耳鼻割去,继又将蔡的舌头、眼睛挖去,然后用机枪射击,蔡公时、张麟书等17人惨遭杀害。

　　△　济南惨案发生后,日本陆军参谋本部当天即决定采取派遣援军的强硬方针,下令福田彦助:“决由内地(日本本土)尽量增兵。此际须采取断然措施”;并决定由国内派遣一个师团及一个铁道队,中国东北派出一个混成旅团,朝鲜派出一个航空中队,立即前往山东,候田中首相裁决。田中以政友会未能在议会中占多数,犹豫不决,迟至8日方作出正式决定。

　　△　国民党中常会第一三二次会议,议决加委张廷灏、贾伯涛为上海工会整理委员会委员;委李居平、吴道安、杨万选等九人为贵州省党务指导委员;政治会议议决特任傅存怀、郭宗汾、周玳、南桂馨为军事委员会委员案,交国民政府任命,并通过“国民党组织系统图”等11项决议。

　　△　国民政府以梁士诒、王克敏“潜匿北京,托庇奉逆,把持财政,植党营私,复以巨款接济逆军,以冀延长祸乱,罪恶昭著,实国法所不容”,是日下令通缉梁、王。

△　第二集团军自大名方面全线反击,直鲁军总退却。是日刘镇华部克复大名,直鲁军向德州方面溃逃。

△　蒋介石派代表李仲公到重庆。据李谈称,此来任务:一、促各军觉悟,共谋解决川事;二、催各军实行加入北伐;三、考察川省形势,为中央解决川事张本。同日,李偕赖心辉由江津赴黔晤周西成。

5 月 4 日　国民政府以北伐军克复济南,明令奖恤将士,赈济灾黎。

△　晨,济南市枪炮声复起,弹落省长公署及总部,死伤军民 19 人,英、美两国驻济领事出面调停冲突。至晚,形势稍和缓。

△　凌晨,蒋介石在济南派高级参谋熊式辉至津浦铁路办事处(蒋与福田商定之交涉地点),同日军代表参谋长黑田周一举行谈判。日方提出停战条件迫熊签字:一、济南商埠街道,不许中国官兵通过;二、胶济与津浦铁路不许中国运兵;三、中国军队一律退离济南 20 里外。熊以事关重大,须请示总司令,遂于 5 时返回总司令部。

△　下午,蒋介石电国民政府报告日军在济暴行经过。5 日,国民政府召集临时紧急会议,讨论应付策略,决定取容忍政策,并电复蒋介石谓:我方态度须特别“持重”。

△　夜,蒋介石在济南总司令部同第一集团军前敌总指挥朱培德、总参谋长杨杰、高级参谋熊式辉等,部署济案发生后之军事,决定退出济南,分五路大军渡黄河绕道继续北伐。当晚,蒋介石密令城外各路大军渡河北进。

△　日军第六师团长福田派高级参谋一名至北伐军总司令部见蒋介石,称:“昨日的事情,是部下冲突,发生了误会”,表示以后设法调解,使事态“不再扩大”。蒋当即表示赞同“勿使冲突扩大”,望日军不再乱放枪炮、投掷炸弹。当晚,日军仍在城外从西关至北关一带连续放枪打炮,投掷炸弹。

△　黄郛就日军制造济南惨案事,急电日本外务大臣田中提出严重抗议,要求立即电令在济日军先行停止枪炮轰击之暴行,并立即撤退

蹂躏公法、破坏条约之驻兵,先决问题概用正当手续解决,并声明保留所应提出之要求。

　　△　北京军政府外交部为济南事件向日使馆提出抗议。

　　△　济南日军电退驻德州的张宗昌,告以济南业已发生战事,令其派军队速来攻济。因张军已被击溃,一时不能集中兵力,故日军派飞机轰炸北伐军总司令部,轰死警卫数人,伤军官数人,蒋介石适在司令部,未被炸中。

　　△　日军第三十六旅团长岩仓率第二十三联队日军500余人、机枪一连,是日自青岛启程向济南进发。

　　△　张群抵东京。次日会见田中首相,提出济南事件勿任凭地方的军队直接折冲,应移付外交交涉,未被接受。旋田中派日军参谋部第三部部长松井石根前往济南同中国当局谈判。

　　△　济南各界组"五三惨案外交后援会"负责调查惨案真相。12日,"五三惨案外交后援会"更名"济南惨案外交后援会",并发表宣言,要求日兵退出山东,惩办日军高级军官,收回日租界,废除中日间一切不平等条约。

　　△　南京党、政、军及各民众团体代表千余人举行"五四"运动纪念大会。中央大学谢兆熊主席,中央党部代表缪斌、国民政府代表程天放等分别代表党政发表演说,强调"五四"运动为"国民革命的先声,学生除奸的壮举,救国的伟绩,建设新文化的导源"。

　　△　广西省政府通电全国,要求中央向日政府严重交涉从山东撤兵,并吁请全国一致主张,务达胜利。

　　△　驻汉日副领事田中访李宗仁,谓济南冲突,两国均以为憾,武汉人心动摇,恐有不测骚扰,商请防止越轨行为,及保护在汉日侨生命财产。李宗仁声明允予保护。

　　△　军事委员会讨论检阅军队问题,议决推何应钦为检阅军队委员会委员长,葛敬恩等20余人为委员,分三班检阅,先检阅第四十六军与第三十三军。

△　第三集团军右路军洪子店攻击战开始。是日,关福安第八师沿滹沱河向洪子店攻击前进,赵承绶部协助攻击。6 日,攻占洪子店。7 日,徐永昌部攻占温汤,奉军向平山溃逃。

△　"一一二二"惨案特别法庭在南京举行第六次会议,议决 7 日开庭,推柏文蔚任审判长。

△　中国工农红军第四军成立。江西宁冈砻市党、政、军、工、农、商、学各界召开群众大会,庆祝朱德与毛泽东两支部队胜利会师。大会执行主席陈毅宣布成立中国红军第四军,朱德任军长,毛泽东任党代表。朱德、毛泽东分别讲话。两军会合后,王尔琢为参谋长,陈毅为军委书记。部队编为第十师、第十一师、第十二师三个师。第十师师长朱德(兼),党代表宛希先;第十一师师长毛泽东(兼);第十二师师长陈毅(兼)。下辖第二十八、二十九、三十、三十一、三十二、三十三、三十四、三十五、三十六团共九个团,全部兵力一万多人,大部为湘南农军。

△　渭华农民起义迅速发展。2 日,渭南与华县交界处的赤水镇召开群众大会,到千余人,反对国民党的统治。3 日,渭南西原的阳郭镇举行群众大会,数千群众捣毁了劣绅的商号。是日,华县高塘镇举行群众大会,赤卫队员查抄了劣绅的商号及染房,烧毁了账目,将粮食及财物分给了农民。同日,渭南西原的三张镇群众大会处决了搜刮民财的厘金局长。9 日,渭南 400 余农民和赤卫队员在白庙举行大会,与前来围攻的冯子明军展开英勇搏斗。旬日之间,农民开展"踏团"(即消灭地主民团)及"火化地契"斗争,建立农民协会及苏维埃政权。农民起义风暴,席卷了渭南和华县南靠秦岭、北临西(安)潼(关)公路,东起少华山,西到临潼县,南北 30 余里、东西 60 余里、人口约九万的地区。

5 月 5 日　上午,蒋介石偕黄郛离济南退驻党家庄(距济南约 30 华里),令第一军李延年团及第四十一军苏宗辙旅之一部(计 3000 人)留守济南城内,维持秩序,并于同日函告福田彦助,盼其停止特殊行动,俾维持两国睦谊。

　　△　战地政务委员会委员罗家伦奉蒋介石命致函英、美两国驻济南总领事,通告北伐军退出济南,仅留极少数维持治安部队,使济南成为不设防城市,此后一切外侨生命财产之安全如因战事受到损害,应由日本负完全责任,北伐军愿意给以一切应有的保护。

　　△　冯玉祥、蒋介石在党家庄会商军事。蒋决定将北伐军事交冯主持,自己回南京主持党政。6日,冯由党家庄返回郑州。

　　△　下午,日军得悉济南中国军队主力已渡过黄河,派飞机10余架轰炸,又用大炮轰击已经渡河的军队,阻止南军行动,死伤甚众。

　　△　国民党中央执委会通知国民政府向日本严重交涉济案,略谓:"沉冤不雪,民命何堪,国权堕落,至此已极。为特令仰迅向日本政府严重交涉,不屈不挠,务期达到公平解决之目的,以伸民愤,而保国权。"

　　△　国民党中央执行委员会通令国民政府、中央政治会议、各省市党务指导委员会,一周内一切集会静默三分钟,为蔡公时等志哀。9日,国民政府通令全国为济案死者志哀。

　　△　全国各地举行"五五"孙中山在粤就任非常大总统纪念日暨光复济南庆祝大会。是日,南京、上海、徐州、汉口、南昌、福州、厦门等地同时集会。南京由国民党中央党部召开大会,到千余人,谭延闿、于右任、蔡元培、何应钦演说对日问题,强调民众与党部、政府持同一态度。上海党政军及民众团体联合大会上,对济南事件议决三案:一、通电全国誓雪此仇;二、明日开会讨论应付办法;三、发表告全国民众书。

　　△　南京50余团体、60余名代表开会成立"首都民众反对日本暴行大同盟",通过实行对日经济绝交,通电全国反对日本暴行及电请蒋介石驱逐日兵出境,以及请求中央恢复民众运动、组织青年救国军等18项议案。

　　△　浙江省政府通电全国,指责日兵在济南无端开衅,戕害我外交官吏,暴戾野蛮,为近世罕见,要求国民政府确定外交方针,以资应付,全国民众一致奋起,为外交后盾。

　　5月6日　蒋介石电饬北伐各军保护各友邦领事及外侨生命财

产，"举凡有碍邦交之标语与宣传，尤宜随时取缔，勿以一朝之愤而乱大谋"。

　　△　南京各机关团体代表开会，通过成立"首都民众反对日本暴行大同盟"。同日，南京各学校举行反日运动大会，反对日本侵略暴行。

　　△　上海各路商界总联合会举行紧急会议，讨论应付日本出兵及济南惨案之办法。通过决议案 10 项，其要项为：一、通电全国军民各界一致起来御日；二、努力劝导二五库券，协助军饷，完成北伐；三、联合五商会组织抵制日货委员会；四、筹集对日战事准备。

　　△　上海总商会以济案发生，国难已临，致电张作霖，请"停息内争，集合全力，以御外侮"。

　　△　菲律宾华侨集会声讨日本制造济南惨案，议决向国民政府请愿对日宣战。次日，中国国民党菲律宾总支部、中华国民协会、中华总商会暨全体侨民致电蒋介石，请主持大计，当机立断，表示"侨民等当捐弃一切，效命宗国"。

　　△　阎锡山电国民政府，报告江(3)日总攻情形，谓："骑兵第三师歌(5)日到高邑县北，其余部队明日可断京汉线；出攻平山各部本日连克洪子店、温塘镇、郭苏集等处，即可与第二集团军会师石家庄，直捣燕蓟。"

　　△　湘军第十二军军长叶琪由河南漯河到汉，向程潜、白崇禧请示北伐机宜。

　　5 月 7 日　日军第六师团长福田彦助提出五项无理要求，于下午 4 时送交暂代济南交涉员赵世暄转致蒋介石(时在泰安)，限 12 小时内答复："一、严峻惩罚有关骚扰及其暴虐行为之高级武官。二、解除在日本军前抗争之军队武装。三、在南军治下严禁一切反日之宣传。四、南军应撤离济南及胶济铁路两侧沿线 20 华里外。五、为监视右项执行起见，在 12 小时以内，开放张辛庄兵营。"

　　△　晚 8 时，蒋介石在泰安车站接得福田所提五项要求条件后，即拟定六项对案，命高级参谋熊式辉、战地政务委员罗家伦星夜携赴济南

与福田交涉。对案条件为："一、对于不服从本总司令之命令,不能避免中日双方误会之本军,俟调查明确后,当按律处分。但当时日本军队有同样行动者,亦应按律处分。二、本革命军治下地方,为保持中日两国之睦谊,早有明令禁止反日的宣传,且已实行取缔。三、胶济路两侧20华里以内各军,已令其一律出发北伐,暂不驻兵;但军队运动通过胶济路并有北方逆军之地方,或敌军来犯时,本军亦复派兵往剿;至于济南为山东都会,及其附近公物场所,本军有维持治安之责,应驻扎相当军队,保持安宁秩序。四、津浦车站为交通要地,本国应派相当士兵驻防,以保卫车站,维持安宁。五、辛庄、张庄之部队,已令其开赴前方作战,两庄之兵营可暂不驻兵。六、本军前为日军所阻留之官兵及所缴之枪械,应即速交还。"

△　蒋介石为表示接受日军所提惩办肇事长官的条件,以"贺耀组未遵军令回避日军",下令免其第三军团总指挥兼第四十军军长本兼各职,委方鼎英为第三军团总指挥,毛炳文代第四十军军长。

△　蒋介石电令张群迅速晤见田中,表示中日间一切问题都可通过外交方式和平解决。

△　国民党中央执行委员会发出《告友邦民众书》,将日军悍然出兵侵入中国领土、制造济南惨案的暴行公诸于众,吁请世界人民作公道的评判。

△　国民政府就济案电各省市政府,略谓中央已饬外交部严重交涉济案,当此北伐成功在迩之际,益应坚定精神,严整步调,努力工作,俟北伐早日完成,外交亦得次第解决,各地应"恪守中央旨令,以促成之"。

△　李石曾、胡汉民、孙科、伍朝枢、王宠惠自巴黎电黄郛,主张"对日外交无妨让步,俾速取北京,免蹈郭松龄故轨",并决定推王宠惠9日赴英,伍朝枢真(11)日赴美,孙科文(12)日往荷、比、德,胡汉民暂驻法,分头行动。

△　日政府举行紧急临时阁议,首相田中及各大臣、陆军次官、军

务局长河部、参谋本部长松井等列席,陆相白川报告山东情形,一致主张"毅然措置"。8 日,日内阁正式决定"军事占领胶济路"案:一、动员第三师团出兵中国;二、武力监理胶济铁路,令名古屋第三师团照战时编制开赴青岛。9 日,日皇批准第三次出兵中国,日内阁亦同时向第三师团下达动员令,命令组成 1.5 万人队伍,按战时编制开赴青岛。

　　△　日本南满铁道会社社长山本条太郎奉日本首相田中命秘密抵北京晤张作霖,表示日本当局决定掩护他撤回关外,阻止北伐军出关。张当即允诺在日本《满蒙新五路密约》上签字。

　　△　张作霖密使庄景珂抵日本东京会晤田中,要求日本出兵山东。15 日,庄景珂密电天津孙俶仁,叙述与日谈判内情,略谓:昨与田中晤谈,田中完全同意以保侨为名,拒赤为实,"以甲寅原案('二十一条')作交换,以武力压制党方作标的",动员十师兵力来华。

　　△　日人头山满、佃信夫、水野梅晓致电谭延闿、张静江、李烈钧、于右任、蔡元培、黄郛、何应钦等人并转蒋介石、冯玉祥,对于济南惨案主张双方在各自认其曲、于理法之下以诚相见,方有转机。

　　△　日军第二十一旅团司令部第十五联队及炮兵中队自青岛开往济南。9 日,日特别陆战队 300 名在青岛登岸。

　　△　驻津日军司令部新井拗太郎照会天津警察厅,声称奉日政府电令,即派工兵 500 名在四乡六区建筑飞机场。8 日,北京军政府外交部向日使提口头抗议,无效。11 日,天津日军架设机枪,强筑机场,行人误入者皆被殴逐。安国军第七方面军团长褚玉璞赴北京请示办法。

　　△　广州各界于东校场举行反日出兵大会,到 20 余万人。议决七案,其要项为:组广东各界抵制日货,实行经济绝交;电全国一致反日,并提议组织全国国民反日侵略大同盟;电请政府严重抗议济案,限鲁日兵即日退却,否则取断然之对付;致电警告日本政府,从速撤兵。大会并发表宣言,表示愿团结粤数千万同胞,誓作政府后盾。

　　△　北京京师总商会代表京师全体商民电国务院外交部、军事部,反对日本再度出兵山东,并电上海总商会支持吁请弭兵通电。

△　《革命评论》杂志在上海创刊,陈公博主编。

△　中共陕西省委发动旬邑起义。是日,在许才升领导下,该县郝村及其附近各村农民 400 余人,手持梭标,打开县城,杀死县长李克选,开仓济贫,并于 25 日宣布成立旬邑工农民主政府及红军渭北支队。6月 7 日,国民党彬乾区行政长官刘必达派代理旬邑县长李焕章督率民团"围剿",旬邑起义失败。

5 月 8 日　上午,熊式辉、罗家伦至济南日军司令部与福田谈判。福田态度横蛮,谓南军推派代表已逾期限,并对蒋介石所拟对案各项,均云不必谈,并面致书面通牒,内称:"昨日午后 4 时,本司令官对贵总司令所提之五项要求条件,亲交贵军代表,虽通告内声明限 12 小时以内回答,然至本日午前 4 时,仍未接获贵总司令之正式回答,因此本司令官认定贵总司令并无解决事件之诚意,为军事之威信计,不得不采取断然之处置,以贯彻要求。"熊、罗交涉遂无结果。

△　罗家伦向留守济南城的旅长苏宗辙和第一军第一团团长李延年转述蒋介石命令,内容为:令苏、李尽卫戍之责任,不得向日军进攻;日军来攻时,必须死守,并予以重大打击;未奉退却命令,不得撤出济南。

△　蒋介石致国民政府主席谭延闿、外交部长黄郛电二通:其一,报告福田所提五项要求条件内容,并派熊式辉、罗家伦同福田谈判;其二,日方不待我答复,占领辛庄、张庄,并于本日凌晨 4 时突用大炮猛攻济南,灭绝人道,应请钧府立向日本政府提出严重抗议,并以事实宣告全世界。

△　张群往日首相官邸晤田中,转达蒋介石解决济案意见:如果日本出兵只在护侨,不影响国民革命军北伐,则我们必将尽力完成北伐,达成统一中国之使命。至于济案,如果经查明后其曲在我,我们亦愿向日本道歉。总之,一切我们将以光明磊落的态度来了结这次的不幸事件。

△　张群自东京致电黄郛,报告与日首相田中谈判结果:"(一)不

祖奉,至北伐将成时,彼当助南统一中国。(二)根据华府会议,说明胶济路之担保权及济南侨民关系,不得已出兵理由,求谅解,并不妨碍北伐进行。(三)关于目前护侨护路问题,属于军事者,福田现负其责,当由其办理,此外交涉统由双方外交当局办理。济南择留优秀部队维持治安,注重在先求相安,后谈是非。(四)万勿因此扩大风潮,益增纠纷,致使彼此处境困难,无法挽救。"并告明晨离东返沪。

△ 国民政府为"查获共产党印刷品甚多,希图煽动,利用停课、罢工种种扰乱行为,破坏秩序"一事,通电晓谕全国各界遵照政府命令,恪守纪律,各安职业,对于外交事件,听候中央处理;如有违反命令者,依照戒严条例处置。

△ 国民政府派林森、萧佛成、邓泽如、周启刚、丘莘畇、张南生、郑洪年、王志远、吴公义为侨务委员会委员,指定林森、萧佛成、邓泽如为常务委员。

△ 国民政府任命崔士杰为外交部特派山东交涉员。

△ 晨 6 时 20 分,福田师团长接到东京之命令:为保护日本侨民及维持"日本皇军之威严",现地派遣军得自行采取独断的行动。7 时,日军以我方对最后通牒未作答复,向北伐军发出总攻命令,开炮轰击济南,并限我城内守军一小时内缴械离城。各城门落弹起火,延烧千余家。内外城门守军刘峙、方振武部各一团被迫应战,旋因无援军退守内城。方部据城垣抵抗,拒不缴械。

△ 日军占领新城兵工厂,炮毁黄河铁桥。同日上午,辛庄火药库落弹起火,日军岩仓旅团占领张庄、辛庄及白马山车站。旋向党家庄攻击前进,沿途不断扫射无辜居民。下午,日军迫近党家庄,在该车站休整之第三军第八师遭日军袭击,伤亡几十人,350 包军米及大批军械物资被日军击毁、掳去。9 日,蒋介石下令撤出党家庄。

△ 第三集团军占领河北高邑。2 日,阎锡山电昔阳第十军军长李维新及东冶头第六师师长孙楚,告以彰德之敌已开始退却,希速派骑兵一部,绕出京汉路,破坏交通,并侦察其退却情形,相机扰乱奉军退

路。第十军奉命派队于 3 日晚出发,向顺德以北前进,至是日会同谭旅占领高邑。

△　第二集团军第九方面军自 5 月 1 日起,沿平汉铁路两侧向北追击奉军张学良部,是日占领顺德,奉军向东北溃退。

△　第三集团军右路军孙楚所部第六师占领河北获鹿。

△　第三集团军右路军自 4 日起,自洪子店向奉军接连发动进攻,是日其第一路由放口进占平山。

△　第二集团军第二十八军万选才部、第十三军张维玺部占领夏津,9 日占武城,直鲁军退向德州、故城、枣强一带。

5 月 9 日　蒋介石就济南惨案发出避免冲突通令,饬全体军人务须仰体中央意志,忍耐处置,所有民众集会及游行,应绝对禁止参加。"如有故意玩视禁令者,一经察觉,定以军法从事"。

△　蒋介石电谭延闿、黄郛,告以改派总参议何成濬携下列六条交涉济案:一、第四十军军长贺耀组因不听命令,未能避免冲突,业经免职;二、胶济路沿线及济南周围 20 华里以内,我方暂不驻兵;三、本军治下地方,为维持中日两国睦谊起见,切实取缔一切反日宣传;四、辛庄、张庄之部队开拔北伐,该两处暂不驻兵;五、本军前为贵军所缴之枪械,请即交还;六、请日方立即停止军事行动,以维中日两国友谊及东亚和平。

△　国民党中央执监委员、政治会议委员、国府委员举行联席会议,讨论日师团长福田所提五项条件及熊式辉、罗家伦与日军交涉情形。议决要案六项:一、令蒋、阎、冯三总司令会商军事机宜,继续北伐;二、令李、程、白三总指挥率湘、鄂全军,赶速由京汉线进攻,在最短期内会师北京;三、令外交部再对日本严重抗议;四、由国府致电国联,声述日本出兵山东杀害中国外交官及士兵、民众、炮击济南及其附近种种情形;五、电在欧洲之重要同志将日军暴行宣示于世界;六、依照国府 8 日通令,严密保持后方秩序。

△　南京各界 200 余团体 3000 余人集会,隆重追悼蔡公时及济案

死难同胞。大会通过对付日本议案 17 件。同日,芜湖、徐州、浦口、厦门、天津、武汉等地举行反日大会,与会者臂缠黑纱,为死难者志哀。

△　山东泰安各界开拥蒋完成北伐大会,到万余人,蒋介石出席演说,勖勉军民团结救国,忍辱负重。何思源、方觉慧及各界代表均有演说。晚,提灯庆祝胜利。

△　蒋介石在泰安调整北伐部署,下达第十七号命令:将主力嫡系第一军团撤至泰安、大汶河以南地区"待机行动",以谋自卫。第一军留三个支队位于莱芜、山口、界首;第三军以两团位于肥城;第四军留一团位于长清、广里之间;第三十二军在兖州待命。令第一集团军前敌总指挥朱培德率第二、第三、第四军团及第二集团军第一方面军迅速渡河,向德州进攻。

△　汪精卫自欧洲为日本在济南暴行事件致电国民党中央,略谓:国民革命为求中国之平等自由,故必为日本帝国主义所不容,望中央坚持,各同志一致结合,为国民前驱,务求达到自卫目的。并谓:"铭已纠合在欧同志,为有组织之援助与宣传,万希领导国民誓死奋争,铭当与国人及诸同志共生死也。"

△　日军旅团长斋藤率所部猛攻济南西城门,与李延年部激战。至 10 日,省公署被日军炮毁,死伤军民甚夥。济市红十字会、总商会派出代表向双方请求停战。是晚,蒋介石电令守城士兵"暂行让步",退出济南,不留一兵一卒,李延年、邓殷藩部由苏宗辙率领于 11 日凌晨 2 时由东门突围出城,行至城外三里路之时,被日军伏兵用机关枪扫射,死伤数百人。未及退出者悉被屠杀。

△　日外务省就第三次出兵发表声明,宣布增派第三师团赴山东,诡称:"济南事态恶化,以现有兵力而期保护侨民于万全,不但为不可得,且连络青岛与济南之胶济铁路,随所被毁,有难期确保交通之现状,因此以谋该方面居留民之保护无有遗憾,且期确保山东铁路之交通为目的,特增派第三师团前往山东。"同时另由内地派遣五个中队至天津为应急措置。又决定向长江及华南方面增派巡洋舰、驱逐舰若干以防万一。

　　△　张作霖召张学良、杨宇霆到京，讨论停战息争事。张、杨均力主停战息争，谓所部士兵，均明大义，果因必要而息争，军心只有感奋。会毕张作霖拟就停战通电，随即发出。当日张、杨回防布置撤兵。

　　△　上午，孙传芳抵天津，即日致电北京军政府国务总理潘复，略谓："南曰讨共，北曰讨赤，宗旨既同，争于何有？现在济南事变，日人侮我太甚，本人受良心之督责，不愿再事内争。……兹已到津，前线军事，不能负责。"下午，潘向张作霖报告，并劝张顺应潮流，通电停战。

　　△　张作霖发出息战通电。略谓：正太、彰德两路已停止攻击，国内政治，听候国民公正裁决。是非曲直，付之舆论。

　　△　晚，张学良、杨宇霆抵保定，军团部由石家庄移回。京汉前线在顺德、元氏，正太线在井陉东。留戢翼翘、荣臻、万福麟军经京汉、正太线，于学忠、富双英及胡毓坤等部则开赴津浦线，各路均停止进攻。

　　△　第三集团军占领石家庄。第三集团军右路军第十二师杨效欧部于4日开始攻击，7日下午奉军开始退却。8日上午，第三集团军进占测鱼、杨庄、耿庄、南彰城之线，奉军向东北方向溃退，是日上午9时，该师占领石家庄。

　　△　第三集团军左纵队第八师占领河北灵寿、行唐。

　　△　第三集团军占领河北阜平。第三集团军丰玉玺第六军于洪子店之战开始后，即行反攻，6日占摩天岭、长城岭，7日占南天门。8日，奉军由龙泉关东撤，该军即向阜平反击，是日占阜平，奉军向唐县、曲阳退却。

　　△　第三集团军右路军第六师孙楚部占领河北赞皇、元氏。

　　△　南京卫戍司令部布告，凡示威运动、集会及对外人涉及暴行之事项，一律严行禁止，违者枪决。

　　△　日驻美大使松平就济案访美国务卿，诡称出兵中国纯系保护日侨，一俟秩序恢复即行撤军。

　　5月10日　蒋介石全权代表何成濬，几经跋涉，是日始抵济南，旋与日领吉田、师团长福田谈判。何向福田说明日军所提五个条件都已兑现,请求停止攻城。日方提出须于日军面前,将曾抵抗日军之方、贺、陈三军团全体解除武装,并将肇事军官处以严刑。何以条件苛刻,谈判卒无结果,返兖州复命。

　　△　谭延闿以国民政府主席名义致电国际联盟秘书长德鲁蒙爵士,要求召开理事会议公断济案。12 日,德鲁蒙复电南京,谓南京政府未经国际联盟承认,难以受理济案。13 日,南京政府派王宠惠赴英,李石曾赴法,伍朝枢赴美,报告济案详情,请求国联公断。

　　△　谭延闿、张静江、吴敬恒于 9 日晚离京北上,是日抵兖州,与蒋介石晤商济南惨案,王正廷、蒋作宾等列席。商定以完成北伐为前提,济南事件仍用外交方法解决。

　　△　蒋介石据黄郛电告张群在日与田中会晤经过后,是日电复黄郛,略谓:"彼言不妨碍我军北伐,如其能不妨碍我津浦交通,予以自由运输,则对于反日运动,中正可以极严厉手段阻止之。如此则向来关系依然继续,且益加厚。中正为增进睦谊计,亦可以向日军道歉表示真诚",嘱黄代向矢田总领事或电殷汝耕转达日方。旋又追发一电,嘱黄"最好以兄之名义电告……不必用弟名义"。

　　△　黄郛电蒋介石报告沪日总领事矢田来访,面示日外部训令,内称:一、第三师团出动专为护路、护侨,决无膺惩之意;二、济案除军事由福田负责,其余当由外交办理;三、希望不扩大,仍继续北伐。

　　△　何成濬自济电告国民政府:福田坚持必须在日军撤退之前,将曾抵抗日军之方振武、贺耀组、陈调元三军团全体解除武装,并将肇事军官处以严刑,如不照条件承认,此后即不再接受我方代表。

　　△　日军继续围攻济南,重炮轰城,竟日不绝,留城伤员及无辜居民被残害者六七百人。逃出城市的难民抢食日军丢下的含毒面包,致死者数百人。

　　△　日大批驱逐舰抵沪,旋驶往大冶、汉口,"警戒"长江沿线。是日至 17 日,从佐世保调遣"柿号"、"梅号"等驱逐舰六艘留驻上海,轻巡洋舰三艘抵南京。

　　△　纽约《泰晤士报》驻南京记者安培德抵济，调查济案真相。

　　△　云南省府主席龙云电告李济深，以二万锐师北伐，一万留守滇防，请指示路线。

　　△　第一集团军第四军团第三十四军胡正卫团于 9 日袭击禹城，波罗屯附近之直鲁军一旅不支，溃向北窜，是日占领禹城。

　　△　第三集团军右路军第八师自石家庄进占曲阳，次日向唐县、完县、满城之线追击前进，并进占唐县。13 日，再由唐县向方顺桥前进。

　　△　孙传芳、褚玉璞由德州到北京，与张作霖商时局问题，决将津浦线奉直各军撤退至沧州。

　　5 月 11 日　日军占领济南城。大批日军举行入城仪式，升挂日旗，旋以搜索南军为名，肆行屠杀，伤病员 300 余人惨遭牺牲。日军奸淫掳掠，无所不至，住户稍加抵抗，即遭枪杀。据事后调查，此次济南事变，死伤军民约 1.1 万人。同日，斋藤发布"安民布告"，规定监视邮政、电报、电话等五项措施。

　　△　日军 500 余人，由青岛开抵博山。张店、周村各驻日军一营，潍县及胶济路各站亦由日兵驻扎。

　　△　李济深召开党政军联席会议，讨论应付济案办法。决议两广政府及军、政、学各界于令到之日起，一个月内停止宴会，以志耻辱。同日，广州各商业代表议决一致对日经济绝交。

　　△　阎锡山委第四军军长傅存怀为察哈尔区挺进骑兵指挥官，骑兵第六师、骑兵第一旅、炮兵第一团归其指挥，骑兵第二、第七两师仍由李培基率领，改向绥远前进。

　　△　第一集团军第二军团第十七军以第五十三师、第五十四师向沂河东、西攻击，于是日攻占临沂，张宗昌第二方面军团第四军军长方永昌及其参谋长受伤，副官长毙命。13 日，第十七军攻占莒县，方永昌率残部向青岛方向溃逃。

　　△　刘湘授意所部师长王缵绪通电，劝杨森下野。

　　5 月 12 日　国民党中央委员、国民政府委员举行联席会议，谭延阎主席,讨论应付张作霖息战通电,因奉张通电并无诚意,决定置之不理,惟对诚意来归之奉军将领,当允其自新;通过为济案致美总统柯立芝电文;任命谷正伦为首都卫戍司令,并决定明令优恤蔡公时。

△ 蒋介石致电谭延闿,告以何成濬同福田谈判情形:福田坚持将方、贺、陈三军团全体解除武装,严惩肇事军官,否则将不接受我方所派之代表,"似此横蛮态度,请即电示,以便遵循",并望黄郛将福田条件及何、福谈判情形速交美领,请从中调停。

△ 郭汝栋、范绍增、吴行先、廖泽等人通电讨杨(森),旋即率部向万县进攻,倒杨战争爆发。

△ 国民政府主席谭延闿致电美国总统柯立芝,陈述日军在山东之暴行,请其对日本出兵演成之严重局势表示态度。

△ 国民党中执委员王法勤、王乐平、潘云超联名致函中央常务委员会,提出对于山东事件的意见:一、"我党应首先要求日本撤回山东驻兵,在日本未撤回驻兵以前,不应在此种侮辱与压迫之下,与之开任何之谈判";二、此次对日"外交谈判,绝对公开,谈判经过,随时宣布,反对秘密谈判";三、"恢复民众运动,责成各地党务指导员积极提倡并扩大人民组织,使人民努力于本党之主张,使本党完成革命之使命,不但外交容易着手,且必如此,共产党方能肃清"。

△ 日军炸毁济南城郊无影山弹药库,20 余间药库付之一炬。

△ 吉林省督办张作相同吉林交涉署长钟毓在北京联名电吉林省议会,内称:大元帅为筹措军费,正拟以吉林省所有森林、矿山、铁路为抵押向外借款,并将命令我二人签字。此刻,望省议会能对我二人此举意图保守秘密,并电大元帅表示反对。

5 月 13 日　张作霖在北京与日本满铁会社社长山本条太郎签订延(吉)海(林)、洮(南)索(伦)线筑路承包合约。该两项合约规定,签字后三个月即着手开工。

△ 王正廷奉蒋介石命专办济南外交,是日由京抵沪晤黄郛,接洽济南事件交涉事宜。

△ 张群抵达上海。次日就福田向何成濬所提济案之要求条件，电日首相田中："查福田师团长此等态度，与首相及诸公对群之表示，大相径庭，不知何故？群意拟请松井先生遵照首相意旨，克日首途，一面电达福田师团长静候和平解决。"

△ 汪精卫为济南惨案自欧洲再电国民党中央党部，谓此次挫辱，甚于"二十一条"，诉之外交，仅能使人知是非所在，若欲雪耻图存，惟持国民团结自救，切望中央督饬诸军，迅复京津，底定辽沈。

△ 蒋介石电令阎锡山督饬所部努力前进，速占北京。阎接电后当即于 17 日电令商震设法突破当面之敌，以赢得有利之战局，旋即以小部队追击，以大部队集中火力，务使攻势地区绝对形成优势。18 日，阎再电商震指示作战机宜。商即转饬左、右两路军遵照。

△ 晨，第二集团军第一方面军骑兵席液池军进占德州。张宗昌、褚玉璞、孙传芳等直鲁军分三路向沧州溃退。同日，褚玉璞残部一万余人在沧州设防，张宗昌率所部五万余人由沧州退至马厂。

△ 第三集团军自 4 日起向奉军发动总攻击，激战七昼夜，将奉军全线击溃，是日东、中两路乘胜占领正定，北路追过怀仁，先锋行抵大同，共计俘虏奉军官兵 1.4 万余人。

△ 第一集团军第四军团第三十四军驱逐平原附近张宗昌第二方面军团第十军吴奠卿、第三十军毛思义部后，乘胜占领平原。

5 月 14 日 蒋介石移节徐州。同日，据蒋介石电谭延闿之提议，国民政府特任李宗仁为国民革命军第四集团军总司令。

△ 国民政府以浙江省政府主席何应钦职务甚繁，不能常川驻省，明令批准蒋伯诚以省府委员代理省主席。同日任命谷正伦为首都卫戍司令。

△ 国民政府公布《著作权法》及《著作权法实施细则》。

△ 国民党中常会第一三七次会议，通过 11 项决议案，其要项为：《民众训练委员会暂行组织条例》；咨请国民政府从速规定划一度量衡制度；通令全国于 6 月 3 日一律下半旗一日，为"五三"惨案志哀；以王

陆一暂代中央秘书处书记长。

　　△　吉林省议会在张作相授意下,电张作霖反对同日本签定修筑吉会铁路合同。同日,张作霖复电称:吉会等线系段政府时代所认可,此次由日本方面提出。政府正在为减轻一部分和取消几部分而努力,以挽回吉林省利权。要求省议会体会此意,慎重静观交涉进行。

　　△　日内阁正式通过陆、海、外三部联合提案,决定向中国提出蒋介石正式谢罪、严惩贺耀组、赔偿日本军民所受损失等五项条件。同日,日陆军参谋总长铃木电告福田,若南军承认五项要求,则可通过济南。

　　△　日驻博山防卫司令岩仓正雄在博山发布公告,谬称:南北两军不许侵入博山及其周围 20 华里以内地区,违者一律解除武装。

　　5 月 15 日　北京军政府交通部次长、署理部务赵镇和日本山本条太郎在北京签订吉敦老线(敦化至老头沟)、老图线(老头沟至图们江)和长大线(长春至大赉)筑路合约。该两项合约规定,签字后三个月即着手开工。

　　△　北京军政府准于新疆省喀什噶尔道莎车县回城地方增设叶尔羌县。

　　△　美国众议院为中日在山东争端提出重要议案,循解决宁案已承认国民政府为一法律的实体之理由,通过济案“应由合众国国务卿与驻华盛顿中国公使及驻华盛顿日本大使,并与中国国民政府接洽,提供合众国之调停,以期中、日两国之困难可得一种和平解决”。

　　△　第三集团军左路军第六军丰玉玺部克复完县。12 日,奉军在完县至望都之线占领阵地,丰玉玺即令所部开始驱逐完县附近之敌。13 日,丰玉玺亲至大郭村,指挥第五师对大王庄、亭乡村,第十师对吴庄等地之敌作战,是日该部第十师占领完县。

　　△　全国教育会议在南京开幕,大学院院长蔡元培主席并致词,提出大会应当研究之问题为:第一,注重科学;第二,注意学生运动;第三,教育经费独立;第四,教育方案。16 省代表及来宾百数十人出席,下午

举行第一次大会,通过大会议事细则 28 条及审查会规则 14 条。

5 月 16 日　国民党中央政治会议第一四〇次会议,议决任鲁涤平为政治会议武汉分会委员,特任李品仙、叶琪、周斓、陶钧、魏益三、廖磊、李燊、刘兴、何键为军事委员会委员;任命孙良诚、丁惟汾、蒋作宾、宋哲元、石敬亭、冷遹、陈雪南、魏宗晋、于恩波、阎容德、孔繁霨、何思源为山东省政府委员。孙良诚为主席。

△　阎锡山、冯玉祥联名通电服从中央,追随蒋介石继续北伐,彻底消灭奉鲁余孽,永绝后患。25 日,海军司令杨树庄、第四集团军总司令李宗仁致电国民党中央党部及国民政府、军事委员会各司令响应阎、冯通电。

△　蒋作宾向国民政府呈报蔡公时暨随员在济被难情形,并附呈名单一纸,计有:主任蔡公时;参议张鸿渐;第二科科长谭显章;科员周惠和、姚成仁、张麟书、袁家达、熊道存、姚成义;书记刘文鼎;勤务员王立泰、张德福、陈普远、黄继曾、陈端成、傅宝山;另有伙夫一人姓名待查。共殉难职员 10 员,勤务兵七名。

△　日本田中内阁秘密决定:若张作霖退出关外而国民革命军追击时,日本军准备对双方军队采取解除武装的行动,但若只是张作霖退出关外,可不解除武装。

△　日政府阁议,以"华北动乱危及满蒙之特殊利益",决定第四次出兵中国,命令陆军当局第三师团一个联队,野炮兵一个大队,飞行队一个中队由门司开往天津。17 日,日皇正式批准。

△　日驻北京使馆武官建川少将抵保定访晤张学良、杨宇霆,声称若战争波及满洲,则日本由拥护特权利益出发,势不得不采断然之处置。

△　张作霖特使赵欣伯秘密抵日,向日本帝国主义乞怜。是日,赵在门司发表谈话,谬称:"济案系南军匪徒所为,贵国出兵山东,事出不得已……北军军心解体,张宗昌既不能战,孙传芳亦不可靠,中国若没有日本的帮助,是无事可为的。"

△　谭延闿电促李宗仁速就第四集团军总司令职,如因职务不能

督师,可请白崇禧总指挥暂代。

　　△　刘志丹奉中共陕西省委命,率陕军李云龙(虎臣)部许权中旅600 余人,撤出反冯(玉祥)战场,于 11 日夜在潼关南原宣布起义,向高唐镇挺进。16 日,高塘举行国民联欢大会,中共陕东特委书记刘继曾及刘志丹、唐澍、许权中等出席,会上宣布正式成立西北工农革命军,刘志丹任军委主席,唐澍为前敌总指挥,许权中为顾问。工农革命军编为四个大队,共计千余人。渭华起义全面爆发。

　　△　杨森放弃万县,移兵开江、开梁之间。郭汝栋命廖泽、范绍增、吴行光分别自涪陵、长寿、分水岭等地向开江进攻。

5 月 17 日　深夜,驻华日公使芳泽往晤张作霖,面递日本政府觉书,声称中国战争将波及北京、天津,若满洲治安受到影响,日本为维护在满洲治安起见,势不得不采断然之处置。芳泽并以"个人名义"劝张收兵退回满洲,以保京、津勿受战乱。张表示拒绝,谓:"若非本人坐镇北京,恐北京亦沦为赤化,今南军尾随追击,本人不得不采取自卫行动。日本与南军唱同调,欲迫本人放弃己策,殊不合理。"

　　△　日军安满钦一中将率领第三师团第一批 1.5 万名,自名古屋开抵青岛。18 日,骑兵 5000,野炮兵一大队,一中队,工兵一大队抵青岛。22 日,第二十九旅团通讯处,第三十四联队一部抵青岛。总额 2.5 万名,是为日本第三次出兵山东。

　　△　第二集团军第一方面军席液池骑兵军占领东光、南皮,直逼沧州。

　　△　张宗昌在天津山东督办临时公署接见大阪《每日新闻》报驻津通讯员,声称欢迎日本出兵华北,阻止南军占领津、京;表示反对张作霖息争通电,决心拼命再打,把南军赶到黄河以南。

　　△　国民党江西省党务指导委员会正式成立。到党务指导委员王镇寰、邹曾侯、王礼锡、刘抱一等六人,公推王镇寰、邹曾侯、王礼锡三人为常务委员,周利生任组织部长,陈礼江任宣传部长。

　　△　第六路军总指挥刘湘所部郭汝栋军攻占万县,杨森向奉节、开

县败退。22 日,国民政府以杨森"拥兵祸川,违抗命令",电令刘湘及川中各将领协同"进剿杨森,奠定川局"。

5 月 18 日　蒋介石连致黄郛两电:其一,"请代复福田:济南交涉,已奉国民政府命令,移归外交部交涉。并请外交部照会日政府,此案准归政府办理,不在军前交涉";其二,"松井(日军参谋本部长,中将)不启程,飞机及斥候骚扰不已,彼方竟无诚意,请注意,弟已认为绝望也"。

△　驻沪日领事矢田以致北京军政府同样之觉书面交黄郛,并将该国对此觉书之说明书出示黄郛,内容四点:"(一)南北和平谈判有可能否?(二)如不能则对奉取两种方法:①不战而退,准出关,但不许南(军)追;②战败而退,则须先缴械始出关,然仍不准南(军)追。(三)张(作霖)出,不准再进。总之,日欲保持其在东省特殊利益,无论张败或胜,南军不许出关,张如欲出关,则应立即保持其实力而出,不然留关内作死斗。"

△　党家庄、兴龙庄、八里霍等处日军撤防。是日,济南 2000 余日军开赴天津。

△　驻沪美总领事克银汉奉美公使马瑞慕电令,就保护天津美侨事照会黄郛,略谓:目下军事进展已有涉及天津之势,美政府曾派防卫队,负责保护侨民,防卫队将慎求避免有妨中国军事行动之事及不诉诸武力,希贵部长于天津附近作战时,能派可靠之军队与统将前往从事,并将美军之保卫措施通知贵国军队司令。

△　上午 10 时,国民党武汉政治分会举行成立大会,中央党部留汉委员陈嘉祐到会监督,主席李宗仁、委员程潜、白崇禧、陈绍宽、胡宗铎、张知本、严重、李隆建、刘岳峙、张华辅、鲁涤平等宣誓就职。会后,全体委员举行政务会第一次会议,讨论组织秘书处及财政、外交、军事三委员会,并通过成立宣言,宣布施政大纲,分三期实施。

△　第二集团军第一方面军席液池骑兵军占阜城,刘镇华军占武邑、武强。19 日,刘镇华军占献县。

△　第三集团军左路军张荫梧军第十四师自平型关向浑源追击,

第七师与第十五师协同进攻,是日,奉军第十三军及第九军一部自浑源向下花园、天丰镇方向退却,第三集团军占领浑源。

△ 冯玉祥部宋哲元军主力于 8 日由豫西班师回陕,10 日在潼关击败李云龙部陕军,是日又击溃李云龙围攻西安的部队。

△ 吉林省议会、省教育会、省农会、总商会、律师公会联名发出三电反对日本谋攫吉(林)会(宁)、吉(东)(五)常、(延)吉海(林)、长(春)大(赉)等路建筑权:一致张作霖,"无论日人如何要挟,万不可稍或许可";一致张作相,"务望鼎力主持,据理抗争,并转告钟交涉署长,万勿签字";一致日内阁及日使芳泽,表示日本建筑吉会等路权,吉林人民决不承认。

△ 福建省财政会议闭幕。省府代主席方声涛发表演说,提出福建财政之整理,第一步先求维持现状,第二步再图发展。

5 月 19 日 蒋介石由徐州抵郑州,与冯玉祥会商进兵京、津策略,决定一、二两集团担任津浦线,第三集团担任京绥线,第四集团担任京汉线,分兵三路向京、津进兵。限京汉、津浦两路之第一、第二集团军,于本月 25 日前,在庆云、南皮、交河、武强、晋县、正定之线,将主力集结进攻,分别由朱培德、鹿钟麟主持。

△ 白崇禧离汉赴新乡晤冯玉祥,接洽第四集团军北伐联络作战方略。22 日,转赴石家庄晤阎锡山。经与冯、阎商定,第四集团军路线沿京汉线北上,集中石家庄,与二、三两集团军取联络战线前进,完成北伐。

△ 美国务卿凯洛格在新闻会议上就日本对华觉书发表声明:美国认满洲为中国之领土,不承认日本于满洲有特殊势力范围之要求。

△ 日军第七、第十二师团五个中队在塘沽登陆。24 日,两个中队几百名日军抵天津。

△ "侨日各界反日大同盟"在东京召集华侨侨民大会,到数千人,议决全体归国,相与祖国同胞扩大反日运动,务期克复山东、满洲,驱逐日兵出境,收回租界,废除一切不平等条约,打倒勾结帝国主义之军阀。

28 日,反日大同盟派郭任华等三人组成归国代表团抵沪,接洽全日各地华侨分批归国事宜。按:自济案发生后,全日各地发生排华事件,为反抗日本帝国主义之迫害,我留日东京同学与广东同乡会发起,各省旅日 22 团体先后加入,成立"侨日各界反日大同盟",曾奔走日本各地,多方进行活动。

　　△　第三集团军骑兵第七师于 18 日向绥远前进,于清水河探得汲金纯部已退,是日该师抵绥远,骑兵第二师亦同时到达,完全占领绥远。同日,傅存怀总指挥亦挥军进占大同。

　　△　南京反日救国运动大会开会,招待各国旅京外侨,王开基主席,报告日兵在济暴行经过。

5 月 20 日　黄郛自沪回南京,召开外交委员会,讨论济案及应付日本觉书问题。同日与谭延闿、张静江、李烈钧、于右任、蔡元培、何应钦联名将应付方针电告蒋介石:"(一)前方临时协定,既经多次接洽,日方坚持不允免除,惟有由前方速派代表前往办理,以便结束;(二)道歉,以我方虽曾有令保护侨民,仍不能避免冲突引以为歉辞。至向何人及何种方式道歉,已电亦农(殷汝耕)非正式探询;(三)觉书,因含有确定日本在满特殊地位之关系,拟以简单答之,大意连年用兵为求统一,东省日侨自当保护,同时以口头告以若张(作霖)能下野,退出北京,自无用兵必要。"

　　△　陈立夫电蒋介石,报告日使芳泽与张作霖晤谈情形,略谓:"昨得京电,芳泽访张谈八小时,无结果。谈判大意:(一)张下野;(二)京津交(杨)宇霆、(张)学良;(三)败卒不准退关外。"

　　△　黄郛以日军于宣言停止军事行动后,又派飞机向泰安(时山东省政府所在地)投掷炸弹,特向南京日领事提出抗议。

　　△　东京日参谋本部以张作霖拒绝芳泽 5 月 17 日之警告,为阻止奉军及北伐军进入东北,是日对关东军下秘密动员令:一、驻屯满洲各地部队,立向奉天移动;二、由济南撤至大连之外山旅团,改赴奉天;三、驻满日军主力,集中奉天;四、派出劲旅向锦州、义州、山海关、朝阳镇担

任奉军警戒;五、维持新民屯与新家屯之治安。

　　△　济南日本派遣军发出布告称,于驻屯日军之济南周围 20 华里以内,不问南北两军,不准擅入,若有未得日军允许而侵入者,当立解除其武装。

　　△　中共湘赣边区第一次代表大会在茅坪召开,毛泽东在会上作报告,总结井冈山根据地半年来的斗争经验,提出加强党的领导,深入土地革命,巩固和扩大革命根据地的任务。会议选举特委委员 23 人,成立以毛泽东为书记的湘赣边界特委。

　　△　杨森部李钟鸣与范绍增旅在开江附近接战,李部不支向开县退却,郭汝栋、范绍增、吴行光率部进占开江。23 日,杨森部兵分三路向开江猛攻,双方激战。

　　△　中波《友好通商条约》在北京签字。

　　△　吉林总工会开会议决反对日本要求修筑五大铁路;要求停止南北内战;同心协力一致承当对外交涉,努力维护国权,并商讨了具体做法。

　　5 月 21 日　国民政府明令组织山东省政府,任命孙良诚、丁惟汾、蒋作宾、宋哲元、石敬亭、冷遹、魏宗晋、何思源、孔繁霨、陈雪南、丁恩波、阎德容为山东省政府委员,指定孙良诚为省主席;任命冷遹、魏宗晋、何思源、孔繁霨分别兼任山东省民政、财政、教育、建设各厅厅长。

　　△　国民政府据安徽省府电呈,省府主席陈调元奉命率师北伐,不能常川驻皖,请以省府委员孙棨代理主席,是日指令照准。

　　△　国民政府令财政部,凡北京伪政府所订条约税则,概不承认,由外交、财政、工商三部拟定宣言,提出政治会议核定,并令财政部转饬税务司,凡北京伪政府修正税则,不得实行。

　　△　蒋介石在郑州会晤白崇禧,决定中央对两湖军队饷糈,按各军一律支配,不加歧视。两湖军俟白与冯商定路线后,即实行渡河作战,仍由白指挥。

　　△　蒋作宾由泰安电国民党中央党部、中央政治会议、国民政府各

部院,报告日军福田师团已撤出,另换名古屋第三师团,暂以斋藤为警备司令,济南治安共推何宗莲维持。

△ 程潜被国民党武汉政治分会监视。同日,李宗仁致电国民党政府称,程潜素行暴戾,好乱成性,西征后更跋扈飞扬,把持湘政,本日特别会议议决将程潜暂行监视,请明令免其本兼各职。次日,国民政府电复李宗仁,命从宽办理,或交付中央政治会议核办。

△ 外交部长黄郛以蒋介石来电请专任外交委员会会长,改以王正廷任外长,遂自南京赴沪,并电请国民政府恳辞本兼各职。29日,国民政府明令所有外交部部务着由次长唐悦良暂行代理。

△ 国民党武汉政治分会举行首次会议,李宗仁主席,讨论湘省府人选,决定呈请中央任命鲁涤平、陈嘉祐、刘兴、何键、周斓、李隆建、张定、刘召圃、陈嘉任、曾继梧、刘岳峙11人为省府委员,以鲁涤平兼主席,财政、民政、教育、建设四厅,仍由李隆建、陈嘉任、张定、刘召圃兼任,又令李隆建于22日返湘筹备一切。

△ 日军三宅旅团5000名到天津,第三师团司令部设天津。

△ 第三集团军发动方顺桥会战。方顺桥位于保定西南40里之平汉线上,系保定门户。第三集团军自平山出击后,为夺取保定,会师天津,决分左、右两路军会攻方顺桥,左路军总指挥商震,右路军总指挥徐永昌,各路部队遵令于15日以前抵达方顺桥前线,是日开始攻击,激战八昼夜。28日,第三集团军发起总攻,次日奉军动摇,放弃方顺桥,退守琉璃河。第三集团军旋即向保定追击。

△ 哈尔滨学生冲破官厅及学校禁阻,是日成立"哈埠学生济案后援会",举工业大学、法政大学、扶轮学校及第一、第二中学等校学生11人为委员。该会以抵制日货为活动内容,并于本日起,各校学生一律臂缠黑纱,志悼济案先烈。

5月22日 国民政府委员会第六十五次会议议决准以李品仙、叶琪、陶钧、周斓、魏益三、廖磊、李燊、刘兴、何键九人为军委会委员(23日明令公布);公布修正内政、外交、财政、交通、司法、农矿、工商各部及大学院组织法八项决议。

　　△　白崇禧由汉口抵石家庄,次日谒阎锡山,允即日回汉调第四集团军三万人来石,加入保定方面助战。

　　△　第三集团军左路军张荫梧军第十四师占领涞源。

　　△　蒋介石电赖心辉转告刘文辉、刘存厚、邓锡侯、田颂尧各军,请协同刘湘堵击杨森。

5 月 23 日　国民党中央政治会议第一四一次会议,通过九项议决案,其要项为:一、程潜免职,听候查办;二、任命鲁涤平、陈嘉任、李隆建等 11 人为湖南省政府委员,鲁涤平为主席兼湖南全省清乡督办;三、两湖临时政务委员会应即裁撤;四、于右任、薛笃弼等七人为法官惩戒委员会委员,于右任为委员长;五、将阎锡山确立乡村自治制度、改善农工组织之建议,送中央党部、国民政府研究。

　　△　国民政府通令全国,6 月 3 日一律下半旗为五三惨案死者志哀。

　　△　蒋介石电内政部长薛笃弼,指示在江、浙、皖三省兴保甲,办团练,略谓:"弟以为今日各地警察腐败已极,欲求整顿,非经长时间之教练不可,故为今之计,莫若兴保甲,办团练。此法虽古,可行于今,且甚易兴办而能确实也,请兄勿以迂阔视之。江、浙、皖三省为畿辅之区,亟应首先兴办,然后推之于各省,切期兄切实审查省委员考试县长,勿稍徇情,弟必力助其成也。"同日,蒋介石并分电江、浙、皖三省府主席,指示办理清查户口、编练民团与订立保甲法等急务。

　　△　北京军政府驻日公使汪荣宝电北京外交部,说明日本 5 月 17 日觉书目的,在确定满洲"为其保护领土",请予根本否认,并应约束军队,严守纪律,勿予口实。

　　△　日使馆武官建川美次和华北驻军参谋浦江澄到奉军前线访晤张学良、杨宇霆,请张、杨二人出名劝告张作霖出关。

　　△　北京外交团以中国战事波及京、津,在荷兰使馆开会讨论"自卫"办法,日使芳泽提出"非常警备"案,援用庚子八国联军对付义和团

之办法,主张各国陆军管理京津、京奉铁路之关内全段,沿线 20 里内,绝对不许中国南北军队作战,保持大沽、秦皇岛两口岸之绝对自由。各国公使认为此项办法超越自卫以外,一致表示反对。芳泽即将讨论详情电东京请示。当夜,田中内阁复电芳泽:纵令各国皆不与日本协作,日本亦准备以一个师团以上之兵力,警备京、津及津、榆(山海关)一带,彻底实行 5 月 18 日觉书。

　　△　马福祥奉冯玉祥命致书新疆督办杨增新,劝其顺应潮流,一致对外。

5 月 24 日　军事委员会通令各军,政府为避免北伐障碍,济案决用外交解决,各军队应切实保护外人生命财产,不遵约束者以反革命论罪。

　　△　军事委员会政治训练部主任戴季陶呈报国民政府并通电各级党部,报告济南失陷后我方被执拘留人员受辱情形,希外交部迅予交涉释放,各界一致急起营救。

　　△　晋军骑兵第七师占领丰镇。

　　△　何键及湘省各界要人致电鲁涤平,欢迎主持湘政。26 日晚,鲁涤平抵长沙。

　　△　赖心辉部范子英离垫江出兵增援倒杨军,驻防广安、邻水之第二十八军第二十三师师长罗泽洲乘垫江空虚偷袭垫江、大竹、长寿,截断赖心辉部后路,郭汝栋、范绍增、吴行光各部闻讯纷向涪陵撤退,以确保后方安全。杨森部占领梁山。是役双方伤亡 8000 余人。

5 月 25 日　国民政府公布《修正国民政府内政部组织法》,凡 21条;《修正国民政府外交部组织法》,凡 23 条;《修正国民政府财政部组织法》,凡 32 条;《修正国民政府交通部组织法》,凡 19 条;《修正国民政府司法部组织法》,凡 23 条;《修正国民政府农矿部组织法》,凡 20 条;《修正国民政府工商部组织法》,凡 20 条;《修正中华民国大学院组织法》,凡 23 条。

　　△　蒋介石策定平、津作战部署:津浦路方面之第一集团军及第二

集团军之第一方面军,由朱培德负责,向沧州、河间之敌攻击;平汉路以东之第二集团军,由鹿钟麟负责,先驱逐博野、蠡县、肃宁之敌,尔后向高阳攻击;衡水、饶阳、肃宁、雄县之线,为第一、二两集团军作战地境;第三集团军沿平汉路两侧向保定攻击,并以一部出紫荆关,向易县攻击;各集团军统限于 28 日开始攻击。

△ 奉军对晋军下总攻击令,调孙传芳部由河北任丘、高阳攻击第三集团军右侧背,调京津总预备队攻击左侧背,所增兵力在 10 师以上,图从京汉线击破第三集团军。

△ 第三集团军挺进军总司令傅存怀部占领张家口;骑兵占宣化。28 日,国民政府致电阎锡山嘉勉。

△ 李燊第四十三军派第五旅于湘西桑植、大庸、冯家关一带进攻红军贺龙部,激战数日。

△ 北京军政府外交部就日本 17 日觉书复照日使芳泽,声明东三省及京、津均中国领土,表示日"所称以动乱行动将及于京、津,影响东三省地方,不得不采取适当有效之措置一节,本政府断难承认"。同日,北京军政府发表对外宣言,重申上述照会立场。

△ 日军第三师团长安满钦一在青岛发表宣言,妄称:中国南北两军不得在青岛、烟台、龙口、大沽、秦皇岛领海各 20 里内交战;南北两军应退出青岛及胶济铁路两侧 20 华里以外之地区,前项地区内不得有排日宣传及有关之一切举动。是日,宣言书送交直鲁军胶东防守总司令刘志陆及奉军渤海舰队代司令沈鸿烈。29 日,刘志陆部自潍县向铁路北 20 里外退却,日第二十九旅团长中岛率步兵、炮兵进占潍县。

5 月 26 日 国民党中央政治会议临时会议通过复日本觉书牒文,并推谭延闿、张静江、陈果夫赴徐州与蒋介石晤商,如无异议,再行发出。次日,谭延闿抵徐州晤蒋介石。

△ 第四集团军总部正式成立。总部设汉口,参谋长张华辅,参谋处长林赐熙,秘书长谢远涵,于 25 日正式委任。三个军团总指挥分由鲁涤平、李品仙、白崇禧担任。二、三路总部、军委会长江上游办事处均

奉令撤销。是日,第四集团军前敌总指挥白崇禧返汉就职。

　　△　第四集团军叶琪第十二军门炳岳师全部抵石家庄,加入京汉线正面作战。第十二军周维寅师亦抵石。28日,廖磊第三十六军扫数开正定。

　　△　冯玉祥通电全军,转录保护外侨布告,并重申对于外人生命财产,如医院、商家、教堂等类,一律妥为保护,不得疏忽。

　　△　冯玉祥令郑大章骑兵第一军迅由安国经肃宁、任丘、雄县向定兴挺进,相机截断京汉交通;席液池骑兵第二军速由献县、河间、任丘、文安向静海挺进,相机截断津浦路。

　　△　第二集团军北路总司令鹿钟麟由顺德抵石家庄,当晚谒阎锡山会商联合作战计划。

　　△　第三集团军傅存怀部骑兵第六师经宣化进占下花园,骑兵第一旅驱逐张北之奉军第三十一军郑泽生部,并占领该城。

　　△　中希《联好条约》在巴黎签字。

　　△　"济南临时治安维持会"成立,何宗莲任会长,于耀西等三人任副会长。

　　5月27日　第三集团军占领河北满城。第三集团军为应付奉军25日开始之总攻击,急调攻紫荆关的部队向满城出动,攻击奉军之右后方,又调石家庄总预备部队攻击奉军左后方。26日,阎锡山赴清风店督战,经两昼夜激战,奉军不支后退,第三集团军东路占领保定以东50里以外各村庄,西路于是日占领满城。奉军第十军王树常部几全军覆没,保定奉军三面被围。

　　△　第二集团军特别党部通电全国,揭露张作霖佳(9日)电谰言息争对外之阴谋,"尚望全国同胞一致奋起,绝对维护中央讨伐张逆之明令,无丝毫妥协之余地。如有敢持异议者,愿与国人亟起攻之"。

　　△　河南省政府委员、前国民军副司令兼第三军军长孙岳在上海病逝。

　　△　名古屋华工六七百人,自济案发生后被日政府停止工作,百余

人被拘捕,数十人被驱逐归国,是日沪交涉员金问泗致函日领,要求转致日政府迅速释放拘捕之华工,恢复被迫停工华人之工作。

5 月 28 日 国民党中常会第一四一次会议,决议通过《劳资争议法》,交国府公布;"筹设全国国民储蓄银行"案,交建委会酌办;通过《目前整理民众团体办法》,规定对各地民众团体之整理,仿照整理党部办法,由中央指派专员整理。

△ 国民政府任命于右任、周诒柯、李菱、翁敬棠、薛笃弼、王世杰、陈和铣为法官惩戒委员会委员,以于右任为委员长。

△ 国民政府特派白崇禧为国民革命军第四集团军前敌总指挥。

△ 国民政府明令裁撤湘鄂政务委员会。

△ 国民政府任命鲁涤平、陈嘉任、李隆建、张定、刘召圃、曾继梧、刘岳峙、周斓、何键、陈嘉祐、刘兴为湖南省政府委员,指定鲁涤平为主席。任命陈嘉任、李隆建、张定、刘召圃分别兼湖南省民政、财政、教育、建设各厅厅长。

△ 国民政府以山东省府主席孙良诚督师前方,令该省府委员石敬亭暂行代理。

△ 国民政府任命陈诚为国民革命军总司令部警卫司令。

△ 国民革命军各集团军开始全线总攻击。同日,第一集团军前敌总指挥朱培德下达命令:"本集团军与第二、第三集团军依会攻津、保之目的,于五月二十九日开始运动,向沧州东西之敌攻击前进。"

△ 第二集团军韩复榘部进占安国,旋即与万福麟部在董庄一带激战,肉搏数次,万部旅长失踪,参谋长受重伤,士气大挫,纷向北溃退。29 日,韩部占领博野。

△ 全国教育会议闭幕。大会会期为两周。共开 12 次大会,通过议决案 237 件,其最要者为:一、确定三民主义为民国教育宗旨;二、注重民众教育机会均等;三、注重劳工神圣;四、提倡艺术教育及科学教育;五、注重体育;六、宽筹教育经费并保障其独立;七、筹设国立中央图书馆;八、注意中小学生之补充读物;九、注重社会娱乐之改良;十、注重

私立学校之改进。大会发表宣言,宣布今后教育宗旨。

5月29日　国民政府以节略答复日本觉书,指出觉书中所称"为维持东三省治安起见,或将不得已采取适当而且有效之措置"等语,此等措置,易涉中国之内政,且与国际公法上列国相互尊重领土主权之原则显相违背,国民政府万难承认,并希望日本政府为两国永久亲善计,避免一切妨碍友好关系发生之行动。此节略由上海交涉员交付日领矢田,并作口头声明:"将来我国民革命军勿论进展至何处,自有妥善方法可以解决各国侨民之生命财产……深望贵国政府万不可有侵犯我国主权之举动,以维两国固有之邦交。我国此次用兵,为谋统一,奉军苟能及时觉悟,则军事行动自可适可而止也。"

△　蒋介石为军事进展及避免外交纠纷,是日抵柳卫同冯玉祥会谈。旋即分别电令各集团军"于击破当面之敌,进抵静海、胜芳、永清、固安、长辛店之线后,停止待命"。

△　国民党中央党部召集各团体代表谈话,希望体谅中央意思,慎重对日。谈话会由蔡元培主席,中宣部长叶楚伧、内政部长薛笃弼、南京市党务指导委员张厉生暨各团体代表 20 余人出席。薛笃弼根据中政会决议,提出日货检查暂不举行、停止张贴反日标语两项要求,并称:张作霖派庄景珂等要求日本出兵 10 万,冀延长其生命,民众此时应集中视线,对付家贼,所有进行口号标语等反日举动,立即停止。蔡元培报告中央不得已之苦衷,要求民众举动应依中央方针去做。

△　国民政府特派赖心辉为国民革命军第六路军前敌总指挥。

△　日军第二十九旅团长中岛率所部侵占潍县。2000 日军以保护胶济路为借口,由黑田大佐指挥自青岛开抵张店驻防。31 日,胶州守军方永昌、顾震撤退,日军进驻胶州。

△　第二集团军第二十八军万选才部驱逐滹沱南岸之安国军后,乘胜占领饶阳,旋向肃宁县攻击。

△　美国务卿凯洛格接见中国赴美专使伍朝枢,重申美国愿与任何中国的统一政府谈修约问题。

5 月 30 日　国民政府明令战地政务委员会迅免山东省一切苛细捐税。

△　张作霖于夜间在北京军政府召开最高紧急会议,张学良、杨宇霆、张作相、孙传芳、于国瀚、潘复、何丰林等军政府最高官员出席。会上张作霖容纳各将领之劝告,决定以大元帅名义下总退却令,京汉线奉军全部先行退琉璃河、长辛店之线,主力部队撤离京、津,向滦河之线总退却。

△　阎锡山代表南桂馨与冯玉祥代表张之江在天津私宅讨论奉军退出关外后京、津治安维持办法,决在天津组治安维持委员会,极力避免与外国发生误会。

△　白崇禧在汉口对记者谈称,第四集团军出发京汉加入北伐之部队,系由第二、第三、第四路军及旧四集团军抽调,总数在六军以上,将于数日内启程北上督师。

△　第二集团军韩复榘部进占蠡县。同日,韩部进击高阳奉军戢翼翘部,血战一昼夜,于次日完全占领高阳。

△　日使芳泽召集使馆官员紧急会议,建川少将列席,讨论奉军战况急转直下之时局。金谓目下南北妥协运动频行,蒋介石、阎锡山等非正式表示,若奉军和平让权,退出京、津地方,则不事追击。奉军张学良、杨宇霆等咸主顺应大势,预测政权当通过和平方式授受,决定注视战局之推移,临机决定,不必以奉张出京作为日侨被难之张本。

5 月 31 日　蒋介石以奉军全线崩溃,是日在石家庄向各军发布追击令:第一集团军与第二集团军第一方面军,须举全力向静海、胜芳、信安镇之线,迅速开始追击;第二集团军向永清、固安之线,迅速开始攻击;第三集团军向长辛店及其以北地区,迅速开始攻击;第四集团军以预定计划迅速集中;各军追击部队到达永定河岸,务须待命前进。

△　第三集团军占领保定。28 日,第三集团军下令总攻保定,20个步兵师、七个骑兵师加入战斗。29 日,阎锡山赴望都前线督战,当晚第三集团军炸毁漕河铁桥(保定以北京汉线上),以截断奉军归路,同时

占方顺桥及大固庄（保定与满城间），与奉军在保定城郊短兵相接，旋以骑兵一营首先破西门入城，是日拂晓第三集团军完全占领保定。商震于正午进入保定城，奉军安锡嘏师投诚，被缴械之奉军在三师以上，第三集团军损失兵力亦不下三个师。同日，第三集团军占领易县。

　　△　日本顾问松井少将晤张作霖。张表示整旅回奉意，松井表示日方已允许取消解除返回东三省之奉军武装之前言。京中治安由鲍毓麟旅维持。

　　△　张作霖招王士珍入府，以出关办法征询意见。王赞成张收束军事，并主张组顾维钧内阁过渡。

　　△　日本首相田中义一以本月20日下达之秘密动员令遭到美国反对，是日下令取消出兵锦州、榆关、新民屯之计划。

　　△　日本军部接获张作霖决意退出关外之报告，是日上午在陆军省及参谋本部讨论对策。决定京、津之警备，与各国共同担任，日侨保护若不发生意外之事，现有兵力足敷应付。满洲方面，已取应急之措施，关东军司令部及主力则集中于奉天，须观张作霖离京之状况如何，然后再将应付方策训令在华公使及军司令官。

　　△　第四集团军第三十六军军长廖磊率部离汉北上，加入北伐。

　　△　郭汝栋部因杨森回驻万县，率部移驻长寿，并向刘湘请援。6月1日，郭汝栋在垫江召集所部，会议对付杨森办法。

　　是月　中共陕西省委领导三原、澄城两县农民起义。三原起义参加农民达万余人，包围县城四日之久，县长被迫答应减免粮款。后马鸿宾等派兵镇压，起义失败。澄城起义后，曾和赵桂堂旅作战四五次，参加战斗的农民达5000余人。

6　月

　　6月1日　下午，张作霖在怀仁堂举行告别茶话会招待各国公使，即席声明撤离北京，表示"只是大元帅府由北京迁往奉天，不管怎么样，我姓张的不会卖国,也不怕死"。并说明本人离京后,北京秩序请王士珍负责维持,奉军虽撤防,仍将尽力维持北京治安。各国公使要求留鲍毓麟旅维持北京治安,张表示同意。

△ 蒋介石在石家庄与阎锡山会商京、津善后事宜,除商定进攻北京之具体军事计划外,并决定外交尤应格外谨慎。

△ 下午,张作霖在中央公园召集京内各耆老、地方绅商代表,到熊希龄、汪大燮、江庸、恽宝惠等 20 余人,商谈关于撤退关外后北京市秩序维持办法。各代表面请留鲍毓麟旅在京维持治安,张允照办。

△ 张作霖命许兰洲将"安国军大元帅"印、旗,国务院印信及外交部重要档案全部运往奉天。

△ 第二集团军第二十八军万选才、第二十九军刘茂恩部进占河北肃宁,向霸县追击。同日,第一集团军占领泊头。

△ 京汉路第三集团军徐永昌部攻占高碑店。同日,京绥路商震等部猛攻南口,张作相率部抵抗。

△ 于学忠及孙传芳部进犯河北献县臧家桥,同第二集团军第一方面军第二十一军吕秀文部及骑兵军激战两昼夜,于、孙部终未能得逞,吕部于 31 日晚全线猛攻,是晨占领河间,分向任丘、大城追击。

△ 国民政府以湖北省府委员熊斌、李世光、杨农春、张九维久未就职,明令均免本职,任命陶钧、但焘、时功玖为湖北省府委员。

△ 第一集团军前敌总指挥朱培德在临清电令该集团军各军团击破当面之敌后,向惠丰桥、静海、滕芳镇、信安镇追击前进,第四十军至沧州停止待命。

△ 湖南省府委员宣誓就职,新政府成立,省府主席鲁涤平在典礼中表示,将本着"军受政治支配,政治受党指挥之原则,建设党化的湖南"。

△ 山东省政府各委员在泰安宣誓就职,山东省新政府成立。同日,战地政务委员会电国民政府,说明已解除对山东省之政务关系,即移京、津前线办公。

△　《前进》半月刊在上海创刊,顾孟馀主编。

△　国民政府会议议决函请美公使撤退美国驻津部队,中国自负保护美侨生命财产之责。该函由沪交涉员金问泗送美总领克银汉转驻华美使马瑞慕。

△　鲁涤平、何键急电广州李济深,谓朱德、毛泽东、袁文才等部以江西宁冈为根据地,分别在茶陵、鄢县各地滋扰,刻正与南昌王钧部会剿,望驻粤边军队严密防堵,以免窜逃。

6月2日　张作霖通电宣布退出北京,政务交国务院摄理,军事归军团长负责,此后政治问题,仍听国民裁决。"所冀中华国祚,不自我而斩;共党赤化,不自我而兴"。

△　驻华日公使芳泽访晤张作霖,称:日本将以绝大之助力迫退南军,俾得划江而守,中分天下,并提出求偿的条件:一、吉会路接轨;二、葫芦岛筑港停止;三、大通路改线。张严词拒绝,并谓:"此我家事,于贵方何与?吾宁受南军之缴械,不愿借贵方之助,以保此小朝廷。"

△　蒋介石自石家庄乘专车抵柳卫再晤冯玉祥,征询冯对于光复京、津后军事善后及政治主持人物的意见。冯推阎锡山主持一切,并主由阎任北京卫戍总司令。蒋表赞同。

△　冯玉祥以直省军事收束在即,政务设施,亟待预筹,是日自道口电阎锡山,请主持北京政事。略谓:"迩来蒋总司令暨中枢诸公,每以北方政治设施垂询鄙见,经一一答复,一听我公(指阎锡山)主持。此系夙怀,绝非客气,所有直隶省政府及京兆特别区政府主席人选,至希迅速推荐,以便早日决定,早日进行。……万恳以党国为重,幸勿稍事谦抑。"

△　国民政府代表孔繁霨在北京同张学良、杨宇霆接洽张作霖退出关外事,是日接谭延闿东(1日)电,谓国府议决,赞成张意,请将奉军移驻滦、榆间,由其将领自行整顿,并决公推阎锡山入京接收。孔即以此电转交张、杨。

△　第二集团军第一方面军骑兵第二军席液池部占领任丘。

△ 国民政府据军事委员会呈称:驻沪日本第一舰队司令官宇川照会我方海军称,切望南北海军勿于青岛、烟台、龙口、大沽口、秦皇岛、营口各处 20 海里以内作战斗行为,以"保护日侨"。

△ 李济深通电响应冯、阎铣(16 日)电,对内对外服从中央,听从蒋介石指挥。

△ 国民党湖南省党务指导委员会电请李宗仁早日恢复程潜自由。同日,程潜所部第六军代军长李明灏、副军长胡文斗联名电李宗仁请准由湘入赣开赴北伐前线。

△ 鲁涤平、何键急电李宗仁,谓定于 6 月 15 日发动清乡"剿共",请电各边境省军政长官派兵堵剿。

△ 国民政府电令邓锡侯、田颂尧严束所部,不得擅动。

△ 北京军政府开末次国务会议,潘复表示退让贤能,即日出京,院中事务交许宝蘅暂时负责保管,阁员大多数亦与潘同退。嗣议决例案二件。

6 月 3 日 张作霖出京归奉。凌晨 1 时 15 分,张乘专车离开北京,潘复、刘哲、张景惠、王荫泰、莫德惠、杨毓珣、何丰林、陈兴亚、于国瀚、阎泽溥及张之六夫人,三子张学曾等 30 余人,日本顾问仪我诚也、町野武马同行。至此,统治民国历 16 年的北洋军阀政府遂告覆灭。

△ 蒋介石由石家庄返抵南京,马福祥、邵力子、何成濬等同行。

△ 北京军政府国务院总理潘复电各部院,谓:"本总理因公随大元帅赴沈阳,并奉谕应即暂在沈阳组织行署,一俟规(粗)定,再行电知。现下京中各院部公务,仍由负责长官妥为维持,其有应发命令事件,应随时呈明大元帅盖印电京发表。现在阁员多数随节赴沈,国务会议着即停止。"

△ 孙传芳、杨宇霆与张作霖同车离京,经天津赴滦州,指挥安国军各部撤退。张作相第五方面军团汤玉麟部撤往热河,其余向山海关、锦州撤退。孙传芳第一方面军团除郑俊彦部经北伐军收编外,仅有两个师,随同张学良、杨宇霆之第三、第四方面军团,向滦河以东撤退。张

宗昌、褚玉璞之第二、第七方面军团,集结天津附近,其动向犹豫未定。

　　△　孙传芳部主力弃守霸县退向天津。是日下午,天津各国军队在租界及华界之境界各道路布防,租界当局下令总动员,开始特别警戒。

　　△　孙传芳在天津通电辞安国军副司令兼第一方面军团长职,退出天津,军事由国民公决。孙部李宝章及于学忠等五军长亦通电休战。

　　△　第一集团军克复沧州。第一集团军以第四军团、第二军团第二十六军及第三十七军分别担任左、中、右三路,向沧州攻击前进。张宗昌、褚玉璞亲率张敬尧、寇英杰、陆殿臣等直鲁军大举反扑。29日,双方分路接战,中路津浦沿线战斗最烈。第二军团第二十六军赵观涛、邢震南两师与敌激战三昼夜,卒将其击退,旋直扑沧州。是晨,第二十六军赵观涛师首先攻入沧州城,旋向马厂追击。

　　△　李品仙电蒋介石、冯玉祥、阎锡山报告,本日率所部第三十六军全体人员赴石家庄。

　　△　第二集团军第一方面军骑兵第二军席液池部向文安挺进,在严家务遭遇袁克文挺进队300余人,当即向前攻击,俘敌60余名,于12时抵文安城。

　　△　前中华民国总统黎元洪在天津病逝,遗电劝各方息兵,并提出济案求外交正义之解决及从速召集国民议会,解决时局纠纷等10项时局主张。

　　△　中国全国商会联合会、上海总商会、中国银行公会、中国新闻记者联合会、中国报界联合会驻日内瓦代表夏奇峰向国联提出《关于济南日兵暴行抗议书》,驳斥日本于上月28日致国联声明书的谰言,并郑重声明:"若国际联盟不能应付环境,并不能主持国际正义,对此次中日冲突谋一公正之解决,则以后因此事发生的不幸结果,联盟应负责任。"按:日本致国联的"声明书"诡称"日军决不无故杀戮毫无抵抗之华人",并称"其中是否有蔡公时其人,则不得而知"。

　　6月4日　张作霖在皇姑屯车站遇炸。凌晨5时23分,张专车行至沈阳城郊皇姑屯车站南满与京奉路交叉处之铁桥下,被日关东军高级参谋河本大作大佐指挥日工兵第二十二联队预埋的炸药(120 公斤,分装 30 麻袋内),用电流控制引爆爆炸,张作霖受重伤,抬回沈阳大元帅府后于上午 10 时身亡。吴俊陞(在山海关迎张随同返奉)当场毙命。此乃民国史上震惊中外的"皇姑屯事件"。

　　△ 蒋介石据报张作霖已出京,电冯玉祥、阎锡山着编第二集团军为右翼军,第三、四集团军编为左翼军,分别率领速向滦河与热河前进。

　　△ 张学良、杨宇霆与国民政府代表孔繁霨在北京举行和平谈判。张、杨欲以和平方式请第三集团军入城,然后安国军退走,并保留津东永、遵 10 县为张宗昌、褚玉璞、孙传芳代兵区域。孔提出三条件:一、东三省须悬青天白日旗;二、褚、孙、张须受改编;三、服从国民政府命令。谈判破裂,张学良决定不让出北京。

　　△ 张学良在北京闻张作霖在皇姑屯被炸,接到奉天督署"立即返奉"的电报,是日晚化装离京归奉,并下令长辛店、卢沟桥、良乡等处三四方面军火速撤退滦河。至滦州因收束军车停留 10 余日,于 17 日化装成士兵,乘兵车潜归沈阳。

　　△ 北京外交团领袖公使欧登科电南京国民政府主席谭延闿转外交部,要求向北京进发之华军各司令注意北京外侨及人民之安宁,并使鲍毓麟旅安然退走。6 日,国民政府外交部电复欧登科,告以"国民政府对于在华外侨之安全向极关心,在京津一带已有适当之布置,故对鲍部军队和平退出,亦必有办法"。

　　△ 胡汉民、孙科、王宠惠自巴黎电谭延闿,对外事问题提出三项建议:一、驻外使馆改隶国民政府;二、慎择驻外使节人选;三、不急求各国承认,应着眼于取消不平等条约。

　　△ 北京"京师临时治安维持会"成立,举王士珍为会长,汪大燮、熊希龄为副会长。同日,王士珍等致电国民政府主席谭延闿,略谓张作霖业已启节回奉,敝团体与奉方司令商留鲍毓麟旅暂住城内,暂维秩序,将来尊处军队开到之先,应请赐示敝团体,俾得以先知照鲍旅安全

开出,请通知前线各军查照办理,以便接洽。次日,谭延闿电复王士珍等称,鲍旅自当维护,已电前敌照办,乞就近接洽,并电国民政府已任命阎锡山为京津卫成总司令,京、津治安必能办理妥善。

△ 第二集团军第一方面军郑大章骑兵第一军抵永清,与于学忠部激战,于部不支,向安次溃退,郑部占领永清,俘官兵千余名,枪支、马匹数百。

△ 第二集团军第一方面军第三军第十九师吉鸿昌部向大城攻击,与直鲁军第十六军袁振清部3000余人激战多时,袁部不支向静海退却,是日吉部占大城。

△ 国民政府特任阎锡山为京津卫成总司令。

△ 胡汉民等自巴黎电国民党中央,请由外交部电令各驻外使馆通知所在国政府,先由各该使馆维持,听候国府命令,并同时以此意照会北京各国公使。

△ 清废帝溥仪在日军"保护"下离津,6日抵大连。

△ 杨森向郭汝栋进攻,两部在梁山激战,杨败退开江、云阳,郭部师长范绍增占领万县。刘存厚向邓锡侯、田颂尧请求援杨,邓派谢德勘率部驰赴顺庆助杨。

△ 吴俊陞嗣子、黑龙江第十八师师长吴泰来召集黑龙江省长于驷兴等数十人开紧急会议,成立军警联合会,筹划全省治安。6日,吴胁迫省议会通电拥其为黑龙江省督办兼省长,黑军将领多不服。

6月5日 第四集团军前敌总指挥白崇禧离汉口北上赴石家庄督师。第四集团军北伐部队分两批出发,截至上月底,第一批出发者,为第三十六军廖磊部、第十七军周斓部、第十二军叶琪部、第三十军魏益三部及独立第八师,向石家庄一带集中;第二批为前敌总指挥部、第四十四军,随白同行;第七军、第十九军为总预备队,暂不开动。

△ 冯玉祥发表"歌"电,提出六项建国主张:一、废除各集团军总司令、各方面军、各军团总指挥名义,以军或师为军制最高单位,统一军政,由军事委员会统一管辖;二、组织裁兵委员会,厉行兵工政策;三、统

一全国财权;四、废除不平等条约;五、统一意志,整顿党务;六、蠲除苛捐杂税,清乡剿匪,提供职业教育,振兴水利,兴办工业,为民谋利。

△ 国民政府派建设委员会常务委员王徵赴美接洽建设事宜。

△ 国民政府财政部公布《发行第二期军需公债简章》,债额为400万元,年息八厘,自民国十八年起,开始偿还本金二十分之一,至第十年止,如数偿清。

△ 第三集团军向京绥线青龙桥之奉军进攻,奉军退昌平,第三集团军占领南口,俘奉军 500 余人。

△ 孙传芳、张宗昌等在天津褚玉璞寿筵上会商和战问题。各将主张不一,张宗昌仍主战。

△ 奉天以张作霖被炸发布戒严令,委齐恩铭为奉天省城戒严司令,陈奉璋副之。其《戒严条例》规定:管辖与军事有关系之地方行政、司法;严查私带军火及其他违禁品;禁止银元出境;检查邮政、电报;保护外人生命财产。

△ 前清恭亲王赴奉,日报谓有复辟阴谋。按:近月以来,出入恭亲王府者,皆与复辟运动有关之人,白俄将军谢米诺夫与恭亲王亦时相过从,拟建立"满洲帝国"。

△ 北京奉系机关报《东方时报》停刊。同日,《晨钟》报(梁启超、汤化龙办)、《晨报》停刊。《黄报》于次日起易名《民意报》。

△ 上海《申报》发表《历年外械输入之概况》报道,谓过去五年之内,北京政府向德、捷各国购买军火陆续运装来华,于沪、青、厦、闽及秦皇岛等埠起卸者,计 70 余批,枪炮炸弹均有,每批多则 3000 余箱,少亦有一千六七百箱。

6月6日 第三集团军徐永昌部开抵长辛店,谭庆林部骑兵抵卢沟桥。

△ 第二集团军韩复榘部于 4、5 两日在永定河一带与奉军激战,奉军不支,向东北溃退,是日韩部占领团河、南苑。北京绅商各界至南苑欢迎。

△　奉天省公署就张作霖皇姑屯被炸事件发表通电,为应付日人及稳定政局,佯称:"主座身受微伤,精神尚好……省城亦安谧如常。"

△　阎锡山移节保定,在行营就京津卫戍总司令职。

△　是晨,鹿钟麟、孙良诚两军占丰台,旋占南苑、落垡,与孙传芳部接火,战至次日晨,孙部不支,退双沟、北仓。

△　国民政府财政部以北京业已收复,是晚电北京各征收机关,令各安心服务,听候本部派员接管,并电北京总商会等,在此期内不得有订约借款情事。

△　国民党北京市党部正式成立,党务指导委员为李吉辰、黄如今、李乐三、许超远、王季高、黄国桢、徐季吾、马洗繁、梅子青九人。议决:一、通电中央党部报告正式成立;二、通电前敌各司令请速来京;三、函治安会转京市一体挂青天白日旗。

△　上午,张宗昌在津访段祺瑞,谋拥段借以号召,为段谢绝。下午又访日军司令官,告将以杨柳青、北仓、军粮城为直鲁军第一道防线,表示将作最后一战。

△　中共中央委员、江苏省委组织部长陈乔年(陈独秀次子)被捕,于是日在上海龙华就义。

6月7日　国民党中常会第一四四次会议议决:一、撤销战地党务指导委员会,各军所组织之民众团体,一律由党部接收;二、组织北京临时政治分会,管辖旧京兆、热河、直隶区域;三、组织华侨捐款保管委员会,由谭延闿、宋子文、蒋介石、丁惟汾、于右任为委员,丁惟汾负责召集开会。

△　蒋介石致阎锡山两电;一、京、津及其他各地逆产之处置,应听由政府组织机关,依法办理,勿使有自由查封之事发生;二、奉、直、鲁各军溃退,其留居京、津各地之眷属应一视同仁,加以保护,如有故违,须从严惩办。

△　蒋介石以近日报载有人在津冒充国民革命军总指挥、军长等名义,招摇撞骗,是日通电否认,并电前敌各将领就近拿办。

　　△　冯玉祥自道口电国民政府称,各部队今晚到团河、南苑一带,已饬韩总指挥复榘以骑兵追击,主力即在南苑集合,不准进入北京。

　　△　陈调元、贺耀组、方振武等部迫近天津城郊,冯玉祥部骑兵第一军郑大章占领杨柳青,其一部抵达军粮城对岸,韩复榘部进至韩家墅,天津被三面包围。

　　△　孙传芳抵芦台访张学良、杨宇霆,商直鲁联军到滦后布防事宜。

　　△　日本田中内阁就张作霖被炸事件,作出决定:若炸张案引起排日运动,应采取断然措施;中国军队若有排日行动,当增派日军;确保日在满蒙之特殊利益。

　　△　李济深召开西南联办建设事业会议,桂、滇、黔代表均列席,决定拟组织西南贸易公司,开发四省实业,并设西南实业银行,定额资本洋 2000 万元。

　　△　"济案后援会"在南京报告济案死伤人数:死亡 3625 人,受伤1455 人;财产损失约 2600 万元。

　　6 月 8 日　第三集团军孙楚部进入北京。上午 9 时,鲍毓麟旅撤出北京城。10 时,孙楚乘汽车首先入城,稍后该部第十三师第三十二团、第二十八团、第二十一团鱼贯而入,北京全市高悬青天白日旗,各界代表前往欢迎。下午 2 时,商震及第七军军长张荫梧入城,阎锡山派参谋长朱绶光到京,与各界接洽。当晚,商震布告安民,声明代表阎锡山接收北京,负责保护外侨生命财产,保护敌军眷属,禁止晋军擅入民间搜查。

　　△　国民政府准免外交部长黄郛本职,特任王正廷为外交部长。

　　△　国民政府公布《修正国民政府蒙藏委员会组织法》。次日,派白云梯筹备蒙藏委员会,并接收蒙藏院一切事宜。

　　△　国民政府明令优恤前大总统黎元洪,并着内政部详拟丧葬典礼,以彰崇报元勋之典。28 日,又颁令国葬黎元洪,拨款一万元治丧,全国各地下半旗志哀,鸣礼炮 17 响。

△　国民政府明令财政部蠲除张宗昌在山东所设之苛捐杂税；地方行政费之筹措，应照各省普通税收切实整理，以符除旧布新之旨。

△　国民政府明令追赠第一集团军第三军团教导师师长龚宪为陆军上将，由军事委员会以上将阵亡例从优给恤。按：龚宪于本年4月在攻克鱼台之战中阵亡。

△　蒋介石以据报孙传芳借日人为后援力图负隅，杨（宇霆）、张（学良）亦在津急谋复燃，是日电促冯玉祥北上指挥各军，以固军心，并表示"兄如不进，军队散漫，进退不一，危险万分，弟惟有告罪，以谢党国"。

△　胡汉民、孙科自巴黎电国民政府，请设立法、行政、司法、考试、监察五院，以中央委员任之。

△　国民党上海特别市党务指导委员会呈请中央党部严惩北方反革命分子，并速行裁兵计划。略谓："第三期北伐计划业告完成，而北方反动官僚及军阀政客与一切腐化分子，目睹本党革命成功，又复大肆活动，纷来归降，图谋窃据。设或处置一不得宜，即将重陷于辛亥之覆辙。""为特具文呈请钧会转令国民政府及军事委员会，对于反动军队一律不予收编，而于原有国军亦宜酌量裁减，以节国库而资建设。"13日，经国民党中央政治会议第一四四次会议讨论，议决：一、电蒋、冯、阎、李、杨各总司令切实筹商办法；二、凡附逆有据及逆迹昭著现仍在四处活动之官僚政客，由国民政府查明严办。

△　内蒙古国民党员于泽兰、李凤岗抵南京谒谭延闿、白云梯，请参加蒙藏委员会。同日，新疆回部全权代表定希程谒谭延闿，陈述治理回疆事务。

△　关内奉军自张作霖卫队于芒山之第三十军起，所有第三、四方面军团及吉黑各军，是夜络绎归奉，抵省城者约达二万五六千人。

△　冯玉祥派兵围攻渭华起义。是日，宋哲元奉冯命调遣一个旅的兵力，在渭南县保安团配合下，进攻渭华地区塔山（渭南县东原南端）军事据点，图扑灭陕东赤卫队，是日在塔山脚下的龙尾坡南端被西北工

农革命军与陕东赤卫队击退。10 日左右,宋哲元再派田金凯骑兵师自华县向高塘西北工农革命军司令部进攻,在骆驼渠(距高塘三里)被赤卫队与革命军两面夹攻,田部仓皇退走。

△ 张群由济南党家庄回南京,报告与日参谋长松井接洽情形,略谓:济南事件因日本出兵而发生,故须日本迅速撤兵,济案方易解决。松井称侨民安全不得保障以前,难以撤兵。双方决用正式外交手续解决济案。

△ 国民党山东省党部齐(8 日)电报告,直军第十七军军长谢文柄矢志投诚,现已率所部万余人由潍县集中安邱,听候改编。

6 月 9 日 蒋介石因北伐告竣,呈请国民政府准予辞去国民革命军总司令及军事委员会主席职。10 日,国民政府委员会以军事收束需人,决议挽留。

△ 国民政府公布《国民政府财政部煤油特税短期公债条例》,债额 4000 万元,利息周年八厘,自发行之日起,第六个月抽签还本一次,至民国二十二年(1933)6 月底全数偿清。

△ 国民政府公布《劳资争议处理法》,凡 40 条。

△ 国民政府明令北京大学改名为国立中华大学,任命蔡元培为校长;蔡未到任前,以李石曾署理。同日任命吴敬恒为国立中央大学校长。

△ 国民政府为统一整理全国教育学术机关起见,是日明令"所有从前分隶各部院及特殊团体之中央教育学术机关,自应一律改归大学院主管"。

△ 国民政府通令直属各机关应优先购用国货,以资提倡振兴实业;"如有适用之国货而仍购用洋货者,应以不经济支出论"。

△ 国民政府为云南省政府主席龙云筱(5 月 17 日)代电呈请参加北伐一事,是日批复称,因现燕京收复,战事可告结束,所请已非必要,应暂维现状,徐待后命;至所陈整理政治、规划建设各端,除吸收外资一层应详呈中央核定外,其余均属妥善,希即切实进行。

△ 国民政府令江西省政府委员兼建设厅厅长李尚庸、江西省政府委员兼农工厅厅长彭程万均着免去本兼各职,来京听候查办。

△ 奉军鲍毓麟旅退出北京回奉天,行抵通州被第二集团军韩复榘部冯治安师缴械,全旅千余人均收容于南苑,枪械交回总商会。

△ 王士珍、汪大燮、熊希龄以第三集团军业已入京,治安秩序负责有人,联名通电宣告"京师临时治安维持会"解散。

△ 方振武进至独流,所部第三十四军军部驻马厂。该军于良王庄、独流镇、杨柳青、胡村一带休整待命。

△ 奉天省长刘尚清在省署宴日本在奉要人,席间刘发表媚日之演说,略谓:东省与日本唇齿相依,谊如手足,不能不求亲善。愿我中日两国,仍以夙昔亲善之心,进行亲善之道,勿因无根之言,致生疑虑。按:所谓无根之言,暗指张作霖被炸后,举国上下,异口同声,咸指为日本人之阴谋。

6 月 10 日 国民政府会议,决议组织敌产委员会,设委员五至七人,内、财两部长为当然委员,加入高等法官一人。各省市设分会,所没收敌产用于办理地方慈善、教育、工商事业,不得作军政费。

△ 中央训练部委张忠仁为中国国民党童子军司令,令即日组织童子军。

△ 驻华荷兰公使欧登科致电国民政府主席谭延闿,请设法维持鲍毓麟旅之安全。是日,国民政府外交部复电欧登科,允设法维持鲍旅之安全返奉。

△ 冯玉祥以所部缴去鲍旅枪械,引起北京外交团交涉,电令京、津近郊第二集团军各军撤至固安、静海待命。

△ 第四集团军前敌总指挥白崇禧电请蒋介石打消辞意,并电请冯玉祥、阎锡山、李宗仁等总司令及朱培德总指挥一致慰留。

△ 学生联合会军事训练委员会召集上海学生 1.6 万余人,举行检阅典礼,并通过誓死抵抗帝国主义的压迫及收回租界等要案。

△ 天津改旗易帜。直鲁军第六军军长徐源泉辞直隶军务帮办

职,受直隶省议会及天津总商会等法团之推戴,是日正式就"国民革命军天津临时保卫总司令"职,颁发布告,声明:悬挂青天白日旗,令前线各部队立即停战,听候国民政府解决;本总司令负责维持天津治安。次日,徐源泉会同所部各将领联衔通电全国,希望南北一致,早日实现和平。

　　△　邓锡侯以第七路总指挥名义通电,表示遵国府命令,拿办吴佩孚。

　　△　夜,奉天日人居留地发生炸弹案共六起,均向空无一人之日人住宅投掷,未伤一人。当晚,日驻奉天总领事林权助召集日警察署长等讨论应付办法,次日并向中国当局提出警告。

　　6 月 11 日　蒋介石请辞国民党中央政治会议主席职。13 日,中央政治会议决议恳切慰留。

　　△　国民党中央常会第一四五次会议议决,7 月 15 日召集第二届中央执行委员会第五次中央全体会议。

　　△　蒋介石以平津军事告一段落,北伐各军势无留驻北京之必要,下令各军,除第四集团军前敌总指挥白崇禧率第十三军一部进驻北京,所部第十二军、第三十军、第三十六军仍在平汉路原驻地待命外,第一集团军由津浦回驻沧州、马厂一带;第二集团军由小站、武清、南苑之线,回驻静海、安次、霸县、固安、高阳之线;第三集团军除留傅作义部警备天津、商震所部拱卫京畿、徐永昌部驻防汉路外,其余作战出力各部队,概令返晋休养。是日,各线兵车分向指定地点进发。

　　△　阎锡山偕白崇禧由保定抵北京。当晚,阎发出两电,一呈国民党中央党部及国民政府,一通电各省,报告本日午刻到京,表示遵照中央旨意,辑睦邦交,安抚民众。

　　△　阎锡山自北京电蒋介石请取消辞意,以竟北伐全功。

　　△　内政部、外交部、司法部会拟《内地外国教会租用土地房屋暂行章程》,凡七条,呈请国民政府鉴核施行,是日国民政府批准予以备案。

　　△　直隶军事特派员、暂编第一军军长卢和生,以天津孙传芳、张宗昌、褚玉璞所部直鲁军解体,是日乘机占领大沽、塘沽、长芦、白河各港口要隘,并收复造船所、兵工厂,又截获敌舰数艘。敌海军司令沈鸿烈派舰攻击,激战数小时,终被卢军击退,即收降其他舰艇,并将散处天津附近之零星敌军收编5000余人,移送傅作义点收改编。

　　△　奉天省长刘尚清电国民政府,表示愿服从国民政府,悬青天白日旗,希望勿对东三省用兵。

　　6月12日　国民政府发表《对内施政方针》之通电,声称北伐完成后,政府将立即实行之事,约有五端:一、厉行法制;二、澄清吏治;三、肃清匪盗;四、蠲免苛税;五、裁减兵额。

　　△　国民政府任命张荫梧为北京警备司令,傅作义为天津警备司令。

　　△　国民政府外交部分别致电驻外各公使,令仍维持原职,并将使领馆国旗改悬青天白日满地红国旗。

　　△　阎锡山派员与张宗昌、褚玉璞之代表商定直鲁军和平退出天津之五项办法,第三集团军接收天津。张宗昌与褚玉璞所率之直鲁军退出天津,表示愿接受和平。阎锡山遵照国民政府和平接收天津之指示,派南桂馨为代表,与张、褚之代表贾济川、关麟书商定直鲁军退出天津之五项办法。是日,第三集团军接收天津,阎将五项办法电告军事委员会及蒋介石,并请令第一、第二集团军切实执行。该项办法为:"一、直鲁军为免蹈济南覆辙,不可在天津作战;二、自动退出天津,交晋军维持治安;三、自签字日起开始撤退,约定一星期完全撤完。但撤退时,无论何方,不许追击、抄袭及军事行动;四、如有违第三条者,晋负阻止之责;五、晋军未到时,由直鲁军留精炼一部维持,以地方民意团体主持之,此项军队撤退时,晋负保护之责。"并请令知第一、二集团军切勿追击、抄袭直鲁军。

　　△　冯玉祥电国民政府外交次长唐悦良条陈奉军鲍毓麟旅被缴械之经过及理由七项,其要项为:韩总指挥接国府允许使团担保鲍旅安全

之电令,已在该部缴械鲍旅武装之后,并非有意抗命;韩部既未奉到命令,自无坐视势穷力尽之敌人携械退却、遗患他日之理;此次鲍旅事件,纯系使团袒敌行为,北京政府向受使团卵翼,仰承鼻息,颐指气使,无所不用其极,弟昔居北京,身经目击,每为痛心疾首,此次革命军进至京、津,必须不亢不卑,力矫此弊。冯并望将所陈七条婉陈谭延闿及中枢诸公,斟酌答复使团。

△　日本陆军省发表公报,诬指张作霖被炸事件之制造者,"当系南方之便衣人员无疑"。

△　阎锡山委任徐源泉为第三集团军第十一军团总指挥。

△　李宗仁电谭延闿、蒋介石陈述对时局意见:一、对奉用政治手腕解决;二、军队收束,只重国防;三、政治力求建设;四、外交期达废旧约目的;五、党务整齐理论,统一意志;六、国民会议急事准备;七、党外不究既往,党内悉泯猜疑。最后主张俟各地建设粗具规模再集权中央。

△　阎锡山电国民政府及蒋介石,请速饬各部院派员北来接收北京各机关印信、文卷、图书。13 日,国民政府派国府委员周震鳞率同秘书杨熙绩等 14 人前往北京接收前总统府、国务院及各部院之各机关一切事务,并令杨熙绩为主任,禀承周震鳞妥为办理。

△　战地政务委员会主席蒋作宾抵北京,表示决在北京组直隶省政府、政务委员分会及市党部,原市党部指导员须经中央党部审定与任命。又谓战地政委会以彻底改革为惟一职志,至统一政权,则权待省政府成立即交代之。13 日,战地政委会移至北京办公。

△　财政部为裁撤麦厘,征收麦粉特税,缮具由部颁之《征收麦粉特税条例》15 条,呈请国民政府备案,是日国民政府批准备案。

△　张宗昌、褚玉璞率直鲁联军残部五万余人,自天津向芦台、宁河撤退。

△　直鲁残兵在天津骚扰,商民闭户,电车停驶。阎锡山据傅作义、南桂馨增兵要求,13 日派孙传芳旧部陆殿臣、何绍南两旅开抵天津与直鲁残兵激战,至 14 日,直鲁残兵不支,退向西郊外。15 日,第三集

团军第十五军第十四师一团兵力由北京赴天津协同维持治安。16 日，天津秩序恢复正常。

6 月 13 日　国民党中央政治会议第一四四次会议讨论蒋介石函辞中政会主席职务事，一致议决恳切尉留。

△　蒋介石请假一周回奉化原籍，是日偕宋美龄由下关乘"永丰"舰赴镇江。

△　国民政府据司法部呈请，下令军事委员会及各省政府，嗣后对于法院审判、检察及用人行政事务，概不得越权干涉，以维护司法独立。

△　国民政府内政部通令各省民政厅，切实查禁人口买卖。

△　蒋介石及军事委员会分别致电阎锡山，同意与直鲁军商订之五项和平办法，惟撤退宜缩短为三日，务使依限退出关外。

△　阎锡山以战地政务委员会已全部到达北京，是日电国民政府："此后所有北京及直隶地方一切政务，均交由该会主持办理。"

△　阎锡山访晤英、美、法、日、意、荷、德七公使，表示保护外侨，责无旁贷，至于政治，则由战地政委会主持，将来交北平政治分会。

△　冯玉祥电第二集团军各将领追悼南口阵亡将士，略谓：十五年（1926）之役，张作霖、吴佩孚两逆，倾巢合犯我军，我军拼命博战，自 4 月 15 日至 8 月 20 日，固守南口凡四个月之久，阵亡官兵，凡万余众，迄未安葬，每念及此，无限痛心。兹着由各军派领袖一员，各军、师、旅、团、营各部派长官一员，每营派官长一员，目兵一员，即日前来郑州集合，统限于本月 25 日到齐，以便前往南口追悼。

△　冯玉祥电国民政府恳请明令慰留蒋介石，并再电蒋介石请继续指挥各军肃清关内外残敌，以竟全功。14 日，广州李济深、陈铭枢、徐景唐、陈济棠亦联名通电慰留蒋介石。

△　冯玉祥令所部退离北京 100 里。是日，刘镇华部离通州移防固安，韩复榘部由南苑移驻新城。

6 月 14 日　国民党中常会第一四六次会议议决推蒋介石赴北平祭告总理之灵，兼视察一切。同日，中央党部将此决议电告蒋介石。16

日,蒋电复表示遵命北上考察,提议于五次全会以前将总理灵柩迁至南京安葬。

△ 蒋介石、宋美龄一行游览扬州名胜,16 日由镇江赴常州。

△ 国民政府发出指令三项:一、蒋介石呈请辞国民革命军总司令职,未便照准;二、海军总司令杨树庄以病呈请开除本兼各职,碍难照准;三、薛笃弼呈请开去内政部长,应无庸议。

△ 国民政府以北京克复,全国政务业已统一,前由南北两邮政总局会订公同管理全国邮政事务条款,自应取消,是日令裁并北京邮局总局,所有全国邮务,均由南京邮政总局管理。

6 月 15 日 国民政府发表对外宣言,略谓:现在军事时期将告终结,国民政府正从事整顿与建设,谋求完成建设新国家之目的,国民政府对外之关系,自应另辟一新纪元。望各友邦充分谅解,表同情于中国新国家之建设,解除中国 80 余年来所受不平等条约之束缚,遵正当之手续另订新约。

△ 国民政府财政部长宋子文发出通电,宣布 7 月 1 日在南京召开全国财政会议,要求中央和地方主管财政机关派出全权代表,参加会议,共商全国统一后之财政大计。会议应讨论事项为:地价税之推行;兵工政策之实现;各界对国家之负担;直接间接税收之取舍;内债外债之整理,国地税之划分;预算之确立;裁厘之实现;财政之统一。

△ 国民政府内政部通令各省民政厅保护女权,以重人道,其大要为:一、取缔娼妓;二、禁蓄婢女;三、严办诱拐;四、严禁溺女。20 日又通令各省政府取缔一切伤风败俗以及其他迷信神权之商标图画,改为爱国明耻、劝勤崇俭、有益社会人心之图画文字。

△ 第三集团军李生达军第十四师抵天津,负责维持天津治安。

△ 河北三河、宝坻方面孙传芳部派马宝珩为代表,至北京向阎锡山接洽投诚。是日达成协议,阎将该军编成四个军,任郑俊彦为第三集团军第五军团总指挥,李宝章为副指挥。

6 月 16 日 蒋介石为纪念孙中山广州蒙难六周年,通电全国同胞,宣扬"三民主义救国"论。声称:三民主义"为今日唯一救国之主义,吾人欲求中国之不亡,惟有以三民主义为中心,统一国民之思想"。"自今纪念之日起,愿吾国人之思想统一于三民主义之中,以完成国民革命"。

△　新疆督办杨增新通电易帜,宣布"新疆各界服从国民政府,奉行三民主义;并改组新疆省政府,一律悬挂青天白日旗,以后新疆一切善后事宜,均禀承国民政府办理,以归统一"。

△　驻华日使芳泽电日本外务大臣田中,报告张作霖生死不明,日本对其继任者和东三省的未来,应当作好周密考虑。关于张作霖的继任者,不论是张作相或张学良,"南方势力早晚必定到达东三省",而南方的政策,"是和日本的特殊地位及其优越势力相冲突的","因此,我方必须事先研究好对付办法。而当前必须加以考虑的是,修筑满蒙新铁路问题"。建议先解决最急需的吉会、长大两铁路,探询合同签约人赵镇的意见,如不表同意,"就必须排除官民的反对,用实力把铁路修筑进行到底"。

△　奉天日军一万几千人在城南洋河沿岸举行大规模野外操演,归途高唱"南满是我们的家乡",恣意挑衅。同日,青岛日军第三师团长安满在青岛举行大规模阅兵式,并游行"示威"。

6月17日　蒋介石由镇江抵南京。同日,蒋电国民党中央训练部部长丁惟汾,恳请打消辞意,即日回京主持党务。

△　何成濬自天津致蒋介石两电,其一曰:"张作霖确已死,杨宇霆、张学良、孙传芳皆在滦州,职即往北京同于涛(济)川邀(商)办法";其二曰:"徐源泉应天津各界之请,更易旗帜,维持地方治安,(张宗昌)率残部退芦台,着委徐(源泉)为第十一军团总指挥,徐已就职,现津警备司令傅作义与徐颇相联,徐以(此)加入革命范围,于军事外交前途关系甚大,如有电到京,祈即复电嘉慰,并加以任命。"旋蒋介石批示:电奖徐源泉。

△　阎锡山偕北京国民党党、军、政代表前往西山碧云寺公祭总理

灵寝。军务代表包括方本仁、朱绶光等,政务代表为蒋作宾、仇鳌等,党
务代表由梁子清率部分党员参加。阎锡山、蒋作宾、梁子清联合主祭。
同日,阎、蒋会衔电中央党部与国民政府报告奠祭经过。

△ 阎锡山派于珍、邢士廉赴奉天劝导张学良服从国民政府,以政
治方法解决东三省问题。

6 月 18 日 国民党中常会第一四七次会议议决,派蒋介石赴北京
为祭告总理代表;移灵南京事,由蒋到北京后斟酌决定;通过《全国代表
大会组织法》。

△ 国民政府特派接收北京市机关代表周震鳞抵北京,当即晤阎
锡山,转达国府对京、津意见。次日,周对记者谈称,国民政府同奉方久
有接洽,不自今日始。现张作霖已亡,障碍已除,此次于珍、邢士廉回奉
以后,必有相当之结果,并表示政府此后对关外奉军当用政治解决,绝
对不至用兵。

△ 国民政府特派易培基前往北京接收故宫博物院。同日,任命
张继、白云梯、刘朴忱、罗桑囊嘉、格桑泽仁、陈继淹、李凤岗为蒙藏委员
会委员,指定张继、白云梯、刘朴忱为常务委员。

△ 国民政府特派工商部长孔祥熙驰赴北京祭告总理灵。

△ 国民政府公布《奖励工业品暂行条例》,凡 21 条。

△ 国民政府准免交通部直辖第一交通大学校长蔡元培兼职,任
命王伯群兼交通部直辖第一交通大学校长。

△ 中国共产党第六次全国代表大会在莫斯科举行,出席正式代
表 84 人,候补代表 34 人。瞿秋白、李立三、向忠发、张国焘、周恩来为
大会主席。布哈林报告《世界革命形势与中共的任务》,瞿秋白作政治
报告,周恩来作军事报告。大会指出"中国革命在现阶段的性质,是资
产阶级民主革命",当前的政治形势,是处在两个高潮之间,党的任务不
是进攻,而是争取群众,准备暴动。大会提出了反对帝国主义、封建主
义,实行土地革命,实现工农民主专政的十大纲领。

△ 天津恒源纱厂职工 2000 名,要求增加工资,举行罢工。

6月19日　国民政府准免国立中华大学校长蔡元培兼职,任命李石曾为国立中华大学校长。

△　阎锡山电蒋介石称,东三省情况复杂,务恳早日北上处置。

△　阎锡山电国民政府,以天津直鲁残军数近十万,请中央迅派大员北来办理收束事宜。

△　宋哲元亲率孙连仲、魏凤楼、田金凯三师分三路进攻渭华起义之西北工农革命军。革命军与赤卫队分路御敌,中路战斗尤为激烈,刘志丹、唐澍指挥革命军两个大队和宋哲元一个师激战竟日。当晚,革命军自东西两线分别从涧峪、箭峪撤退到洛南西岔河集中。旋宋军占领高塘。

6月20日　周震鳞自北京电蒋介石、张静江,报告日本意在夺取满蒙,对奉宜用和平解决。略谓:"惟倭奴志在夺取满蒙,故在榆关阻奉后退,若我军再进,无异为日本作前驱,百公(百川,阎锡山字)深虑及此,故极主张怀柔,纯用和平解决,万望布告焕章(冯玉祥字)、剑生(即健生,白崇禧字)、德邻(李宗仁字)诸兄,务宜同此主张,隐消外侮,以保国疆。"

△　张学良通电就任奉天军务督办,并发表《致奉省各县父老宣言》,宣布:一、停止一切军事行动,决不轻言战事;二、讲求外交亲睦,与友邦共存共荣;三、整饬戎政,厉行兵农政策;四、提倡实业,改革政治;五、一切制度规章,归于公决。

△　全国经济会议在上海开幕,到会委员61人,宋子文主席。讨论事项:一、整理财政,统一币制,巩固金融;二、巩固国内外公债信用;三、改革税收。会议分金融、国债、税务、贸易、国用五股进行讨论,为期10日。

△　阎锡山致电中央呈述时局意见:"(一)首宜召集各方革命领袖,开军缩会议,限定兵额,分期裁减;其裁余之军队,务宜军权集中,统一训练,免蹈前此军阀之覆辙。(二)财政亟宜统一,应按各省需要,适当分配,以期财用适当。(三)交通亟宜统一,以利运输,而维路政。"

　　△　《奔流》月刊在上海创刊。由语丝社鲁迅、郁达夫、林语堂合办，鲁迅主编。至次年 8 月，第二卷出至五期时（第一卷出十期）停刊。

6 月 21 日　国民党中央政治会议第一五四次会议决议：一、直隶省改名河北省；二、旧京兆区各县并入河北省；三、北京改名北平；四、北平、天津为特别市。28 日，国民政府训令直辖各机关知照。

　　△　奉天省长公署正式公布张作霖于是日下午逝世。按：张作霖死于本月 4 日，奉方为稳定政局，秘不发丧，直至张学良归奉就任奉天督办后，才于是日公布死耗。

　　△　东三省省议会联合会举张作相为东三省保安总司令兼吉林省司令，张学良、万福麟分别担任奉天、黑龙江两省司令。张作相坚辞。

　　△　国民政府据蒋介石呈称，中央银行发行小洋辅币，两月以来，军民称便，乃近闻各征收机关仍有拒用情事，致民众发生疑虑，奸人乘机造谣，辅币信用为之锐减，驯至南京兑换分所酿成挤兑风潮，是日训令交通、财政部及江苏省、南京特别市政府转饬所属一体遵照使用小洋辅币。

　　△　商震抵天津，当即在警备司令部开会，讨论办理天津军事善后事宜，傅作义、徐源泉、温寿泉、南桂馨、李生达、陈长捷等出席，议决第一步点验白河以南各部驻军，第二步点验完竣，递遗防务即由第三集团军第十四师、第十五师、第九师担任；又决议请总商会银行工会借 30 万元作结束军事之费，各军给养暂请商会垫办。韩家墅、军粮城、小站、马厂为新编军队驻扎地点。

　　△　大连经奉天达朝鲜汉城之国际长途电话开始通话，系日人所架设。

6 月 22 日　湘赣两省军队共 10 个团，由湘军吴尚、赣军杨如轩、杨池生率领向井冈山根据地中心宁冈分进合击。中国工农红军第四军军长朱德率领第二十九团和第三十一团一营，直奔新七溪岭，多次打退国军进攻，全歼一个团，击溃两个团，缴枪千余支，粉碎湘赣军队向井冈山发动的第一次大"会剿"，取得创建井冈山根据地以来最大的一次胜利。

　△　直鲁军胶东防御总司令刘志陆与其部下顾震以方永昌违抗命令,通敌有据,是日在昌邑会议将方部旅长石驻华扣留,旋于次日将方部缴械,得步枪 3000 余支,方残部逃奔掖县。

6 月 23 日　冯玉祥电军事委员会告病假 10 日,赴百泉静养。

　△　张学良在沈阳召开东三省军民联合会议讨论恢复保安总司令及易帜等问题,张作相、于珍、邢士廉等均出席,27 日会议结束。议决仍用保安总司令名义,推举张作相为东三省保安总司令兼吉林保安总司令。张作相辞不允就,且举张学良自代;东三省不改易旗帜,并令前线主力奉军坚守山海关一带阵地。

　△　美国务卿凯洛格就中国关税自主问题训令驻华公使马瑞慕通知中国政府:"美国已准备同意将所有中美两国在此之前所签订及有效的各条约中,有关在华货物进出口的关税、退税、吨位税等的税率,自 1929 年 1 月 1 日或新条约生效后的四个月之后,依何者在后为期之日作废无效;此款(约)同意在中美两国任何一方,将可在对方领土内,在上述事项及有关事项方面,享有与其他任何国家相比较,不被歧视的情形下,完全的本国关税自主的原则,即可适用。"

6 月 24 日　国民政府委员会第七十四次会议通过设立裁兵委员会及津关二五库券条例等项议案。

　△　蒋介石呈请国民政府设立裁兵委员会,办理裁兵事宜,一面设置生产机关,分途接纳被裁士兵,从事筑路、治河、开矿、造林、垦荒等事;并拟请由财政部发行军务善后公债,解决裁兵所需经费问题。

　△　蒋介石通令取消战时所委之"游击司令"、"迫进司令"等名义,并一律缴械遣散;待后如仍有假借此次名义,召集不逞之徒为害地方者,严惩不贷。

　△　阎锡山电国民政府称天津饿军麋集,数逾 10 万,需款万分急迫,请先筹拨 1 月份供养 120 万元。

　△　第三集团军傅存怀骑兵第七师进占多伦,察哈尔省军事结束。

6 月 25 日　国民党中常会第一四九次会议通过《经济设计委员会

组织条例》、《中国国民党区分部执行委员会组织条例》、《区党部划分办法》;议决五次全体会议预备案(如依照建国大纲规定实施方案、决定国防计划案及结束军事整顿军队案、统一财政案)等12项议案,分别交军事委员会等有关方面起草。

△　国民党中央政治会议临时会议议决任命李石曾、阎锡山、冯玉祥、张继、刘守中、王法勤、鹿钟麟、赵戴文、蒋作宾、白崇禧、马福祥、陈调元、李宗侗为北平临时政治分会委员,以李石曾为主席,李未到任前由阎锡山代理;通过北平、天津两特别市市长及河北省政府主席委员人选之决议案。

△　财政部、内政部会同拟定《勘报灾歉条例》,凡15条,其中规定:“各地遇有水旱风雹虫伤诸灾及其他项灾伤,应行查勘蠲缓钱粮者,悉依本条例办理。”是日,国民政府指令以部令公布。

△　日首相田中于是日至次日两次电令驻奉天总领事林久治郎,警告张学良不得和南京国民政府妥协。

△　渭华起义失败。20日,宋哲元率部续攻渭华革命军。该部西路军向塔山附近的清明山、凤凰山进攻,中路和东路猛攻退至箭峪口、牛峪口、涧峪口一带的革命军,战斗十分激烈。许权中指挥西线革命军在箭峪口同宋部一个团激战数小时,开展肉搏战,多次打退宋军进攻。当晚许权中率队撤退,次日抵西岔河。东线革命军在刘志丹、唐澍率领下,分由东西涧峪进山,22日相继抵西岔河。西北工农革命军余部仅存三四百人,渭华起义失败。

6 月 26 日　国民政府任命何其巩为北平特别市市长,南桂馨为天津特别市市长。

△　国民政府任命商震、韩复榘、徐永昌、段宗林、朱绶光、丁春膏、沈尹默、孙奂仑、李鸿文、温寿泉、严智怡为河北省府委员,并指定商震为省府主席,孙、李、温、严分兼民、财、建、教各厅厅长。

△　国民政府会议通过蒋介石提议“设立裁兵善后委员会协调各部及建设委员会办理裁兵事宜案”。

△　蒋介石遵照国民政府命令,偕吴敬恒、张静江、邵力子、陈绍宽、周佛海、陈立夫、张群、刘纪文等人由南京启程北上,28 日抵武汉。29 日晚,蒋介石与李宗仁离汉北上,7 月 1 日清晨抵郑州,冯玉祥前往欢迎。7 月 3 日抵长辛店,蒋与李偕阎锡山抵北平。

△　江西弋阳红军方志敏率部 40 余人击溃弋阳靖卫团,方部改称江西红军独立第五团。9 月,方部攻下横峰县城。

6 月 27 日　国民党中央政治会议第一四六次会议议决:一、撤销战地政务委员会;二、修正通过《土地收用法》;三、指定李济深为广东省政府主席。

△　国民政府公布《财政部津海关二五附税国库券条例》,规定库券发行总额为 900 万元,月息八厘,自十七年(1928)10 月起每月月底还本三十分之一,至二十年(1931)3 月底本息如数偿清。

△　国民政府派钱永铭、虞洽卿、陈行、宋子文、孔祥熙等 13 人为国货银行筹备委员。

△　国民政府据国民党中央党部函开,分电阎锡山、战地政务委员会令会同北平特别市党部严密审查张作霖时代之被捕党员,确系本党忠实同志应即释放,其有共产嫌疑者仍押候审判。

△　内政部制定《禁止未成年者吸烟饮酒规则》,凡六条,其中规定:凡年龄未满 20 岁之男女一律禁吸纸烟并禁饮酒,违者处五元以下罚金。如知未成年即以烟或酒及烟具、酒具卖与者,处 20 元以下之罚金。是日,国民政府指令准以部令公布。

△　东三省军民联合会通电推举张作相为东三省保安总司令。

△　孙传芳军郑俊彦部投诚第三集团军后,于 19 日开赴怀柔改编,是日郑抵北平谒阎锡山请饷。阎谓晋军尚未得中央分毫,晋省库战事中亏 2300 万,非俟蒋(介石)到,给养无办法。

△　张宗昌率残部万余人,拟经滦州冷口出关,奉军不允,致起冲突,张仍退回唐山。

△　天津警备司令傅作义下令,凡未经承认之军事机关,限于 10

小时内撤销,如仍有存在者,当即查封逮捕。

△ 蒋介石电令邓锡侯、刘文辉、田颂尧等人继续讨杨(森),重申讨杨乃政府明令,无论何军,冀其服从。又电罗泽洲,停止军事行动,谓倘若附逆,法令所在,决不宽恕。

△ 杨森在万县自行宣布恢复第二十军军长职,旋电蒋介石,要求"派公正人员来川明察是非"。

6 月 28 日 国民党中常会第一五〇次会议以北伐完成,军事结束,议决禁止招募新兵;修正通过《政治设计委员会组织法条例》。

△ 国民政府任命李济深、陈铭枢、徐景唐、冯祝万、刘栽甫、伍观淇、许崇清、吴铁城、李禄超、朱兆莘、马超俊、黄节为广东省政府委员,指定李济深为主席,刘、冯、马、黄分兼民、财、建、教各厅厅长。

△ 国民党广东党务指导委员会电告中央执行委员会,谓华侨协会提议中央召胡汉民、孙科、李石曾、伍朝枢、许崇智、邹鲁、萧佛成等回国共负党国责任,并建议建都南京。

△ 全国经济会议举行第三次大会,通过提请政府裁兵、统一财政、改革税收、保护关税、整理交通及公债等案。

△ 徐州各界五万人举行庆祝克复北平大会,通过四案:一、请中央于最短时期完成统一中国;二、请军委会实行裁兵;三、请国府永定都南京;四、实行提倡国货,拒用仇货。

△ 徐源泉第十一军团奉命全部离津,集中蓟县。徐电阎锡山、蒋作宾等辞职,并请发给养。阎复电慰留。

△ 马衡等五人奉国民政府令接收清史馆。按:清史馆于 1914 年 3 月 9 日经袁世凯明令设立。

6 月 29 日 国民政府委员会决议:公布《市及特别市组织法》;决定河北省政府设于保定;通过《津关库券保护条例》;《刑法》草案展期两月施行。

△ 国民政府公布《修正特种刑事临时法庭组织条例》。

△ 国民政府训令直辖各机关:所有京内外各行政机关俸给自 8

月 1 日起概照原数支给。

　　△　国民政府训令财政部拨款 50 万元(除前据冯玉祥电请河工费已拨 10 万元外,应再拨 40 万元),抢修鲁、直、豫三省之黄河工程。

　　△　蒋介石以北伐已告一段落,电令李济深转饬所属停止招兵。

　　△　蒋介石自汉口致电整理中兴煤矿委员会主任俞飞鹏称,中兴之款如 30 日前不付清,是军阀奸商朋比抵抗,着即用总司令名义,公布将该矿完全充公,"并由兄组织委员会监理接办"。30 日,俞飞鹏将蒋艳(29 日)电内容转达中兴公司,并通知该公司将遵令着手筹备接收手续,定期交接。

　　△　全国经济会议举行第四次大会,通过请求裁兵通电及停止招兵通电,并以经济会议名义组织全国裁兵协会。裁兵通电提出裁兵总案,其大要为:一、军额全国留 50 师,每师一万人;二、军费全年总额 1.92 亿元,占全国收入三分之二;三、裁兵机关,中央设全国兵工建设委员会,各省设分会。

　　6 月 30 日　国民政府以平、津收复已久,军事告终,河北省政府及北平、天津特别市政府委员、市长亦已次第任命,是日明令取消战地政务委员会。

　　△　国民政府据内政部呈报议定江苏省政府与上海特别市政府划分治权办法,是日指令该省、市政府依期实行。

　　△　新疆省政府成立。新疆督办署改新疆总司令部,杨增新就省长兼总司令职。7 月 5 日,国民政府、军委会电杨增新嘉奖,至是西北"统一"。

　　△　国民政府据甘肃省呈请将白马关改设县治,定名为永康县,是日指令照办,并训令内政部知照。

　　△　全国经济会议闭幕,通过有关决议案,组织裁兵促成会筹备委员会,选举虞洽卿、杨杏佛、刘纪文、冯少山、张嘉璈、贝淞荪、徐新六等 25 人为常务委员,宋子文在闭幕式发表演说,声明代表国民政府接受大会通过之各项建设提案。

△　全国经济会议发出请从速统一全国财政之通电,略谓从前军阀拥兵割据,破坏财政统一。国民革命完成统一,凡百建设,首在财政。故统一财政,履行预算与实行裁兵,自应并重。现经本会议全体决定,认为财政统一、实行全国预算为当务之急,所望财政当局及各省长官共同进行。

△　第一集团军各军、师长以上军官在南京军委会开会,讨论缩编事宜。7 月 1 日继续开会,通过《缩减第一集团军案》,要求全部缩减为 15 个师,每师不超过 1.5 万人。第一期从第一、第九、第三十三、第十七军开始,限 7 月底完成。最终缩编成 10 师。师长内定刘峙、顾祝同、熊式辉、朱培德、钱大钧、蒋鼎文、缪培南、陈焯、方振武、陈调元。

△　第四集团军前敌总指挥白崇禧率参观团 120 人到达太原。

△　中日《洮昂材料煤价短期借款合同》由洮昂铁路工程局局长许文国、南满铁道株式会社社长山本条太郎在沈阳签字。借款日金 82.877 万元,自民十七年 7 月 1 日起三年为期。

7　月

7 月 1 日　全国财政会议在南京开幕。宋子文主席并致词,要点有统一财政,分配平均,确立预算,划分国地税。下午举行第一次大会,提案共有《整理财政大纲案》《筹备关税自主案》等 53 件。

△　张学良致电北平蒋介石、冯玉祥、阎锡山及南京谭延闿、李烈钧等,表示"决无妨害统一之意",已令前方军队从事撤退,"所盼当局诸公,以国家大事为前提,同时收束军事",并"速开国民会议,解决目前一切重要问题"。

△　凌晨,蒋介石偕李宗仁乘火车抵郑州,冯玉祥扶病亲往迎接。省市团体在车站集会欢迎。蒋介石致词,称:"打倒军阀告一段落,此后国民须一致努力废除不平等条约。"次晨,蒋、李抵石家庄,阎锡山派方本仁等迎候。

△ 国民政府于上月 25 日特派第二十四军军长刘文辉为川康边防总指挥,刘通电宣布于是日就职。

△ 平津卫戍总司令部应北平新闻界请,下令停止检查新闻,恢复言论自由。

△ 国民政府审计院正式成立。

△ 军事委员会通令各军于是日起停止招兵。

△ 外交部长王正廷照会意驻华公使华蕾,1866 年 10 月 26 日中意商约已于本年 6 月 30 日期满,应即取消,并提议两国立即互派代表,根据平等及互相尊重主权订立新约。

△ 天津举行"庆祝北伐胜利欢迎蒋总司令大会",到 300 余团体 10 万人,蒋介石派邵力子为代表参加大会并演讲。大会通过要求国民政府以武力彻底肃清关内外残余军阀及废除一切不平等条约等 21 项提案。

△ 鲍毓麟旅 300 人携带武器过津,由北平宪兵护送至塘沽,乘船于 6 日返抵沈阳。

7 月 2 日 国民政府公布《国民政府财政部善后短期公债条例》,定额 4000 万元,为完成统一全国之用,利息八厘,至民国二十二年(1933)6 月底全数偿清。同日并公布《津海关二五附税国库券保管基金条例》。

△ 军事委员会常务委员何应钦在国民党中央党部纪念周上报告缩减军备问题,说明全国有 84 个军,272 个师,220 万人以上,全年军费 7.2 亿元,全国收入仅四亿,相差三亿余元,军委会希望缩减为 70 至 80 个师,军费减至全国收入的 60％。

△ 国民政府委员宋渊源自南京电蒋介石报告祁暄到奉晤张学良谈易帜事。略谓:"汉卿对三民主义不但无反对之意,且其赞同,惟因对外则有某方(按:'某方'系指日本)窥伺,对内则新遭大故,变更太骤,虑生枝节。但须经过一重正式手续,全国一致解决,无妨碍统一之意。"

△ 张学良电北平何成濬报告派前省长王树翰、司令邢士廉、总监

米春霖、参谋徐祖贻为正式代表,现正候船出发,请知会京、津军警加以保护。

7月3日 蒋介石偕李宗仁抵北平。凌晨,阎锡山在长辛店迎接,与蒋同车赴平。下午1时,蒋介石往碧云寺谒总理灵柩,并在碧云寺对日本东方社记者谈话,谓中国目下第一重要问题,对内为裁兵与财政统一,对外为改订一切不平等条约。又谓东三省问题务希和平解决,深望日本国民予以公正之援助。

△ 国民政府电奉军将领提出处理东三省三原则:一、以政治手腕为三省人民谋福利;二、对三省新旧派兼容并顾;三、以公正办法处理三省政务、军事。

△ 国民政府公布《特别市组织法》《市组织法》。

△ 国民政府训令直辖各机关严禁在职人员狎妓、赌博、酗酒及吸食鸦片。

△ 汪精卫电国民党中央五次全体会议,声明道远时迫,不及列席全会,并提出三点意见:一、捐弃个人地位观念及区域观念,以求中央组织之巩固,政治始能稳定;二、指导民众应以整个的民族利益为前提,痛除阶级间嫌恨之习;三、训政时期,对于党外言论应许其自由发挥,以表现人民之要求,以养成民权之基础。

△ 广东新任省府委员吴铁诚、许崇清、徐景棠、马超俊、李禄超、刘栽甫等就职,广东省府改组。省府主席李济深因乘轮赴沪,以李文范代政治分会主席,冯祝万代粤省主席,邓世增代第八路总指挥,梁漱溟代建设委员会主席。

△ 上月底以来,山海关附近之奉系吉军主力开始撤退,依铁路运送者达一万名,是日全部撤退关外。

△ 中国测地协会在南京开成立大会,出席大会300余人,除川、陕、疆外,15个省皆派代表与会。

7月4日 张学良在沈阳就东三省保安总司令职。东三省联合省议会初推张作相为东三省保安总司令兼奉天保安司令,张辞不就,故改推张学良继任。

　　△　阎锡山电请蒋介石派员接收平、津收编之直鲁军和浙、苏、闽、赣、皖五省联军残部。6日,蒋介石电复阎锡山,指示所有平、津收编军队统由国民革命军总司令部直接管理和调遣,望"随时襄助,以竟全功"。

　　△　河北省政府在天津成立,省府主席商震及各委员徐永昌、段宗林、朱绶光、沈尹默、孙奂仑、温寿泉、严智怡宣誓就职。

　　△　清东陵发生盗掘案。奉军出关后,直鲁残军孙殿英第十四军谭温江师驻东陵。孙殿英亦至。当地土豪高寿光等告以康熙、乾隆、慈禧遗榇均在地宫,殡物甚多,概属宝贵之品,设法挖掘,可以致富。孙遂与谭等密议掘陵办法。是日,孙集所部工兵训话,谓昨夕梦见七世祖本端公,泣告生前为顺治帝惨杀,迅为掘陵雪仇。言下作种种惨状,大哭不止。各工兵皆大愤,请立掘坟。旋出布告,佯称试演迫击炮,军民人等,为安全起见,在陵周围一里以内,禁止通行。5日用炸药轰炸地宫,将裕陵(乾隆)、定东陵(慈禧)墓内殡葬珍宝翠玉,价值一万万以上,盗掘一空,历七昼夜。

　　7月5日　国民党中常会第一五二次会议议决追认民国《刑法》展期两月,由原定之7月1日展至9月1日施行案;通过停止新闻检查案。

　　△　国民党中央执行委员会指示国民政府,查禁《灯塔》周刊。

　　△　蒋介石电冯玉祥、阎锡山、李宗仁,主张裁兵救国,称:"今日非裁兵无以救国,非厉行军政财政之统一无以裁兵",要求与全国人士切实合作裁兵。

　　△　蒋介石电上海全国经济会议常务委员会,赞同该会议来电所提裁兵及统一财政之主张,表示"当与各同志一致努力,决不稍存私意以负人民责望之殷",并望早日将裁兵公债办妥,以促进行。

　　△　蒋介石就安福系在天津、大连假托段祺瑞名义进行反革命活动致函警告段祺瑞"爱惜令名,善用勋望,以图革命之基,而奠共和之

实"，"勿为奸邪宵小所误"。10 日，段复函蒋称，津、连妨碍革命之举，绝非所闻，亦非所乐闻。

△　蒋介石下令没收中兴煤矿公司。第一集团军克复枣庄后，战地政委会委俞飞鹏为整理该矿委员会主任，与该公司议定，由公司报效军饷百万，未能实现。蒋介石以该公司希图阻挠军饷为由，遂于是日下令将该公司所有财产一律充公，并责成俞飞鹏负责接收。

△　冯玉祥自保定致电国民党中央，提出收拾时局六项意见：一、统一军政，取消各集团军总司令、各方面军、各军团总指挥名义，以军或师为军制最高单位。二、组织裁兵委员会，规定裁兵条例应为枪械不全者裁，老弱不堪者裁，纪律不佳者裁，而不按比例裁。裁兵前严禁招兵及收编敌军残部补充实力。三、打破地方割据恶习，统一财政、政权，政治方面以党治国，不可以党员治国，经济方面确定预算，公开用途，平均支配。四、对外方针应不亢不卑，废除不平等条约，不可逆来顺受，忍辱负重，一味退缩。五、整理党务，统一意志。六、今后地方政治设施应蠲除苛捐杂税，清乡剿匪，振兴水利，提倡职业教育。

△　红军朱德部 4 日由宁冈、永新向遂川转移，是日湘军程泽润、熊震部攻陷宁冈，10 日陷永新。

△　杭州之江大学美籍主办人坚持设宗教科，校董不同意，是日开特别会议议决停办。

7 月 6 日　蒋介石、冯玉祥、阎锡山、李宗仁在北平香山碧云寺总理灵前举行北伐完成祭告典礼。上午 7 时，蒋、阎、李及中央党部代表吴敬恒、政府委员周震鳞、各集团军总指挥白崇禧等，以及北平特别市市长何成濬、北平政治分会、工商学界代表数百人参加。冯玉祥自保定抵平赴碧云寺参加大祭，蒋介石主祭，冯、阎、李襄祭。商震宣读国民党中央执行委员会祭文及蒋介石祭文。蒋氏祭文回顾总理永诀三年间，党之基础濒于危亡者五次，革命势力几于倾覆者凡十五次；继以八事告总理，其中攻击共产党"破坏革命，加害民生"，认为"清共绝俄"政策之变更，"无背于总理之遗教"；并谓"值此更始之际……且以裁兵促全国庶政入于正轨,此实千载一时之良机……誓以全力赞促武装同志,务底于成"。

△　蒋介石同冯玉祥、阎锡山、李宗仁、张群等开会讨论裁兵问题。蒋提出国防兵工意见书,冯表赞同,阎、李均主提交国民党五中全会。

△　国民党中央党部、中央政治会议、国民政府委员会联席会议,决定以外交部名义发表宣言取消不平等条约。

△　国民政府委员会第七十七次会议议决外交部呈送重订条约宣言及旧约已到期新约未缔结前之临时办法案,送中央政治会议核议;内政部长提议特区应改省制,并拟以绥远改称绥远省,热河改称热河省,察哈尔改为集宁省,以旧直隶口北道10县划入集宁省范围,及热、绥、集三省省会设置案,交中央政治会议讨论;杨增新来电请委金校江等八名新疆省府委员案,送中央政治会议核议。

△　国民党北平政治分会成立,委员阎锡山、陈调元、马福祥、蒋作宾、刘守中、鹿钟麟、白崇禧宣誓就职,冯玉祥不就委员职,未到。中央党部代表吴敬恒、中央政治会议主席蒋介石到会并分别致训词。

△　国民党四川省党务指导委员会在成都成立。

△　战地政务委员会主席蒋作宾及委员罗家伦等以北伐告成,军事大定,北平政治分会及河北、天津省、市政府均先后成立,是日联名通电宣布解职。

△　江苏省政府通电赞同全国经济会议上月30日之统一财政电,主张首先划分中央与地方之各项税款,然后确定预算,依照百分之率,斟酌缓急,支配平均。

△　交通部长王伯群招待新闻界,提出整理交通事业政策,其要旨为:一、统一事权,凡路、电、邮、航四政,任何重要机关,不得任意支配;二、会计独立;三、减轻电费及路费负担;四、保护商旅;五、罗致人才;六、组织财务、购料、法规各委员会,制定法令,以资遵守。

7月7日　外交部发表宣言,宣布废除一切不平等条约,重订新约。略谓:"国民政府为适合现代形势,增进国际友谊及幸福起见,对于一切不平等条约之废除,及双方平等互惠主权新约之重订,久已视为当务之急,此种意志,迭经宣言在案。现在统一告成,国民政府对于上述意旨,应即力求贯彻。除继续依法保护在华外侨生命财产外,对于一切不平等条约,特作如下宣言:一,中华民国与各国间条约已届期满者,当然废除另订新约;二,其尚未期满者,国民政府应即以正当之手续解除而重订之;三,其旧约业已期满而新约尚未订定者,应由国民政府另订适当临时办法,处理一切。"

△ 张学良所派代表王树翰、邢士廉、米春霖、徐祖贻到天津。9日,蒋介石派张品哲赴津邀奉方代表到平。10日晨,张品哲访王树翰等,表示和平解决东三省问题,决不诉诸武力,旋即同赴北平。

△ 新疆政变。省府主席杨增新出席迪化俄文专修学校毕业典礼,正颁发文凭时,为交涉员兼军事厅长樊耀南狙击毙命。旋樊占据省府自称省长兼总司令。是晚,民政厅长金树仁率部捕樊及同谋者21名,并将樊处决。9日,各界公举金就任新疆省府主席兼总司令。

△ 何应钦电蒋介石、冯玉祥、阎锡山、李宗仁陈述裁兵方案,并谓:"倘诸公一致主张,举国谁不服从。治乱之源,存亡之键,胥决于此。"该方案分甲、乙两案,甲案将各集团军及广东军队共缩编为40师,每师1.5万人;乙案为60师,第一期每师1.5万人,第二期每师减为一万人。

△ 冯玉祥、阎锡山分别电令所部严禁招兵,并令各县通告民众"如发现招兵情事,准其告发,决拘留严究"。

△ 北京各界在天安门前举行北伐胜利祝捷大会,到200余团体,10余万人,阎锡山、李宗仁、何成濬、何其巩等出席,蒋介石派邵力子为代表参加。吴敬恒、鹿钟麟、商震等发表演说,通过取消苛捐恶税及废除不平等条约等17项决议。

△ 长沙10万人开庆祝北伐胜利大会,各县同时举行庆祝活动。同日,横滨华侨集会庆祝北伐胜利。

△ 吉林省教育界张德懋等上书张学良,要求改旗易帜,以救危亡。

△　上海国货运动大会开幕，至 13 日闭幕。

7 月 8 日　下午，阎锡山在北平外交大楼宴蒋介石、冯玉祥、李宗仁、白崇禧等，军政重要人员 120 余名出席。蒋、冯发表演说。蒋谓北伐告成，诸同志相聚一堂，无任欢慰。冯则表示"不平等条约尚未废除，旧军阀残余尚未完全消灭，各军裁兵未见实行，余不胜悲痛"。

△　滦州奉军第三、第四方面军向山海关总撤退，山海关、滦州之间七县由张宗昌部接防。15 日，第三、四方面军全部退集锦州。

△　外交部照会丹麦驻华公使高福曼，1863 年 7 月 13 日中丹《友好通商航行条约》已届期满，应即废止，提议两国各派全权代表，另缔新约。

△　北平蒙古代表团电国民党中央党部、国民政府及蒙藏委员会，略谓："革命成功，寰宇一新，内蒙、青海、呼伦贝尔各蒙族欢幸之至，各推代表团来平，决遵三民主义，另随全蒙民意，凡关蒙古法案，务乞暂为保留，予蒙族以自决之机会。"13 日，蒙藏委员会电复请即选派代表至京，共商一切。

7 月 9 日　国民党中常会第一五四次常务会议议决，第五次全体会议延期至 8 月 1 日，原定 8 月 1 日召开之第三次全国代表大会，因筹备不及，亦延期召集。

△　国民政府公布《中华民国与各外国旧约已废新约未订前适用之临时办法》，凡七条，其中规定：由外国输入中国之货物所应征之关税，在国家税则未实行以前，照现行章程办理；在华外人应照章纳税。

△　国民政府明令通缉安福系余孽王揖唐、曾毓隽、吴光新、姚震、汤漪、章士钊、曹汝霖、陆宗舆、章宗祥、顾维钧、汤芗铭、王印川 12 人。

△　李烈钧在国民政府纪念周报告，谓现在训政开始，最要之举有三：即对内二事为裁兵、理财，对外问题为废除不平等条约，希望各同志一致努力奋斗，以求实现。

△　追悼国民军 1926 年南口战役阵亡将士大会在南口举行，蒋介石、李宗仁、鹿钟麟、方振武及工、商、学、农、军、政各界 5000 人出席。

冯玉祥主祭,何其巩代蒋读祭文,鹿钟麟报告南口战役详情,冯、蒋发表演说。

　　△　奉天代表王树翰、米春霖、邢士廉、徐祖贻抵天津对记者谈张学良与国府谋和之磋商条件共七项,计:一、东三省通电服从国民政府,并改换旗帜;二、东三省改组委员制,成立政治分会;三、张学良为政治分会主席;四、杨宇霆为奉天省政府主席;五、张作相为吉林省政府主席;六、万福麟为黑龙江省政府主席;七、所有兵权,暂由原人统率。

　　△　东三省议会审议《东三省约章》(即《东三省宪法》)草案,凡 22 条,规定:东三省主权在东三省民,三权分立,以联合省议会为立法并行政机关之监督机关,设三省临时保安会为行政机关。

　　△　国民党新疆省党部通电全国,报告新疆政变经过,并说明经全体党员紧急会议,公推金树仁为省政府主席兼总司令,已于是日就职,请中央政府俯顺舆情,速颁明令,任命金树仁为新疆省府主席兼总司令。

　　△　财政部接收北平各机关办事处为募集津海关二五附加税库券垫款事,致函北平总商会,告以北平各钱号应垫银元 25 万元,限 5 日内缴清。

　　7 月 10 日　国民政府委员会第七十八次会议议决:《裁兵善后委员会组织条例》修正通过;民十六年以前旧欠田赋豁免;通缉安福系余孽王揖唐等 12 人。

　　△　下午奉天代表王树翰、邢士廉、米春霖、徐祖贻由津到平,邢对记者谈此行系遵照张学良东(1 日)电商洽统一办法,并谓:张学良早求统一。皇姑屯之变,益增爱国之热度,而赞成统一志愿,尤觉须急速实现。兹既举国一致易旗,东省自当不必坚持异议。不过东北地位在外交上有特殊情形,故先派代表来商办法,从长考虑,以期妥洽和平,统一事业安然成功。

　　△　蒋介石在北平碧云寺接见张学良代表王树翰等,提出东三省须先行易帜,实行三民主义,余事再请示国民政府。

　　△　全国财政会议闭幕。宋子文致闭幕词,略谓:中央及各省现有收入,皆感拮据,而两湖金融之困难,两广债务之积欠,亦为当务之急。现财部每月须筹军费160万元,政费百余万元,尤感财穷力尽。希望到会同人共商划一新税制度,协力实行,赞助中央,减少财政上之困难。会议通过三个月内实行裁厘、统一全国财政、明年1月起实行关税自主等议案。

　　△　冯玉祥电蒋介石,已遵照上月24日关于取消各色杂牌军队之电令,将第二集团所委任之东路第一师、第二师、第三师、鲁东别动军、北直别动军、鲁南别动军、奉别动师、第二、第三、第四旅之司令、副司令、师长、旅长16员一律取消,分别缴械遣散。

　　△　李宗仁电复冯玉祥5日电,表示对于裁兵"惟有遵照蒋总司令意旨,务竭力促其进行,不以空言相督责"。

　　△　戴季陶抵汉口,当晚在武汉各界欢迎大会上演说"救国之道",略谓:"我们现在只有一条救国救自己的路,就是无论在那一桩事情,都要实事求是的去干。无论工业、农业、商业、教育、政治、军事,都要彻底的自己整顿自己的力量,务必要把人家赶上,这才是一条救国的根本正路。"

　　△　东三省旅平学、商两界发表宣言,发起成立"东三省政治改进会",以"应顺潮流,改旗易帜,服从国民政府,实行三民主义,以谋统一"为宗旨。

　　△　驻日公使汪荣宝访日外务省次官出渊,就日军司令声言驱逐张店、傅山等县知事一事提出抗议。

　　△　日本阁议讨论中国事件,须张学良承认日本与张作霖所订之约,然后日本承认张学良之地位。

　　△　日本陆军省遵照内阁决议,公布撤兵命令,将山东派遣军第三师团预备兵、后备兵7500名撤回日本国。15日,第一批日兵1500人从青岛启程归国。18日,第二批千余人、马500匹,启程返日。

　　7月11日　国民党中央政治会议第一四八次会议议决:省政府委

员与特别市市长不得由一人兼任；何民魂免去南京特别市市长兼职，专任江苏省府委员，以刘纪文为南京特别市市长；加派戴季陶、郑毓秀、陈辉德为建设委员会委员；通过《暂行特种刑事诬告治罪法》、《违警罚法》、《土地征收法》；修正《惩治土豪劣绅条例》。

　　△　蒋介石邀冯玉祥、阎锡山、李宗仁、白崇禧、鹿钟麟、商震、吴敬恒、陈绍宽、朱培德、张群在北平汤山开会，商讨军事善后问题，经两天讨论，由四位集团军总司令及海军总司令（陈绍宽代）共同签署《军事整理案》，主要内容分两部分：一为整理军事方案，一为军事意见书。

　　△　军事委员会电复冯玉祥 5 日电，略谓"歌电所举六条，嘉谟谠论，非特救时之良策，亦属立国之大计……循诵之余，良深嘉慰"，并表示统一军政一节，现已由本会拟具方案，送请中央五次全会讨论，其裁兵事宜，亦经交裁兵委员会分别办理。

　　△　李宗仁对上海《时报》驻平记者谈军事、政治、裁兵等问题，其大要为：一、现在事实上全国业已统一，无再须用兵之必要。今后惟一要务就是裁兵。蒋、冯、阎总司令等与余会商结果，决举国一致裁兵。不过裁兵一事，言之甚易，行之甚难。故各总司令于裁兵及善后研究最切，裁兵、善后，无非化兵为工，如振兴实业，设立工厂，垦荒筑路开河，现在各总司令俟李济深到平后，将裁兵与善后两问题作最后之讨论，有所决议，提交第五次大会或建议中央施行；二、各总司令来平完全为军事上问题，政治问题由中央主持，军事首脑不过问；三、各总司令对奉一视同仁，决以政治手腕解东省问题。

　　△　蒙藏委员会在南京成立，白云梯等六委员宣誓就职，国民党中央党部代表丁超五致训词，白云梯致答词。

　　△　伍朝枢奉国民政府训令致函美国务卿凯洛格，告以国民政府决定指派全权代表与美国重订新约。

　　△　美国务卿凯洛格向柯立芝总统报告，认为南京国民政府之未来演变，虽然难以预料，但美国应同意其关税自主权，"以鼓励其应付内部的巨大困难，进而成为稳定的文治政府"。

△　外交部照会法国驻沪领事梅里蔼,声明中法《越南通商章程》及其附约中法《陆路通商章程》(1886 年 4 月 25 日订于天津)、中法《续议商务专条》(1878 年 6 月 26 日订于北京)、中法《续议商会专条附章》(1895 年 6 月 20 日订于北京)于 7 月 7 日起概予作废,并提议中法两国政府各派全权代表,另订新约。

△　外交部照会葡萄牙驻华公使毕安琪,1887 年 12 月 1 日《中葡商约》业于本年 4 月 28 日到期,应完全废止,不生效力;在新约未订前应即适用《临时办法》七条,以维护两国关系。

△　驻华意公使华蕾答复外交部长王正廷 1 日照会,声称中国无权宣布中意商约无效,但不反对开始谈判修约,在新约未实行前,中意两国关系应恢复旧态。

△　国民党北平政治分会委员白崇禧条陈北平改革方案七项:一、停止民众运动;二、河北省政府移设北平;三、改革风俗;四、整顿学校教育;五、设河北省党校;六、实行县长考试;七、训练机关人员三民主义化。

△　内政部部长薛笃弼请将热河、绥远、察哈尔三特区改省,并以旧直隶口北道 10 县并入察哈尔,改称集宁省案,是日由中央政治会议交北平政治分会审议。17 日,阎锡山电国民政府表示赞成。

△　中共第六次全国代表大会闭幕。大会通过《政治决议案》、《军事决议案》、《苏维埃政权组织问题决议案》、《农民问题决议案》、《土地问题决议案》等项决议案。会后举行六届一中全会,选举中央委员毛泽东等 23 人,候补中央委员 13 人,政治局委员向忠发、李立三、蔡和森、周恩来、项英、张国焘、瞿秋白七人,政治局候补委员彭湃、罗登贤等七人。向忠发为总书记,周恩来、蔡和森、项英、彭湃分任组织、宣传、劳动、农民部部长。

△　张学良电蒋介石提议恢复平津交通,全线通车如有不便,请暂先分段开行。如承应允,当即派员来平,面商一切办法。

△　鄂南清乡司令马文德率部赴大冶、咸宁、嘉鱼"清乡"。

7 月 12 日　国民党中央执行委员会电请冯玉祥早日来京参加五中全会。

△　国民政府着内政、财政两部通行各省政府豁免民国十六年 12 月 31 日以前旧欠田赋。

△　国民政府公布《国民政府裁兵善后委员会组织条例》及《修正国民政府审计院组织法》。

△　外交部照会日驻华公使芳泽，声明光绪二十二年（1896）中日所缔《通商行船条约》及光绪二十九年（1903）所缔《通商行船续约》，至民国十五年 10 月 8 日第三次满期，要求即刻改订。

△　外交部撤回驻法公使陈策，派齐致暂行代办。

△　国民党奉、吉、黑三省党务指导委员会及东三省特务委员会致函蒋作宾，请发恻隐之心，促各军事首领急速进兵，肃清余孽，"誓死反对以政治解决"东三省问题。

△　班禅派员入川求援。西藏班禅喇嘛额尔德尼派代表阿汪敬巴绕道入川，分别谒见邓锡侯、刘文辉、田颂尧，面递重要文件，陈述班禅四项主张：一、康、藏人民隶属中央政府；二、维护教务；三、进兵收复失地，解除康、藏人民痛苦；四、开发康、藏富源；并述达赖背华亲英，将后藏政权拱手献与外人，希望川政府及各军长念休戚相关，实行出兵援助，庶国权可保，领土不致丧失。邓、刘、田答复愿尽力赞助，出兵一层，推刘文辉就附近防军酌调，如须多兵助攻时，再由邓、田调队应援。

△　吴佩孚因邓锡侯部师长罗泽洲派兵进攻，是日由大竹移住达县。

7 月 13 日　蒋介石、冯玉祥、阎锡山、李宗仁、杨树庄（陈绍宽代）之裁兵方案，即《军事整理案》及《编遣部队之裁遣方法》，在北平签字。该方案规定组织编遣委员会处理编遣事宜，取消国民革命军总司令、各集团司令；选择最精锐而立战功者编成 50 或 60 师，另在全国组织宪兵 20 万，维持治安。

△　蒋介石在北平西山碧云寺招待中日新闻界，到中日记者 32

人。蒋就军事、财政及对奉问题回答记者,略谓:东三省问题并非难于解决,学良如能彻底信仰三民主义,知国家非统一不可,同隶于青天白日旗之下,实大体者。否则,政府亦不对其勉强。

　　△　李济深、戴季陶抵北平。

　　△　国民政府委员会第七十九次会议通过南京特别市市长任免案;修正通过划一权度标准案、处理逆产条例案;函请国民党中央党部拨捐款 30 万元救济陕西兵灾,并于华侨捐款中拨 30 万元充赈济山西、北平、热河、绥远、察哈尔战地灾民之用。

　　△　湖南省政府议决:自本月 16 日起,长沙市烟馆一律封闭,秘密卖烟者枪决。

　　△　朱德、毛泽东率领红四军攻占湖南酃县,湘军退守茶陵。

　　7 月 14 日　蒋介石在香山双清别墅宴奉天代表邢士廉、米春霖、王树翰、徐祖贻。邢等陈述奉天现状及张学良期望统一之忱。蒋表示赞许,仍主以三民主义统一东北,以自家人办自家事,绝无其他主张。

　　△　国民政府代表刘光、张同礼抵沈阳与张学良会商东北易帜问题,刘提出:一、东三省归国民政府节制;二、奉行三民主义;三、改悬青天白日旗。同日并电北平蒋介石,报告抵沈后同张学良会晤情形。略谓:张学良对易帜、撤兵及服从主义,均可办到,但须待解决四事:一、外交方面,请立示机宜;二、党务方面,先派员赴南见习,再行举办党部;三、政治分会问题,望明复一电,言明由其组织请委,不加干涉;四、对热河军事行动问题,恳暂停止,待三省全局议定,再从长讨论。

　　△　张学良电国民政府代表祁暄,表示"弟对介公(指蒋介石)决心合作,至目下立即改帜一事,决非不愿,对内已有办法,唯对外确有为难……仍望切致介公迅速设法,使弟有可借口转圜之地,或他方设法疏通,无不乐从也"。

　　△　蒋介石以近来大军云集河北,争先恐后征发粮秣,人民不胜支应,电令冯玉祥、李宗仁等各集团军总司令、总指挥,此后购办给养,应于所驻区域内,不得越境征发,并严禁招兵集匪,骚扰勒索。

△　国民政府令准何民魂辞南京特别市市长兼职,任命刘纪文继任。

△　军事委员会讨论裁兵善后安置问题,何应钦主席,议决被裁军官概送入军官学校肄业,被裁兵士则分别安置各工厂练习。

△　冯玉祥离北平,17日抵新乡,旋电阎锡山对北平"克复未久,秩序大定"表示敬服。

7月15日　蒋介石下令肃清关内张宗昌、褚玉璞部直鲁残军,任命白崇禧为前敌总指挥兼任滦河方面右路军指挥;方振武为左路总指挥,负责热河军事;陈调元为总预备队总指挥,策应左右两军作战,并限令左右两路主力于29日前在指定地点集中,总预备队在宝坻、杨村、三河、顺义集中。

△　冯玉祥电请国民政府拨发伤亡官兵恤金,略谓:自去年5月以来,各大战役所部官兵伤亡不下五万之众,"迩来伤亡官兵之家属,向玉祥请发恤金者,扶老携幼,相属于途,汴、郑、洛三处,各聚万余人,每逢玉祥外出,辄遮道而来,环绕乞请,呻吟号哭之声,闻之痛心,辗转流离之状,见之泪下",仰恳速拨大宗款项,俾便发放。

△　为贯彻全国财政会议第五次大会决议案,是日裁厘委员会在南京开成立大会。18日,该会讨论裁厘方案,决定裁厘后以整理田斌、营业税、特种消费税所得款抵补各种经费。24日,裁厘委员会闭会,选出贾士毅等五人为常委。

△　共青团全国第五次代表大会在莫斯科近郊举行,大会讨论贯彻执行中共六大决议,选举新的中央委员会,关向应为团中央总书记,华少峰为宣传部长,李祖芬为组织部长,温裕成为工人经济斗争部长。

△　台湾民众党召开第二次党员大会,通过《大会宣言》,号召"打倒公敌帝国主义",指出"今后援助农工及各团体组织之政策,亦即本党之基础工作"。此宣言因被日本统治者认为内容不妥,禁止其散布。

7月16日　蒋介石邀阎锡山、李宗仁、李济深、白崇禧至西山饭店会谈对奉、裁兵及财政三大问题,决定派何成濬、孔繁霨为全权代表,随邢士廉赴奉报聘。

　　△　奉天代表王树翰、邢士廉、米春霖、徐祖贻会见李宗仁,告以东三省改悬青白旗事,一星期内可实现。

　　△　国民政府公布《修正惩治土豪劣绅条例》,17日,公布《处理逆产条例》。

　　△　张学良访日总领事林久治郎,告以奉方与关内商洽易帜经过及双方所提条件,并征询意见。林氏答称当请示政府,再行奉复。

　　△　张学良委孙传芳为东三省军务总指挥,统辖退奉军队。

　　△　第十五军军长黄绍竑电国民政府称,广西业已遵照中央通令,停止招募新兵,并将原有部队陆续裁撤,希望各友军一致实行。

　　7月17日　蒋介石在北大对北平学界发表演说,略谓:“北大是最高学府,新文化策源地,自五四运动以来,一切民众运动,均以北大为中心……此次北伐成功,亦深受其赐。”现在革命尚未完全成功,希望秉承总理遗训,继续努力,以打倒帝国主义及与帝国主义勾结的官僚政客,团结起来作革命后盾。并谓现在政府极力提倡教育,希望北平学生“安心念书,不要动辄游行示威,荒废学业”,“应当将共产学说及国家主义等,极力排除,将思想统一于三民主义之下,然后革命才能成功”。

　　△　李宗仁电劝张学良一致拥护国民政府,从速服从三民主义,并称“舍三民主义不能救国”,非此无以争生存。

　　△　蒋介石代表郭同自北平赴奉,同张学良商东北易帜事宜。

　　△　宋子文抵北平与平、津银行界及商界讨论财政问题。

　　△　第三集团军总部开会讨论裁兵,朱绶光主席,决议:一、作战时所添官员约万余人,一律裁汰;二、各师、旅督战队及各团之步兵炮连、手机枪连约二万人以上,实行裁撤。

　　△　张学良在沈阳对外人谈时局问题,谓南北妥协问题,双方意见已相当接近;至于三民主义,前于中山首倡时早经表示谅解,及今不复成为屈服不屈服之问题,惟共产党誓必防止到底。

　　△　江苏省府委员会议决:丹徒县改名镇江县,江苏省府迁出南

京,以镇江为江苏省会。

△　中共湖南省委命令取消湘赣边界军委,另设前敌委员会,以陈毅为前委书记。

7 月 18 日　国民党中央政治会议第一四九次会议,议决:《共产党人自首条例》付审查;"严查官吏吸食鸦片,赌博狎妓,从重惩办案"交国府核办。

△　国民政府公布《中华民国权度标准》,规定以万国公制(即米突制)为民国权度标准。

△　蒋介石将提交五中全会之《军事整理案》电达国民政府。该方案大要为:一、组织国防会议,为最高军事统率机关,隶属于国民政府;二、国军之编成,由总司令及一、二、三、四集团军及海军总司令、参谋总次长,另加中央委员三人或五人,合组国民革命军编遣委员会,隶属国民政府,各军长皆听指挥。编遣委员会成立后,各总司令即取消,但未完成期间仍由各总司令负责;三、编余军队裁减方法,由编遣委员会设国军编练部、宪兵编练部及警保、工兵、屯垦、设计部等部,编宪兵 20 万人,并由中央设立大规模警察学校及兵工讲习所、航空学校等。

△　蒋介石在北大对北平各团体发表演说,强调"要拿三民主义统一全国的思想,中国的制度才能确定"。"思想统一,比什么事情都紧要。各位诸君要国家能够健全,能够独立自由,第一步工作要谋中国人思想统一,要确定总理的三民主义为中国唯一的思想,再不要有第二个思想来扰乱中国"。

△　于右任、丁惟汾等电在法国之汪精卫、胡汉民、褚民谊、孙科、陈璧君,在英国之王宠惠,在美国之伍朝枢、李石曾、甘乃光及其他海外中央委员,请早日回国参加 8 月 1 日举行之五中全会。

△　黎元洪灵柩出殡,天津市下半旗,送葬者数万人。商震偕河北省府委员八人往吊,蒋介石、阎锡山、李宗仁各派代表专程抵天津致吊。

△　日驻奉天总领事林久治郎见张学良,要求实行张作霖同南满铁道会社社长山本条太郎商订的《满蒙新五路协定》。张学良答称,皇

姑屯的炸弹已将张作霖专车里的所有文件全部毁灭，一切都已无根据，表示"实行困难"。

　　△　上海日总领事矢田抵南京，访王正廷谈判济案，提出惩办济案中国方面肇事者、赔偿经费等五条无理要求作为谈判原则，遭王正廷拒绝。矢田当晚返沪，即电北平日公使芳泽，报告谈判无结果。

　　△　武汉卫戍司令部第七、第十八、第十九三军奉李宗仁密令，是日将驻武汉之邹鹏振第四十四军解除武装，改为工兵，厉行工兵政策，暂作修堤、拆城工作。

7月19日　日驻沈阳总领事林久治郎访张学良，为东北易帜事向张学良提出第三次警告。林久治郎向张学良转交日首相田中的信件，主要内容为："一、南京政府含有共产色彩，且其地位尚未稳定，东北殊无与联系之必要；二、如南京政府以武力压迫东北，日本愿不惜牺牲，尽力相助；三、如东北财政发生困难，日本之银行愿予充分接济。"张学良反诘林氏："是否可将日本不愿中国统一的意见，或东北不能易帜是由于日本干涉的情形向南京报告？"林氏无词以答。林久治郎转送书信之前，田中曾有电报指示林氏："由于我方一向对张学良过于表示善意态度，已使其怀有日本不难对付之念；是故，此际有必要表示看对方的态度如何，日本也应表示其强硬的一面。……更须充分说明就东三省而论，最有必要的是'保境安民，观望形势'。"

　　△　下午4时，张学良在奉天大元帅府召开时局紧急会议，到张作相、张景惠、袁金铠、张焕相、刘尚清、孙传芳、张宗昌等人，协议易帜事，因日本态度强硬，未作决定。

　　△　汤玉麟在热河通电易帜，表示服从国民政府，奉行三民主义。25日，汤派代表金鼎臣面见蒋介石，声言服从三民主义。蒋谓如若借此谋取地盘，决不姑容。

　　△　内政部呈奉国民政府令准公布通行全国各省市办理户口调查，限本年12月底一律办竣。

　　△　外交部照会日本驻南京领事冈本，转交国民政府向日本政府

所提之通告,声明光绪二十二年(1896)《中日通商行船条约》及光绪二十九年(1903)《中日通商行船续约》业已逾期,应予废止。冈本表示照会中事实可以电呈芳泽公使,但照会则不便收下。

△　驻日公使汪荣宝奉国民政府训令,赴日外务省访亚洲局长有田,通告中日通商条约于20日届满,望从速订立新约。

△　冯玉祥电复国民政府报告已停止招募新兵,谓:"自平津克复后,玉祥已通饬所属各军不准招募一兵,所有原设之征募总区、分区早已一律撤消。兹奉钧电,除再行通令全军一体凛遵并派员切查外,谨电奉复。"

△　第二十一军军长刘湘由德国购买军火,计机关枪100挺,毛瑟枪300支及大批自动手枪,子弹300万发,共值100万元,于6月27日由德国利克茂轮船公司之"苏菲利克茂"轮船运抵上海。旋由四川旅沪同乡会刘宗权等56人投书《申报》,谓刘湘勾结帝国主义,秘密购械,助长川乱,要求转请中央彻查。是日,国民政府下令放行。

△　河北省政府会议议决取消"讨赤税"、"讨赤捐"、"军事捐"、"军事善后特捐"。

7月20日　蒋介石向国民政府呈报第一集团军第一期缩小编制办法,计黄河以南第一、第九、第十七、第三十二、第三十三各军及警卫司令所属各步兵团编为第一、第二、第三、第九、第十一共五个师,裁去36万人。

△　张学良就林久治郎第三次警告事偕日顾问土肥原往访关东军司令官村冈。村冈劝张勿轻率妥协,致东三省卷起新波澜,应保境安民,致力于实现和平,愿予以援助。

△　已投降北伐军的直鲁军残部顾震部1500名开往高密迤南二华里地点集结,越过日方所定的胶济沿线南北20华里以内禁止中国开入之规定区域,被日军迫令缴械,顾军不服,日军遂以重炮轰击,顾部死五六百人,余被解除武装,高密尽成焦土。

△　菲律宾中国国民党总支部及中华民国协会、中华总商务会等

团体以《中日通商行船条约》及其续约已届期满,电请外交部贯彻废除不平等条约之精神,废除中日旧约,另订新约。

7月21日　国民政府委员会第八十三次会议议决将蒋介石、冯玉祥、阎锡山、李宗仁、杨树庄五总司令所送《军事整理案》送五中全会讨论。

△　国民政府公布《违警罚法》,凡53条。

△　蒋介石在北平招待外交使团,到中外人士300余人,日使芳泽未到。

△　晚,张学良代表王树翰、邢士廉等会晤蒋介石,告以"日本驻奉领事正式用书面劝告:(一)东三省应保境安民;(二)东三省不宜实行三民主义"。蒋指出:"此宜自己觉悟,外人干涉中国内政,勿再为所愚。将来正式与日本交涉时,本诸正义,外交决不失败。""应催张学良不可为倭奴恫吓所屈服,当即决然通电表示服从中央,以救东北救中国。"

△　何成濬、刘光电张学良促其当机立断,毅然宣布易帜。略谓:"皓(19日)电奉悉,当即转陈。总座之意,以日人态度如此,尊处愈有当机立断毅然宣告之必要。盖日人此等举动,非仅悍然干涉我国内政,直已视东三省为彼俎上物,今惧别生枝节而犹豫不决,以后将永远受其宰割,东三省不复为我国领土,先生亦岂能更有立足之地?若不受其恫吓,毅然易帜通电而以独立之精神出之,则东省为全中国之东省,全国皆将深致崇敬,为先生后援。且中央自有外交准备,必能为先生负责,日人未必敢遽肆吞噬,即使真占据东省,吾人必以全力对日,援助先生,真爱国之英雄,决不患无用武之地也。东三省之存亡,即全中国之存亡,系乎先生今日之举措,务望即日宣告易帜,完成统一。无论如何困难,必以毅力排除,勿稍瞻顾,致误事机。"

△　驻日公使汪荣宝向日外务省抗议沈阳日总领事阻挠张学良易帜。

△　全国反日会代表大会在上海开幕,15省及香港反日会代表百余人出席,陈德征主席,24日正式开会,27日闭幕。大会通过议决案多

起,其要项有:一、厉行全国经济绝交,限期肃清仇货案;二、定期举行全国总检查日货周案;三、通电各地迅速建立反日会案;四、反日工作要永久干下去,须全国一致动作案;五、通电各国及国联陈述日本暴行并请主持公论案;六、告日本在野党及日本民众,请其促政府觉悟案;七、呈请政府确定对外方针案;八、惩办奸民案。最后通过大会宣言,即告闭幕。

△ 王正廷抵沪对记者发表谈话,宣布中日条约昨日满期,已发出废除之通告,希望日本应早日开始订立新约之交涉,中国绝难许任日本采取无限期延长之手段。又谓关于济案交涉,当视日方是否有解决诚意,否则亦惟有听之。

△ 日首相田中在内阁会议说明中日条约废除问题,称政府已通告国民政府,中日通商条约不能依国民政府之单独的废除通告即行失效。依据该约第二十六条之规定,自前年 10 月 20 日起继续有效 10 年。若中国以真挚之诚意求改订条约,则日本表示同情。

△ 李济深在北平访英公使蓝普森,商拨庚款完成粤汉铁路事。英使谓此款恐不敷,将来中英可再讨论。24 日,李电广东省建设厅将完成粤汉路程序案克日妥拟具呈。按:粤汉路未成路轨 920 里,建筑费需 4000 万元,拟商诸英国拨还庚款 300 万元,不足部分拟发行公债。

7 月 22 日 蒋介石在北平太和殿对警察训话,略谓"北平警察向来甚善,希望以后求进步,并彻底的党化,为各地警察之模范"。

△ 蒋介石会见邢士廉、王树翰,邢、王陈述奉方易帜尚有困难。蒋指出:张学良信仰主义,是中国内政问题,日本不得干涉。日本每借口中国不统一,而今不令三省统一,则不啻自供不愿中国统一。东省仍当以民意主张为依归,原定易帜即可实现。

△ 张学良以日本阻挠,东北易帜不能如限实行事电告邢士廉,并谓:"国事至此,百念俱灰。一切仍盼就近积极商榷,俾得促成,以慰民望,弟无不赞同也。"

△ 张学良任命翟文选为奉天省省长,常荫槐为黑龙江省省长。

　　△　宋子文在北平接见路透社记者谈财政政策,略谓:财部于近半月内向京、津各银行订成一种借款,纯属津关二五附税公债垫款之性质,以充北方善后费用,数额 300 万元,年息八厘,九五实收。

　　△　驻湖南平江独立第五师第一团团长彭德怀举行闹饷起义(即平江起义)。中共南(县)、华(容)、安(乡)特委遭到破坏后,独立第五师中共组织被暴露,中共湖南省委派特派员滕代远到平江策动该师暴动。18 日,第五师第一团团长、中共党员彭德怀于当晚召开第一团党委紧急会议,滕代远到会并讲话,决定于 22 日以闹饷为手段举行起义,并分别派人通知第五师中共党员黄公略、贺国中各率所部参加起义。是日上午 10 时,彭德怀召集军官会议,扣留反动军官。11 时半到第一营大操场召集全营官兵宣布起义。下午 1 时,起义队伍进攻县城,经过一个半小时,全部占领平江县城,活捉县长刘作柱。下午 5 时,黄公略率第三团第三营起义士兵自嘉义镇到达平江县城。次日凌晨,贺国中带领师部随营学校学员自浯口镇(距县城 60 里)宣布起义,开进县城。三支队伍胜利会师,起义队伍总共 3700 人。

　　△　烟台事变。投降北伐军之张宗昌部钟震国(张宗昌义子,投降后改编为国民革命军第十三路总指挥刘志陆部教导师师长兼东海警备副司令,调驻烟台),奉张宗昌之密令,于是夜突然袭击烟台驻军刘志陆部施中诚团,解除施团 3000 余人武装,次日占领烟台。旋出布告,自称奉张宗昌委任为烟台警备司令,改悬五色旗。

　　△　康、藏驻京代表格桑泽仁、宫郭札西日前联电云南省政府,请对康、藏予以提携。是日,云南省政府电复表示极愿敦睦邻好,并请莅临面商一切。

　　7 月 23 日　蒋介石电张学良,请毅然断行易帜,略谓:"精神结合,固属根本要图,但易帜问题,亦非可因外交恫吓,轻于放弃。请兄毅然断行,以救中国。""至相会一节,弟所深愿,但弟既以外交关系不便来奉,而兄于此时亦断难离奉,并望兄勿轻外出,为国珍重。大局底定,相见自有日也。"

△　军委会军政厅厅长朱绍良在国民政府第四十二次纪念周作政治报告,谈及东三省易帜问题时谓,虽有日本帝国主义从中无理干涉,但政府当以政治手腕促其实现。又谓东三省问题,政府已电请蒋总司令办理,前数日并派刘光前往,顷据刘光来信报告,东三省易帜不成问题。

△　东北临时保安委员会开成立大会,选举张学良为委员长,袁金铠为副委员长。《临时保安公约》规定东北各省区之主权,属于人民全体;东三省议会联合会为最高立法机关;临时保安会督理各省区一切重要政务,对省议会联合会负责;东北各省区之军民政务,采分治主义,军政归总司令并各司令处理,民政归各省民政长官处理;临时保安会非经省议会联合会之议决,不得对外缔结各种契约协定,不得施行军事上之作战行动,以及不得募集债券、通行单行法律;临时保安会有任免东北各省区之最高文武长官之权;本公约于政局统一时即行废除。

△　张学良对记者谈话,略谓:"余现感到欲救中国之危亡,宜速谋南北之统一。故自先父去世,即选派代表与国府要人接洽妥协,一两日来已急遽接近,成为事实,断不因日本警告即行终止。……余与国府精神上已趋一致,现不过形式上之易帜问题,尚须迟缓一二日实行而已。"

△　国民党中央执行委员陈树人自香港启程赴南京,出席国民党二届五中全会。陈濒行时语人,汪(精卫)派决定列席大会,但汪本人不出席,提案委陈公博代提。

△　军事委员会任命蒋介石、何应钦分别兼任第一集团军整理委员会正副委员长,朱绍良为委员。

△　于右任在国民党中央党部纪念周报告裁兵问题,谓如四川兵额多而无首先裁兵之人,但亦不能听其据地自雄,如不早觉悟,国府对之用兵,亦不得已。

△　大学院训令各省区、各特别市教育行政机关,限十八年5月前制定推行义务教育计划,于计划完成之日起,两年内减少失学儿童 20%。

△　李烈钧致电欢迎日本民政党领袖床次竹二郎来华,谓:"敝国情形贵国人士似尚有不明其真谛者,苟得两国负望之士往还游涉,调查实情,并告相互尊重诚意而努力以实行之,两国前途,实获大益。"

△　朱德部红四军第二十八团、第二十九团、第三十一团5000余人占领资兴。24日向郴州进逼,郴城东守军范石生第十六军第四十六师第一三六团仓卒应战,卒不能支,团长王甲本重伤,伤亡官兵230人,朱德部进占郴州,范石生急调藩毓英团会合王团反攻。是晚,朱德部退出郴州。

△　意大利首相墨索里尼发表宣言,谓意政府根据南京政府外交部最近之对外宣言,已训令驻华外交代表与国民政府开始磋商,讨论废除中意间旧有各种不平等条约,并成立新协定。

7月24日　蒋介石、阎锡山、李宗仁、李济深在北平会商关内军事。阎主张蒋缓行。蒋以五中全会即将召开,必须出席,所有关内军事及热河善后,请李济深负责主持,李、阎均赞同。

△　蒋介石访李济深、李宗仁,对日本公然阻挠我统一与怂恿直鲁军回据胶东等事表示悲观。

△　国民政府公布《暂行特种刑事诬告治罪法》。同日,令派施肇基、王景岐、齐致为本届国际联合会赴会代表。

△　国民政府据内政部呈请新疆省乾德城县佐改升县治是日指令照准。

△　东三省原定本日通电易帜,因日本横蛮阻止,张学良深恐发生"第二济南惨案",为避免日本武力干涉,乃决定暂缓易帜。

△　张学良电蒋介石陈述不能立即易帜之苦衷,略谓:"东省易帜,不能立时实行,弟对兄方深愧疚,乃蒙曲垂爱护,益觉汗颜。或有疑日方警告系弟故弄手段,弟可誓诸天日,且弟之为人,向不肯欺人自欺,请询实君、小岱即可尽知。如再怀疑,并可派员来奉监督一切。总之,弟现在实处两难,不易帜无以对我兄,无以对全国;易帜则祸乱立生,无以对三省父老。数日前探知田中意旨,如我方不听劝告,即用武力,确非

空言恫吓。现奉垣形势,我公定悉。""如兄以为非易帜不可,则弟只有去职,以谢我兄相待之盛意。"

△　英驻华公使蓝普森宴请蒋介石。

△　军事委员会电蒋介石、冯玉祥、阎锡山、李宗仁规定所有编留之现役士兵,应择其年龄在 18 岁至 28 岁,身材在 1.6 米以上为合格,即希饬属一体遵照。

△　冯玉祥连日在开封召集裁兵会议,鹿钟麟、刘骥、冯治安、石友三等出席。决定所有各部归鹿钟麟、刘郁芬统辖整理。

△　戴季陶在北平电劝四川将领勿以个人权利之争,作自相残杀之战,呼吁立停私战,共谋救国。

△　美国务卿凯洛格致电外交部长王正廷,表示美国政府愿即刻派驻华公使与国民政府所派之全权代表,开始讨论中美条约中之关税款项,以订立一互尊关税自主为原则之新约。此电由美驻华公使马瑞慕于是日晚转宁,同时以一份送达在平之外交次长唐悦良,并约定 26 日午中美双方同时发表。

△　美政府电驻华亚细亚舰队司令白里斯脱上将,令驻华北(天津)美军 1400 人撤退回国。美驻华公使馆卫队 500 人同时撤退。

△　上午,平江起义部队士兵委员会开联席会议,决定成立红五军,选举彭德怀为军长兼第十三师师长,邓萍为参谋长。会议通过从军到连实行共产党党代表制,滕代远为红五军党代表。下午,平江县工农兵苏维埃政府宣布成立。

△　山东安邱、临朐县暴雨成灾,汶河、弥河水位陡涨,淹没村庄 20 余,淹死 1800 人,无家可归者 3.2 万余人。

7 月 25 日　中美签订关税条约。财政部长宋子文与美驻华公使马瑞慕在北京签订《整理中美两国关税关系之条约》,条约规定:"历来中美两国所订立有效之条约内所载关于在中国进出口货物之税率、存票、子口税并船钞等项之各条款,应即撤消作废,而适应用国家关税完全自主之原则。"此约由伍朝枢在美国同国务院直接商洽,其约文由华盛顿拍发到平,由宋子文与马瑞慕签字。

△　国民党中央政治会议第一五○次会议,阎锡山提议通令实行村政,提议内分六大纲:(甲)整理村范;(乙)设村民会议;(丙)规定村禁约;(丁)设立息讼会;(戊)设立保卫团;(己)设立村监检委会。议决:交内政部法制局参考。

△　国民政府任命经亨颐、徐元浩、田桐、朱绍良、刘盥训为中央处理逆产委员会委员,薛笃弼、宋子文为当然委员,指定经亨颐为主席;特派蒋介石、冯玉祥、阎锡山、李宗仁、李济深、何应钦、钟可托、李登辉、张之江、李烈钧、陈绍宽为禁烟委员会委员,薛笃弼、蔡元培、王正廷为当然委员,指定张之江为主席,薛笃弼、钟可托为常务委员。

△　国民政府任命第一集团军改编后之各师、旅长:刘峙为第一师师长,张克瑶为副师长,徐庭瑶为第一师步兵第一旅旅长,胡宗南为第二旅旅长,张承治为第三旅旅长;顾祝同为第二师师长,李明扬为副师长,黄国梁为第二师步兵第四旅旅长,涂思宗为第五旅旅长,李明扬兼第六旅旅长;钱大钧为第三师师长,陈继承为副师长,蔡忠笏为第三师步兵第七旅旅长,蔡熙盛为第八旅旅长,赵锦雯为第九旅旅长;蒋鼎文为第九师师长,岳相如为副师长,甘丽初为第九师步兵第二十五旅旅长,李延年为第二十六旅旅长,岳相如兼第二十七旅旅长;曹万顺为第十一师师长,陈诚为副师长,桂永清为第十一师步兵第三十一旅旅长,殷祖绳为第三十二旅旅长,余仲麟为第三十三旅旅长。

△　国民政府指令准江苏省政府之请,将丹徒县改为镇江县。

△　蒋介石在北京饭店召见王树翰、邢士廉,指出易帜为东三省自主权,不应受日本干预;三省既有诚意易帜,不必再通电公布保安制度。同日,并派方本仁为驻奉天代表伴王、邢赴奉。

△　蒋介石电复张学良 24 日电,略谓:"敬电已悉,兄之为难,弟亦深悉。弟现请方耀庭(方本仁)君到奉,面达一切详情。"并谓:"时局虽属艰难,我辈当忍耐奋斗,如一去了事,决非所宜,且于兄于弟仍无所益也。东三省关系重要,惟兄是赖,务望努力前进,以达最终志愿。"

　　△　蒋介石离北平返南京,行前委李济深代理总司令留守北平。次日蒋抵郑州,旋出席郑州民众欢迎大会并发表演说。

　　△　张学良电北平何成濬转阎锡山表白暂时不能易帜的苦衷,略谓:"本期统一早日观成,借符厚望,讵料东省情形较异,不能不稍俟迟徊。……尚祈曲加鉴谅,于诸公之前代为剖明。天日在上,良终有自白之一日。"

　　△　张学良通知日本总领事林久治郎:暂缓悬挂青天白日旗。

　　△　国民政府特派员王大桢(王芃生)抵东京,代表王正廷向日本政府陈述关于废除不平等条约之通告等问题,并要求日本国民谅解。

　　△　张学良特使陶尚铭抵达东京,同日,张在沈阳就陶之使命对日记者发表谈话,否认陶尚铭在日有借款事,声明陶之派往日本,系以私人名义答礼,毫无政治意义。

　　△　葡驻华公使毕安琪照复国民政府外交部,答复 7 月 11 日照会,声明"敝国政府不得不驳斥是项宣告,并不承认适用临时办法",表示"一俟时机成熟,敝国即派代表与中国缔结新约"。

　　△　日本首相兼外相田中义一发表声明,宣称根据中日商约第 26条,该约应继续有效 10 年,不承认中国之片面废约具有任何意义,并以"当采取认为必要的行动,以维护其利益"相威胁。

　　△　日本陆相白川在阁议报告山东形势,以济南及胶济铁路沿线又有南北军冲突之虞,日军之撤退且勿论,即减兵亦暂无望。

　　△　四川旅沪各界联合会为反对刘湘私购械弹案电蒋、冯、阎、李各总司令,请饬令沿途各军严查扣留。27 日,川籍军人熊克武等人联名电呈中央,请迅速处置刘湘私购械弹案。

　　△　福建省政府发出布告,宣布自 7 月 31 日起废除台伏票,改用大洋,大洋九角五分折合台伏一元。

　　7 月 26 日　张学良电北平邢士廉等人表示服从国民政府,并愿为蒋介石效力。略谓:"即请转达介公,无论何时,愿对国府服从到底。虽是个人只身,亦甘为介公效力,但目前对外交方面情形,确实重要,谅介公早有成竹。但求对外有圆满办法,东三省一切不成问题也。"

△ 钱大钧奉军事委员会令将刘湘私购械弹扣留。同日旅沪川人通知驻沪各领事,请其制止运卖外购事件,助成中国之和平。

△ 是日至 28 日,第三批日军 540 名,自青岛撤回本国。

7 月 27 日 奉方代表吕荣寰等四人到南京,29 日向谭延闿、李烈钧、蒋介石等声明,陶尚铭系赴日考察,绝无勾结日本和借款等事。

△ 湖南省政府公布"厘金新率",规定裁撤厘金局八所,入口货只收入境厘、落地厘两道,出口货只收出产厘、出口厘两道,将奢侈品与洋货加税一至二,对于日需品及土货则依值百抽三原则。定 8 月 1 日起施行。

7 月 28 日 国民政府公布《刑事诉讼法》、《刑事诉讼法施行条例》及《土地征收法》。

△ 蒋介石返抵南京,谭延闿、李烈钧、何应钦等至浦口迎接。

△ 阎锡山在平接见记者时称,第三集团军应裁八万,先裁三万,预定于 40 天之内分两期裁完。裁撤之后,第三集团军共留 10 个师。

△ 王正廷照复美驻华公使马瑞慕,答复 24 日照会,声明国民政府特派伍朝枢为全权代表,希望与美国政府代表及早举行会议,期于最短期间完成新约。31 日,国民政府特派伍朝枢为改订中美条约全权代表之任命令发表。

△ 驻日公使汪荣宝访晤日本外相田中,就改订中日商约问题交换意见。

△ 王大桢访晤田中,指出日本警告东三省为干涉中国内政,表示严重抗议。田中表示:"日本忠告奉方,断非干涉内政",并威胁称"若为保持特殊利权,今后亦仍须用一切手段,今先明言"。

△ 各省商会联合会总事务所常务委员冯少山、苏民生、张械泉联名电外交、工商两部,请严厉拒绝日本对于中日通商条约之展期要求,迅速改订新约,愿率领全国商民为政府后盾。

△ 褚玉璞由山海关赴沈阳,次日向张学良索饷,并报告国军不日

来攻,请示办法。

△ 平汉路职工会成立。

7 月 29 日 蒋介石以烟台事变发生,委第三军团总指挥方鼎英解决胶东军事。旋方率第四军、第二十七军、第四十军由沧州出发,开赴胶东。

△ 张学良代表王树翰、邢士廉离平返奉,方本仁偕行。邢临行前谈称,东北易帜一事,不过时间问题,此番回奉后定有圆满解决;东北既已声明服从国府,今后一切,决当惟中央之命是从。

△ 河北省政府通电乞赈,略谓近年军阀压迫,横征暴敛,焚烧掳掠,所过为墟,草根树皮,剥食殆尽,吁请代筹巨款,俾数十万流离,得庆更生。

7 月 30 日 国民党中常会第一六〇次会议议决:8 月 1 日上午 8 时开五次全会预备会,如不足法定人数,即改开谈话会。

△ 蒋介石在中央党部纪念周报告时局,略谓:"此次赴平,系奉命祭奠总理,并解决奉天等问题,兼事结束军事,结果甚为圆满",已与各将领商有切实办法;并谓关于党的问题,迩来党员多有意气用事,言论分歧,或更攻击老同志者,当此五中全会开幕在即,望各同志一致团结,则吾党国之光明定可实现。

△ 国民政府准大学院呈,改订《中华教育文化基金董事会章程》,取消原有中华教育基金董事会,任命胡适、贝克、贝诺德、孟禄、赵元任、司徒雷登、施肇基、翁文灏、蔡元培、汪精卫、伍朝枢、蒋梦麟、李石曾、孙科、顾临为中华教育文化基金董事会董事。

△ 英外相张伯伦在下院就英政府对华政策发表谈话,声称:英国仍遵守 1926 年 12 月与 1927 年 1 月宣言之精神,俟南京政府解决宁案后,方可另订新约,承认中国关税自主。

7 月 31 日 张学良电蒋介石陈述东省受日本压迫,目前易帜不能无所顾虑,略谓:"日方近来手段对东省则施以压迫,对尊处则又极力掩饰,既以淆乱欧美之耳目,又以离间我辈之交情,用心之狡,兄倘身处其境,即知弟所感痛苦之深。弟前电谓作进一步表示者,即指通电易帜而言。盖英美对我已有表示,则日方态度亦必因而变更。彼既不能以暴力相加,我方自有应付之余地,惟在目前确不能一无顾虑耳。"

△　日驻华公使馆照复外交部,声明日本政府对 7 月 19 日国民政府外交部照会关于《中日通商行船条约》及其续约"强行失效"及在新约未订前实施国民政府所订临时办法之"暴举","断难容忍";要求国民政府"收回实施临时办法之主张,并认现行条约为有效",否则,"帝国政府为维护条约上之权益计,将有不得不出于认为适当之处置"。此复照于 8 月 7 日由日驻宁日领冈本送达外交部,8 月 8 日下午 5 时在东京、北平、上海三处同时发表。

△　鲁涤平、张辉瓒电告汉口第四集团军总司令部,30 日收复平江。

7 月下旬　第三集团军总司令部电告阵亡将士追悼会筹备处,报告该集团军此次作战阵亡军官 152 名,士兵 5007 名。

8　月

8 月 1 日　国民党第二届中央执行委员会第五次全体会议预备会因不足法定人数,改开谈话会。谭延闿主席,决定预备会展期于 4 日召开。

△　冯玉祥、李宗仁由北平抵南京。阎锡山因胃病发作,于 30 日在顺德下车,谓折返太原治病,并电南京不出席五中全会。

△　孙科自纽约电南京五中全会,陈述四项主张:一、敦促胡汉民、汪精卫、陈友仁、宋庆龄克日回国,共负艰难;二、速定政制,试行五权;三、切实裁军,统一财政;四、请促外交部提前解决宁案,以便进行修约。

△　南京国民党党、政、军机关数千人集会,追悼北伐阵亡将士,蒋介石主祭,谭延闿致悼词,略谓党国之有今日,均由将士鲜血换来,三年间阵亡将士约 10 万人,均死得其所,毫无遗憾。表示要继续遗志,抚恤

遗族，以使先烈瞑目。同日，北平、天津、上海、长沙、厦门、武汉、徐州、福州等地分别举行追悼北伐阵亡将士大会。

　　△　全国民用航空会议在南京开幕，议决改名为"中华航空协进会"，其组织机构分中央总会及特别区分会。总会设执行委员 15 人，监察委员五人，各特别区分会设执委九人，监委三人。

　　△　吉林省议会电国民政府及各地军民长官，表示吉省愿无条件地奉行三民主义，设置政治分会于吉林，援助国民政府废弃或修订不平等条约，务期举国一致撤废治外法权。

　　△　阎锡山令商震、张荫梧分别派相当兵力保护东陵、西陵，并饬速拿盗墓匪人，从重惩办。

　　△　北平文物临时维护会电国民政府，报告直鲁残部孙殿英军盗掘清乾隆及慈禧两陵，将及半月，事后该军师长谭松艇（温江）来平，寓六国饭店，将一部分之珠玉宝物卖与琉璃厂古玩铺尊古斋铺长黄百川，价值约 10 万元左右，正在查办中。

　　△　国民党中央执行委员会广播无线电台（中央广播电台）在南京举行开播典礼，正式开始播音。

　　△　教皇庇护十一自梵蒂冈向中国天主教发布特别通谕，嘱中国天主教徒服从国民政府。略谓："现在天主教宣告、教训和劝导它的教徒们要尊敬和服从中国合法组成的政府，要求天主教的传教士和教徒们在法律保护下享受自由和安全。"

　　△　西康代表格桑泽仁、西藏代表宫敦札西，向五中全会提议改西康、前后藏为三个省：以西康原 47 州县为西康省，省会设于巴塘；以前藏原有范围为前藏省，省会设于拉萨；以后藏原有范围为后藏省，省会设于札布伦布，并设康藏政治分会于西康。

　　8 月 2 日　国民党中央监察委员吴敬恒在报上发表《以党纪劝陈公博》一文，反对陈公博出席国民党二届五中全会。

　　△　驻奉天日总领事林久治郎访晤张学良，取得张学良与林权助会晤之谅解。

△　台湾民众党电日本首相、外务大臣及各党派等，认为"日本内阁对中国国民政府解决东三省问题及废弃不平等条约之态度，显示破坏民国统一与东洋和平之行为"。

△　驻广州英领毕礼敦抵梧州，谒广西省府主席黄绍竑，探询桂省改订中英新商约态度。黄答，本人绝对服从国府，将来新约成立，自当奉行，但须声明，奢侈品为不必要之品，对此除征税外，并在发销地附抽印花税。英领又询五中全会事，黄答称五中全会通过各案无不照行。

8月3日　国民党二届五中全会提案研究会开会，于右任主席，对中常会讨论起草之"依照建国大纲规定训政时期施行案"、"统一财政并确定预算案"、"建设程序案"、"澄清吏治案"、"促进党务进行案"、"确定民众运动方针案"等12项提案进行审查。

△　蒋介石代表方本仁、白崇禧代表何千里偕王树翰、邢士廉抵沈阳，参加张作霖丧礼。

△　第三集团军第四师孙楚部于2日夜由塘沽进攻北塘，是晨3时占领北塘，直鲁军退汉沽。

△　北平警备司令部将清东陵盗掘案要犯谭温江与琉璃厂之古物商黄百川捕获。黄对收购清陵珠宝事供认不讳。4日，警备司令部将谭、黄解送卫戍司令部查办。旋谭被何成濬、徐源泉索回"看管"。

△　冯玉祥在中华农学会第十一届年会演说，批评国人只知趋重奢侈，不知农事重要，致使农业日渐退化，希望政府与人民合力提倡，使农业逐渐发展。

△　全国民用航空会议通过决定，以沪汉、沪粤及汉平三线先行试航。6日通过定每年1月1日为航空节。8日闭幕。

8月4日　上午8时，国民党第二届五中全会第一次预备会议在南京中央党部开会，出席中央执委29人，候补七人，中央监委五人，候补三人，蒋介石主席。通过议案六项，其要项为：一、推谭延闿、蒋介石、于右任、戴季陶、丁惟汾组织提案审查委员会；二、执委程潜业经停职，应予追认，以候补执委员缪斌递补；三、通知冯玉祥、阎锡山、杨树庄三总司令列席五中全会;四、再电上海何香凝、王法勤、王乐平、陈树人、陈公博、顾孟馀、潘云超各委员从速来京开会。

△ 张作霖丧仪在沈阳大元帅府举行。张学良行点主仪式,沈阳各级官吏及东三省军务及民政长官,均麇集奉垣,吊问者络绎不绝。日关东军司令官村冈长太郎、斋藤恒参谋长、秦特务机关长亦前来祭吊,自是日起,开吊三天。

△ 日首相田中特使林权助携田中秘密训令赴奉为张作霖吊丧,是日抵沈阳。"训令"反对东三省与南方谋妥协,"万一敌军(指北伐军)侵入东三省,则日本决尽其牺牲以执行其现时之政策,维持东三省之和平与秩序"。

△ 张学良会见方本仁,提出东省统一须分三步骤:第一步,停止热河、关内军事行动,所有军队由国府收编给饷;第二步,三省政治分会人选,由三省人员充任;第三步,党务指导委员会须三省政府同意后始成立,然后易帜。

△ 冯玉祥在中央广播电台发表演讲,略谓今日谨以"互相原谅,互相补助,国家之利,个人蒙福,切勿猜疑,切戒挑剔,不慌不忙,合而为一"32 字相贡献,希共勉之。

△ 外交部照会葡萄牙驻华公使毕安琪,国民政府派外交部次长唐悦良为全权代表,于 9 月 3 日在南京与葡政府代表开始磋商修改中葡现行之条约。

△ 杨森电国民党二届五中全会辩明心迹,否认包庇吴佩孚,要求政府选派公正大员,来川查明真相。

△ 郭坚残部党玉昆、耿庄、段懋功等据凤翔反冯(玉祥),经宋哲元、张维玺部包围月余后,是日完全缴械。

△ 青岛警厅在由天津开至青岛之日轮"陈平丸"上查获东陵盗墓逃犯孙殿英部士兵张岐厚。张供称曾参预盗掘慈禧的坟墓,得珍珠 48 颗。

8 月 5 日 蒋介石于 4 日到沪,是日发表文告,要求全体党员团结一心。略谓:"国家之大患,在于国内之战争,中正当竭其心力,务使今后国内决不用兵;社会之大患,在于共产党煽动各阶级之互仇而敌视,中正当竭其心力,誓必遏制阶级之争斗;我党之大患,在于同志间之猜疑而离散,中正当竭其心力,祛其猜疑,集其离散,务使归于团结一致,准是以进,生死不渝。"

△　杨宇霆率军团全体将校吊奠张作霖。日本特使林权助、沈阳日总领事林久治郎及美、英、法、德、意、苏各国领事均至大元帅府吊奠,各国领事馆均下半旗志哀。

△　石友三部克河南鲁山,俘樊部军长赵振才,毙、俘樊军各 3000余人,樊钟秀逃宝丰。6 日,石部再克宝丰、襄城,樊部大败。

△　日军在津逞凶,刺伤邮工李殿藻。是日下午 6 时,三名日兵欲通过老站邮件栏,邮工李殿藻不允。日兵咆哮凶殴后,又拔出刺刀将李刺伤。李脑、肘受重伤晕倒,旋有法兵 10 余名出而干涉,将该日兵扣留,一面命人将李送医院救治。旋来日警官向法兵索要凶犯,法兵不允。7 时,驰来武装日兵一队,包围车站,殴逐华人,事态扩大。

8 月 6 日　蒋介石电令白崇禧,东征军在北塘、沙流河停止军事行动。按:关内直鲁残军约五六万人,蒋介石原拟武力解决,后因张学良电请国民政府暂勿进攻,奉方愿承担改编直鲁残部,以和平方式解决,故蒋有此电令。

△　蒋介石自沪返南京,出席国民党中央党部纪念周并发表讲话,强调党员必须遵守党纪,所著的书,所出的刊物,必须站在党和主义的地位上讲话,不可越出轨道之外。批评有许多刊物和小册子,骂党部,骂政府,骂老同志,尤其骂军人是军阀的更多,"像这样的乱骂,对于党是没有利益的"。

△　国民政府训令直辖各机关,切实执行《政军警各机关工作人员研究党义暂行条例》。

△　冯玉祥函复国民党五中全会,以本人非中央委员,不列席会议,但表示"钧会讨论某项问题,与玉祥职责有关,须加垂询时,一接临

时通知,谨当遵命赴会,恭候垂问,以备采择"。

　　△　国民政府据国民党中常会第一六〇次会议决议,是日训令大学院通令各级学校切实施行《各级学校增加党义课程暂行通则》。

　　△　林权助向张学良递交日本首相兼外务大臣田中义一的信件。信中表示,日本反对东三省同关内统一,要张学良实行"东北自治"。

　　△　日本陆军部参谋次长南中将为视察山东驻屯日军,乘"榊丸"抵青岛,当即召集第六师团长福田、第三师团长安满开军事会议。同日,南中将对记者发表谈话,声称济案交涉无急于进行之必要,日侨生命未安定以前,决不撤兵。

　　△　曹万顺第十七军改编完竣,是日曹在兖州就第十一师师长。

　　△　天津邮务职工会、市指委会开紧急会议,讨论李殿藻被刺案,议决对日严重抗议,要求严惩肇事日兵,日领向邮局道歉,赔偿医药费。

　　△　大学院令准私立金陵大学立案。

8 月 7 日　国民党五中全会第二次预备会议开会,于右任主席。决定次日上午 8 时举行大会开幕式,推谭延闿、蒋介石、于右任、戴季陶、丁惟汾为主席团,提案分党务及民众、党部与政府之关系及其权责、政治及军事三组,审查委员谭延闿、于右任、戴季陶分别担任三组主席。下午,谭、于、戴分别召集三组开审查会。

　　△　张作霖丧礼结束,是日举行出殡,执绋者达万人以上。

　　△　驻华日使芳泽复照外交部长王正廷,否认光绪二十二年(1896)《中日通商行船条约》与光绪二十九年(1903)之《通商行船续约》期满作废,提出只有中国政府撤回所谓实行《临时办法》之主张,并认为现行条约之有效,帝国政府方可接纳改订之商议;否则帝国政府为维护条约之权益,将不得不作出适当之处置。

　　△　驻华葡使毕安琪复照外交部长王正廷,否认 1889 年 12 月 1 日中葡条约期满作废,拒绝承认临时办法;惟表示愿开议修改现有条约,另缔结新约。

　　△　驻赣省新喻之程潜第六军军长胡文斗因第五路军第三军军长

王均有逐客意，遂召集军事会议讨论去向。部下意见纷歧，胡拟挟部下离赣赴闽，激起官兵忿怒。是日凌晨 2 时许，第十九师第三团团长蔡雄、教导总队队长徐焕湘等官兵拥进胡卧室，将胡乱枪击毙。

　　△　国民党河北省党部、天津市党部召开大会，80 余团体、300 余人参加。各界代表沉痛演说日兵殴伤邮工案，一致要求对日经济绝交，议决组织全国反日大会。

　　△　津浦铁路职工会在天津开成立会，宣言拥护国民政府，实现三民主义，拥护国民党废除不平等条约。

　　△　河南省政府任邓萃英为河南中山大学校长。

　　△　彭德怀、黄公略率部三四千人撤出平江后，是日到达江西修水、铜鼓。15 日，第三军军长王均令第二十一团、第二十团分别进攻彭、黄，并电鲁涤平速派湘军入赣，以收夹攻之效。

　　△　中共湖南省委书记彭公达（化名杨维策）在安源开中共湘鄂赣三省联席会议时被捕，是日在长沙遇难。

8 月 8 日　上午 8 时，国民党第二届中央执行委员会第五次全体会议在南京中央会议厅举行开幕式，出席中央执委 24 人，候补执委一人，列席中央监委九人，候补监委一人，谭延闿主席，蒋介石致开幕词。9 时开第一次大会，议决：一、暂定十八年 1 月 1 日为总理安葬日期；二、第三次全国代表大会日期，于全会闭会前，根据中央组织部之党务状况报告决定；三、关于整理党务办法，由审查会讨论后，再行决议，提交全会决定；四、程潜停止职务、以缪斌递补为中央正式执委案，应予追认；五、各种提案、建议、意见书，分三组审查：党务及民众组审查委员 14 人，由谭延闿召集开会；党务与政府之关系及权责组审查委员 13 人，由于右任召集开会；政治及军事组审查委员 12 人，由戴季陶召集开会；六、接受蒋介石对于阵亡将士及本党先烈遗族抚恤及建立公墓专祠并优恤残废士兵之提议，以全权委任蒋介石及中央常委处理。又通过奖励北伐将士令文。

　　△　下午，国民党二届五中全会各审查组分别开会。党务及民众

组对"严密各级党部与中央关系案"、"党务进行案"等 18 案审查竣事。党部与政府关系及其权责组主张取消政治会议,政治及军事组一致赞成召集国防会议,将军委会改称军政部;裁撤所有各总司令部、总指挥部,编遣及军事悉归军政部办理。

△　国民党粤方中央委员何香凝、陈树人、王法勤、王乐平、潘云超五人由沪抵南京,出席五中全会,顾孟馀、陈公博、甘乃光三人仍留沪不赴会。

△　蒋介石发表对时局意见:一、宣称退职:今大局已定,"中正自应退于党国同志之下,以听党国同志之驱策";二、对于同志之间:"甚望日后诸同志互谅,以至恕之情,以党国为重,以主义为界,而不复互相诋毁";三、对于用人一端:"如有玩法乱纪者,无论何人所用,皆当尽法以治,不必有所姑息而容情";四、对于调治各部分之见解:政府行政人员与党,党部党员与民众,民众与民众之间,各宜立一至严至明之标准,使之不生直接之冲突;五、对于言论之处置:"宜就其利害,定一准则,有摇乱主义、蛊惑人心、反背本党主张者,皆在绝对禁止之列。"

△　日本特使林权助同张学良开始正式洽谈,重申日首相田中关于东省不应和国民政府妥协之意旨,并威胁称,如不从日本忠告,田中已具决心,决取自由行动。

8 月 9 日　《中英宁案协定》在南京签字。外交部长王正廷与英驻沪总领事巴尔敦分别代表两国政府签字。其内容为:国民政府对于去年 3 月 24 日南京事件,向英政府深示歉意,赔偿损失,深望英政府对英舰炮击南京城之举动,表示歉意;英政府将委派代表同中国政府商议修订条约。13 日,该项《协定》在南京、伦敦同时公布。

△　国民党二届五中全会各提案审查组开会,讨论对各提案处理意见。党务与民众组建议案 29 件,意见书 11 件,其中"统一党政理论案"决定提交大会通过;"农工商学等民众运动案",认为民众运动须完全受党的支配指导;民众集会结社准许自由,惟须向党部立案。党部与政府之关系及其权责组各审委对政治分会存废问题争论激烈;对设立

五院制意见统一，提交大会通过。政治及军事组全体审委及冯玉祥、杨树庄、李烈钧出席，蒋介石报告军务整理方案，各委赞成贯彻兵工政策，军费不得超过财政支出之 50％，军委会改为军政部，提交大会通过。

　　△　张静江、李石曾因对政治分会存废问题持不同意见，退出五中全会，离京赴沪。

　　△　蒋介石电熊式辉师长等指示第一集团军第二次改编部队，应即着手办理，并颁发第五、第六、第八、第十各师师长、副师长之委任名单；第五师师长熊式辉、副师长刘士毅；第六师师长陈焯、副师长方策；第八师师长朱绍良、副师长毛炳文；第十师师长方鼎英、副师长杨胜治。以上各师师长之任命令，13 日由国民政府公布。

　　△　蒋介石电上海总商会虞洽卿及各商董请援助被裁之退伍官兵免费搭轮回籍。

　　△　张学良赴日总领事馆回拜林权助，会谈东三省易帜问题，同日方展开激烈争辩。林氏重申反对中国南北妥协，并称若东三省与国民政府妥协，势必侵犯日本之利益与特殊地位，若蔑视日本之警告，擅挂青天白日旗，日本必将采取自由行动。张学良声明：我是中国人，当以中国为本位。与国民政府妥协，是要完成中国统一，以实现东三省人民所渴望的事。日佐藤少将谓："田中于东省具有决心，如保安会必主易帜，总司令（张学良）似可以辞职避开。"张学良异常愤慨，忠告日本政府不要甘冒干涉中国内政之不韪。日总领事林久治郎则称"即谓干涉内政之嫌，亦所不避"。谈判不欢而散。

　　△　张学良自沈阳电蒋介石，报告与林权助谈话及田中阻止东北易帜情形，并谓："弟归后即召集保安委员会讨论，对于日方如此态度，人皆共愤，惟对付之策，不外三种：一曰强硬，二曰软化，三曰圆滑。强硬则必用武，不但东省力有不足，即全国协力亦无把握。软化则东省将成为保护国，为朝鲜第二，非所敢出。暂用圆滑之法以延宕之，一面于国际间着手运用，折其野心，始有办法。当邀同耀庭（方本仁）代表共同讨论，耀庭兄亦以为然。"

　　△　方本仁自沈阳电蒋介石,报告是日张学良答拜林权助,东北易帜受阻情形;并谓:"汉兄(张学良)异常愤慨,谓对日办法暂取延宕,精神上仍服从政府等语。似此情形,日已悍然不顾,通电易帜,一时恐难实现。"

　　△　方本仁自沈阳电北平何成濬,报告日特使林权助干涉东北易帜及褚玉璞向张学良表示服从等事。略谓:"褚玉璞来奉,向汉卿兄(张学良)表示服从。汉兄已定将直鲁残部分别编遣,并取消各军名义,此事解决尚易。惟林权助顷向汉兄表示,态度极为强硬,悍然不顾,干涉易帜,汉兄愤慨异常。弟日内即偕邢(士廉)、王(树翰)两代表回宁。"

8 月 10 日　全国交通会议在南京开幕。各省市代表 120 人出席。交通部长王伯群主席并致开幕词,略谓今日交通事业千疮百孔,业已陷于破产境地,若不力图补救,训政及建设均无所依凭。对今后任务,王提出分为三步,其中第二步急需事业,要求提前筹备者,为完成粤汉铁路株洲到韶关段,修筑沪杭甬线钱塘江至曹娥江段,陇海线由灵宝进展至兰州段,建全全国无线电讯网,筹办机车车辆制造厂,筹办航空运输,准备接管海事行政等项,旋由各省代表报告交通情况。

　　△　国民党二届五中全会各提案审查组继续开会,通过遵循总理《建国大纲》规定组织五院八部等提案。

　　△　蒋介石致电张静江,望速偕李石曾、吴敬恒即日返京参加五中全会,并派陈立夫赴沪敦促。

　　△　张学良电蒋介石,对林权助来奉阻挠东省对南妥协,公然干涉中国内政一事,要求国民政府电致驻日公使提出抗议。

　　△　张学良派代表刘哲通知日本特使林权助:"东三省易帜,延期三个月。"

　　△　北平卫戍部派哈汉仪赴东陵,会同刘人瑞接收东陵。

8 月 11 日　上午 8 时,国民党二届五中全会召开第二次大会,通过"统一革命理论案"、"民众运动案"、"革命青年之培植及救济案"、"厉行以党治政、以党治军及取缔军政机关人员干涉民众运动案"。

△ 下午 2 时,国民党二届五中全会召开第三次大会,议决:一、训政时期应遵照总理遗教,颁布约法;二、训政开始时期,立法、行政、司法、考试、监察五院,应随时实施,逐渐设立完全;三、各省党部与同级政府关系临时办法,决议:凡各省党部对于同级政府之举措,有认为不合时,得报告上级党部,由上级党部请政府依法查办,加以纠正;各级政府对于同级党部之举措,有认为不满意时,亦得报告上级政府转咨其上级党部处理。

△ 方本仁自沈阳电留平秘书何葆华,略谓:"此间军政等事,汉卿兄允依照政府意向次第施行,确已不成问题。惟日人对易帜一事,强硬干涉,汉卿焦虑异常。仁现定日内南旋。"

△ 上海总商会等 40 余团体 60 余人之请愿团,于 10 日晨抵南京,是日向国民党二届五中全会要求统一财政,关税自主,恢复交通,裁减军额,劳资合作,免除杂税,并向财政部、南京市分别递交请愿书。南京特别市长刘纪文、工商部长孔祥熙接见,并招待代表团冯少山、虞洽卿、胡凤翔等。

△ 白崇禧电李宗仁辞第十一军军长兼职,并建议将所部缩编为一师,以张定璠为师长,编余官兵实行兵工政策或资遣回籍。14 日,李宗仁复电嘉奖,准如所请。

△ 国民政府据第二集团军总司令冯玉祥呈称,此次奉令裁兵,已将冯治安所部第二十三军,韩多峰部第六十一师共 1.6 万余人,先行裁撤,给资遣散,须发给 50 万元,是日训令军事委员会、财政部查照办理。

△ 王正廷特使王大桢至日外务省访晤外务大臣田中,讨论改订中日条约等问题。田中谓日本既已发出回文,日本之方针不变更,劝王氏从速归国报告。

△ 商震奉阎锡山命令由天津抵北平,与张荫梧、徐源泉、何成濬、朱绶光共商查办东陵盗掘案。

8 月 12 日 蒋介石由南京抵上海,劝张静江、李石曾返南京参加五中全会,张、李表示拒绝,蒋于次日返南京。

△　白崇禧、陈调元电阎锡山,谓北平工会受共产党领导,请予解散。13 日、15 日,阎锡山分别电令平津卫戍总司令部暂行解散平、津工会组织。

8 月 13 日　第五路军第三军军长王均在江西省府纪念周报告,第五路军裁兵分两期,改编第七、第八及第二十八三个师,编竣开赣西"剿共";将赣西之第九、第二十七、赣东第二十九师调回改编,遵令缩成两师。

△　南京各团体向五中全会递交请愿书,要求恢复民众运动,安徽旅京、沪、汉、芜湖、苏州等同乡两千余人,向五中全会请愿,要求改组安徽省政府,均由于右任出见,分别予以答复,表示"对各同志请愿,当尽量容纳"。

△　林权助离奉回国。16 日抵东京,对记者称,张学良允宁奉妥协展期三个月。

△　驻华美使马瑞慕赴朝鲜旅行,取道沈阳,杨宇霆即赴美总领事馆相晤,要求美谅解东省与日本关系,并望美政府援助。

△　英国新闻记者辛博森赴奉参加张作霖葬礼后于是日返平,对外国访员谈称,他在张作霖遇害地作密切勘查后,深信张作霖确为日人炸死。并指出"自去年 11 月杨宇霆起抗膺根借款及东三省拒绝批准铁路计划协定书后,奉天与东京间裂痕颇大,故张作霖乃于元月 5 日提出和议,日本即起作梗,并告以从速离开北京;张作霖旋于 6 月 4 日遇害,并非事出偶然,盖为理所当然"。

△　鄂北樊城第四十二军军长马文德电陶钧,本日下午 2 时占领谷城,围攻老河口。15 日,陕军岳维峻残部退出老河口,向陕西方向溃退。22 日,马部占老河口。

8 月 14 日　国民党二届五中全会召开第四次大会,通过下列各案:一、中央政治会议委员应由中央执行委员会推定,政治会议议决案应由中央执行委员会交国民政府执行,推定汪精卫、谭延闿、蒋介石、胡汉民、甘乃光、陈公博、邵力子、伍朝枢、孙科、朱培德、张静江、丁惟汾、王法勤、吴敬恒、陈友仁、戴季陶、何香凝、顾孟馀、宋子文、李济深、陈果夫、李烈钧、柏文蔚、李宗仁、宋庆龄、萧佛成、蔡元培、李石曾、邓泽如、何应钦、白崇禧、陈可钰、陈铭枢、贺耀组、叶楚伧、冯玉祥、古应芬、阎锡山、于右任、杨树庄、黄郛、孔祥熙、王伯群、薛笃弼、王正廷、易培基46人为中央政治会议委员;二、各政治分会限本年年底一律裁撤。

　　△　下午2时,国民党二届五中全会召开第五次大会,议决:一、第三次全国代表大会定明年1月1日举行;二、决照建国大纲设立国民政府五院。行政院下分设外交、内政、军政、财政、教育、交通、工商、农矿各部及建设、侨务、蒙藏三委员会、参谋部、训练总监部、军事参议院。其他四院设立先后程序,由中常会决定;三、军事整理问题应确立下列根本原则:(1)军政军令必须绝对统一,军队组织必须十分完备,逐渐实行征兵制,以收安内攘外之效。破除旧日一切以地方为依据、以个人为中心之制度习惯。(2)全国军队数目必须于最短期间切实收束,军费不得超过全国预算50%。(3)军事教育应切实规划,归中央统一妥定办法。(4)切实施行裁兵。(5)必须实事求是发展海军,建设空军。上述军事整理之要点,仍交蒋介石、冯玉祥、阎锡山、李宗仁、李济深、杨树庄切实规划,由国民政府施行;四、"统一财政,确定预算,整理税收并实行经济政策以植财政政策,而利民生建议案",交国民政府查照规划施行。

　　△　外交部答复驻华日使芳泽之照会,声称:日本不应曲解条文,希图延长旧约10年,中国政府认为中日商约现已满期,当然失效,请日本方面速订新约,在新约未成立以前,决依照旧时办法办理。

　　△　白崇禧电第四集团军总部,谓关内直鲁残军由张学良负责收束,北平无驻重兵必要,特先令第七、第十九两军回汉休整。19、20日,第七、第十九两军抵武汉。

　　△　全国交通会议召开第二次大会,决议取消中美、中日无线电合同。是日至次日,各审查组分别开会讨论提案。17日,该会决定将招商局收归国有,官商合办。

　　△　阎锡山电国民政府、国民党中央党部、军事委员会,报告拿获

清东陵盗掘案犯经过,并请简派大员组织军法会审特别法庭,依法审判要犯谭温江。

△ 第六军胡文斗部教导师师长彭子国派代表向鲁涤平要求收容,鲁准彭部返湘改编为湘南独立第一师,开赴茶陵、攸县待命。

△ 国民党武汉政治分会议决向国民政府建议整理汉冶萍矿,并又函农商、交通两部,整理湘、鄂株萍路及增进萍冶煤矿运输。

△ 天津警备司令部会同津海关监督公署将形迹可疑之出口珠宝35 箱暂行扣留。此系北平吉珍阁古玩商张月岩拟经天津运往法国之珠宝古物,自报价值 2.2 万元。

△ "满铁"经营之抚顺老虎台炭坑爆炸,中日工人伤亡约 70 名,采炭机器损坏,值日金五万元。

△ 田中谒见日皇,关于中国时局有所奏闻。

8 月 15 日 国民党中央二届五中全会举行闭幕式,戴季陶等 22 人出席,冯玉祥列席。中央党政机关、各团体数百人列席。谭延闿致闭幕词,于右任宣读大会宣言,其要点为:确定军事整理之原则;规定良好的行政系统与组织及党部、政府与人民之权责;根据《建国大纲》设立行政、立法、司法、考试、监察五院,并决定迅速起草约法,以植五权宪法之基础。旋即宣告闭幕。

△ 汤玉麟代表金鼎臣抵北平,旋与何成濬、白崇禧详商热河与中央合作事宜。同日,汤玉麟通电归顺中央,服从三民主义,政事悉禀中央处置。

△ 内蒙古青年党要求改革,请将呼伦副都统公署改委员制,推举代表七人与副都统贵福(胜福之子)交涉,悉遭囚禁。于是青年党集合1500 人揭竿而起,谋攻都统署,高呼贵福下野,一面将中东铁路宜立克都与乌诺尔站中间之铁轨拆断,致满洲里至哈尔滨间交通中断,旋向海拉尔进迫。万福麟闻讯,率部前往镇压,并电张学良请奉、吉两省出兵接应。

△ 国民政府特派接收东陵委员刘人瑞、张宗海、俞奋、谭肖岩抵

马兰峪,接收东陵一切事宜。27日,刘人瑞返平,对记者谈东陵被盗掘情形,并称,此行纯为调查,将具详细报告书,呈报中央。

△　何成濬电蒋介石,解释保释谭温江事,谓谭氏经手之事未了,故索回第六军团指挥部看管,并称谭是否盗墓要犯,静候法律解决,本人决不祖护。

△　阎锡山改任绥远警备司令李培基代理绥远都统,察区警备司令张会诏护理察哈尔都统。

△　川军第二十一军向成杰部奉李宗仁令调赴鄂边公安、石首待命,是日过长沙时被李密令鲁涤平、何键派队包围缴械遣散。

△　何键抵安源"视察",旋与赣军师长杨池生、安源驻军萧希贤密商"剿共"办法,商定粤、湘、赣、桂四省联合"会剿"湘南红军。16日捕中共湘东特委、安源市委、萍乡县委曾干廷等九人,枪决三人,余六人押送长沙。

△　南满铁道会社社长山本条太郎访三土藏相,陈述整理满铁附属地各种事业问题。

8月16日　王宠惠赴欧美考察司法事竣回国抵广州。当晚,国民党广州政治分会、广东省政府及第八路军总指挥部宴王宠惠。14日,王到香港曾对记者谈游欧印象,称济案发生时,欧洲舆论多为日本反宣传所蒙蔽,我国人民应从根本上应付,须举国一致,同心协力,抵制仇货;又谓多数国家认我国修约要求为正当,前途颇可乐观。

△　新军舰"咸宁号"在上海下水,舰长170尺,宽24尺,排水量480吨。蒋介石、张定璠、张群、杨树庄及各界来宾参加下水典礼。

△　奉天省长翟文选为维持奉票,于省长公署召集各银行团开金融维持会,结果命官银号、中国、交通三金融机关共同出资,购入银元送造币厂铸造现洋500万元,以维持奉票兑现之用。该项银元已向美国花旗银行驻奉分行托购。

△　第六军军长胡文斗7日被其部下击毙后,其副军长张轸由宁冈赶抵新喻,召集营长以上军官开会,决定中止入闽,静候中央处置,追

缉凶手,为胡报仇。是日,营长以上军官任偶等联合通电,谓第六军一致拥护由张轸统率。

△　驻日公使汪荣宝赴外务省向亚细亚局长有田面交国民政府关于要求改订中日商约之第二次照会,表示对于临时办法之实行,当加以考虑。希望日本政府从速开议修约。

8 月 17 日　国民政府委员会第八十六次会议,议决将国民党二届五中全会决议交国府之训政大纲提案、训政时期党与政府工作之规定案、彻底澄清贪官污吏案、确定整理侨务方针案、实施平民教育案、整理并统一全国财政案、统一币制案等 18 项提案,分别交各部、会办理;薛笃弼请允辞内政部长职,议决慰留。

△　中德《关税条约》由外交部长王正廷和驻华德公使卜尔熙在南京签字。20 日,该条约在南京、上海、柏林正式公布。该条约系补充民国十年 5 月 21 日《中德协约》之性质,规定两缔约国应于最短期内,开议商订通商及航海条约。

△　大学委员会举行会议,蔡元培主席,李石曾提议在北平实行大学区制,蔡元培反对无效,通过北平大学区组织大纲案,其要旨为:一、北平大学区以北平政治分会所管辖者为限;二、设立大学委员会北平分会。同日,蔡元培以国民党五中全会议决设立五院八部,其手创之大学院无法保留及大学委员会又通过设立北平大学区制,为此分呈国民党中央党部、政治会议及国民政府,请辞国民党中央政治会议委员、国民政府委员、大学院院长、代理司法部长等职,次日携眷出京赴沪。

△　蒙藏委员会委员张继函蒙藏委员会,陈述对蒙藏政见四项:一、民族平等;二、取消阶级;三、发展富源;四、实行民政。是日已向蒙藏委员会常会提出。

△　杨宇霆访驻奉日总领事林久治郎作长谈,希望日本援助。

△　张宗昌吊张作霖丧后回驻滦州,是日在山东龙口与旧部方永昌会商"再图大举"。

△　凌晨,内蒙青年军攻占海拉尔,占据都统府,驻军向小兴安岭

退却,呼伦贝尔道尹、都统化装逃出。下午 6 时,万福麟由满洲里率部赶赴海拉尔,以所部黑军为正面,吴泰来统率之吴俊陞旧部担任右翼,吉军 2000 人担任左翼,奉军两旅集中于中东路各站,激战两小时,青年军向西北败逃,万部进驻海拉尔。

8 月 18 日　全国交通会议闭幕。共开大会四次,通过修订各路借款合同整理长江航运、疏通内河航道、统一交通行政、确定交通计划等议案 140 余件,交通部长王伯群致闭幕词。通过《大会宣言》。

△　张学良就解决直鲁军残部电何成濬,谓张(宗昌)、褚(玉璞)所部复杂,收拾自需时日,顷已电该二人迅速办理,万一失信,届时惟有取断然处置。

△　山西省建设厅长温寿泉宴报界,报告山西建设计划,谓第一步浚河,第二步筑汽车路 4000 里,第三步植树造林,并谓:"本人赞成总理主张,借外债,用外人来建设,惟须不丧失主权。"

8 月 19 日　蒋介石派往奉天接洽易帜之代表方本仁偕张学良代表邢士廉离奉南返,是日抵沪,邢氏在沪答复记者询问时称:"东三省于事实上、精神上早已服从中央,表示一致,所差者不过悬旗之一形式问题。"

△朱德、毛泽东部红军攻占湖南桂东县城。

8 月 20 日　全国禁烟委员会在南京成立,委员李烈钧、何应钦、辇笃弼、钮永建、王正廷、钟可托、李登辉、陈绍宽、张之江九人在国府大礼堂宣誓就职。主席张之江。谭延闿代表中央党部、国民政府致训词,张之江致答词。

△　国民党北平市党部就北平卫戍总司令部解散工会事发表宣言表示抗议,略谓组织民众、训练民众均受命中央,已组织之民众均系三民主义信仰者,以共党相诬,迹近军阀。"无论何人,概无解散本会所属之民众团体之权"。

△　白崇禧在北平召集军事会议,磋商解决直鲁残部问题,刘镇华、廖磊、叶琪、朱绶光列席。决定敦促奉方于短期之内改编,倘不得已

时,惟有采取断然措置,并复电张学良准备力量,协同会剿。

△　刘湘电蒋介石请明令罢去第六路总指挥职,并愿将第二十一军全体官兵裁遣,在未奉中央明令以前,先实行兵工筑路。

△　广东省财政厅宣布,政府日间收回十三年(1924)毫币,约 22日开始改铸新币,25 日可出新币 300 万元,政府将增发盖印纸币 260万,以为收兑十三年毫币之用。

△　比利时驻华代办计霞墨抵南京。当晚,外交部长王正廷设席欢宴计霞墨。

△　驻东三省各日领在沈阳总领事馆开会讨论对奉问题,议决:积极保护满蒙利权;力劝张学良采取"独立主义",阻止东三省与国民政府妥协;增加满蒙军警,防止"赤化";设立满蒙中央银行,维持东省金融。

8 月 21 日　国民政府委员会第八十七次会议,蔡元培请辞大学院院长及代理司法部长等本兼各职,议决慰留。冯玉祥、李烈钧、何应钦、孔祥熙、蒋作宾等提出筹措首都建设经费案审查报告,拟具建设标准四项,其前三项标准为:拟具整个的建都计划,从节省俭朴处核实规划;经费由国库支出。决议交建设委员会照办。

△　蒋介石下令武力解决盘据冀东之直鲁军残部。是日命令第二军团第三十七军及独立第三师务于 9 月 8 日以前占领宁河、丰台,并向唐山进攻,至滦河西岸待命;右翼军徐永昌部第三军、第十四军务于 9月 7 日以前占领芦台、杨家泊之线,由铁路以南进攻唐山、开平之侧背,并向乐亭追击前进,至滦河西岸待命;左翼军李品仙部第三十军、独立第八师务于 9 月 8 日以前占领丰润、大鹿河之线,并以主力进攻唐山、开平之右侧,至滦河西岸待命。

△　张学良电北平当局报告褚玉璞到奉,经会同白崇禧代表何千里商定,直鲁军余部分别遣散,克日实行。大致办法:军官每员给予遣散费 50 元,士兵每员 10 元,计滦河以西遣散者约 1.8 万左右,余部开到滦河以东,陆续裁编,留至三旅为止。

△　国民政府任命罗家伦为国立清华大学校长。

△ 古巴外交部照会中国驻古巴公使馆,赞同中国政府于 7 月 17 日照会所提废除不平等条约,订立新约主张,并告古巴总统昭度将军已派定河些哥米斯柯理格为驻华代办,将于最短期内特派全权公使常驻南京。

△ 平汉铁路局协济第二集团军军饷月 50 万元,分三期汇,是日汇 16 万元。

8 月 22 日 国民党中央政治会议开第一五一次全会,议决:一、照准李石曾辞北平临时政治分会主席职,任命张继为北平临时政治分会主席;任商震、刘镇华为北平临时政治分会委员;冯玉祥辞北平政治分会委员职,议决慰留;二、通过《中华民国教育宗旨》;三、通过《县组织法》;四、通过福建省政府委员名单。

△ 白崇禧电南京总司令部报告直鲁主力得某国暗助,与安福余孽勾结,向丰台、宁河增兵,拟由芦台、丰台沿平奉铁路乘虚袭击天津,已电前方徐总指挥永昌、李总指挥品仙、范军长熙绩、傅警备司令作义、刘总指挥镇华,转饬前线,严加戒备,并遵总部命令,限各军于 26 日前完成攻击准备,布置待令,向芦台、宁河、丰润之敌进攻。

△ 东三省保安会讨论呼伦贝尔事件,决令万福麟主持军事,并派三省保安司令部参议王锡章前往呼伦调查。

△ 天津反日大会正式开会成立。

△ 张群奉蒋介石命自沪到宁谒冯玉祥,商中央政务及鲁省军事。当晚返沪向蒋报告。次日,张群语人,蒋对时局极抱乐观,一切议案均可实行。

△ 济案代表团在国民党天津特别市党务指导委员会招待新闻界,报告济南惨案经过,军民死伤一万三四千人,损失在 4500 万元以上。

△ 国民党湖南省党务指导委员会秘书周圣工、组织部主任干事李楚藩、省党校教导员米世珍均系中共党员,是日在长沙被捕。24 日,鲁涤平、何键亲自会讯。31 日,国民党湖南省党部通令各县、市党务指

导委员会,限一周内揭发周等三人共党活动,"倘或故意隐匿,一经查觉,必以最严之纪律制裁"。

△ 杭州省防军司令部军械库爆炸,焚烧两小时,毁子弹 10 余万。

△ 天津美兵 600 名乘"亨得森号"返美,仍有 900 名驻津。

△ 国民党中常会第一六一次会议,蒋介石电称因病请准假两星期案,决议:病愈仍盼速回京,不必以两星期为限;戴季陶提议:五中全会各提案应由常会在大会闭幕后,派定专门负责人员,审查编制,在三个月内完成案,决议:照办;陈果夫请辞去民众训练委员会委员兼职案,决议:慰留。

8 月 23 日 农矿部公布《特准探采煤油矿暂行条例》,凡 10 条。

△ 国民政府派刘书蕃为中华民国邮政总办。

△ 外交部长王正廷招待各国记者报告最近外交,其要点为:一、中葡订约谈判下月开始;二、中西、中意正在接洽修约;三、中法、中意宁案不日即解决;四、罗马天主教皇对中国统一希望甚殷,并望得到国际平等地位,外交部已复函致谢;五、我国拟即加入废战公约。

△ 吴尚、范石生奉鲁涤平、何键急电,指挥所部分三路进攻桂东朱德、毛泽东部红军。激战三昼夜,朱、毛率部向宁冈退却。26 日,吴尚陷桂东。

△ 美远东海军总司令比尔斯托由重庆抵长沙,考察长江沿岸情形。24 日,鲁涤平设宴欢迎。

8 月 24 日 国民政府任缪培南为国民革命军陆军第四师师长,朱晖日为副师长;王均为陆军第七师师长;金汉鼎为陆军第十二师师长;夏斗寅为陆军第十三师师长。

△ 国民政府以陇海铁路督办王正廷另有任用,令免本职,派刘骥为陇海铁路督办。

△ 凌晨 4 时,冯玉祥离京回豫。临行前,蒋介石于 23 日自沪派张群晤冯,商洽一切。25 日,冯抵开封。

△ 张学良代表杨毓珣抵广州,当晚第八路总部设宴款杨。次日,

杨回拜八路总部,语人谓:"本人代表汉卿来粤目的,纯为晋谒军政诸公,面陈东三省真相及环境现状。现在汉卿绝对服从三民主义,与蒋总司令根本合作,预料易帜之举,当可日间实现。"又谓本人俟李(济深)主席回粤晤会后,方北上复命,连日并顺便考察北伐策源地之新政,以便回奉后,对于新建设得资借鉴。

　　△　国民党广东省党部举行拥护国民政府弃约运动大会,各团体代表 200 余人参加,议决:通电全国一致贯彻弃约主张及对日经济绝交,请省、市党部组织弃约运动会。

　　△　长沙商民以洋货与奢侈品税率过高,是日一二千人游行示威,反对"厘金新率"。游行队伍至省政府,由总商会会长左学谦、王聘莘二人向鲁涤平递交请愿书。同日湖南省政府委员会开会,认定商民此举"显系共党暗中操纵",决定函告长沙警备司令部,并令长沙市公安局严加制止。

　　△　外交部照会驻华荷使欧登科,抗议荷属南洋群岛殖民地禁止华侨爱国运动。

　　△　日军第三师团通讯处、第六联队第一大队、步兵第五旅团司令部人员、工兵第三大队第三小队,由青岛开抵济南。

　　8 月 25 日　国民政府据国民党中央党部咨送二届五中全会通过之《关于各级党部与同级政府关系临时办法案》,其中规定凡各级党部对于同级政府之举措有认为不合时,得报告上级党部,由上级党部请政府依法查办;各级政府对于同级党部之举措有认为不满意时,亦得报告上级政府转咨其上级党部处理。是日国民政府训令各特别市政府、各省政府并转饬各属一体遵照。

　　△　国民政府公布《特别刑事法令刑等计算标准条例》,凡七条,自9 月 1 日施行。

　　△　中苏《(中)东洮(昂)跨线协定》于哈尔滨签字。协定规定:洮昂、东铁须互相尊重权利与利益;对于跨线地点发生灾害时,两路共同负责;东铁、洮昂两路须常相保持协调,不得有侵害对方利益之行动,一

切纠纷须以极和平之方法解决。东铁获得安(达)拜(泉)线之修筑权,为洮昂跨线之交换条件。至此,三年来东、洮跨线之纠葛遂获解决。

△ 吉(林)敦(化)铁路竣工,并举行通车典礼。该路由日满铁会社垫款承修,二年工竣。

8 月 26 日 国民政府电阎锡山速赴北平,协助白崇禧肃清直鲁军残敌。

△ 张学良于沈阳召集东三省文武官吏会议,讨论对蒙之办法,议决:一、移索伦、鄂鲁特各旗游牧蒙民于黑省境内,实行坚壁清野;二、固守海拉尔及满洲里;三、将吉林军富双英两个旅拨归万福麟编练骑兵;四、请班禅喇嘛宣抚蒙众。30 日闭幕。

8 月 27 日 国民政府任杨树庄、陈乃元、徐桴、程时煃、许显时、林知渊、陈培锟、陈楚楠、林寄南为福建省政府委员,指定杨树庄为主席,陈乃元、徐桴、程时煃、许显时分别兼任民政、财政、教育、建设各厅厅长。

△ 白崇禧电告张学良,收编直鲁军军事再展期一周,逾期以武力解决。30 日,张复电白,谓褚部于世铭、袁振青各军听候改编,唯张宗昌强硬不驯,听候中央解决。

△ 刘湘电国民政府,呈报续裁兵一万余,裁兵全部为三师,所有第六路总指挥名义及附属机关分别裁撤。

△ 张学良代表邢士廉在沪谒蒋介石,当晚向新闻界报告东三省决服从国民政府,惟待外交有办法,即实行易帜。

△ 何键电吴尚集中茶、鄿,范石生集中郴、资待命。30 日,何启程赴衡阳"督剿"红军,王东原、陶广两师随行。行前,何键发出通电,谬称湖南衡、永、柳、桂一带共党暴动,"若不斩尽杀绝,何以策全省之安全"。

△ 西藏活佛班禅额尔德尼自东蒙科尔沁旗右前旗葛根庙抵奉天。30 日,张学良招宴班禅,讨论应付蒙乱方策,班禅自愿任专使,奔走和平。9 月 10 日,班禅赴通辽,转内蒙各地宣抚。

△　驻华美代办照会外交部,告以德国、比利时、法国、英国、加拿大、澳洲、新西兰、南非洲、爱尔兰、印度、意大利、日本、波兰、捷克等15国于是日在巴黎签订《非战公约》,该条约规定各国应排斥以战争为国家政策之工具,决以和平方法解决一切争端。美国政府特将条约全文抄送查照,并请中国政府加入。

△　自陈公博主编的《革命评论》鼓倡改组国民党以来,截至是日止,共收到各地赞同改组主张的信达3252封。9月2日,陈在该刊第十八期发表《党的改组方法和时期》一文,表示:"若要的的确确的改组,最少还在一年以后。"

8月28日　国民政府公布《预算委员会组织条例》。次日特任谭延闿、蒋介石、冯玉祥、阎锡山、李宗仁、杨树庄、李济深、何应钦、蔡元培、于右任、宋子文、王伯群、蒋作宾为预算委员会委员。

△　胡汉民偕许崇智由欧洲回国,是日抵香港。陈济棠、陈铭枢、王宠惠等抵港迎接。29日,胡汉民在香港对记者就时局问题发表讲话,谓为建设新中国,彻底实施五权宪法乃惟一之要务,而同志全体团结尤为必要,若徒然攻击左派,直等于实行共产党之策略,为真正国民党员所不取。又政治分会产生于军事时代,所谓过渡办法是也。现今已入训政时代,自然无存续之必要。

△　冯玉祥在开封下令原第一、第二、第三、第四、第六、第七、第八方面军名义一律取消;原第一、第二、第三、第五、第六、第七、第十三、第十四、第十八、第三十各军编制一律取消;原总部或各方面军直属之特种独立师及第三、第十一、第十六、第十七、第二十一、第二十四、第二十五、第三十各独立师及骑兵第一师编制一律取消。以上各部共缩编成12个师,任韩复榘、梁冠英、吉鸿昌、冯治安、石友三、童玉振、程希贤、张维玺、宋哲元、刘汝明、佟麟阁、孙连仲为第一至第十二师师长。

△　阎锡山委商震兼河北省剿匪司令,升丰玉玺为第四军团总指挥,王靖国为第二军军长,李服膺为第七军军长。

△　白崇禧据派驻奉代表何千里27日电告张学良处置直鲁军之

经过及办法,望我军速进,是日电国民政府,谓左翼军各部已占领攻击准备位置,俟范(熙绩)、徐(永昌)两军到达,即行进逼,并拟日内亲赴天津就近指挥。

　　△　外交部就废除《中日通商行船条约》并附约事,第二次照会日本政府,重申该项条约系 30 年前所订,不适于现今两国政治、经济情况,须予废除,双方根据平等、相互尊重主权原则另订新约。按:1927 年 12 月,中国政府曾向日本提出废约,另订新约,日方未予理睬。

　　△　工商部长孔祥熙提议保护山东孔林及各省孔庙,是日,国民政府委员会议决由国府通电各省切实保护。

　　△　国民党第一届中央执行委员会委员沈定一在浙江萧山遇刺身死。

　　△　国货银行筹备委员宋渊源电冯玉祥,告以国货银行拟于一个月内招足股份金额 1000 万元,即照章开业,望转达豫、鲁、陕、甘等省各机关,从速劝募。31 日冯复电宋,谓国货银行关系实业前途甚巨,豫、陕、甘各省虽地瘠民贫,亦当竭力劝募,以尽国民之职。

　　△　何键自长沙赴湘南“督剿”朱德、毛泽东等部红军。湘省清乡督办处获悉,江西红军朱德、毛泽东部与湘南宁远、蓝山、新田、祁阳一带红军周文、陈光保等部联合,图夺取衡阳。鲁涤平特商何键,按李宗仁电令,由何亲赴湘南,指挥湘军协同粤、赣军队大举“会剿”。何遂令所部第三十五军教导师王东原部由长沙开赴衡阳,第三师陶广部集中东安、祁阳之间,一面电令第八军吴尚将所部集中湘东茶陵、酃县,向桂东、赣边搜索,并电请驻粤滇军范石生部集中郴州、汝城,向桂东、资兴进逼,赣军刘士毅师、杨如轩师向宁冈、上犹、湘边“兜剿”。部署已定,何键于是日下午离长沙赴湘南,30 日抵衡阳。

　　△　济南日军正式换防。日军第三师团长安满策一率司令部全体人员自青岛到济南。当夜第六师团长福田彦助向安满交代防务,安委第五旅团长蜂须贺任济南警备司令。次日福田离济南赴青岛,第六师团亦撤离济南。

8 月 29 日　国民党中央政治会议第一五二次会议议决多项议案，其要案为：一、外交委员会暂缓改组；二、改西藏、青海及察、绥、热各特区为省；三、河北省府迁北平；四、推李烈钧、孔祥熙、陈嘉庚等六人为侨务委员会委员并暂代常委；五、各特别法庭与"一一二二"法庭同时取消；六、梁漱溟拟具《试办乡治讲习所大纲计划》及《建议书》，交内政部审查。

△　张学良下令将奉方所捕之国民党员全部释放，以示真心服从国民政府。

△　凌晨 1 时，天津警备司令傅作义以收编之直鲁军扰害闾阎，暗通张宗昌，密派第五军军长李生达部至韩家墅，将收编的第一、二、三、四师曾琦、任增祺、朱堃、雷长禄各部包围，当即遭到抵抗，双方激战多时，收编各师冲出包围溃逃者约五六千人，死伤 2000 余人，缴枪 6000 余支，余部 1.4 万人给资遣散。

△　樊钟秀逃抵汉口。盘踞豫西伏牛山区的樊钟秀建国豫军经冯玉祥派兵追剿，向鄂境枣阳、随州溃逃。

△　日本政府任命佐分利贞男为驻华公使。

8 月 30 日　国民党中常会第一六三次会议议决多项议案，其要案为：一、二届五中全会决议立法、行政、司法、考试、监察五院设立次序由常务会决定案，俟组织法草案拟就请核时再议；二、工商部长孔祥熙拟具兴办基本工商业，实行民生主义，并拟定筹款办法案，交政治会议核办；三、所有各种特别法庭均应取消，其特种刑事临时法庭取消办法，俟司法院成立时再议。至"一一二二"惨案特种庭，应即结束，所办案件移交有管辖权之法庭，按法审办，即交国民政府查照办理。

△　白崇禧召集军事会议，就部队进军津东肃清直鲁残部的给养问题研究办法，并决定北平事务在阎锡山未到前由朱绶光、刘镇华负责。

△　王正廷接见各报记者，谓济案悬而未决，系因日方缺乏平等协商的诚意，我国拟将济案提交第九届国际联盟大会公断。

8 月 31 日 国民政府委员会第九十次会议通过多项议案,其要项为:一、关于蒙民生计、参政权及蒙旗组织案,交内政部、蒙藏委员会、法制局详细计划;二、冯玉祥建议本党对于民生衣食住行四大需要应有最低限度之紧急设施案,分交主管机关切实筹划进行;三、王法勤等提议彻底肃清贪官污吏案,由政府明令制定法规,严革弊端,并交内政、司法部商定检举及发觉贪污详切办法;四、修正通过蒋介石提送《中央财政整理委员会组织条例》草案;五、取消各种特别法庭,结束"一一二二"惨案特种法庭;六、河北省政府准移北平;七、由财政部尽先筹拨 20 万,交白崇禧制备前线军棉衣。

△ 白崇禧召集朱绥光、何成濬、杨杰、刘镇华开会,磋商东征部署,决定方振武、李品仙部分别担任左翼之左右两路,范熙绩、徐永昌部分别担任右翼之左右两路,中路由白主力及第二、三集团各师、刘镇华部为预备队,总兵力近 10 万人。

△ 第四集团军参谋长张华辅致电上海李宗仁报告将第七、第十八、第十九各军改编为第二、第三、第四三个师,每师辖三旅,每师有步枪 1.47 万余支。

△ 芜湖各界反对菜籽出口发生流血事件。是日下午,芜湖各机关、各民众团体代表 200 余人集会,要求厉行对日经济绝交,制止奸商向日本售卖菜籽(日方购定之菜籽二万数千包及奸商陶惜芬售卖日方之菜籽 1800 余包),决议电请国民党中央党部及全国反日会解决,旋结队游行,向安徽交涉署请愿。队伍行抵交署大门,与卫兵发生冲突,群众被殴伤 10 余人,重伤三人。

△ 河北省政府电国民政府,顺直水利委员会自为建设委员会接收后,裁去技术人员,所有治本、治标计划悉被搁置,乞俯念河北省河患危急,从速划分权限,决定办法。9 月 7 日,国民政府委员会第九十二次会议议决划归河北省办理。

是月 津浦铁路自北伐战争开始迄今,据津浦铁路局统计,路轨、桥沟涵洞、车辆等物质及材料上所受军事损失,总计金额 1800 余万元。

9 月

9月1日　国民政府派李烈钧、宋渊源、钟荣光、陈嘉庚、陈季良、孔祥熙为侨务委员会委员,指定周启刚、丘莘昀为常务委员;侨务委员会常委林森、萧佛成、邓泽如未到任以前,由李烈钧、宋渊源、孔祥熙暂行代理。

△　国民政府训令"一一二二"惨案特别法庭、各省政府及司法、财政两部,经本会第一六三次常务会议讨论,所有各种特别法庭均应取消,其特种刑事临时法庭取消办法,俟司法院成立再行交议,至"一一二二"惨案特别法庭应即结束,所办案件移送有管辖权之法庭按法审办,即交国民政府查照办理。

△　国民革命军前敌总指挥兼右路军总指挥白崇禧分访驻华英、美、法、日、意、荷各公使,说明进兵京奉线意旨,并电张学良即将直鲁军撤退,否则即行总攻击。

△　胶东方永昌部刘珍年师于掖县反正,悬青天白日旗,旋率部赴平度、黄县、蓬莱,3日抵烟台。烟台守军司令钟震国宣布下野,副司令李锡相悬青天白日旗。方率残部300余人自龙口逃秦皇岛。张宗昌在胶东之地盘尽失,原拟雇日轮"松浦丸"自秦皇岛运兵烟台计划,遂告中止。

△　张学良代表邢士廉偕方本仁抵南京。当晚,邢对记者谈话,谓东三省易帜,本可早日实现,嗣因外交关系,只得稍缓,如将来外交办理顺利,自可不成问题。

△　湘军独立第十九师师长陈渠珍与川军师长穆瀛洲签订《川湘联防清共剿匪条例》,凡11条,在湖南里耶(保靖县属)设联防办公处,陈、穆分任正、副处长,自是日起实行。

△　鲁涤平改编前第六军彭子国教导师,取消教导师名义,改名为清乡团,第一团归何键指挥,第二团归鲁涤平指挥,彭调充督署顾问,其

余官兵遣散。

△ 河北省府主席商震、委员徐永昌等以延庆县长马友麟因难于支应驻军,忧惧自杀,是日联衔致电国民党中央党部、国民政府军委会、蒋介石、冯玉祥、阎锡山、李宗仁暨各总指挥,恳请早日下令撤退驻省各军。

△ 芜湖罢市、罢工,声援上月 31 日为反对菜籽出口受伤群众。2 日,芜湖国民党党、政、军出面调处,将凶手送法院法办,奸商陶惜芬由反日会处置,拨 1000 元予受伤者治伤。3 日,芜市复工开市。

△ 广东全省商会代表大会于广州开幕,讨论商会改制问题,10 日闭幕。大会选出全省商联会执委 49 人,监委 23 人,通过请免柴税及取消食盐专卖等案,并发表宣言,希望商人与政府合作。

△ 北平卫戍司令部据文物维持会关于阻止美探险队队长安竹斯运走内蒙古古物之请求,是日电令张家口各地予以扣留。按:安竹斯佯称去内蒙狩猎,盗掘古物,盗走驼龙骨 64 骨、驼龙蛋数十个,价值甚高。

9 月 2 日 蒋介石在上海对记者谈时局问题,略称:时局绝无任何不安之点,外间谣传,系反动派挑拨离间之惯技,避免党内纠纷,惟有少发议论,多做实事,小册子愈多,小团体亦愈多,促使青年思想不一,则党国危机愈甚;去年粤变之责任,陈公博应负责引咎;吴先生(敬恒)等为本党之瑰宝,必须绝对尊崇之,万不可蔑视老成,肆意诽谤。蒋令记者公布本日谈话,并出示其《最近对党国感想》一文,嘱为一并发表。该文对各界批评他"太软弱"、"太不彻底"、"外事不公"、"功罪是非不明"等等,进行了辩解。

△ 白崇禧出发东征,由北平抵天津,并于津警备司令部对各记者谈话,谓因张(宗昌)、褚(玉璞)缺乏诚意,不得不以武力解决,第一步进至滦河一带,奉方亦将出兵夹击。

△ 张宗昌派代表郑大伟见白崇禧,谓直鲁军即从芦台、宁河撤退,丰润稍缓让防,被白拒绝。3 日,白崇禧部向宁河进攻,张宗昌又派李徵五见白,表示直鲁军即退滦河以东,要求稍缓进逼。

△　冯玉祥委任鹿钟麟为豫鲁剿匪总司令兼河南剿匪总指挥,孙良诚为山东剿匪总指挥,刘郁芬为陕甘剿匪总司令,孙连仲为甘肃剿匪总指挥,宋哲元为陕西剿匪总指挥。

△　阎锡山电国民政府,请准天津特别市长南桂馨辞职,遗缺以崔廷献继任。同日电国民政府军委会,以第三集团军北伐各役阵亡、伤残官兵共两万余人,请拨给抚恤金 200 万元。

△　阎锡山分别电令察绥剿匪司令傅存怀、平绥路局长班廷琪、绥远都统李培基、察区都统张会诏,严禁扣车行为,谓嗣后如再发生前项情事,自高级官员以下,统准就地枪决,倘循情故纵,一并治罪。

△　国民政府军委会通令各军驻京联合办事处,重申独立师以下不准设立驻京办事处,所有新编各师,只准派员驻京,不得悬挂办事处牌额。

△　日第六师团长福田彦助率步兵第二十二联队千余人,分乘“长城丸”、“大开丸”离青岛返国。同日,驻天津日军第十八联队赴青岛接防。

△　全国学生总会第十届代表大会在南京开幕,到晋、赣、皖、沪、平、浙、鲁、冀、奉、吉、豫等省市代表 20 余人,大会共开三天,通过该会总章,议决呈请中央严禁无政府党、西山会议派、共产党、第三党、国家主义派暗中活动煽惑青年案;驳斥戴季陶青年运动理论案;敦请汪精卫回国主持党国大计案;统一各级学生组织案;确定今后学生运动方针案等项提案。4 日闭幕,发表闭幕宣言。

9 月 3 日　胡汉民由香港抵沪,蒋介石派张群前往码头迎接。当晚,胡汉民与蒋介石就改组政府事交换意见。

△　国民党中央执行委员会电请胡汉民即日入京。

△　第四集团军通电声讨张宗昌,略谓张宗昌盘据关内以来,荼毒人民,不遗余力,近复勾结安福余孽,许以政权,交换巨款,冀图死灰复燃。“我白总指挥秉国民政府肃清国内军阀之本旨,奉命东征,拯民水火,业于冬(2)日率部抵津,克期东指,灭此朝食,务望各界一致声讨”。

△ 白崇禧复电张学良,展期势不可能,7 日前若不撤退,即按原计划进军。同日,张学良派何丰林赴滦河,向张、褚作最后警告,倘再执迷,即系自入死途。

△ 张学良在奉天开军事会议,讨论改编直鲁军问题,杨宇霆、万福麟、张作相、汲金纯、胡毓坤等出席,议决:一、令张宗昌下野;二、奉方发给直鲁军遣散费;三、以四军集中山海关一带,先请白崇禧改编开平直鲁军,若遇反抗,则实行武力缴械。次日派臧式毅就治安问题赴村冈关东军司令官处,请求日方谅解。

△ 据外人调查统计:近四年直、鲁两省因军事匪乱,壮丁减少 180 余万,将饿死者在 50 万人以上,财政损失两亿以上,牛、马、驴、骡损失 20 余万头。

△ 川军第二十一军军长刘湘通电全国,宣布该军由七师、一旅、两司令缩编为三师,委唐式遵为第一师师长,蓝文彬为副师长;王缵绪为第二师师长,潘文华为副师长;刘湘暂兼第三师师长,王陵基为副师长,并已于本月 1 日宣誓就职。

△ 河南省政府颁布《农业畜产奖励条例》,规定养畜者分别授予奖章、奖金及免收子女学费。

△ 建国豫军樊钟秀部攻占湖北应山县。上月 31 日,樊钟秀部突袭随县,经驻军击退,旋向东往攻应山,是日与驻应山第十七军第二师第六团杨营激战数小时,击败杨营,占领县城。4 日,樊以杨营援军赶至,旋即向东北方肖山店等处退走。

9 月 4 日 国民政府委员会第九十一次会议通过起草《文官甄别及任用暂行条例》;议决关于保护东、西陵事宜由内政部负责办理。

△ 国民政府公布《中央财政整理委员会组织条例》。

△ 五院组织法起草委员会开会,蒋介石、孙科、谭延闿、戴季陶、李石曾、张静江、王宠惠、李济深、吴敬恒、褚民谊、李宗仁出席,王世杰列席。决定王宠惠负责起草司法,王世杰负责起草考试、监察。

△ 全国预算委员会开会,确定全国军队不得超过 60 师,由财政

部速筹裁兵费。宋子文提出 9、10、11 月预算额 1500 万元,除各省二五库券 300 万元,尚少 1200 万元,若各省将国税上缴中央则可相抵。谭延闿主张,俟冯玉祥、阎锡山到京后再从长计议。

　　△　国民政府侨务委员会委员李烈钧、周启刚、钟荣光等九人在南京宣誓就职,侨务委员会正式成立。

　　△　国民革命军前敌总指挥兼右路军总指挥白崇禧于天津下达命令,其要旨为:一、右翼军徐永昌所部务于 9 月 7 日以前占领芦台、杨家泊之线后,以主力与中央军联系,由铁道以南进攻唐山、开平之侧背,破坏敌后方铁道;二、中央军范熙绩所部务于 9 月 7 日以前占领宁河、丰台之线后,与右翼军联系,进攻胥各庄与唐山正面之敌;三、左翼军李品仙所部务于 9 月 8 日前占领丰润至大鹿河之线后,以一部进击榛子镇,向沙河驿、迁安方面警戒,以主力进攻唐山、开平敌之右侧背,上述各路于奏功后,均至滦河西岸待命;四、郑大章骑兵军、孙长胜骑兵警戒左侧方,准备袭击向迁安、冷口逃窜热河之敌。

　　△　白崇禧在天津拜会日、英、法、美领事,重申东征在即,希望驻津外兵勿阻碍东征军前进,并表示军队所到之地,负责保护外侨生命财产。各领事表示谅解。

　　△　宋哲元攻克陕西省凤翔县,党玉琨及部下军官 200 余人、兵千余人被俘。嗣后,党玉琨在西安枪决。按:党为郭坚旧部,曾响应李云龙反冯玉祥,李失败后,党退据凤翔。

　　△　驻奉天日总领林久治郎奉召回国,商东三省问题。

　　9 月 5 日　国民党中央政治会议第一五三次会议议决:一、准热、察、绥、西康、青海改省,每省设委员五至七人。旧直隶口北道 10 县划归察哈尔,察哈尔原划绥远之丰镇、凉城、兴和、陶林四县仍归还绥远。热河省会设于承德,察哈尔省会设于万全,绥远省会设于归绥,西康省会设于康定,青海省会暂设甘肃西宁;二、崔廷献继任天津特别市长;三、任命卢兴邦、丁超五、方声涛、郑宝菁为福建省政府委员;四、中国加入《非战公约》。6 日,国民党中央常务会第一六五次会议议决,以上各案均交国民政府办理。

　　△　白崇禧电国民政府军事委员会、蒋介石、冯玉祥、李宗仁等,报告宣抚胶东及刘珍年反正经过,请示胶东问题善后办法。略谓:"方逆(永昌)虽去,秩序未定,绥靖地方,整顿部队,尤为刻不容缓之举,已电刘军长(珍年)切实办理,此后胶东应如何善后,请冯总司令、孙总指挥(良诚)策划为祷。"

　　△　张学良电南京邢士廉称,"直鲁军收束办法早经商定,张、褚一再迁延,近又派代表赴平,请求脱离东省关系,改隶中央管辖。健生(白崇禧)、雪竹(何成濬)均予拒绝,一面决定用武力解决。此间昨派茂如(何丰林)前往为最后之劝谕,并盼前方密为戒备,杜其来窜",并告胡若愚明日回津,即由津南行。

　　△　褚玉璞应召抵奉见张学良,表示愿接受改编,并代张宗昌缓颊。张学良力劝其下野。

　　△　北塘、汉沽、芦台、宁河一带直鲁残军全部溃退。是日两地绅商代表赴塘沽,请东征军进驻。李生达部第十五师进入北塘、汉沽接防,悬青天白日旗。6 日,东征军进入宁河,7 日进入芦台。

　　△　白崇禧在天津总商会欢迎会上发表演说,称津东残敌不足为患,所患者"共祸"、"赤祸"侵入,甚于洪水猛兽,望河北省父老注意,更望党的同志努力"清共"。

　　9 月 6 日　晚,蒋介石在宋子文寓所宴请留沪各中央委员,到胡汉民、戴季陶、李石曾、李济深、李宗仁、陈铭枢等人,讨论五院人选及中政会改组等问题。

　　△　国民党中常会开第一六五次会议,谭延闿主席,组织部提议规定各级党部监察委员人数案,议决如拟决定;宣传部呈请在北平设置党报案,议决交国民政府查酌办理;政治会议第一五三次会议议决之加入《非战公约》等案,均议决交国民政府办理。

　　△　国民政府军事委员会令派黄慕松代理陆军大学校长。

　　△　张宗昌电白崇禧表示不愿受奉改编,"尊处如有意收纳,敝部

本人极端服从"。

△　日驻沪总领事矢田在东京接受田中对华新方针，是日夜自东京出发返任。

△　驻津美领戴尔恩答拜白崇禧，希望中国百政革新，中美邦交益臻良好。7 日，日驻津司令官新井访白崇禧，否认日军暗助张宗昌。

9 月 7 日　国民政府委员会第九十二次会议，王宠惠请准免司法部长本兼各职，议决慰留；加派财政、交通两部长为禁烟委员会当然委员，贺国光、李铎、葛敬恩为建设委员会委员；任卢兴邦、方声涛、郑宝菁为福建省政府委员；天津特别市市长南桂馨照准辞职，遗缺以崔廷献继之；由内政部、蒙藏委员会拟设蒙藏学校；任陆军第五师师长熊式辉兼任淞沪警备司令，第三师师长钱大钧兼任江南剿匪司令，第十师师长方鼎英兼任江北剿匪司令；指定孔祥熙、宋子文等六委员审查开办基本工商业，实现民生主义案。

△　国民政府主席谭延闿由宁抵沪，促胡汉民到南京主持党政。

△　蒋介石偕宋美龄从上海返奉化，8 日抵宁波转赴溪口。11 日，蒋在奉化大摆结婚筵席，招待戚族。

△　国民政府以侨务委员会业经成立，令外务部侨务局应即裁撤。

△　张宗昌派参谋长李藻麟到津会晤白崇禧，接洽直鲁军改编事宜。白限张宗昌七日内退出滦东，否则三路军进攻。是日，李离津复命。

△　太原各界举行发起废约运动大会，到 89 团体，约四万余人。通过电请国民政府自动宣布废除不平等条约，肃清关内外残余军阀，通电全国对日经济绝交，呈请党部、省府一致提倡国货四项议案。会后游行，并沿街讲演。

△　日派遣驻朝军第四十旅团长仙波安艺率本部自沈阳撤回平壤原防。该旅团驻长春之第七十七联队已于本月 4 日先期返回平壤。按：该旅团系皇姑屯事件前后借口保护侨民，奉命由平壤移驻沈阳、长春等满铁各埠。

9 月 8 日　国民政府令特派财政部长宋子文、交通部长王伯群为禁烟委员会委员;准天津特别市市长南桂馨辞职,遗缺以崔廷献继任。

　　△　东征军左路李品仙部叶琪、廖磊、魏益三等军进攻丰润城,直鲁军张敬尧、毛永恩等败退,李品仙部即分西、北、南三门入城,克复丰润。

　　△　白崇禧电告宋子文,已督率前敌各军开始进攻直鲁军,请派员随军出发,接收各地中央税收机关。

　　△　宋子文在上海宴请商界负责人,劝募善后公债。9 日,上海总商会、县商会分别开会,讨论筹募 150 万元善后公债办法。

　　△　第三集团军总部召集军事会议,议决缩编为 12 个师,并组织第三集团军整理委员会,阎锡山自兼委员长,另任商震、徐永昌、杨爱源、丰玉玺、谢廉为委员,同时发表第二期裁兵宣言,略谓:“本军前在北平,第一期已将每团裁减两连,计裁减三万余人,嗣定缩军为师分期裁兵办法,第二期裁并骑兵六师二旅。现又着手第三期裁并步兵为 12 师,其军费人数,均照总司令部之规定,计裁去军团部五,军部 15,师部 19,被裁士兵人数 7.5 万余人。”

　　△　北平地方法院判决李大钊案内俄人奥纽夫等 15 人无罪释放。

　　△　日本民党众议院议员大内畅之访华抵南京,晤国民政府常务委员李烈钧,谈中日问题,告以日政府已派定议院方面政友会、民政党议员 10 人来华调查,俾早日解决中日一切外交问题。

9 月 9 日　东征军克复唐山。拂晓,东征军第十二军叶琪部击溃韩城镇之直鲁残部,正午追至马驹桥、曹江口之线。河头、胥各庄之敌,因东征军左翼之先头部队已进攻牛郎山,遂向乐亭撤退。同时,东征军第三十六军击溃老庄子镇之敌,正午追至小马各庄、韩庄子之线,敌向龙王庙、开平方向逃走。唐山之敌因无险可守,仍向开平、古冶撤退。下午 4 时,第十二军占领唐山。

　　△　晚 8 时,白崇禧率预备队由天津进抵芦台。

　　△　东征军第一集团军第四十七军高桂滋部进占喜峰口。

　　△　第二集团军第一方面军总指挥孙良诚偕山东省政府代理主席

石敬亭自开封赴南京。11日,孙、石二人分别对记者谈此行任务。石谓向中央报告鲁省政务,磋商解决张宗昌残部办法,及促孙良诚速就鲁省府主席。孙表示要与蒋介石讨论山东剿匪问题,就省府主席后,仍请石敬亭主持政务。

△　淞沪警备司令部以改组在即,停止办公。是日钱大钧所部调离苏州、常州、无锡、江阴、常熟、太仓、嘉定、南翔、松江、青浦,由第五师熊式辉部接防。至14日,熊、钱调防完竣。10日,国民政府任命熊式辉接替钱大钧任淞沪警备司令。

△　驻日公使汪荣宝电告外交部,日首相田中已授驻沪总领事矢田以交涉济案全权,日方盼我国不提赔款、惩凶、道歉,只要求不再发生此类不幸之保障。

△　张学良以交通部长王伯群对东三省交通委员会组织邮务处表示怀疑,是日电邢士廉,谓此举"仅有整顿扩充之计,绝无破坏统一之心",请先行婉达此意。

9月10日　国民政府明令通缉张宗昌。略谓张逆宗昌啸集残部,冀燃死灰,似此怙恶不悛,断难姑息贻患,着交军事委员会、内政部通行各军民长官饬属一体严缉。

△　晚,白崇禧抵唐山,旋召集三军负责人李品仙、徐永昌、范熙绩开会,决定乘胜继续进军,派第三集团军关福安、段树华师,李品仙部陈耀汉师,及韦云淞、魏益三、叶琪等部向古冶进攻。

△　东征军第三十六军第一、二两师于9日晚各派一部向开平攻击前进,由唐山退来之直鲁军,人数甚众,经三十六军第一、二两师合力猛攻,将敌击退。是日上午8时完全占领开平。

△　张学良致电忠告张宗昌,略谓:"有承示各节,弟现时有所考虑,东省有貔貅之士达二十万,未尝不可与南军作一决战,但鉴于外患险恶,济案及皇姑屯之变,深为痛心,且因大势所趋,全国人民服膺三民主义,我兄弟倘使举措不检,不特为亡国之罪人,亦且为人民所唾弃,人格所关,在此一着,惟兄图之。"

△ 张学良在奉天总部向奉天各界报告收编直鲁军经过。略谓：本人为顾全大局，曾与张宗昌之代表褚玉璞在奉天商定：第一期将七万直鲁军遣散二万，余五万人限于四个月内遣散，存两万人，并发给遣散费现洋 25 万元，但张、褚存心欺诈，拒不改编，迫不得已，乃决心彻底铲除，为国除害。

△ 张学良代表罗文幹抵天津，要求东征军攻至山海关即停止前进。

△ 张学良以国民政府筹组国货银行，是日电邢士廉，表示与杨宇霆各认股款，并嘱勿列入发起人衔名，以免惹注意。

△ 冯玉祥离开封，翌晨抵洛阳，入陕巡视。

△ 呼海路支线绥海段竣工。

△ 驻华英、法、日三公使抗议扣留盐税。9 日，英、法、日三国代理公使并汇丰、汇理、正金三银行代表，在日使馆讨论盐税问题，是日向国民政府发出严重抗议之警告，谓各地军政官吏扣留盐税，致使担保之债款发生动摇，此种违约举动，若不能制止，三国将采取强制措施。

△ 日船"登安丸"自旅顺装运私盐 1260 包（共 120 吨），在湖北黄石港起卸，被缉私队截获，江汉关盐督甘介侯即令扣留，并予没收，是日在汉口将船货一并充公。

9 月 11 日 第三集团军实行缩军为师，是日阎锡山特任李培基（李士元暂代）、孙楚、徐永昌、杨效欧、李生达、王靖国、李服膺、赵承绶、关福安、张会诏、张荫梧、傅作义分别为第二集团军暂编第一师至第十二师师长，并电商震、傅存怀、徐永昌、谢廉、孙楚、张荫梧、丰玉玺、杨效欧等，着将各军团总副指挥名义，限电到后一律取消。

△ 国民政府以前东北国民军总司令郭松龄，"民国十四年在滦州举义兴师，至以身殉"，是日明令褒恤，并发给治丧费 5000 元。

△ 白崇禧在开平召集徐永昌、李品仙、叶琪、范熙绩开会，决分三路进攻滦州：中路由洼里进，右翼由张格庄进，左翼由榛子镇进。当晚，白崇禧下令限三日内会师滦州。

△ 日本南满铁道会社社长山本由神户乘轮回任,临行前于 10 日在私宅开"满铁"与外务省联席会议,外务省亚洲局长有田及驻奉总领、驻平参事官等均出席,"满铁"方面到山本、松冈正副社长。林久治郎总领事报告与张学良交涉经过,继由山本、松冈二人说明"满铁"与奉方交涉事项,计有:一、确立吉会线借款契约,与吉长线联络经营等问题;二、吉会线及今后拟定敷设之铁路问题;三、关于东三省经济开发等诸案件(整理奉票、设立东三省银行等)。会议取得一致认识。

△ 驻奉日军第二十八炮联队、海城第十九联队撤离回国。

△ 国民党厦门市党部及民众团体促胡汉民入都主持党国大计,又电中央党部及国民政府称,八闽党政重心停顿,请饬闽省党指委、省府委速来闽主持党政。

△ 陈公博主编之《革命评论》发表启事,以"处此局面之下无再评论可能",宣告暂时停版。

△ 台北——基隆纵贯公路举行通车典礼。

9 月 12 日 国民党中央政治会议第一五四次会议议决:一、本年10 月 1 日起实行关税等差税率;二、《法院编制法》、《法官惩戒法》、《法官委员会审查规则》等交付法制局审查;三、集宁县划归绥远省;四、加入《非战公约》事,推王正廷起草电文答复美政府。

△ 国民政府任卢兴邦、丁超五、方声涛、郑宝菁为福建省政府委员。

△ 东征军占领滦州。同日,东征军第三十七军范熙绩部占领古冶。直鲁残军退滦河东岸。

△ 白崇禧在唐山阅兵,当日乘"北平号"铁甲车赴古冶督战。

△ 东征军进驻滦河西岸,将沿岸直鲁军完全肃清,张学良不欲东征军渡河,派代表向白崇禧请求,直鲁残部仍归奉军改编。白为表示合作诚意,已允如所请。

9 月 13 日 外交部复照驻华美代办,表示中国政府极愿与诸国一致行动,正式加入非战条约,指出:"本国政府深信各国必将依据本约之精神,使数十年来中外不平等条约以及其他侵犯中国主权之事实,如驻扎外兵于中国领土等行动,皆能于最短期间,以正式之方式一一废除,庶克确保中国之自由独立,而促进世界之永久和平。"18 日,全文正式公布。

△　徐永昌率四师兵力攻占乐亭。

△　东征军各路部队集中滦州,沿滦河西岸直鲁军业已完全肃清。14 日,直鲁军炸毁滦河铁桥,以阻东征军过河。

△　唐山举行军民联欢会,到 20 余民众团体,计六七千人,白崇禧出席并发表演说,称打倒帝国主义侵略,取消不平等条约,肃清军阀,"铲除"共产党,革命方算成功。

△　张学良以直鲁军收束办法经两次会商决定,张昌宗延不实行,近复袭击滦河奉军守兵,遽行乘机偷渡,入踞奉军防地,是日下令解除直鲁军武装,听候处置。同日,派杨宇霆赴前方督饬处理。

△　张学良电白崇禧,谓所有直鲁军善后事宜,听候国军处置,决不过问。

△　直鲁残军方永昌、王琦部在昌黎至秦皇岛一带大肆抢劫民物。奉军于学忠部第二十军第二十五师向昌黎进发,截击方、王残部,15 日将方永昌部 3000 人缴械,16 日在秦皇岛将王琦部缴械,王被俘,解往奉天。

△　第四集团军总部为实行第二期裁兵计划,是日令湘省各军缩编为师及独立旅,其要旨为:一、着第二军、第十四军缩编为第四集团军第五师,以鲁涤平为师长;二、着第三十五军、第十七独立师、第十九独立师及李云杰师,缩编为第四集团军第六师,以何键为师长;三、着第八军及刘铏师缩编为第四集团军第一独立旅,以吴尚为旅长;四、着独立第五师缩编为第四集团军第二独立旅,以刘和鼎为旅长;五、限 10 月 10 日以前编组完竣。

△　鲁涤平为"围剿"贺龙红军,是日电贵州省府主席周西成,请仿照湘、鄂联防办法,订立《湘黔清乡联防会剿暂行条例》。

△　冯玉祥电国民政府军事委员会、蒋介石，报告拟将该集团军第五方面军岳维峻部缩编为一师，以邓宝珊为师长，岳赴中央或河南省政府供职，正在电商之际，该总指挥竟不听编制，突然擅离驻马店，东开皖境，请示处理办法。

9月14日　国民政府委员会第九十四次会议通过集宁县划入绥远省；筹拨款项赈恤阵亡官兵家属；任张治忠为北平陆军军官学校校长；由农矿部会同处理逆产委员会派员先行清查安徽宝城益华铁矿公司、定远普益林垦公司之倪嗣冲股份，再行呈请核办。

△　蒋介石自宁波抵杭州。同日，蒋电令刘峙为徐海剿匪总司令，所有徐海驻军均归调遣。

△　上午，白崇禧到滦州视察，旋即回唐山，发表战况：一、我骑兵12日午占滦州，获枪千支；二、我军13日抵滦河西岸，与敌夹河对峙，我军已准备渡河；三、滦河东岸至永平有奉军，张学良来电谓派杨宇霆赴前方督战，缴直鲁军械。

△　夜，白崇禧在唐山召集军事会议，刘镇华、徐永昌、叶琪、刘春荣等出席，决定分三路渡滦河进攻昌黎，由李品仙、刘镇华、徐永昌分别担任左、右、中各路总指挥。当夜10时，白下令攻击，并于15日晨赴滦督战。

△　奉军与直鲁军战事爆发。奉军以直鲁军不服归降劝解，是日向安山（昌黎以西20里）直鲁军发动攻击。奉军前线仅胡毓坤部一个师，寡不敌众，致颇失利，向安山以东退却，直鲁军占安山。同日，张学良派杨宇霆赴榆关督师；令驻榆于学忠部加入前线，又调戢翼翘、富双英等部防守冷口、喜峰口，免张、褚残部窜入热河。

△　张宗昌通电决与奉军兵戎相见。略谓："余从故大元帅兴兵讨赤，转战各地，兹已数年，备共艰苦。张作霖没后，张学良为其左右所误，视余等为敌寇，勾连赤贼，向南请和，竟敢出卖其昔日友军之举，此实背先人之遗训，悖旧友之情谊，罪不容恕。""余兹因剪除张学良左右之奸佞，不得不还师向奉，与奉军以兵戎相见，此实余至引为痛心者

也。"张学良闻电,于同日发出告直鲁军将士通电,述力谋对直鲁军和平解决之苦衷,并谓直鲁军将领若服从舆论,听候改编,余当力谋优遇诸君之方法,不问已往之事,否则惟有采用武力解决手段而已。

△ 张学良电白崇禧,表示奉军可完全负责解决滦河东岸直鲁军,请勿渡河,以免误会。

△ 张学良电何成濬,表示愿负责解决直鲁残敌。略谓:"张宗昌于协商已定之办法,延不履行,近复当国军进逼之际,借口送眷属为辞,统军进驻滦河,敝部堵截不力,咎无可辞。……弟为大局计,为人格计,实已忍无可忍,下令前方令派得力军队,将张、褚所部俱以解除武装,静候处置。"

△ 冯玉祥电国民政府,报告是日抵西安,拟即点验驻陕各部队,切实改编。

△ 湖北全省清乡会办陶钧自鄂返汉,对记者谈话,谓:岳维峻部张万信、田春生,在鄂北数月,遍地抽税,挨户奸淫,绑票勒赎,无恶不作,综计襄阳、樊城、谷城、光化、随县、枣阳等处民众被杀者至 7000 之多,房屋被烧者在百里以外。民众因不堪其虐,遂组织大刀会、红枪会、白带会、硬肚会、清乡社、一心社、万仙会等,以为抵抗。清乡军到达后,将襄樊各县之匪驱逐出境及缴械遣散,计缴匪枪 1.3 万支,岳部除大部解散外,余均窜至豫境。现鄂北防务,实力充足,匪辈当不易思逞。

△ 徐源泉具呈阎锡山、蒋介石,为东陵盗墓主犯孙殿英、谭温江狡辩,谓:东陵盗案与该部第十二军军长孙殿英及所属第五师师长谭温江无关,乃张敬尧部柴云陞所为。谭所获金银珠宝系 7 月 2 日抵马兰峪时所掳战利品,共 27 包大小 233 件,已呈送平津卫戍总司令部。

△ 日陆军中将坂西利八郎来华抵沪,对往访友人称,此次来华,并无政治目的。

9 月 15 日 胡汉民发表《训政大纲提案说明书》。略谓:"今北伐既以完成,军阀渐以告终,本党目前所致力者,厥为负荷实施训政之一大责任。"训政大纲"其中包含二部分:一为政治会议纲领,一为国民政府组织纲领。此提案须有原则上之说明者四,有须为制度上之说明者五。"并谓:"今为总合全部之铨义言,即本大纲之根本原则,完全本于总理建国之旨。在向于宪政时期进行的程途中,所有军政、训政,皆为本党建国时期之工作,一切权力皆由党集中,由党发施政府,由党员任褓母之责。"

　　△　国民政府公布《县组织法》,凡58条。

　　△　东征军中央军范熙绩一部渡过滦河,占领故上庄以上地区,与直鲁军接战,不分胜负。

　　△　奉军进攻直鲁军,因日本暗助张宗昌,致受挫折。是日,张学良电请白崇禧派兵夹击直鲁军。

　　△　西安各界举行欢迎冯玉祥大会,到三万余人,冯在会上发表演说,称"今后敌人,一个是帝国主义,一个是共产党,目标须认清"。并谓"国民应打破迷信,努力革命,以主义救国,以科学救国"。

　　△　"一一二二"惨案法庭开结束会议,议决呈请中央迅即通缉本案之被告人等,依法惩办;并发表宣言,宣布该庭工作经过,略称惨案之凶犯屡传不到,工作无从进行,最近中央结束之令候下,致使所负使命不克完成,未了的工作,应由中央负责完成。

　　△　阎锡山在北平电请国民政府任命商震为审理东陵盗案军事特别法庭审判长,杨杰(一集团)、刘镇华(二集团)、谢濂(三集团)、王泽民(四集团)为审判员,冷遹、周孝鲁为法官。

　　△　驻江西第五路军(第三军、第三十一军)改编为第七、第十二两师,是日该两师长王钧、金汉鼎发出通电,宣布在南昌宣誓就职,按照新制次第缩编完毕,第三军、第三十一军名义即日取消。

　　△　驻漳州之张贞独立第四师在鼓浪屿破获中共福建省委机关,逮捕陈源隆、李家郴、陈静峰、张振声、陈仁芬五人,搜出重要文件多宗。

　　△　驻日公使汪荣宝拜访日外相田中,就中日条约及济案问题征询日方意见。

　　△　捷克驻华代办倪慈都由平抵南京,与外交部条约委员会副会

长徐东藩商订中捷修好及通商条约事宜。22 日夜离京北返。

　　△　刘湘、刘文辉、邓锡侯、田颂尧在资中会晤,商讨妥协条件。25 日结束会议,决定统一意志,裁编军队,组织省政府。

9 月 16 日　蒋介石、冯玉祥、阎锡山、李宗仁、李济深、白崇禧联名通电全国,宣布定于 10 月 26 至 28 日,在北平北海公园开会追悼黎元洪。

　　△　蒋介石抵沪,与胡汉民在张静江私宅晤谈。

　　△　张学良电白崇禧,奉军正解决张、褚残部,请国军勿进。下午白下令东征各军无命令不准渡河进攻,一面电责张学良不在滦河东岸堵截张、褚残部,听任过河,致生枝节。

　　△　奉天教职员联合会电张学良,望"迅即旗扬青天白日,政遵三民五权,实行赞助统一,以表爱国邦乡之至意"。

　　△　冯玉祥以甘肃今年荒旱,灾情严重,月底报旱灾者,已有皋兰等 50 余县,7 月间突降大冰雹,无衣无食者不下数十万人,是日电国民政府及各方恳请赈济。

　　△　驻山东坊子日军牛岛旅团长率第三十四联队第三大队本部、第九、十、十一、十二四个中队到达青岛。

　　△　驻华葡萄牙公使毕安琪由平抵沪,下午 4 时会晤外交部长王正廷,接洽修订中葡条约事。19 日,同外报记者谈话,谓葡中双方关于重订新约,有许多根本要点,业经彼此同意。

9 月 17 日　国民政府通电公布改热河等区为省办法:一、热河、察哈尔、绥远、青海、西康均改省;二、旧直隶省之口北道 10 县划归察哈尔省,察哈尔原划归绥远丰镇、凉城、兴和、陶林四县及后置之集宁县,仍划归绥远;三、五省政府之组织委员暂定五人至七人,设民政、财政两厅,并得酌设教育厅、建设厅,余照省组织法办理。

　　△　国民政府公布《禁烟法》及《禁烟法施行条例》。

　　△　奉军于学忠部两师从青门镇中间突击,将直鲁军截为两段,东征军遥为声援,形势为之一变,直鲁军内部大为恐慌。同日,直鲁军许

琨第七军（在铁道以南）及吴奠卿第十军（在静发镇）派代表杨威向东征军接洽投降办法。东征军允如所请，将警戒线移至兴隆庄、长凝镇一带，令许、吴各部渡河，在大王庙、马城镇等处集合，听候发落。

△　张宗昌派代表到唐山谒白崇禧，表示投诚，愿率直鲁军消灭奉军。白拒绝，谓时机已过。

△　胡汉民电谢冯玉祥派员存问，"连日与中央诸同志商定实施五权制度，树立训政规模，期建设事业得以循序发展"。

△　日军第二遣外舰队"旗舰"、"多摩"两舰，以秦皇岛方面形势吃紧，是日急驶秦皇岛。19 日，日军新井司令派古田率一中队由大沽搭轮赴秦皇岛增防。

△　日政府派赴济南及沿线视察之冈本中将抵青岛。

9 月 18 日　蒋介石离上海抵南京。是夜，胡汉民、蔡元培、李宗仁、李济深、李石曾、宋子文、戴季陶、吴铁城等中央委员亦离沪赴南京。

△　陈公博离沪赴香港。临行前于 9 月 7 日向太平洋社记者谈话，称此次出行，一不是疗养，二不是考察政治，不过转地换换空气而已。重申两年之内不愿参加实际政治，决心在野，实愿以己身为青年之教科书。并称去年广州共产党暴动，疏于防范，"余应单独完全负责"，与汪精卫、张发奎等无关。

△　白崇禧与杨宇霆所派代表、参谋长张廉春等偕何千里在滦州坨子头站会晤，商定滦河东岸直鲁残部悉归奉军收束。当晚，白回唐山，何等赴昌黎晤杨。

△　日总领事矢田在上海访问王正廷，双方就中日改订新约问题商定，由外交部司长周龙光与日驻宁领事冈本先行谈判。

△　日内阁召集临时会议，决定派特使赴南京交涉济案。

9 月 19 日　国民党中央政治会议第一五五次会议议决：任命孙连仲、林竞、黎丹、马麟、郭立志为青海省政府委员，指定孙连仲兼省政府主席；顺直水利委员会照改组计划切实进行；大学院院长蔡元培续呈坚辞大学院院长职，决议挽留；维持故宫博物院（经亨颐曾提出废除故宫博物院之动议）。

　　△　国民政府以连声海另有任用,令免其国民政府秘书长本职,任吕苾筹为国民政府秘书长;任王伯群兼交通大学校长。

　　△　国民党中委胡汉民、李济深、李宗仁、李石曾、蔡元培、宋子文、戴季陶、陈铭枢、王宠惠、吴铁城等由沪抵南京。当晚,蒋介石招宴胡汉民等各中委,谭延闿亦到。

　　△　蒋介石电促冯玉祥早日入都,共商大计。

　　△　张宗昌、褚玉璞以奉军包围日紧,是日抵安山会晤杨宇霆,请求停战,双方达成解决直鲁军办法:一、张宗昌下野;二、褚玉璞暂留现职,与奉方协商;三、自 19 日起直鲁军按奉方条件(即留纪律良好者1.5 万人,由奉方改编为三个旅,余部每人发给 10 元至 50 元遣散)自动解除武装,从事改编;四、保证张、褚生命财产。旋因张、褚部下意见分歧,协议未能实行。

　　△　白崇禧电张学良,略谓国、奉两军夹击张、褚,敌蹐绝地,若不另开生路,必致死战,为避免地方糜烂及减少敌人兵力计,敌来降者准其缴械,请勿误会。

　　△　张学良电邢士廉告以滦东军事情形,略谓直鲁军本日正面向我军猛攻,经第十六军军长胡毓坤率部奋勇还击,激战一昼夜,卒将敌军击退,擒毙甚众。又谓张宗昌因部下死伤甚众,日有自杀情势;褚玉璞率部约本日来归缴械。

　　△　四川教育厅奉大学院令饬筹设四川大学,特组织筹备国立四川大学讨论委员会连日召开会议,议决将国立成都大学等 10 个大专学校改组为国立四川大学,设文、理、法、农、工、医学科。

　　9 月 20 日　国民党中常会第一六八次会议开会,蒋介石、谭延闿、戴季陶出席,胡汉民等列席,谭延闿主席。议决:加推胡汉民、孙科为中央执行委员会常务委员;凡中央执监委均为中央政治会议委员;加推张继为中政会委员;推蔡元培、李石曾、戴季陶负责审查党治教育案。

　　△　白崇禧关于收编直鲁军事宜已悉委奉军处理,是日派参谋长

王泽民赴滦州监视滦河东岸军事,并加派一团至河东钓鱼台协助奉军收束。

△　张宗昌、褚玉璞及许琨均派员于昨、今两日至东征军范熙绩部第三十七军接洽投诚,是午许琨已渡过滦河,刻在西岸督饬所部渡河。

△　直鲁军袁振青率三旅 6000 余人投归奉军富双英部,是日杨宇霆于安山附近将其完全缴械。

△　福建省新政府成立。省府主席杨树庄偕委员陈乃元、徐梣、程时煌、许显时、林知渊、陈培锟、陈楚楠、林寄南、卢兴邦、丁超五、方声涛、郑宝菁宣誓就职。

△　国民党天津特别市党务指导委员会成立。郭树棠主席并致开会词,指导委员郭树棠、潘云超、南桂馨、刘天素、韩振声、杨亦周、莫子镇、王化初宣誓就职。会上通过成立宣言,称应继续完成清党工作,“与负隅的残余恶势力,作最后搏斗”。

△　日驻宁领事冈本同外交部第二司长周龙光就中日悬案进行会谈。周提出日本从山东撤兵要求。冈本诡称:日本对鲁并无野心,只要中国方面停止排日,负责保护山东日侨,随时可以撤兵。

△　第二十八军邓锡侯部李家钰、陈鼎勋、黄隐、罗泽洲等 21 位川军将领联名通电指责资中会议,声称“若中央为慎重川事起见,必须采纳民意,有会议之需要时,亦应请中央指定全川将领、党中负责同志、民众团体代表一体参加,公开讨论,将决议案报请中央核准,庶不致为少数人所包办”。并吁请各方制止渝方开衅。

△　南昌总商会以九江、吉安等地反对江西内地商捐,激成罢市风潮,全省各地商界函电纷驰,一致援助,致电国民政府,并派代表赴南京请愿。10 日财长宋子文及是日工商部先后电复,明令取消赣省内地商捐。

△　第二集团军在南京军械局承领土炸药 2200 余箱,运至汉西门码头,忽有两车炸药爆炸,炸死 13 人,重伤 30 余人,炸毁城内外房屋 100 间左右。

△　《大众文艺》月刊创刊,郁达夫主编。1930 年 6 月出至 2 卷 6 期时,以提倡新兴文学,为国民党中央党部禁刊。

9 月 21 日　国民政府委员会第九十六次会议,议决任命孙连仲等四人为青海省政府委员,孙兼主席;通过《北平大学区组织大纲》,并改中华大学为北平大学。

△　国民政府预算委员会开会,推谭延闿、于右任、宋子文为该会常务委员,谭延闿为主席。宋子文报告,现在全国每月收入约 500 万,支出达 900 万,不敷数 400 万。讨论结果,决定实行节流,核减军政各费及裁减兵额,一面设法开源,使收支平衡。

△　蒋介石招宴孙良诚、石敬亭,席间对山东省军、政、外交有所讨论。

△　于右任电国民党中常会特请辞去本兼各职。23 日又函,现已电请辞去本兼各职,所任中央执行委员会常务秘书,并请从速另推接替。24 日,国民党中常会第一六九次会议议决慰留。

△　孙科乘加拿大"皇后号"轮回国抵沪。孙在轮上对各记者谈海外归来之感想。略谓:"中国之国家,实为世界最佳之国家,现在之所以不及各国者,因一切政治、实业均无科学之整理;除此外,中国之土地、人民、物产,无一不远在各国之上,倘吾人能明此而努力前进,则将来之中国,实有可观者。"

△　鲁涤平、何键电令湘省各区指挥官将清乡期限延长 70 天,至 11 月底止。按:湖南西征军事告竣,即设立全省清乡督办署,将全省划分为五区,从 6 月 20 日起,按清乡计划同时"清剿",限三个月肃清。截至 9 月 20 日止,为期已满,而红军彭德怀部,贺龙部,朱德、毛泽东、袁文才部,以及陈光保、周文等部,仍在各地活动,故鲁、何有此电令。

9 月 22 日　白崇禧向奉方提出三项要求:一、奉军应于短期内全部退出关外;二、关内军政事宜全部交国军管理;三、奉军所扣之平汉、平绥、津浦、陇海等线客货车 2000 辆、车头百余个,应一律归还。同日,张学良召集会议,讨论白崇禧三项要求,决定奉军暂缓退出关外。

△　白崇禧通电报告进剿张宗昌、褚玉璞残部情形。略谓：张、褚残部，盘踞关内，禧不得已，乃督师进剿，连日国奉两军，包围滦河东岸，奉军奋勇力攻，残敌不能抵抗，乃向奉方请求停战缴械。褚已赴奉，张则以违抗奉方命令，为国奉双方所不容，其所部溃散，零星来降者，不下6000余人，业已分别缴械遣散，溃散者尚不在内。据俘虏供称：张宗昌已微服由胥各庄于马（21）日向滦河下游潜逃，已电请奉方海军注意。

△　张学良电邢士廉告以张宗昌战败，闻投徐永昌，褚玉璞回奉转赴大连，张、褚所部完全缴械，但有一部逃至河西，刻下滦东方面一律肃清，夺获战利品甚多，我方得枪支共约两万，敌军伤亡约万余。同日并将上列情况电告何成濬。

△　财政部长宋子文抵上海，同日正式委任易纨士为总税务司，梅乐和为副总税务司。

9月23日　东征军事结束。是日，东征军将直鲁军全部分调胥各庄、开平、洼里、古冶、希家店、雷庄、坨子头、滦州一带，悉数解除武装。直鲁军初极顽强，每站抵抗，自下午3时起，与东征军激战六小时，直鲁军死伤2000余人，东征军亦伤亡500余人，俘直鲁军官兵约两万余人，共收缴枪械万余支，大炮、迫击炮两百余门。至是，东征军事自本月2日津沽誓师至是日止，历时21天，始告结束。

△　白崇禧下令改编直鲁降军为三个暂编师，并发表正副师长之任命：暂编第四师师长于世铭，副师长刘振邦；第五师师长姚钰，副师长祝祥本；第六师师长王恩贵，副师长张骏。该三个师暂归第四集团军前敌总部节制，听候国民政府命令处置。

△　孙科偕吴铁城、林森、王宠惠、傅秉常等由沪抵京。

△　驻华美使马瑞慕抵平归任。

△　暂编第四十四军寇英杰部（直鲁降军）由泰安南调合肥，刘峙奉蒋介石密令于是日在津浦路沿线泰安至蚌埠等处，协同顾祝同等部分别将寇部缴械。寇闻讯潜逃后，在蚌埠被捕，旋被解往南京。

9月24日　国民党中常会第一六九次会议，通过恩克巴图、缪斌、周启刚、黄实、王乐平、经亨颐、陈嘉祐、朱霁青、丁超五、刘守中、陈树人、褚民谊、白云梯、陈璧君、黄绍竑、王宠惠、柳亚子 17 人补为中央政治会议委员；加推胡汉民负中执会秘书处责。

△　国民政府任孙连仲、林竞、黎丹、马麒、郭立志为青海省政府委员，并指定孙连仲为主席，林、郭、马分别兼民政、财政、建设各厅厅长。

△　白崇禧电国民政府及各总司令报告俘虏直鲁军官兵约两万人，东征军伤兵约万人，请拨款资遣救伤。略谓："窃查前敌各军，近月以来，无米为炊，饥寒困苦，已达极点；迭经电陈，谅邀鉴察。今益以若此巨额之俘虏伤兵，倘无巨款接济，虽起管、乐，恐亦无法维持，务恳政府暨蒋总座体念前方将士之艰难，迅赐电饬立拨巨款，以济急需。"

△　唐山公安局、商会、交通大学、矿务局、启新洋灰公司、华新纺织厂、平奉路制造厂等工商学政各界电请政府规定 9 月 23 日为北伐完成之永久纪念日。

△　冯玉祥在西安电总参谋长秦德纯、军政处长吴锡祺，指示缩军要点：一、各军一概不准招募添兵，有缺一概不补；二、不足一师所规定之三旅完全人数、枪数，可改为两旅，不足两旅的可改为一旅；三、各将领须知此次缩编，为裁兵节饷，非为增兵，应深体此旨；四、如有缩编不实，希图蒙混及私自招募者，一经告发查实，不论何级官长，一律枪决，决不姑宽。

△　王正廷对日驻京记者表示：中日济案谈判地点不宜在青岛、济南，南京、上海较为妥当适宜。按：日方坚持在日兵集结之青岛、济南举行。

△　驻日公使汪荣宝访日外务省亚洲局长有田，就名古屋博览会上将满蒙列为日本殖民地一事，向日本政府提出严重抗议。

△　呼伦贝尔代表与奉方在海拉尔达成妥协：一、奉省承认蒙旗自主；二、奉军撤至满洲里；三、都统费增至 20 万（包括警察费六万，教育费五万）；四、此次独立运动蒙人，不予追究。是日，青年军首领郭道甫在海拉尔通电下野，脱离青年军，归隐黑河故乡，对于呼伦善后问题，愿

以私人资格助其进行。至是,呼伦事件初获解决。

9月25日　国民政府以训政开始,北伐告成,明令本年10月10日国庆节,应彰庆祝典礼,以垂统一纪念,着京内外军事、民政机关届期举行,并转饬所属一体查照办理。

△　国民政府委员会举行第九十七次会议,议决:拨款10万元筹办北平冬赈;《县长考试暂行条例》及《县长奖惩条例》均修正通过;欢迎国联代表团来华观光。

△　蒋介石电赴日参加阅兵典礼之张群,指示到日本后,"先与田中首相约明勿干涉奉天易帜事,必使中国统一,乃可开始解决各案"。

△　平津卫戍总司令阎锡山自大同抵北平。

△　直鲁军残部由东征军全部缴械。直鲁军残部约二万人,于23日晚在滦州分乘九列车西开,其余徒步向雷庄进行。是日下午2时,当徒步枪兵全数到达雷庄时,由驻雷庄附近之李品仙部第三十六军第三师缴械。其余车载之枪兵,计第一、二、三列车在唐山停止,由右翼军总指军部派队围缴,第四、五列车在开平由李品仙第十七军第三师围缴,第六、七、八列车在古冶,亦由李部第三十六军围缴。共俘虏两万余人,缴械士兵已一律遣散,送回原籍。直鲁残部至此完全消灭。

△　冯玉祥电国民政府及交通部,请速定计完成陇海铁路。略谓:豫、甘、陕三省,今年大旱,灾民载道,二集团军编余官兵待遣散者当前有10万人,陇海路若能开工,以工代赈,一举数便。

△　顾震在山东诸城通电就代理国民革命军第十三路总指挥职。所部二万余人,枪1.5万余支,改编为第十六、十七两师,顾自兼第十六师师长,彭祖佑任第十七师师长。

△　岳维峻部由豫窜入皖境,是日岳抵京谒蒋介石,陈述该军撤离豫境经过。

△　国民党中央执行委员古应芬返抵香港,广东各界代表设宴欢迎。古氏报告出洋经过,表示此次返国为党服务,所传留粤任要职,并非事实。

9 月 26 日　国民党中央政治会议第一五六次会议议决:组织"五院组织法"审查委员会,推蒋介石、胡汉民、孙科、王宠惠、蔡元培、何应钦、王世杰、吴敬恒、张静江、李石曾、戴季陶、李济深、谭延闿、李烈钧为审查员,由蒋介石召集,限三日内审查结束,提交下次会议讨论。

△　白崇禧以滦东军事完全结束,是晨下令第四集团军前敌总部分批班师回鄂。

△　建设委员会将顺直水利委员会改组为华北水利委员会,指定李仪祉为主席。

△　满海警备司令梁忠甲、道尹赵仲仁自海拉尔电奉天省长公署,报告呼伦贝尔事件解决经过。略谓:"呼伦蒙旗青年,标榜民族自决主义,为自治、民治之要求,煽惑蒙民揭竿起事,遂拟袭图海、满,为实行其大蒙古国计划之根据。……该党来自外蒙,气息沟通,益以第三国际之阴谋,迁流所届,险象环生,忠甲等秉承长官训示,用相机剿抚之策,两个月来,迭派专员前往剀切劝谕,兹幸该党觉悟利害,诚意就抚,首领郭道甫等,已于本日来海,蒙乱纠纷,此至完全结束。"

△　日第三师团长安满钦一巡视胶济路及青岛后,是日返抵济南。

△　大学院公布国语罗马字。

9 月 27 日　国民党中常会第一七〇次会议议决,加推林森、吴忠信为中央政治会议委员;总理葬期改至十八年(1929)3 月 12 日举行。

△　白崇禧、杨宇霆在滦州附近会晤,会商双方部队驻防地点、办法。决定奉军全部撤至山海关,划出滦东、昌黎、北戴河为两军缓冲地,过河国军调回滦西。

△　白崇禧致电南京国民政府、军事委员会及蒋总司令,谓北伐告终,请辞代总司令职及右路军总指挥职,并请准所部班师返汉。

△　晚,白崇禧在唐山行辕招宴从军记者,演说东征情形。略谓:此次肃清直鲁残军,只能说是打土匪,不能说与军队作战,张宗昌、褚玉璞、刘振邦便是土匪头儿。此次战役,双方死伤约七万余人,虽云国、奉夹击,我方损失特重。许琨、王栋、刘振邦、于世铭等部,来降者两万余

人，惟仅缴七八千支枪。平奉路外兵甚多，英兵不下千余，此为最堪痛心者，稍不小心，即赴纠纷，日本浪人阴助张、褚，尤堪痛心。想起东征之苦，令人泪下。当打古冶时，各军断食三日，欠饷两月，时当凉秋，士兵犹着单衣草履。唐山以西，十室九空，民生问题，实关重要。

△　张学良以电令告诫前方奉军将领。略谓目前正值农家收获之时，各军应本爱护人民之旨，力戒骚扰，务使各安生产，安心收割，如有不法军人，以拉夫抓车扰及地方者，即按军法严惩。

△　王正廷在南京对各报社记者宣布：古巴同意废除不平等条约并承认国民政府。

△　驻奉日总领事林久治郎返任抵沈阳，奉首相田中训令，向张学良表示，东三省如必易帜，须先解决满蒙悬案。

△　日本内田康哉于 26 日抵纽约，是日会见柯立芝总统，就日中关系问题进行游说。

9 月 28 日　国民政府代表、上海兵工厂厂长张群抵日本东京，参加日阅兵典礼。王右瑜、张治中、熊斌等随行。

△　孙连仲围攻甘肃凉州回军甘凉镇守使马廷勷部，于 30 日攻克凉州，马部除大部缴械外，余均溃散。冯玉祥派马鸿宾前往兰州宣抚。29 日，刘郁芬返甘处理善后。

9 月 29 日　白崇禧派何千里赴奉晤张学良，请定入关日期及晤谈地点，张称因病不能入关，请白赴奉会晤。

△　杨宇霆由滦州返抵沈阳，向张学良报告解决直鲁叛军经过及与白崇禧接洽之情形。

△　冯玉祥布告自是日起免除陕西地方一切杂税。

9 月 30 日　国民政府电阎锡山，就任阎为内政部长事征求意见。

△　蒋介石电刘湘、邓锡侯、刘文辉、田颂尧四军长，谓资中会议，和衷共济，协谋川局，从此得有具体解决办法，非惟桑梓之幸，抑亦党国与民众之福；并对刘等请派外省兵入川一事，表示不予赞同。

△　北平市民数千人在天安门集会庆祝克复津东。谷正鼎、何其

巩、方振武等七人为主席团,通过吁请中央定"九二三"为完成北伐纪念日;彻底裁兵,实行兵工政策;请速实行训政;取消不平等条约等七项议决案。

△ 邢士廉赴杭州观钱塘江潮,在车站语人,谓奉方易帜因外交关系,双十节尚难实现,惟不久可成,绝无问题。

△ 驻奉日军第二十七旅、第十五联队、独立守备司令部、第十四师团部分别撤回原防柳树屯、旅顺、公主岭、辽阳。

10 月

10 月 1 日 李烈钧在国府纪念周报告《国民政府组织与宪法》。

△ 白崇禧抵滦州,检阅范熙绩、徐永昌所部东征军。

△ 阎锡山以津东军事已告肃清,特令第三集团军东征军中路总指挥徐永昌、右路总指挥谭庆林各率所部,撤回后防,指定徐部沿平奉路驻扎军粮城及新河一带,谭部驻扎廊坊、落垡一带。

△ 孙科电冯玉祥,略谓:"科此次出国考察,益觉吾国之急需要安定时局与健全中央。此着办到,则废除不平等条约,吸收外资,以实现种种福利民生之建设,均可迎刃而解。我公谋国忠诚,切盼即日命驾来京,共商大计。"

△ 邢士廉自南京电张学良,秉承国民政府意旨,向张转陈两项问题,促其慨然决定施行:一、关于奉方放还扣留车辆事,请在协议未臻妥协前,尽先放还一半,以供各干线运输之需;二、热河问题,请张即向汤玉麟提出劝告,令自动离职,以免激起风波,于奉方不利。

△ 中央陆军大学为容纳缩编后各部高级军官,是日开设特别班,招收团长以上在各战役中建有殊功者,定额一百人,由一、二、三、四集团军各保送 20 人,军委会、总司令部共保送 20 人。

△ 中华航空协进会在南京举行成立大会,选李济深、张静愚、邓建中、陈际熙、凌鄂荪为常务委员。

△　日本陆相白川在官邸召集会议,听取参谋本部总务部长冈本中将关于山东方面之实情及第三师团整理方法之报告。

△　天津市海关开征出口二五附税,同时并征出口复入口各货之附税。

△　天津国货展览会开幕。与会商行119家,陈列物品万余种。

△　段祺瑞离天津赴大连隐居,王揖唐、姚震、姚国桢同行。

10月2日　国民政府委员会第九十八次会议议决取消各集团军名义,现有各部编为第一至四十三师(缺第十四师),并通过各师师长之任命案;任伍朝枢、王世杰、李锦纶为海牙公断院公断员;任蔡元培、张静江、李石曾为管理俄国部分庚子赔款委员会委员;任易纨士为代理总税务司,梅乐和为副总税务司。

△　上海邮务工会会员2500余人,要求改革邮务工人薪金制度,改良待遇及组织全国邮务总工会,于是晨5时举行大罢工。

△　白崇禧在唐山召集东征军各军长会议,决定东征军主力部队留驻滦河西岸警戒,所有其他参战各军一律调回平、津,向后移防,其拟定调防计划,以叶琪、廖磊两部驻守滦河西岸,刘春荣第八独立师移防唐山,第二军团范熙绩第三十七军移防胥各庄,第三集团军徐永昌部队移防军粮城、塘沽、天津,第二集团军郑大章骑兵军撤回原驻防地。会后,白崇禧即令各总指挥、各军长照预定地点移防,第十三军及第十七军韦云淞师、魏镇藩师均开回南苑。

△　杨宇霆电邀白崇禧近期内赴奉一行,并谓关外民众,极欲一瞻颜色,如因事不克前往,彼将代表张氏(学良)再度至滦州附近一晤,俾将滦东善后诸问题彻底解决。

△　河北省政府以省境大军云集,行政不能统一,人民负担繁重,是日再电国民党中央及各军事领袖,请立撤客军,禁干政务。

10月3日　国民党中常会第一七二次会议,通过公布《中华民国国民政府组织法》及《训政纲领》;陈果夫辞代理组织部长照准。

△　中国国民党中央执行委员会通电公布《中国国民党训政纲

领》,全文如下:"中国国民党实行总理三民主义,依照建国大纲,在训政时期训练国民使用政权,至宪政开始,弼成全民统治,制定左列纲领:(一)中华民国于训政时期间,由中国国民党全国代表大会代表国民大会,领导国民行使政权;(二)中国国民党全国代表大会闭会时,以政权付托中国国民党中央执行委员会执行之;(三)依照总理建国大纲所定选举、罢免、创制、复决四种政权,应训练国民逐渐推行,以立宪政之基础;(四)治权之行政、立法、司法、考试、监察五项,付托于国民政府总揽而实行之,以立宪政时期民选政府之基础;(五)指导监督国民政府重大国务之施行,由中国国民党中央执行委员会政治会议行之;(六)《中华民国国民政府组织法》之修正及解释,由中国国民党中央执行委员会政治会议议决行之。"

△ 国民党中央政治会议第一五七次会议通过《中华民国国民政府组织法》,推蒋介石、孙科、胡汉民、戴季陶、李石曾、张静江、蔡元培、李济深等 10 人为五院组织法起草委员,准大学院院长兼代司法部长蔡元培辞职,特任蒋梦麟为大学院院长。

△ 国民党中央政治会议据交通部长王伯群呈报,讨论上海邮务工人罢工事件,决议由中央发令上海特别市党部,就近劝导复工,至待遇上之要求,当有适当之解决,如工人不接受劝导,中央只有严厉取缔。

△ 蒋介石宴刘峙、顾祝同等,对今后军队训练有所指示。

△ 薛笃弼分别向国民党中政会及国民政府呈辞内政部长职,未准。15 日,薛再次坚请辞本兼各职,出洋考察。27 日,国民政府准免薛笃弼本兼各职。

△ 内政部据南京特别市公安局长孙伯文呈称,以王汇百案内各犯供出在逃之共党不少,兹将所有未获人犯姓名、年龄、籍贯汇呈到部,是日该部通令各省民政厅,通缉王汇百案内在逃共党,并抄发名单一份,计李成云、王从照等 111 名,令转饬所属一体协缉。

△ 国民党武汉政治分会电呈中央,请定"九二三"为完成北伐永久纪念日。旋李济深、方振武、何其巩、杨树庄、陈嘉祐、鲁涤平及湖北

省政府均通电表示赞同。

△ 邢士廉返南京,在沪时日总领事矢田约谈,首询南行目的及接洽结果。邢答结果良好,但未便奉告。矢田劝邢转告张学良对易帜事慎重。邢答今日系私人谈话,如有关外交事件,请由贵国驻奉领事向歗总司令接洽。

△ 东三省法团联合会电请保安司令部于国庆日准津、奉通车,并悬挂青天白日旗。

△ 热河国民革命军总司令张子钊电阎锡山、方振武、商震等,报告汤玉麟联络溃窜热境之直鲁残军,在朝阳迄西沿长城一带布防备战。

△ 张群在东京谒见日首相田中,就中日间各问题恳求日方"免除误会"。田中佯允,并谓:一切悬案之解决在于国民政府今后的态度,日方并无误会。

△ 天津邮务工会电北平邮务工会,告以该会紧急会议决议,3日起罢工,与申会一致行动,事关全国邮工利益,请速照办勿延。

△ 第一批撤退之美国军舰共10艘(驱逐舰六,炮舰、巡洋舰各二)自渤海湾抵上海后,是日奉令开菲律宾。

10月4日 国民党中央执行委员会电令各级党部,重申"嗣后如有擅布主张,及挑拨离间等行动,应即从严惩处,以维纪律"。

△ 国民党中央执行委员会以郑州市代表大会于8月30日曾通电声讨阎锡山,9月19日又通电欢迎汪精卫,此为党纪国法所不恕,是日令河南省党务指导委员会先将郑州市党部指导委员停职查办。

△ 下午,上海警备司令熊式辉召集国民党党政军联席会议,就邮务罢工案磋商对策。决定由市党部、市政府联名训令上海邮务工会即日复工,所有该工会关于改善待遇、统一工会组织及撤惩邮务总办等条件,静候中央解决。旋派代表前往邮务工会交涉,允12日夜8时前有圆满结果。

△ 晚,上海邮务工会罢工委员会就市党部训令复工事召集紧急会议,议决要求市党部出示立即将邮务总办刘书蕃革职惩办等三项要

求的书面保证作为暂时复工之先决条件,旋派代表赴市党部交涉。

△　北平邮务工会执监委联席会议,议决就改善邮务事向当局提出邮政归还中国人自办及拥护上海邮务工会合理要求等四项条件。

△　外交部长王正廷在南京向记者宣布:我国明年 1 月 1 日实行关税自主,将以明文规定。

△　邢士廉谒蒋介石,谓奉方加入国民政府事,须回奉面商,并请以何成濬加入热河省府委员,蒋未允。5 日,邢再谒蒋,报告张学良派胡若愚为代表将来京,本人即回奉,要求对热河勿进兵。

△　中华全国机器总工会在广州召开第二次代表大会,600 人出席,讨论"以机器工业化救中国"。

△　全国预算委员会议决整理财政办法六条,规定统一全国收入,地方税划归各省,国家税解中央,全国军政各费收支平衡,各省军费由中央支付,政费由地方支拨,全国军额不得超过 60 师等。

△　张群离东京返国。行前就中日关系向日本报界发表谈话,谓:两国政府若有诚意打破僵局,中日商约及各种悬案方能顺利开展谈判。7 日,张群抵上海。

△　驻日公使汪荣宝电告外交部,土耳其将正式承认国民政府,并将在京设立使馆。

△　樊钟秀到南京,当即转赴上海就医,5 日派驻京代表顾阳亮谒蒋介石,报告愿将所部三四万人枪完全交归政府接收。

△　胶县日军警备队无理命令该县驻军周昆山旅"即刻退出胶城 20 华里外"。为防周部反抗,并密电高密日警备队配合行动。是日,周部 500 余人悉被胶县、高密日军包围缴械后遣散。

10 月 5 日　国民政府委员会第九十九次会议通过《民国十七年金融短期公债条例》;任命中央银行理事及监事。

△　国民政府公布《故宫博物院组织法》。8 日,国民政府公布《故宫博物院理事会条例》。

△　国民政府据审计院院长于右任呈请,训令直辖各机关不得以

公款作私人认捐及私人酬应为正当开支,否则惟有按照审计法规处理。

　　△　蒋介石电嘱何成濬务请阎锡山于政府改组时来京,以便协商一切。

　　△　蒋介石召见刘珍年代表张星拱,询问胶东情形。

　　△　军事委员会下令通缉鲁军张宗昌部第二军军长张敬尧,其在皖省逆产一律充公。

　　△　交通部召开邮政会议,讨论邮务职工根本待遇办法,6日继续开会,决按现时生活程度酌量提高;职工休假,亦作出相应规定。

　　△　河北省府致电国民党中央政治会议、国民政府及北平临时政分会,谓嗣后官吏如有违法犯赃情事,一经审实,请按《党员背誓罪条例》一律判处死刑。

　　△　张学良在沈阳召集内蒙东三盟盟长王公会议,内蒙东三盟盟长、王公及郭道甫出席,会议达成协议,东三盟承认与奉方团结一致,合作共存,奉方保护王公、盟长的利益,卓索图盟长、蒙王贡桑诺尔布为高等顾问。23日会议结束。按:东三盟为哲里木盟(在黑奉间洮齐铁路一带)、昭乌达盟、卓索图盟(均在热河境内)。

　　△　天津邮政总工委员会成立,旋电南京邮政总局,限三日内无条件接受上海邮务工会12项条件,否则实行怠工。

　　10月6日　国民政府公布《民国十七年金融短期公债条例》,凡12条,规定公债总额为3000万元,以为建设金融事业之用,周息八厘,自10月发行,民国二十四年(1935)9月底还清。

　　△　国民政府准大学院院长兼代司法部长蔡元培辞本兼各职,特任蒋梦麟为大学院院长。

　　△　国民党中央党校校长蒋介石向第二期入校新生400余人训话,要求全体学生明了自身的责任是"继往开来"四个字。进入党校的目的,不是想升官,不是为名,不是想发财,不是为利,不是专为求学,而是学做人的方法,要做成功一个完善的人,要有自强自立自活的精神,要牺牲个人的自由与平等去求中国的自由与平等。

△　内政部通电各省,公布以孔子诞日为纪念日,并于是日举行纪念时演述孔子言行事迹,以志景仰。

△　下午 3 时上海邮工复工。次日,上海邮务工会通告,接受各方劝告,忍痛复工,静候中央解决。

10 月 7 日　蒋介石宴国民党中委,谭延闿、胡汉民、戴季陶、孙科、李宗仁、王宠惠、李济深、王世杰均到,宴会后复与各委商五院组织法。

△　白崇禧、杨宇霆在滦州再次会晤,双方同意恢复津、奉交通,即日通车,关外车辆归还一小部分,易帜事因外交关系尚须从缓。是晚,白返回唐山。

△　杨宇霆在滦州对记者谈东北易帜问题,谓:"此事不成问题,盖虽一时因外交关系而不得不慎重,但终必实现。"

△　邢士廉偕方本仁携蒋介石致张学良、杨宇霆亲笔函两件回奉。同日,张学良代表杨毓珣、白聘珍离沪乘轮返奉。

△　财政部长宋子文由宁抵沪会晤驻沪日总领事矢田,讨论中日关税问题。

10 月 8 日　上午,国民党中常会第一七三次会议议决选任蒋介石、谭延闿、胡汉民、蔡元培、戴季陶、王宠惠、冯自由、孙科、陈果夫、何应钦、李宗仁、杨树庄、阎锡山、李济深、林森、张学良 16 人为国民政府委员,蒋介石为国民政府主席,谭延闿、胡汉民、王宠惠、蔡元培、戴季陶分任行政、立法、司法、监察、考试院院长。

△　中国国民党中央执行委员会为全国统一后国庆纪念发表告民众书,略谓:10 月 10 日为辛亥创造中华民国之国庆,又为十五年复兴中华民国之国庆。现值训政开始,依总理大纲之规范,制定训政纲领,从事建设五院,施行五权之治,誓将领导国民,从刻苦奋斗中作实际建设工作。我国民亦当奋发不息,以从事实际之建设,而完成建国大业,俾全国共蒙乐业。

△　国民政府公布《中华民国国民政府组织法》,凡七章 48 条,规定"国民政府以行政院、立法院、司法院、考试院、监察院五院组织之";

"国民政府设主席委员一人,委员十二人至十六人";"国民政府主席兼中华民国陆海空军总司令"。行政院、立法院、司法院、考试院、监察院分别为国民政府最高行政、立法、司法、考试、监察机关。并训令各部院会、京内外直辖各机关、各省政府,各特别市政府转饬所属一体知照。

△　国民政府任命刘峙、顾祝同、钱大钧、缪培南、熊式辉、陈焯、王均、朱绍良、蒋鼎文、方鼎英、曹万顺、金汉鼎、夏斗寅、夏威、胡宗铎、陶钧、鲁涤平、何键、韩复榘、梁冠英、吉鸿昌、冯治安、石友三、童玉振、程希贤、张维玺、宋哲元、刘汝明、佟麟阁、孙连仲、李培基、孙楚、徐永昌、杨效欧、李生达、王靖国、李服膺、赵承绶、关福安、张会诏、张荫梧、傅作义为陆军第一至第四十三师师长(按:缺第十四师)。

△　国民政府任命李石曾、易培基、黄郛、鹿钟麟、于右任、蔡元培、汪精卫、江瀚、薛笃弼、庄蕴宽、吴敬恒、谭延闿、李烈钧、张静江、蒋介石、宋子文、冯玉祥、阎锡山、柯劭忞、何应钦、戴季陶、张继、马福祥、胡汉民、班禅额尔德尼、恩克巴图、赵戴文为故宫博物院理事。

△　国民政府特派宋子文、陈行、叶琢堂、姚泳白、王宝仑、钱永铭、陈光甫、荣宗敬、周宗良为中央银行理事,指定宋子文、陈行、叶琢堂、姚泳白、王宝仑为常务理事;特派李铭、贝祖诒、秦润卿、虞洽卿、林康侯、徐陈冕为中央银行监事。

△　国民政府任命李石曾为国立北平大学校长。

△　蒋介石电告张学良已被本日国民党中常会任命为国民政府委员。

△　孙科、王宠惠电张学良,略谓:"本日议决选任台端为国民政府委员……希于是日易帜,除旧更新。"10日,张复电谓易帜事正积极准备,并请介公(蒋介石)指示办理。

△　白崇禧代表何千里电白,转告张学良电请蒋介石留白驻平。张电称:"方今异党潜伏平津,正在伺机而谋发动,万一羊城共祸复陷燕京,其危险何堪设想? 拟请我兄仍令健生(白崇禧)兄暂驻北平,责成维持一切,不特北方大局可资奠定,东省亦托庇良多……。务祈熟权利

害,毅然主持,是所企祷。"

△ 下午,国民党中央政治会议临时会议通过行政、立法、司法三院组织法;建设大纲草案付审查。

△ 中意宁案协定换文签字。11 日,驻华意公使照会外交部,表示愿以平等、相互尊重主权为原则会商新约。

△ 日外务省电令驻沪总领事矢田向南京交涉中日各悬案。

△ 白崇禧代表王泽民出席驻华日使馆宴会,席间向日使芳泽表示,东北易帜望日本取中立态度,并请转电本国予以缓和。

10 月 9 日 蒋介石发表《国庆日敬告同胞书》,声称:"以今日而欲求中国之不亡,达到其独立自由之目的,惟有统一全国革命思想,以排除阶级斗争之邪说,团结国民之爱国精神,以杜绝国内武力之战争,必如是乃能促进三民主义之实现,亦必如此乃能完成国民革命之大业。"并提出"发育国民强毅之体力","保持中国固有之德性","增进科学必须之常识","灌输世界最新之文化"四端,为"建设新中国"之要道,"以奠定民国自强之基础"。

△ 蒋介石再电张学良,略谓:"委员(指国民政府委员)既经发表,应乘此时机同时更换旗帜,宣言就职,以十七年双十节为兄完成统一之纪念日。"同日,张学良电复接受任命,并表示:"学良才识薄弱,重蒙提挈,得与诸贤共襄国事,感幸已深。而得我公为主席,俾获追随左右,尤惬私愿,届时即请加列贱名宣布就任。"

△ 白崇禧以东征军虏获直鲁军许琨、王栋两军长,拘禁在津,电国府请示办法。是日,军事委员会复电,谓查许琨、王栋两军犯,系为从前暗杀陈其美之要犯,请速派员押解南下归案讯办。

△ 何成濬电贺张学良任国民政府委员,并希早践易帜之前约。

△ 何成濬电胶东暂编第一军军长刘珍年,据报毕庶澄党羽潘士椿受张宗昌运动,潜踪烟台保安栈,召集旧部,希扰地方,祈严密查缉。10 日,刘电复称,公安局检查户口极严密,敌党万难潜踪烟台,且驻有一师三独立团,治安无虑。

10月10日　新任国民政府主席、委员在南京国民党中央党部大礼堂举行宣誓就职典礼。国民政府主席蒋介石、委员及行政、立法、司法、监察、考试五院院长戴季陶、李济深、谭延闿、胡汉民、林森、何应钦、王宠惠、李宗仁、孙科、陈果夫,国民党中央委员吴敬恒、李烈钧、张静江等出席,各界莅场观礼代表共千余人。蒋介石主席,吴敬恒授印致训词,蒋介石受印致答词,委员宣誓受任,国民党中央监察委员张静江、李石曾、吴敬恒监誓。至是开始"训政时期"。

　△　南京党、政、军及各界群众 20 万人集会,纪念国庆节,蒋介石偕国府委员出席,会后举行阅兵,晚上 10 万人参加提灯大会。同日,北平、天津、广州、徐州、杭州、福州、长沙、太原、南昌、安庆、上海、汉口、泰安、开封等地举行集会,纪念国庆节。

　△　国民政府委员张学良在奉天省长公署举行招待会,庆祝国庆节。次日举行阅兵礼,万余人参加。

　△　张学良电蒋介石,报告东三省积极筹备易帜情形,略谓:"东北易帜,早具决心在前,实因某方压迫,致生障碍,当时敝处与之面约以三个月为限,届期即行易帜……现计算约定之期已不甚远,敝处拟积极准备,事前秘不使知,筹备就绪,即行通电宣布,以三省同日实行,以免彼方又生狡计。""拟请中央将东北政治分会及奉、吉、黑、热各省政府主席分别任命,使易帜、就任之事同日举行。"

　△　张学良电国民党中央宣传部,询党、国旗尺度,以便制办。

　△　南满铁道社长山本抵沈阳会见张学良,要求允许吉敦、吉会两铁路接成一线,张已许诺。其交换条件为日方贷给奉天资金 5000 万元,以为奉天整理奉票、开发蒙边之经费。哈尔滨自治会等团体联名电张,力持不可。14 日,张学良电复,略谓:"关于外交交涉事项,区区私见,当以开发实业,不损利权为前提,至其间条件如何,必定根据三省公约付之公决也。"

　△　吉(林)敦(化)铁路通车,全长 1300 英里。该路于 1926 年 6 月 1 日开工,由北京政府交通部长叶恭绰于 1925 年同"满铁"理事松冈

洋右订立包工契约,金额 1800 万元,两年零四个月全部建成。

△ 尊孔会在英国伦敦开会庆祝孔子诞辰,英人杨赫斯本爵士主席,到中国、波斯(今伊朗)两公使及安格联等 90 余人。中国孔教会会长陈焕章发表演说,谓西方渐了解孔道,可为欢忻。

10 月 11 日 国民党中常会第一七四次会议推胡汉民、谭延闿、李石曾、王宠惠审查修正《中央政治会议暂行条例》及《立法程序法》;通过中央政治会议委员额数及人选标准。

△ 上海惠源银行开幕,程霖杰、龚子渔等人创办,资本 100 万元。

△ 驻华日使馆武官建川美次少将自北平启程赴山东及东北各地视察,蒋介石电山东省政府请予接待。31 日,返北平使馆武官原任。

10 月 12 日 国民党中央政治会议第一五八次会议决议:《国民政府考试院组织法》、《监察院组织法》、《共产党自首法》修正通过;察、绥两省府委员名单正式发表,察省府委为赵戴文等七人,绥省府委为徐永昌等七人;特任蒋作宾、高鲁为驻德、法两国公使,推胡汉民、戴季陶、王宠惠为外交委员会委员,特派宋子文为中央银行总裁。

△ 蒋介石致张学良二电:其一为告知"已将兄名加入(国民政府)委员会发表就任";其二为:"易帜之事,全属我国内政,彼方本不能公然干涉,况目下党国形势,团结一致,彼尤无可借口,为从来所未有,此正其时,如尊处果能出以决心,中(正)深信彼决不敢有所举动,务希毅然主持,三省同日宣布,愈速愈妙。"

△ 国民党中央执行委员会发表《告邮务工友书》,宣称中央确认上海邮务工人不幸罢工事件,为工友行动之错误,实有深切之遗憾,倘一任私情愤张而不自遏抑,必将自绝于生计。

△ 财政部长宋子文通令各省财政厅长,严禁苛征田赋,制订限制办法八条,规定田赋正副税总额至少不得超过地价 1%,如敢故违,撤职惩戒。

△ 河北省政府自天津迁移北平,同日省府主席商震偕省府职员、卫队等百余人抵平。

△ 白崇禧派叶琪赴奉,接洽奉军关内让防及恢复交通问题。14日晚,张学良设宴招待叶琪。

△ 杨宇霆由热河返沈阳,并约汤玉麟同行。汤表示,只要本人权威不减,何种旗帜、何种主义均可赞成。

△ 东征军将领李品仙、范熙绩、魏益三、叶琪、廖磊、周斓、刘春荣电国民党中央及各总司令,请早日决定以9月23日为完成北伐纪念日。

△ 葡萄牙驻华公使毕安琪到南京,谭延闿接见,谈中葡国交及修约事宜。当晚,外交部长王正廷欢宴葡使。

10月13日 冯玉祥奉国民政府电召,自开封抵南京。当晚对记者发表谈话,告以对中央任命之行政院副院长及军政部长两职当表服从;并谓第二集团军第一期缩编完竣,已裁去11万余人,尚存25万余人。

△ 阎锡山代表张天枢谒蒋介石报告晋方军政情形及阎将由平南来诸事。

△ 全国商业临时代表大会在上海开幕,到16省、京、沪两府特别市以及日本、荷兰、朝鲜华侨代表共133人,冯少山、苏民生、何创夏主席。工商部长孔祥熙到会致辞。大会举出执监委,通过创办商业银行及《全国商联会日报》等议决案,27日通过呈国民政府文,要求令饬奉方全部放还直鲁军所扣之车辆,事毕即宣告闭幕。

△ 张学良电蒋介石,致谢推举为国民政府委员,并谓:"承示亟速恢复交通与改悬国旗各事,莫不深表赞同。惜因外交环境关系,不得不分别缓急,徐图解决,免滋意外纠纷,总期实践前约,昭示国人。"

△ 北京外交团讨论中国来年新税问题,称中国如不推翻华会协定,于关税自主前先宣布实施七级过渡税,则列国亦必赞同。

△ 国民党中央执行委员会就上海邮务罢工案,召开第一七七次常务会议,议决嗣后政府机关、公用事业职工绝对禁止罢工;邮工服务及待遇之厘定,应绝对服从交通部公平之处理。

　△　福建省府召开军缩会议,省府委员及独立第十四师、独立第四师、省防军第一旅、第二旅代表出席。杨树庄主席,并以书面提出《结束闽省军事办法纲要》交会议讨论。结果决定:一、海军陆战队、独立第十四、第四师各缩编为四团,省防一、二旅,教导团各编为一团,各师部、旅部、炮兵营、特务连,暂行保留;二、各部依调防案,限年底移竣。26 日闭幕。

　△　国民党四川各县市指导委员会通电反对资中会议。指出川中少数将领私行召集资中会议,"揆其用心,无非分赃,分赃不平,促成混战……近日以来,全川民众对此,群情惶骇,纷纷反对"。敦促各军事领袖"速行各返原地,蠲免苛税,停止预征,一切川事,静听中央处理。苟犹充耳不闻,誓当与国人共弃之"。

10 月 14 日　蒋介石宴冯玉祥,并邀古应芬、李济深、胡汉民、戴季陶、李石曾、张静江、谭延闿、何应钦等人作陪,席间冯报告陕、甘旱荒灾况与西北最近军政情形以及今后建设计划,各要人与冯对训政实施及五院副长人选,均有相当商洽。

　△　白云梯谒蒋介石、胡汉民,商蒙、藏重要问题。

10 月 15 日　蒋介石撰文指责上海邮务工人罢工,是意图掀起各地工潮,影响社会的"轻率举动","无论动机如何,至少不能不说是工友们手段的错误"。"所望邮务工友于宣告复工以后,安心工作,听候处理,所提关于经济各条件,政府自当审量社会的现实生活及邮局经济情况,于可能范围内尽量容纳。若复不谅,以不可能的条件相要挟,或行动越轨,终使大多数工人失业,她就不是中正日夕所期望于工友们的地方了"。

　△　国民政府举行改组后第一次纪念周,蒋介石主席并报告,表示希望"在中央办事的同志,个个要奋发有为,个个勤慎廉洁,以中央为各省模范"。并称中正个人如有过失,或不勤不廉,亦请各位举发,俾得做一个模范。同日,胡汉民在国民党中央党部纪念周报告《国民政府和五院的组织法》。

　　△　李宗仁抵汉口,湖北省府主席张知本率各机关、团体数千人前往码头迎接。18 日,李召省政负责人张知本、陶钧、刘岳峙等开会,讨论汉口债权、债务纠纷、处理逆产、救济失业人口等问题。

　　△　军事委员会电慰白崇禧,令其暂镇津东,并称整理善后良图,尤须倚重长才,如促进统一,恢复交通各问题,全恃就近协商解决,静待后命。

　　△　何应钦就热河问题复电阎锡山、方振武,谓介公(蒋介石)之意,国军应暂取监视态度,因正向张学良交涉热河问题,并称预料热河方面,必能与奉方一致服从中央也。究竟是否用兵,尚有所待。

　　△　北伐军总司令部因北伐已告完成,军政部等即将成立,奉谕准备结束。是晚,何应钦召集总部各处厅主任会议,决定三事:一、各处厅编造器具清册;二、各处厅编录北伐以来大事记;三、各处厅考核各员成绩,择优呈报。以上三项限五日内办妥。

　　△　全国铁路运输会议在南京开幕。交通部长王伯群到会致训词。与会人员提出整顿路政、清查车辆、厘定客货运价等提案 45 件。

　　△　交通部发表《改订邮务职工待遇章程》。16 日,上海邮务工会开会,议决取消罢工委员会。

　　△　国民党河南省党务指导委员会通电全国,略谓今年豫西、豫南兵燹之余,继以天灾,大旱遍布百零八县,绝食者数十万人,凄惨之状,亘古未有,希望各界予以救济。

　　△　张宗昌自滦东败后,在乐亭附近乘小船出大清河口,是日亡命大连。旋到旅顺,僭称"中华民国政府代表",与白俄谢米诺夫("大俄国远东政府代表")签订《中俄讨赤军事协定》七条,规定各自"扫除"本国之"赤党",并互相援助饷项、军械、兵力,如有必要,"得设立联合军司令部"。

　　△　广东省政府发表湘、粤边境连(山)、乐(昌)、宜(章)、汝(城)等七县《联防协约》25 条。

　　10 月 16 日　国民政府改组后举行首次国务会议,委员林森、孙科、冯玉祥、陈果夫、蒋介石、谭延闿、王宠惠、何应钦、李济深、胡汉民、戴季陶出席,蒋介石主席。通过公布国民政府行政院、立法院、司法院、考试院、监察院组织法;议决察、绥两省府委员任命案;通令全国政务官不准兼俸、事务官不准兼差,违者即以舞弊论处;公布《共产党人自首法》。

△ 国民党中央执行委员会常务委员、立法院院长胡汉民于参加首次国务会议散会后对访者表示:"中国虽能统一,前途仍多困难,余决心扶助蒋介石等诸位忠诚同志,共谋建设。"

△ 中法宁案在南京换文。17 日,外交部公布中法两国关于解决宁案及修约照会四件。

△ 代理总税务司易纨士自北平启程南下,是日抵沪。18 日在沪对记者发表谈话与宣言,宣布正式接受国民政府之任命,决定明日入京。

△ 招商局"新康"轮船由塘沽开往上海,行驶至大沽外 20 余里海面,忽与由营口开来之"荣兴"商轮相撞,"荣兴"轮立即沉毁,乘客得救者仅五六十人,"新康"轮无大损伤。

10 月 17 日 国民党中央政治会议第一五九次会议,决议:一、准内政部长薛笃弼辞本兼各职,出洋考察;二、甘肃省旧西宁道属各县划入青海省,定西宁为青海省治;三、设宁夏省,以旧宁夏护军使所辖及旧宁夏道属各县为宁夏省管辖区域,以宁夏为省治;四、任李锦纶为驻墨西哥国全权公使;五、通过《中国国民党对于全国工会及工人之告诫书》。

△ 国民政府电新疆省政府代理主席金树仁,饬令安边靖乱,绥缉军民,维持治安。

△ 国民党中央执行委员会发表《中国国民党对于全国工会及工人之告诫书》,诬指"上海邮务工人罢工系受共党诱惑",要求各工会工人勿再"蹈怠工罢工之歧路……反抗政府,反叛国家"。

△ 上海邮务工会发表《告全国各界同胞书》,说明忍痛暂时复工之真相,宣布不能接受交通部《邮政人员修正薪率章程》之苦衷,声称

"要扑灭一切共党的阴谋,在青天白日旗下去寻找一条生路",呼吁各界同胞予以实力援助。

△　山东省府主席孙良诚颁发布告,宣布治鲁方针六端:一、肃清土匪;二、审慎用人;三、铲除贪官污吏;四、整顿教育;五、扫除积弊;六、军民合作。并谓上述各端急求实现,其他建设次第施行。

△　刘珍年在烟台通电宣布奉蒋介石令委充胶东暂编第一军军长,是日就职,并将胶东革命军总指挥名义取消。

△　吉林省延吉农工商学各团体联席会议,讨论抗路(吉林铁路)问题,议决在延吉设反对运动本部,在和龙、汪清、珲春三县设支部,以指导反对依赖外资修筑铁路的运动,如果遭到失败,即在各城市联合罢工、罢课。

△　日驻华公使芳泽离北平取道天津返国,使馆事务由崛义贵参赞代办。芳泽到津与白崇禧会晤,希望白中止班师,留为防共,并盼与东三省联合,防俄赤祸。

10 月 18 日　国民党中常会第一七七次会议通过:一、冯玉祥、林森、张继、孙科、陈果夫分别为行政、立法、考试、监察院副院长;二、李宗仁为国民政府军事参议院院长,李济深为国民政府参谋部长,何应钦为国民政府训练总监部部长;三、取消上海工会整理委员会。

△　驻沪日总领事矢田在南京会见蒋介石,表示愿弃却往日之争执,披沥诚意,解决中日问题悬案。

△　蒋介石在总司令部召集上海工人代表团谈话,告诫工人罢工之手段不能轻易为之。

△　张学良代表胡若愚偕方本仁谒蒋介石,蒋就东三省易帜问题询问甚详,并表示希望奉方派员来京,以便接洽。

△　侨务委员会招待新闻界,常委周启刚报告整顿侨务方针,其要旨为:一、设法巩固华侨原有的一切地位;二、解除华侨痛苦,使在居留地享受自由平等;三、发展华侨国际贸易;四、介绍华侨回国兴办实业;五、设法消除一切苛待华侨条例;六、督促严重交涉华侨所遭之惨案;

七、与华侨居留地政府改订华侨所属之国籍法。

10 月 19 日 国民政府明令禁止以私人名义推荐官员。令曰:"国家设官,所以任职,用人贤否,攸关政治隆污,若非拔取真才,何以企臻郅治。近顷以来,奔竞之风未息,请托之事盛行,亟应严加取缔,以资整顿。嗣后上级机关对下级机关或平行机关,均不得以私人名义有所推荐,借杜幸进,而肃官常,违者分别惩处。"

△ 国民政府明令政务官不得兼薪,事务官不得兼差。令曰:"政务官不得兼薪,事务官不得兼差职,迭经明令严禁在案。乃实行奉行者固居多数,间亦不免有阳奉阴违情事。为此重申诰令:嗣后政务官即因政务上之必要而兼差职,亦不得兼薪,并不得有支取夫马津贴类似兼薪之事项。事务官绝对不得兼差职。倘敢故违,以贪墨论,即予褫职惩办。"

△ 国民政府第二次国务会议,蒋介石主席。议决任命阎锡山、王正廷、冯玉祥、宋子文、易培基、孔祥熙、蒋梦麟、王伯群、孙科、薛笃弼分别为内政、外交、军政、财政、农矿、工商、教育、交通、铁道、卫生各部部长。古应芬为政府文官长,提请中政会通过。同日,国民党中央政治会议临时会议照案通过。

△ 国民政府特任宋子文为中央银行总裁。

△ 外交部长王正廷邀驻沪日总领事矢田在南京萨家湾私宅商洽中日悬案:一、中日修约案:日方表示日政府原则上赞同,并主双方于沪上开修约会议。二、中日宁案:中方表示负责赔偿日方所有损失,甚望日政府本善意与中国协商。三、汉口事件:中方表示,日方在汉口日租界枪杀中国军民多人,此事日方应负完全责任。日方答称,即请示田中,并建议此案与济案同时解决。四、济南惨案:中方提议日方先撤退济南驻军,再开谈判,并应对其惨杀中国外交官一事,须向中国政府郑重道歉,日方允转告本国政府。20 日,谈判继续进行。

△ 白崇禧派赴奉天代表王季文、何千里返津,向白报告与张学良接洽经过。

　　△　驻沈阳日总领事林久治郎访晤张学良,交涉土地商租问题。日方以撤废在东三省治外法权为条件,要求奉方谅解,奉方不允。

　　△　日本众议院中华参观团河上誓太郎等 15 人,自东京出发来华参观,是日抵沪。视察团立宪民政党所属众议员前田房之助等三人发表声明书,称"日本所望于中国者,除拥［维］护日本在满蒙之特殊权利利益及已存之条约外,丝毫不存帝国主义之野心"。

　　10 月 20 日　国民政府公布《行政院组织法》,凡 11 条;《立法院组织法》,凡 26 条;《司法院组织法》,凡 16 条;《考试院组织法》,凡 17 条;《监察院组织法》,凡 23 条。

　　△　国民政府令:青海改建为省,前经明令公布。兹查甘肃省旧西宁道属各县与青海形势毗连,应即划入青海省,并定西宁为青海省治。又查旧宁夏护军使辖地及旧宁夏道属各县地方辽阔,应即设置宁夏省,以宁夏为省治。

　　△　国民政府任赵戴文、彭赞璜、兰均、张砺生、童效先、索狄木拉普坦、萨木端降魔普为察哈尔省政府委员,指定赵戴文为主席。

　　△　国民政府任徐永昌、陈宾寅、梁汝舟、冯曦、祁志厚、蕴栋旺楚克、沙克都尔札布为绥远省政府委员,指定徐永昌为主席。

　　△　国民政府任蒋作宾为驻德意志国特命全权公使;任高鲁为驻法兰西国特命全权公使;任李锦纶为驻墨西哥特命全权公使。

　　△　国民政府公布《共产党人自首法》,凡九条,并附录《暂行反革命治罪法》七条。

　　△　第十一军军长陈铭枢奉蒋介石命慰劳东征军队,是日抵北平,谒阎锡山后,于 22 日赴津晤见白崇禧。

　　△　湖北省府举行县长考试。应试者 1287 人,23 日录取初试合格者 308 人。25 日复试。27 日宣布录取合格者 107 人。

　　△　刘珍年部何益三旅在山东牟平县,会同知事郭佩五,带领 2000 余人,至南汉、北汉、但家三村强索现款,预征钱粮,三村不允,是夜包围三村炮轰,计毙男女老少四五百名,斩九名,所斩人头悬牟平四

城门,烟台、大连商会调停无效。

　　△　晋西临县鼠疫成灾,全县死数百人。

　　10 月 21 日　蒋介石电北平何成濬,请即到南京就参军长职,杨杰亦请速来。

　　△　天津警备司令部以成分复杂为由,将驻防马厂暂编第九路军包围缴械,给资遣散。

　　△　冯玉祥电令山东省政府将全省民团改为人民自卫团,并任命陈以燊为山东人民自卫团总团长,是日,陈抵泰安与孙良诚接洽组织自卫团办法,决定分山东为 10 区,每区设区长一名,大县配备团员 300 人,中县 200 人,小县 50 人。

　　△　国民党天津特别市指导委员会就传闻向美国借款 500 万美元修华北河道及向英国格利菲斯公司借款 2.6 亿元修粤汉铁路两事电中央党部,表示现在财政、军政、民政尚未完全统一,不平等条约仍然存在,遽募巨量外债,既未昭大信于国人,更加以重大之担负,是增加束缚,恐为建设前途之障碍。是日,中央党部复电,谓所称大举外债,建设实业一节,纯系关于吸收外资,开发实业,表示在整个计划未发表前,决不轻易举借。

　　△　江苏大刀会攻占溧阳。是日,大刀会首领潘瑶率部 400 余人袭击溧阳,该城军警猝不及防,县府被劫公款 7000 余元,县长、县公安局长狼狈逃匿,大刀会众焚烧商店,劫狱释放犯人,全城停业,损失 20 余万元。次晨,宜兴驻军开赴溧阳,潘率部退出。

　　△　日军第三师团从济南第二次撤退。是日至 24 日,侵鲁日军骑兵第三联队、第六联队第二大队及第五、第六、第七、第八中队,野炮第三联队第一大队本部及第一中队将校级军官 246 人,士兵 1896 人离济南经青岛回国。

　　△　中美就安德思盗古案成立协议。是日,安德思在内蒙所盗掘古物 86 箱在协和医院开箱受检,各有关专家出席。马衡代表古物保管委员会主任张继与安德思在协议上签字。协议规定:历史学、考古学古

物留华；动植物标本、矿物标本平分；有脊椎动物化石送美国，留一份在华；无脊椎动物化石留华，送一份与美，但嗣后得允许中国学者前往从事研究。

10 月 22 日　国民党中常会第一七八次会议通过国民党海外总支部、支部、分部、区分部执行委员各条例。

△　国民政府举行第二次纪念周，蒋介石发表讲话，要求国府工作人员严守时间，准时上下班；服从官长，各尽其职。

△　蒋介石在南京总司令部招待日本众议院参观团。蒋表示中日悬案应本亲善原则，以外交方式迅谋解决，使双方得有圆满之结果。25日，参观团乘日本邮轮离沪返国。

△　河北省南部唐山县与津东唐山二字相重，河北省政府呈请改为尧山，是日国民政府准如所请，训令内政部知照。

△　第四集团军东征前敌各军成立点验委员会，李品仙为委员长，为缩军之先着。是日，李品仙抵津晤白崇禧，请示缩编问题。按：第四集团军除回后方缩编者外，津东前线仍有 25 万以上。

△　方本仁电北平报告奉天关于解决热河、关内撤防及东北易帜三事交涉情形。略谓："迭经国府来电催促，究拟何时实现，张汉卿对此亦颇注意，并经东省会议及叶琪到奉磋商之结果，除热河尚无彻底解决之方法外，其撤兵、易帜两项，决于最近期内践约实行。自号（20）日起，关内驻军即首先向关外陆续撤退，暂驻平奉线之锦西、绥中一带。易帜问题虽在积极准备中，卒以环境关系，尚须少缓时日，约在十一月底十二月初间，一律易帜。"

△　国民党福建省党务指导委员会成立。

△　中日谈判举行第四次、第五次会议，日方要求以取消排日行为为济案谈判的先决条件，王正廷提出日方必须先从济南撤兵，对济案死伤人员道歉、惩凶，承认以后不再发生类似行为，矢田不置可否。

△　白崇禧电国民政府转报英使蓝普森函告：在唐山、古冶一带护矿英军，一俟所需各项备妥，立即撤退。

△　沈阳商、工、教育界召开"东三省路权保持会"成立大会,发表宣言,反对日本修筑吉会、长大铁路,劝告奉天省府拒绝签约。

10 月 23 日　国民政府第三次国务会议议决:国民党中央党部函开之军事参议院院长、参谋部参谋总长、训练总监部训练总监及行政院内政、外交、军政、财政、交通、铁道、工商、农矿、教育、卫生部部长、国府文官长任命名单,照任命;国徽、国旗法草案重付审查;指定王宠惠整理行政院各部、会组织法。

△　国民政府明令设置铁道部,大学院改为教育部。

△　国民政府特任古应芬为国民政府文官长。

△　刘峙、顾祝同、钱大钧、蒋鼎文、曹万顺五师长联衔电蒋介石,要求军需独立,各师军需直辖于中央军需机关,师以下军需直辖于师军需处,使军需自成一贯之系统,俾领兵官得专心治军,不待期年,必有异效。

△　张学良在沈阳召集东三省军政会议,张作相、万福麟、杨宇霆、李振唐、高维岳、王树常、富双英、汲金纯、胡毓坤、于学忠、戢翼翘、于芷山等出席,至 26 日闭幕。决议:一、东三省军队裁减为 10 万人;二、维持保安司令政治制度,至不得已时以不设国民党党部为易帜条件;三、东三省税款自征自用。

△　中日谈判继续进行,上午王正廷与矢田专谈济案,对赔偿款额、撤兵日期及惩办主凶诸点,争执甚剧。下午,矢田对于修约已允开议,惟税率条款,则要求保留。

10 月 24 日　国民政府任命行政院各部部长:特任阎锡山为内政部长,王正廷为外交部长,冯玉祥为军政部长,宋子文为财政部长,王伯群为交通部长,孙科为铁道部长,孔祥熙为工商部长,易培基为农矿部长,蒋梦麟为教育部长,薛笃弼为卫生部长;任赵戴文为内政部次长,阎锡山未到任以前,并兼代理部务。

△　国民政府特任李济深为参谋部参谋总长,李宗仁为军事参议院院长,何应钦为训练总监部训练总监。

　　△　国民党中央政治会议第一六○次会议，决议：一、任命门致中等七人为宁夏省政府委员；二、任命班禅额尔德尼为青海省政府委员；三、任命何成濬为国府参军长；四、指定胡汉民、李济深、何应钦、谭延闿、古应芬、冯玉祥、戴季陶七委员讨论四川军政问题。

　　△　军事委员会开结束会议，蒋介石、冯玉祥、谭延闿、何应钦、李济深等出席，讨论该会总部及海军部结束后人员分配问题，推定冯、李、何等审查。31日正式结束，停止办公。

　　△　徐海剿匪总司令刘峙召集徐海剿匪会议，各县县长、公安局长出席。代表所提各案，多数通过。会议对于联防剿匪及惩治土匪办法，均有决定。24日闭幕。当夜，第九师师长蒋鼎文由京返徐晤刘峙，决定第一、九两师联合剿匪。

　　△　下午，吉林省议会召集省农、工、商、教等10团体开联席会议，决议三项：一、联衔致电张学良、张作相及东三省交通委员会，请保持路权，拒绝签字；二、各推代表一至二人会同延边代表赴奉协力抗争；三、组织"省路自主会"，专办抗路事宜，至达目的为止。推宋炎等五人为自主会组织章程起草人，将长大路照吉会路例，不借外债，由吉人自修。

　　10月25日　国民党中常会第一七九次会议，通过第三次全国代表大会代表名额及产生办法、党员登记办法等项决议案：一、关于第三次全国代表大会，决议：(1)全国代表大会代表，依第一次全国代表大会例，由省、市选出全额之半，中央指定全额之半，选举法另定之；(2)未办完登记、未正式成立之省、特别市党部之全国代表大会之代表，由中央指定之；(3)海外各总支部及国内各特别党部，亦合用以上第一、第二两项办法，其名额另定之。二、关于登记案，决议：(1)登记截止期为十七年12月底；(2)凡同盟会、中华革命党及登记于中国国民党成立至民国十二年改组时之同志，得合用特种登记表，有真实之证明，即承认其党籍，特种登记表另定之。三、关于下层党部工作纲领，以地方自治为原则，实行识字运动、造林运动、造路运动、合作运动、保甲运动、卫生运动。四、关于《防制共产党案》，决议采用各级连坐法。五、《中央政治会议暂行条例》(草案),决议通过。六、改派戴季陶、何应钦、胡汉民、李济深、缪斌为民众训练委员会常务委员。

△ 国民党中常会通过《中央政治会议暂行条例》,凡 13 条,规定:"政治会议为全国实行训政之最高指导机关,对于中央执行委员会负其全责";中央执监委员及国民政府委员为政治委员会当然委员;中执会得推定其他政治会议委员,其人数不得超过当然委员之半数;政治会议讨论及议决事项,计有建国大纲,立法原则,施政方针,军事大计及国民政府委员、各院院长、副院长及委员、各部部长、各委员会委员长、各省政府委员主席及厅长、各特别市市长、驻外大使、特使、公使及特任特派官吏之人选;政治会议之决议,直接交国民政府执行。

△ 国民政府举行行政院成立典礼。下午,行政院院长及各部长在国民政府大礼堂举行就职典礼,蒋介石主席,依次授印,行政院长谭延闿、财政部长宋子文、教育部长蒋梦麟、军政部长冯玉祥、农矿部长易培基、工商部长孔祥熙、交通部长王伯群、铁道部长孙科、卫生部长薛笃弼均亲自受印,并举手宣誓。中央党部代表蔡元培、国民政府主席蒋介石分致训词,行政院长谭延闿致答词。

△ 国民政府发布整顿田赋令,令曰:"吾国田赋之法,历朝屡变,舆图不确,册籍多讹。舛错支离,不可究诘。值兹训政开始,自应力加整顿,务期赋由田地生,粮随户转,富者无抗匿之弊,贫者无代纳之虞,以收田赋平均之效。除已谕内政、财政两部会函各省政府限期认真清理外,特此通令知之。"

△ 张学良电蒋介石,谓中央对奉天、热河种种期待,已征各将领同意,本人因组省府及军队整顿问题,碍难南下领教,请随时示代表胡若愚电知。旋蒋电复,促将关内撤防、热河改组两事先行解决。

△ 白崇禧由津抵平,对各报记者发表谈话,主张增兵河北,以备外患;张学良不遵守交还 12 辆列车诺言,奉方扣车辆占全国五分之三,如不交还,全国交通则遭破坏,迭次电催送回所扣车辆,亦未放回;东征军饥寒交迫,棉衣无着,究竟留津多久,饷项如何拨法等事,连日与阎

（锡山）商量，尚未得具体办法。

△ 中日谈判初步告竣。是日下午，王正廷与矢田于王宅举行第九次会议，6时半联名发表声明书，宣布中日间之协议，对于通商条约问题、济案、宁案、汉案，详细交换意见，对于各个问题之具体解决方法，意见一致，决定报告双方政府，以待训令。26日，矢田回沪。

△ 江西省务会议通过《进口消费税则》，自11月1日启征。按：江西省原有收入，月共180余万，自将米捐、商捐、禁烟局及厘金局26所一并裁撤之后，每月收入减少100万元左右，致省库如洗，军政各费统无办法，故有此项决定。

10月26日 国民政府发表《训政时期施政宣言》，首述训政时期国民党本其历史上所负之使命，适应国家实际之需要，代行政权，而以治权授诸国民政府，由国民政府设立五院，分负治理责任；其次除分别列举政治建设、经济建设、教育建设各要点外，并强调安定社会、裁兵节饷、整理财政为建设之先决条件。

△ 国民政府第四次国务会议，通过任命吕苾筹为行政院秘书长；连声海、王澂、胡毓威、马叙伦、吴震春、张寿镛、李调生七人分别为铁道、卫生、教育、财政各部政务及常任次长；张群、鹿钟麟为军政部政务及常任次长等15项决议，通过《国民政府宣言》。

△ 国民政府公布《中国银行条例》，凡24条，规定资金为国币2500万元，25万股，政府认五万股，余由人民承购，总行设上海。

△ 上午8时，北平各界在北海公园举行追悼黎元洪大会，阎锡山主祭，英、美、德、比、法、瑞典、丹麦、挪威等国使馆均派代表致祭。下午，各民众10万人自由致祭。追悼会共开三天。

△ 国民政府就易帜事电话张学良，谓刻下三省外交既归国府负责办理，是三省外交障碍已除，奉方依然借助外交关系，屡次迁延，不果易帜，难免怀疑奉方无具诚意。

△ 吉林省省城学生联合会召集市民大会，到10余学校及市民，约二万余人，会后游行，学生高举"收回吉会线"、"打倒帝国主义"、"打

倒卖国贼"的旗帜,至省议会、省署、省交涉署请愿,要求拒绝日本修建吉会铁路之要求。

△　张学良电复白崇禧允拨车辆,并声明因调转延期极歉,并非食言,并谓奉电后又令交通委员会迅速办理。

△　奉天向捷克订购步枪万支,子弹 1500 万发,由挪威船"乌鸦号"运抵营口,31 日卸竣。此系奉军于退出关外前所订购之军火。

△　上海《申报》及其他各报刊登路透社 25 日东京电讯称,日侵略满蒙之东方拓殖会社向美国纽约市国民银行借款 1900 万美元,作日人开发满洲及朝鲜之用。消息披露后,中国政界及民间极为关注。30 日,驻华日使馆宣称,"东拓"所借美金 1900 万元,系用以赎旧债;实则以一半还旧债,一半用于满洲、朝鲜。

10 月 27 日　张学良、杨宇霆、罗文干等与蒋介石代表张其宽、缪定保、白崇禧代表叶琪,连日来分别协议移防、交通、易帜、热河、外交各问题,决议:放还车辆、平奉通车,决先提前解决,双方暂行山海关为交界终点;奉军于本月底陆续撤退,所遗平东防地,由国民政府指定第四集团军接防;东三省整理军政与善后事宜,由张学良自行负责,惟易帜时期,须俟省政府组织成立时方能实现;对热河愿以和平处置,决调汤玉麟归奉,畀以省委或较崇职务,一俟派员赴热点编后,当可逐渐实行;关于中日外交问题,决由中央政府完全处理,采取一致方针。

△　沈阳"东三省路权保持会"开会,延吉等四县代表及吉林省议会议长林鹤皋、吉林商务会长张松龄等出席,议决:一、对日本所提修筑吉会、长大铁路应严加拒绝;二、此案当事人赵镇,应请当局速予革职;三、日本如采取自由行动,市民大会即举行激烈的抗议示威。

10 月 28 日　长春市中学和师范学校学生百余人,手举"打倒日本帝国主义走狗!""反对秘密签订六大铁路协定!"等口号的小旗,在市内繁华大街游行示威,并发表演说,抨击签约人赵镇、常荫槐,被警察驱散。

△　中国回教公会在南京成立,马福祥、白崇禧、马良等 19 人当选

为临时执行委员。

　　△　田中召集驻华日使芳泽等开紧急会议,研究对华谈判方略,决定训令矢田总领事,授以第二次交涉方针并决定派遣外务省亚细亚局局长有田赴华参与谈判。

　　10月29日　王正廷在上海接见中外记者,谈中日交涉等问题:一、条约问题与济、宁、汉各案,必将同时解决,务于最短期间订定新约;二、济案亦必与其他各案同时解决,而解决济案与撤退在鲁日军亦属连带关系;三、宁案有中美、中英、中法、中意各案之先例,故解决极易。

　　△　叶琪由沈阳返回北平,张学良派米春霖同来。当即谒见白崇禧,报告与奉方接洽经过。谓张学良因有杀父之仇,故立志服从国民政府,对关内野心确已放弃,惟对东三省及热河地盘仍图掌握。

　　△　蒋介石派吴忠信赴平,是日吴在北平中央饭店邀白崇禧、陈铭枢、王泽民、方振武、叶琪、魏益三等接洽平、津一带驻军缩编问题。

　　△　西藏班禅额尔德尼在成都设立办事处,处长阿汪敬呈请第二十四军司令部备案,已获批准。呈文略谓:"吾藏地据中华民国之西南……以言形势,实为中国之屏藩,以言历史,则从来膺服中国之向化。是扶植藏民,即中国巩固国防之要略;而倾心宗邦,亦即藏民图谋自存之要道也。"

　　10月30日　国民政府明令设置卫生部,着内政部即将关于卫生行政一切事宜,移交卫生部办理。

　　△　行政院第一次会议,谭延闿主席,通过军政部各署厅、司长及农矿、外交、交通、卫生等部次长任命案。内政部所呈北平特别市与河北省政府划分管辖区一案,议决照办。

　　△　中意宁案赔偿协定在上海签字,规定意国退还中国赔偿意方教士之抚恤金三万元,以助中国慈善事业及公益之用。

　　△　首都反日会召集各界50余团体代表数百人至国民政府请愿,推黄世杰等入府见蒋介石,由杨熙绩、王文藻接见。黄等当面呈交请愿书,提出中日交涉建议五项,其要旨为:完全撤退驻华日军;日本必须承

认废除不平等条约；济案须日惩凶、道歉及赔偿损失。杨、王表示完全接受。

△　米春霖在北平接见记者，答复所提东北易帜等问题，略谓："易帜本属中国内部事，与外交截然为两事，似不能因外交而不办内政，然其实亦有许多关系。所以至今未实现者，即以事先必须将一切事办好，而后易帜，方觉妥当，国府方面亦深悉此种情形也。好在大家精神上既已一致，此等事必有实现之一日，且其期并不在远，此可敢告于国人者也。"

△　东三省路权保持会代表向张作相请愿，要求坚持拒绝日方要求，并罢免吉敦路局局长赵镇职务，张均允诺。是日又见张学良，张表示尊重民意。

10 月 31 日　国民党中央政治会议第一六一次会议，任命江苏、浙江、新疆、四川省省府委员：苏省为钮永建等 12 人，浙省为张静江等 10 人，新疆省府委员为金树仁等九人，四川省府委员为刘文辉等 13 人；通过王用宾、王世杰、宋美龄等 48 人为立法院立法委员；决议杨森免予查办；决派刘湘、邓锡侯、刘存厚、杨森等八人为川康裁编军队委员会委员，指定刘湘为委员长，邓锡侯、刘存厚为副委员长。

△　国民政府特任何成濬为国民政府参军长，何未到任以前，以参军吴思豫暂行代理。任命吕苾筹为行政院秘书长。

△　国民政府公布《民国十七年金融长期公债条例》，凡 12 条，规定公债总额为 4500 万元，周息 2.5 厘，25 年还清。

△　蒋介石电告方振武，热河问题，刻与奉代表诚意接洽，谅可解决；指示方于北平就近主持其事。

△　驻华荷使欧登科、比利时代办纪佑穆、意使华蕾拜会蒋介石，蒋表示愿在平等互惠原则上，与各国益敦睦谊。

△　国民党北平临时政治分会将热河全体公民代表赵胜等控告都统汤玉麟十大罪状、呈请撤职查办案，转电中央政治会议，请求迅予核办。

　　△　军政部长冯玉祥派第二集团军总参谋长石敬亭检阅第二集团军改编各部队,是日石携冯亲书交各官佐传阅之手札一件,离京北上。

　　△　日本外务省亚细亚局长有田抵沪,至驻沪日总领事馆同矢田商议,决入京进行第二次日中之交涉。

　　△　上海特别市公安局发表户口统计,户数为 31.1144 万,人口为 150.3921 万,其中外侨 2001 户,计英、美、法、德、苏联、日等国侨民 9449 人。

　　10 月下旬　黑龙江省教育会会长王福维、副会长杨致焕电东北保安委员会,吁请"毅然决然,迅即改旗易制(帜)"。并谓"强邻横加干涉,不可理喻"。"因强邻之不利而我即不为,然必有利于强邻者而始为之乎? 此不待智者而知其不可也"。

　　是月　北平市户口统计结果为:全市正式户口 25.2521 万户,126.75 万人。

11　月

　　11 月 1 日　中央银行在上海正式成立,资本总额 2000 万元(银元),总裁宋子文,副总裁陈行,总经理顾立仁。上午 9 时,举行开幕典礼,蒋介石主席并授宋子文总裁印。下午,正式开始营业。

　　△　国民政府任门致中、邵遇芝、李世军、魏鸿发、马福寿、白云梯、扈天魁为宁夏省政府委员,并指定门致中为主席。

　　△　国民党中常会第一八〇次会议决定组织党务审查委员会,推蒋介石、谭延闿、戴季陶等 11 人为委员;通过《补行登记手续条例》;南京特别市党部有不尊重中央决议之言论行为,系该市指导委员会指导无力,应予警告;通过修正《海外各级党部代表大会选举法大纲》第三条及代表人数标准案;派李石曾、张继考核北平、河北、山东、山西党务。

　　△　国民党南京特别市党务指导委员会开联席会议,到 11 个区党部、92 个区分部代表,讨论中央最近延长党员登记时间及第三次全国

代表大会由中央指定半数代表问题,金谓中央延长登记时间及指定半数代表实与训政时期发挥民主精神不符,议决提出反对意见,并派丘河清等九委员携联席会议议决案至中央常会陈述,为中常会所拒。当日下午,市指委会开会,指委丘河清、洪陆东、刘季洪、段锡朋、张历生、靳鹤声、李敬斋、吴保丰、陈剑脩出席,议决全体总辞职,并将辞呈送中央党部。

　　△　全国禁烟会议在南京开幕,到谭延闿、褚民谊、王宠惠、王伯群、王正廷、吴思豫、薛笃弼、赵戴文、陈绍宽及各省市代表共 200 人。张之江主席并致开会词,国民党中央党部、国民政府代表及行政院长分致训词,外长王正廷、内次赵戴文、东三省代表赵巽相继演说,大会收到提案 300 余件。下午,各省代表报告禁烟情形。

　　△　蒋介石电方振武、陈调元、吴忠信、杨杰,指示北平驻军缩编事宜:第四军团缩编为两师,称第四十四师、第四十五师;第三十七军缩编为一师一旅,称第四十六师及新编步兵第一旅,第五军团缩编为一师,称第四十七师;第六军团缩编为一师一旅,称第四十八师及新编步兵第二旅,该部等应即就原驻地编并,统归改编主任吴忠信会同各该主管负责办理。同日,方、陈、吴、杨复电蒋介石称,遵即着手进行缩编,惟改编后之遣散费请从速汇平,并请整委会派员速来监督办理。

　　△　国民党武汉政治分会成立,是日政治分会全体委员宣誓就职,张知本授印,政治分会主席李宗仁监督并致训词,胡宗铎及各委员致答词。

　　△　察哈尔省省政府成立,代理主席杨爱源偕委员彭赞璜、兰均宣誓就职。

　　△　第八路总指挥部在广州连日开裁兵会议,讨论两广裁兵问题,决定粤、桂各留三师,其余酌情编为省防军。

　　△　中华国货展览会在上海开幕,市长张定璠主席并致开幕词,蒋介石主持升旗礼。到中外来宾五万余人。

　　△　邢士廉、王树翰由沈阳抵津,邢发表谈话,谓上次与国府接洽

系非正式的,此次奉东三省保安会正式派遣,与国府为正式之接洽。

　　△　驻唐山之英兵 200 余名撤至天津,其一部英兵于 3 日离津回国。

　　11 月 2 日　国民政府第五次国务会议议决公布《中华民国国徽国旗法》、《铁道部组织法》、《中央研究院组织法》;改组浙江省政府,准何应钦辞省府主席,任命张静江等 10 人为省府委员;组织四川省政府,任命刘文辉等 13 人为省府委员;杨森免予查办;设立川康裁编军队委员会,派刘湘等八人为裁编军队委员会委员;改组江苏省政府,任命钮永建等 12 人为省府委员;组织新疆省政府,任命金树仁等四人为省府委员。

　　△　国民党中央民训会新任常委胡汉民、戴季陶、缪斌就职,并召全体职员训话,对于今后民众运动方针有所说明。

　　△　蒋介石电苏、浙、赣、鲁、冀各省府主席,重申"各军队不准就地向各县及征收机关提款";嗣后非经财政部核准有案,不能拨抵军费。

　　△　张继抵北平,9 日就国民党中央政治会议北平分会主席职。

　　△　张学良派程义明、米春霖、蔡钟麟携现款 10 余万元,助东征军给养,是日抵平交白崇禧。

　　△　张学良代表米春霖与白崇禧商奉方放还车辆问题,已有结果,是夜离平返奉。按:奉方扣关内机车 400 余辆、车皮 5000 余辆,占全国火车车辆五分之四,于全国交通影响甚大,白曾派员赴奉多次交涉。

　　△　热河省各团体代表数十人到北平卫戍司令部请愿,要求撤换汤玉麟。

　　△　江苏省政府第一五二次会议,通过钱大钧所提苏州设市案。

　　△　北平特别市政府就南京中央侨务委员会电嘱各省市政府不得允许外籍人在中国招募华工一事复电侨委,谓北平地区尚未发现外人招工事情。

　　△　侵鲁日军开始第二批撤退回国,是日,日步兵第十八联队之主力共 770 名,官佐 27 名,由指挥官村田少佐率领,乘日轮"大和丸"由青岛回国。

11 月 3 日　是日至次日,国民党南京特别市区党部及各区分部分别召开党员大会,拥护市指委以总辞职抗议中央的决定,并强调下级党部有权对中央违反党义的一切行为提出抗议。

△　建设委员会主席张静江同美国无线电公司签订订购短波国际电台合同,价值 60 万元。6 日,美国该公司驻华经理之电务公司总董杜莱在沪正式发表美中签订合同事。此一大规模无线电台设备,从美运到后,将于明春落成使用,届时中国与美欧各国可直接拍发电报。

△　陈铭枢偕叶琪离平南下,是日抵汉口,李宗仁设宴招待,席间对于东北军事善后问题有所讨论。陈于席散后对记者谈三事:一、前方军事已告结束,现中央派代表吴忠信驻平,与阎总司令、白总指挥商一切善后问题及裁缩军队,均拟有具体办法;二、热河省政府将由国民政府下令改组,张学良既为国府委员,自当遵从命令,听候解决;三、东省易帜,不久当可实行。7 日,陈铭枢抵南京,当晚蒋介石招宴。

△　白崇禧在北平对复旦社记者谈前往新疆问题,略谓此事起因,系胡汉民游历土耳其时,土外长建议中国加强新疆防务,免入俄人之手,胡回国后,写信希望余领兵前往新疆。设中央有令,派余率师入新,余自当前往。入新工作,最要紧为国防计划,应先谋铁路、航空事业之发达及联络,使新疆与甘、陕交通铁路计划完成,则国防自有相当利益。

△　日外务省亚细亚局长有田会晤蒋介石,就时局问题交换意见。

△　首都反日会代表黄世杰谒蒋介石请愿,要求政府彻底废除不平等条约;对日交涉不能让步,侵华日军须完全撤退,方可开始谈判;济案最低限度,日本须惩凶、道歉及赔偿损失;并表示民众誓为政府后盾。蒋表示政府完全接受民众要求。

△　哈尔滨为反对日人修筑吉会铁路,是日召开市民抗路大会,到各界 30 余团体 300 余人,推教育会长王景仁、法大校长雷殷为正副主席,议决成立"哈尔滨市民抗路联合大会",推选委员及常委后散会。当日,委员会开会议决电国民政府请抗议日人恃强筑路,否认局部外交,并电奉天总部力抗日人筑路,拒绝签字。

△　湘、赣部署第三次"会剿"江西红军，"会剿"部队为赣省四个旅，湘省六个团，人数达三万以上，任何键为"会剿"临时指挥；以刘士毅、杨池生两旅由遂川向大小五井进攻，韦杵、周泽源两旅由宁冈向井冈山进攻，何键部两团由桂东向江西大小五井进攻，吴尚部三团由茶（陵）、攸（县）向井冈山进攻；各路部队统限于本月10日以前集中完毕。

△　何键自衡州出发，巡视湘南，历18日，周巡永兴、资兴、桂东、郴州、宜章、桂阳、新田、嘉禾、蓝山、临武、宁远、常宁、祁阳、零陵、道县等16县，20日返衡。23日，何电国民政府、行政院及李宗仁、鲁涤平，将湘南情形，分清乡、团务、军务、剿匪、"铲共"、讼案、灾情、党务、教育、交通10项，作有系统之报告。

△　国民党广州政治分会公布《惩办械斗办法》，凡12条，规定对械斗主犯处以极刑或无期徒刑，附从者处三年至10年有期徒刑并科罚金。

△　山西旱灾救济会电平津卫戍总司令部暨冀、察、绥各省政府，报告山西灾情。略谓：山西灾害频仍，兵燹饥馑，纷沓而至，雁北各县，被敌蹂躏者数月，人民之死亡，以数十万计，财物之损失，以数千万计。旱雹风霜，相继摧残，数月以来，饿毙者累累，全家服毒自尽者触目皆是。晋南今年自春至秋，无一雨泽，河流大减，井泉亦枯，夏田歉收，秋禾全无，民众家家缺食，粮价日日飞涨，以致盗贼滋起，路断人行，仰屋兴叹，无以为计。中部各县，大起鼠疫，计由临县而兴县，而岚县，而汾阳，每一村落，死者辄数十人，大有不可防御之势。恳请诸公捐资拯援，慷慨济施。

△　江苏溧阳县大刀会首领葛小妹妹（男）被捕获。该会有千余人，200余支枪。

△　驻华挪威代办奥尔门奉本国政府令由平南下，是日抵南京会晤外交部长王正廷商订新约事宜。

△　日军野炮第一联队一部士兵715人、官佐35人，工兵第三大队、步兵第十八联队一部及师团通讯队、野战电讯队士兵500余人，官

佐 17 人,野炮第三联队一部,由青岛分乘日轮撤退回国。

11 月 4 日 哈尔滨市民抗路大会电南京国民政府,略谓:日本乘危劫夺吉会、长大等路权,以遂其二线(南满、吉会)二港(大连、清津)主义,囊括东三省于南满铁道会社范围之下,使东三省沦为朝鲜第二。东三省为中华民国之一部分,务恳钧府本保卫国家主权之责任,严词拒绝,痛予驳斥,毋使日人得遂奸谋。

△ 哈尔滨市中等以上学校学生代表开会,讨论抗路反日事项,议决成立"哈尔滨学生保持路权联合会",并定三日内外举行游行示威及演讲,反对日人修筑吉会铁路。

△ 奉方令关内吉军万余人即日撤回原防。

△ 鲁涤平以湘省米价由每石四五元骤涨至八元以上,民众大起恐慌,是日发出布告实行禁运,凡华洋轮船、民船、火车,一概不准装运谷米输出省境。

△ 山东全省日本侨民在济南开大会,议决济案交涉,须俟中国国情安定后,方可撤兵;撤兵之前,须先撤日侨。

△ 日本山东派遣军野炮派成第九中队、第一野战医院,由指挥官水岛大尉带领,是日乘"美崎丸"离青岛撤退回国。

11 月 5 日 美国务卿凯洛格发表声明,宣布美国政府正式承认中华民国政府。

△ 国民党中央组织部通令各省、市党部迅速办理登记,并将未组织健全之党部从速组织成立。

△ 张继对北平报界发表谈话,主张保留政治分会。略谓:"个人意见,以为政治分会不必取消,政治分会可以助成中央统一,为有益于中央的。离京时亦曾与蒋(介石)胡(汉民)两位同志谈及,两人意见亦同。一部分人怀疑政治分会易构成割据形势,其实不然,本人主张应当存在。"并谓"本人最主张党内无派,不应有小组织"。

△ 阎锡山电河北省政府,告以前次收复平、津时收编之士兵两万余人,现由平津卫戍总司令部派员按路分送回籍,定于 8 日由平出发,

希冀政府通饬所属各县,务使士兵安然回籍,地方不受惊扰。

　　△　外交委员会开会,王正廷报告中日最近交涉情形,议决伍朝枢、戴恩赛分任驻美、古两国公使。

　　△　日满铁会社社长山本离奉归国,临行前往见张学良,力陈联日之利,同时要求承认日本增修吉会铁路及商租权利益。

　　△　哈尔滨市第一中学学生举行游行示威,抗议日人修筑吉会铁路。第六中学、三育中学、职业中学、华俄职业学校、女一中、工大、法大、许公等校学生亦出动游行,与一中会合,旋向长官公署街进行,高呼"收回路权"、"打倒卖国贼"等口号。行至长官公署门前,行政长官张焕相出见,表示支持学生爱国精神。下午过日领事馆,口号之声尤为激昂,日领馆大门紧闭,不敢出视。4时至买卖街道尹公署请愿,道尹蔡品三因有勾结日人之嫌,学生包围公署达一小时,高呼口号,旋因天色过晚,由代表宣布解散。

　　△　张作相传见吉林各校学生代表,宣布吉会铁路交涉经过,嘱静候正当解决。

　　△　李品仙自德州电蒋介石,请起用前第三十六军军长刘兴,从优位置。蒋复电嘉许。

　　△　李宗仁电蒋介石告灾,略谓两湖雨泽衍期,秋收绝望,灾情重大,需款浩繁,决非地方财力所能赈济,而粤、桂、苏、陕、甘、鲁等省,同罹困境,应请中央速办大规模之赈济计划,倡借外资,以工代赈,拯救万民。

　　△　日步兵第六十八联队大队本部及第九十、九十一各中队,由指挥官河部少佐带领,搭乘"三云洋丸",步兵第六十八联队临时编成之第一、二中队、临时派遣电信队,由指挥官平柳大尉带领,搭乘"立石丸"离青岛回国。至此,日本山东派遣军第三次撤兵输送完毕。

　　11月6日　国民政府令前川军第二十军军长杨森免予查办,着将所属部队分别裁编,听候中央任使。

　　△　国民党南京特别市党务指导委员洪陆东等为第三次全国代表

大会选举原则及登记问题,往谒中央组织部长蒋介石,有所请示。蒋就所提问题说明中央意见,并表示负责将各下级党部意见转达中央。

　　△　蒋介石出席全国禁烟会议,发表演说,称:“如果大家要救中国,必自禁烟始,欲实行禁烟,必自中央人员始,凡调查中央政府人员确有吃烟贩烟或有鸦片嫌疑的,呈请政府,政府自当负责一一处理。”“深望本会能雷厉风行,破除情面,实地去做。”

　　△　第二集团军点验委员长石敬亭电冯玉祥,报告赴开封、郑州各处点验情形,并沥陈财政困难,官兵衣食不周,伤兵治疗不善,遗族抚恤及遣散无资,请冯向中央提议,速拨大宗款项,设法救济。

　　△　张学良派莫德惠赴日参加日皇加冕典礼。莫在日期间,日首相田中邀宴,谈及东北易帜问题,莫告以明年元旦前即实行易帜。田中表示:日本在东北有许多既得权益,如东北易帜,苏俄凭恃中东铁路得寸进尺,东北不足以应付苏俄之侵略,日本愿以全力协助,此为交邻友好应尽之义务。莫又谓:“东北决不容赤化,与贵国防共之意相同。但东北一隅,抵抗苏俄自有不逮,故有易帜之举。若中国全国统一,则苏俄野心自可戢止,因此必须易帜。”田中遂云:“此为中国内政问题。”莫以田中此语是对易帜之默认,于大典后即返奉复命。

　　△　全国商会电张学良,请拒绝日人要求,自筑吉会铁路,略谓:“吉会路权,关系东省存亡,亦即关系全国存亡,日人野心,欲依此而完成其满蒙路网化政策,应请拒绝要求,集资自筑……务恳秉承民意,明白表示,本会愿领导全国商会为后盾。”

　　△　哈尔滨市总商会致电东三省当局,要求严词驳斥日人索路要求。略谓:“皇姑屯事变以来,我方喘息未定,哀痛犹存,日人竟乘丧压迫当局一一强索建筑吉会、吉长路权,若使得逞,我东三省之大好河山,将步台湾、朝鲜之后尘。”

　　△　云南省政府暨军民全体电国民党中央党部、国民政府,请查核前例,申令全国,于云南首义拥护共和纪念日(即护国首义纪念日)——12 月 25 日,照旧一致举行纪念典礼。

　　△　全国商会以广东汕头内地税局擅订苛例五项,致商货停运两月之久,工商失业不下数万人,金融枯竭,华侨失望,是日呈行政院请求取消汕头税局五项苛例,仍以旧章施行。

　　△　前两广巡阅使陆荣廷在上海病逝。

　　11月7日　国民政府明令裁撤军事委员会,所有该管一切事宜限11月10日以前结束,分别移交军政部、参谋部、军事参议院、训练总监部办理。10日,军事委员会议决通电全国报告奉命结束。

　　△　国民政府任王用宾、王葆真、王世杰、方觉慧、田桐、史尚宽、米和中、吴铁城、吴尚膺、吕志伊、宋美龄、邵元冲、周震鳞、周览、林彬、马寅初、恩克巴图、孙镜亚、庄嵩甫、陈肇英、陈长蘅、陶玄、黄昌谷、黄居素、郭泰祺、曹受坤、张凤九、张志韩、傅秉常、焦易堂、曾杰、赵士北、楼桐荪、邓召荫、刘盥训、刘克俊、刘景新、刘积学、郑毓秀、郑忾辰、蔡瑄、卫挺生、卢仲琳、卢奕农、缪斌、戴修骏、魏怀、罗鼎为国民政府立法院立法委员。

　　△　国民政府明令改组浙江省政府:委员何应钦、朱家骅、陈其采、程振钧、蔡元培、蒋伯诚、蒋梦麟、马寅初、陈屺怀、双清、庄嵩甫着即免职,并免朱家骅、陈其采、程振钧所兼民政、财政、建设各厅厅长职;任张静江、朱家骅、钱永铭、程振钧、叶琢堂、蒋伯诚、黄郛、陈其采、何辑五、周骏彦为委员,并指定张静江为主席,朱、钱、程分别兼民政、财政、建设各厅厅长。

　　△　国民政府明令改组江苏省政府:委员钮永建、茅祖权、张寿镛、陈世璋、何玉书、叶楚伧、张乃燕、陈和铣、高鲁、刘云昭、何民魂、缪斌、钱大钧着即免职,并免茅祖权、张寿镛、陈世璋、何玉书所兼民政、财政、建设、农矿各厅厅长职;任钮永建、叶楚伧、缪斌、钱大钧、陈辉德、张寿镛、顾祝同、张乃燕、陈和铣、王柏龄、何玉书、吴藻华为委员,并指定钮永建为主席,缪斌、张寿镛、王柏龄、何玉书分别兼任民政、财政、建设、农矿各厅厅长。

　　△　国民政府明令组织四川省政府,任刘文辉、邓锡侯、向传义、谢

持、任鸿隽、刘湘、田颂尧、黄复生、杨森、吕超、卢师谛、熊骓、卢仲琳为四川省政府委员,并指定刘文辉为主席;邓、向、任、谢分别兼任民政、财政、教育、建设各厅厅长。

△ 国民政府派刘湘、邓锡侯、刘存厚、田颂尧、赖心辉、郭汝栋、杨森、胡若愚为川康裁编军队委员会委员,指定刘湘为委员长,邓锡侯、刘存厚为副委员长。

△ 国民政府任朱培德、鲁涤平为湘赣两省"剿匪"总副指挥。8日又训令朱、鲁"督饬部队会同进剿,限于本年十二月以前肃清,以靖地方"。

△ 国民政府公布《国民政府铁道部组织法》,凡 21 条。

△ 国民政府颁布《察访贤才令》:各省政府就旧道区域内,选择公正廉明有学识经验者,每区、县一至三人,汇报政府,以备录用,并随时以地方情形咨问,并着由行政院迅即拟定人选资格及详细办法,呈候核定施行。

△ 国民政府颁布《清除盗匪令》,并着行政院饬由军政部拟订各卫戍区军队查缉盗匪考绩条例,由内政部拟订各县长、公安局长查缉盗匪考绩条例及地方保卫团条例,呈候核定施行。

△ 国民政府明令植树造林,限制采伐林木,并着农矿部速行编订森林法规及奖励种林条例,呈候核定施行。

△ 国民党中央政治会议第一六二次会议,加推赵戴文、蒋梦麟为中央政治会议委员;司法行政署改为司法行政部,司法审判处改为最高法院,行政审判署改为行政法院,议决照改;指定蒋介石、谭延闿(召集人)、戴季陶、胡汉民、王宠惠审查国民政府各部组织法;改组全国注册局为商标局,所有公司商号注册事项,改由工商部主管,矿业注册事项,改由农矿部主管;任方振武为北平临时政治分会委员。通过任命魏道明为司法行政部长,林翔为最高法院院长;派刘文辉为川康裁编军队委员会委员;通过建设大纲草案原则。13 日,国民政府发表魏、林任命令。

　△　国民党中央监察委员会通过《省县区各监委会组织条例》。

　△　蒋介石召见赵戴文,指示再促阎锡山本月内来京供职;南京近郊剿匪计划,应由内政部责成江苏省府克日进行;积极举办地方自治,先从苏省入手,一面修筑京东及环湖公路,以绝茅山及太湖之匪源。

　△　陈调元、范熙绩由津赴芦台、唐山一带,检阅第四集团军前敌各部缩编成绩。

　△　济南惨案代表团孟民言、刘旭初、张天彪、武竹亭、孙文景等列席国民党中央政治会议,报告济案发生后鲁人受惨杀及日军勾结土匪屠村之惨状,希望中央抱大无畏精神,解决济案。同日,济案代表团向国民党中央党部呈交请愿书,提出对日交涉八条,其要者为:一、所有驻华日军立即退出中国,然后开始正式谈判;二、惩办杀人凶手福田彦助及日领西田;三、日本政府应向中国政府谢罪;四、日本应赔偿损失,抚恤死难同胞及其家属;五、废除中日间一切不平等条约;六、收回旅顺、大连及各地日租界。

　△　吉林省延边农工商联合会通电全国,吁请张学良"为维持中国之独立主权计,为尊重三省人民之公意计,为顺应国内政治之趋势计,均应立改其迟疑之态度,毅然决然,即日易帜,以表示不甘屈服于帝国主义者之非理压迫而实现全国统一之精神";主张由吉林民众采取自主政策,于11月15日一律改悬青天白日旗。

　△　张作相通电全国,严禁吉林省学生活动,违背者格杀勿论。

　△　哈尔滨市民在省议会集会,宣告成立黑龙江东三省路权自主会。

　△　哈尔滨行政长官张焕相召集哈尔滨市中学以上学校代表到行政长官公署,谕令勿单独举行示威游行,应组成小团体,为下层宣传,使社会一般民众知道满蒙五路之利害。

　△　何键在湖南资兴电蓝山、嘉禾、临武、新田、宁远五县县长,12日前集中桂阳商讨"会剿"共产党办法。

11月8日　国民党中常会第一八一次会议议决,南京特别市党务指导委员丘河清等辞职不准;由中央召集南京、上海特别市及江、浙、皖省党务指导委员报告工作,说明中央党政方策之意旨;通过筹备总理奉安办法;设党歌曲谱审查会;推孙科、陈果夫、陈立夫、叶楚伧负责整理中央财务,总理生辰放假一日。

　　△　国民政府颁布整理四川政令,略谓:政府关怀川局,业经任命委员,克日成立省政府,为初步之筹备。其关于军政者,川省养兵巨万,应即大加裁汰,尽量缩编,厘定军额军制,不得自由扩充,兵工厂一律停办;其关于民政者,地方官吏应统一任命权于省政府,切实筹备地方自治;关于财政者,多种苛捐杂税应即一律废除,各处造币机关一律撤除;其关于教育者,所有教育经费不得挪用,改良教育内容,实行三民主义国民教育;其关于民团者,各县民团应归县政府直接监督指挥,严禁军队收编;其关于司法者,法官任免,应听中央命令,地方政府及军队不得干涉,司法经费不应减少。并谓:"此为政府整理川政最小限度之计划,应责成该省政府于最短期间全部施行,然后再为第二步之设施。所有施行细目及办法,限该省政府于成立后一个月内具报政府查考。"

　　△　晨,蒋介石自南京出发,校阅第一集团军各师,下午抵蚌埠。次日由蚌赴凤阳、临淮检阅顾祝同师第四旅,当日返回。10 日在蚌检阅顾师第五旅,并集合官兵训话,谓江北匪风日炽,各驻地官兵应设法清剿,先期安内,然后方能攘外。

　　△　国民党南京特别市各区党部执监委员联席会议讨论中常会第一七九次议决案,中常会派书记长王陆一到会说明中央意旨,未有结果,当即推派谷正纲、吴健、刘竹岩三人列席中常会,请中央撤销指派代表及特种登记两项议案。

　　△　李宗仁电蒋介石请办关税附捐,拨充两湖灾区工赈之用,如以全国办理为难,或单就两湖境内各税关酌加若干成提充,借资救济。

　　△　张学良代表王树翰、邢士廉抵沪。邢对记者宣布,奉张学良正式派遣,全权代表三省,来京陈述一切。

　　△　吉林 500 名学生举行示威游行,散发敦促悬挂青天白日旗和

南北统一的传单,并携有青天白日旗齐赴省议会,将副议长等四名议员绑起,挥舞"请看卖国贼"小旗,拥向省长公署,被武力所驱散,20余名学生被捕。

△ 吉林省城学生联合会、教职员联合会响应延边吁请易帜通电,召集各校学生及民众约万人,手持青天白日旗,沿途散发传单,高呼"南北统一"等口号,结队赴省署请愿易帜。省长张作相召代表入见,谓易帜事关重大,三省既系一家,办法不可独异,况强邻虎视,万一举动稍涉激烈,发生意外,非爱国而反误国矣。各校代表以当局意志坚决,遂即解散队伍。

△ 驻沪日总领事矢田奉本国政府训令二次赴南京,与王正廷作宁、汉两案之具体交涉。双方对《中日宁案协定草案》、《中日汉案协定草案》逐条修正。宁案我先对日表示歉意,汉案日允向国府道歉,并由中日双方派代表组成宁汉案调查会,至协议草案须经两国政府核准后始能签字。王正廷坚持中日各悬案同时解决,矢田允对济案、修约俟向日政府请示后,再来京谈判。9日晨,矢田离京返沪。

△ 驻沪日总领事矢田在南京访晤财政部长宋子文,关于关税自主及盐税问题,有所讨论。

△ 芜湖市54家布商,因济案前所定购日货1980余件,货运到埠后被禁止起卸,宣告全体罢市。11日,芜市染布业罢市响应。

△ 美国共和党胡佛7日当选为总统。是日,外交部长王正廷电胡佛表示祝贺。

△ 朱德率红军第二十八团、第三十一团一营及特务营共五营兵力,攻占江西宁冈,熊式辉第五师之第十四旅周浑元部第二十七团第三营弃城退守七溪岭。

△ 南通大学成立,由南通医、农、纺织三专门学校合并改组而成。

11月9日 国民政府令:民国十八年3月12日为总理灵柩奉安于首都紫金山陵墓之期,着京内外各机关届时举行隆重典礼,特派林森、郑洪年、吴铁城赴北平恭迎总理灵柩。

△ 国民政府公布《中央研究院组织法》,凡 11 条。

△ 国民政府第六次国务会议,国民党中央政治会议第一六二次会议议决之司法行政署改司法行政部等案,议决照案公布;任冯玉祥为豫陕甘赈灾委员会主席。

△ 国民党江苏省党务指导委员会第五十五次常会,为第三次全国代表大会代表产生方法向中央提出建议:一、各省、市、区及等于省之党部正式成立半数以上后,开三全大会;二、正式成立省、市、区党部之区域之代表,完全由选举产生;三、总登记已办理完毕之省、市、区地方,由中央从党员选出代表之倍数中圈定;四、总登记未完之省、市、区代表,应由中央指派;五、海外总支部及各特别党部代表产生办法,照二、三、四项办理。另对特种登记办法,认为确与十三年改组精神不符,应请中央勿予施行。

△ 上午,哈尔滨各院校学生 5000 余人举行争路游行示威,抗议日人强索筑路权。学生手执小旗,高呼"打倒卖国贼"、"打倒日本走狗"、"反对吉敦路延长"、"不承认二十一条"、"抵制日货,收回路权"等口号。被滨江警厅警察开枪镇压,伤 140 余人。

△ 哈尔滨学生保路联合会紧急通电全国,陈述学生为反对日军擅筑铁路之爱国举动横遭枪击一事的经过,称我等为唤醒民众,游行示威,虽首断腰折,不达目的誓不中止。同日,哈尔滨教职员联合会发出争路通电,恳请南京国民政府与奉天当局毅然拒绝日本修筑吉会、长大两路,全国父老奋然崛起,救国保种。

△ 下午,冈本代替矢田与外交部代表周龙光会谈中日未决问题。决定济案会谈地点设在南京。中国方面坚持日军必须从济南撤兵方可开议,修约一事,中方主张废止中日旧约,日方则坚持旧约延长 10 年。

△ 湖南全省清乡督办鲁涤平、会办何键电蒋介石、谭延闿、李宗仁报告"清乡剿匪"经过,略谓:"自本年五月奉军委会令成立以来,'清剿'计划未能实现,虽经收复共军所陷城池,'追剿'朱、毛,克复宁冈、永新,一面击破宁远、阳明之周文、陈光保两股,并打散桑植、石门之贺龙,

扫除衡、邵、武、绥、新化、湘乡及沿源河流域各属'散匪'溃卒,兼捕共党
首要彭公望、张嗣同、米世珍、彭搏黄、周圣工等数十人,共党千余人,破
获共党湖南省委、湘赣特委等重要机关数十余处,而潜伏共党铲除未
尽,审核共党自首诸事,一时未能了结,为时数月,事变纷起,收效甚微,
良深内疚。"并谓为尊重省政府委员会议决案,清乡督办署拟即于11月
底结束,所有未了事件,交由省政府办理。

　　△　天津德文书店售性史书籍,是日公安局将经理赵梦九捕获
罚办。

　　11月10日　国民政府令京内外各机关,关于中央银行发行各项
兑换券计一元、五元、10元、50元、100元五种须与现金一律行使通用。

　　△　下午,蒋介石离蚌埠赴徐州,沿途在固镇、南宿州检阅第二师
驻军涂思宗等部。晚7时40分抵徐州,驻徐州第一师师长刘峙偕张先
瑶、徐庭瑶等并各界代表到车站迎候。是晚,徐州各界代表宴请蒋介
石,要求澄清吏治,免除苛捐杂税。

　　△　建设委员会主席张静江与美、德两国代表在沪签订中美、中德
《无线电报务合同》。

　　△　全国禁烟会议闭幕,通过全部审查议案,发表宣言,立法院长
胡汉民到会演讲禁烟。

　　△　国民党中央执行委员何香凝致电南京国民党中央,指责一七
九次中常会关于指定三全大会半数代表之决定为"垄断选举","无异将
本党民主制度完全摧毁",要求立即取消中常会一七九次决议案。19
日,国民党中央复函何香凝"解释",谓指定代表及特种登记乃有不得已
之"苦衷",望"忍耐辛勤,护维全局"。

　　△　国民党中央政治会议委员、第一集团军在平各军团改编主任
吴忠信接蒋介石电,关于河北各军改编事,中央整理委员会拟不派员北
来,即令吴在平组织缩编委员会办理。是日,吴邀杨杰、陈调元、方振
武、徐源泉、高桂滋开会,商定由第二、第五、第六各军团各选派五人为
委员,分两组,推米熙为点验组主任,冷遹为裁遣组主任。

△　下午,王树翰、邢士廉由上海抵南京,接洽东北易帜事宜。邢对记者表示,东北唯中央意旨是从,东北系中国领土,希国府不偏不倚,一视同仁。

△　晨,吉林省长春市内各商铺门前,遍插纸制之青天白日旗。警厅闻报大惊,全体武装出动,拔除纸旗,并沿街搜索插旗之人,捕获学生一人。当日,长春学生会发表宣言,宣称南北妥协,中国统一,从今日起,本城一律悬挂青天白日旗。

△　戴季陶在南京向军校教官、学生训话,谓总理手定建设程序首在民生,其次为民权,再次为民族,故民生问题若不解决,则民族、民权决难实现。

△　李宗仁在武汉召集商会、银行及财委会代表周小泉等五人商解决债务纠纷办法。

△　中美士兵共同修建平津公路纪念塔在杨村落成,傅作义主持开幕典礼,到美陆战队司令、驻华美使等中外来宾 200 余人。

△　徐州进化书店因有共产党嫌疑,奉省令查封。

11 月 11 日　蒋介石在徐州机场检阅第一师刘峙部并训话,要求士兵服从命令,精研技术,并从徐州中央银行提款一万元,奖第一师官兵,每人洋四角,又令驻徐州之第三十七军炮二团何邦杰部改归中央节制。

△　北平总部行营开会,到阎锡山、商震、白崇禧、陈调元、吴忠信、杨杰,讨论第一、三、四集团军缩编办法,因军委会已结束,各集团军名义取消,总部行营亦准备收束,电国府速拨编遣款项。

△　广东航空署长张惠长及飞机师杨光宇驾驶"广州号"飞机由广州飞汉口试航成功。15 日自汉口飞抵南京。冯玉祥、李济深、孙科、何应钦、古应芬及各界代表千余人在机场举行欢迎大会,孙、冯、李分别代表国民党中央党部、国民政府及中华航空协进会致欢迎词。

△　哈尔滨 18 所学校学生反对敷设吉会铁路,与警察发生冲突,警察开枪,学生三人死亡,50 人受重伤。驻哈日总领八木以事态重大,

竟向中国提出抗议。

△ 东三省旅平学生千余人游行示威,反对日人侵占东三省路权,并成立旅平学生路权保持后援会。

△ 南京反日会举行招待会,全国反日会、济案后援会代表及报界记者参加,黄世杰主席,济案代表刘旭初、留日学生外交后援会邵光烈等发表演说,要求集合全国反日力量,废除不平等条约。

△ 第一集团军第四军团方振武部收编之张宗昌旧部军长吴杰因不服从缩编,是日在通县哗变。方振武闻讯即派兵追剿,吴逃至独流镇率手枪队一连冲出重围,旋匿迹天津日租界。

11 月 12 日 中挪《关税条约》由外交部长王正廷与挪威驻华代办欧勒在上海签字,其内容要旨为撤销中挪旧约内税款各条文,适用关税完全自主原则;关税问题上,彼此给予最惠国待遇。挪威同意以平等、互尊主权为原则,同意全部修订新约。26 日中挪《关税条约》在两国首都同时全文发表。

△ 全国各地举行大典,庆祝孙中山诞生六十二周年。是日,南京国民党中央党部、国民政府分别举行总理诞辰纪念会,胡汉民、谭延闿分别在党部与国府会上讲述总理诞辰之意义。同日,北平、上海、广州、武汉、天津、杭州、徐州、南昌、太原、长沙、芜湖等市各界集会,庆祝孙中山诞辰。

△ 江苏省政府改组,新任省府主席钮永建及委员张乃燕、何玉书、张寿镛、缪斌、陈和铣、叶楚伧、王柏龄、陈辉德宣誓就职。国民党中央党部代表戴季陶、国民政府代表胡汉民监督并致训词。

△ 蒋介石离徐州赴海州新浦检阅第九师。第九师师长蒋鼎文及当地党政军民千余人冒大雨欢迎。次日上午,蒋对第九师官兵训话,要求"忠于党国,服从长官,明瞭主义"。

△ 平奉铁路恢复通车,第一○六次直达客车由沈阳开出,14 日到平。

△ 南社成立二十周年纪念会在苏州虎丘举行,到社员 110 余人,

陈去病主席,议决编辑南社二十周年纪念特刊,推举柳亚子、陈去病、胡朴安、朱梁公等五人为编辑委员。

11 月 13 日 国民政府特派孙科、王正廷、王宠惠、冯玉祥、刘治洲、许世英、宋庆澜、王瑚、胡汉民、李元鼎、戴季陶、刘尔炘、王震、马福祥、奎印、薛笃弼、王芝祥、王人文、丘莘昀、虞洽卿、李云书为豫、陕、甘三省赈灾委员会委员,并指定冯玉祥、许世英、刘治洲为常务委员,冯玉祥为主席。

△ 国民政府改组安徽省政府,令准免委员兼民政厅长刘复,委员兼建设厅长胡春霖本兼各职,免委员兼财政厅长余谊密兼职,任罗良鉴、袁励宸、李范一、吴醒亚为委员,罗、袁、李分别兼民政、财政、建设各厅厅长,罗未到任前以吴暂代。

△ 国民政府派刘文辉、李家钰、孙震为川康裁编军队委员会委员。

△ 国民政府任周亚卫、贺耀组为训练总监部训练副监;任贺国光为训练总监部步兵监,汪镐基为骑兵监,张敬修为炮兵监;任刘汝贤、葛敬恩为参谋部参谋次长;任张治中为中央陆军军官学校训练部主任,王右瑜为中央陆军军官学校教授部主任,准王柏龄、王右瑜分辞中央陆军军官学校教授部主任、训练部主任职。

△ 行政院第三次会议议决赈灾款项先筹拨 100 万元,另饬财政部计划发行公债,拨办赈务;王伯群请辞交通大学校长兼职照准,任孙科为交通大学校长,提请政府分别任免。19 日,国民政府发表王、孙任免令。

△ 全国商会联合会电国民党中央党部、国民政府行政院及外交、财政、工商部,略谓七级差等税为军阀时代各国关税会议所议决,足致商人于死命,商民万难承认此自杀之税率,务恳毅然宣布,自十八年 1 月 1 日起实行关税自主。

△ 李燊第四十三军由鄂西来凤、咸丰向四川酉(阳)、秀(山)进攻,与周西成部黔军侯旅激战六小时,李军不支,向来凤退却。17 日,

蒋介石电李仲公,嘱其转告李燊停止军事行动。

11 月 14 日　国民党中央政治会议第一六三次会议议决《惩办绑匪条例》;《惩治盗匪暂行条例》自 11 月 18 日起,再准展期六个月;通过《卫生部组织法》;任蒋作宾兼驻奥地利特命全权公使;邓锡侯请辞四川裁编军队委员会副委员长,应勿庸议;加派李家钰、孙震为川康裁编军队委员会委员;沧石铁路敷设不用窄轨,交铁道部办理。19 日,国民政府发表蒋作宾任命令。

△　国民政府任钮永建为立法院立法委员。

△　蒋介石离新浦沿津浦线东行,第九师师长蒋鼎文随行。沿途在新安镇、运河等站检阅第二十六旅李延年部。

△　张学良将东省特别区行政长官张焕相免职,任张学惠继之。按:张焕相因对学生易帜要求措置失当,故被免职。

△　东三省省议会联合会召集三省议会代表开常驻委员会,讨论东省路权问题,对延边农工商联合会代表请愿之举动,认为正当,表示支持。17 日,议会联合会咨请东北保安司令部、东三省保安委员会尊重民意,"对于日人所要求之(吉敦、吉会)各该路权,严辞拒绝"。

11 月 15 日　国民党中常会第一八二次会议议决委任阎锡山等 89 人为第三、四集团总部、第八路总指挥部、首都卫戍司令部、第五、第三十八军及第三、十、十五、十七、十九各师特别党部筹委及筹备员;任赵戴文、蒋梦麟为中央政治会议委员。

△　下午,蒋介石离徐州北上,在临城校阅第十三师之第三十九旅。16 日晨抵达兖州,在兖州机场校阅第四师缪培南部后于 17 日下午 4 时多返回徐州,刘峙等前往迎接。

△　铁道部长孙科电张学良,请放车运粟入关,赈济西北灾荒。略谓:"西北六省,灾民达两百万,枕藉沟壑已五十万,比闻三省仓有朽粟,榆关以东,存车数千,机车亦有六百,弟意即由尊处发起急赈,便以余车载运余粟,输送入关,分配灾区。"

△　第五路军总指挥朱培德电国民政府,报告所部奉令缩编为两

师,归中央直辖,现已编遣就绪,第五路总指挥职务应即解除,第五路军总指挥部已于本月 10 日撤销。

△ 川军将领刘文辉、刘湘、邓锡侯、杨森等,电旅外川省府委员谢持、任鸿隽、黄复生、卢师谛等,盼速回川,商组四川省政府事宜。

△ 国民党北平特别市党部电中央党部抗议指定第三次全国代表大会代表,略谓特种登记办法,违反总理十三年改组精神,请鉴察舆情,提出复议,改订办法,以重党纪。

△ 是日至次日,黑龙江省城齐齐哈尔学生数千人游行示威,声援哈市路案,反对吉敦路延长,拒绝长大路由日人建筑。

△ "新大明"轮案公断员裁决撞沉事件应由日轮"第二厚田丸"负责,须赔偿"新大明"损失 26.3159 万元。

11 月 16 日 国民党中常会第一八三次会议议决:第三次全国代表大会改在十八年 3 月 15 日举行,代表选举法另定之;关于特种登记案,通过《修正补行登记手续条例》;训令各级党部以后不准攻击中央委员个人,其不接受此次警告而开会者,即移付监察委员会惩戒。

△ 国民党中央党部训令各省党部,谓近查各级党部每对于中委个人,妄事攻击,殊有未合,为此明令申诫,嗣后如再有此种违反纪律之言行,一经查悉,即予移付监委会从严惩戒,以维党纪。

△ 国民政府第七次国务会议议决公布《卫生部组织法》、《惩治绑匪组织法》、《商标局组织法》;《惩治盗匪暂行条例》自 11 月 18 日起,再延长六个月;湘赣两省剿匪总指挥朱培德辞职照准,改任鲁涤平为总指挥,金汉鼎、何键为副总指挥;王伯群辞交通大学校长兼职照准,任孙科兼交通大学校长;任蒋作宾为驻奥地利国特命全权公使。

△ 浙江省新任省府主席张静江(人杰)偕府委宣誓就职。同日,张静江发表就职宣言,声称要努力于政治建设,"以与障碍实现三民主义者奋斗"。"今之障碍实现三民主义者,内固有土豪劣绅及似将形成之资本阶级,然大敌则在外国之新旧帝国主义。使旧帝国主义者之势扑灭,彼土豪劣绅固以无所依附而自亡,即似将形成之资本阶级,亦如

日出而爝火无所容其光。今吾党于旧帝国主义者,固必誓百死以摧崩之,而新帝国主义,若所谓共产党者,尤为以政治的建设而实现三民主义之障碍。……人杰闻吾浙一年以来,亦颇蒙其害"。"人杰于浙亦惟知恪遵(总理)遗教,努力以扫除此障碍国民革命成功之新旧帝国主义,而促成三民主义之实现"。

△ 财政部长宋子文发表盐务稽核所对外宣言,宣布为使盐政纯由财政部完全管辖起见,须修改盐政旧章,按照新规章,中国政府按照1913年善后借款合同设置之盐务稽核所,嗣后除由财政部长拨付偿还借款应需之款外,不再负保管任何款项之责任。

△ 张学良、韩麟春、杨宇霆联名通电宣布东北裁兵情形:一、将现有步兵40余师旅缩成15个旅,骑兵六个师缩成两旅,炮三旅两团缩成八个团,工兵缩成六营,辎重取消,另设辎重教导队;二、裁减官兵数目约40余万,除留编约15万外,共裁官兵约20余万;三、新裁官兵按照志愿,分别遣送归屯垦公署服务或分别资遣等;四、已于10月27日撤销军团部,11月3日撤销军部、师部;五、每月支出可节省军费200万以上。

△ 参谋部参谋总长李济深由沪返粤,临行前对记者发表谈话,称此次返粤在于收缩军队及整理财政;参谋部已组织就绪,返粤后由次长刘汝贤代。陈铭枢同行。20日抵粤。

△ 外交部特派员王大桢离日本返回。临行前致大阪《朝日新闻》一声明书,略谓:"自本年七月东渡以来,向贵国朝野人士开陈意见,并聆其高教,凡讲说三十二次,开垦谈会十一次,访问各方面要人百余人,及其他除投稿与书面外,径与贵国人士接触之数,计达三万以上","对此谨衷心表示谢意"。

△ 国民党山西省党部电中央党部,请援豫、陕、甘例,以工代赈,举筑同蒲铁路,修治汾河,筹设冶铁厂,开采煤矿等,赈济晋人。

11月17日 国民政府明令改组新疆省政府,任命金树仁、王之何、徐谦、刘文龙、阎毓善、李溶为新疆省府委员,指定金树仁为主席,王、徐、刘分兼民政、财政、教育各厅厅长。

△ 国民政府令:《惩治盗匪暂行条例》自十七年 11 月 18 日起,再延长六个月。着各省、特别市政府在六个月内,应会同各卫成区军事长官,督饬所属务将境内盗匪认真缉办,一律肃清。

△ 国民政府公布《最高法院组织法》、《修正司法院组织法》。

△ 国民政府以《疾风》周刊、《双十》月刊,均立言悖谬,训令江苏省政府、上海特别市政府,严密检查,务期禁绝。

△ 国民政府以《暖流》半月刊"肆意攻击,意图煽惑民众,危害党国",训令天津特别市政府切实查禁。

△ 国民党中央党部召集苏、浙、皖三省及京、沪两市党指委谈话,到苏省指委滕固等五人,浙省指委许绍棣等三人,皖省指委金维系等六人,京市指委丘河清等六人,沪市指委王延松等四人,中央党部书记长王陆一主持。各指委报告党务情形,并提交呈请中央文件多种,王陆一允为转呈常务会议,再定日期正式谈话。

△ 蒋介石离兖州南下,在邹县校阅第四师第十二旅及教导一团,下午返徐州。同日,蒋在徐州对记者谈党务,答复所提近来南京市指委与各处党部反对中央决议之问题,略谓下级党部对上级党部决议有不同时,在党内抗议无效,"亦应服从,断不能因此诋毁中委个人"。"望各级党部绝对服从中央决议,勿稍用意气","力戒内部倾轧与上下之隔阂,否则长此互相倾轧,恐亡吾党者非共党,乃本党同志自亡之;灭吾国者非外寇,乃吾党同志自灭之也"。

△ 蒋介石通令各师、旅、营、连之佐属,非军士学校出身者,应即一律裁撤。

△ 蒋介石令江苏省政府会同浙江省政府辟一南京至杭州之公路,限明年 3 月前竣工。

△ 外交部电促驻华西班牙公使嘎利德南下,商修约及关税事宜。

△ 国民党河北省党部开常会,议决函省政府查封王占元在保定之乾义、乾丰两公司财产。

　　△　第三届国际运动会在上海举行,18 日闭幕,中国队获团体总分第三名。

11 月 18 日　蒋介石离徐州南下,沿途校阅第十一师骑兵后,下午抵蚌埠。19 日乘汽车经怀远抵寿州,校阅夏斗寅第十三师。又赴正阳关校阅第十三师第三十七、第三十八两旅。20 日至蒙城、阜阳,校阅岳维峻、樊钟秀两部。

　　△　冯玉祥电第二集团军第十军军长杨虎城回国,谓“当此国家多事之秋,非名将高蹈之时,务祈大旆即日返国,共策至计”。按:杨于旬日之前东渡日本,冯以杨军尚有三师驻鲁南一带,为商该军改编事宜,故有此电。

　　△　第十二军叶琪部第一、二、三师全部开回湖北省境内,分别驻防于孝感、花园、广水。是日,该三师师长门炳岳、何宣、危宿钟同赴汉口,向叶琪报告驻防详情。

　　△　张学良指示奉军第十军军长于珍调查哈埠惨案。是晚,于珍偕省教育厅长等数人抵哈尔滨。次日,于珍慰问受伤学生,并代表张学良赠款 1000 元作医药费。

　　△　国际劳工局长多姆斯由奉抵北平,驻华法公使玛太尔随行。多姆斯称此行系考察中国劳工情形,及与国民政府接洽合作方法。次日会见阎锡山。

11 月 19 日　国民政府特派蔡元培、张静江、李石曾、王宠惠、蒋梦麟、魏道明为中意庚款委员会委员,并以蒋、李、魏为庚款委员会出席委员。

　　△　国民政府公布《国民政府司法行政部组织法》,凡 20 条。

　　△　国民政府电周西成、李燊制止黔、鄂战争,静待解决,并电李宗仁迅查实在情形,妥善处置,务期消弭战祸,巩固大局。

　　△　第四集团军前敌各军第十二路指挥李品仙自唐山抵北平,谒白崇禧协商裁编及军饷问题。

　　△　第四集团军总部正式发表第三期缩编命令:一、独立第八师归

并第一师,以韦云淞、杨腾辉、刘春荣分任第一、二、三旅旅长;二、周斓第十七军魏镇藩师、廖磊第三十六军之凌兆尧师、罗启疆独立第二师,合编为第八师,以李品仙、唐哲明分任正副师长,凌兆尧、魏镇藩、罗启疆分任第二十二、二十三、二十四旅旅长,周斓调充总部高等顾问;三、叶琪第十二军、第十七军直属部队及彭位仁师合编为第九师,以叶琪、周维寅任正副师长,门炳岳、何宣、危宿钟分任第二十五、二十六、二十七旅旅长;四、第十七军周祖晃师、第三十六军颜仁毅师、张节师合编为第十师,以廖磊为师长,颜仁毅、周祖晃、张节分任第二十八、二十九、三十旅旅长。

△ 张学良电复孙科,略谓:"承示西北各省灾情奇重,极为恻念。弟于一月前业经发起西北筹赈会,筹集现金及粮食,期以百万为额,一俟募有成数,即行分批运往助赈,借尽救灾恤邻之谊。其各方有来东省运粮助赈者,无论公家或团体,均极力予以便利。"

△ 英、法、日三国政府在巴黎、伦敦、东京、上海发表联合宣言,反对宋子文关于盐务稽核所之对外宣言,声称"如国民政府以片面之行动,变更国际协定(1913 年善后借款合同),则由此而产生之后果,应由该政府负责"。

△ 晚,日驻沪总领事矢田抵南京,翌日上午 10 时,矢田赴萨家湾王正廷私寓与王举行第三次正式谈判。双方就宁案、汉案商妥草案,唯济案及中日修约两事,日方刁难,不同意从山东撤退日军。

△ 东三省代表张大同等为哈尔滨护路运动惨案,到南京向国民政府呈递请愿书,请令张学良严惩惨案祸首;制止张学良对外单独行动;令张学良不得干涉民众运动;严令张学良即日易帜。

11 月 20 日 国民党中央党部召集苏、浙、皖、京、沪省市指委训话,中委到谭延闿、胡汉民、戴季陶、孙科等九人,指委到苏省狄膺、滕固等六人,浙省到许绍棣等四人,皖省到金维系等六人,京市到丘河清等八人,沪市到刘蘅静等三人。各指委对第三次全国代表大会指定代表及特种登记办法仍表示不满。戴季陶、胡汉民相继致词,解释中常会第一七九次会议决议,希望党员对中央决议须牺牲、尊重与谅解,对指委要求各项允由中央于日内作书面答复。

△　国民政府准免湘、赣两省剿匪总指挥朱培德本职,任鲁涤平为总指挥,金汉鼎、何键为副总指挥。

△　谭延闿设晚宴招待张学良代表邢士廉、王树翰,非正式讨论东北易帜及吉会铁路押款事。邢表示张学良竭诚拥护中央,惟以牵涉外交,当听中央裁决。

△　国民党北平特别市党务指导委员会电告张学良允日本修筑吉会、长大两条铁路,并电中央请查办哈尔滨惨案责任者张焕相及张学良。

△　国民政府电令贵州省府主席周西成即日停止军事行动,听候中央解决。同日又电宜昌李燊,应克日停止军事行动,返回原防,如确有为难情形,可陈明中央,听候核办。

△　杨森、赖心辉、李家钰、陈鼎勋、黄隐、罗泽洲、郭汝栋联名通电抨击刘湘,列举六端,"伏恳中央洞察川局,分别泾渭,立将频年造乱之野心阴谋家,构成资中会议之祸首,明令惩办"。

△　中共中央机关报《红旗》创刊。共出 126 期,前 23 期是周报,后 103 期是三日报。1930 年 8 月 2 日停刊。

11 月 21 日　国民党中央政治会议第一六四次会议决议通过:一、特种刑事临时法庭取消办法六条;二、废江宁县,江宁县境及浦口商埠全区划入南京特别市;三、准李济深辞广东省主席职,指定陈铭枢为广东省府主席;四、免去察哈尔省委员兼主席赵戴文本兼各职,任命杨爱源继之。21 日,国民政府发表李、陈任免令。

△　国民政府公布《国民政府行政院军政部条例》及《惩治绑匪条例》。

△　蒋介石在蚌埠向记者发表谈话,谓皖北各地人民生活安定,又称皖北党务不发达,县长多阳奉阴违,蒙上欺下。旋去凤阳龙兴寺、洪武庙等地游玩。

△　财政部长宋子文至驻沪日总领事馆,与矢田正式商议关税问题。矢田表示:一、对中国 1929 年 1 月 1 日实行关税自主,碍难赞同;二、要求中国切实整理所借日本之无担保债款;三、以裁撤厘金为实行关税自主交换条件。

△　招商局轮船公司股东代表蒋尊簋招待新闻界,席上章太炎责骂孙中山,攻击三民主义。国民党上海特别市三区党务指导委员会以章"图谋危害政府",议决呈请市党部并转呈中央通缉。24 日,上海特别市党务指导委员会议决呈请中央通缉。

△　云南临(安)个(旧)铁路举行通车典礼。

△　下午,国民党南京特别市各区党部、区分部代表再开联席会议,对中央指派代表及特种登记两案,一致决议提请中央容纳补救,作出解决。

11 月 22 日　中比《通商条约》由外交部长王正廷与比利时驻华代办纪佑穆在南京签字。其内容要旨为,比方承认中国关税自主,放弃在华领事裁判权;缔约双方征收进出口货物之关税,与其他各国享同等待遇。29 日,中比《通商条约》在两国首都同时全文发表。

△　蒋介石由蚌埠改乘汽车赴合肥,检阅第八师朱绍良部,午游包公祠。下午,合肥各界民众二万余人集会,蒋介石演说,侈谈革新合肥政治。同日,蒋电皖省主席孙良诚,召各县县长至安庆训话,并电南京内政部长赵戴文赴安庆参加县长会议。

△　张继就东北民众护路运动电国民党中央党部、中央政治会议、国民政府,略谓"乃闻哈埠民众,因护路运动而死伤二百余人,吉垣民众,因自动易帜备受军警蹂躏,况复外交私授,显背中央之旨,迭经留平东省青年请愿质问,情词迫切,应请一方严重抗议日本筑路,以保主权,一方电令东省当局保护民众运动,立释拘禁各人,并派员严查伤害民众主犯,依法惩办"。

△　张继电责张学良阻禁民众护路及易帜运动。24 日,张学良复电称,吉会路约昔年政府已经签字,无庸再签,尊指外交私授,误信谣

传;至哈埠学潮,军警干涉,仅放空枪,跌碰虽多,尚无身死。

　　△　中日第三次交涉在南京王正廷宅举行,王正廷提出:一、驻济日军全数撤退;二、宁案、汉案、济案及修约须同时解决。矢田未置可否。23日,矢田闻国民政府即将宣布关税自主,当晚即返沪晤宋子文,协商中日关税问题。

　　△　上海市商务印书馆工会、邮务工会等七工会就日本侵夺吉会路权及东北易帜问题,联名电请国民政府采取断然手段,挽回领土主权,并解东省人民倒悬之急。

　　△　上海"江安"轮私运烟土案发生。是日凌晨1时,上海大达码头巡警电话向市公安局报告,称发现由便衣武装士兵30余人押运之大批烟土船"江安"轮正在起岸。市局局长戴石浮急派警官李存正率员七人前往查拿时,却被该便衣武装队连烟带人掳走,向白云观警备司令部方面驶去。戴石浮甚感惊诧,疑便衣武装系淞沪警备司令部人员所为,即向淞沪警备司令部、市政府报告上述情形,又会晤淞沪警备司令熊式辉,熊佯称不知。

　　11月23日　国民政府颁优恤北伐阵亡及伤残将士令,规定:"其将士阵亡,应详录战功,优恤遗族;伤废者应量其情形,善为安置,着军政部厘定最次,妥议候核;其抚恤专款,着财政部迅速筹备;所有将士功绩,着该管高级将领具明事迹,详报军政部备核。"

　　△　国民政府第六次国务会议议决颁发通令,凡各省县政府得调动地方军队剿匪,各该驻军均不得延宕;通过粤、察两省府主席任免案;加推熊希龄等九人为豫陕甘赈灾委员会委员。

　　△　张学良电南京王树翰、邢士廉,报告东北路权与哈埠惨案情形,略谓日方所要求延长吉敦线,早经前政府两次商定,我方为维持主权计,只有力争。至哈埠学潮,现已派员调查,兹据复称,当时确无学生身死情事,受伤者均系磕跌所致,报载所传,实非真相。

　　△　戴季陶宴何应钦、何成濬、张群及刘湘代表张必果、刘文辉代表张儒善等,关于解决川事有所商洽。

△　旅沪川人吕超、谢持、黄复生、卢师谛、石青阳等九人联名电呈蒋介石,以旅沪川民团体查获刘湘所部购第二批外械 600 余箱,秘密抵沪一事,请明令处分刘湘。

11 月 24 日　国民政府公布《国民政府卫生部组织法》,凡 22 条。

△　国民政府以南京近日迭次发生劫案,下令首都卫戍司令申诫,公安局长记过一次,并限三日之内将各该劫匪务获归案。

△　湖南省政府议决:12 月 1 日实行统税,土货征 15‰—30‰;国货日用品征 3％—5％,奢侈品征 6％—10％;洋货普通品征 3％—8％,奢侈品征 10％—15％。

△　河北省府主席商震电张学良,略谓军事结束,河北行政应完全由省政府统一,税收亦应直接解省,请制止贵军在卢龙河东关越河征税。

△　刘湘函何成濬,称川军各军正谋推诚互助,所有裁兵、减税及一切地方建设事宜,正次第施行。

△　黑龙江省议会通电反对日本建筑吉会等五条铁路,希望全国同胞一致反抗,共策进行。

△　盘踞山东章邱县之土匪张明九率部出城,攻占宁家埠(城西 12 里),土匪蜂拥入庄,大肆抢劫,杀人放火,村民死亡百余人,被绑架千余人。

11 月 25 日　侨务委员会制定《奖励华侨回国兴办实业条例》,凡八条。

△　方振武第四军团收编之张宗昌旧部吴杰师,因不服缩编,在平东哗变窜鲁,方振武驻通县王占林第九十一师在三河、宝坻等处堵截。28 日,王占林电方,报告追击吴部至任丘东北梁占镇,其两营投归,余逆云散,吴只身逃走。

△　侨居奉天犹太人开侨民大会,到 150 人,议决电日内瓦国际联盟,请愿二事:一、解放犹太民族;二、耶路撒冷建设犹太国。

11 月 26 日　上午蒋介石由巢县乘轮船抵芜湖,出席万人欢迎大会并演说。下午检阅第十一师曹顺万部。是晚,蒋由芜湖乘"楚有"舰上驶,经大通、贵池赴安庆,曹万顺、陈绍宽等随往。

　　△　国民政府接张学良电,除报告东三省近况外,并谓东省现在进行党务,拟于日内选派大批人员来京研究党义,俾其了解党义之后,一律召回指导东省党务进行,庶免错误。

　　△　冯玉祥电令第二集团全军禁止军人纳妾。"嗣后各官长如有纳妾情事发生,即行撤差监禁,各该总指挥、师长均负有直接监督之责,亦应受连带之处分"。

　　△　邹鲁环游欧美 29 国,返国抵沪,对来访者谈最近政见。略谓今日中国问题,一则如何免亡国,二如何免为半开化国。至目前着手之方,则在裁兵、兴教育、事建设。并谓今日之裁兵,一切改变名目,如缩军为师,缩师为旅,皆非切实之图,若裁他人之兵而增自己之兵,则心尤不可问。民国以来,拥兵不自焚者,究何人哉? 一部以兴教育,一部以办建设,敢信不出 15 年,全国皆兵,而同时民智已足,民族、民权、民生亦同时一致解决。

　　△　西班牙派遣代表来青岛招募华工赴非洲垦荒。自本月 18 日至 25 日止,陆续报名者达 1500 余人,检验合格者 500 余人,拟于 12 月 2 日开船。外交部以此事未经我国政府许可,实属有违国际公法,是日训令山东交涉署查明阻止。

　　△　"广州号"飞机于 20 日由京飞平。22 日,张学良电复白崇禧,欢迎粤飞机到奉,是日抵沈阳,张学良派机往迎,并在机场迎接。

　　11 月 27 日　中意《友好通商条约》由外交部长王正廷与驻华意公使华蕾在南京签字。其内容要旨为:关税各以国内法规定之,缔约双方于关税问题上,与其他各国平等待遇。意取消在华领事裁判权。

　　△　国民政府令准免广东省政府委员兼主席李济深兼职,任陈铭枢为广东省政府主席;察哈尔省府委员兼主席赵戴文另有任用,应免本兼各职,任杨爱源为省府委员,并指定为主席。

　　△　国民政府指令行政院转饬军政、铁道两部遵行孙科所提铁道

行政之管理统一、会计独立两大施政方针。

　　△　国民政府训令司法院、各省政府、中央特种刑事临时法庭,通令取消特种刑事临时法庭。

　　△　行政院第五次会议通过赵戴文所提于 12 月 15 日召集苏、浙、皖、赣、闽五省民政厅长会议案;文官处所呈设立国史馆案,并派员接收北平国史馆案,议决交教育部办理。

　　△　外交委员会在南京王正廷官邸开会,到谭延闿、胡汉民、戴季陶、王宠惠、孔祥熙、王正廷,通过对国际宣传办法及呈请国民政府任命伍朝枢、施肇基分任驻美、英公使等议决案。

　　△　孙科电阎锡山,以平绥铁路局附征一成五裁兵费,影响货运及路款税收,请暂停止,所有挪垫遣散军费,已商财部另案筹拨。29 日,阎电复已电饬停征,并接平绥路局电称,已布告各站,定 1 日起一律停征。

　　△　军政部长冯玉祥召集军政部全体职员训话,要求打消派别门户,一致拥护军事领袖蒋介石。

　　△　国民党广州市指导委员会电中央党部,表示拥护中央指派第三次全国代表大会代表及党员补行登记之规定,并“望各级党部一致主张”。

　　△　禁烟委员会主席张之江分别致函国民政府、中央党部、军政部,要求速派大员查办上海军人私运烟土案。

　　△　国际劳工局长多姆斯由汉抵京,29 日南京市总工会整委会开欢迎大会,到各界代表千余人,多姆斯报告国际劳工状况,并希望中国派代表参加明年国际劳工大会。

　　△　河北省宁津县公民王玉振等,呈请国民党河北省党务指导委员会将前江苏督军李纯遗产 3000 万元没收,开办实业工厂。

11 月 28 日　　国民党中央政治会议第一六五次会议通过《行政院各部会组织法》;议决程潜解除监视,免予查办;参谋部改称参谋本部;凡未经正当手续,在出版地之行政官厅注册,无确实负责人营业之出版品,由国民政府令饬主管部严加取缔。

　　△　晨,蒋介石抵安庆,省级机关、团体代表数千人在码头迎候。下午,蒋在安徽省各界民众欢迎会上训话,强调查清户口,剿匪反共,开发资源,兴筑道路。

　　△　内蒙古代表团抵南京,该团有卓索图盟、乌兰察布盟、锡林郭勒盟、昭乌达盟、伊克昭盟、哲里木盟代表及随员20余人,29日,代表团主任吴鹤龄谒何成濬,报告内蒙情形。

　　△　周西成电驻京代表谭星阁,称李逆(李燊)图黔,现仍进犯不已,望就近促国府下令讨伐。

　　△　张之江以中央对沪市武装运烟案一事迟不表态,再电蒋介石,请迅速严究,"以肃禁政"。29日,蒋介石复电张之江,指示将沪烟案双方关系人员一并解京面审。

11月29日　国民党中常会第一八四次会议,以国家主义派近复在各处分发印刷品,捏造谣言,煽惑人心,议决通令查禁。

　　△　商震、阮肇昌、邱效宁、周学海等在北平宣誓就东陵审判官职,即通电成立陆军高级军法会审,并电各方将破获东陵案要犯解平候审。

　　△　财政部长宋子文电令取消汕头土货入口税。汕头、潮、梅常关课收内地土货入口苛例,凡惠(阳)、潮(州)、梅(县)内地货物到汕,须领取候轮出口单,限期出口,逾期则课入口税,名为候轮出口报税办法。此种苛例,不仅有碍国货发展,且背赋税公平原则。宋子文据11月14日广东国税管理委员冯祝万电请,是日电冯明令取消汕头入口土货税,并同时取消汕局新订候船出口办法。

　　△　武汉航空会订购英、美飞机。武汉民用航空协进会为开辟粤汉航线,由干事周星棠等与安利美洋行大班马克琼司签订购机合同,购买陆地式摩斯飞机四架,每架9500元,四个月内交清。复与美商美信洋行经理总理盖乐汤姆议购美机办法,订购美国革茵式飞机五架,每架1.3万美元,两月之内交货,7日与美正式签订购机合同。

　　△　广东省政府下令禁止蓄婢。

△ 北京大学学生 300 余人,反对大学区制,要求恢复北京大学,举行游行示威,先至北平大学校长办公处,高呼口号,军警出面干涉,学生遂打碎办公处门前两块木牌,随又往干面胡同校长李石曾住宅,为军警阻止,未能入门。下午 5 时,复折回北大,至附近副校长李书华宅破门而入,门窗损坏颇多。当晚,北京大学学生会紧急会议议决:派代表南下请国民政府明令恢复北京大学及通电全国说明护校经过。

△ 凌晨 4 时,国民党奉天省指导委员会临时办公处启明学院,被军警包围搜查,携去文件多份,指委会宣传部秘书韦仲达被捕。12 月 25 日,奉天指委会通电全国,说明真相,要求中央转电张学良,释放韦仲达。

11 月 30 日 蒋介石在安庆县长会议上讲话,侈谈人民自治,指示裁撤各县公安局,举办人民自卫团等。

△ 国民政府第九次国务会议,议决照准张学良按指定调拨赈款数目 30 万元,购备粮食,救灾恤邻;公布行政院所属内政、外交、财政、农矿、工商、教育、交通、卫生各部及建委会组织法;特派李济深等 13 人为两粤赈灾委员,指定古应芬召集。

△ 南京国民政府以沪烟案情节严重,决定调查。是日,禁烟委员会主席张之江偕司法行政部长魏道明抵上海,召市公安局巡官等关系人员讯问。同日,国民党上海特别市党部会议决定成立"江安"轮运土案调查委员会,指定何世桢、陈布雷等人为调查委员。

△ 豫陕甘赈灾委员会常务会议开会,孙科报告张学良来电允助 100 万元,决议由常委派员前往东省领款;财政部拨 20 万元,由委员会支配。

△ 新疆省政府主席金树仁通电饬边防关卡,"无论何色人等,不由正当关卡经过,潜入新省内地,一经查获,当按共党治罪"。

△ 湖南清乡督署结束,督办鲁涤平、会办何键通电报告经过,未了之事,由省政府军事科及"惩共法院"负责办理。

△ 芜湖布业罢市风潮解决。是日,各界开联席会议,第十一师副

师长陈诚主席,议决:罚布商三万规元,准予日货布匹进口;起岸后限价售卖;令布商公会具结,以后不得再进日货。

　　△　内蒙古代表团会见冯玉祥,报告此来任务,第一拥护三民主义的国家,促其在世界上早成一最健全、最光荣之国家;第二报告全蒙详情,请国府按照三民主义,予蒙古生存发达之机会。

　　△　晋、冀、察、绥四省政府联名电国民政府,报告该四省本年灾情重大,请设晋冀察绥赈灾委员会,拟定委员名单,请中央特派,并请指定阎锡山为主席。

　　△　西藏班禅额尔德尼在南京设办事处,是日班禅派员谒谭延闿,请求每月由政府拨给办公费5000元,谭当即应允。

　　△　奉天营口与长春、哈尔滨、满洲里、海参崴长途无线电通话,12月1日,与北平、上海通话。

　　△　驻华法使玛太尔于29日抵京,是日与外交部长王正廷开中法修约会议。关税问题法国悉照中美关税条约办理,《越南陆路通商条约》废止后,法政府负责保护越南华侨;中国收回广西、云南路矿权问题,法使允向该国政府请示后,再行谈判。

　　是月　国民政府经内政部提议交教育部会核,正式决定以梅花为国花,并拟用三朵连枝象征三民主义,五瓣象征五权。

　　△　截至是月底,全国办理国民党党员总登记,已结束者计:一、六特别市:南京、上海、广州、汉口、天津、北平;二、六省:浙江、江苏、广东、广西、河南、山西;三、四铁路党部:沪宁、沪杭、津浦、平绥;四、九省未办完竣:河北、安徽、山东、甘肃、湖北、湖南、四川、绥远、察哈尔。已登记之国民党员24.46万人以上(尚有10省未呈报:云南、贵州、福建、江西、陕西、热河、东三省、内蒙)。

　　△　张学良致驻京代表赵志白亲笔信,其要旨为:一、东北内部日见坚固,惟外交仍棘手,请将特殊情形介绍于国人,以免误解;二、学良对于统一早有决心,易帜事必实行,但因有未了事件甚多,须先办理完结;三、决不卖国,但有为大势所迫非办不可之事,此乃弱小民族被人压

迫之实况,人应谅之。

    △   徐州北伐阵亡将士墓建成,占地三亩。刘峙亲撰墓表,略称:第一军本年 5 月 1 日会师济南,不幸饮弹而殁者近 460 余人,致残者五倍。

12 月

12 月 1 日   蒋介石北上校阅津浦路第一集团军完竣,是晨自安庆返抵南京。

    △   邢士廉、王树翰谒蒋介石,对东省易帜、热河、外交、交通等问题,报告甚详。蒋谓此等问题,俟与党国诸要人协商后,再定办法。

    △   国民政府宴请内蒙代表团,谭延闿、胡汉民、蔡元培、戴季陶、何应钦、古应芬、何成濬出席,对内蒙政治问题,谈论甚洽。

    △   国民政府训令直属各机关:嗣后如有文武官员贪赃枉法,或奉令不力,情虚蒙蔽,案情重大者,应由各该高级长官押送来京讯办,或由该管长官撤职审究;如于某省犯案未了,他处不许复用,并不得只撤差委,使其逍遥法外。

    △   国民政府为上海"江安"轮船偷运烟土一案,训令淞沪警备司令部、上海特别市政府,淞沪警备司令部侦查队长傅肖先、上海市公安局长戴石浮均着停职来京,听候审讯。

    △   国民政府以近来各处时常发现匿名出版品(小报、小册子等),"非共产党之宣传,即捣乱分子之言论,其用心甚不可问,而为害尤属深广",是日训令内政、交通两部赶速严加取缔。

    △   陕西省政府主席宋哲元,就中日谈判问题电国民政府,要求在日本未撤兵以前,先与停止谈判,断绝国交。10 日甘肃省政府,11 日江苏省政府主席钮永建,24 日浙江省政府,29 日上海特别市政府,均通电响应。甘省电谓"应请我政府毅然本陕省府之主张,各省同志作一致之联络,非达最后之胜利不止"。

△　全国商会联合会发表废除不平等条约宣言,指出:"如再有野心国家,不识时务,甘冒不韪,违反公理,不肯废约,吾人自应本大无畏之精神,共同奋斗,力抗强权,务使国际间互订平等之条约,洗涤战争之余毒,造成升平之新世界,而保障人类之安宁。"

△　南京卫戍司令部奉命扣押偷运烟土之"江安"轮。是日上午,"江安"轮行驶江宁县境时被扣,船主及船员吴翰卿等23人被押送江宁地方法院,因船主、轮机长均系英人,故交英领事署处理。

△　国际劳工局长汤姆斯由工商部长孔祥熙陪同,抵上海参观访问。

12月2日　蒋介石约见张学良代表邢士廉、王树翰,邢、王面呈张致蒋电,报告东省民众运动及组织党部情形。

12月3日　蒋介石晚宴德顾问威尔史,兼为驻德公使蒋作宾饯行,对德中关系有所讨论。

△　孙科在国民党中央党部纪念周报告,中央财政收入,统计每月约为1900余万(除东三省及川、滇、黔等省尚未完全统一外),中央政费每月不过百余万,其余1800万,全属军费。国家岁入供养兵之用者,居十之八九,建设事业无从发展。

△　上午,全国反日会在南京举行首次宣传周,到南京各团体、机关、学校代表数百人,分乘50余部汽车,手持标语,赴国民政府请愿,沿途散发传单。请愿书要求中日谈判必须俟日方先撤兵后再行开议;日方须有废约之诚意,方可开议宁、汉、济三案;宁、汉、济三案和修约问题在谈判中同时解决。

△　上海水电工会工人1000余人要求加薪未果,是日宣布罢工,并推选46人成立罢工委员会。汽车全部停驶。至10日,杜月笙代表资方签字,劳资双方达成和解协议,工人复工。16日,因资方未履行协议,且开除工人10余人,工人再次罢工。罢工委员会分别致函法租界纳税华人会、商界联合会请主持正义。

△　阎锡山电国民政府,已启程晋京,平津卫戍总司令职请准以商

震代理。5 日,国民政府复电照准。6 日,商震在北平就平津代理卫戍总司令职。

△ 呼海铁路绥(化)海(伦)段工竣,全长 103 公里。

12 月 4 日 国民政府特派胡汉民、王宠惠、戴季陶、孙科、古应芬、李济深、李宗仁、邓泽如、萧佛成、黄绍竑、陈铭枢、白崇禧、宋子文为两粤赈灾委员会委员;特派赵戴文为赈款委员会委员;赈款委员会常务委员薛笃弼、胡毓威业经辞职,以赵戴文、赵丕廉为常务委员。特派阎锡山、薛笃弼为禁烟委员会委员。

△ 行政院第六次会议议决:江苏省苏州准予改市;上海市府准予发行市政公债 200 万元,于房捐款项内按月拨款 2.4 万元,偿还公债本息;北大学潮事先由教育部发电剀切晓谕,如不遵令,即依法律严行制裁。

△ 蒋介石接见内蒙古代表团,代表吴鹤龄提出地方自治等项计划。蒋表示当呈请国府于下次国务会议讨论,并称蒙事当由蒙人自理,蒙人权利自应由蒙人享受。

△ 全国编遣委员会筹备会召开第一次会议,何应钦主席。决定《国军编遣委员会组织条例》,规定以陆海空军总司令为会长,各集团军总司令、军事参议院长、参谋总长、训练总监、军政部长各派三至五人为委员,并推张群等四人为编制起草委员。

△ 鹿钟麟、刘峙奉蒋介石命令,分别任剿办樊钟秀残军正副指挥,由豫东、皖北就地剿办。樊部分驻涡阳、蒙城等处,约两万余人,枪械万余支。鹿、刘议定鹿调豫东三师,刘调皖北五师,鹿任豫东军指挥官,刘为皖北军指挥官。是晚,各部向涡阳、蒙城形成包围圈,开始进击。

△ 蒋介石电复阎锡山、张继、李石曾,指示北大由卫戍司令部、北平政治分会及大学院共商接收办法。

△ 天津市政府奉中央命令,查封张宗昌、褚玉璞、顾维钧、曹汝霖、陆宗舆、章宗祥、王印川、潘复、吴毓麟、王毓芝、边守靖、刘梦庚等13 人逆产。

△　驻华荷公使欧登科抵京，下午至外交部晤王正廷，协商中荷《关税条约》草案。

12 月 5 日　国民党中央政治会议第一六六次会议，讨论中比、中意、中挪商约问题。蔡元培等指出条约对取消领事裁判权附有极苛待条件，实属不彻底的取消领事裁判权，又规定侨民在华有居住、营商、购地权利，均属惠彼而不惠我，三约不妥之处太多，应加修正，结果议决交外交委员会讨论；民国十八年在南京开中华民国建国纪念博览会，交国民政府办理；任何其巩为北平临时政治分会委员。

△　下午，外交委员会审查中比、中意、中挪商约，对条约中不妥之处，多数均主张加以修正，决定由王正廷拟具审查报告，提交中央政治会议讨论。

△　国民政府令：中央处理逆产委员会着即裁撤。

△　李济深在广州召集缩军会议，各军、师长陈济棠、徐景唐、黄绍竑、蒋光鼐等人出席。决议依中央编制将第四、第五、第十一、第十五、第十六各军缩编为师，师缩编为旅，第三独立师许克祥部缩编为旅。

△　张之江、魏道明等人向蒋介石报告沪烟土案情形。蒋令对"江安"轮被扣之关系人员严加审讯。下午，江宁法院提审"江安"轮被扣之侍者、厨司、生火等各关系人员。7 日，张之江审讯江宁地方法院来沪土案关系人吴翰卿、戴丰泰等 15 人。吴等皆诿称不知。

△　教育部就北大学生反对大学区制，维护北京大学事，电令北平大学警告学生勿为"共产党利用"，应悉心为学，即期悛悔，否则即当依法制裁。

△　张学良代表胡若愚、朱光沐在天津发表谈话称，拟于三五日内赴平，与张继、李石曾接洽，然后朱即赴京，调查党的组织与工作，并与中央党部接洽。并谓东三省拟派有志青年到津，请党部训练，然后回去分别成立省、市党部，所派人选奉 14，吉、黑各四。

△　上海招商局董事会长李国杰电国民政府及国民党中央党部，请将招商局交还商办，略谓：近自政府监督整理招商局以来，董事会对

于局事不容置喙,胥由政府派员代为支配管理,在法理上究为一种超过程度之处置,殊未足以悦服众商。要求完全交还商办,以听商民之自行整理,自由贸易,以保持 50 余年商办之局面。并提出五项办法挽救招商局,俾我国最大之航业机关起死回生,同时并将江海航权迅图恢复,毋令外人轮船飞扬驰骤,出入于我国堂奥,若临无人之境。

12 月 6 日　国民党中常会第一八五次会议议决修正通过《党员无故不出席区分部党员大会惩戒条例》,规定党员无故连续二次、或三个月内间断三次不出席所属区分部党员大会者,由该区分部执委会去函诘问,诘问无效后警告,警告无效后停止其党权,停止党权三星期仍无效后,开除党籍。

△　国民政府公布《中华民国海关进口税税则》,于民国十八年 2 月 1 日施行,以一年为有效期。

△　外交部分别照会比、意、日、美、葡萄牙、挪威、丹麦、西班牙八国驻华领事,宣布实行关税自主,并附《中华民国海关进口税新税则》各一份,由外交部驻沪办事处分别递交各该国驻沪总领事馆。

△　上午,南京市各区国民党执监委员齐赴中央党部请愿,要求撤销中常会第一七九次之第一、二两案及第一八二次之南京市圈定选举法案。8 日,国民党中央党部临时常务会议议决不准。

△　第四集团军总部发表第四次缩编方案,以第三、四两师各一部及第四十二军全部另编为第十二、十三两师,分别委任程汝怀(前第十九军副军长)、张义纯(前第十八军副军长)担任该两师师长(第四集团军前后缩编四次,共编 13 个师,分别由白崇禧、夏威、胡宗铎、陶钧、鲁涤平、何键、谭道源、李品仙、叶琪、廖磊、王泽民、程汝怀、张义纯充任第一至十三师师长)。

△　皖北蒙城、涡阳樊钟秀部被刘峙、鹿钟麟部包围后,已乏抵抗能力,全部缴械,刘峙进驻蒙城。8 日,刘峙返回徐州,向各界报告剿樊经过,缴获大炮 12 门,机关枪 10 挺,步枪 700 余支,毙代军长王崇林,俘旅长一人、士兵 2000 余人。豫东鹿钟麟部在涡阳缴获步枪 300 余

支,大炮机 10 余尊,俘虏百余名,残部千余人向阜阳逃窜。

　　△　邢士廉、王树翰携蒋介石致张学良亲笔密函离沪返奉。蒋允对外问题由中央负责办理,东北内政仍由现职各员维持,概不更动,东省应即易帜,以贯彻统一精神。

　　△　前北京大学校长蔡元培、蒋梦麟联名电劝北大学生,略谓护校举动,有违常轨,"大学区制培等实创其议,顷闻诸君容有未慊,自系误会所致,望长思远瞩,静候当局解决"。19 日,北大学生会派李辛之、赵子懋为代表前住南京教育部呈请愿书,要求:一、取消北平大学区制;二、恢复北京大学校名与原有组织;三、由北大旧职教员主持校务。

　　12 月 7 日　下午,国民党中常会临时会议,议决:一、关于国民党第三次全国代表大会代表产生原则:(一)凡省或等于省之党部,于十八年 2 月 15 日以前正式成立,经中央审查认为组织健全者,其代表得完全由党员选举产生;(二)于十八年 2 月 15 日以前,正式省(或等于省)党部尚未成立者,其代表由该省党员依照中央规定之选举法,选出加倍人数,由中央圈定或由中央指出加倍人数,由省或等于省之代表大会选定之;(三)县市以下之下级党部,组织尚未建全之省(或等于省),其代表由中央指定之。二、关于特种登记案:(一)电令各省、各特别市委指委会迅速遵照修正补行登记手续条例,办理特种登记;(二)南京特别市之特种登记,由中央组织部派员办理。

　　△　国民政府第十次国务会议通过《中华民国海关进口税税则》;以阎锡山等 26 人为晋察绥赈灾委员会委员;加派唐绍仪等 26 人为两粤赈灾委员会委员;明令嘉奖张惠长等三飞行家;明令地方政府机关,如未经国民政府核准,不得与外人订立和约,借用外资,或准许外人有经营建设事业之特权;议决全国所用邮票,一律改印总理遗像,暨陈其美、黄兴、宋教仁、朱执信、廖仲恺、邓铿诸先烈遗像。

　　△　驻华英公使蓝普森抵京接洽关税自主问题,当晚外交部长王正廷设宴欢迎。8 日,蓝普森谒蒋介石,述此次来京目的。

　　△　日驻沪总领事矢田派领事清水将国民政府关税自主照会退回

外交部,声称奉本国政府训令不予接受。

　△　国民党河南省党务指导委员会通电全国,吁请外交当局于中日谈判中,严词交涉,勿稍退让,以冀废除不平等条约;万一谈判破裂,我四万万民众誓作前驱,为国雪耻。

　△　侨务委员会为暹罗驱逐大批反日华侨事致函外交部,略谓我旅暹侨胞,自济案发生,自动抵制日货,组织对日经济绝交会,历期数月,即将日人在暹经营之商业陷于无形倒闭之中,讵日使恐慌之余,竟唆使暹政府肆行压迫反日华侨,因而被其非法逮捕驱逐出境者,已达201 人之多。该暹政府欺我侨民,辱我国体,蹂躏人道主义,违背国际公法,请速向暹政府提出严重交涉。

12 月 8 日　国民政府公布《国民政府内政部组织法》,凡 23 条;《国民政府外交部组织法》,凡 21 条;《国民政府财政部组织法》,凡 29条;《国民政府农矿部组织法》,凡 21 条;《国民政府工商部组织法》,凡21 条;《国民政府教育部组织法》,凡 21 条;《国民政府交通部组织法》,凡 21 条;《国民政府建设委员会组织法》,凡 11 条。

　△　立法院第一次会议,到立法委员 37 人,胡汉民主席,议决《监察商办航空事业条例》及《中华民国无线电工程师登记条例》等五法案,交法制委员会审查;于法制、经济、财政、外交四委员会之外,增置军事委员会;推焦易堂等 16 人为法制委员会委员,邓君荫等五人为财政委员会委员,傅秉常等五人为外交委员会委员,邵元冲等五人为经济委员会委员,钮永建等五人为军事委员会委员。

　△　赈务委员会决定将张学良汇交国民政府之赈款 30 万元,分配如下:晋、冀、豫、陕、甘五省各 4.5 万,绥、鲁两省各三万,察哈尔1.5 万。

　△　张学良将国民党奉天党务指导员钱公来开释,并赠调养费500 元,将令其办理党部事务。

　△　蒙藏委员会常会决议严令蒙不得擅捕内蒙同志;添设内蒙康藏佛教整委会,派章嘉呼图克图、诺那呼图克图等分任筹备委员;筹设

常委会,《管理内蒙康藏各整会之组织条例》推王尚曾等为起草委员。

　　△　西安市长萧振瀛通电力争济案,表示本人愿率全市民众作政府后盾。

　　12 月 9 日　外交部照会各国驻华使馆,《中华民国海关进口税则》业经明令公布,定于民国十八年 2 月 1 日实行,附《海关进口税则表》送请查照。

　　△　天津特别市党务指导委员会通电声援东北学生易帜运动,略谓:11 月 18 日吉、黑各地学生易帜运动,爱国热忱,甚堪钦佩,乃张作相甘冒不韪,拒不接见,武力强迫卸帜,伤亡学生民众百余人,蹂躏民权,草菅人命,噩耗踵至,言之痛心。“本会誓竭全力以从,义无反顾,望全国同胞,一致声援,以救关外同胞于水深火热之中”。

　　△　蒋介石宴请内蒙古代表团,席间蒋介石与蒙古代表吴鹤龄分别讲话。该代表团并送呈文一件,呈请国民政府改组蒙藏委员会,并在北平设置分会;请在热、察、绥、青等省各设一蒙旗自治委员会,增加蒙古省委名额。

　　△　驻秘鲁公使施肇基电外交部,报告于是日进谒南游到秘之美总统胡佛,胡对蒋介石邀其游华之意,表示感谢。

　　△　天津汇业银行(中日合资,股本 700 万元)因天津反日会拒绝使用该行钞票,各界纷纷提款,致使该行资金周转不灵,本月 1、2、3 日及 8 日电请日人铃木理事拨款维持,铃木拒绝,乃宣布停业。该行设于北平、上海、沈阳之分行亦随之停业。是日,该行召集华股股东开会,决定辞退日股,由中方经营,并宣布自 10 日起休业一个月。

　　△　河南省总工会整理委员会通电全国,吁请外交当局中日悬案合并解决,关税绝对自主,并拒绝床次来华。

　　12 月 10 日　蒋介石在国民党中央党部讲演《北伐成功后最紧要的工作》,提出北伐后最紧要的工作是外交方面取消不平等条约,为实现此一目标,必须具备国民的实力和军队的实力。并称国民要刻苦忍辱,养精蓄锐,自立自强,打破现在险恶的环境,接受现代化文化、法律、经济、政治的教育;军队要通过召开编遣会议实现军队有军额,军饷有饷额,军制有编制,军人领袖要牺牲自己的权利和地位,不搞四分五裂,割据地盘,拥兵自卫,贻害国民。

△　中英谈判在南京外交部开议。外交部长王正廷与驻华英使蓝普森会谈关税问题,无结果。12 日下午,会谈继续举行,英方坚持"中国关税自主"无须写入中英关税条约内,仍无结果。

△　张继电国民党中央政治会议,请暂不裁撤政治分会,留待第三次全国代表大会决定。

△　东北海防舰队成立,张学良、沈鸿烈在沈阳宣誓就任正副总司令。

△　驻华丹麦公使高福曼到京,11 日晤王正廷,接洽修约等问题。

△　上海华侨联谊会电国民党中央政治会议、国民政府、行政院、外交部,为保障侨胞事业、财产计,要求对中比、中意新约关于侨民相互有内地居住、经商、购地权之规定,勿加修改和取消。

△　全国商会联合会电国民政府、外、财、工商各部,请拒还西原借款,略谓:"查西原借款,不但供军阀内乱之用,且数目不明,弊窦孔多,于法理于党纲均不应承认,属会代表全国商会,一致为国府后盾,务请概予拒绝。"

△　奉天研究国学之萃升书院举行开学典礼。院长为张学良。

12 月 11 日　国民政府特派训练总监何应钦为国民革命军编遣委员会筹备主任。

△　国民政府通令各省政府,嗣后不得各自为政,滥举外债,否则绝不承认。

△　国民政府以第四十三军军长李燊与周西成部黔军发生冲突,迭经电令,不听制止,似此擅行扬兵,殊属有违军纪,是日明令李燊迅即退回原防,听候查办。

△　国民政府公布《修正国民政府教育部大学委员会组织条例》,凡 14 条;《修正大学区组织条例》,凡七条。

　　△　国民政府公布《全国卫生行政系统大纲》,凡14条,规定"中央设卫生部,直隶于国民政府行政院";"各省设卫生处,隶属于行政厅,兼受卫生部之直接指挥监督"。

　　△　行政院第七次会议,议决山西设立临时防疫处;各省国税不得擅抵借款;各省市募集公债,须经财政部核准,方得发行。

　　△　日首相田中特使、日新党俱乐部总裁床次竹二郎偕议员一行10人访华"视察",是日抵南京,下午会晤蒋介石。

　　△　国民党湖北省党务指导委员会电中央党部,谓中比、中意新约及自本年7月以来与各国所订约中,关于关税及其关系事项之规定,"名为平等,实属不平;名为互惠,实为片惠",要求所订各约,交中央政治会议详加审查。按:此电经鄂指委会第二十六次常会通过,21日发出。

　　△　国民党中央政治会议武汉分会第四十七次常会讨论建筑武汉三镇铁桥,按例由海关征收附捐充经费案,议决交财委会核议。

　　12月12日　国民党中央政治会议第一六七次会议议决设立导淮委员会;凡立法事项自应归立法院厘定,嗣后关于立法原则,应经由政治会议议决,而法规条文由立法院起草;通过《考试院铨叙部组织法》;河南省府主席冯玉祥辞职照准,任韩复榘为河南省府主席。

　　△　阎锡山由天津乘"新华"轮抵南京,随员90人,卫队120余人随行。训练总监何应钦,中央委员邵力子,国府文官长古应芬,参军长何成濬,南京特别市长刘纪文等千余人迎接。

　　△　蒋介石赴汤山,与床次长谈。13日,床次在南京安乐酒店招待日本新闻记者,宣称将以公平态度确立对华政策。同日晚,床次宴请蒋介石、冯玉祥等人。

　　△　中丹(麦)《友好通商条约》由王正廷同驻华丹使高福曼在南京签字。

　　△　南京国民党各级党部、各民众团体代表霍志澂等为东北护路惨案事,向国民党中央请愿。胡汉民出见,略谓中央对东省惨案,除已

电张学良询问外,并派专员前往调查真相。又谓关于外交方面,中央亦已训令各省嗣后不准私办外交,并注意保护国土、路权。

△　川省倒刘(湘)各军将领杨森、赖心辉、李家钰、黄隐、陈鼎勋、罗泽洲、郭汝栋,订立四川同盟各军公约 10 条,其中有同盟各军共同组织临时军事委员会,打破防区制度,实行裁编军队等项规定。16 日,杨森在涪陵就讨刘(湘)同盟军主席兼前敌总司令职。

△　上午,汉口各界群众六万人举行大规模反日大游行,并议决两项:一、电请国民政府转饬外交部不得私自与日方妥协;二、电请国民政府令财政部不得承认西原借款。

△　洮(南)昂(昂溪)铁路通车,北满物产可由昂站直接输出口。

△　赣粤公路南(昌)莲(塘,即定南)段通车典礼在南昌举行,到省军政各机关及市民五六千人,省府主席朱培德乘车至莲塘站,对乡民演说。此系赣粤、赣浙、赣闽、赣皖四公路之总枢纽,且为江西内地第一条长途汽车路。

12 月 13 日　首都反日会对中比、中意条约及中日交涉问题,集矢于外交部长王正廷,于是日下午召开市民大会,会后游行示威,万余人参加。沿途高呼口号“反对妥协外交”、“打倒王正廷”。愤怒群众将王正廷官舍捣毁。蒋介石闻报,至现场视察,一面召群众代表到中央党部训话,指责此举“为不信任政府之表示”;并声称:“三年之后,若外兵不撤,不平等条约不废,请杀我以谢国人。”

△　国民党中常会第一八七次会议通过《中国国民党全国代表大会组织法》,凡 14 条;《中国国民党全国代表大会选举法》,凡 18 条;《组织法》规定:“各省或特别市,在十八年二月十五日以前,县或市以下之各级党部尚未组织健全者,其代表由中央指定之。”

△　国民政府特派阎锡山、张继、李石曾、白崇禧、唐绍仪、王士珍、熊希龄、王芝祥、朱庆澜、孔祥熙、宋子文、薛笃弼、许世英、严修、严庄、王震、冯少山、梁如浩、华世奎、张兴汉、邢士廉、张品题、杨兆泰、商震、杨爱源、徐永昌、何其巩、崔廷献、赵戴文为晋冀察绥赈灾委员会委员,

以阎锡山、熊希龄、王芝祥、朱庆澜、杨兆泰、商震、杨爱源、徐永昌为常务委员,指定阎锡山为主席。同日又特派程源铨为豫陕甘赈灾委员会委员。

　　△　国民政府特派唐绍仪、张静江、吴铁城、刘纪文、郑洪年、郑毓秀、孔祥熙、林焕廷、许崇灏、陈辉德、虞洽卿、郭标、王震、冯少山、劳敬修、马晓军、李文范、傅秉常、简玉阶、陈炳谦、陈翊洲、谭兆鳌、黄少岩、曾彦、郑铁如、潘静波为两粤赈灾委员会委员。

　　△　国民政府以此次广东航空处处长张惠长等乘"广州号"飞机由粤抵京,中经汉、津、平、奉等处,长途飞行,为中国航空界首创之举,是日颁令给予张惠长、黄毓沛、杨官宇奖章。

　　△　张之江、魏道明向国民政府呈报上海烟土案调查结果,略谓此次烟土,是由汉口下驶之"江安"轮火舱装载运沪,由侦查队在火舱抄获(据侦查队报告,有土1273斤,计蒲包14个,小包97个,小件15件)。本案已由江宁地方法院实行侦查。至上海特别市公安局及警备司令部因查拿烟土发生争权情形,察核各方陈述,事实已甚明显。侦查队员搜查烟土,既不查拿土贩,又不追究船中人员,处理已有未合,侦查处长傅肖先扣留巡官李存正,任队兵殴辱成伤,自不能不负违法责任。据李存正所述,并非掠劫,已无疑义。该公安局长戴石浮,未察细情,遽以武装运土及官警被劫,迳电呈请究办,一面登报,亦属轻率。

　　△　程潜抵上海,15日在《申报》刊登启事,声明蒙难汉皋六月余,现奉中央明令恢复自由,俟体气稍健,即当束装放洋,漫游欧美,今后不再过问政治。

　　△　外交部致函驻华西班牙公使,请阻止该国招募人在华擅招华工,谓此等非法举动,无异贩卖人口,有碍两国睦谊。

12月14日　国民政府令:昨日首都对外团体集合群众游行示威,发生捣毁外交部长住宅,殴伤宪兵、警察至25人之多,殊堪骇异。着南京特别市政府督饬公安局严密查办,呈候处分。嗣后凡有开会游行事件,必须呈报该管官厅批准。

　　△　上午,阎锡山在南京国民政府大礼堂就国民政府委员职。蔡元培代表国民党中央党部监督。同日,蒋介石欢宴阎锡山。

　　△　国民政府以江西省政府编辑印行之《策进》第三卷第五十八期内载有署名兰畦撰著之《克复南昌二周年纪念的意义》一文,有"目前国民党几乎成了封建的集团"等语,"诋毁党国",是日训令江西省政府立即撤换该刊编辑人。

　　△　国务会议第十一次会议议决首都卫戍司令部归国民政府直辖;冯玉祥辞河南省政府主席兼职照准,调韩复榘为河南省府主席。

　　△　浙、闽、苏、皖、赣五省裁厘会议在南京开幕,该会系财政部为准备裁厘实行新税制召开。贾士毅主席。会议提出裁厘先决方针七项,规定裁厘时间应以六个月为期;各省特别税应设特派员管理。

　　△　侨务委员会、外交部、内政部联席会议,就西班牙人在青岛市擅自招募华工 2000 人一事,商讨对付办法。

　　△　国民党天津市党部常会议决:通电全国,以张学良逮捕奉天指委,请一致声讨;请中央督促东三省限于十八年 1 月 1 日实行易帜,否则即须明令讨伐。

　　△　天津市长崔廷献电张学良,请发还大批车辆,以维持商务交通。

　　△　驻华美公使马瑞慕照会外交部,称本月 15 日恢复美驻京领事馆业务,前美驻沪领事史沛果调任南京领事。15 日,王正廷复照予以承认。

　　△　曹锟住宅被劫。天津大雪,是夜英租界前总统曹锟住宅被上月 11 日哗变后逃匿至天津的张宗昌旧部军长吴杰等六名匪徒劫掠,抢去衣物、金饰值洋五万余元。17 日,吴杰被天津日警署捕获。

　　△　上海公安局以复旦书店出售《检阅》周刊,密令巡长李少云率警察搜查,抄去《新路》杂志一册、出版物 21 种,店员四人拘警署并解局核办。

　　12 月 15 日　国民政府颁发统一财权令:嗣后各省市政府以国税

抵借国内款项,或募集省市公债,均应将需募债额及基金办法条例等,咨由财政部核明,呈候政府批准,方准发行;其于各项税款,如有指定抵借款项者,未于事前呈准核定,概不发生效力,各省管理国税机关长官如未奉有财政部命令,亦不得擅许抵押。

△ 中国国民党中央党部公布《中国国民党第三次全国代表大会议题》,凡10条。其要旨为:编制过去党之法令、规章案;确定党、政、人民行使政权、治权案;确定各级党部职责、党部工作及党部组织案;确定人权民权案;确定施行政纲案;确定教育、国防、外交、经济建设案。

△ 立法院第二次会议通过临时动议:请国民政府将最近外交部与比、意、挪国代表签订之中比、中意、中挪草约,送交本院议决。

△ 王正廷奉蒋介石电邀由上海抵京,即赴总部谒蒋,因首都民众捣毁私宅事面请辞职。蒋予以慰留,并表示,外部官舍被毁事,业经国府下令告诫群众,以后不得再有此种举动,勉王继续与各国进行交涉,勿抱消极。

△ 上午,蒋介石、阎锡山夫妇游汤山。16日晚,宋美龄在励志社宴请阎锡山夫妇,冯玉祥、何应钦夫妇,胡汉民、古应芬等及上校以上军官作陪。

△ 内政部召集苏、浙、皖、赣、闽五省民政会议,到200余人,赵戴文主席,并报告开会宗旨在谋地方之安定与各省地方自治之实行。会议讨论事项为改组县政府、整顿警察、清乡剿匪,会期10天。蒋介石、吴敬恒、胡汉民等到会讲话,谈及刷新政治,开展识字运动,健全保甲制度等。

△ 苏、浙、皖、闽、赣五省裁厘会议议决特种消费税设局原则,规定:"凡性质相同及征收手续相近而为零星收数之货品,同在一地收税者,置归一局办理,但大宗货品在创办之初,亦得按类设局。"

△ 蒙藏委员会第十一次常会,以美国新出版地图将西藏划入,又苏俄新地图将唐努乌梁海划入,议决均呈请行政院令外交部严重交涉。

△ 内政部电山东省主席孙良诚及青岛市商埠局总办赵琪,谓西

班牙人未经我国政府允许,在青岛擅自招募华工指定赴非洲垦荒,迹近掠买猪仔,不啻送 2000 人于死地,并已电西班牙政府及该国驻华公使拒绝在案,务希严重交涉,扣留华工,并将该西班牙人驱逐出境。

12 月 16 日 国民政府训令各省、特别市政府:各省、特别市径隶行政院,嗣后各该政府如对于行政事务有所禀承,应先呈行政院。

△ 南京上校以上军官 300 余人在励志社集会,庆祝徐州光复一周年,蒋介石到会致词,称徐州为南北重镇,国军三得三失,牺牲极大。冯玉祥、阎锡山先后发表演说。同日上午,南京市民一万余人亦隆重集会纪念,并通过坚持要求日军撤兵、严究沪烟土案等决议。

△ 内蒙代表团在南京招待京、沪各报记者,吴鹤龄报告,谓本团宗旨在于联合各盟旗,拥护国民政府,希望三民主义实现于蒙古民众;本团向政府条陈:一、请将蒙藏委员会分别改组,并在北平设置分会;二、请在热、察、绥、青等省各设一蒙旗自治委员会,并增设蒙古省委专额。

12 月 17 日 国民政府公布《中华民国国徽国旗法》。

△ 国民政府公布《国民政府卫生部中央卫生委员会组织条例》及《考试院铨叙部组织法》。

△ 国民政府举行临时会议,讨论中英关税条约,以该约条文尚有数点应加修改,决定令王正廷与英使讨论,修正之后即可签字;关于《编遣会议组织条例》,决提中政会通过。

△ 蒋介石在国民政府纪念周报告游行群众捣毁外部官舍事件,声称操纵运动的少数人,"不是与国家主义派有嫌疑,即是与共产党有嫌疑",一定要惩办肇事人。

△ 国民政府训令各省政府将该省通志及各府县志分别搜集齐全,于六个月内汇送本府。

△ 下川东战事再起。川军李家钰、罗泽州及杨森、赖心辉,恐刘湘借编遣之机兼并,合力进攻重庆刘部。是日,罗师首先进袭江北之桃子垭,杨森率第九、第十两师到长寿,宣布与刘作战。旋李家钰、赖心辉

亦分别出师,重庆三面受包围。18日,重庆宣布戒严,刘湘出城督战。

△　五省民政会议举行第一次会议,蒋介石到会训话,要求各县长实施建设大纲,做全国模范;县长要廉洁勤慎,宝贵光阴,努力工作,则政治自可清明,训政目的亦可达到。

△　蒋介石电令厦门驻军独立第四师师长张贞,限一月内将独四师、独十四师分别缩编为两旅一师制,改称暂编第一师、第二师,由张贞、卢兴邦分任师长。

△　汉口人力车夫水杏林被日军炮车撞伤,于次日伤重致死。20日,汉口反日会就"水案"议决,通电全国抗议日军无端惨杀华人,制造血案,要求撤退驻华日军,收回日租界;惩办肇事犯首领日陆战队司令官;给死者治丧费一万元,抚恤费五万元;日政府必须向中国政府道歉。

△　上海特别市商民协会电王正廷,谓暹罗政府自明年起将增加华人入境税,请提出抗议并严重交涉。26日,外交部复电,谓已向该国驻华使馆切实交涉。

△　山西太原各界从本日起连续4日举行反日宣传活动。是日上午,66个团体4000余人集会,群情激昂,进行反日讲演,各校停课一日。18日社会团体,19日军队,20日工商界分别举行反日示威。

△　山东省政府主席孙良诚呈国民政府,报告张鲁泉等在鲁谋乱有据:一、该逆等于日兵强占济南之际,乘机联合安福系及直鲁余孽,组织自治政府,并招纳土匪为自治军;二、指挥土匪张明九等,攻陷章邱、齐东等县;三、与日人订密约13条,盗卖山东权利;四、依仗日人霸占济南,横征暴敛;五、勾结直鲁余孽,招纳土匪,骚扰胶济路线一带;六、带领土匪驱逐平度、胶县、青州等10余党部暨县政府,并惨杀胶县公安局长柳子开;七、勾结贿选议员、土豪劣绅并杜尚一派之贪官,以图反动;八、嗾使日人搜捕历城县长等,要求严行缉办,绥靖地方。是日,国民政府训令内政、军政两部通令所属一体协缉张鲁泉、张明九等,务获归案究办。

12月18日　白崇禧电国民政府主席蒋介石等,陈述理由八项,请中央注意西北国防:一、"为扶持国内弱小民族,健全民国组织计";二、"为国家繁荣,民族生存久远计";三、"为发展欧亚交通,实现总理计划计";四、"为中国将来海军及工商业之根本计";五、"为预防英俄隐患,绝未来共祸计";六、"为保持社会治安计";七、"为消除国内战争计";八、"为殖边造产计"。并提出应先解决三事:一、请中央急速成立最高国防会议机关,早日决定国防计划;二、及早筹备国防交通;三、国防经费独立。

△　国民政府以军政费不敷,令饬两浙、两淮盐运使及松江盐运副使向沪银行界接洽借款,是日签字,金额 500 万元,以淮南、外江、内河各食岸及两浙、苏五属各食岸军用加价及善后军费全军收入 750 万元作抵押,利息一分一厘,自十九年 1 月起,10 个月还清。

△　五省裁厘会议决定,裁厘改办特种消费税后,较旧厘短亏者,应由国家正税收入及原厘金下之附征税款内抵补,不得在特种消费税项下带征任何附税。

△　驻华法使玛太尔抵京谒蒋介石。下午,在外交部同王正廷开中法关税会议,逐条讨论中法《关税条约》草案。

△　国民党北平政治分会通过接管清室财产,由故宫博物院会同河北省兼热河官产总处等组织善后委员会商办。

△　据路透社北平电称,张学良派代表赴欧美宣传,携有统计地图、影片及东三省出产标本,以期解释东三省之现状。

△　厦门各行商人结队游行请愿,反对裁厘,苛征土货内地税。内地税局局长被迫同意暂缓征。

△　日特使床次自上海取道青岛到济南视察日军战迹及蔡公时殉难处。

12 月 19 日　国民党中央政治会议第一六八次会议通过《全国编遣会议组织条例》;议决任赵戴文为内政部部长;蒙藏委员会委员自九人增至 13 人,加任阎锡山等五人为委员,并指定阎为主席。

△　中荷《友好通商条约》由王正廷与驻华荷兰公使欧登科在南京

签字。同日，中葡《友好通商条约》由王正廷同驻华葡萄牙公使毕安琪在南京签字。

　　△　蒋介石在国民党中央党部演讲《编遣委员会之重要》，阎锡山演讲《裁兵实行建设》。同日，冯玉祥在中央广播无线电台讲编遣军队问题。

　　△　国民党上海特别市党部自是日至22日举行整理军事宣传周，迎接全国编遣会议。同日，上海六区党部通电全国，希望各军将领一律参加编遣会议。

　　△　五省民政会议，以增加京、沪两特别市参加，改名为第一期民政会议。同日开第二次大会，讨论创制村里事项等案。

　　△　五省裁厘会议通过《特种消费税条例》。

　　△　国民党中央政治会议北平分会特派东三省调查专员张宗海到奉接洽"防共"办法，是日谒张学良。23日携张学良亲笔函返平。

　　△　太原妇女反日运动日，参加者约2000人，通过由反日会提出电请中央，不撤退济南日军不开中日谈判，拒绝日在东省建筑铁路，讨伐张学良，用革命手段取消一切不平等条约，否认西原借款等七项提案。

12月20日　英驻华公使蓝普森在南京向国民政府主席蒋介石递交国书。蓝普森致颂词，蒋介石致答词。此为南京国民政府成立后第一次接受外国使节呈递国书。

　　△　中英《关税条约》由王正廷与英驻华公使蓝普森在南京签字。同日，王正廷与瑞典驻华代办雷尧德在南京签订中瑞《关税条约》。

　　△　王正廷在南京外交部官舍宴请英、荷、葡、瑞典四国公使。当晚，英、荷、葡三公使离京北返。临行前，英使蓝普森谈称，中英《关税条约》成立，于中英邦交大有增进之望，并谓英日同盟复活之说，并不确实。

　　△　国民党中常会第一八八次会议调整浙江等九省、特别市党务指导委员。浙省何应钦辞职照准，遗缺以张静江补充；晋省杨笑天撤

职,调河北刘瑶章补充;陕省梁俊章撤职,以孙维栋补充;滇省指委全体撤回,中央另派人前往专办登记;绥省冷刚锋调鲁充指委,以徐永昌补充;汪亮撤职,调河北指委卜哲民补充,商震调充北平指委;湘省张定撤回,以袁同畴补充;河北于国桢、刘绳武一并撤回,卜哲民、刘瑶章分调绥、晋,所有遗缺以王礼锡、李石曾、张继、张荫梧补充;北平黄如金、李乐三、李吉辰、徐季吾、梁子青一并撤回,以阎锡山、商震、杨永泰、萧子升、方振武补充;准赣省曾华美、邹曾侯辞职,撤回王镇寰、姜伯彰,调刘抱一回中央,以王廷瑞、陈泮藻、甘家馨、朱培德、俞百庆补充。

　　△　何应钦在中央广播电台讲演《国军编遣会之意义及其使命》,略谓:"国家及人民,均认缩减军队为目前救国唯一要图,故编遣委员会遂应时代之要求而成立。""编遣委员会的使命,不仅消极的缩减军队而已,并积极的作改进军队之计划,如拟定国军兵额及其编制饷章,划分卫戍区域,拟定全国兵费,厘定军官佐任免调补各项办法,筹办编余军兵之分遣安置事宜,其责任至为重大,其关系至为深切,我国军队前途之盛衰优劣,均于此会卜之。"

　　△　奉迎总理灵榇委员吴铁城、林森、郑洪年抵北平。23 日,吴、林、郑等赴香山碧云寺谒灵。

　　△　国民革命军四川同盟各军主席并前敌总指挥杨森、总指挥刘存厚、李家钰、陈鼎勋、黄隐、罗泽洲、郭汝栋、赖心辉联衔通电讨伐刘湘、刘文辉,要求国民政府将刘湘、刘文辉撤职治罪,并明令讨伐。

　　△　陕西各界反日运动大会在西安革命公园举行,到数万人。与会者高呼"打到日本帝国主义"、"实行对日经济绝交"等口号。大会通过提案 13 条,并通电全国,请一致主张。

　　△　奉天代表马锦章离平回奉,白崇禧以致张学良亲笔信交马携回,并派交通科长钱宗陶随同往奉接洽。

　　△　驻华葡公使毕安琪谒见蒋介石,谈中葡邦交。

　　12 月中旬　何键在北平谈称,湘、鄂两省近七个月内,已捕杀共产党员 1.7 万余人。

12 月 21 日　　国民政府第十二次国务会议议决：加派刘盥训、张文兰为晋冀察绥赈灾委员会委员；准杨兆泰、商震、杨爱源辞晋冀察绥赈灾委员会常务委员职，以孔祥熙、严庄、赵戴文继任；特任赵戴文为内政部长；任命阎锡山、恩克巴图、班禅额尔德尼、李培天、诺那呼图克图为蒙藏委员会委员，特任阎锡山为蒙藏委员会委员长；《国军编遣委员会条例》通过公布；江宁县暂缓撤废；派张治中为民国十八年元旦阅兵总指挥，徐国镇为阅兵参谋长。

△　立法院长胡汉民在中央广播电台演讲《整理军队十大意义》，从"军队本身"、"地方治安"、"巩固国防"、"整理财政"、"国民生计"、"铲除军阀"、"打倒共产党"、"打倒帝国主义"、"完成真正的统一"、"促成建设"十层意思，证明整理军队"是目前第一件重要的事情"，要大家身体力行，"并且要去促成全国人民大家一致拥护国民党的政策和国民政府的政令，将这件关系全体国民万年大计的大事，完全实现起来"。

△　第四集团军前敌总指挥白崇禧在北平南苑对其第一师编遣官员训话，谓本集团军在北方部队，第一次裁减官长 3000 余员，士兵 1.7 万余名，给饷退伍回家，在队的仍应卧薪尝胆，"务期达到内除共匪，外固边防之目的"。

△　日田中特使床次抵沈阳，会晤张学良。次日离奉返国。

△　张学良委金梁办理影印《四库全书》事宜，提开办费 20 万元，由东方印刷所承印，东北文化社出版。26 日，张学良为影印文溯阁《四库全书》，致电世界各国预告影印此书之目的，旨在发扬东方文化，使世界学者便利研究。略谓："论此书之伟大，则全部 36275 册……实 460 万页。论此书之完备……中间包括五千余年所有历史民族、社会政治制度、宗教、天象、地舆、物产、文艺、哲理、美术、医、算、农、工、商、矿及百家杂学等，一无所遗，内容丰富，无可比拟。"并谓：今学良等"深认此书印行之必不可缓，现已筹集巨款，精心计划，纸墨形式，务求精美，出书期限，务求迅速，各样售价，务求廉平，想各国人士闻此消息，无不踊跃欢迎也。"

△ 陈炯明应段祺瑞邀请,自香港取道日本长崎北上,29 日抵大连,与北方军人订立共和大同盟。

△ 汉口日警是夜擅自从同仁医院将水杏林尸体偷运至日租界。24 日,鄂省交涉员就此事向日驻汉领事署提出严重抗议。

12 月 22 日 中法《关税条约》由王正廷与驻华法公使玛太尔在南京签字。

△ 第一期民政会议开第三次大会,冯玉祥到会演讲,谓官员应是人民的公仆,要小心谨慎,刻刻自省,尤须具有勤俭耐苦之精神,生活平民化,如此风气自可改善。

△ 国民党北平特别市各区党务指导委员会联席会议通电反对中央党部第一八八次常务会议关于撤回北平特别市党务指导委员黄如金、李乐三、梁子青、徐季吾,另行指派阎锡山、商震、萧瑜、方振武、梁永泰替充的决定,指出此系“胡汉民、戴季陶、陈果夫三人,为达到其把持操纵全国党务,排挤忠实不阿附、不为其私人工具之革命同志计,而出此卑污恶劣的阴谋”,吁请“本党忠实革命同志一致奋起,声讨此篡窃党权之蟊贼”。

△ 驻津日领事署向天津交涉署递交抗议书,略称反日会强制商民抵制日货,日界等于封锁,在中日未经济绝交前,不应有此种情形。

12 月 23 日 第一期民政会议开第四次大会,阎锡山到会演说,谓对县长“须严格考核政务,始不至荒怠”。“各人立身处世,须实行父母其心,公仆其身八字,作事时须实行以法治标,以情治本八字,此外再加上一勤字,然后自可收圆满效果”。

12 月 24 日 国民革命军编遣会议在南京举行预备会议,蒋介石、冯玉祥、阎锡山、何应钦出席,商定会议内一切规则,会期拟请政府改元旦举行。

△ 第一期民政会议第五次会议讨论关于村里制及土地问题,并作出相应决议案。蒋介石、胡汉民、吴敬恒到会发表演说。蒋称实行清理户口,调查公地,训练警卫,开辟道路,则三民主义定可实现。

△　蒋介石在国民政府纪念周报告四川战事,称战事发生系政客、官僚从中挑拨所致,"四川之事,不仅为本党之大不幸事,且贻外人口实,表示军人尚未觉悟,"中央对此,颇抱悲观"。

△　王正廷向上海新闻界报告外交,论述废除不平等条约问题。略谓:不平等条约共有五点:一、关税不自主;二、侨民不受我国法律裁判,各国有领事裁判权;三、外国可以在我国驻军;四、租界及租界地;五、内河航行权。政府废除不平等条约之步骤,因关税关系国家命脉,故先从向各国争关税自主做起。

△　国民党中央宣传部以《海关进口税则》业经公布,并定明年2月1日起实行,特定本日起举行关税自主宣传周,制定宣传大纲、宣传要点及标语,颁发各级党部,以便指导民众团体一体举行。

△　全国反日会、沪反日会、首都反日会、学联会、南京总工会等50余团体代表,向国民政府请愿,要求速开编遣会议;废除中日一切不平等条约;日本先撤兵,再谈判。蒋介石出见代表,对于民众请求,表示接受。

△　白崇禧在北平纪念周报告整军,并谓外间谣言本人联奉,其实均是信仰三民主义,何分彼此?"共党散布谣言,大家莫听"。

△　张学良电请何成濬将中枢最近政情据实见告,期作周行。25日,何成濬复电,告以关于外交方面,各国先后签订新约,呈递国书;内政方面,三全代表选举法及大会日期业已公布。

△　白崇禧总参议何千里及第四集团军赴奉军官访问团是日由北平启程。

△　北大学生代表赵子懋、李辛之等在南京向国民政府请愿,要求保持北京大学原名,取消北平大学区,罢免李石曾。

△　天津日警署将抢劫曹锟私宅之主犯吴杰等四人移交英国工部局。旋由英工部局引渡至天津公安局。25日吴杰被押解北平,26日吴在平被枪毙。

△　日本首相田中奏呈天皇,决定举行军法会议,严厉裁处与"皇

姑屯事件"有关的军人。上奏之后,田中立即命令陆军大臣白川义则遵办。旋因军部表示猛烈反对,以致军法会议未能开成。

12 月 25 日 国民政府公布《国军编遣委员会条例》,凡 11 条,其要旨为:该会为整理全国军事而设立,其职责在拟定兵额及编制饷章,划分卫戍区域,拟定全国军费,规定各部队官兵裁留标准,厘定官佐任免办法,点验及校阅各军,筹办编遣事宜,委员长由陆海空军总司令兼任。

△ 国民政府以《中华民国海关进口税则》业已公布,并定于民国十八年 2 月 1 日施行,是日训令直属各机关并转饬所属一体知照。

△ 国民政府训令第二十八军军长邓锡侯、第二十九军军长田颂尧转饬所属对于川北盐务稽核分所提解应摊债款,不得发生异议,以利进行,而维国信。

△ 国民政府第二次临时国务会议,议决国军编遣会议改于民国十八年 1 月 1 日开会。

△ 行政院第九次会议,据蒋介石函请,议决修筑六条干线国道:一、南京、杭州线;二、南京、芜湖线;三、杭州经衢州、上饶至南昌线;四、衢州经延平至福州线;五、浦口经合肥至安庆线;六、杭州经徽州至安庆线。

△ 国民党中央党部举行云南起义纪念会,到 400 余人,叶楚伧主席并致词,谓今日希望各同志注意两点:一、本党应打倒一切恶势力;二、统一本党力量,不许有第二种势力加入。

△ 第一期民政会议闭幕。赵戴文主席致闭幕词,要求大家回去后,照议决方案切实办理。对于县政府组织,应顾及财政,不可增加行政费,减少事业费;整理土地须实行登记,按照价纳税办法办理。国民党中央党部代表丁超五致训词。

△ 杨森电驻京代表罗冠英,谓此次川战发生,纯因资中会议邓部将领李家钰、罗泽洲、陈书农、黄隐等,均不自安,谣传蜂起,双方各自警戒,遂因误会而生冲突。"森以壤地相接,又恐乡邦糜烂,故出而武装调

停,现李、罗均已停战,盼兄迅请介公主席严令川中将领,不许再有军事行动"。

　　△　广东省政府议决派梁漱溟赴山西考察乡村自治;通过教育厅提议筹设乡村师范学校。

　　12 月 26 日　国民党中央政治会议第一六九次会议议决:一、草拟土地法原则案,指定胡汉民、戴季陶等 10 委员审查,胡召集开会;二、设立黄河水利委员会案,指定冯玉祥、孙科等七委员审查,冯召集开会;三、粤省政府委员李济深辞职照准,粤省政府委员兼民政厅长刘栽甫请辞本兼各职,准辞兼职,任命李文范、陈济棠为粤省政府委员,李文范兼粤省民政厅长,李未到任前,由陈铭枢暂代;四、各集团军前敌总指挥,均着加入编遣会议为委员;五、任命赵戴文为蒙藏委员会委员,并指定为副委员长;六、任命张学良为东北边防军司令长官,通过东三省及热河省府委名单,翟文选、张作相、常荫槐、汤玉麟分别为奉、吉、黑、热省府主席。

　　△　国民政府公布《国民政府立法院各委员会组织法》,凡 18 条。

　　△　国民政府派张治中为民国十八年元旦阅兵指挥官,徐国镇为阅兵参谋长。

　　△　国军编遣会议筹备会开会讨论陆军兵额、陆军师编制及整理海军意见等问题。28 日,通过会议规则。

　　△　刘文辉、刘湘、邓锡侯、田颂尧联名电请国民政府惩办杨森。略谓:"查此次川乱发生,显系有人煽惑,故损中央威信,破坏省府组织,除由锡侯、颂尧各拨所部,公推文辉指挥讨叛外,应请钧府免去罗泽洲、杨森、赖心辉本兼各职,明令讨伐。"

　　△　卫生部为整理卫生行政计划起见,借第一期民政会议机会,于是日上午 10 时召开卫生行政会议,参加民政会议会员,全体出席,通过卫生部提出之《地方卫生行政初期实施方案》。下午 4 时闭幕,薛笃弼致词,提出"卫生救国",改变"东方病夫"称号。

　　△　驻日公使汪荣宝电外交部,报告日本首相田中特使床次对华

表示好感。略谓:顷晤床次,盛称我政府诸公,协同一致,努力建设划策,甚可乐观。并谓此次游历,备蒙优待,嘱转谢忱,关于交涉各事,当尽心援助。

　　△　湖北交涉员甘介侯为"水案"事电外交部,报告肇事情形及交涉经过,请向日政府提出严重抗议,务将驻汉水兵团迅速撤回。

12 月 27 日　国民党中常会第一八九次会议推蔡元培、吴敬恒、胡汉民、李石曾、张静江、王宠惠、戴季陶七委员出席编遣会议;政治分会展至 3 月 15 日撤销;限明年 6 月以前出版《中国国民党年鉴》第一卷及《国民政府年鉴》,并编辑《蒙藏全书》;新闻纸刊载会议消息,须由各该秘书处正式交出发表者,否则不许登载;由宣传部制定出版法草案;通过《处理留俄归国学生暂行办法》八条,规定凡留俄学生归国后应于一周内去中央或省市党部报到,由留俄学生归国收容所审查,否则以共党嫌疑犯论,由中央通令各地严密侦捕,押解中央核办。

　　△　国民政府特任阎锡山为国民政府蒙藏委员会委员长;任阎锡山、恩克巴图、班禅额尔德尼、李培天、诺那呼图克图为国民政府蒙藏委员会委员。

　　△　国民政府特任赵戴文为内政部部长。

　　△　国民政府公布《各省县举士条例》,凡 15 条,其要点为:为咨求民隐,厉行兴革起见,特饬各省县分别甄举人士,以备询用;凡年在 30 岁以上,历办地方事业成绩卓著,允孚众望者,大学毕业,有社会政治学识者,曾在地方自治机关服务三年以上著有成绩者,学识丰富曾有著述者,均可甄举;有反对三民主义之言行,证据确凿者,被告为贪官污吏土豪劣绅,经法庭判决有罪者,曾受刑事处分者,被国民党开除党籍或受停止党籍之处分尚未恢复者等,均不得甄举。

　　△　国民政府特派刘盥训、张杜兰为晋冀察绥赈灾委员会委员;准免晋冀察绥赈灾委员会常务委员杨兆泰、商震、杨爱源、徐永昌常务委员兼职,以该会委员孔祥熙、刘盥训、严庄、赵戴文为常务委员。

　　△　中西《友好通商条约》由王正廷与西班牙驻华公使嘎利德在南

京签字。

△　国民党南京特别市党部执监委员选举，分别在中央大学、金陵大学、南京中学三处进行，投票者 3116 人，选出执行委员黄仲翔、谷正纲、康泽、段锡朋、方觉慧等 18 人（由中央圈定九人），监察委员陈立夫等 14 人（由中央圈定七人）。

12 月 28 日　夜，国民政府文官长古应芬对中央社记者宣布，国府接到确电，奉天定 29 日易帜。

△　国民政府第十三次国务会议议决组织兵工研究委员会，任张群为该委员会主任委员；聘请唐绍仪为国府高等顾问；通过边防讨论会规则。

△　李宗仁乘"楚同"舰抵南京，出席全国编遣会议，并向中央报告第四集团军缩编情形。

△　江苏省政府电全国编遣会议，表示全力拥护召开编遣会议，"尚望诸公不避艰辛，详密计划，议决诸案，一致执行"。"现在集会在即，伏乞各省政府一致拥护，以促其成"。

△　刘湘代表张必果、刘文辉代表吴晋航越国民政府求见蒋介石，陈述川事，请严厉处置，以靖川乱。蒋适开国务会议，由何成濬接见，允为转呈核办。

△　旅沪川人为反对下川东战事，是日召开"四川旅沪同乡川战同盟大会"成立大会，到 120 余人，通过简章，选举执委七人，发表宣言，指出此次反刘湘的战争，是军阀间"争权利、争地盘的混战"。"这种战争，不但是与民众毫无益处，反转是给我们以重大的祸害"。"所以我们不能不站在民众自己切身的立场，起来坚决反对"。希望各地旅外同乡及全国同胞，一致起来反对少数人的权利战争。

△　张学良代表胡若愚偕任毓麟、夏仁虎抵平，与李石曾有所接洽。

12 月 29 日　张学良、张作相、万福麟、翟文选、常荫槐联名通电全国，宣布东三省易帜。略谓："现在国府诸公，反共清党，与此间宗旨相同,彼此使者往来,一切真相,更加明彻,自应仰承先大元帅遗志,力谋统一,贯彻和平,已于即日起宣布遵守三民主义,服从国民政府,改易旗帜。"是日,奉天省公署及各机关、学校、商店悬青天白日旗。吉林、黑龙江、热河同时易帜。

△ 奉天省府礼堂举行东北易帜典礼,国民政府代表方本仁监誓,欧美各国领事应邀参加,惟日本领事未到。张学良于宣誓后发表演说,他引述日本"大政奉还"之例,说:"我们为什么易帜,实则是效法某先进国(按:指日本)的做法。某方(按:指日本)起初也是军阀操权,妨害中央统治,国家因此积弱。其后军阀觉悟,奉还大政于中央,立致富强。我们今天也就是不想分中央的权力,举政权还给中央,以谋真正统一。"

△ 蒋介石电复张学良、张作相、万福麟、翟文选、常荫槐,对易帜通电表示无任佩慰。"此后修内对外,建设万端,匡济艰难,纳民轨物,愿与诸兄共策之"。

△ 国民政府电复张学良、张作相、万福麟、翟文选、常荫槐,对易帜通电表示嘉慰,并谓"完成统一,捍卫边疆,并力一心,相与致中国于独立自由平等之盛,有厚望焉"。

△ 白崇禧电贺张学良等易帜,称:"此后凡我国人,信仰三民主义,期诸实行,以创三民主义之新中国,必能永泯内争,合图对外,则帝国主义者与第三国际之阻谋,概无所施其伎矣。"

△ 国民政府据国民党中常会第一八八次会议决定,通电庆祝元旦,规定全国各党政军及各机关、团体、工厂、商店休假一日,举行庆祝典礼,并普用国历。

△ 国民党中央党部通令各省党务指导委员会,修正省代表大会选举法。经中常会第一八九次会议议决各县市党部党员在 200 以下者,选派代表二人,201 人至 400 人者派三人,401 至 600 者派四人,600以上者派五人,每县市以五人为限。

△ 刘湘赴下游督师,杨森连战皆败,已电催请李家钰等向刘求和。中路刘文辉部到达永川后,赖心辉军即退回江津。同日,郭汝栋发

出通电,表示仍服从刘湘。

　　△　张学良电外交部,报告西班牙人在青岛招募之 2000 华工,业已运往大连,由东北筹赈会交由兴安屯垦公署妥为安插。按:张学良以中央有令禁阻西班牙人在华招工,运往非洲垦荒,遂令青岛军舰将此批难民接往东北开垦,故有此电。

　　△　汉口各界代表及市民一万余人示威游行,声援水杏林惨死案。旋至省交涉署,交涉员甘介侯接见后表示,如 5 日内交涉无结果,即引咎辞职。

　　12 月 30 日　国民党中央政治会议北平分会主席张继电贺张学良易帜,"从兹结束军事,开始训政,诸公责任,来日正多"。

　　△　驻日公使汪荣宝电告某要人,谓日政府准备在我国实施新税率以前,订成中日关税条约。

　　△　蒙藏民众联合会在南京招待记者,报告蒙藏近况,略谓:内蒙方面,民众亟欲脱离封建势力之压迫;西藏方面,英国以文化、经济、交通诸政策,侵略前后藏。要求中央规划办法,以保边土,并望国内舆论尽量援助。

　　12 月 31 日　国民政府特任张学良为东北边防军司令长官,张作相、万福麟为副司令长官。

　　△　国民政府任翟文选、陈文学、张振麟、王毓桂、刘鹤龄、彭志云、高纪毅、王镜寰、王树常、高维岳、邢士廉为奉天省政府委员,并指定翟文选为主席;陈、张、刘、彭、王毓桂分别兼民政、财政、农矿、建设、教育各厅厅长。

　　△　国民政府任张作相、章启槐、荣厚、王荜林、马德恩、诚允、孙其昌、钟毓、王之佑、熙洽、刘钧为吉林省政府委员,并指定张作相为主席;章、荣、马、王荜林分别兼民政、财政、农矿、教育各厅厅长。

　　△　国民政府任常荫槐、马景桂、庞作屏、潘景武、高家骥、陈耀先、孙润庠、李彭年、孙炳文、宋文郁、万国宾为黑龙江省政府委员,并指定常荫槐为主席;马、庞、潘、高、陈分别兼民政、财政、教育、农矿、建设各

厅厅长。

　　△　国民政府任汤玉麟、邸克庄、梁国栋、李元著、金鼎臣、佟兆元为热河省政府委员,并指定汤玉麟为主席;邸、佟、梁分兼民政、财政、建设各厅厅长。

　　△　国民政府令准免山东省政府委员石敬亭本职,任吕秀文为山东省政府委员。

　　△　国民政府任赵戴文为国民政府蒙藏委员会委员,并指定为该委员会副委员长。

　　△　国民政府特派孙科为禁烟委员会委员。

　　△　国民政府颁发各省募金救灾令:据各省政府纷电报灾,北极燕云,西连关陇,中亘楚豫,南暨瓯粤,灾区之广,近古所无,仰各该省市县地方长官,召集富户殷商,添募巨金,以资接济;民食盈虚,务须妥为调剂。

　　△　日驻奉天总领事林久治郎秉承首相田中的指示,拜会张学良,会谈两小时。林久治郎捶着桌子责难:"突然易帜,等于宣告断交;日本方面现在看你的态度,必要时有采取断然措施的可能。"继而提出日本在满蒙的铁路权益,逼张让步,张学良以"外交问题是中央政权的权限"以示回绝。

　　是年　陈公博、顾孟馀、王乐平等国民党二届粤方委员在上海成立"中国国民党改组同志会,"提出"恢复十三年改组精神"等口号,主张改组国民党,拥汪(精卫)反蒋(介石)。此系国民党内之一秘密派别,世称"改组派"。

　　△　海关收入约为关平银 8233.2 万两,较 1927 年税收增加关平银 1359.7 万两。

1929 年(民国十八年)

1 月

1月1日 国民政府为庆祝"统一"后的第一个新年,在南京举行阅兵。同日,蒋介石发表告国民书,略谓:总理交与吾人统一全中国之第一步工作,幸已达到,"果能于今日以后之三年内,只以和平之方法实现总理所主张之废除不平等条约,以达到中国国际地位之平等,乃吾人所大愿"。

△ 蒋介石在南京召开国军编遣会议,是日举行开幕式,冯玉祥、阎锡山、何应钦、胡汉民、宋子文、王宠惠、吴敬恒、孙科等均出席。同日,蒋发表《关于国军编遣会之希望》一文,宣称:"国军编遣委员会是根据五中全会决议案和北平汤山军事整理案而成立的。""编遣委员会目的,固然是要整理全国的军事,但同时也要把整个全国财政这一个问题,谋根本的解决。"

△ 第四集团军总指挥白崇禧电蒋介石提出兵垦主张。略谓:"际此建设之初期,惟以实边为上策","拟请于国防计划确定之后,以全国多数之兵移屯于东北、西南各边地,巩固国防,并同时开发宝藏。"

△ 蒋介石为发动对革命根据地井冈山第三次"会剿",任何键为湘、赣两省"剿匪"总指挥部代理总指挥,何是日在长沙就职。

　　△　热河省政府成立,主席汤玉麟,委员邝克庄、金鼎臣等通电就职。

　　△　国民政府明令原甘肃省宁夏道属各县划归宁夏省管辖;原甘肃省西宁道属各县划归青海省管辖。

　　△　由蒋介石发起之励志社在南京正式开幕,蒋自任社长。

　　△　上海浦东陆家嘴南洋兄弟烟草公司分厂突然关闭,全厂2700余名失业工人开紧急会议,组织停业工人救济委员会,与资方交涉,并向各机关呼吁。4月,工人代表百余人赴总公司请愿,5日被捕房驱散,多名代表受伤,张根宝等六人重伤入医院。上海各工会发表宣言声援失业工人。几经争持,至31日由上海劳资仲裁委员会裁决,决定准该厂停业,资方补发长工及短工一月工资,同时发给退职金,发还储蓄金及津贴受伤工人医药费100元,以后该公司扩充生产添设新厂时应尽先雇用此次退职工人。

　　1月2日　第三集团军总司令阎锡山对编遣会议表示消极,是日至4日,先后至镇江、无锡等地参观游览。

　　△　国民政府蒙藏委员会派李凤冈查办赵化成勾结日人在大连组织"满蒙自决会"案,赵已逃,是日李由平赴奉与张学良接洽。

　　1月3日　外交部公布《中法关税条约》、《中西友好通商条约》。

　　△　国民党中央委员周震鳞、北平政治分会秘书长王用宾等七人,奉命至奉天祝贺东北易帜,接洽东北党务,并监督张学良就职。

　　△　张宗昌旧部朱泮藻部约500人攻潍县城。4日,日军步兵二中队,炮兵、机关枪各一小队以护侨为名开赴潍县城内。8日,日军发出通告,谓在沿胶济路沿线20华里内,不许驻有华军,业经声明在案,而潍县当局玩视不遵,应即将保卫团、警备队一律解散,由绅商自行设法维持治安。

　　1月4日　何键派李文彬、张与仁、王捷俊、吴尚、刘建绪分别为湘、赣两省"剿匪"总指挥部第一、二、三、四、五路司令。11日,国民政府正式发布任命令。

△　是日至 6 日,中共湘赣边区前委、特委、红四军军委和地方党组织负责人联席会议在宁冈柏露举行,由毛泽东主持,决定彭德怀红五军及红四军第三十二团王佐部留守井冈山,红四军主力向赣南、闽西进军,彻底粉碎敌人"围剿",开辟新的革命根据地。

△　上年杨森联合李家钰、罗泽洲等组成同盟军,进攻刘湘之防区重庆,刘湘、刘文辉之省军全力抵抗,杨森失败。战事停顿数日,是日复起,由同盟军倒戈投入二刘方面之郭汝栋部占领忠县、酆都。5 日,杨森被迫放弃万县,向梁山方面退却,刘湘乘胜追击,将杨森赶出下川东防地。

△　中华教育文化基金董事会在杭州开第三次常会,修改该会章程,并议决董事郭秉文、顾维钧、张伯苓、颜惠庆、周诒春、胡适辞职,由汪精卫、孙科、李石曾、伍朝枢、任鸿隽、赵元任继任,选蔡元培为董事长,蒋梦麟为副董事长,任鸿隽为秘书。

△　国民党热河省全体指委为反对汤玉麟任该省政府主席电南京辞职。

△　参谋本部训令首都卫戍司令部从速组织邮政检查所,派员分赴各邮局妥慎检查来往邮件。

△　国民政府训令交通部和各省、市政府查禁《无轨列车》及《东方》等书刊。7 日,又训令查禁《血潮》,并饬上海临时法院封闭印刷该刊物之励群书社。

△　招商局"江安"轮私运烟土案,除有关行政、军事部分转交行政院和总司令部军法处外,其余司法部分是日由江宁地方法院移上海地方法院办理,7 日开审,16 日判决,船员王建美等四人被判徒刑,烟土 1360 余斤没收。主犯未获。

△　上海新新公司职工会为反对资方无故开除工友俞德源、更换保单、克减膳费、禁止集会等事,曾提出修订劳资条约,以保障职工及工会权益,并改良待遇,经社会局三次调解,资方均抗不出席,工会方面遂于本日召开大会,议决自 5 日午起罢工,将工会一切职权完全移交罢工

委员会,同时发表罢工宣言和罢工纪律。

1月5日　编遣会议开第一次大会,蒋介石、冯玉祥、阎锡山、胡汉民、吴敬恒、张静江、孙科、李宗仁、李石曾、朱培德、蔡元培、戴季陶、王宠惠、何应钦、赵戴文、宋子文、薛笃弼、王正廷、王伯群及张学良之代表王树常、杨树庄之代表陈季良等出席,俞飞鹏、曹浩森、古应芬、葛敬恩、张群、陈绍宽、周亚卫、朱绶光、刘汝贤、何成濬等列席。蒋介石主席并致词,编遣会议筹备主任何应钦报告筹备经过。大会决定将开会宣言交吴敬恒、胡汉民、戴季陶、古应芬修改后即日发表,其主要内容除说明该会议使命外,并标榜以"不偏私"、"不欺饰"、"不假借"、"不中辍"四项原则为公认必守之信条。推定各审查委员会人选,分别以李宗仁(经理审查会)、阎锡山(编制审查会)、冯玉祥(遣置审查会)、何应钦(提案审查会和各种起草审查会)、李济深(国防审查会)为委员长。军事建设意见案内容暂不宣布。编遣会总务部已先成立,内定李济深为主任,葛敬恩为副。

△　国民政府令:陆军第三师师长钱大钧免职,任命该师副师长陈继承暂代师长职务。

△　前北京政府国务总理汪大燮在北平病故。

△　厦门《民国日报》因经费困难停刊。

1月6日　张学良与中央特派代表及各机关首脑在沈阳开会,讨论组织东北各省国民党省、县党部问题,决定由党务筹备处筹备,候中央任命指导委员后实行组织。

△　国民党中央训练部组织的中国国民党童子军司令部已成立。此前南京组成六团,苏、浙、沪、皖、鄂、湘、平、津等省市共组成 16 团,尚有新组织的 40 余团在审查登记中,在各省市军、师部未成立前暂以团部名义直辖于中央司令部,均受党部指导,施以初、中、高级教育。对年龄未及格之儿童另组幼童军,进行最浅近的训练。

1月7日　李济深到达南京,谭延闿、张静江、蔡元培、李石曾等同车到京。晚,蒋介石宴李济深、冯玉祥、阎锡山、李宗仁及国民党中央各委员、国民政府各院长,席间就编遣会议交换意见。

△ 东北政务委员会在沈阳成立,委员张学良、张作相、万福麟、汤玉麟、王树翰、翟文选、常荫槐、张景惠、袁金铠、刘哲、莫德惠、刘尚清、沈鸿烈、何成濬、方本仁,以张学良为主任。

△ 国民政府特派蒋介石、黄郛等14人为导淮委员会委员,指定蒋等七人为常委,并特任蒋为委员长,黄为副委员长。

△ 国民政府训令各省政府妥筹安置遣散士兵,并转饬所属各县克日清查户口,实行连保连坐,以绝匪患而卫地方。

△ 山东交涉员崔士杰抵南京,向外交部报告:驻济南日领西田已表示,如中国能保障山东日侨生命财产安全,日军必可撤退。

△ 上海总商会等80余商业团体电呈中央,要求厘金、产销及二五附税等税同时一律裁撤。2月1日再电财政部要求停办特种消费税。

1月8日 编遣会议开第二次大会,冯玉祥因病未出席。会上第一、二、三、四集团军及第八路军、东北边防军、海军代表分别报告编制、收支情形。加推谭延闿为经理审查委员会委员。讨论编遣委员会编制草案,决议增设常务委员及临时秘书处。

△ 国民政府公布《发行十八年赈灾公债条例》,凡12条。规定为拯救各省灾黎,特发行公债1000万元,利率为周年八厘。自民国十八年六月起,十年本息全数还清。

△ 行政院第十次会议决议:总税务司易纨士辞职照准,以梅乐和继任。9日,财政部正式发布任免令,梅于10日在上海江海关宣誓就职。

△ 国民党中央财务委员会讨论各省、市党部预算、增加经费等问题,规定省党部经费每月为1.3万元。

△ 黑龙江省路权自主会代表于成泽(即于毅夫)偕东省旅京同志扩路会代表吴焕章等,向国民政府及铁道部请愿,誓死反对建筑长大路;要求从速开发葫芦岛商港;筹款修筑敦化、海林间铁路;收回旅、大及南满、安奉两路;警告日本不得在东北擅筑任何铁路;宣布东省与日本缔结之一切秘密条约无效;严令外交当局不得牺牲东北权利作中日

交涉交换条件。次日又向中央政治会议和外交部请愿。

1月9日　国民党中央政治会议第一七〇次会议通过中德、中英、中法、中荷、中瑞(典)、中挪各关税条约;追认张作相、万福麟为东北边防军副司令长官案。

△　财政部为整理田亩赋税,通令各省重申严禁田亩加赋。

△　武汉政治分会主席、第四集团军总司令李宗仁向国民政府提出意见书,反对中比、中意两约关于外人在内地有居住自由与土地所有权之规定。

△　宁夏省政府成立,主席门致中,委员邵遇芝、扈天魁等宣誓就职。

△　汉口人力车夫水杏林被日本水兵炮车撞死案,因与日方交涉无效,本日汉口工人以日清公司三井物产会社为主实行对日总罢工。水杏林之兄水裕林张贴罢工布告时被日方越界捕去,并被殴伤,日水兵陆战队亦实弹警备。

△　蒋介石令南京市长刘纪文会同财政部长宋子文查办皖北铲除烟苗特派员包世杰舞弊案,结果查出未奉命令并无收据支出军费60万元。

1月10日　夜,张学良诱杀东三省兵工厂督办杨宇霆、黑龙江省政府主席常荫槐。11日晨,召集张作相等开重要会议,并组织临时高等军事会审,以谋叛、内乱罪,宣判杨、常死刑。同日,张学良等通电宣布杨、常阻挠东北易帜及滦东撤兵、擅扣京奉路车辆、侵吞兵工厂公款二亿元等罪状。

△　国民党中常会第一九〇次会议,修正通过《宣传品审查条例》,该《条例》规定宣传共产主义与阶级斗争,宣传国家主义和无政府主义,攻击或分化国民党者为"反动"宣传品;曲解或误解国民党主义、政纲、政策、决议及记载失实,足以影响观听者,为谬误宣传品。会议圈定黄仲翔、段锡朋、狄膺等九人为南京特别市党部执委,接受中央监委会决议,以贺衷寒、梅思平等五人为南京特别市党部监委;派贺其燊、周杰

人、裴存藩赴云南省专办党员登记事宜。

　△　日军特务机关长佐藤由济南抵泰安,是日谒山东省政府主席孙良诚,同意孙之请求允津浦路通货车,又谓省府如取缔胶济路 20 里内经济封锁与排货即撤兵。

　△　国民党改组派出版之《光明周刊》发表《胡党之训政观》一文,反对该党三全大会代表的选举办法,反对国民政府签订中比、中意新约和承认偿还日本西原借款等。

1 月 11 日　编遣会议开第三次大会,何应钦报告修正《国军编遣委员会条例》条文案,提出增设常务委员五至七人(后改为七至九人),经讨论通过。宋子文说明财政部提案及财政情形,谓全国每年收入约 4.77 亿元,支出军费 1.92 亿元,约占收入的 41%,请以后所有军费概由中央筹发,各省应解中央款项不得截用,大会原则通过。经蒋介石提议,决定对《编遣进行程序大纲草案》和《决定兵额及实施办法大纲草案》共组一审查委员会先行审查,推冯玉祥、阎锡山、李宗仁、李济深、吴敬恒、谭延闿、何应钦等 13 人为委员,指定冯为委员长,负责召集。

　△　长芦纲总积弊案移南京审理,被捕纲总李赞臣等五人是日押解抵南京,暂由盐署看管,听候审判。

　△　全国赈灾委员会成立,原豫陕甘、两粤、晋冀察绥三赈灾会均改为处,各另立分处,并设保管、监察两委员会。

　△　蒙古代表团前曾向中央请愿,提出热、察、绥、青四省省委蒙人居半、四省各设一蒙旗自治委员会、四省各旗设立旗政府三项要求。是日,该团二次派代表玛尼巴达拉等 10 人抵南京,促政府早日解决。

　△　汕头大火,烧毁篷寮 200 余间、商店百余间,损失达 100 余万元。

1 月 12 日　张学良、张作相、万福麟通电就东北边防军正副司令长官职。

　△　蒋介石召见奉方代表王树翰,听取有关杨(宇霆)、常(荫槐)案报告,并邀请胡汉民、戴季陶、何成濬、方本仁等交换对东北问题意见,

决派方本仁赴奉。

　　△　驻日公使汪荣宝电外交部，谓日内阁训令驻奉日领向东省要求解决满蒙各悬案，请外部电东省拒绝日方要求。驻奉日领林久治郎向张学良提出速决吉会、长大、洮昂等五路问题，张表示拒绝，并正式通知驻奉各领事馆，东三省已完全服从国府，所有对外已决及未决各案均移交国府办理，东三省政府仅处理地方事件之小交涉。

　　△　日海军驻华司令官米内少将由南京乘舰抵武汉。13日，续有四日舰到汉。14日，米内与驻汉日领会议，决采取强硬手段对付工人罢工。

　　△　进攻井冈山革命根据地之湘、赣两省军队集中完毕，划湖南平江、浏阳、醴陵、攸县、茶陵、酃县、桂东、汝城八县及江西上犹、万安、泰和、安福、万载、铜鼓、萍乡、莲花、永新、遂川十县为警备区，以江西七溪岭、古城、砻市以南，十都、大院、八字水以东，石门岭、大汾、禾源以北，藻林、五斗坑（江）、车坳以西为接战区。又赣军特派代表苏子泉抵长沙，将随何键出发萍乡。

　　△　福建省政府函卢兴邦师郭凤鸣旅防堵红军入闽。

　　△　国民政府任命毛炳文为陆军第三师师长。

　　△　河北省政府和党务指导委员会呈请撤销北平大学区，反对北平大学接收河北教育厅，是日国民政府指令行政院驳复。同日，教育部电北平大学、河北省政府及党务指导委员会，谓：中政会决议河北教育厅划归大学区管理，未便率予变更，应遵令接收。17日，河北省教育厅案卷正式移交大学办公处。

　　1月13日　张学良电国民政府及蒋介石，请任命万福麟为黑龙江省政府主席、臧式毅为兵工厂督办，并谓对杨、常事件以断然处置者，实因彼等种种行动，不但令负责人无退让余地，抑且有危害国家之虞，"事前未及禀商主座，实万不得已，千恳俯视鉴察"。14日，蒋复电称："既认杨、常有碍大局，临机应变，当无不合。"

　　△　北平临时政治分会以张学良已通电宣布杨、常阻挠滦东撤兵、

交还滦东五县、放回关内各路机车车辆等罪状,令河北省政府电询奉方撤兵及交还车辆日期,以便派员接收。

△　保定国民党改组派与西山会议派斗争激化。是日改组派由市指委赵霜峰、第六中学校长屈凌汉、第二师范校长梁子清等出面,假市党部召集护党大会,并游行示威,以反对西山会议派之育德中学校长郝仲青等,双方发生冲突。事后,郝具呈北平政治分会和河北省政府要求处理,政治分会主席张继批交大学区校长办公处查办。

1 月 14 日　蒋介石在中央军校训话,声称国家前途安危全在这次编遣会议的成败,要求大家一致促进编遣会议决议案的实现。

△　国民政府特派唐绍仪为赈款委员会委员;任命刘之龙为禁烟委员会副委员长,罗忠诚为外交部特派福建交涉员,杨杰为宪兵学校校长。

△　国民政府令:邓荫南着照上将阵亡例给恤。同日,指令行政院抚恤故上将邓铿。

△　铁道部部长孙科电促张学良早日统一京奉路政,并速放还北方各路被扣车辆。4 月 13 日,张电告孙科拨还机车四辆、客车等各种车辆共 30 辆,以恢复津浦路交通。

△　据《申报》讯:驻东三省日领事会议议决,对满蒙悬案依田中内阁政策进行,必要时取硬性手段,无论在当地解决或移至南京交涉,日本特殊利益绝不放弃。

△　毛泽东、朱德率领红四军主力约 4000 人离井冈山,向赣南、闽西进军,并发表红四军进军宣言和布告(即"四言布告")。湘、赣两省"剿匪"总指挥部得此消息后,于 16 日飞电遂川第一路司令李文彬、桂东第五路司令刘建绪追堵,并电第二、三、四路司令按计划向井冈山进攻。

△　中国史学会在北平成立,朱希祖等任执委。

1 月 15 日　国民政府下令制止川战,略谓:杨森自专征伐,目无中央,着即免去本兼各职,听候查办。"其善后事宜并着刘文辉、刘湘、邓锡侯、田颂尧共同负责,妥为处理。一面各束所部驻守原防,听候中央派员查明办理,以奠川局而肃军纪"。

△ 国民政府任命北平市政府各局长:财政局舒双全,公用局李汉光,教育局李泰棻,卫生局黄子方,公安局赵以宽,社会局赵正平,土地局黄中汉,公务局华南圭。

△ 劳动界贫民代表胡耀声呈北平政治分会转中央政治会议,请禁止粮行托词加价,谓"自民国三年至今粮价加上五倍"。是日国民政府训令各省、市政府取缔粮商不得任意提高粮价,并筹办消费合作社,以裕民食。

△ 国民党改组派在北平出版之《青年出路》第二卷第三期发表《介绍西山会议派及无政府主义者》一文,列举西山会议派五罪、无政府主义者四罪,称"二者狼狈为奸,相依为命"。

△ 交通部无线电管理处电台与奉天电台签订通报合同,是日起正式收发国际电报,可通欧洲各国及亚洲土耳其、西印度群岛等地。

1 月 16 日 国民党中央政治会议第一七一次会议,通过统一外交案,规定"所有各省对外交涉应归中央办理,由外部通告中外,无论何国凡与各省长官订立协定,中央不能承认,不能发生效力"。此外并通过土地法原则等案。

△ 国民政府训令直辖各机关,抄发国民党中执会第一八九次常会通过之《处理留俄归国学生暂行办法》,令饬一体遵照。该办法规定:凡留俄学生归国后应于一星期内赴中央或各省市党部报到,一星期内不报到者以共产嫌疑犯论,由中央通令各地党部、政府、驻军严密侦捕,押解中央核办;留俄归国学生报到后由中央所设立之留俄归国学生临时招待所收容之,非经中央详密考查认为确无共产嫌疑并给予证明书后不得擅自离去,取得证明书后得由党员五人以上之连坐保证准其自由行动,但在一年以内仍须将住址、行动随时报告中央以备查讯;留俄归国学生确系共产党但在发觉前自首者,依照《共产党自首条例》办理。

△ 日本驻华公使芳泽离日来华赴任,临行发表声明,略谓:解决

中日重要悬案,增进两国间亲善关系之事,乃为中日两国国民所期望,然关于解决之条件两国间意见有所不合。"此行拟与国民政府当局会见,披沥日本之意见,同时倾听国民政府方面之言论,以求解决之端绪,务思竭其全力,谋圆满之解决"。19 日抵沪,对记者谈此来目的有二:一、求华当局取缔反日;二、极望能解决各悬案。

　　△　上海特别市党务指导委员会训令反日会停收救国基金,已收者提 20 万元办国货公司,余款拨细纱厂作资本。

　　△　福建省政府宣布提前裁厘,是日起实行征收特种消费税。17 日,厦门各行商联合会议决予以否认,并电上海总商会、福州及苏、皖、浙、赣各商会一致力争。2 月 1 日,厦门商帮再请福建财政厅取消特种消费税。

　　△　招商局"新华"轮在香港附近触礁沉没,溺毙 300 余人。交通部长王伯群 17 日电招商总办赵铁桥申斥,并将赵及船务科长各记大过一次。

　　1 月 17 日　编遣会议开第四次大会,何应钦报告各提案审查结果,冯玉祥报告《国军编遣进行程序大纲》、《决定兵额及实施办法大纲》的审查意见,提出将《实施办法大纲》并入《进行程序大纲》之内,决议照审查报告修正通过。《进行程序大纲》主要内容为:将国民革命军总司令、各集团军总司令、海军总司令、各总指挥及其他高级战时编制,立予取消,取消之后,即设编遣区;全国现有各军队,除中央直辖各部队及海军各舰队,应由编遣委员会径行派员缩编外,其余应分为六个编遣区,第一、二、三、四编遣区专管编遣原隶第一、二、三、四集团之部队,第五编遣区负责编遣原东三省之部队,第六编遣区负责编遣原川、康、滇、黔之部队;缩编全国现有之陆军,步兵至多不得超过 65 师,骑兵八旅,炮兵 16 团,工兵八团(共计兵额约 80 万人,空军海军另定);各编遣区及中央直辖部队其编留之部队,至多不得超过 11 师,其编制应斟酌全国收入总额之比例,务缩减军费至总收入 40％为止。暂定一年经常军费及预备费为 1.92 亿元。

△　国民党中常会第一九一次会议,通过有关孙中山总理奉安纪念办法和宣传计划六种;推定蒋介石、胡汉民、李石曾、蔡元培、吴敬恒、陈果夫等 12 人审查北方党务,由蒋介石召集;决议天津特别市党务指委会应即解散,由中央组织部派员前往办理该市执监委员选举,成立正式党部。

1 月 18 日　孙总理奉安委员会成立,是日开第一次会议,蒋介石、胡汉民、冯玉祥、阎锡山、李宗仁等 20 余人到会,推蒋为主席委员,孔祥熙为办公处总干事。

△　全国反日会第四次执委会在南京开幕,到南京、北平、山东、湖北、湖南、四川、黑龙江等地代表百余人。19 日,通过如下各项决议:芳泽来华,应发宣言,并举行市民大会,予以警告;呈请国府饬外交部对日交涉绝对公开;呈请中央对日退还关税照会以无约国待遇之;呈请中央、国府从速收回旅大、南满、安奉路,积极交涉济案;发宣言并电全国援助"水案",汇款救济罢工工友。20 日闭幕。

△　汉水杏林案罢工委员会本日与 19 日两次电外交部称,"水案"移京谈判,请根据惩凶、道歉、撤退驻汉日水兵各前提条件与日方交涉,日方并须保证不得停止罢工工人职务或扣发工资,否则誓不复工。

1 月 19 日　国民政府指令行政院,准财政部取缔各省县属地方钱庄商号不得再发行兑换纸币或类似纸币之票券,已发行者限一个月内呈查。

△　国民政府令:第四十三军军长李燊擅自移师,构成战祸,经迭电制止,犹敢违抗,着即免职,听候查办。

△　外交部长王正廷发表宣言,略谓:国民政府一向维持保护在华外侨生命财产之政策,为消除日本方面疑惧起见,一俟日本政府表示预备实际撤退山东日本军队后,将以特殊方法保护该地日人之生命与财产。

△　以床次为首的日本新党俱乐部发表对华声明,主张承认国民政府,实行山东撤兵,本国际平等精神改订通商条约,对满蒙方面须确

保帝国利益,同时尊重中国领土主权,对中国目下之不当行动宜促其反省,速复邦交于常轨。

△ 云南省政府委员张维翰谒蒋介石,报告该省政情及对中法修约意见。旅沪滇人李根源、张耀曾电南京当局,力陈滇、桂受法人之苛待,希望收回钦渝路权,并修改未到期约章,纠正条约外之恶例。

△ 刘湘电南京,略谓:已恪遵明令电达刘文辉就近协商田颂尧、邓锡侯各将领妥筹善后,惟杨森残部 5000 人已窜入田军驻兵境内,亦经请田就近解决。

△ 湘、赣两省"剿共"第二路军占领宁冈。

△ 西北学术考察团中国团长徐炳昶在北平大学报告考察经过,谓该团共有中外学者 20 余人,于 1927 年 5 月自北京出发,前不久从迪化归来。此次考察结果成绩极好,袁希渊所发现之恐龙最有价值,为亚洲第一次发现,时间在 1600 万年以前,远比西人发现者古老。

△ 梁启超在北平协和医院病故。

1 月 20 日 西藏班禅驻京办公处成立,以罗桐坚赞为处长。

△ 红四军与赣敌李文彬部战于江西大庾,失利向南雄转移。

1 月 21 日 日本驻汉水兵劫罢委会汽船"海安号"并船员六人。22 日,湖北交涉员甘介侯向驻汉日领提出抗议,略谓:日兵舰在中国领水内拘掳中国汽船,并捕船员,如非交战,即在公海亦属违犯国际公法,请日领明白答复。28 日,外交部又电日公使抗议,至 29 日日始将汽船放还。

△ 罗马教皇代表刚恒毅抵南京,22 日谒蒋介石,表示此后该教教徒受中国法律支配。

△ 福州商帮电南京当局反对特种消费税,略谓:"凭空勒税,无物不征,甚至无厘免税之物亦须征税,谓为聚敛则可,谓为抵补则不可。"

△ 中国政治学会年会选颜惠庆为会长,马瑞慕、张煜全为副会长。

△ 全国反日会代表向中央请愿,提出饬外部严重抗议日本扣留

津浦路车辆,宣布东三省与日缔结密约一律无效,从速收回旅大及南满、安奉路,对济案坚持撤兵、惩凶、道歉、赔偿,取消不平等条约五项原则等七项要求。

△　中共江苏省奉贤县委会率众暴动,50余人夜袭庄行镇。22日,淞沪警备司令部得报后令第五师派队弹压,25日,由连长刘汉柱率一连人到奉驻防。

1月22日　编遣会议开第五次大会,通过《国军编遣委员会编制》、《国军编遣委员会编遣区办事处组织大纲》、《国军编遣委员会服务规程》等。关于杨树庄所提有关海军提案,决议:海军总司令取消后,即设海军编遣区办事处,除原有第一、二舰队改为第一、二舰队外,渤海舰队改为第三舰队,广东各舰队改为第四舰队,统归编遣委员会管辖,由海军编遣区分别编遣;至海军部应否设置,俟国防会议决定。推定编遣委员会常务委员和各部主任。

△　出席编遣会议之海军代表、代总司令陈季良及海军署长陈绍宽,因不满编遣会议对海军的决议离京返沪,提出辞职。24日,国民政府致电慰留。同日,何应钦奉蒋介石令在沪晤海军总司令杨树庄,挽留二陈。27日,蒋亲至上海面挽。二陈打消辞意,陈绍宽于29日随蒋回京到署视事。

△　第四集团军总指挥白崇禧电蒋介石、李宗仁,以咯红旧疾复发请求辞职,准予回桂休养,所属各师已令各在原地听候中央编遣,在未实行编遣前暂托李品仙师长指挥。

△　国民政府任命伍朝枢为驻美国特命全权公使,施肇基为驻英国特命全权公使。

△　广东省政府会议通过民、财两厅所拟禁烟办法,其中规定40岁以下吸鸦片者处以死刑。

△　国民党中央宣传部呈中执会称,北平发现护党运动刊物,对于中央肆行攻击。是日国民政府训令北平市政府切实查禁。

1月23日　国民党中央政治会议第一七二次会议通过中比、中意、中葡、中西、中丹商约；并通过《国民政府财政委员会组织大纲》、编遣委员会常委及各部人选和孙科所提电饬广州政治分会执行铁道部施政方针，将广九、粤汉、广三各路局统归铁道部管理等决议。

△ 东北政务委员会常会议决：日内将吉敦路交涉经过明白宣布，以祛群疑；设立蒙文师范学校，俾汉蒙文化得以相互贯通；委王树翰为东三省博物馆长；发行东北政务周刊。

△ 湖北省政府议决，改武汉市委会为市政府，任命潘宜之为市长。

1 月 24 日 国民政府特任张静江为建设委员会委员长，曾养甫为副委员长，并聘吴敬恒等 37 人为委员。特派冯玉祥、马福祥、王瑚等 17 人为黄河水利委员会委员，以冯玉祥为委员长，马福祥、王瑚为副委员长。

△ 国民政府以喀尔喀车臣汗部落镇国公德钦诺布皆自请取消封号，特予明令褒扬。

△ 修订中法越南陆路通商条约举行第一次会谈，中方外交部长王正廷、秘书胡世泽、欧美司长徐谟、云南交涉员张维翰，法方法使玛太尔及其秘书越南经济局长卜鲁思参加，双方均同意另订新约，并对中方所提草案进行讨论。

△ 日使芳泽谒蒋介石表示中日亲善。此前晤王正廷说明来意，王表示但愿相见以诚，则彼此互有利益。

1 月 25 日 编遣会议开第六次大会，李济深报告国防审查委员会审查结果，决议交国防会议。何应钦报告提议：第三编遣区办事处之驻地应由太原改设北平，决议照改。何应钦报告草拟各省保安队编制草案和陆军军官学校组织要领案，决议：各省保安队编制草案交常委会特加注意，斟酌决定。通过陆军军官学校组织要领案，推蒋介石、胡汉民、戴季陶、冯玉祥、阎锡山、吴敬恒、李济深、李宗仁、何应钦为校务委员会委员，并推何为常委，蒋为委员长。阎锡山报告军官佐任免调补办法草案和陆军官佐服役任免规程大纲审查结果，宋子文报告经理审查委员会对编遣委员会经理办法和编遣区经理分处条例审查结果，决议均交常务委员会。同日，编遣会议闭幕。会后以编遣委员会名义发出通电，宣称今后必令全国军队真正党化，"凡集团防区之观念、历史与形迹悉当泯除净尽，勿俾留遗。至经议定之军制、军额、军费各端，以及裁编、遣置、点验、检阅各种程序，尤当本总理知难行易之旨，谕之以勇毅，继之以忠贞，不偏私，不欺饰，不中辍，不假借，誓守开会宣言，力谋实施，以求贯彻"。

△ 中日悬案交涉开始，外交部长王正廷与日使芳泽在南京首次晤谈，中国方面外交部亚洲司长周龙光、山东交涉员崔士杰，日本方面使馆秘书堀内、翻译有野、参赞驻沪日领上村列席。芳泽表示诚意解决各案，提出先自济案谈起。王表示同意，请日方早撤驻济日军，双方就撤兵问题进行长时间讨论。芳泽对汉水案希望以大化小。

△ 中法修约谈判，《越南商约》议毕，有数点争议，对收回钦渝路权和滇、桂矿权等，法使表示须向本国政府请示后再解决。

△ 北平政治分会因迭接河北各县来呈控告党部，是日函河北、热河、北平、天津各省、市政府和河北、热河高等法院，申明："嗣后各地方党务人员如有凭借党部侵犯人民在法律上应享受之自由或直接干涉行政、司法者，各地方官吏应遵照五中全会议决案，严守职权，依法制止，一面报告省政府咨转省党部处理。如省党部处理不当，省政府应报告本会转请中央政治会议核办。如或行政、司法官依然放弃职权，任各级党部指委侵权越职不加制止，则各级政府、各级法院均不能辞其咎，本会当从严纠问，以肃纲纪。"

△ 驻比公使、出席国际联盟鸦片委员会代表王景岐，在国联鸦片委员会会议上批评日本及欧洲各殖民主义国家不肯放弃不平等条约，致使中国不能杜绝鸦片私运。王又电国民政府，以本年6月3日为林则徐禁烟九十周年纪念，请明令褒扬并在虎门销烟旧址为林铸像立碑。

△ 胶东刘珍年部师长刘开泰因与刘珍年发生矛盾被免职后，运动旧部并联络张宗昌等，于本日在龙口、黄县哗变，将刘珍年参谋长和

黄县县长枪杀,肆意抢掠,随即窜向招远,日本兵舰两艘借口护侨开到龙口。

1 月 26 日 国民政府特任蒋介石、谭延闿、李济深、冯玉祥、何应钦、李宗仁、王正廷、宋子文为国防会议委员。任命冯玉祥、刘骥等 16 人为国民政府陆海空军抚恤委员会委员,冯为委员长,刘为副委员长。

△ 王正廷与芳泽第二次会晤,续商济案问题。王要求芳泽明确表示撤兵及撤兵日期。芳泽称:撤兵非不可能,但鉴于中国排日运动极为严重,须国府先加取缔,并保证日侨安全。王谓:今日所以全国排日,实由贵国不应出兵而出兵,应撤兵而不撤兵,只要日政府速撤兵,速与我订平等之约,则保侨、通商我政府自有办法。芳泽又提出要求中方道歉、赔偿损失、处罚责任者等项条件。王亦提出应由日方道歉、惩凶、赔偿损失、保证今后不发生类似事件之要求。

△ 行政院依中央政治会议咨,训令热河省政府应受北平政治分会指导监督。

△ 孙连仲就青海省政府主席职。

△ 东陵盗陵案在平津卫戍司令部开始预审,审判长商震,要犯谭温江及古董商张歧厚、戴明德等 20 余人被提讯,案犯第四十八师徐源泉部旅长孙殿英等未到。

△ 烟台煤矿第一斜矿爆炸,103 人遇难。

1 月 27 日 行政院训令内政部,嗣后如有文武官吏贪赃枉法,或奉令不力、情虚蒙蔽、案情重大者,由各该高级长官押送到京讯办,或由该管长官撤职严办;如于某省犯案未了,他处不许复用,亦不得只撤差委,幸逃法外。

△ 李济深以葬母为由离南京,经上海回广州。

△ 张宗昌余党前直鲁军第五军军长王栋、前直鲁军游击司令于世铭分别在北平煤市街大旅社和西珠市口北京饭店设立机关,准备起事,是日被捕。29 日提讯,据王供称:系奉张宗昌命前来北平,预备在平设立机关 10 余处,但现在成立者不过四五处,其余尚在接洽中,将来

北平总指挥为王一人,其余如天津、保定、丰台、长辛店均派有专员担任,一俟布置妥当即同时起事。

△ 湘、赣两省"剿匪"总指挥部第二、三、四路军奉何键电令向井冈山革命根据地发起总攻,除局部地区外红军防线均未被突破。

△ 国民党湖北省党务指委会函该省清乡总署派兵进攻鹤峰县红军贺龙部。湖北省施鹤清乡司令马文德部奉调回防。

1月28日 国民政府特派王宠惠、蔡元培、陈果夫、谭延闿、冯玉祥、宋子文、赵戴文为审讯长芦盐案委员,以王宠惠为主席委员。

△ 国民政府明令褒扬吴禄贞,着照上将阵亡例给恤。

△ 国民党中常会第一九三次会议议决采用梅花为各种徽饰,至是否定为国花应提交第三次全国代表大会决定。

△ 国民党广东省代表大会在广州举行,2月1日选陈济棠、陈铭枢等为执委候选人,李济深、古应芬等为监委候选人。

△ 日本警察数十人包围奉天省本溪县政府和公安局,入内搜查,并拟将县长带走,经县政府卫队死力抵抗未逞,奉天当局向驻奉日总领事提出严重交涉。

1月29日 行政院第十三次会议依据宋子文提议,通过发行民国十八年裁兵公债5000万元案和请在新关税增加收入内年拨500万元专作整理国债之用案。

△ 国民政府任命谭道源为陆军第五十师师长,李品仙为陆军第五十一师师长,叶琪为陆军第五十二师师长,廖磊为陆军第五十三师师长,王泽民为陆军第五十四师师长,程汝怀为陆军第五十五师师长,张义纯为陆军第五十六师师长。任命熊谦吉为外交部特派湖南交涉员,原任李芳准免本职。

△ 王正廷与芳泽在南京续谈济案撤兵问题,王请日方迅速宣布撤兵确期,芳泽表示接受,但撤兵日期须请示政府后再答复。30日,芳泽等离京回沪,中日交涉俟日本政府训令到后再继续进行。

△ 热河旅平同乡会、热河农商协进会、热河民军委员会电北平政

治分会,反对汤玉麟任热河省政府主席。

　　△　湘、赣军分三路总攻井冈山红军,第三路王捷俊部从侧面袭击得手,是日晚(一说 28 日)占领黄洋界。30 日晨,第四路吴尚部攻破八面山哨口。

　　1 月 30 日　国民党中政会第一七三次会议,推谭延闿为财政委员会委员长,追认蒋介石等为国防会议委员;通过《蒙藏委员会组织法》及《蒙藏委员会驻平办事处规则》;决议奉天省改称辽宁省(2 月 5 日国民政府训令直辖各机关知照)。

　　△　赣军张与仁等旅完全占领井冈山,并进行残酷烧杀。红五军由彭德怀率领从荆竹山方面突围转向赣南,王佐部和地方游击队仍在根据地内坚持斗争(袁文才已随主力撤走,井冈山只留下王佐部 200 余人)。

　　△　中国驻日公使汪荣宝电外交部,报告《中日关税协定》本日经日本枢密院正式通过,由首相田中训令芳泽通告国民政府。31 日,驻南京日领冈本访外交部长王正廷,口头声明承认该协定,2 月 1 日实施海关新税则,在华日侨可遵照办理。

　　△　北平政治分会主席张继因河北各县民众控告党部,而中央党部不能断然处置,政治分会反受党部攻击,为此致电中央政治会议请求辞职。31 日,中常会决议慰留,阎锡山等亦致电挽留。2 月 5 日,张打消辞意,出席政治分会会议。21 日,张以"政象迍邅,危机环伏,所属各地常呈恐怖状态"为由,再请辞职。25 日,中常会决议再慰留。

　　△　交通部长王伯群因该部与建设委员会在无线电管辖权问题上发生纠纷未得解决,向行政院提出辞呈。2 月 4 日,国民政府指令慰留。

　　△　甘肃省政府常会推王烜为临时主席,李象臣、何山亨、王烜为常务委员,并决定以李为执行处长,王为事务处长,骆力学为监察处长。

　　1 月 31 日　国民党中常会第一九四次会议,讨论孙中山奉安典礼展期案,决议因迎榇大道工程未竣,应俟南京市长再行精密计算路工日期报告奉安委员会,再提会决定。决议全国农业行政与矿业行政以分别召集会议为便,应先召集全国农政会议。

　　△　国民政府特任蒋介石、吴敬恒、谭延闿、冯玉祥、阎锡山、李宗仁、李济深、张学良、杨树庄、何应钦、宋子文、胡汉民、林森、蔡元培、戴季陶、孙科、陈果夫、于右任为国民政府财政委员会委员。

　　△　北平当局查获毒品海洛英 10 余大包,乃张宗昌旧部邵锡昆勾结日本浪人运来者,邵被捕。

　　是月　河北清党同志会两次具呈北平政治分会,指责河北、平、津指委王南复、王宣、童冠贤、张清源等,多系改组派王法勤等所保荐,或为新中学会主要分子,公然反抗中央命令,反对张继、李石曾等,请彻底改造河北及平、津党部,对党籍严加审查,并举行特别登记。

2　月

　　2月1日　财政部所颁海关新税则开始实行,内地税局及煤油、卷烟征收总局裁撤。同日,蒋介石发表《对于关税自主之感想》一文,略谓:"今日为新税则实行之日,亦即差等税率实施之日。吾国关税至于今日犹不能完全独立,而行此不得已之过渡税率……欲求关税之完全自主,全在吾人自强奋斗,猛进不已。"

　　△　国民政府特任谭延闿为财政委员会委员长。

　　△　蒙藏委员会在南京成立。阎锡山、赵戴文、白云梯、恩克巴图、格桑泽仁等 20 余人出席成立大会。

　　△　吉林省政府成立。

　　△　教育部聘吴敬恒为国语统一筹备委员会主席,并指派黎锦熙、钱玄同等七人为常委。

　　△　山东长山县周村村民、饭一道首领马士伟自立为"皇帝",定周村为中京,并任命文武官员,纠集道徒 1000 余人,其势力已扩展到淄川、博山、临淄、邹平等地。

2月2日 国民政府编遣委员会常务委员、各部正副主任、国防会议委员、财政委员会委员在南京宣誓就职,国民党中央监委王宠惠、国民政府主席蒋介石相继致词。

△ 国民政府令:派外交部长王正廷为商订中法越南新约全权代表。同日,王正廷与法使玛太尔在沪继续会谈,法政府已原则同意前在南京所议各事,本日双方依草约逐条讨论。法方同意中国在西贡、海防、河内设领及修改滇越路章程,但关于护照问题不允废止原办法,只允减轻护照费。

△ 王正廷与芳泽在上海继续谈济案,对责任问题略有争执,日方声明决撤济南驻军,但未宣布撤军日期。

△ 全国电报同人公益会委员长何家成等到南京请愿,要求将有线电、无线电统归交通部管理。11、12两日,全国电局职工代表团分别至中央党部及行政院请愿,要求统一电政。

△ 国际联盟鸦片委员会通过致联盟行政院之报告,国民政府代表王景岐因该报告未考虑中国志愿,对限制与管理毒药事无具体结果,未投赞成票,并声明保留在适当时机将中国方面志愿向国联提出之权。

△ 红四军在吉谭与赣军刘士毅旅激战,互有伤亡,当晚转移至闽、赣、粤三省交界处之罗福嶂。4日,在罗塘与刘士毅旅再度接触,旋仍退回罗福嶂。

2月3日 张学良命临榆、抚宁、昌黎、乐亭、东沟五县知事赶办交待,以备商震派员接收。

△ 南京总商会以特种消费税病商甚深,议决呈请财政部暂缓施行。

△ 闽军郭凤鸣旅在汀、漳全部动员,准备开往闽边堵截红四军。5日,红四军与郭部在东留激战后,转向长汀、会昌方面。7日,红四军由楼竹坝向瑞金之九堡进军,8日将尾袭之郭部击退。

2月4日 蒋介石发表《本党最近之重要问题》演讲,指出第三次全国代表大会的使命是:一、保障本党历史的基础;二、巩固本党政治的地位。下届中执监委的选举标准,应注意之点:一、必须对于党义有真切的认识;二、必须在本党有相当的历史;三、必须有奋斗的成绩。在谈及汪精卫回国时,称汪"当然是下届中央委员选举时一个重要的候选人","我相信他自身有一个为党为国的主张,如果没有到于党国有利的时候,无论如何要求,他是决不回来的,即使回来,也不肯作人家的傀儡的"。

△　国民党中常会第一九五次会议,议决该党第三次全国代表大会代表之人选标准:(甲)取得本党党籍,并为本党服务二年以上,经此次登记合格领有新党证或登记证者;(乙)从未有违反本党言论或行为者;(丙)从未违犯党纪者。

△　阎锡山以父病重为由呈国民政府准假四星期,于是日由南京乘轮北上返晋。

△　济案交涉经王正廷与芳泽长时间晤谈将大纲谈妥,细目亦略定原则。芳泽表示会后即将详情报告政府,请明示撤兵日期;对济案责任问题决组中日联合委员会赴济实地调查,赔偿以相等为原则;至蔡公时被杀事以日本道歉了之。

△　国民政府依据行政院及司法院呈请,训令各军长官严禁各军事机关受理诉讼,干涉司法。另据立法院呈请,为整理现行法规,训令各院、部、会、各省、市政府将各机关所颁行各种法规、条例,除经中央政治会议议决并经国民政府公布者外,一律检送立法院审议,以昭划一而免纷歧。

△　江苏省政府及各厅自是日起陆续迁往镇江,定18日开始在镇江办公。

△　河北省政府会议决定遵北平政治分会函,令工商厅及各县局制止店员工会成立;决定制止庆云等县农民组织自卫军,已组织者令即解散,不服则拿办首要。

2月5日　冯玉祥以豫、陕、甘灾重待赈及为办第二集团军编遣事离南京北返。

△ 行政院第十四次会议通过财长宋子文提案,决定再颁通令,凡已设有中央银行各地方,所有机关一切公款,如有不遵前令全数交存中央银行者,即以营私舞弊论,并将款项提还国库。

△ 国民政府令:福建省政府主席以该省政府委员兼民政厅长陈乃元暂行代理;任命蒋介石、胡汉民、吴敬恒、戴季陶、冯玉祥、阎锡山、李济深、李宗仁、何应钦为陆军军官学校校务委员,以何应钦为常务委员;特派伍朝枢为商订中土友好条约全权代表。

△ 国民政府公布《国籍法》、《国籍法施行条例》、《侨务委员会组织法》。

△ 国民政府据编遣委员会呈请,训令军政部、海军总司令部等称:海军总司令部取消后,设海军编遣办事处,原有第一、二舰队编为第一、第二舰队,渤海舰队改为第三舰队,广东各舰队改为第四舰队,统归编遣委员会管辖,由海军编遣办事处分别编遣。

△ 张宗昌所委之"民治军"总司令张敬尧在济南日人旅馆秘密集会,谋于日军撤退时乘机举事,与会者有号称代理山东督办袁忠权和刘开泰的代表等 10 余人,并日本顾问二人。

2 月 6 日　孙总理奉安委员会第三次大会决议改 6 月 1 日为奉安之期。7 日,国民党中常会通过该项决议。

△ 中央政治会议第一七四次会议决议:任命万福麟为黑龙江省政府委员,并指定万任该省政府主席;特任杨树庄、赵戴文、阎锡山为国防会议委员。9 日,国民政府任命令发表。

2 月 7 日　国民党中常会第一九六次会议决议:通过各地党部出席及列席第三次全国代表大会代表名额;各省、市党部执监委员及第三次全国代表大会代表均不以具有该省、市党籍为限;照修正案通过下层党部工作设计委员会组织条例;准江苏、山西、浙江、上海定期举行代表大会,成立省、市党部,执监委员选举采用《省执监委员选举法大纲》第二条丙项规定办理;汉口特别市执监委员选举改照《省执监委员选举法大纲》第二条丙项规定办理,并指定张知本等 42 人为执监委员候选人;

决定河北省及北平、天津两特别市补行登记,其办法可与组织部洽商;通过张静江等提议,司法行政部长魏道明加入中央政治会议。

△　白崇禧辞职未准,但允暂假休养,本日遵命将所有驻河北部队暂交李品仙代理指挥,将总指挥部应行公事交参谋长王泽民代拆代行。

△　驻哈尔滨英、美、德、法、日、意、葡、丹等国领事开会,对海关征收中国土产出口二五附税问题,借口征收手续未完善,征收之先未通知各驻在国领事,使外商蒙受重大损失,决定由各领事分电驻平公使向国民政府交涉。

△　北平总工会开"二七"纪念会,到各工会代表200余人。同日,长辛店有500余人开会追悼京汉路被害工友。

2月8日　外交部长王正廷与日使芳泽举行第六次晤谈,芳泽奉日政府令将济案交涉原案推翻,尤其对赔偿损失采相等原则表示异议,王对此提出抗议。此后芳泽托病不出,中日交涉暂停。

△　湘赣边红军转入外线作战,湘军的"会剿"计划完全打破。何键因支绌异常,已将所部人员分别裁减,伤兵野战各院概予取消,并于是日电蒋介石、李宗仁,拟2月底将"剿共"总部收束。19日,何再呈国民政府陈述请求收束理由。

△　国民党江苏省代表大会开幕,14日选汪宝瑄、李寿雍等为执监委候选人。15日决议电汪精卫等国内外中委来京主持党国大计。16日闭幕。

△　津浦路济南通车问题久经交涉,驻济日领西田等允先通货车,本日达成协议,规定济南至晏城、崗山互通货车,而南北货车到济南时仍须经日军检查。自12日起,济南至崗山、济南至晏城货车每日各往返一次。

△　云南民众改订中法商约后援会通电,要求收回滇越铁路和废除钦渝路约,他如越南设领、取消旅越华侨及过境华人、国货种种苛征虐待,俱当彻底解决。

2月9日　国民政府训令各省政府:煤油税已拨归海关征收,自2

月 1 日起照新税率实行,原有煤油税局一律撤销,以后煤气油运销各地,各省政府毋得另立名目再征任何税捐。

△ 财政部电苏、浙等五省财政特派员和财政厅,谓常关裁撤时期应候大宗货品均已办消费税时,由部酌定日期。在常关保留期内,所有已征特种消费税货品应予免征常关税及附征之内地税。

△ 交通部致函外交部称:内河航权关系于国防及经济至为重大,决不能任各国侵占,请与各国订通商条约时特加注意,并与交通部斟酌。

△ 胶东乱事又起,刘开泰、李锡桐部攻入龙口,驻龙口之刘珍年军何益三部退往黄县。反刘珍年之刘开泰、李锡桐、黄凤起、施中诚等日趋联合,自称"中华国民军讨逆军",以前直鲁军毕庶澄部旅长史书简为总指挥。13 日,"讨逆军"复占黄县,何益三部退出城外,往东败逃。

△ 铁道部次长王征由南京赴北平洽商接管平奉、平绥路事。11 日,平奉路接铁道部训令,着与平绥路合组整理委员会,派王征为委员长,朱华、班廷献、刘景山、胡文有为委员。同日,王征由天津赴北平与当局磋商,将平奉、平绥两路改为委员制。

△ 红四军进入瑞金,旋即退出。

2 月 10 日 红四军在江西瑞金大柏地击溃赣军刘士毅旅,歼敌一团,俘团长萧致平以下 800 余人,获枪 800 余支,取得下山以来第一个胜利。

△ 国民政府新聘财政顾问美人甘末尔等 12 人抵上海,其主要任务为协助国民政府改革币制。

△ 樊钟秀旧部李万林率 4000 余人图唐县,被冯玉祥军第二十四师石友三部歼灭。

2 月 11 日 王正廷与玛太尔举行中法商约第七次会议,讨论人头税、营业税、通过税、过埠证等问题。中方要求与欧美、日本一律待遇,法方仅对通过税允向政府请示,人头税允改去人头二字,营业税各国侨民均有,过埠证则殊坚持,只同意凡持有护照之华人及居留该地之侨民可以废除打指模，但行迹可疑经当地法庭认可者仍应打指模。

2月12日　云南省政府主席、第三十八军军长龙云电国民党中央及国民政府，表示服从编遣。

△　国民党中央委员蔡元培、吴敬恒等，在沪借世界学社及促进中法文化事业名义宴请中法要人，法使玛太尔和何应钦、王正廷等60余人参加。会上蔡首先致词，次李石曾报告世界学社所进行各事。王正廷讲演，称中法文化事业须合作，中法国交亦当亲睦。法使玛太尔亦发表演说。

△　红四军到宁都，14日抵黄坡。

2月13日　国民政府通令，以广东省中山县为模范县。16日并令特设中山县训政实施委员会，以唐绍仪、孙科、吴铁城、李禄超、钟荣光、李蟠、马应彪、蔡昌、郑道实为委员，指定唐为主席。

△　国民政府建设委员会与菲律宾合组无线电公司，本日正式签订中菲报务合同，以后所有自菲台拍来国际电报均归建委会电台接收。

△　江苏省宿迁县小刀会徒与极乐庵僧人5000余人暴动，大旗上书"党逼民反"四字，将国民党县党部捣毁，抓走县指委多人。14日，该县县长童回坤进行调停，会众提出取消苛捐杂税、取消县党部、重修已拆毁之东岳庙等项要求，会众达五六万人。16日，第九师约一团人开到宿迁镇压。

2月14日　行政院训令内政部，准陕西省政府划朝邑、华阴两县所属滩地五千七百余顷，于该处适中之地大庆关新设平民县治。

△　国民政府接刘珍年电，谓刘开泰等部进逼甚紧，请速下令讨伐。

△　南京检查邮电委员会成立，委员暂定24人，由卫戍司令部派陈开怀为主任，即日开始工作。

△　全国电报局职工代表团第四次赴行政院请愿无线电讯归交通部办理，要求面见行政院长谭延闿，适谭在中央党部开会，用电话答复，允三日内定期约见，并表示完全接受各代表请愿，所有两次呈文及全国

各电局来电当一并提出审查会讨论。18 日,谭见请愿代表听取意见,允即日召集行政院会议讨论此案。

△ 全国反日会常会以中日交涉破裂,决议通电全国一致武装起来为政府后盾;训令各省反日会加紧对日经济绝交工作。

2 月 15 日 黑龙江省政府成立。

△ 独立第四师改为暂编第一师,师长张贞在漳州宣誓就职。

△ 国民政府任命周振声、邓庆澜、李培荣分别为天津市财政、教育、土地各局局长。

△ 首都卫戍司令谷正伦拟具《严防首都各机关奸徒混迹办法》数条。是日,国民政府训令首都各机关遵照办理。

△ 上海新新公司风潮又起,资方以冯自由为首,率暴徒 200 余人将公司包围,打伤工人数十,冯等声称不承认职工会签订之条件,并无故开除工友 20 余人。16 日,职工再次罢工。21 日,市社会局令职工先复工,静候核办。25 日,500 余工友整队赴社会局请愿,提出请政府制止公司不法行为、设法维持工友生活、严办资方三点要求。3 月 4 日,职工会发表告各界书,呼吁各界人士督促公司资方迅速开门营业。10 日,上海各工会发表宣言请政府惩处冯自由。26 日,该公司职工 200 余人再次向市党部、社会局请愿。4 月 1 日复业。

2 月 16 日 国民政府派驻德公使蒋作宾为商订中匈友好条约全权代表。

△ 中法商约第八次会议讨论过境税问题,订定凡中国货物运赴越南,不论何种船只,有起运地点关单证明为中国货者,一律免税。

△ 日使芳泽发表谈话称:已接到外务省训令,中日济案交涉将继续进行。18 日,芳泽派有野、上村访外交部亚洲司司长周龙光,希望重开谈判。

△ 日侨反对胶海关实施出口附加税,本日由日领藤田与海关交涉,决定在中日交涉未解决前,仍照旧纳五分税,新附加税款暂存正金银行。

△　广州政治分会电铁道部称,粤汉、广九、广三三路局以后直接归部办理。

△　上海日商华丰纱厂因厂方无故开除工人200余,强迫工人增加工作,减低工资,是日全厂1000多工人罢工。17日,该厂职工会向厂方提出被开除工友复工、恢复原有工资、停工期内工资照给等五项条件,并组织复工委员会办理罢工期内事务。18日,厂方宣布停厂,并遣日海军陆战队武装入厂示威,工会令全体工友出厂。3月1日,工人向厂方提出十条要求,包括:一、停雇工人11人复工;二、工头陆河香停雇;三、罢工期间工资照给三项先决条件。7日,厂方容纳工人要求,工人复工。

2月17日　外交部照会英、美、法等12国公使馆,通告新关税项下每年提出500万元整理内外债。

△　济南惨案后援会代表团通电全国,请政府停止对日一切交涉,芳泽自食其言,已失代表资格,不必再与周旋,望政府迅令全国武装军士积极备战,作彻底之对待,并望全国同胞一致团结,一方对日经济绝交,一方准备武装宣战,以救危亡。

△　四川省政府及裁编委员会民众督促会代表唐重民抵南京请愿,携有致国民政府呈文一件,内陈川省善后办法多项,要求采纳:一、请中央转饬各委员限日返川,如逾期不到者即简员另补;二、请中央对于此次违抗命令擅开兵衅各部撤除番号,责成邓(锡侯)、田(颂尧)、刘(湘)、刘(文辉)四军长切实改编;三、请中央派兵入川;四、请中央明令免除一切苛捐杂税预征代垫等。

△　孙中山铜像在北平天安门奠基,张继、林森及各界代表1000余人参加典礼。

2月18日　国民党中常会第一九八次会议决议:确定第三次全国代表大会经费预算为29.9958万元;通过扩充中央广播电台计划案;推胡汉民、李石曾、戴季陶、陈果夫讨论河北及平、津两市党员补行登记事宜。

△　财政部公布《民国十八年裁兵公债发行简章》,凡 20 条,债额 5000 万元,定本年 2 月至 4 月为发行期。

△　外交部长王正廷在上海对记者发表谈话称:中法越南条约已有解决把握;中法宁案已完全解决,计赔偿总数约 10 万有零,其中有法国神父一人死于宁案,计赔偿三万元,但亦仿照意大利死难神父办法,将此款移作中国慈善事业之用;国际联盟副秘书长爱文诺希望我国对国际间多加联络,本部已派吴凯声为一等秘书兼秘书长,常驻日内瓦办公。

△　国民党四川省党务指导委员会委员杨全宇、熊晓岩、卢师谛、黄季陆等草就向中央执行委员会呈文,指控第二十四军军长兼四川省政府主席刘文辉枪杀邛崃县指委孙鸿图,武力解散省指委成立之“孙案”后援会,威逼省指委出走等,请转饬国民政府将刘撤职查办。

△　上海总商会坚决反对特种消费税,议决函请全国商联会通电全国各商会一致反对,并定本月 20 日续开各业团体会议,商决最后对付办法。

△　张继电教育部辞北平大学委员会委员及暂代主席职,电称:“数月以来,北方教育风波迭起,情势汹涌,动辄聚众包围,无可理喻,最近第一师范学院学生要求增加经费,包围十小时”,“学风如此,殊堪痛惜。”21 日,教育部长蒋梦麟电张慰留。

2 月 19 日　武汉政治分会第四十九次会议议决改组湖南省政府,免该省政府主席鲁涤平职,以何键继任,并密令叶琪、夏威两师入湘解决鲁、谭(道源)所部军队。

△　行政院第十五次会议通过财政部长宋子文提案,决定将两湖财政委员会撤销,派白志鲲为湖北财政特派员,粟显扬为湖南财政特派员。

△　张宗昌、吴光新率数百人由大连乘日轮抵龙口,加紧对胶东扰乱,同行者有日人城口等。

△　北平东交民巷使馆界华捕罢岗,反对无故开革巡捕,要求加薪

并斥革管理巡捕之洋员狄尔等。英、美、法、日、意等使馆卫队在出入口站岗暂维秩序,并另行招募新捕。20日,罢岗华捕组织罢岗委员会。21日,国民党北平市指委会通电声援罢岗巡捕。24日,罢岗巡捕游行,而公安局派出40名武装人员于界外戒备,同界内卫队联络动作。25日,卫队撤岗,由新捕替换旧捕。26日,使馆界设宴招待河北省政府主席商震、北平公安局长赵以宽等致谢。

△　北平第一师范学院学生数百人向北平大学办公处请愿,要求增加经费,恢复公费待遇,与军警发生冲突,学生李泰华等40人受伤。20日,师院学生游行并发通电,对当局以武力对付学生表示誓死周旋。北大全体学生电教育部,请蔡元培北上主持校务。国民党北平市党部指委会电中央党部,指责李石曾、张继等镇压学生,请将其撤职查办,处以极刑。21日,教育部电北平大学当局,指责学生"目无法纪",令将为首各生依法办理,并另电河北省政府主席、北平卫成司令及北平市长,请"设法制止学生暴行,防止煽动破坏"。同日,北平市总工会、农协会、商协会、学生联合会等各团体发表通电,请查究"二一九"惨案祸首张继、李书华等,并要求撤销北平政治分会及大学区制。

2月20日　国民党中央政治会议第一七六次会议决议,任命驻意大利、比利时、荷兰、巴西、瑞典及挪威特命全权公使;决定组织解决北大学潮委员会,推蔡元培、胡汉民、戴季陶、蒋梦麟等为委员,由蒋负责召集。

△　日本驻汉炮兵全部登陆,在各要口架设炮位,重筑沙堆,形势严重,并再次越界捕人,罢工指导员夏元被捕毒打后释放。21日,罢工委员会请交涉署对日抗议。

2月21日　国民党中常会第一九九次会议,决议各地党部出席及列席第三次全国代表大会代表产生方法:甲、普通党部:(一)选举者:南京、上海、广州、广东;(二)选出加倍人数由中央圈定者:江苏、浙江、湖北、汉口、天津、山西、广西、甘肃;(三)由中央指派者:哈尔滨、察哈尔、绥远、热河、黑龙江、吉林、辽宁、北平、陕西、河南、山东、安徽、湖南、江西、云南、贵州、河北、四川;(四)由中央指派列席者:西康、外蒙古、新疆、青海、西藏、宁夏、内蒙古。乙、铁路及海员特别党部:(一)选出加倍人数由中央圈定者:沪宁、沪杭甬、津浦;(二)由中央指派出席者:平汉、粤汉北段、海员;(三)中央指派列席者:平绥、平奉。丙、军队特别党部另定。

△ 武汉政治分会电蒋介石、中央政治会议及国民政府各委员报告解决湘事、改组湖南省政府情形,指斥湖南省府主席鲁涤平把持财政,"清共"不力,苛征厘盐,行政多乖,"对于属会指导监督尤复任情抗阻",当经常会议决,免去鲁本兼各职,并指定该省政府委员何键为主席,原省府委员曾继梧、周斓、刘兴、刘铏留任,另加任张开琎、黄士衡、邹鹏、叶琪、吴尚、陈渠珍为委员,以曾、张、周、黄分别兼民政、财政、建设、教育各厅厅长,请鉴核。同日,李宗仁借口治疗目疾离南京赴上海,行前电蒋介石及行政院长、编遣会委员报告免去鲁涤平、谭道源师长职,并将各该师部队分别解散。

△ 第四集团军夏威、叶琪两部奉武汉政治分会令入湘,鲁涤平闻讯率部走平(江)、浏(阳),后续由水路退入江西。夏部李明瑞旅、叶部杨腾辉旅进驻长沙,杨并以旅长名义布告,略谓:"第十八师师长鲁涤平自兼任湖南主席以来,结合谭道源部拥兵恣肆,对于两湖政治分会与总司令命令视同弁髦,中央财政任意把持,共匪、土匪任其骚扰,破坏纪纲,莫此为甚,我总司令业经明令将该师长鲁涤平、谭道源本兼各职即予免除,听候查办。"

△ 刘珍年部与黄凤岐部战于山东福山附近之商疃,刘军获胜,22、23 两日在烟台以西续胜敌军。

△ 顾震电中央请从速解决胶东乱事。孙殿英部由齐河东开,在章邱城南与民团开火,孙布告称奉中央令剿抚张鸣九部。

△ 国民党中央宣传部招待新闻记者,该部秘书张廷休宣称最近共产党中央全会决议集中力量宣传武装暴动,其宣传品有《布尔什维克》、《红旗》等,形似《中央半月刊》,请报界予以"揭露"。

2月22日 已入湖南之武汉李宗仁军叶琪率何宣、危宿钟两旅向常德谭道源部进攻,谭部往辰州上游退去。同日,李明瑞、杨腾辉两旅移株洲,向浏、醴追击鲁涤平部。

△ 中法商约举行第十次会议,双方声明废止旧约,开始讨论新约草案。23日、25日继续会谈,草约均已审查一过,对关税和条文主文等问题仍有争论。

△ 东北舰队奉国民政府令由"楚豫"舰长率两舰驶至烟台,协助刘珍年肃清胶东。

△ 驻日公使汪荣宝赴日外务省访亚细亚局长有田,商谈张宗昌在山东起兵反抗国民政府事。

△ 国民党南京各区党部联席会议决议请中央电促汪精卫等中委回国主政。

2月23日 何键由醴陵电武汉辞湖南省政府主席。

△ 外交部长王正廷在沪答大中社记者问,谓关于整理内外债设立整债委员会事,外部已照会英、美、日、法、意、比、丹、葡、荷九国,各国须派代表一人办理此事,或加入该委员会;济南现在日人势力范围下,阻止我国军队到达该处,今则放任盗匪设立办事处,已向日政府提出严重抗议。

△ 驻青岛日领藤田在领署招待日记者,声称:一、青岛及铁路沿线20里内一概不许"反动的策动";二、不许有"妨治安"军队通过铁路;三、中国正式军队如有通过铁路必要时,须得日军之谅解,并不妨其军事行动;四、与"反动派"有关之日人即时驱逐出境;五、青岛及沿线凡有军队色彩者,当与华警协力不许其上岸。

△ 张宗昌企图利用刘珍年,本日派副官刘铭勋持函赴牟平见刘。

△ 上海总商会再次通电反对特种消费税,内称:"五省裁厘会议议决举办特种消费税有十种之多,重重剥削,无异变相厘金,且裁厘仅限五省,运至五省以外货物又须节节抽厘,裁厘加税之谓何? 国信不立,民命何堪?""事关商民切肤利害,非有联合一致坚决之表示,不足以

动当局之视听……务乞一致奋起,共同力争。"并决组请愿团赴南京
请愿。

2 月 24 日 蒋介石、李宗仁、谭延闿在上海会商鲁涤平免职事,李
表示当与中央一致。

△ 桂军夏威部李明瑞旅抵醴陵,截缴鲁涤平部陈祁初团。

△ 北平大学各院长董时进、徐炳昶等致函校长李石曾请解决经
费和学潮问题,并电教育部长蒋梦麟转促处理学潮各委员到平实地查
办学潮。

△ 北平工人、学生等 3000 余人集会,通过请中央收回东交民巷、
援助罢岗华捕、废除《辛丑条约》、组织市民裁判委员会等议案 20 余件,
会后游行,至前门被军警驱散。

△ 国民党江苏省宿迁县指委会通电,宣称该县 13 日僧人和刀会
暴动,捣毁县党部暨各机关、学校住宅数十处,捕去党员、学生、教员 30
余人,"县政当局故意纵容,不加制止"。25 日,该县县长童回坤通电解
释,谓"投鼠忌器,武力又薄,未敢开火",现"地方如常,正在严拿首要,
筹办善后"。

△ 天津反日会为中日交涉汉口"水案"事召开市民代表大会,到
会 1000 余人,通过向全国反日会第二次代表大会提案多件,其中有电
请中央党部、国民政府公开中日外交、通电全国一致对日经济绝交、不
以停止反日运动为中日交涉条件、5 月 3 日以前肃清日货、即日禁止对
日输出等项。

2 月 25 日 李宗仁由上海电中央政治会议及国民政府,陈述处理
湘事,将鲁涤平免职详情,并谓:"武汉政治分会有此紧急处分,在事势
上固出于万不得已,然不及候中央核准遽令各师执行,未免迹近操切",
"除请中央顾念湖南人民痛苦,迅赐追认武汉政治分会第四十九次之决
议照准施行外,并请将宗仁加以处分,以明责任。"

△ 鲁涤平自九江电国民党中央,报告武汉方面进攻湘省及所部
脱险抵浔等情,并谓:"武汉此举究竟是否奉有命令","拟克日来京请

训,并请处分。"

　　△　蒋介石电促冯玉祥、阎锡山、李济深回南京任职。

　　△　外交部长王正廷与比代办纪佑穆在上海会商接收天津比租界事,会后王语太平洋社记者,略谓关于收回津比租界问题,已派定五人共同办理,计外交部二人、内政部一人、河北省政府一人、天津市一人,预计下月中旬即可实行接收。

　　△　刘文辉电国民党中央,陈述川局善后办法,其要点为:组织省府、解决叛部、打破防区等。

　　△　全国商会联合会电国民政府、行政院、财政部、工商部,谓《海关进口新税则》已实行,则毋庸抵补,无所谓过渡,请即撤销16种特种消费税,并召开第二次全国裁厘会议,将其余省市厘金依期裁尽。

　　△　杨虎城部在山东追剿土匪刘桂堂,是日攻占日照县。

　　2 月 26 日　蒋介石以长江上游形势严重,密令刘峙、顾祝同、缪培南、朱绍良、蒋鼎文、方鼎英、曹万顺、夏斗寅各师长于 3 月 3 日以前完成出师准备。

　　△　李宗仁令恢复湖南清乡督办公署,以何键为督办,叶琪为会办。同日,武汉政治分会新任命之湖南省政府委员开会,议决电促何键入省主持省政。

　　△　鲁涤平抵南京,分谒蒋介石、谭延闿等报告湘事,表示如何处置悉听中央主持。

　　△　国民政府训令四川省政府主席刘文辉:简派吴醒汉、魏崇元为视察西康专员,并会同该省政府筹备西康设省事宜。

　　△　国民政府下令通缉齐燮元,称齐为"惨杀韩恢之主要凶犯"。

　　△　行政院第十六次会议议决由财政部发行海河公债 400 万元,工程交建设委员会及河北省政府统筹计划。

　　△　刘珍年电国民政府参军长何成濬欢迎任应岐赴胶东协剿逆军。同日,国民政府拨子弹 20 万粒、现款三万元接济刘珍年,由江海关运往烟台。

2月27日 国民党中央政治会议第一七七次会议决议：一、武汉政治分会改任湖南省政府主席及委员案，本会认为与修正政治会议分会暂行条例及编遣会有关决议相违，应派监察院长蔡元培会同国府委员李宗仁切实查明，以凭核办；至双方军队应各驻原防，不得自由行动，另派编遣委员会总务部主任李济深与中央编遣区主任何应钦会同秉公彻查具复，听候编遣委员会核办（次日国民政府正式发布命令）；二、派何键暂行代理湖南省政府主席（3月2日国民政府任命令发表）；三、通过《非战公约》；四、《工厂法》、《商会法》原则修正通过，《工商同业公会条例》原则通过。

△ 国民政府令：国民革命军总司令部、各集团军总司令部、海军总司令部、各总指挥部均着于3月15日一律撤销。各编遣区办事处均着于3月16日正式开始办公。编遣委员会呈报决议各兵工厂于4月1日一律停工照准，着军政部转饬遵照。

△ 国民政府令：任命何应钦为中央编遣区办事处主任委员，刘汝明、尹扶一为委员；朱培德为第一编遣区办事处主任委员，佟麟阁、孔繁霨、林拔萃为委员；鹿钟麟为第二编遣区办事处主任委员，石敬亭为副主任委员，李兴中、李炘、吴中柱、台寿民为委员；周玳为第三编遣区办事处主任委员，辜仁发为副主任委员，杨澄源、李竟容、王镇淮、雷寿荣为委员；白崇禧为第四编遣区办事处主任委员，胡宗铎为副主任委员，何键、夏威、王风清、田种玉为委员；张维清、杨劲支为第五编遣区办事处委员。任命杨树庄为海军编遣区办事处主任委员，未到差以前由陈季良代理，陈季良、陈绍宽、曾以鼎为委员。

△ 国民政府令：任命郭泰祺为驻意大利国特命全权公使；诸昌年为驻瑞典国特命全权公使；戴恩赛为驻巴西国特命全权公使。特派施肇基、刘书蕃为万国邮政联合会代表。

△ 国民政府任命张知本为湖北省政府主席；潘宜之为湖北武汉市市长。

△ 国民政府电促李济深即日赴武汉彻查湘事。同日，李济深在

粤发表谈话,谓:"各总司令相率离京系回去办缩编,绝无别事;余约一星期内晋京;鲁涤平因反抗武汉政分会,故有此紧急处置,全为对鲁个人问题,中央自有正当处置。"

　　△　国民政府以司法系统不宜分歧,令所有曾经设立最高法院分院或类似该项机关之省份自奉令日起不得再行受理案件,其已经受理尚未结束之案均限一年以内完全办结,俟办结后应即裁撤,各该分院结束以前所办民刑判决各案应准一律认为有效,着司法院转行遵照。

　　△　国民政府公布《华侨回国兴办实业奖励法》、《禁烟委员会组织法》;修正公布《教育部大学委员会组织条例》。

　　△　何键抵长沙,语记者称,"剿匪"事照常进行,主席职务拟暂请曾继梧兼代。

　　△　日本新任驻沪总领事重光葵抵上海,往访外交部亚洲司长周龙光,对中日交涉约定先由彼二人秘密协商。同日,重光葵语记者,略谓:"中日交涉虽处于停顿状态,然将来定能完美解决,办理交涉事宜仍由芳泽负完全责任,余或将为其助理耳。"

　　2月28日　蒋介石在总司令部设宴为鲁涤平洗尘,谭延闿、朱培德等在场,鲁于席间报告湘主席任内各事。同日,蔡元培函李宗仁,商查办湘事办法。

　　△　国民政府任命金问泗、傅秉常分别为驻荷兰、比利时特命全权公使。

　　△　夏威抵长沙,夏部李明瑞旅到达铜鼓;叶琪部与谭道源部战于益阳,叶部占领县城,向常德、桃源追击,谭部向慈利退却。

　　△　日水兵全部在汉口登陆,并在一字街枪伤罢工指导员组长余金山。3月8日、17日、25日、4月7日又多次打伤或抓走罢工指导员段垣纪、李雅言、吴大德、冯秀庭等,罢工委员会迭请交涉署向日方交涉。

　　△　各省市妇协向国民党中央请愿三事:一、请组织全国妇女协会,并准由联席会产生筹备会;二、要求三全大会准许各省市妇协列席,

至少各省市一人;三、要求三全大会各省市须有女代表一人出席,并列席常会陈述上项意见。

是月 《中国国民党改组同志会第一次代表大会宣言》发表。宣称:"本会继承本党孙总理的三民主义,继承第一、第二次代表大会的纲领,集合革命同志,努力改组运动,务期重新建设能担负实现三民主义的中国国民党而后已。凡我忠实同志,三民主义信徒,其即集合于改组中国国民党旗帜之下,重新共同奋斗。"

3 月

3 月 1 日 西康特区委员会成立。

△ 国民政府依蒋介石提议决定发行建设公债 300 万元,建筑中央党部及政府各院部房屋。

△ 全国反日会第二次代表大会在上海开幕,到南京、山东、湖北及上海各团体代表 100 余人,7 日闭幕。发表宣言,略谓:要中华民族得到解放,首先要打倒帝国主义;为集中我们对外的力量和铲除革命的障碍,不得不澄清内讧,打倒一切军阀、政客、土豪劣绅和压迫、破坏我们反日运动的反动分子。

△ 福州各界举行反日运动大会,数万人参加,会后游行。

△ 因宿迁县长童回坤捕小刀会首领及极乐庵僧人 10 余人,刀会七八千人再围县城,要求放人。2 至 3 日,刀会与驻军、公安队发生冲突,互有伤亡,军警将十余佛堂焚毁,殃及高坂村头一带民房百余家。5 日,童县长逃离县城。6 日,当地公团开紧急会议,组织治安维持会,推王仰周为临时县长,并由商会等出面调解,形势渐和缓。

3 月 2 日 蒋介石制定第一集团军战斗序列,密令各军、师长遵照,准备出师:总司令蒋介石;总参谋长何应钦;第一军军长刘峙,辖第一、二、九各师;第二军军长兼第八师师长朱绍良,辖第八、第十三师及独立第一旅;前敌总指挥兼第三军军长朱培德,辖第四、七、十一、十二、十八各师；总部直辖骑兵第二师、总预备队第六、十、四十八各师及炮兵团。

△　蔡元培、吴敬恒在沪晤李宗仁谈湘事，李谓一切服从中央。同日，李宗仁电令杨腾辉旅不得进驻赣境，以避免误会。

△　河北省政府主席商震、北平警备司令张荫梧奉阎锡山密令，将驻平旃檀寺第四十二师第一百二十五旅（前直鲁军张膺芳旧部）张英武、张逊廷两团缴械，并电国民政府报告，称该两团与张宗昌勾结谋叛。

△　国民政府以安福系余孳朱深在北平收买部分电车工人图谋不轨，训令直辖各机关并转饬所属一体严缉，务获归案究办。

△　山东益都窦宝璋部与城西各村民团红枪会冲突，焚烧 20 余村，淄河店车站电线具被击断。

△　河南省党务指导委员会通电，反对中央指派第三次全国代表大会代表。略谓："乃查中央第一八七次常会通过之第三次全国代表大会代表选举法，与第一九九次常会通过之各地代表产生法……不免有违党纪……属会为爱党护党起见，乃不能不出而抗议。"并谓："今河南代表，竟全为指派……用敢坚决抗议。"

3 月 3 日　蒋介石颁定第一集团军集中计划：一、第一军集中太湖、潜山附近；二、第二军集中霍山附近；三、第三军集中九江、建昌、南昌、高安一带；四、骑兵师经霍山向鄂东前进；五、总预备队：第十师经镇江、通州乘轮到安庆，炮兵团由徐州到安庆，第六师、第四十八师在原地待命，准备对武汉用兵。

△　新疆省政府委员阎毓善等再电中央，反对客军入境和移兵开垦。

△　国民党湖北省代表大会开幕，出席代表、来宾 700 余人。4日，选张知本、张难先等九人为省党部执委，程汝怀、萧萱等五人为监委。5 日，闭幕。

△　刘珍年电南京当局，以日本"八幡"、"修农"二轮在鲁私运军火兵卒，请向日政府提出严重抗议。

△　自称国民党"平津河北忠实同志请愿代表团"之马至远等呈北

平政治分会,请转呈中央,以"勾结赤俄、藉党营私、谋叛中央、吞赃舞弊"等罪名,要求将河北省及北平、天津两市党务指委严加惩办,并肃清其党羽。

3月4日 国民党中常会第二〇二次会议决议:分别指派安徽、北平、河南、辽宁、山东、四川、湖南、江西、法国、日本、檀香山、新疆、西藏、陇海铁路等地出席及列席三全大会代表;准广东省和广州市选出之代表备案;圈定江苏和第一、四、五十一、五十四师及第四军各党部出席三全大会代表;内蒙代表改为出席;又圈定李超英、许绍棣等九人为浙江省党部执行委员,宋藩周、苏蓬仙等九人为天津特别市党部执行委员。

△ 李宗仁在上海宏恩医院对国联社记者谈称,"余始终为拥护蒋主席完成统一之一人","此次处置鲁部,实出于拯救湘民、安辑地方之至诚,毫无个人权力杂于其间"。同日,白崇禧自北平电胡汉民、吴敬恒、张静江,"请设法稳定大局,两湘必能听命中央"。

△ 李明瑞从平、浏班师回长沙。叶琪部抵益阳进击谭部,次日进驻清水潭,何键令陈汉章、陈渠珍部归叶指挥。

△ 国民党四川省党部指委熊晓岩、杨全宇等及"孙案"后援会代表列席中央常会,由杨报告刘文辉杀害邛崃县指委孙鸿图、解散省指委会、成都市、成都县、华阳县及省警察厅独立区党部之联席会议等情。于右任代表中央答称中央必以全力求川省党务纠纷正当解决。

△ 驻山东禹城之任应岐部文清林团哗变。

3月5日 国民政府发布整顿学生令,略称:学校风潮迭起,甚至离常突轨,有妨治安。着教育部严令教育行政机关督率各校注意严格训练,必使尽纳轨范,如有侵轶轨范即行纠正。地方行政长官于学生举动妨及治安者,宜协同教育行政机关严予裁制,务使学风丕变,蔚成良模。至教育经费为教育生机所寄,着财政部及各省财政机关尽先拨付,毋得悬欠。

△ 李宗仁电蒋介石,谓杨旅暂驻浏阳"剿匪",李旅已回鄂训练,实无一兵一卒留滞赣边,奸人造谣,盼持镇静。同日,李对中华社记者

谈称:此次湘事"完全是出于整理内部的苦衷,今后的处置亦决定服从中央",外间传闻鄂东派重兵威胁邻省,完全是无根据的谣言。"中央要怎样处分武汉政治分会,兄弟及在湖北的诸将领绝无成见,即使解散分会亦无怨言"。

△　第一集团军第十一师到浦口,炮团开芜湖,江宁要塞司令部奉蒋令,在狮子山安置高射炮多尊。

△　国民政府任命王世杰为国立武汉大学校长,未到任前以该校理工学院院长王星拱代理。任命张群为国立同济大学校长,原任张仲苏免职。派易培基兼北平故宫博物院古物馆馆长。

3月6日　蒋介石、蔡元培、谭延闿、胡汉民、张静江、吴敬恒等会商湘事,由蔡报告与李宗仁会商结果,其余各委相继发表意见,咸以湘事处置不善,殊非党国之福。

△　白崇禧就湘事再电胡汉民,谓已嘱武汉不得妄动,并促李济深早日赴京调解,请将此意转告蒋介石,"无论如何总宜顾全中央威信,使政局稳定,不与奸人以挑拨之隙"。

△　国民党中央政治会议第一七八次会议决议,依海军总司令杨树庄建议决设海军部,交国防会议核议。

△　国民党河北省指委全体请辞职,派王宣、吴铸人赴京报告。

△　红四军3000余人攻克江西石城。8日,闽军第二混成旅郭凤鸣部两营及赣军第十二师金汉鼎部一团赶到,红军向屏山方面转移。

3月7日　蒋介石致书李宗仁称:"武汉自兄来京后,领导无人,中央因鞭长莫及,几等于无,而兄之命令,亦不能有效";"中央为防范计,且为威信计,皆不能不调度军队,作正当之护卫……决不愿轻启战端,只要于威信不失,则余事无不可从长计议。"

△　国民党中常会第二〇三次会议决议:圈定黄绍竑、白崇禧等九人为广西省党部执委;准湖北省代表大会选出之省党部执委备案;圈定汉口市党部和第二集团军、第五、十五军、第九、十、十五、二十、二十五、二十六、二十九、四十六、四十九、五十、独四、三十二、三十三、三十四、

三十五、三十六、三十七、三十八、三十九、四十、四十一、四十二师、首都卫成部各党部出席三全大会代表,并指派第六、七、十二师、第二十四军第二、二十二、十九、三十一、骑一师等未正式成立及未经中央派员筹备党部之党部出席或列席三全大会代表;据中宣部呈,以北平市指委会宣传部印行《国民周刊》言论失当,措词荒谬,决定将该市指委、该刊主办人许超远撤职,并改组宣传部。

△　葡使毕安琪电国民政府外交部,通知葡政府已批准《中葡友好通商条约》。

△　红五军彭德怀部在赣南雩都、信丰间袭击并全歼敌刘士毅部一个营,获机枪两挺、步枪百余支。

3 月 8 日　李宗仁电南京辞国民政府委员职,略称:"湘局改组,宗仁虽不在汉,但事属整顿内部,消除隐患,各集团军整饬所部有不少先例,奉令查办,尚未执行,下游竟有军事行动。革命军队本为救国救民,岂可因局部细故,劳师动众。日来传闻,裁兵公债业移作战费,如果属实,良用痛心。宗仁自维才不足以济变,学不足以匡时,久应退避贤路,今政治分会及集团军总部行将裁撤,惟忝任国府委员一职,尚负重责,仰恳辞去委员之职,以谢国人。"蒋介石接电后即派古应芬赴沪慰留,并于 11 日电李,劝勿萌退志。

△　白崇禧通电,谓国内不堪再战,统一端赖和平,祈一致电请政府持以镇静,处以宽宏,武汉分会原在政府统治之下,中央如何处理,必能恪遵命令。

△　何键电蒋介石、李宗仁报告湘省情形,称:"迩来谣言四起,多谓下游扣船运兵上驶,或谓赣、鄂边境并有增兵之事,以致人心慌惑。湘省现状如恒,前次李旅到湘,早已返鄂,浏、平一带,现由职师继续担任清剿余匪外,毫无异状。"

△　胡宗铎、夏威电李石曾、吴敬恒、张静江、蔡元培,谓武汉政治分会依据紧急处分之条例,第四集团军本其整理军队之职权解决湘事,"意在限制共党暴动,俾第三次代表大会如期开幕",希望"明察事实,止

息浮言"。同日,李品仙、廖磊、王泽民、韦云淞、刘春荣五师长通电,表示"凡百举措,悉听中央"。

　　△　国民党河北省代表大会开幕,到 200 余人,决派朱玉清、韩纬生赴南京说明开会原因,15 日选张清源、童冠贤等为执监委人选,16 日闭幕。

　　△　平奉路工人要求发放去年花红四分之一,代理副局长孙鸿哲置之不理,引起不满,本日及次日各站和列车均贴有打倒孙之标语。9 日,该路工会发表宣言,谓孙为杨、常爪牙,卖官鬻爵,虐待工人,电请铁道部撤惩。14 日,国民党天津市党部议决电中央党部与铁道部撤销孙本兼各职,以免工潮扩广。15 日,天津、塘沽等地铁路工人为反孙怠工三小时,16 日全路工人怠工四小时,18 日怠工六小时。19 日,铁道部将孙免职。22 日,该路副局长杨先芬接见工人代表,允充分保障怠工工人,决不借故开除,并拨给房屋作工会办事处,对煤条、制服、花红等项要求亦照办,工人开始复工。

　　3 月 9 日　蔡元培、李石曾至上海,偕吴敬恒再访李宗仁谈湘事。同日,蔡语记者,谓李宗仁昨晚已向中央辞职,今日所谈皆不着边际,明日李济深可来沪,湘事须待李来后方可着手彻查。

　　△　国民政府参军长何成濬抵北平,代表蒋介石祭孙中山逝世四周年,料理第一集团军行营事务,视察第三编遣区实况并慰问白崇禧等。10 日,何先后访问商震、方振武、刘镇华等,活动频繁。

　　△　李品仙就任第四集团军总指挥。

　　△　中法越南商约会议通过正约草案及附件六件,关于取消通过税问题待法使请示政府后解决。

　　△　张宗昌旧部军长曲同丰在天津日租界本宅被刺身死。

　　3 月 10 日　何键通电辞职。略谓:"此次武汉政治分会处理湘事,纵属过当,既经派员查办,应有和平解决之方,不应于方告统一之时,使久同患难之革命团体,遽以局部问题而致分裂";"现在湘、赣边境匪势复张,必须亲往前线指挥清剿,所有湘省政府主席一职,应恳迅简贤能来湘接替。"同日,胡宗铎电李宗仁、李济深、白崇禧等,解释湘事处理未抵触政分会条例。

　　△　国民党安徽省代表大会开幕。13 日,由中央特派员陈石泉监选,选出邵华、曹立瀛等为执监委,16 日闭幕。20 日,该省国民党员请愿代表团在南京三全大会门外散发通告书,否认该省代表大会。

　　△　芜湖市商民因印花税局稽查苛扰结队游行请愿,要求省府撤换印花税局长余德民,次日大罢市。16 日,财政部同意撤余职,电全国商联会转电芜湖总商会晓谕商民即日开市。

3 月 11 日　国民党中常会第二○四次会议决议:通过三全大会秘书处组织条例及代表资格审查委员会规则;推戴季陶为三全大会秘书长,戴未销假前由叶楚伧代理;豫指委会抗议三全大会代表产生方法,蔑视党纪,一律予以撤职处分,并交监委会查办;准南京、上海、加拿大、古巴、安南、三藩市、澳洲、河内各党部选出之三全大会代表备案;圈定湖北、浙江、山西、甘肃、广西各省、沪宁、沪杭、津浦路及第三、八、十三、四十四、四十五师、第三集团军总部、中央军校、第十六、二十一、十一、五十六、二十四、二十七、五、十七师各党部出席三全大会代表;指定第二十八、二十九军、第五十五、四十三师、东北各师列席三全大会代表;同意河北省开全省党代表大会,但执监委员选举应候常会决定候选后举行;圈定苗培成、韩克温等九人为山西省党部执委。

　　△　汪精卫、陈公博、顾孟馀、柏文蔚、何香凝、王法勤、陈树人等14 人联名发表《关于最近党务政治宣言》,反对国民党三全大会。《宣言》指责第三次代表大会代表之产生,完全违反本党民主原则,"同人等对此违法之代表产生法,虽屡次提出异议,而主持中央者,竟充耳勿闻。同人等深恐此种大会一旦开成,其结果,适与祝祷本党巩固与中国和平之期望相反。同人等为遵守总理遗教,努力革命,对此种大会誓不承认"。同日,国民党汉口市执委会亦通电根本反对中央指定三全大会代表,称:"代表总额三百余人,指定者一百六十余人,占总数百分之五十以上,且指定之代表对于所代表之党部有从未涉足其境者,是代表与被

代表毫无关系,尚何代表之足云。"

△　李济深自港到沪,蔡元培、吴敬恒、张静江、李石曾晤李谈湘事。李语记者称,本人担保汉口方面现在决无轨外行动。

△　驻北平之第四集团军第五十四师(魏益三旧部)发动反对师长王泽民,王被迫逃走。12 日,李品仙令副师长刘凤池代理师长。21 日,该师参谋长郭光霱等电蒋介石,指控白崇禧、王泽民,请明令将王免职拿办,并令魏益三接任师长,重领该师,以脱离桂系,归还中央。

△　白崇禧托词旧病复发在北平入德国医院,12 日偕廖磊、王泽民等赴唐山,因部下不稳折回。16 日,白电蒋介石辞编遣区主任和三全大会代表职。17 日,由天津秘密转道大连赴广西,称回桂林静养。在此前后商震、方振武、李品仙等往还频繁,以加强联络各军之感情。

△　杨虎城部在山东捣破刘桂堂北杏巢穴,12、13 两日又战败援刘之顾震部,14 日完全占领诸城。

3 月 12 日　李济深、蔡元培、吴敬恒、张静江、李石曾在沪与李宗仁晤谈湘事,并劝李即日返京会商。李以目疾未愈须在沪医治为词未允,请蔡元培、李济深等先入京与何应钦商榷。

△　冯玉祥电蒋介石辞军政部长职务。

△　叶琪、谭道源两军在鄂西已停战,何键派李佳白偕谭之代表黄宜赴叶驻地商和平。13 日,叶部继续攻占常德,谭部退桃源、大庸等地。

△　山东省滕县红枪会谋攻县城,被第三师、第四十八师镇压,死100 余人,300 多人被俘。

3 月 13 日　李济深、蔡元培、张静江、李石曾、吴敬恒、古应芬由上海到南京,晤蒋介石谈湘事,李济深并语记者谓湘事归政治解决,一切听中央办理。同日,蔡元培、李济深等出席国民党中央政治会议第一七九次会议,报告查办武汉政治分会改组湖南省政府一案之意见。会议决议:武汉政治分会委员张知本、胡宗铎、张华辅着先行免去政治分会委员之职,请中央监察委员会议处。

△ 中央政治会议电广州、武汉、开封、太原、北平各分会,应遵中常会第一八九次会议决议,电告各地政治分会应于 3 月 15 日以前裁撤,本日起停止开会,并电各省、市政府查照。

△ 国民政府任命何成濬、钱大钧、贺国光、陈焯、吴荫棠为中央编遣区办事处委员,陈肇英、张群、葛敬恩、钱宗泽、杨焕彩为第一编遣区办事处委员,陈嘉祐、贺耀组、舒石父、高荫周为第二编遣区办事处委员,丁超五、唐豸、陈仪、赵延绪为第三编遣区办事处委员,褚民谊、李铎、胡翊儒、韩云为第四编遣区办事处委员;任命万福麟为第五编遣区办事处主任委员,荣臻为副主任委员,吴铁城、方本仁、刘维勇、陈钦若、段云峰、李兴中为委员;任命舒宗鎏为海军编遣区办事处委员。

△ 何键电王均、金汉鼎,谓湘事无论如何解决,湘、赣两省"会剿"事宜决不可因而中辍,现仍饬吴(尚)、刘(建绪)两旅照常"清剿"。

△ 全国商会联合会召集全国各省总商会代表会议,各代表均主积极反对特种消费税,决向三全会请愿,务达取消目的。同日,全国商联会通电,请中央党部、国民政府对汉口"水案"迅予严重抗议,非有满意之惩凶、赔偿、道歉保证,万勿轻易了结,商会誓作外交后盾。16 日,商联会及各省商会请愿团向三全大会请愿取消特种消费税。4 月 22 日,商联会电财政部,再请先停止征收特种消费税,并尽快召集第二次裁厘会议。

△ 全国学生联合会总会在南京开第二次执监委全会,16 日移沪继续举行,并发表宣言,以在首都不能得到保障,决定暂在上海设临时办事处;通过派代表赴各地视察、组织学联等议案。

3 月 14 日 国民党中常会第二○五次会议,推胡汉民为三全大会开幕式临时主席,推蒋介石、胡汉民、谭延闿、于右任、孙科、陈果夫、古应芬、吴敬恒、张静江九人为代表资格审查委员会委员。圈定天津市、第三十一、二十三、三十七师出席代表,决定新疆省代表列席改为出席,指派第四十八师等列席代表及加派和补充有关党部代表。又依组织部提议,圈定骆力学、曾三省等九人为甘肃省党部执委。

　　△　国民党南京市党部应绝大多数区党部之请,召集党员代表大会,讨论三全大会代表问题。大会由改组派吴健主持,推中央党校训育处副主任谷正纲上台讲话。谷发言反对蒋介石圈定指派代表的办法,称"这样搞下去,国民党就要亡了"。改组派利用大会通过《反对非法的第三次全国代表大会案》,而亲蒋派则大骂参加会议代表都是"共产党",冲打会场,砸坏玻璃、椅凳,打落孙中山、廖仲恺遗像,谷正纲等多人受伤。蒋介石以维持秩序为名,派军校学生和宪兵冲进会场,捕去会议代表七人。晚,蒋召集代表训话,为其包办三全大会行为辩护。次日,蒋又召集中央党校全体学生训话,宣称:"须绝对服从本校长命令,不得有丝毫怀疑或反对之表示","谷正纲言行乖谬,已免本职,遗缺派张厉生代行,望诸生努力求学,勿为浮言所动。"

　　△　第五十二师师长叶琪电武汉政分会辞本兼各职,以何宣代师长,是日政分会电叶慰留。

　　△　张宗昌在北平众卫街机关被破获,林起云、姜绍武等被捕。

　　△　红四军在距长汀城10里之长岭寨大败福建省防军第二混成旅,击毙旅长郭凤鸣及营长王宝珍等,缴获大量武器弹药,乘胜进占长汀县城。

　　△　南开学校创办人严修在津病逝。

　　3月15日　国民党第三次全国代表大会开幕,出席代表211人,湖北、广西代表未出席,临时主席胡汉民致开会词。蒋介石致开幕词,指出"党内的根本弱点,是思想不统一"。自"清党"以后,许多同志离开三民主义,致使党内理论分歧,思想复杂。"在一方面,有许多人大倡农工小资产阶级为本党应代表的民众,而自命为革命的分子。在别一方面,有许多人竟否认三民主义为社会全义"。这些思想,我们只要研究总理的三民主义,就知道这些左偏右倾的理论,都是错误的。并谓:"希望这一次的大会,对于政治也应该讨论出一个切实的办法,以消灭地方割据的形势,而巩固中央的地位。"末谓:"诚恳的希望一切同志,要以亲爱精诚的精神,共同团结。"

　　△　蒋介石通电并宣言,将国民革命军总司令部及第一集团军总司令部撤销,成立中央与第一编遣区办事处,原隶第一集团军各部队交第一编遣区办事处实行编遣。同日,第二、三、四集团军总司令部及开封、武汉、广州等政治分会亦撤销。

　　△　财政部咨江苏省政府制止该省增加田赋,并令财政厅拟定革新田赋办法,在新办法未定以前,凡田赋已超过地价百分之一者,一概免予增加。

　　△　山东栖霞、莱阳、海阳等县施中诚部改悬青天白日旗,宣称与刘珍年合作共同对付张宗昌。

　　△　中央大学区中等学校联合会在镇江开会,反对江苏继续施行大学区制,决议发表宣言,列举制度庞杂、权责不分、效率低减等八项弊端,并向三全大会建议取消大学区制。

　　△　中华国货维持会电国民政府,请实行服用国产丝棉品,以救农工商生计。

　　3 月 16 日　上午,国民党三全大会开第一次预备会议,推蒋介石、胡汉民、谭延闿、潘公展、于右任、孙科、古应芬、陈果夫、陈耀垣九人为大会主席团。下午,主席团首次会议,议决组织提案审查委员会及宣言起草委员会,其人选由主席团选定介绍大会通过。

　　△　胡宗铎、夏威等电胡汉民、李济深,指责下游缪(培南)、方(鼎英)、夏(斗寅)、刘(峙)各师进兵,并谓:“侦察近日下游各师行动,显无和平诚意……如窜入湘、鄂境界,职部是否应迎头痛击,以保中央威信之处,祈迅即电示祗遵。”

　　△　中央、第一、二、三、五各编遣区宣告成立。广州第八路总部缩编各师长已定,第一师陈济棠,第二师徐景唐,第三师蒋光鼐、副师长蔡廷锴,第五师范石生。海军总司令部撤销。

　　3 月 17 日　汉口总商会通电全国,反对宁、汉开战,呼吁维持和平。

　　△　刘珍年代表李子辉到德州,18 日在前方谒任应岐,商会剿胶东匪事。

△ 滇缅界务研究会代表谢焜等呈请国民政府对英人侵略江心坡事提出抗议,要求屯驻该地之英军一律撤出,释回英人掳去之山官11人,以后中国边圉或中缅未定界内英人不得任意进兵。4月7日,谢等至外交部见外长王正廷,再请严重抗议英人侵占江心坡;并发表该会告同胞书,略谓:江心坡为我旧里麻长官司地,其人民亦我民族之分支,敝会同人勉慰江心坡代表外出请愿制止英人进兵侵入该地,此愿一日不达,进行一日不懈,务盼全国民众一致奋起,据理力争,督促政府,从速抗议。17日,行政院训令外交部,对英人侵略云南江心坡进行严重抗议。

△ 全国医药代表大会在上海开幕,到15省131团体代表262人,议决以"三一七"为中医药界大团结纪念日。同日,上海各中药铺罢业半天,反对卫生部取缔中医药之决议案。19日,大会闭幕,决议组织全国医药团体总联合会,推陆志东等为执行委员,并发表宣言,指责西医余岩等操纵中央卫生委员会摧残中医,使中医前不得继往,后不得开来,虽欲改进,其道无由,要求政府速撤销原案,并惩戒提案人余岩。

△ 上海国际法学会电请国民党三全大会决议,饬令外交当局于最短期间与各国交涉取消领事裁判权。

3月18日 上午,国民党第三次全国代表大会开第一次正式会议,出席代表238人,列席代表25人。胡汉民主席,蒋介石作党务报告。陈果夫报告代表资格审查委员会审查结果,合格者255人,手续未完备者三人。下午,开第二次会议,蒋介石主席,何应钦作军事报告。决议:通过刘文岛等临时动议,令国民政府严令制止叶琪等军事行动;通过组织各种委员会案,由主席提出提案审查委员会九至11人、宣言起草委员会三至七人,决议案整理委员会九至11人,人选俟散会后经主席团讨论后提交明日会议;准潘公展辞主席团职务,补推朱家骅加入;在三全大会期间,各级党部不得开联席会议、代表大会或党员大会。

△ 行政院通令,民众越级陈诉,概不受理。

△ 蒋介石电令各军,20日以前,第一军推进到潜山、太湖之间,

并派一部至宿松,第二军推进到英山及其以北地区;第三军之缪(培南)、曹(万顺)、王(均)、金(汉鼎)各师照原计划集中,鲁(涤平)师应推进至新喻,第三军之警戒部队须派遣至瑞昌、武宁、甘坊市、宜丰、宜春之线。

△ 叶琪部撤出岳州原防,常(德)、桃(源)由何键部李党团接防。

△ 第四十九师副师长李肖庭、军事代表申鸿升见蒋介石,报告该师在胶东肃清残敌情形,并请速发饷弹。蒋准充分接济,并电师长任应岐速前进,与刘珍年会师肃清胶东。

△ 上海各路商界总联合会电三全大会,请注意中日交涉,勿却步退萎。

3 月 19 日 上午,国民党三全大会开第三次会议,孙科主席。通过以王宠惠、李文范等 15 人为提案审查委员会委员,由王宠惠召集;以蔡元培等五人为宣言起草委员会委员,由叶楚伧召集;以李济深、陈布雷等 11 人为决议案整理委员会委员,由李济深召集。谭延闿报告中央政治,苏、浙及南京代表分别报告各该省、市党务。讨论中常会所提"根据训政纲领确定党、政府、人民行使政权、治权之分际及方略案",决议交提案审查委员会审查。下午,开第四次会议,由主席谭延闿报告李济深辞决议案整理委员会委员及召集人,主席意见,委员慰留,改由何应钦召集。广东省、广州市代表报告党务。中常会所提"确定施行政纲之方略及程序以定政治之实行标准案"及"训政时期经济建设实施方针案",决议交付审查。追认中执会所提五案:一、训政纲领案;二、中执监委因共产党关系开除党籍及停止职权案;三、停止程潜职权案;四、因反共开除党籍之林森、张继、谢持、邹鲁、居正、石瑛、覃振、石青阳、茅祖权、沈定一恢复党籍案;五、变更第三次全国代表大会日期案;均予通过追认。

△ 国民政府依国民党三全大会决议,命令叶琪等"迅即遵令停止军事行动,克日退回原防,毋得故违,致干法纪"。

△ 胡宗铎、夏威等 16 日电经李济深转交蒋介石后,是日蒋电复

胡、夏等,略谓:"所有调集皖、赣境内各师,中央用意全为巩固中央,防止反动",指责胡等"不知自责,反决心构衅","逆料兄等发电之日即密令动员之时,日内必实行向中央各师袭击,而冀以迎头痛击之词诬指中央为戎首,不知适以暴露兄等目无中央、蓄心作乱之阴谋",警告胡等不应冒天下之大不韪。

△ 李宗仁自上海密电黄绍竑,谓"醒南(雷飚)参谋长自京回沪,奉任公(李济深)面谕,时机紧急,蒋某甘冒不韪破坏统一,亟须调动大军加以讨伐",希望急速动员。

△ 李品仙等电蒋介石,列举白崇禧排斥异己、力主武汉逆谋、破坏中央威信、强令本军撤退开滦、扰乱北方等罪状,望蒋明令讨伐,表示愿"追随左右,拥护中央"。

△ 蒋军总部以山东省政府主席孙良诚已派第三十六混成旅张永升部填防兖州,令驻徐州之毛炳文师不必派队前往,徐属与鲁毗连,应严密预防;并令谭曙卿旅长认真保护陇海路东段。

△第四十九师张德成团攻占高唐,击退张宗昌便衣队2000余人,张宗昌之师长傅干臣被击毙。

△ 比公使华洛思到南京,与王正廷商洽履行《中比友好通商条约》及收回天津比租界事。

△ 全国电局职工代表向三全大会请愿,要求将无线电管理权收归交通部。

3月20日 三全大会第五次会议,朱家骅主席,安徽、上海、福建代表报告党务;中央常委会提出确定教育方针及其实施原则案,决议交付审查;临时讨论监委会十七年(1928)1月7日检举汪精卫等一案,决议陈公博、甘乃光永远开除党籍,顾孟馀开除党籍三年,汪精卫由大会予以书面警告。

△ 李济深晤蒋介石谈湘事,李表示"但愿大事化小,小事化无,和平解决";"中央应格外宽恕,汉方各将应格外忍受,方能消弭无形。若中央再加压迫,压迫过甚势将不接受,届时中央为威信计益非用兵不

可,和平之局愈将无望,颇非本人之愿"。同日,李语记者:"胡(宗铎)等十六日电系余交蒋,盖不欲个人复函,专听中央处置。"

△ 唐生智由天津赴唐山收集湘军旧部,李品仙、廖磊等重归唐生智节制。同日,李、廖等通电声讨白崇禧,谓白"排斥异己,克扣军饷,野心所炽,直欲抹煞本军历年为革命奋斗之历史,而供彼个人争权攘利之工具,近更明目张胆,强令本军扰乱北方,响应武汉,袭攻徐海,进逼首都,元恶大憝,人得而诛"。

△ 改组派期刊《革命出路》第一期发表《从蒋胡对三全大会的分赃斗争说到蒋桂的火拼》一文,略谓:"蒋胡两人都认为三全大会可以做他们俩造成墨索里尼的机会的绝好武器","两派在表面上看虽是旗鼓相当,好像对三全大会的御用都有把握,其实正为棋逢敌手,双方都互相的生起猜忌","因此大家一方面既然积极的作那出席大会的预备,一方面又在暗中手忙脚乱的作那军事准备……尤其与胡系轧妍的桂系怀着鬼胎";"任他如何装腔作势,这个火拼也不外是时间的问题。"

3 月 21 日 上午,国民党三全大会第六次会议,古应芬主席,西藏代表格桑泽仁、蒙古代表包悦卿报告党务及帝国主义侵略情形。讨论中常会所提"整理本党组织以巩固党基案",决议交付审查;通过以十五年(1926)7 月 9 日为国民革命军誓师北伐纪念日。下午,第七次会议,陈果夫主席,江西、山西省党部代表报告党务;关于国花案被打销;对训政纲领确定党、政府、人民行使政权、治权之分际及方略案,照审查修正案通过;原则通过"根据总理主义编制过去一切党之法令规章,以成一贯系统,并确定总理主要遗教为训政时期中华民国最高根本法案";通过由大会奖慰蒋介石案。

△ 李济深在南京力言湘事可和平解决,致被蒋介石召其来寓,"责其密通桂系,所为不义"软禁于汤山。蔡元培、吴敬恒、张静江、李石曾均未出席三全大会,湘事由蒋介石一人处理。蒋发表声明,此次湘变违背中央决议,破坏国家统一,决非局部问题,必取适当之处置。

△ 编遣委员会第十次常会决议:推凌霄为海军编遣区办事处副

主任；任命杨杰为第六编遣区特派专员；准白崇禧辞第四编遣区主任，原属第四集团军各部队分别编遣，派胡宗铎、何键、陈济棠、黄绍竑分别为武汉、湖南、广东、广西各部队编遣特派员，李品仙为北平原属第四集团军各部队编遣特派员；叶琪免职听候查办，其部队归何键遣置；夏威免师长职，以李明瑞升任；至中央各部队应令于皖、赣境内严守原防，非奉中央命令不得移动。

　　△　是日至次日，黄绍竑在广州召集第八路军各师（旅）长及总部重要将领王应榆、吕焕炎、余汉谋、香翰屏、邓世增、张文等开军事会议，讨论应付时局及派兵布防问题，决下动员令，推黄绍竑代第八路总指挥，粤军全力入赣，广东治安由蒋光鼐师戴戟部负责。黄应各将领之请坐镇广州，暂中止返桂。同时，各军已着手调动。

　　△　湘变发生后，冯玉祥、阎锡山、张学良之间往来频繁，是日冯之代表何其巩、张之代表鲍文樾抵太原，何22日赴五台谒阎。

　　△　长沙商会通电反对南京用兵西征，谓"鲁去何代，仍奉中央命令，出处光明，安用劳师远征，重苦吾民"。22日，湖北省商会亦通电呼吁和平。

　　△　上海总商会等团体反对公共租界工部局出售电气处，本日江苏交涉员金问泗奉外交部训令函驻沪领袖领事，称电气系属公营事业，且与租界内华市民权利有关，如售诸私人，必有垄断独点之弊，殊与市政府前途影响非浅，则本特派员万难承认，请烦查照转知工部局，迅将前项拟议撤销。

　　3月22日　国民党三全大会第八次会议，陈耀垣主席，秘书处临时报告蒋介石呈报昨日编遣委员会处置湘事各决议案；陈果夫报告中监委会过去工作；河南省党部代表报告该省党务。讨论本届中执监委员名额及选举方法案，决议：名额维持二届原数，即执委36人，候补执委24人，监委12人，候补监委8人；方法由主席团介绍加倍中执监委候选人，选举人就中圈选所规定之执监委人数，亦可自选名单以外之人，但执委不得过七人，监委不得过三人，候补执监委由次多数充任，但所得票数需超过参加选举人数之半,如选出之执监委不足额时,则当场再选。人选标准未定,交提案审查委员会详细研究后提出下次会议。周炳琳、段锡朋等提出弹劾特别委员会案,未通过,周等退席,致会场小有混乱。

△　何键通电,谓湘事已奉中政会议依法解决,军民安堵,秩序如常,望诸公考察真相,勿惑流言。

△　蒋军总部令熊式辉为沪宁、沪杭铁路警备司令;陈调元为津浦路警备司令。

△　刘峙电蒋军总部,以鄂东人民自卫团有助逆嫌疑,拟予以缴械以免顾虑。总部复电:如确有助逆行动者即予照办,否则慎重,以免引起人民重大反感,失却人心。

△　福建省政府因地方军师长卢兴邦越权委任驻地各县县长,拒绝省府所委县长赴任,议决具文呈请中央解决。4 月 8 日,国民政府训令行政院转行军政部严饬该师长不得干涉行政,以明权限而重纪纲。

△　四川省政府主席刘文辉等电国民政府,报告该省政府成立。同日,刘电蒋介石表示反对桂系李宗仁、白崇禧。

3 月 23 日　上午,国民党三全大会第九次会议,谭延闿主席,通过变更中执监委选举方法,由各代表每人投票介绍 10 人,以投票最多之 48 人及另由主席团介绍之 48 人为候选人。通过蒋介石所提执监委人选标准修正案,执委年龄须在 30 岁以上,监委须 36 岁以上。追认《国军编遣委员会编遣进行程序大纲》,定为国民政府整军之纲领。决定将"整理本党组织以巩固党基案"并入修改本党总章内审查。组织惩戒委员会惩戒昨日第八次会议擅自退席扰乱会场秩序之代表。通过刘文岛、倪弼等临时动议:国民政府对湘事以往处置大会认为适当,叶琪等如再抗命,由国民政府从严处理案。下午,第十次会议,孙科主席,依上次会议决定,由代表投票介绍中执监委候选人。决议按审查会报告修正通过施行政纲之方略及程序案、慰劳将士及抚恤遗族案。原则通过训政时期经济建设实施纲要方针案,交中央执行委员会讨论。

△　蒋介石决心对桂系用兵。蒋军总部令朱培德、刘峙、朱绍良各军长务于有（25）日以前完毕战斗准备，预定宥（26）日向湘、鄂前进，静待后命；并令朱培德总指挥于九江、南昌、高安、武宁四处设置飞机场，限一星期内完毕，航空队长张静愚于宥日率队到九江；又令第十师方鼎英部，限28日到达九江，即向瑞昌城集中，第六师方策部27日乘船出发，29日到达九江待命。总部行营人员准28日出发。

△　李宗仁由上海到达广州，发表谈话，谓鲁涤平"庇共殃民，事实俱在"，"私运大宗械弹，经王均在九江截获，其举动显系欲包围武汉，危害党国。武汉政分会为断然处分，事前本人并未预闻，事后得胡委员宗铎之报告始知"。"李主席济深未入京前，各同志多劝其勿往，惟李因既身许党国，急欲和平解决湘案，故不顾一切径行赴京，弗料竟被蒋扣留"。

△　第八路军参谋长邓世增偕全体将士自广州电蒋介石，要求释放李济深。同日，邓招待报界，谓致蒋电已发，限三日答复，否则实行武装和平之法。又谓在陈济棠返粤之前，广州治安由其负责。

△　蒋介石派参军蒋锄欧携慰劳书及三万元款到江西慰劳自湘退赣之鲁涤平部第十八师，本日在南昌第十八师驻省办公处接洽，24日赴高安第十八师师部慰劳，并宣达中央意旨，嘱整顿军力待命。

△　上海公共租界纳税华人会发表声明，反对工部局出售电气处，请外交部制止。同日，又电外交部历述交涉增加华董经过，反对工部局总裁费信惇悔约，请迅予交涉本年工部局应增华董二席。

△　中医药代表团就卫生会议提议取消中医药事分别向国民党三全大会、国民政府和卫生部请愿，卫生部次长胡毓威表示："本部正在提倡，使中医药有进步"，对取消中医药之提议，认为不能行于现今之中国。

3月24日　国民政府发表处理湘变三道命令：一、特派李品仙为第四编遣区北平部队编遣特派员，胡宗铎为湖北部队编遣特派员，何键为湖南部队编遣特派员，暂行分别负责编遣，一切秉承编遣委员会办理,所有原属该区现驻河北之各师暂归李品仙全权节制指挥,现驻湖北各师暂归胡宗铎全权节制指挥,现驻湖南各师暂归何键全权节制指挥;二、此次湘变发生,前准查办员蔡元培等声复,李宗仁供职在京,事前并不知情,第五十二师师长叶琪、第十五师师长夏威遽行处置湘事,激起衅端,迨中央明令制止双方各守原防,复悍然不顾,叶琪所部竟追击谭道源师,进占湘西,实属好乱称兵,抗命犯纪,罪无可逭,师长叶琪、夏威应即免职查办,叶琪所部第五十二师应交湖南省政府主席何键就地编遣,第十五师长应委李明瑞接充;三、所有中央前日调赴皖、赣边境之各师应在现地停止静待后命,以促武汉各部之猛省。

　　△　冯玉祥电复蒋介石,对中央用兵西征表示服从,出兵路线及作战方略请指授机宜。

　　△　冯玉祥、阎锡山联名电张学良征求对时局意见,张复电表示服从中央,东北军出动必须奉蒋命令。

　　△　李宗仁、黄绍竑在广州与第八路军将领邓世增、张文、余汉谋、香翰屏等会商应付时局。同日,陈铭枢自香港电黄绍竑、邓世增,劝粤"为促进和平计,只宜冷静斡旋,万无自为戎首而迫天下于不得不战之理"。

　　△　蒋军已完成战斗准备,第一军刘峙部拟于25日由集中地开始运动,准备占领广济、武穴。朱绍良拟于26日由霍山向英山前进,俟第一军进占武穴后,第二军即占领罗田、齐家堡之线。第三军朱培德计划第十八师由清江进至袁州,进取醴陵、株洲;第七师由高安进至万载,取浏阳;第四师由奉新进至铜鼓,取平江;第十一师由德安进至义宁,以一部控制武宁,进出通城。同日,朱培德电总部报告桂军本晨向铜鼓、万载方面挺进;25日夏斗寅亦电南京,称桂军于是晨向英山进攻,请蒋介石迅示处置方针。

　　△　第四师师长缪培南等电促何键及湘军各旅长拥护中央,讨伐桂系。

　　△　李济深被扣汤山后,吴敬恒陪李寓汤山。本日,胡汉民、孙科、

戴季陶至汤山与吴谈湘事,吴认为"自李济深事发生后,欲集中人才于中央将不可能,因无形中已见意志分歧"。同日,记者访吴,问湘事能否解决,吴答:"若照中央办法,将一二不守规则者解职,湘事可以解决。"

　　△　王正廷与芳泽在上海重开济案谈判并签订草约,决数日内在南京正式会议解决。

　　3月25日　上午,三全大会第十一次会议,胡汉民主席,云南省党部代表报告党务,依审查报告通过确定教育方针及实施原则案。下午,第十二次会议,辽宁、吉林、黑龙江、三藩市党部代表报告党务。讨论修改党章案,决议:本党党员分预备党员及党员两种,将青年团归入预备党员内,不另设青年团;预备党员须年在16岁以上,党员须20岁以上;预备党员经一年以上训练,经审查合格始得为党员。

　　△　冯玉祥由百泉到郑州,转赴华山养病。蒋介石派邵力子访冯,商应付时局办法,邵于29日抵华山。

　　△　李宗仁偕黄绍竑由粤返桂规划军事,27日到达南宁。

　　△　白崇禧由上海乘"笠置丸"轮抵日本门司。

　　△　叶琪部在德山(湘北)附近与谭道源部战后退岳阳。

　　△　宋子文赴沪筹军费,与银行界接洽以裁兵公债抵借现金750万元事。

　　△　广东省政府代财政厅长沈载和召集各商会代表讨论中行挤兑风潮,决用封存中央银行纸币办法进行救济,自27日起三日封竣。

　　△　张宗昌之联合军在芝罘(烟台)南12英里处向刘珍年军进攻,顾震部在即墨与刘军激战,次日占领该城。张宗昌军在东昌(今聊城)被马鸿逵之第十七师战败,死七八百人,师长以下500余人被俘。

　　△　驻美公使伍朝枢向美国总统胡佛递交国书,胡表示对两国外交当以合作精神出之。

　　△　全国反日会议决坚持本会对中日交涉须日方先撤兵而后开始谈判,以革命手段废除中日间一切不平等条约之主张,并警告王正廷办理中日交涉须尊重民意。

3 月 26 日　国民党三全大会第十三次会议,修改总章草案全部通过,决议:中委二年一任,中常委名额五至九人,取消省市党部联席会议,下级党部须绝对服从上级党部。蒋介石、谭延闿、戴季陶、何应钦、胡汉民、孙科、阎锡山、陈果夫、陈铭枢、叶楚伧、朱培德、冯玉祥、吴铁城、宋庆龄、于右任、宋子文、汪精卫、伍朝枢、何成濬、李文范、王柏龄、邵元冲、朱家骅、张群、刘峙 25 人当选为中央执行委员;吴敬恒、张静江、古应芬、林森、蔡元培、张继、王宠惠、邵力子、李石曾、邓泽如、萧佛成 11 人当选为中央监察委员。

△　国民政府下令讨伐桂系,略谓:"此次武汉政治分会违法僭权,任免官吏,称兵构衅,袭击湖南,政府以和平为怀,力从宽大,除迭令擅自调动之军队制止行动,撤回原防外,仅将地方军政负责人员免职查办,原冀以主义相感召,促首逆诸人之觉悟。乃据第十三师师长夏斗寅有已电称逆军于本日拂晓向我英山前方部队进攻等语,是该逆军等蓄意谋叛,逆迹昭彰。……此次逆谋实为李宗仁、李济深、白崇禧等预有共同计划之叛乱行为","李宗仁、李济深、白崇禧等着即免去本兼各职,听候查办。"

△　蒋介石改订战斗序列,以编遣会名义任命朱培德为"讨逆军"第一路总指挥兼第三军军长;刘峙为"讨逆军"第二路总指挥兼第一军军长;韩复榘为"讨逆军"第三路总指挥;何键为"讨逆军"第四军军长;陈调元为"讨逆军"总预备队总指挥。

△　国民政府任命陈济棠为中央区广东部队编遣特派员,黄绍竑为中央区广西部队编遣特派员,分别节制指挥现驻广东、广西各师旅,仰即各守范围,互重权责。

△　胡汉民电陈铭枢,谓"湖北已分两路犯皖、赣,是非功罪益明,府将下明令讨伐"。同日,陈在港称力主和平,所部不参预军事,并派代表携亲笔函赴南京表示意见。

△　粤军积极备战,邓世增在广州开军事会议,决中路以南雄梅关为防御线,左翼以仁化、城口、汝城、桂东为防御线,右翼以连平、和平、

翁源、兴宁、五华为防御线。

△ 国民政府特派伍朝枢为议订中美公断条约全权代表。

3月27日 上午,国民党三全大会第十四次会议,续选出杨树庄、方振武、赵戴文、周启刚、陈立夫、刘纪文、陈肇英、刘芦隐、丁惟汾、曾养甫、方觉慧11人为中央执行委员,恩克巴图为中央监察委员,王伯群等24人为候补中央执行委员,褚民谊等八人为候补中央监察委员,通过大会宣言。下午,第十五次会议,讨论总章附注,通过全文。蒋介石报告国民政府明令讨伐桂系经过。依胡汉民提议决定永远开除李宗仁、李济深、白崇禧党籍,并交中央监察委员会查明附逆叛徒,一并开除党籍。

△ 蒋、桂正式开战,蒋军刘峙部蒋鼎文师与桂系武汉方面胡宗铎部在湖北、安徽交界之宿松一带激战终日,桂军不支,向双城驿(黄安县北)退却。蒋介石移总司令部于浦口,准备西上,并发表告将士文,列举桂系军阀罪恶最大者五项:第一,投机取巧以扩张一系势力;第二,阴谋毒计以消灭革命武力;第三,挑拨离间以分裂革命袍泽;第四,贪残掠夺以剥削民众利益;第五,违背中央以破坏中国统一。

△ 冯玉祥第二集团军韩复榘部与桂系武汉方面军队在武胜关发生冲突,数小时后桂军南退。同日,海军通电拥护中央,各舰队先后西上参与对桂系作战。

△ 蒋介石电阎锡山,请与张学良、何成濬共同维持北方秩序。本日,何成濬在北平约卫戍部各处商时局和维持治安办法。

△ 张学良代表胡若愚在天津语记者,谓张极不愿国内再起兵戎,今湘、鄂开火实大局之不幸,张矢诚服从中央,除努力三省建设外,不干预三省外之事,奉军将入关之说绝对不确。

△ 上海《响报》第一期发表《蒋介石是湘案的首犯》一文,谓湘事的导火线是"由于蒋介石施行故技,秘密运了两三百万子弹绕道江西之袁州接济鲁涤平,这批子弹由王均护送到湖南境界,经何键发觉……何键于是将这个消息报告第四集团军总司令部,这自然引起一般人的注

意"。"无论蒋介石怎样自欺欺人,拿怎样好的题目,他的鬼蜮伎俩是再也不会骗人了的,所以我们应该认定蒋介石是湘案的首犯"。

△ 国民政府令:军政部部长冯玉祥因病呈请辞职,准给假调理,毋庸辞职,未销假前军政部长以鹿钟麟代理;调鹿钟麟为军政部政务次长。任命张群为上海特别市市长,原任张宗瑲辞职照准。湖南省政府主席鲁涤平辞职照准,指定何键为该省政府主席。任命周启刚为中央编遣区办事处委员。任命凌霄为海军编遣办事处副主任委员。

△ 国民政府公布《国民政府续发卷烟税国库卷条例》,规定发行总额 2400 万元,以充国民政府预算不敷之用。

3 月 28 日 国民党第三次全国代表大会闭幕,谭延闿致闭幕词,蒋介石发表演说,称本党应绝对禁止小组织,并要求各省党部必须与省政府共同前进,避免纠纷。同日,第三届中执委开第一次全体会议,推蒋介石、胡汉民、谭延闿、孙科、戴季陶、于右任、丁惟汾、陈果夫、叶楚伧为常委,决议取消民众训练委员会,主管事务归训练部办理。

△ 国民政府特任何应钦兼署参谋本部参谋总长。蒋介石任命贺耀组为行营总参议,贺国光为代理行营总参谋长。

△ 蒋介石以陆海空军总司令名义电颁"讨逆军"战斗序列:参谋总长何应钦;第一路总指挥朱培德,属第三、第五两军,第三军军长朱培德兼,属第四、第十一、第十二各师,第十四、第十五两旅,第五军军长鲁涤平,属第七、第十八两师;第二路总指挥刘峙,属第一、第二两军,第一军军长刘峙兼,属第一、第二、第九各师及独立炮兵第三团,第二军军长朱绍良,属第八、第十三两师、独立第一旅及骑兵团;第三路总指挥韩复榘,属第六、第七两军;总预备队总指挥陈调元,属第六、第十、第四十八各师及岳盛宣、陈众孚两旅;第四军军长何键,属第十九、第五十、第五十二各师及张其雄、陈渠珍、陈汉章诸部;海军舰队司令陈绍宽;航空大队司令张静愚;兵站总监俞飞鹏。

△ 蒋介石下达作战命令:一、"讨逆军"决以主力略取武汉,同时以一部攻击长岳路,期于两广逆军未到前歼灭武汉之敌;二、第二

路限 3 月 29 日前展开于武宁、宜丰、宜春之线,即以主力向岳州、蒲圻间进攻,一部向长沙威胁其退路,命刘、周二旅位置吉安、赣州,掩护军之侧背;三、第二路限 4 月 3 日前击破当面之敌,占领麻城、团风、黄冈之线,其主力即经黄陂及沿江前进,以一部渡江相机策应第一路军之作战。第一军限 4 月 5 日以前到达武汉附近,与第三路相呼应,协力攻取武汉;四、第三路集中南阳、信阳附近,于 4 月 2 日以前分经襄阳、武胜关,限 5 日以前到达武汉附近,同第二路主力攻取武汉;五、二、三路间作战境地为东阳岗、太平镇、祝家湾车站之线,线上属第二路;六、总预备队先以第六、第十两师限 3 月 29 日前集结九江、瑞昌附近待命;七、海军游弋于九江、汉口间,极力妨害敌人之行动,并援助第一军之作战及渡江;八、航空大队应先在九江、南昌设置航空站,以后推进至义宁、袁州、鄂城,袭击武汉及湘南一带敌军,并侦察其行动。

△ 蒋介石电冯玉祥,请酌派重要军官数员速来行营赞襄一切;又电何成濬成立国府驻平办事处,以便于各方接洽有关公务。

△ 蒋军第九师蒋鼎文部与桂军胡宗铎部继续战于双城驿,蒋军占领武穴,桂军退向黄冈。同日,蒋军第一师刘峙部进抵游家桥、傅村一带,第二师顾祝同部已到广济。

△ 张学良派代表秦华谒蒋介石表示服从中央,并请示战争进行方略。

△ 蒋军第十八师特别党部通电反对桂系,提出打倒大广西主义。陈调元、方振武、李品仙、刘春荣、岳维峻、徐源泉等分别通电讨伐桂系。

△ 上午,王正廷与芳泽在南京正式会谈,互换解决济案照会,签定议定书和声明书各一件,决定山东日兵至多两月内全部撤去,撤兵前后之措置由两国各派委员就地商办;议定关于济案损害问题,双方各任命同数委员设共同委员会实地调查决定之;声明“济案不快之感情悉成过去,以期国交益臻敦厚”。下午,上述文件在南京和东京同时发表。同日,日本参谋总长铃木训令第三师团即行撤退驻鲁日军。

△ 张宗昌、吴光新、孙殿英、刘开泰等到烟台,设司令部于商会内,改公安局为警厅,任锦涛为厅长。

3 月 29 日 蒋介石乘"楚有"舰由南京赴上游督师,贺国光、俞飞鹏等随行,总部行营人员大部另船出发。30 日抵九江,行营即设九江大东旅馆。出发前蒋手谕:28 日后行动不准发表,否则径予逮捕。

△ 第四集团军全体将士发表讨蒋宣言,指责蒋介石把持中央、藉党营私、宠用群小、排除异己、指派代表包办三全大会、钳制舆论、格杀无辜同志、滥发公债、搜括自肥、投降帝国主义、承认西原借款、滥增中枢军额、擅用裁兵经费等。"近且丧心病狂,变本加厉,藉局部之问题,奋独夫之骄固,妄发乱命,轻动天下之忧,逞凶残民,不恤举国之怨,奔走调停者横被拘囚,号呼请愿者均遭诛戮"。望全党同志、爱国同胞共起义师,一致击讨。

△ 出席国民党三全大会代表、粤军第一师师长陈济棠、海军司令陈策、第二师师长徐景唐、副师长邓彦华、广东财政厅长冯祝万在上海得李济深被扣讯后南返,是日抵香港,即赴医院慰问陈铭枢病情,并会商粤事。

△ 蒋介石任命唐生智为"讨逆军"第五路总指挥,李品仙为第八军军长,何成濬为第九军军长,第五路以第八、九两军编成之。4 月 4 日,唐、李、何联名通电拥蒋反桂。

△ 阎锡山电中央党部及国民政府,谓政府讨伐桂系,实具苦衷,"锡山素以拥护中央、维持和平为职志,遭兹事变,义当整饬所部静候命令"。同日,杨树庄亦电国民政府对讨伐桂系表示拥护。

△ 王正廷与芳泽在南京会晤,交换宁案、汉案及修约意见。

3 月 30 日 陈铭枢、陈济棠、陈策、蒋光鼐、蔡廷锴联名通电,宣称:粤省军队为党国所有,不能供一派一系之指挥驱策,其有谋不利于我粤而牵之入战争漩涡者,则为粤人公敌。同日,陈济棠在"海虎"舰就中央编遣区广东编遣特派员职,即下令停止出兵,并应邓世增要求,准桂军 24 小时内自由离境。

△　蒋介石在"楚有"舰召集方鼎英、方策两师长面授机宜,又与朱培德商作战计划,并改订战斗序列,令以第四师、第七师编成第三军,派朱培德兼任军长;以第十八师、第四十八师编成第五军,派鲁涤平兼任军长;以第十师、第十一师编成第十军,派方鼎英兼任军长。又令徐源泉率第四十八师主力六团于 4 月 2 日到达九江。

△　蒋系第一、第二军与桂系胡宗铎、陶钧部激战于罗田、蔡家河、蕲春、田家镇一线。31 日,蒋军占领各要害,并向麻城、黄冈追击,桂军退向阳罗、黄陂。蒋系海军进攻阳罗,进逼刘家庙,桂军不支退去。

△　冯玉祥电蒋介石,谓已派定魏凤楼、石友三、张自忠、田金凯、张维玺、程希贤、万选才等七个师由韩复榘指挥,即日向武汉前进。

△　白崇禧由日本抵香港,即返粤。同日,邓世增等再开军事会议,因粤中多数将领反桂,准备出走。

3 月 31 日　蒋介石自武穴回九江,即将行营移往湖口,并派第六师归刘峙指挥,倘武汉内变确实,即令该师乘船直驶汉口,担任武汉临时卫戍勤务。

△　蒋介石通过俞作柏运动李明瑞反桂,李之代表阮庆电告俞(时在上海),谓李决定到黄陂祁家湾即反攻回汉。是日阮至九江行营报告汉方军事计划分五路:一路司令何键,防线在湖南边境;二路司令叶琪,防线在青山;三路司令夏威未就职,由副司令李明瑞代,防线在祁家湾至京汉路;四路司令胡宗铎,防线在阳罗;五路司令陶钧,防线在三、四路之间,拟以三、四、五路全力迎击蒋军刘、顾、夏诸部,以一、二路进攻江西。

△　陈济棠、陈策等回到广州,并开军事会议,决议一致主张和平,停止出兵,商定结束总部办法。同日,余汉谋、香翰屏、陈章甫、李务滋由广州赴香港谒陈铭枢商粤事。陈主张服从中央,维持和平。

△　黄绍竑由桂赴粤,本日抵河口登陆,因闻粤变折回梧州。新到广州桂军两团及第十五军驻粤办事处同时离广州返桂。

△　李济深、吴敬恒在汤山俱乐部同晤记者。吴谓:"桂系此次叛

谋殊属不识大体……以今日而论,李济深虽以地域关系,蒙有极大之嫌疑,但其个人根性与见识,比较李宗仁等较好。曾询任潮(李济深),李宗仁军事会议席上发表之证据(指本月 19 日李宗仁假借李济深谕令黄绍竑调动大军讨蒋之密电)系何时寄出,彼谓并无其事,近且上一呈至国府,陈辩实未预闻逆谋。"随即李亲笔书字交记者带回发表:"昔人云有子万事足,无官一身轻,余今日竟得尝此中好滋味矣。"

△　济南市民悬青天白日旗庆祝接收,山东省政府主席孙良诚和济南维持会长柴勤唐均出告示安民,要市民"各安居乐业,勿得自相惊扰",并谓"从前或作轨外行动,或有附逆嫌疑,苟能革命自新,均当曲予原宥,免究既往"。同日,驻济日领西田宴接收胶济委员会委员长崔士杰等,席间交换接收济南问题意见。

是月　国民党广西、湖北、汉口及第十五师、第十六师、第十七师、第五十五师、第五十六师代表团发表不出席三全大会宣言,指责蒋介石窃党造派,"把持中央,以发展其个人之地位,造成蒋家之天下","此次代表大会既完全为蒋所包办,于是全党最高权力机关满布其私人,至一变而为蒋家之御用机关,更可以利用大会之决议实行其中央集权、武力统一之一贯政策,而巧避扰乱党国、破坏统一之罪名,凶焰所煽,顺余者生,逆余则死,代表言论、身体之自由在开会期间几乎完全失去",代表大会完全在蒋威胁之下,绝不能行使职权,为国家和党的利益,为个人争人格,不能不拒绝出席会议。

△　2、3 月间,李宗仁派其代表温乔生到河南,在百泉见冯玉祥,约冯一致反蒋,冯表示也要打蒋,但部署军队需要时间,望李、白(崇禧)先发动,撑持两个星期,到时一定响应。

4 月

4 月 1 日　蒋军第二路刘峙部攻占黄冈,罗霖旅降,夏威受重伤,其部归李明瑞指挥。同日,蒋军又占领麻城;海军"楚观"、"楚同"等舰已向刘家庙发起攻击。晚7时，蒋介石乘"楚有"舰抵黄冈，召集刘峙等面授机宜，手令第二路军于到达黄冈、团风、麻城之线后迅速整顿，派骑兵团向黄安以北严密搜索前进，并随时与第三路联络，防敌由黄陂以北地区出击。又令第一路军分左、右两翼，左翼司令朱培德兼，副司令王均，第七、第十二、第十八各师属之，对湖南境内之逆军取攻势防御，并相机进取长沙而占领之；右翼司令张发奎，副司令方鼎英，第四、第十、第十一各师属之，对湖北境内之逆军取积极攻势，攻截武长路北段，限5日前占领威宁、蒲圻等地，以断武汉敌人之退路。

△　粤军第二师师长徐景唐电陈济棠，谓"和平为今日切要之图，望总揽提挈"。同日，粤军旅长余汉谋、香翰屏、陈章甫、云瀛桥、邓彦华、李务滋、蔡廷锴、戴戟等联合通电拥护陈济棠主和电，称实行和平为营救李济深之惟一方法。

△　桂系将领在梧州开军事会议，决定全力救武汉，将桂系军队改称"靖难军"，派18个团由粤、桂入湘，推白崇禧为总指挥，黄旭初为前敌总指挥，调伍廷飏部由桂林出发入湘与黄部会合。同日，黄旭初、吕焕炎两师由韶关北上，并电粤方，谓两粤今虽各行其事，仍属同志，勿自相煎迫。

△　广西梧州警备司令龚杰元因粤方拥蒋，下令水陆军警一体施行戒严，所有市区冲要地点每晚10时以后由军警派哨制止通过，水上派军舰数艘分扼冲要河道检查船只。

△　邓世增因出兵主张失败，辞广州公安局长和独立旅旅长职，离粤赴沪，准备出洋；第八路总部各处长张文等亦离粤赴梧。

△　蒋介石任命方振武为"讨逆军"第六路总指挥兼第十军军长及津浦路北段警备司令，7日起所部陆续开往德州。

△　国民政府令：第四编遣区办事处着即撤销。

△　何成濬通电宣布成立国府驻平办事处，并依蒋介石令于是日组成陆海空军总司令部北平行营，何为主任，统辖北方各部队。第四集团军在平军官团内有武汉送来300余人被资遣，其中数人因与守卫者

冲突被刺伤。

△　何键通电声称,编遣会第十次常会决议和国民政府 3 月 24 日命令"足以弭患扶危,宁人息事",表示拥护。

△　冯玉祥在华山通电各报馆,谓武汉军阀甘冒不韪,中央万不得已明令讨伐,"玉祥谨以至诚,静待后命,苟利党国,惟义是从"。同日,刘湘电蒋介石,谓四川频年混战皆由桂系横阻,武汉竭力挑唆,桂系祸川祸国,罪无可逃,刻已积极准备,受命即发。

△　红四军主动撤出长汀,回师赣南,在瑞金与红五军会合。次日,福建省防军第二旅两连占领长汀城。8 日,红五军彭德怀部在雩都受命回湘赣边界恢复割据游击区域。

4 月 2 日　蒋军第二路刘峙部与桂系胡宗铎、陶钧、夏威部激战于五通口、新洲、碾子冈、黄陂之线,是晚,刘部已占领距离武汉数十里之青山。

△　李明瑞倒戈降蒋,将部队由团风撤至孝感,并贴出打倒胡宗铎、夏威、叶琪等标语。3 日,李与杨腾辉联名通电,表示"誓以至诚拥护中央,刻已率领所部离开战线,听候命令"。15 日,国民政府下令奖励李、杨。

△　蒋介石电冯玉祥、鹿钟麟转韩复榘,奖勉韩等出兵讨逆。又令罗霖旅加入第二军,归朱绍良指挥。

△　白崇禧、黄旭初抵梧州。同日,黄令许宗武部开乐昌,王应榆部已开至良田,驻嘉禾之防军亦开永兴,准备直趋株萍线。

△　何键电何应钦,报告已派主力向武昌前进,另派两旅赴湘南迎击桂军,请转告各友军勿生误会,交饬赣南部队齐头并进。

△　陈济棠召集重要会议,讨论接收第八路军总部办法、遣置总部人员及粤军编遣事宜,并决定调兵增防西、南两路。同日,国民党广东省和广州市党部联名电中央,称陈济棠等返粤,真相大白,武汉抗命称兵,中央不得已下令讨伐,誓当竭诚拥护。12 日,广州市各级党部联席会议复发出三电:一指责李宗仁等,一慰劳蒋介石,一促陈铭枢早日返

省主政。

　　△　东北将领张学良、张作相、万福麟、汤玉麟联名通电拥护中央，声讨桂系。4日，云南省政府主席、第三十八军军长龙云电蒋介石，表示拥护讨桂，"敬待后命"。

　　△　行政院第十八次会议决议，自本年4月10日至1930年4月10日，举办关税附加赈捐2.5％。

　　△　中日双方接交胶济委员在济南开会，日方已准备交待。3日，日方派松室赴泰安谒孙良诚，希望中国早日接收，孙决定派程心明、梁冠英等四师约六万人接收胶济。

　　△　驻平日代办崛义贵访商震，以济案签字，宁案商有眉目，望中止平、津反日会活动。商允尽力劝导，下令军警随时纠正。

　　△　"水案"交涉因湘事发生，日方推翻前议，本日驻汉日领通知交涉员甘介侯谓东京未准撤兵，甘表示拒绝。

　　△　皖南悍匪朱富润率部占领祁门县城，3日又占休宁县城。

　　4月3日　胡宗铎、陶钧、夏威等在黄陂开紧急会议，决定改守为攻，即日下令于4日进行总攻击，但因夏部已不听命令，胡、陶遂分途退却。4日，胡部退往夏口、柏泉，陶部退往蔡甸，胡、陶本人通电下野，师长职交李石樵、郑重接代。张知本、潘宜之等亦同时离汉。

　　△　武汉方面发出戒严布告，4日开始实行。第四集团军总部订定封锁江面条例，本日晚12时起实行，每日上午6时前，下午7时后，无论中外商轮、兵舰一律禁止通行。

　　△　蒋介石令第二路军第八师向茶棚冈西进，骑兵旅向长弘岭、高阳桥西北地区搜索，第一师向罗家田经长堰西进，以攻敌之右侧背，并积极向黄陂前进，截断敌之归路，第九师尾随第一师之后，偏移右翼，相机策应。又令第一路军右翼改换行进目标，其第四师经通山趋咸宁，第十一师经通山以北地区向贺胜桥，第十师经金牛镇直捣纸坊，各师到目的地后即转攻武昌、汉阳，与江北第二路军相呼应。

　　△　陈绍宽率"楚同"、"江贞"等舰继续向刘家庙进攻，"楚有"、"楚

观"等舰在团风一带掩护陆军登岸。

　　△　何键派代表张慕先携函见蒋介石,表示遵命暂维湘局,请蒋"训示机宜,俾有遵循"。4 日,何在长沙召集军政联席会议决定拥蒋反桂,宣布就湖南编遣特派员及"讨逆"第四军军长职。同日,何并电劝夏威、叶琪等下野。

　　△　编遣委员会常会决议:总务部主任由葛敬恩代理,编组部主任由何应钦兼,以周亚卫副之。8 日,国民政府明令发表。

　　△　中央大学区所属中等学校教职员联合会发表宣言,陈述大学区制各种弊害,要求取消。4 月 6 日,国民党江苏省党部呈中执委会请取消大学区制,并弹劾中大校长张乃燕。

　　△　中华职业教育社在上海开夏季评议员会,讨论设立补习性质之职业专修学校等问题,并推王云五、邹秉文、廖茂如为常任评议员。

4 月 4 日　蒋介石乘"楚有"舰抵鄂城,并以陆海空军总司令名义发表《告第四集团军将士书》,声称"第四集团军本为国家之公有军队,而李、白等劫持为一派一系所私有","湘变发生以来,李、白等逆行愈著,叛迹益彰",政府不得已用兵,"中央惟知严惩祸首,绝不牵连各将士,各将士须服从中央,严守纪律,静待后命"。同日,总司令行营亦发出布告谴责桂系。

　　△　蒋军第二路已占领团风,前锋到达距武昌 30 里附近地方。海军继续进攻刘家庙,"楚观"、"楚同"、"江贞"、"咸宁"四舰在谌家矶江面遭到桂军野炮射击,激战终日,蒋军冲破桂军第一、二、三道防线,桂军被迫撤退。同日,蒋介石委李石樵代胡宗铎部师长,石毓灵代陶钧部师长;危宿钟、门炳岳两旅已有相当接洽,令朱培德转知前线注意,准其投诚,并令第一路军右翼各师兼程向武长路北段原定目标前进,以防桂军南逃。

　　△　桂军各师撤出武汉退鄂西,武汉治安由卫戍部参谋长聂洸负责维持。武汉商会、公安局及各界代表开会,决定组织临时治安委员会,推孔庚为委员长,中央派郑介民等参加(郑为副委员长)。孔电请蒋

介石入汉,并派黄文植、聂洸、甘介侯等乘轮往迎。5日,桂系溃兵千余在汉被公安队缴械。

　　△　武汉桂系机关报《中山日报》被封,其他各报均变换论调,无不讴歌中央政府,并载有打倒李宗仁、打倒桂系军阀等字样。7日,方觉慧奉总部行营命接收武汉《民国》、《中山》两报。8日,《民国日报》停刊,《中山日报》日出两张。

　　△　冯军韩复榘部前锋到达孝感,5日第二十九师攻占武胜关,6日抵广水。同日韩令所部由襄樊、老河口一带向荆、沙急进。

　　△　北平陆海空军总司令行营发表蒋介石命令,宣布北方第一、四集团军今后均归阎锡山节制。

　　△　胡汉民、孙科、王宠惠、古应芬等电陈铭枢、陈济棠、粤军各师、旅长、各团体、各报馆等,历数桂系之罪状,称中央用兵为不得已,望乡人憬然有悟。

　　△　黄旭初、吕焕炎、王应榆在宜章通电赞同粤中将领之和平主张,“应请即将本师各旅速行退回原防”。

　　△　国民党第三届中央执行委员会第一次全体会议开二次大会,修正通过《中央执行委员会组织草案》;决议国府侨务委员会改归中央执行委员会;通过整饬党纪通令。

　　△　胶济接防委员会通电,谓:“现时接收济南、青岛及沿路一切事宜协商均顺利,不日即可实行,孙主席(良诚)已具决心派遣精军四个师计六万人,用以肃清胶东,现已动员,至对于反动分子,本取宽大主义,不追既往,许其自新,但在接收期间如尚蠢动或犹无悔悟者,即一律剿灭,决不宽贷。”

　　△　津浦路恢复通车,南北客车分段通达济南。

　　△　清华大学校长罗家伦电清华教授会吴之椿等,因董事会减费,其志受阻,决心辞职。20日,国民政府指令慰留。

　　△　国民党上海市执委会议决:改组反日会为国民救国会,推陈德徵、王延松、郑通伟等为该会执行委员;又组织救国基金董事会,推陈德

徵、吴开先、施公猛等为董事,上述两会均由陈负责召集。

△　上海警备司令部及市公安局破获英商"大通"轮私运鸦片五万两以上,价值可达数万元,请交署向英领提出严重抗议。

4 月 5 日　蒋军第二路刘峙、顾祝同、蒋鼎文、夏斗寅部及海军各舰艇进占武汉,蒋介石乘"楚有"舰抵汉,汉各界代表孔庚等登舰欢迎。蒋并派第六师方策部一旅先赴汉口准备接收、布防及设行营事宜。同日,总司令行营任命鲁涤平为武汉卫戍司令,鲁未到任前由刘峙代;刘文岛为武汉市市长。又令刘峙照原计划攻击前进,务期消灭逆军,以除后患;令宜昌刘和鼎旅长速侦察敌踪,扼要堵截;任命门炳岳为独立第六旅旅长兼鄂西追击队总指挥,任命焦文典、罗霖、危宿钟、胡天乐分别为独立第一、四、五、八各旅旅长,命门指挥独立第五、六、八各旅,由现地出发向汉川、蔡甸追击武汉溃军(后复令门等在汉川停止待命,进行整顿);令鹿钟麟转知韩复榘在现地停止待命。

△　陈绍宽派"江鲲"舰向上游巡弋。6 日,继续派"楚同"、"楚谦"、"咸宁"、"江犀"四舰追击桂军,先后占领金口、嘉鱼等地,8 日已过新堤、城陵矶,到岳阳。陈又增派"楚观"、"勇胜"、"诚胜"各舰追击。10日,"咸宁"、"江犀"、"江鲲"等舰已抵沙市,一面压迫残敌,一面电促友军西发。

△　桂系叶琪部退岳州,何键令在云溪待命,派郭涛前往联系接收事宜,并派陶广旅开岳州,炮兵营开城陵矶。同日,谭道源接防桃源。

△　贵州周西成电国民政府,表示服从中央命令。6 日,范石生、许克祥通电服从中央。

△　蒋介石电何成濬令速调方振武部集中德州,并警备津浦北段。6 日,何电方奉行。

△　山东省政府主席孙良诚派第二十二师程心明部接防胶济,本日该师第六十六旅到达党家庄,第六十五旅已进驻崮山。

4 月 6 日　蒋介石偕贺耀组、陈绍宽等在汉口江海关码头登岸。同日,蒋以总司令名义在汉布告安民。

　　△　"讨逆军"空军司令张静愚由南京乘轮西上指挥一切,航空署除已派两队飞机外,又派新自美国购买之民用飞机往前线。

　　△　徐景唐因主张武装和平,与陈铭枢、陈济棠意见不合,本日由香港返汕头表示消极。

　　△　桂系黄旭初、吕焕炎、王应榆、叶大森等部由湘南退回粤边,黄、叶两部取道小北江返桂,吕、王部则向安仁进发。

　　△　蒋介石电四川省政府主席刘文辉,要求各将领遵中央前令,共同肃清杨森,以期川局统一。

　　△　全国巡回拒毒运动大会在上海开幕,拒毒会会长罗运炎主席,到各界代表约千人,已组成全国拒毒巡回运动团,即赴各地。

　　4月7日　蒋介石部署军事:暂调第一师第二旅胡宗南部会同第六师方策部负武汉卫戍责任;着第十八师鲁涤平部开拔来汉担任卫戍勤务;着第十一师曹万顺部即日开武昌以待后命;令朱绍良率第八、第十三两师即日由现地向潜江、荆、沙方面追击胡、陶残部,不得迟延;令张发奎率第十、第四两师限9日同时在各该地乘船上驶向沙市追击;令海军第二舰队派浅水舰三艘同时溯江上驶协同追击;令朱培德将熊式辉第五师驻赣各旅调集沪、宁归还建制,王(均)、金(汉鼎)两师即饬回原防从事"剿共"。

　　△　蒋介石电胡宗铎、陶钧,略称:"此次背叛,罪在李、白,对兄等不加追究,如将所部交所属统领,对兄等行动更不加束缚,居汉出洋皆可。"同日,总司令部行营重委桂系驻湘北各部队官长:程汝怀为新编第六师师长;李明瑞为第十五师师长;李石樵为第十六师师长;石毓灵为第十七师师长;罗霖为第四独立旅旅长;危宿钟为第五独立旅旅长;门炳岳为第六独立旅旅长;刘和鼎为第七独立旅旅长;胡乐天为第八独立旅旅长;前四集团炮兵团改为独立炮兵第四团,陆阴楫仍任团长;前四集团铁甲车队"北平号"、"云贵号"、"长城号"均着开至武汉听候点编。

　　△　蒋介石再令韩复榘部在原地停止整顿待命,并将各部所在地点具报。8日,韩复榘电称,张允荣师在广水,石友三师在柳林、李家寨

一带停止待命。

△ 陈铭枢电黄绍竑，略谓："弟为私为公，不忍视粤人之涂炭，千回万折，终不得不呼吁和平"，"粤不加入战争……即在求和平，无论大局如何迁移，终不违背此旨。"同日，陈济棠派香翰屏赴梧州劝黄拥护中央，黄表示赞成广东将领之和平运动。

△ 张宗昌攻牟平刘珍年，遭到失败。孙殿英受山东省政府委就独立第二旅长职。孙曾奉何成濬命与任应岐联合，9 日，孙、任代表梅华德、李凤亭在济招待新闻界，宣布两军联合进军胶东计划。

△ 川战再起，原退往广安、渠县一带之杨森、罗泽洲等部，由成都、重庆间向泸州、叙州进攻，以断刘湘与刘文辉的联络。

△ 长岳护路副司令兼第二团团长陈光中部在平江哗变，经蒲塘、金井、湘阴、益阳向武冈方面逃去。9 日，何键分电湘阴、益阳、安化、湘乡、武冈等县驻军与团防堵截，10 日，又电第一警备司令陈汉章及第十九师堵截。

△ 全国反日会在南京开提倡国货委员会，议决召集全国提倡国货委员会代表大会；聘胡文虎、胡文豹、陈嘉庚等为该会委员。

4 月 8 日 国民党三届一中全会第三次会议，推蒋介石为中央党部组织部部长，陈果夫为副部长，叶楚伧为宣传部部长，刘芦隐为副部长，戴季陶为训练部部长，何应钦为副部长，陈立夫为秘书长。通过中央政治会议案，决定：一、政治会议委员就中央执监委员中推定之，其人数不得超过中央执监委员全数之半数；二、依据以上原则，交常会修改条例并决定其人选。依吴铁城临时动议，通过以全会名义致电奖励蒋介石讨桂"功绩"。

△ 蒋介石在武汉通电自劾，略谓：此次鄂战"兵不血刃而逆首窜逃，武汉恢复，足见叛党背国之徒决不能苟存于青天白日之下"；表示"事先既有失察之处，事发复无阻止之方"，"一俟武汉粗定，大局敉平，当即遄返首都，引咎自劾，静待处分"。

△ 蒋介石以桂军大部西退，尚有零星潜伏各村落间，除派朱绍良

等部追击外,决定主力控制于武汉南北地区以备非常事变;着刘峙部第一军诸部队集结于黄陂、横店、祁家湾附近地区,骑兵团改由刘指挥;着张发奎所属第四、第十、第十一各师改变由水道追击原令,向武昌、金口、贺胜桥附近地区集结;着李明瑞第十五师集结安陆附近;罗霖第四旅集结黄安附近;并电军政部,以讨逆军事已告段落,请转饬各方原定派遣各部队停止待命。

△　冯玉祥自华山再次通电各报馆,数桂系北伐时停兵武汉,不发兵援助彰德之役,肆意挑拨冯与中央关系等罪状四端。

△　胡汉民、戴季陶、孙科、古应芬等电陈铭枢、陈济棠,谓李济深功不补过,其安全有蒋介石亲署之函为保证,近日反动者复为种种谣诼,希图煽动,其用心可知,"弟等护之之心当始终不渝"。

△　中日接防胶济会议开第三次会,议决军政各机关入济办法,济南、张店、博山、坊子、青岛均派联络员,胶济沿线治安维持由双方负责,十日内军队将济南及胶济路沿线各要区接收。同日,日本山东派遣军安满师团长电日军总参谋长,请日政府鉴于中国目下之政情变更既定方针。9日,崔士杰赴泰安向山东省政府孙良诚报告接防会议情形;驻青、济日领藤田、西田同车到泰谒孙,商撤军保侨事宜。

△　张鸣九残部占领章丘城北旧军镇,大肆烧杀,难民数千人逃济。

△　安徽省政府在安庆实行大逮捕,分别在安大、第一中学、平心桥二十三号、康济里一号、西门外贺震昌锅铁店等处捕共产党员及嫌疑者30余人。

4月9日　蒋介石致函嘉慰李明瑞、杨腾辉。同日,李、杨等电蒋,声讨李宗仁、白崇禧、胡宗铎、陶钧破坏统一,擅自称兵等罪状,表示该军"不供一人一系之利用,自冬(2)日起集中京汉南段,严守纪律,拥护中央,静待主席之后命"。

△　蒋介石电令何键剿办入湘桂军黄旭初、吕焕炎两部,并速转谭道源率所部至石首、公安、松滋一带截堵武汉方面溃军。

　　△　孔庚奉蒋介石命赴荆、沙晤胡宗铎、陶钧商收编。胡是日到潜江，所部集中荆门，陶 10 日至沙市。

　　△　邵力子奉蒋令往华山谒冯玉祥后，是日抵汉，携有冯致蒋函，内称鄂边境之军队以中央政府命令是从，拟即退回豫省。冯亦派曹浩森、刘骥赴汉，商增进冯、蒋关系。

　　△　蔡廷锴第七旅开抵广州，余汉谋率部赴韶关。

　　△　国民政府以接防准备尚未完备为由，要求日方缓撤山东日军，万不得已请先撤张店以西之日军，至张店以东之日军务须待中国方面准备完成后再撤。11 日，外交部长王正廷再请日领冈本向日本当局正式要求暂缓撤退驻博山以东日军。

　　△　山东省当局接冯玉祥电，谓特派郑大章、席液池两师骑兵赴鲁接防，以厚兵力，该两师共三万人，前锋已由曹州抵兖州。

　　△　行政院第十九次会议决议，将平奉路改称北宁路。

　　△　宋子文离南京赴汉整理两湖财政及恢复汉口中行，11 日到汉即谒蒋介石商两湖国税等问题，12 日，汉银行团宴宋并讨论财部旧欠鄂债问题。汉商会要求清还中央欠汉商会款及免除苛捐杂税。4 月 20 日，宋与银行界达成善后借款 280 万元之协议，以鄂岸盐税作抵，款项由上海各银行委汉口各分行代办。

　　△　练习舰队司令陈训泳率"海容"、"应瑞"两舰自沪经厦赴粤，改编粤舰队，以统一海军及对付桂军。

　　△　新任汉口交涉员李芳访各国领事，各领表示亲善，并赞此次对桂之处置。同日，汉日租界障碍物完全撤除，日、法租界均允交署之请，准武装卫兵自由出入，但日巡捕仍将罢工指导员王洪林等四人捕押。

　　4 月 10 日　蒋介石派朱绍良为第二路追击队司令官，夏斗寅为副司令官，率第八、第十三两师，经天门、仙桃镇向荆门、沙市方面追击；张发奎为第一路追击队司令官，方鼎英为副司令官，率第十、第四两师于 11 日由武汉、嘉鱼乘船沿江向上游追击，其先头部队限 13 日到达荆门、沙市；令独立第一旅归朱绍良指挥，速向荆门赶进，勿再延缓。

　　△　冯玉祥在华山电饬豫、陕、甘、青、宁各省政府一致服从中央，所有用人、行政、财政等悉听中央统一指挥。

　　△　韩复榘应蒋介石电召抵汉，11日谒蒋报告军政情形，请示机宜，备受蒋笼络。

　　△　孙总理奉安委员会通过参加奉安大典人员及代表名额，规定国民党中央执监委员、国民政府委员、中央党部职员、南京市党部及所属区分部执监委员、在京各机关荐任以上职员一律参加，对各省党、军、学校、民众团体、华侨等出席代表人数也有所规定。

　　△　周龙光、江华本、有野、崛内等在南京开解决中日悬案预备会议，商宁、汉两案，意见颇接近，宁案解决办法大体与其他各国相似。11日，续开第二次预备会议，汉案换文草案大体商定。12日，开第三次预备会议，讨论修约进行手续。

　　△　中日两国办理接交胶济事宜之委员在济讨论接防程序及日期，议定第一步接收济南至博山一段，第二步接收博山以东至青岛一段，接防军16日起入济南，日军18日至20日撤离济南。

　　4月11日　国民党第三届中央执委会第一次常务会议决议：推谭延闿、胡汉民等审查政治会议组织条例之修正与人选案；戴季陶、孙科等审查三全大会交下训政时期经济建设实施纲要方针案与未及讨论各案；常委会秘书处日常事务由中央秘书长负责处理，秘书长陈立夫未就职前，推叶楚伧负责。同日，以中央执行委员会名义发表三届一中全会通过之整饬通令，要求各级党部随时考察所属党员，如发现有通令所述之出轨言动，应立即纠正制止，不从则进行处分。

　　△　蒋军第八师朱绍良部进占仙桃，在黄家新场附近与桂军张义纯师激战数小时，迫使张师接受改编。同日，桂系胡宗铎、陶钧部由荆、沙退潜江，遭到蒋系海、陆、空军攻击，被俘甚多，失枪2000余支。蒋军蒋鼎文部由齐家湾开赴宜、沙追击桂军。

　　△　蒋介石电刘湘请促川军第一师速进荆、沙，勿停顿于宜昌；又令独立第六旅旅长门炳岳率所部会同谭道源堵截武汉溃军，务阻止该

敌渡窜江南。12 日,鄂西桂军与刘湘部战于宜昌。14 日,蒋介石电令朱绍良、张发奎等务于 15 日占领荆门,17 日以前占领沙市。

△ 何键抵武汉谒蒋介石报告湘事及收编叶琪部情形,并请鲁涤平回湘主政。

△ 是日及 13 日,陈济棠在广州召集各军官开防务会议,14 日派蒋光鼐赴香港与陈枢铭磋商,15 日召集省、市党部委员会议讨论应付时局,16 日再开军官会议,蒋光鼐、陈策等恐西、北江桂军无回桂意,请陈济棠派兵往攻,陈仍主对桂军取守势。

△ 孙良诚通电指责桂系,表示服从党义,枕戈待命。

△ 甘肃回军马仲英部攻占宁朔县。

△ 禁烟会咨请外交部,根据清宣统三年(1911)外务部与各国所订严禁吗啡来华章程,照会各国驻华公使严禁外商贩运毒品。

△ 江苏宿迁窑湾又有小刀会暴动,捣毁电报局,缴公安局、盐务局、商会枪支百余支,12 日起挨户搜捕国民党员,13 日贴出"大同革命仁义兴龙军"布告。14 日,该县县长刘昌言及防军团长孙仲猷督队弹压,双方互有伤亡。19 日,毛炳文部第三师第八旅第十六团赴徐东八义集堵击,21 日在邳县西道口与刀会激战,该团第二营营长郑平被刀会击毙,刀会败退,死 30 余人,11 人被俘,其中三人于 23 日在邳县城枪决。

4 月 12 日 蒋介石在武汉召集两湖军政要员会议,商军事和两湖善后。

△ 桂军旅长李石樵、石毓灵、江声、程汝怀等自沙市电贺国光、孔庚,谓此间各部队已在荆、宜停止待命,请即日到沙奉商一切,并转陈蒋介石令前方部队停止前进。

△ 王应榆派参谋长谒陈济棠报告该部由湘南回桂经过。桂系梁朝玑师退出永州,何键部进驻。

△ 国民政府裁并海军署,设海军部,并特任杨树庄为海军部部长,任陈绍宽为政务次长,在杨未到任前由陈代理部务。

　　△　崔士杰在济南通电,称济案接防事进行顺利,经双方协定各派联络员十余名,连同胶济路沿线各县长赴沿线办公,续由鲁省派军队由济东下,现联络员及县长已出发,军队随后即到。

　　△　蒋介石为防冯玉祥取得胶东地盘和海港,由汉口分电军政部代部长鹿钟麟、参谋总长何应钦,称接收青、济关系重大,国府自应负责办理,不宜分段落,应整个接防,以树对外信用。同日,山东省政府亦接外交部电,谓接收须慎重,我军暂缓入城,静候详议。14 日,程心明、杨虎城师遵令分别开回泰安、莱芜原防。

　　△　驻汉日总领事桑岛、领事田中等谒蒋介石,要求取缔排日运动,并保护日侨生命财产。

　　△　武汉辛亥首义军人在民众乐园开会,要求蒋介石准许恢复党籍,并编辛亥革命史等。

　　4 月 13 日　冯玉祥在华山通电辟谣,说明自湘事发生后所部拥护中央及出师情形,并谓"好事者流造作种种谣言,以淆惑视听,不曰蒋阎联合倒冯,则曰冯李联合倒蒋,不曰冯阎联合倒蒋,即曰蒋李联合倒冯……无形之中遂造成一恐怖现象"。"切望邦人君子,万勿轻听谣言,任其挑拨,贻国家之戚于无穷也"。"现在第二集团军总部及开封政治分会早已取消,军权政权均已奉归中央,而军政部长一职亦经呈请开去,只愿为一党员,其又何所争乎"?

　　△　蒋介石令方策部第六师自 14 日起陆续调回南京,限 20 日全部到达;第十八师即日接替武汉防务。16 日,第六师全部离汉,18 日,第十八师先头部队抵汉。

　　△　陈绍宽率舰赴荆、宜督战,"江鲲"、"江犀"等舰在鄂西马家寨与桂军激战。

　　△　刘兴遵蒋介石令在开平就任陆军第五十三师师长。

　　△　龙云就蒋系"讨逆军"第十路总指挥后,本日开始动员,拟先解决贵州,同时取道百色、龙州两路入桂。

　　△　国民政府任命姚琮为首都公安局局长;任命朱兆莘兼外交部

广东特派交涉员;任命陈仪为军政部兵工署署长,原任张群免职。

4 月 14 日　蒋介石部署"讨逆军"第二期作战计划,决由湘、粤、滇三路进攻广西,以根本铲除桂系,本日令第四路总指挥何键选派所部20 个团以于上月底集中桂边,5 月 1 日由集中地出发,5 月 15 日以前占领桂林,即向柳州前进;令第十路总指挥龙云选派所部 12 个团以上限 5 月 20 日以前集中广南、剥隘一带,5 月 30 日以前占领百色,即向龙州、南宁前进。同日,蒋又委任何键兼湖南清乡司令及新编第七师师长,罗藩瀛为副师长;周斓为新编第八师师长,唐哲民为副师长;刘建绪为第十九师师长,陶广为副师长;叶开鑫为武株萍路警备司令(武株萍路警备队由陈汉章、陈渠珍部两团改编而成)。

△　冯玉祥电中央党部、中央政治会议及蒋介石,称有人故意捏造苏俄东方政治分会训令,指冯通苏,恳请迅派负责大员彻查究竟。22日,蒋复电谓此等伪造文字显系别有作用,请勿置怀。

△　韩复榘离汉回防,刘骥、马福祥等同行。贺耀组奉蒋介石令赴豫慰劳韩、石(友三)等部,17 日,贺返汉复命。

△　外交部长王正廷与日使芳泽在上海举行解决中日悬案正式谈判,中方周龙光、李深,日方有野、堀内、上村等列席,先就预备会所商各案略加讨论,然后集中谈宁案,双方意见颇接近。

△　崔士杰至驻济日领馆,说明接防事由中央统筹办理,中国军队16 日不能入城,请日军缓撤。

△　甘肃马仲英、马廷骧等回军三四千人攻陷宁夏省城,省府主席门致中率队退守平罗,18 日、24 日门又先后从平罗、石嘴子败退。

△　婺源皖匪遭到浙江保安队攻击,死百余,匪首朱老二被擒。

4 月 15 日　国民党第二次中央常务会议通过修正中央政治会议条例和建都南京纪念办法;并决议中央党务学校党部改归中央党部直辖;解散湖北省党部及汉口市党部,所属党员重新登记,分别去取,分别派夏斗寅、邱鸿钧等为该两党部临时整理委员。

△　蒋介石以川军第一师唐式遵部已由巴东进至宜昌西北 10 余

里之平善坝、下牢溪之线,与桂军刘和鼎部对峙,是日分别电令张发奎、朱绍良速向宜昌进击,以收夹击之效;令陈绍宽派浅水兵舰多艘即日驶至宜昌协同作战;令刘湘务派有力部队到巴东,防桂军由宜昌西逃;令何键转谭道源改变赴公安、石首计划,限 22 日以前赶至长阳、五峰堵截桂军。

△ 孔庚、何竞武电贺耀组报告与鄂西桂军接洽情形。谓胡、陶、夏三师长已于本日电蒋介石表明心迹,此间正召集会议协商和平,胡等离开队伍不成问题,李(石樵)、石(毓灵)等就职因编制略有斟酌,待回汉请示后即可实行,请转陈蒋令前方停止军事行动。同日,胡、陶代表携输诚函抵汉。16 日,贺复孔电,要求桂军即日将荆门、沙市和平交出,所有部队克日开至建阳驿、半月山、鸦雀岭等处,以便派员点验,并请孔等陪同胡、陶、夏到汉一谈。

△ 蒋介石令龙云转李燊免去查办处分,着戴罪图功,率所部编入"讨逆军"第十路,归龙指挥。21 日,李奉蒋命反攻贵阳。

△ 蒋介石令萧萱暂代湖北省政府主席。

△ 国民政府令:民国十八年以前所有以政府名义颁发之勋位、勋章均着一律废止。

△ 国民政府特派孙科为中国航空公司理事长。

△ 王正廷、芳泽继续会谈,宁案解决,大体仿照中英、中美宁案解决办法,由中方向日方略表歉意,双方合组调查委员会,调查事实并办理赔偿损失事宜。汉案日方坚持开炮为正当防卫,不能负责;修约问题决重订新约,但需候日政府训令。

△ 新任命之青岛接收专员及市长陈中孚接收青岛,本日至商埠局行接收礼。原商埠局赵琪等重要官员已于昨日走大连。

△ 国民党福建省指委会因有人请蒋介石以杜锡珪代杨树庄为闽省主席,特电中央反杜留杨。

△ 浙江省黄岩县盐民聚众数千人反对新盐政。16 日,宁波外海水警局派"永平"舰前往镇压。

4 月 16 日 编遣委员会决议第四编遣区办事处奉令撤销,所有前由该区派往各区之林拔萃等委员,及由中央党部、国民政府和各编遣区派出该区之委员褚民谊等应一律撤销。22 日,国民政府明令发表。

△ 蒋介石任命刘湘为"讨逆军"第七路总指挥,陈济棠为第八路总指挥。

△ 李济深在汤山函李宗仁、白崇禧,绝对停止蠢抗,早日出洋留学,并望寄语黄绍竑"惟中央之命是听,为中央去西顾之忧,为吾省保能安之局"。

△ 蒋军飞机多架,赴老河口、江陵、宜昌等地搜索桂军,在江陵掷弹轰炸,桂军西遁。

△ 广州召开促进和平大会,蒲良柱主席,陈济棠、陈策、马超俊等发表拥蒋演说。17 日,广东省党部议决警告桂军当局,服从中央,勿再用兵。

△ 济南接防因改换接防部队及手续,中国军队未按原计划入城。日军未如期撤退,山东省政府孙良诚布告说明暂缓接防缘由,济南公安局长下令特别紧急戒严。晚 8 时起,各商店完全闭门,9 时后街市即断绝行人,各街口一律加派双岗,荷枪实弹,严重警备。

△ 王正廷、芳泽继续会议,汉案完全解决,双方互有让步,日方承认道歉,至赔偿损失须先组织调查委员会进行调查。

△ 外交部以法国驻云南交涉员诋毁我特派云南交涉员,并干涉我国任免官吏,令驻法公使高鲁向法政府提出严重抗议,并将该驻云南交涉员撤换。

△ 国民党浙江省执委会第二次常会,反对该省政府取消二五减租的决定,决议函请省府复议。

△ 任应岐师包围昌邑黄凤岐军,并由昌邑、掖县、龙口向烟台进攻。

△ 汉《中山日报》更名《武汉中山日报》,是日出第一号。

△ 上海公共租界纳税西人年会,通过出售电气事业等决议案。

4月17日　冯玉祥离华山东行。行前送电南京,声明接收胶济及用人完全听从中央,本人绝无成见。19日,冯电告中央谓本日已抵潼关,数日内赴开封,又电各报馆否认曾向蒋推荐刘骥任湖北省主席。

△　据胶济接防委员会讯,蒋介石已电令接防仍由省政府办理,惟须呈准中央方可施行。同日,济南日领署及日军第三师团司令部分别接到外务省及铃木总参谋长延缓撤兵命令,但日军仍须在两个月内撤尽。

△　四川省政府委员会议推田颂尧代理省主席。

△　孙殿英电何成濬,谓已陆续增援昌邑,即下令总攻,决遵令直捣烟台。同日,方振武一部乘轮到龙口参与讨张宗昌战斗。

△　班禅代表罗桑泽仁等三人由北平到南京接洽西藏事务。19日至国民政府,由古应芬接见,该代表等详述藏情,要求中央接管藏务,古答对藏事俟国事稍定自当设法解决。

△　全国反日会通过提倡国货运动工作计划大纲及五三公学、建筑五三公墓、五三纪念碑进行计划大纲。18日,又订定封存仇货办法,规定在封存期间应进行仇货登记,设立封存仇货委员会负责办理;对奸商私自贩卖仇货者,除没收封存外,并按货价两倍处罚,对抗不封者照奸民条例办理,将经理游行示众;仇货封存后,如有任意撕毁及更换标封者,即封闭该商店;封存之仇货非经中日间不平等条约废除后,不得启封发卖。

4月18日　陈绍宽率舰攻下马家寨,乘胜追击至距沙市五里之观音寺,孔庚、何竞武以胡(宗铎)、陶(钧)等乞降,请海军暂停炮击,陈电蒋介石请示进止。同日,蒋系空军飞机队飞机多架轰炸马家寨、沙市。

△　蒋介石令范石生、许克祥部归何键指挥,范、许两部同驻湘南待命讨桂。同日,范由汉赴长沙回防,临行语记者谓"本师与许师均唯蒋命是听"。

△　王正廷、芳泽谈判修约问题,拟妥中日间照会两件,决将旧约废止,重订新约。至此谈判暂告一段落,待日政府批复后再在南京正式签字。

△ 鄂交涉署电外交部,请速谋"水案"解决办法;交涉员李芳 21 日开始与日领进行交涉。

△ 中比庚款委员会委员人选经双方派定,中方委员六人,委员长褚民谊,委员有胡世泽、黎照寰等。

△ 旅京桂人开会,到 300 余人,通过呈请政府下令免黄绍竑本兼各职,彻底肃清桂系军阀势力,彻底改组广西省党部,永远开除黄绍竑、黄华表、陈锡珖等党籍,通电宣布黄绍竑罪状等项决议,并选出代表四人,准备赴中央党部及政府请愿。

4 月 19 日 胡宗铎、陶钧派代表谒蒋介石,商定准胡、陶等投降下野,并给 10 万元,所部军队悉予解散。但前方仍有战事,蒋军夏斗寅部占领荆门,桂军退当阳,蒋军飞机队继续轰炸沙市,炸毁桂军船只两艘,并散发传单促桂投降。

△ 蒋介石在武汉发表《告湖北文武官员书》,宣称对桂系时代人员只究首领,绝对禁止对胁从者挟嫌报复。同日,蒋又通令各级政府及各军整饬官常,标榜"兹值训政开始,必须涤荡秽恶,力持廉洁……所有苞苴贿赂亟应一体严禁"。

△ 蒋介石再令湘、粤、滇三路进攻广西,令陈济棠选派所部 18 个团以上步兵,与海军第四舰队全部、航空司令张惠长部编为第八路军,于 4 月底集中肇庆附近,5 月 1 日由集中地出发,限 5 月 15 日以前占领梧州后即向浔州(桂平)前进;并派朱绍良为总预备队总指挥,率第八、第十五、第五十七师于 4 月底集中武汉附近,相机推进。

△ 邓彦华谒陈济棠,商议是否接任徐景唐所遗之粤军第二师师长。徐已调任蒋介石行营参议。23 日,汕头市党部电蒋收回成命。26 日,陈奉令通饬取消第二师番号,将第二师改为第五十八师,以邓为师长。

△ 方振武奉令渡河接防胶济路,并会同孙良诚共负鲁省接防责任,所部即由禹城向黄河推进。

△ 日军中尉主计伊藤佑教在济南商埠升平街被人击毙,当晚日

军在商埠各街布岗检查行人。20日早,日军马炮兵一队并铁甲车两辆上街游行示威。同日,日领西田向孙良诚、崔士杰提出抗议,崔以尚未接防为理由,声明中国不能负责,并将抗议退回。

△ 任应岐、孙殿英联军围攻昌邑黄凤岐部。21日,双方激战五小时,黄弃城东逃。孙旅向平度进军,22日占领该城。任师23日占领沙河镇,24日又占领掖县。

△ 日清公司轮船"涪陵丸"在宜昌下游10余里处遭胡、陶军射击,该船日海军警戒队指挥官丰名中尉中弹毙命,鬼泽机关长受重伤,其余伤者67人。

△ 四川杨森部袭击资中、内江,与刘文辉部开战。

△ 南昌《新闻日报》刊行号外,标题为《无法无天之大同盟阴谋大暴露》,揭露江西省党务指导委员会各负责人搞派系活动。5月1日,国民政府训令江西省政府查封该报。

△ 上海救国会通电,谓日本乘中日悬案未决之际,逞进一步侵略满蒙之野心,召集驻满官宪会议,讨论吉会、长大路强行开工案、交涉建筑营口至瓦房店之新线案、商租权解决案、对于满蒙行政警备案,上述四项决议"任其实现,不仅东陲将非我有,恐华北之藩篱一撤,堂奥空虚,蚕食鲸吞之所极,将使神州国土从此无噍类矣",要求外交部严重交涉,盼全国同胞厉行对日经济绝交,厚集实力为最后之准备。

4月20日 国民政府下令保障人权、财权。略谓:"凡在中华民国法权管辖之内,无论个人或团体不得以非法行为侵害他人身体自由及财产,违者即依法严行惩办不贷。"

△ 蒋介石为联络冯玉祥反桂,曾派邵力子等携函访冯,许以行政院长之职。是日,冯由潼关电蒋,以"才力所限,不可相强"婉拒,并称"军政专责窃非玉祥之夙望,且恐将开干进者觊觎之心"。

△ 国民政府通告驻南京日领事冈本,谓现已决定山东日军撤退后之接防问题,从济南至张店、博山以西配置孙良诚军,张店以东至青岛配置中央军从事接防,具体方案将于一二日内正式通知。

△　粤编遣处召开特别会议讨论应付时局。粤方各军准备攻桂。21 日余汉谋由韶关到广州商军事，驻连江口之余部一团奉令赴韶增防。

△　桂军积极对东、北两路布防，是日吕焕炎部开抵平乐。23 日黄旭初、王应榆部分别抵达梧州、贺县。

△　龙云派师长卢汉赴汉，是日卢谒蒋表示拥护中央，铲除桂系，保障统一。蒋拟告十路将士书交卢携滇，内谓"李、白捣乱，此而不讨，国法何存"。

△　中国航空公司与美国航空发展公司签订之航空邮务合同发表，该合同规定由美公司代为开办上海经南京至汉口，南京经徐州、济南、天津至北平，汉口经长沙至广州三条航空线，限六个月内办成。27日，邓建中、张静愚等出席中央航空协进会常会，议决呈请国民政府及中央党部取消该合同、通电全国航空同人一致反对、函请中国航空公司理事长孙科注意领空权等七项决议。5 月 2 日，蒋军出发武汉前方人员通电指出该合同有损领空主权，妨害国防，并违背国际公法，祈务必打消此议。后首都航空署、河北邮务工会、上海邮务工会亦分别呈文或发表宣言反对。

△　国民政府以东北民众自卫委员会印发之杨、常死后《敬告民众书》内容乖谬，特通令查禁。

4 月 21 日　胡宗铎、陶钧、夏威通电下野，出洋留学，所部军队交程汝怀等带领。

△　蒋介石自汉电工商、农矿两部，谓军事结束，编遣大计亟待实行，安插冗兵，事关重要，希派专人调查内蒙各处之屯垦、各地工厂、矿山之工人，介绍及一切救济失业官兵之方法。农矿部奉命后于 25 日派20 余人组成农林事业调查设计委员会。

△　张宗昌军猛攻牟平刘珍年军。22 日，张军刘开泰部被刘军包围击败，张宗昌等逃往大连。23 日，刘珍年军乘胜攻占烟台，刘本人 24日入城告示安民，劝谕开市，旧日官吏均回原职。是役刘军俘敌 4000

余人,获枪 2000 余支,炮六门。其他军用品甚多。

　　△ 何键在长沙召集营长以上军官训话,宣布拥蒋讨桂,并颁讨桂令。

　　4 月 22 日 国民党中央第四次常务会议修正通过孙科、戴季陶、李文范所提关于训政时期经济建设实施纲要方针;通过中央财务委员会组织条例,并推胡汉民、谭延闿、孙科、陈果夫为财委;议定四川邛崃县指委孙洪图被杀案处置办法,决电令刘文辉将该部余仁撤职查办,以后从严管束部下,不得再有同样之事发生。

　　△ 是日起陈济棠在广州连日召集各师、旅长会议,讨论西、北江防务及讨桂问题。对蒋介石之讨桂令有主张即受命出兵和主张保境安民两种意见,27 日,议决对桂先警告后出兵,准备出兵 10 个团,必要时再加五个团。同日,蒋光鼐、邓彦华、陈策、余汉谋、香翰屏等 10 余人联名电黄绍竑、黄旭初、伍廷飏、吕焕炎、王应榆、龚杰元,促服从中央。28 日,粤将领纷纷回防部署军事。

　　△ 程汝怀、张义纯、李石樵、石毓灵、李宜煊在沙市通电分别就第五十五、五十六、十六、十七和新编第十师师长职,程并兼鄂西编遣专员。同日,孔庚、何竞武就鄂西编遣委员职。

　　△ 国民政府任命何键、贺耀组、叶开鑫、黄士衡、张开琏、曹伯闻、张辉瓒、曾继梧、陈嘉祐、陈渠珍、宋鹤庚、吴尚为湖南省政府委员,指定何键为主席,以曹、张(开琏)、黄、贺分别兼任民政、财政、教育、建设各厅厅长,原任免职。任命王金钰为中央编遣区办事处委员。派陈维城、朱懋澄为出席第十二次国际劳工大会政府方面代表,富纲侯为政府方面顾问,陈光甫为雇主方面代表,夏奇峰为雇主方面顾问。

　　△ 国民政府指令行政院:外交部呈报派崔士杰、郭同、吕秀文、李庆施为山东接收委员准予备案。

　　△ 国民政府驻法公使高鲁谒法总统呈递国书。同日,互换中法关税条约批准文件。

　　△ 田颂尧通电武装制止川战,略称:"资、内、安、乐之间,战耗忽

起,尧与自(自乾,刘文辉字)、晋(晋康,邓锡侯字)两兄鉴此川局不堪再扰,爰特协商,力赞自、晋两兄偕赴资、内,尽力阻止。祈望诸兄捐弃小嫌,顾全大局,双方立令所部停止军事进行。倘再仍此纷争不已,则是有意破坏和平。尧当贯彻初衷,立率全军武装制止。"27 日,田、邓电告南京,谓同盟军退出资、内,川战可望结束。

　　△　国民政府训令直辖机关,声称共产党刊物到处寄递,"且有假托本党刊物名义与式样,或用小说名称印成封面而内容则纯系宣传共党谬论,企图掩饰,冀便流传各情事",饬各机关对于寄递各刊物一体注意检查,一经查出即予扣留烧毁。

　　△　南京市总工会及各级工会代表 100 余人,向国民党中央党部及国民政府请愿,要求取缔非法会员,规定劳动契约以无故不得开除工友、奖勤、恤死为原则,并请禁止开放茧行,以维机织业劳工生计。

4 月 23 日　国民政府令:派何应钦为总理奉安迎榇总指挥,孔祥熙、赵戴文、鹿钟麟、刘纪文、谷正伦、郑洪年、姚琮、席楚霖、夏光宇为总理奉安迎榇指挥。

　　△　陈绍宽率"楚谦"等舰进驻沙市,并分派舰艇赴宜昌一带。

　　△　何键在长沙就蒋军"讨逆"第四路总指挥兼湖南清乡司令及新编第七师师长各职,又周斓、刘建绪分别就新编第八师和第十九师师长职。

　　△　张学良召开军事会议整理东北军,决定改师为旅、淘汰老弱残疾、开除吸鸦片及嗜好者、招补空额、官兵一律识字、多添骑兵、兵饷改洋等项整理办法。

　　△　国民政府外交委员会议决:一、中日悬案应谋根本解决;二、各国对庚款用途支配固可贡献意见,但最后支配权应操诸中国;三、撤销领事裁判权应积极进行;四、上海临时法院收回后,其审判权、法警权应直辖中国。

　　△　国民党江苏省执委会第十三次会议议决:关于睢宁选呈如何处理刀会案,呈报中央并推顾、段两委员面陈情形,并电蒋介石报告宿、

睢、邳三县土匪暴动因果、民厅疏于防范、事后措置失当等情,请速派重兵痛剿。

△ 教育部通令公布宗教团体兴办教育事业办法,规定各宗教团体设立学制系统内各级学校或各种补习学校、民众学校,应照私立学校规程或教部有关是项法令办理;为传播教义设立机关,不得沿用学制系统内学校名称;集合社会研究教义或学术,得遵行学术集会结社手续;设校或办学术团体均应呈教育行政机关立案或备案。

△ 国民政府据中执委会函称,"上海《字林西报》言论记载诋毁本党,造谣惑众,并挑拨金融界及商人反抗本党,请严加取缔,通令扣留,并饬外部交涉";又称"香港《工商日报》言论记载多属反动宣传,请通令党部并函政府转饬查禁",特训令行政院遵办。

△ 蒋介石电上海市长张群和警备司令部劝止、取缔反日运动,要求将以前所扣日货予以发还,以后不得再有擅自扣货之举,违者以破坏大局论。

△ 皖匪宋富润经皖、浙、赣各军围剿败逃,在四号洲受伤被俘,是日解安庆,25日就地枪决,洪照杨、曾小毛同时被处死。

4月24日 冯玉祥在开封召集所部师长以上干部会议,讨论时局与军事问题,会后即撤退鲁西、豫南部队,将主力集中于潼关一带。同日,韩复榘之第三路指挥部由信阳移至郑州。

△ 蒋介石令何键、陈济棠、龙云、朱绍良等,将湘、粤、滇攻桂时间分别延后五至10天。

△ 程天放就省立安徽大学校长职。

4月25日 蒋介石由武汉到达长沙,召集湖南省政府科长、军队少校以上官佐训话,并在省府宴会上致词,望湘人努力扫除桂系巢穴。26日,蒋在湖南省政府主席何键就职礼上致训,勉何等"积极清乡剿匪,讨桂安湘,完成自治,消灭土劣"。同日,在长沙10万人之欢迎大会上发表题为《本党国民革命和俄国共产革命的区别》的演说,宣称苏俄的共产革命是阶级革命,中国的国民革命是全民革命;共产革命和全民革命在性质和方法上存在差别。共产革命不适用于中国。现在是训政时期，"希望大家毅然的加入国民党，在三民主义旗帜之下，共同努力，而走向为民族努力，为民权奋斗，为民生牺牲的光明大道"。当晚专车返汉。

△　山东省政府主席孙良诚因不满胶济接防办法，分别呈蒋介石及谭延闿称病辞职，省府主席由吕秀文代理。26 日，孙率部离泰安赴开封，地方治安暂由人民自卫团维持。27 日，复通电全国谓："良诚近见驻鲁部队日见增加，为接收填防已足分配，然大军云集，给养困难，不幸牵动外交，更将予人以口实"；"且念外交之不易知，应付之不可不慎重，更见内争之可耻，而处事不可不退让也……思维再四，莫展一筹，兹幸中央对接收济案统筹兼备，策划万全，良诚以久病之躯，正可乘时疗养。"

△　参谋本部据蒋介石电拟就分段、分期接防胶济办法，26 日由国民政府正式发表接防令：济南以东至潍县以西地区着程心明及杨虎城两部接防，潍县及潍县以东一带着刘珍年及第四十五师分别接防，青岛及胶济铁路沿路车站由政府派宪兵驻扎，办理行车之稽查侦防事宜。

△　何键之代表吴勉抵广州谒陈济棠，27 日陈之代表汪子薪至长沙互商桂事。

△　驻黄沙河、全州桂军向桂林撤退。湘军已占东安。

△　国民党中央第五次常务会议决定：在孙中山灵榇抵南京时迎至中央党部公祭三天；圈定河北省党部执委；规定党、国旗悬挂位置，国旗居党旗之左，党旗居国旗之右。

△　北平禁烟处焚烟，共焚烟与土 1.036 万两、烟具 7540 件。

4 月 26 日　龙云在昆明召集军官会议，决定参加讨桂，委李燊为前敌总指挥，第九十九师师长朱旭为左翼指挥，第一百师师长张凤春为右翼指挥，张冲第一百零一师留守。

△　国民政府指令批准甘肃省政府将临夏县属之莲花城添设永靖县治。

△　张宗昌率残部乘"同源"等七舰离龙口逃往砣矶岛,东北舰队司令沈鸿烈率军舰三艘前往监视。龙口刘开泰、刘选来部万余人托龙口商会转请投诚。27日,任应岐部占领龙口,刘开泰、黄凤岐等逃走,残部退黄县,复被任军包围。

△　北平外交团领袖公使欧登科照会国民政府外交部,废除荷、比、丹、巴西、西、美、法、意、日、英、葡11国1919年5月5日对华禁运武器协定。

4月27日　外交部照会英、美、法、荷、挪威、巴西六国公使,要求撤废领事裁判权。

△　中日互换修约照会,双方均肯定应派员重订新约。同日,"水案"双方在汉交换意见。28日,交涉员李芳向各界报告交涉经过,罢工委员会提出八项条件请李转达日领。

△　国民政府令,将武汉市改为特别市,任刘文岛为市长。6月11日,又令武汉特别市改为汉口特别市,以汉口、汉阳为管辖区域。21日,湖北省政府会议议决:划武昌为普通市,由省府组市政委员会,不另设市政府。

△　国民政府任命张贞兼福建"剿匪"司令。

△　四川万源、宣汉边界农民在中共川东革命军事委员会(以王维舟为书记)领导下于固军坝举行起义,成立中国工农红军川东游击军。

4月28日　梧州警备司令龚杰元奉桂系当局派遣抵广州商和平,29日谒陈济棠面交黄绍竑亲笔函。5月1日,龚再次谒陈,粤将领多在座,陈希望黄表示鲜明态度,龚答黄主服从中央。

△　教育部布告,规定现有中医学校一律改称中医传习所,不在学制系统之内,无庸呈报教育行政机关立案,其考核办法应候内政、卫生两部商定通令遵照。

△　北平卫戍部奉蒋介石及外交部电令,布告改反日会为救国运动会,并规定取消反日会名称、取消反日标语、停检日货、已登记之日货不得封锁等四项办法。

△ 长春全体学生游行示威,反对日人修筑吉会路。

△ 大帮太湖土匪抢劫嘉兴中国银行,劫去钞票 9.6 万余元,同时驻当地兵轮和警察所枪支亦被劫,并有多人受伤。6 月 15 日,抢劫犯陈必哥、曹志刚、曾柏林、潘才广四人被枪毙。

4 月 29 日 何键由长沙赴衡阳督师攻桂,参谋长刘晴初、秘书长刘鹏年随行。第四路讨桂军队分为第一(新编第八师周斓部)、第二(第十九师刘建绪部)、第三(第五十二师吴尚部)、第四(范石生部)纵队及总预备队(新编第七师)向指定地点集中,5 月 7 日前先后抵塘田寺、永州(陵零)、东安、道县、永明、江华等地。

△ 蒋介石在武汉各界纪念周上作党务报告,宣称不平等条约已取消一半,二年后可完全取消,应以坚忍精神肃清腐恶势力。次日,蒋偕邵力子、周佛海等离武汉,5 月 1 日抵南京。

△ 薛笃弼受蒋介石委托离武汉北上,持蒋亲笔函劝孙良诚回鲁,并促冯玉祥赴南京。

△ 北平市长何其巩入德国医院,30 日在北京饭店宴林森、吴铁城,并语人略谓本人并无离开准备,余来系奉中央命令,同时应听命于阎总司令,纵时局发生变化,应候中央及阎公指挥,不应擅离职守。同日下午,何复入德国医院。

△ 国民党中常会第六次会议通过修正省县执监委员会组织条例,议决民训会结束手续、期限及其工作人员任用办法;准蒙人特别入党事交组织部办理;翻译三民主义各书蒙文事交宣传部办理。

△ 国民政府令:广东省政府委员刘栽甫免职候用,任命范其务为广东省政府委员兼财政厅长;原任冯祝万改为兼代民政厅长;四川省政府委员兼建设厅长谢持应免兼职,兼四川省财政厅长向传义改为兼建设厅长,任命邓锡侯兼四川省财政厅长。

△ 蒙藏委员会常会讨论废止蒙藏王公喇嘛世袭爵位及册赠封号案,决议对王公喇嘛自动取消爵位封号者呈国府嘉奖。

△ 驻湖北通山之鄂警备旅第二团第二营士兵哗变,杀营、连、排

长,5月2日由汀泗桥走嘉鱼。

4月30日 冯玉祥电邵力子、薛笃弼,略谓拟俟所患稍轻先行到洛,孙良诚因病辞职一节确出至诚。同日,又电其代表刘治洲转呈蒋介石准孙辞职。

△ 兵工署长陈仪奉国民政府派暂维军政部部务,军政部及冯玉祥在南京住宅原有卫队已撤去,改由国府警卫团派队驻守。5月4日,国民政府正式任命陈仪为军政部常任次长,代理部长职务。11日,蒋介石指示邵力子电刘骥,转请冯玉祥于刘骥、刘郁芬二人中保荐一人为代部长人选。

△ 国民政府训令四川省政府转行各军并通饬所属,嗣后对于党务人员均应切实保护,如有纠纷事项遵照中央决议案分别呈请上级党部与政府会同处理,不得私擅逮捕,以重系统。

△ 浙江省政府因杭州《民国日报》登有反对省府取消二五减租文字,是日勒令该报停刊,并将其总编辑胡健中逮捕。同日,国民党浙江省执委会紧急会议议决弹劾浙江省政府,电请中央释放胡。杭记联会亦议决电请各地记联会援胡,并电胡慰问。

△ 是日至5月1日“海圻”舰在长山、砣矶、大钦诸岛将张宗昌残部3000余人解除武装,并送日照等处遣散。张逃大连,于5月2日到达日本门司。

是月 蒋介石制定《国军对冯警备计划》及战斗序列。计划确定为防编遣期内冯军发生异变起见,国军集结主力于豫西、鄂西及平汉、陇海沿线一带,俟其发动一举而歼灭之。为此第二路第一军集中信阳、广水、花园间,第二军集中襄樊、邓县、新野间;第五路第八、九两军集中洛阳、郑州一带,第十军集中许昌、偃城间;第一路第三、四两军及第六师集中徐州、开封间;陈调元之总预备队暂在原地待命。

△ 红四军在赣南兴国发布《兴国土地法》,较前《井冈山土地法》有原则改变,把“没收一切土地”,改为“没收公共土地及地主阶级土地”。

5　月

5月1日　总理奉安委员会办公处电告各机关:该会第十一次会议议决自5月26日起,至6月1日止,全国一律下半旗,并臂缠黑纱,停止宴会、娱乐七日,以志哀悼。7日,国民政府复通电全国遵行。

△　国民政府电各院部会、各省市政府、各机关团体,补充"五三"、"五四"、"五九"三个国耻纪念日纪念办法,除业经公布之五条外,再补充五项,主要为照常工作不许放假,分别就地在内部举行一小时讲演,不许在外张贴标语等。

△　陈济棠召集蒋光鼐、陈章甫、陈策、李扬敬等讨论粤、桂军事,决定调蔡廷锴、陈维远部增防西江。

△　第四十六师范熙绩部一旅、第四十四师阮玄武部一旅同时开进泰安,次日阮部奉蒋介石命开回齐河。

△　国民党上海市执委会第十七次常会议决:呈请中央解散上海总商会,并缉惩其负责人冯少山;议决统一上海学生团体,派张中枢、袁哲、陈贯吾、杨绍志、洪钧培、杨志豪、傅德培、田和卿、金光楣九人为整理委员会委员。

△　广州总商会议决维持纸币办法:本月1日前纸银并用,1日后以纸币为本位。3日起粤中行限制兑现,凡商店需现款,须携商业牌照,按资本额兑1%,如无牌照每人限兑10元以下。

△　哈尔滨法亚银行开业。

5月2日　中日宁、汉两案解决,外交部长王正廷、驻华日公使芳泽分别代表本国政府签字。

△　国民党中央第七次常务会议通过组织部组织条例;通过统一上海特别市商人团体组织案,决定令该市商人团体一律停止办公,派虞洽卿等34人为上海商人团体整理委员会委员;圈定邵华等为安徽省党部执行委员,邓哲熙等为河北省党务指导委员,吴思豫等为青岛特别市

党务指导委员。

△　蒋介石电冯玉祥询问病状,并仍希冯劝孙良诚回鲁。同日,邵力子亦电薛笃弼请劝鹿钟麟等回京。

△　贺耀组携蒋介石亲笔函抵潼关谒冯玉祥,促冯早日赴南京共商大计。3日,贺离潼回南京复命,薛笃弼、刘骥等同行。5日,贺谒蒋面交冯致蒋亲笔函,除陈述对党、政、军各方面意见外,主要为请蒋实践第一、二集团军一律待遇之诺言。6日,蒋接见薛、刘,令薛照常到部工作,令刘携其亲笔函赴沪劝鹿钟麟等回南京。

△　宋庆龄由苏启程回国,18日抵北平,即赴碧云寺祭孙中山灵。

△　第五路刘春荣部进驻曹县,前锋达河南考城。

5月3日　国民政府令:派陈调元为接收胶济特派员,并代理山东省政府主席,关于青岛、济南及胶济铁路一切应行接收事宜均着负责办理,凡驻在上项地区内各部队统归其指挥;派方振武代理安徽省政府主席,方未到任前由吴醒亚代拆代行。

△　外交部长王正廷通告日使芳泽:接防山东由陈调元办理,15日以前完毕高密以西之接收,25日以前完毕青岛方面之接收;以吴思豫部宪兵负责维持济南、青岛及胶济路沿线治安,范熙绩部担任济南、张店、高密、潍县、青岛间防务,杨虎城部担任淄川、博山防务,刘珍年军警备烟台方面。

△　蒋介石代表邱文、廖武郎抵广州,携蒋令促陈济棠就"讨逆军"第八路总指挥职,并速出兵攻桂。

△　粤将领再电黄绍竑,限三日内切实表示服从中央,否则即对桂用兵;并电南京,请派"海容"、"应瑞"两舰赴粤加强海防。同日,蒋光鼐、陈章甫部纷纷西上。

△　滇军龙云部分三路入黔,助李燊攻周西成,并由黔攻桂。龙本人于8日由昆明启程赴前方督师。

△　桂系投降蒋军之第五十六师师长张义纯以克扣军饷被部下所逐,汉行营委任副师长刘和鼎为该师师长。

　△　马文德部士兵一旅在湖北通山哗变,杀死团长一人,其他军官14 人。

　△　北平燕京通信社因登载三全大会反响之文章被勒令停刊,是日办理结束。

5 月 4 日　国民政府下令解除黄绍竑广西省政府委员兼主席、广西各部队编遣特派员职务,以伍廷飏兼任主席,吕焕炎为广西各部队编遣特派员;免湖北省政府委员张知本、张难先、胡宗铎、石瑛、陶钧等本兼各职;任命何成濬、方本仁、刘骥、方觉慧、李基鸿、黄昌谷、夏斗寅、孔庚、熊秉坤、贺国光、萧萱为湖北省政府委员,并指定何成濬为主席,何未到任前由方本仁代理,分别以方、李、刘、黄兼任民政、财政、建设、教育各厅厅长;任命夏斗寅为湖北省警备司令;撤销海军第四舰队编遣区主任委员名义,任命陈策为海军第四舰队司令。

　△　蒋介石召见冯玉祥代表刘治洲,谓与冯始终合作,派陈调元代鲁主席系权宜之计,望孙良诚及二集团军离京人员回任,嘱刘电冯勿听外间谣言,并即来南京。

　△　吴敬恒电黄绍竑,劝其早偕李宗仁、白崇禧释兵远游。

　△　桂军连日东下,是日有船 20 余艘,由"驾江"、"静江"两舰率领,自梧州向肇庆进发。

　△　崔士杰、吴思豫、吴希明与日方谷寿夫、西田、佐藤等商定接收济南办法。同日,停泊青岛日舰与中国军舰"肇和号"互致礼炮 13 响。

　△　国民政府训令行政院、国军编遣委员会、各警备司令部、各卫戍司令部、内政部、军政部禁止死刑用斩。

　△　孙总理迎榇奉安各指挥第一次会议议决,除何应钦任总指挥外,推谷正伦、刘纪文、姚琮担任行列指挥,孔祥熙担任事务指挥,赵戴文、席楚林担任典礼指挥,夏光宇担任陵墓事务指挥。

　△　国民党中央委员会制定处置浙江省二五减租纠纷办法数项,训令该省党部遵行。6 日,国民政府又令浙江省政府照中央委员会所提办法办理,即准该省暂停二五减租,而非取消二五减租之原则;已经

实行又未发生纠纷的地方不得再将租额复旧;该省政府应在两年内做好各项准备,以便施行。

△ 第一路总指挥刘峙奉蒋令解散鄂西独立第六旅,其部属资遣回籍,该旅旅长刘柏芳被迫登报声明取消旅长名义。

△ 汉口行营讨论"水案"交涉问题,决定责成李芳通知日领先撤海军陆战队,中国方面亦暂停排日,以共谋正当解决。12日,驻汉日领允撤海军陆战队,但要求中国方面先停止反日运动。

△ 任应岐部克复黄县后,又在广饶击溃张自诚部1000余人。同日,"海琛"舰在山东李口附近将张宗昌溃兵四百余人缴械。

△ 张宗昌之伪司令张敬侯在北平被捕,供出党羽多名,次日北平当局又捕获袁继明、张德福、乔玉春、李芬、王端甸、庄质廷等数人。

5月5日 李宗仁通电组织"护党讨贼军",自任南路总司令,斥蒋介石为党贼,窃据中央,非法私造三全大会,"毁党乱纪,植其帝制自为之基,解决济案私订秘密条件,居心卖国","任用外戚,贿赂公行,渎乱度支,饱盈欲壑,排除异己,残害同胞",并称只驱除蒋氏一人,"现隶蒋部者倘自拔来归,亦当相与图功,引为同志"。

△ 粤、桂军已在怀集开火,粤军有12列车由石围塘西开,陈济棠通令各军准备一切,并令肇庆之香翰屏先行戒严,限陈维远、蔡廷锴两部7前赶到肇庆。6日,陈就"讨逆军"第八路总指挥职,宣布讨桂。

△ 吴思豫率宪兵接防济南城,布告安民。城内军械库和新城兵工厂亦由接收军需委员厉尔康接收。同日,驻济日军第三师团长安满发表撤军日期,谓定于本月11、12、13三日先撤济南驻军,青岛沿线部队逐次撤至青岛,自本月14日起开始船舶运输,20日前后可以将山东派遣军全部撤完。

△ 韩复榘电蒋介石,略谓:"迩者谣诼繁兴,市虎杯蛇,岌岌影响大局。究其由来,不过失意军人政客暗肆挑拨,并无丝毫事实。……冯公既绝对服从中央,钧座复极端信任冯公,即主张偶有不同,均系为国为民,绝无私意存乎其间,定能互相谅解,故复榘以为现在时局全仗两

方开诚布公,竭力维持。"

△　吉鸿昌师协助门致中部攻克宁夏城,门入城安民,并电告国民政府主张对回军进行收抚。

△　接防济南委员李庆施电国民政府与外交部,控交涉员崔士杰擅提税款四万多元,请求查办。

△　蒙藏委员会第十一次常会议决:一、关于西康贡噶喇嘛请求派兵防边案,准如所请,呈国府核办,并请对其加以奖励;二、章嘉呼图克图请设立南京、北平、太原、奉天、多伦、张家口、五台山、绥远八个办公处,准暂设南京、北平两处,余缓设。

△　杭州寿安路大火,三元路、新民路、崔家巷、铁线巷、里仁坊巷等八处俱付一炬,共焚商店 188 家,被灾住户 113 户,损失达 600 多万元。

5 月 6 日　国民党中央第八次常务会议决议:修正《中央政治会议条例》,在第三条后,增加"得设候补委员,但名额不得超过委员名额三分之一";推定胡汉民、蒋介石等 24 人为中央政治会议委员,李文范、朱家骅等八人为候补委员;通过《侨务委员会组织条例》;令南京市党部对不听该党部命令之下级党部进行整顿;河南省党务指导委员会反对三全大会业经撤职查办,该省 78 县市联席会议又发诋毁三全大会通电,决定下令解散,严饬各报馆不得登载该会文电,在该省指委会未就职前由河南省政府执行。

△　陈调元抵泰安,与专程赴泰之崔士杰、西田等略商接防问题。7 日,陈偕范熙绩、吕秀文并卫队两营由泰安抵济南。

△　吴敬恒等 26 人联衔电请中央释放李济深,是日吴谒蒋介石当面陈请,蒋意已动。

△　何键以湖南全省司令名义下令将慈庸桑清乡司令周朝武撤职查办,另委张义卿继任,并着张收编周部。次日,蒋介石电令派谭道源师入湘解散周部,并令何派队会同办理,何即派张部和李韫珩、李云杰两旅分三路进行堵截。

5月7日　蒋介石发表《和平统一为国民政府唯一政策》一文,声称:"现在中国国民党已形成为中国唯一之中心势力,而国民政府之组织即由此中心势力所构成",要求所有国民一致拥护此中心势力,所有国民党员一致拥护国民政府,尤应一致拥护和平统一之政策,政府当局以及军事领袖和衷共济,"应就现在之中心势力谋所以扩大之,巩固之,不宜自外此中心势力,尤不宜从中分化,自损团结,致取败亡"。

△　粤军徐景唐旧部李务滋、云瀛桥等附桂,扣留师长邓彦华,并派队向广州移动,8日与粤军战于广九路。

△　湘军总预备队罗藩瀛部由衡阳向祁阳前进。同日,刘建绪部由东安、永州出发,8日抵水澜村,9、10、11日先后占领黄沙河、全州、山枣。桂军退向兴安,双方在越城岭发生激战。

△　唐生智向何成濬表示有意入南京从事政治工作,愿将第五军交还中央直接统制,何即将唐意电蒋介石报告。

△　刘文辉电蒋介石辞四川省主席职务。

△　悍匪刘桂堂部占领山东高苑县城,并劫掠附近各村,7日,又围攻寿光县城,城内驻军与刘联合,共同进行劫掠。23日,该县难民至省政府请愿派军往剿。

△　上海学生请愿团代表多人高呼改组国民党、打倒市党部等口号,到学生团体整理委员会将整委洪钧培等殴伤,并夺去印信文件,复结队至市党部请愿,被公安局驱散。

5月8日　国民党中央政治会议第一八○次会议决议:推蒋介石为中政会主席;以后各处保荐简任、荐任人员,必须先将其籍贯、年龄、履历详细报告,以凭中央核定;以后各省兼厅长之省委必须于就职前向国府报到接受任命;《惩治盗匪暂行条例》施行期再延长六个月。

△　蒋介石电令何键以一部对桂林之敌,以主力向平乐前进,务于18日以前到达平乐后直趋梧州,并令范石生师改向广宁、四会前进。何接电后请蒋准照原计划以一、二纵队取桂林,以三、四纵队取平乐,占领平乐后再令范师经贺县趋广宁。

△　何键令先遣司令覃寿乔部出连山桂岭直攻贺县。同日,吴尚部攻占灌阳;陈光中部右翼抵梅溪口,左翼到达白沙以南;范石生、阎仲儒部在龙虎关与桂军吕焕炎部发生激战,于 10 日将该关占领。

△　粤舰队副司令舒宗鎏等率舰附桂,令"飞鹰"、"中山"、"海虎"、"江大"、"江汉"、"自由"、"宝璧"等舰集中南石头。9 日,粤军炮队、飞机队轰炸附桂各舰,各舰初在南石头树降旗,后驶入省河泊沙面,改树戒严旗。因周围有外舰,粤军不便攻击,陈策至沙面向领团交涉解除各舰武装办法,并与各舰商投降条件。10 日,陈策与"叛舰"达成协议,各舰均已服从,舒领款 10 万由美领保护安全离粤。陈收复"中山"、"飞鹰"、"海虎"、"宝璧"、"自由"、"澄江"六舰,11、12 两日又收复"江大"、"江汉"、"江巩"、"江固"四舰。

△　西江桂军由肇庆退德庆,10 日退回梧州。

△　福建暂编第一师师长张贞部奉令援粤讨桂,分三支队向粤边进发,14 日先遣队抵粤之大埔。

△　外交部国际司将收回上海公共租界临时法院照会,送达英、法、美、荷、挪、巴西六国公使。

△　国民政府下令免去湖北各部队编遣特派员胡宗铎职务,任命刘峙为湖北各部队编遣特派员。

5 月 9 日　国民党中央第九次常务会议决议:北平特别市和山东省党务指委一律撤职,山东省代表大会所产生之执监委候选人宣布无效,另派商震、罗家伦等七人为北平特别市党务指委,何思源、刘涟漪、张金鉴、冷刚锋、阎实甫等五人为山东省党务整理委员会委员;在汉口设一中央直辖之报纸,将以前《中央日报》机件收回,交曾集熙负责接收,筹备出版。

△　蒋介石委任贺国光为武汉行营主任。

△　国民党中央监察委员会第一次全体会议选蔡元培、王宠惠、古应芬、张静江、林森为常委。

△　何键令范石生师以主力会同吴尚师攻平乐,周斓、刘建绪两师

按预定计划攻桂林,务于 20 日以前将上述两地占领。

　　△　崔士杰与日方将已接收济南武器、房产等有关文件签字。第四十六师开始接防胶县、高密、张店、青州(益都)、坊子、普集、周村、潍县。

　　△　褚玉璞与刘珍年达成协议,褚投降后赴朝鲜,其部下编入刘军。

　　△　月初,河南商城南部丁家埠、李家集民团和南溪群众在中共领导下相继举行起义,是日起义武装 100 余人集中南溪,编为红十一军第三十二师,以周维炯为师长,徐其虚为党代表。

　　△　上海军警当局为防群众借"五九"国耻纪念进行暴动,实行特别戒严。同日,上海临时法院应市政府之请查封大陆、华南、建华等三所大学,宣称该校等有藉学校宣传共产之嫌疑。11 日,市党部常会议决函请军警机关通缉大陆大学护校委员李鹏、韩华凯、吴铁锋等九人。

　　5 月 10 日　蔡元培、吴敬恒、李石曾、张静江分电李宗仁,责李通电组织"护党救国军",劝其释兵远游。

　　△　冯玉祥自潼关电蒋介石,谓"谣言纷起,何足为信,所幸彼此均不为所愚",甚盼邵力子常川驻豫,藉免流言。

　　△　吴思豫部宪兵接防济南商埠。陈调元宴安满等日军军官送行,英、美、德、日各领亦在座。11 日,驻济日军开始撤离,分三列车向青岛输送,12 日安满及司令部人员均离济赴青。

　　△　程汝怀、李石樵、石毓灵、李宜煊通电方本仁、贺国光、孔庚、何竞武辟谣,谓与胡宗铎、陶钧未通音问,表示服从中央,拥护蒋介石。

　　△　蒋介石任命王金钰为第四十七师副师长,暂代师长职权,郭宗华为第一百三十九旅旅长,上官云相为第一百四十一旅旅长,原师长李宝璋、旅长马葆珩、段承泽调南京军事参议院。

　　△　刘珍年攻占福山,俘张宗昌残部 4000 余名,获枪 3000 余支,迫击炮数门。

　　△　浙江省农民代表傅云、周爽秋等由杭州抵南京,向国民党中央

请愿恢复二五减租,以维护农民利益。16 日,南京农民协会整理委员会通电声援浙江省农民恢复二五减租的要求。

5 月 11 日 徐景唐部李务滋、云瀛桥两旅进占石龙,威胁广州,李并令王道团向虎门前进,陈济棠急调蒋光鼐部蔡廷锴旅沿广九路抵御。12 日,李旅进至石滩以下之南岗站,蔡旅亦抵新塘。13 日,蔡旅在空军配合下攻石龙,李旅退樟木头。

△ 由西江退走之桂军复入肇庆。12 日,桂军黄旭初部 3000 人由广利(在肇庆、三水间)渡江东下,受到粤军香翰屏部阻击,仍退回广利。

△ 湘军吴尚部抵黄田铺。13 日,戴斗垣、许克祥两旅分别占领灵川、富川。

△ 外交部为解决英人侵占江心坡案,特组滇缅界委员会先行调查,任徐东藩为该会委员。

△ 何成濬在北平招待报界,宣称代表中央声明对任何方面不致变更和平,各集团军队非奉中央命令,不得自行调动,至讨伐桂系亦是万不得已办法,近纵有军队违反编遣会议决案,中央亦处以宽大,决不临之以兵,期以政治手段使之解决,望各记者勿信谣诼。

5 月 12 日 孙科夫妇偕子女及戴恩赛夫妇、陈君朴、梁寒操、胡天浚等离南京北上迎榇。14 日抵北平,并与吴铁城、郑洪年等同往碧云寺谒孙中山灵。

△ 陈济棠赴北江督师。

△ 蒋百里奉蒋介石令至北平接洽时局,第五路军官纷纷往访。

△ 范熙绩布告令胶济路沿线杂牌军退 50 里外候编。范部军队有四列车到青州,杂军窦宝章部被迫让出青州城。同日,杨虎城部开进博山、淄川等地。14 日,范将师部移设周村,吴思豫部宪兵一营开往潍县接防。

△ 海拉尔当局宣布戒严,并在满洲里车站和蒙边交通要道检查行旅,以防阿明泰指挥之蒙古青年党暴动。

　　△　鼓浪屿华人议事会呈请外交部收回鼓浪屿公共租界,改为自治区,外交部令厦交涉员与驻厦法领交涉。

　　△　内蒙六盟王公在嵩祝寺开谈话会,表示赞成三民主义和民族自决,请政府保持内蒙习惯,不变更原有政教组织。

　　△　天津美商乾昌地毯厂工人罢工,要求恢复被开除之两名工友的工作,并补发"五一"、"五三"、"五四"等纪念日工资。塘沽永利碱厂工人为反对厂方开革工友而接收工厂,职员全体赴津。

　　△　安徽悍匪朱富润余众50余焚劫怀宁县属之高河埠镇,劫去现款五万元左右,掠走30余人。

　　5月13日　蒋介石复冯玉祥10日电,略称:"前此一、二两集团军发饷未能一致,纯为环境关系,非有畛域存在";"比来谣诼纷纭,影响大局,诚宜谋一根本止息之法";"综合今日造谣致疑于兄者不外三点:(一)谓兄购买军械,积储粮秣,而谋割据西北,反抗中央;(二)谓兄缩短防地,图攻燕晋,而谋勾结苏俄,另设政府;(三)谓兄拒绝来京,联络桂系,而谋进攻武汉,别创新局";"吾人对症发药,惟有望兄供职中央,而不逗留于西北一隅,则万谣尽息,人心亦定。"同日,蒋电韩复榘,称其部下在漳河、黄河两桥埋布炸药,驻兵武胜关,在该处敷设地雷,有拆卸武胜关以北、归德以西各桥梁之准备以及扣车等情,命即查复。

　　△　桂军黄旭初部乘兵舰并民船数十艘由肇庆东下攻三水,受到粤军香翰屏和陈策部截击,桂军后撤,兵舰一艘被击沉,"鸳江"、"靖江"两舰被掳,损失民船20多只、官兵2000余人。

　　△　何键总指挥部由衡阳移永州,并再电劝李宗仁、白崇禧下野止兵。

　　△　国民政府下令改组黑龙江省政府,任命刘廷选、高家骥、潘景武、马景桂、窦联芳、袁庆恩为黑龙江省政府委员,刘、高、潘、马分别兼民政、教育、建设、农矿各厅厅长,原任省府委员孙润庠、李彭年及各厅厅长免职。任命徐谟兼外交部特派江苏交涉员,原任金问泗免职;任命陶履谦为外交部特派广东交涉员,原任朱兆莘免职。

△ 刘珍年电蒋介石,谓张、褚余孽窜伏胶东各县者尚不在少数,招远一带已啸聚两千余人,奸淫掳掠,名为无极道会,实则逆军余孽,"除派队设法搜索并相机剿办外,所有胶东善后事宜究应如何办理之处,伏祈迅示机宜"。

△ 国民政府据国民党三藩市总支部电称,海外国家主义派要犯赵鼎荣、陈魁梧已潜行回国,意图谋乱,本日训令直辖各机关饬所属一体严缉。

△ 红四军二三千人入粤,本日至 14 日先后攻克蕉岭、平远等地。

5 月 14 日 冯玉祥任命韩复榘为郑州及信阳警备司令,孙良诚为开封及兰封警备司令。又令驻武胜关、信阳之张允荣部开往泌阳、南阳;驻遂平、驻马店一带军队开往洛阳集中。17 日,冯并密电平、津各代表及所派主要人员相机避往安全地带。

△ 粤军陈维远旅占领博罗、三多祝。徐景唐部云瀛桥旅到达河源。

△ 原第二集团军暂编第二十一师杨虎城部改为中央军新编陆军第十一师。

△ 国民政府任命贺耀组代理国民政府参军长。

△ 盘据山东黄县之张宗昌残部张升九部六七千人被任应岐师缴械,张被击毙。

△ 天津市学联、妇协、商协和总工会等团体代表谒市长崔廷献,请从缓取缔对日运动。15 日,各代表又赴北平请愿。

5 月 15 日 豫南冯军韩复榘部纷纷后撤,张允荣第二十九师临行将武胜关隧道及附近桥梁炸毁,此外东双河、漳河铁桥均被冯军破坏。同日,孙良诚部扣留陇海路客车准备运兵西行。

△ 冯玉祥致电驳复蒋介石 13 日电,举不能赴京理由六端,指责蒋排斥异己,穷兵黩武,并表示如蒋于"奉安后拟通电谢职",则"愿追随骥尾,携手同去"。同日,孙良诚、韩复榘等亦通电称:"自入春以来,谣言纷起,经时未久,战端竟开";"良诚辞职去鲁,固因病体难支,而力避

争端,亦其主因也。私幸自来豫省,庶可相安,不意大军压境,复又相逼”;“复榘待罪河南,居心惴惴……倘亦不见谅于人,则惟有引咎离豫,退避贤路,以示不争。”

　　△　韩复榘派代表唐佛哉至南京见蒋介石,报告豫省军队驻防情形,声明无军事行动,韩决惟中央之命是从。

　　△　刘建绪、范石生部占领桂林、平乐,桂军向柳州方面退却。同日,张其雄旅到达全州。

　　△　陈铭枢由香港回广州主持省政。

　　△　粤军蔡廷锴旅占领惠州。同日,陈济棠新委之第五十八师副师长文鸿恩乘“广庚”舰前往海丰收抚邓彦华部吴、何两团。

　　△　龙云部滇军与周西成部黔军开战,龙部 17 日攻普安,19 日占领兴义(黄草坝),周部节节败退。

　　△　程汝怀、李石樵、尹承纲、石毓灵、李宜煊联名电胡宗铎、陶钧、夏威,望即放洋,勿久留香港,以“避瓜田李下之嫌”。

　　△　吴思豫偕崔士杰率宪兵第二团赴青岛接防。同日,驻山东日军开始归国,630 余人乘“吉田丸”离青岛赴门司。

　　△　中央政治会议决议:改组山东及安徽省政府,以陈调元为山东省政府主席,以方振武为安徽省政府主席;在蒙藏行政制度未确定前,所有名称、官职暂准照旧;新疆各区行政长官暂准存留。

　　△　国民政府训令行政院转饬山东省政府、青岛市政府查禁青岛市工会整委会印发之《工人之路》。

　　△　波兰代表魏登涛抵南京,谒王正廷商订约事。

　　△　国民党上海特别市执行委员会第二十一次常会议决:呈请中央饬立法院及司法院撤销大赦案;呈请中央宣布中日交涉真相,并将周龙光、崔士杰撤职查办。

　　△　东北政委会第三十五次常会据辽宁省政府呈,议决将兴京县改名为新宾县,又准将金川设治局改县。

　　△　红军彭德怀部 2000 余人攻克桂东。

5 月 16 日　冯军将领刘郁芬、宋哲元、孙良诚、韩复榘等通电，指责蒋介石外交上卖国、指派三全大会代表为不合法及用人不当等，促其下野，并宣称拥护冯玉祥为"护党救国军"西北军总司令，统 50 万大军与蒋周旋。

△　蒋介石电冯玉祥，质问原驻武胜关、信阳之冯军撤退及炸毁隧道、桥梁事，要冯迅速查明，饬令恢复原状。同日，蒋军刘峙部进驻武胜关、新店一带。

△　孙良诚部撤离商丘，炸毁杨集路桥及马牧集至刘堤圈间大小桥梁各二座，并拆毁枕木、电杆等。

△　国民党中央第十三次常务会议决议：前派辽宁、吉林、热河三省党务指委及黑龙江、哈尔滨两处党务特派员一律撤回。另派张学良、王君培、刘不同、彭志云、马亮、张铎、赵连丰为辽宁省党务指委；张心洁、王秉谦、张作相、王诚、张箫任、顾耕野、单成仪为吉林省党务指委；李元箸、谭文彬、张启明、于明洲、梁中权为热河省党务指委；吕醒夫、王宪章、万福麟、杨致焕、田见龙、王秉钧、刘存忠为黑龙江省党务指委；张冲、韩圣波、张大同为哈尔滨党务特派员。任周启刚、黄右公、陈耀垣、李绮庵、陈安仁、郑占南、吴公义、萧吉珊、吕渭生为侨务委员会委员；上海商人团体整委会代行旧日上海商民协会、上海总商会、闸北商会、南市商会等之职权。

△　胶济接防委员长崔士杰与日方移交委员谷寿夫在青岛签订济南、胶济路沿线及青岛日军驻区内兵器物件移交协定。同日，日军第三师团长安满在青岛设宴招待各界，并致词表示亲善。

△　湘军许克祥旅占领贺县、八步。

△　"讨逆"第二总队总指挥张贞率指挥部全体人员由漳州出发赴前线，所部第一支队张汝劻部是日与云瀛桥旅战于粤东高陂、大麻一带。

5 月 17 日　国民政府令冯玉祥称，孙良诚、韩复榘 15 日通电辞意背离，其毁路、撤兵数端均需严切指正，仰就近查明办理，并分行各师、旅嗣后应遵照中央编遣委员会决议,非奉中央命令任何事故不得调动军旅。

　　△　蒋介石电韩复榘斥责所部破坏漳河铁桥、武胜关隧道,扣留陇海西行客车,称当此总理奉安期间,出此举动,殊出意外,希"速令所部迅即放还车辆,恢复陇海唯一交通路线,勿使公私断绝"。20日,韩电总部参军长贺耀组,谓接蒋17日电,"关于交通一节,实有难言之隐","嗣后力求和平,究应如何妥为进行,务请指示方略,俾获遵循"。27日,贺复电请韩"力劝焕公(冯玉祥)勒马悬崖,避位远行",并"希速与汉章、金凯诸兄集结所部听候命令"。

　　△　冯军继续炸桥扣车,孙良诚部炸毁马牧集至商丘间陇海路桥28座;韩复榘部全部撤离信阳,炸毁信阳以北长台关铁桥,带走车头、车厢300多辆;庞炳勋部亦撤离安阳,炸毁洹水铁桥第三号,并将沿路机车车辆带走。

　　△　白崇禧率桂军吕焕炎、王应榆、黄旭初部进至清远、芦苞一带;粤军第一、二旅在李扬敬、香翰屏指挥下步步扼守,是日起双方激战颇烈,粤海军开芦苞方面加入战斗。18日,陈济棠下令对桂军总攻击。19日,粤军香翰屏部沿广三路进攻,陈章甫、李扬敬部担任芦苞方面,海军"中山"、"江大"等舰由马口炮击敌军,戴戟旅及教导队郭思演团至军田增援。21日,粤军在西北江获全胜,先后收复芦苞、白泥、大塘、清远等地,桂军向四会溃退,损失数千人,王应榆被俘,黄旭初受伤,粤军伤亡也众。

　　△　何键令各纵队分途追击桂军,并以一部协同粤军夹击梧州,着周斓、刘建绪两师暂在桂林整理待命,周师向永宁、刘师向永福方面严密警戒;吴尚师暂在平乐整理待命,向修仁方面严密警戒,驻平乐范石生师推进至昭平后,以一部向蒙山警戒,其余协同在贺县之许克祥旅向梧州搜索前进。19日,复电令各纵队司令:为断敌归路,歼灭敌人,拟即占领梧州。第三、四两纵队应由现地出发进取梧州,许旅务由贺县取捷径向梧州前进;第二纵队应即进驻平乐待命,并以一部向修仁、蒙山

方面警戒;第一纵队在桂林维持治安,并以一部向永宁、永福方面警戒,一部维持全州至桂林交通。

　　△　国民党湖南省党部和"反小组"互贴标语进行攻击,被省政府各捕去二人,省府布告谓有关党务纠纷听中央解决,禁止贴标语、禁止各报登载此事。同日,省党部新办之《中山日报》印刷部被捣毁。

　　△　国民党中央、国民政府分别令浙江省党部、省政府,谓关于取消二五减租及因此引起之杭州《民国日报》案,中央对该省政府与省党部过去之错误已一一加以妥慎之纠正,嗣后省政府与省党部应互相爱护,互相砥砺,互相尊重其职权。省政府如有对于全省兴废关涉本党政纲政策事宜,应先呈明中央,并不得直接干涉党报;省党部如遇与政府施政见解有不合时亦应呈明中央,静候解决,不得直接以文字攻击,转滋纠纷。

　　△　汉口交涉员李芳以"水案"觉书送至日领馆,内容大致为日本撤驻汉水兵,中国同时劝阻反日运动。18 日,驻汉日领至交署表示接受解决"水案"建议,待双方政府训示到后即行签字。

　　△　国民党江苏省执委会第十八次会议议决:建议中央确定训政时期省、县党部职权;呈请中央撤惩侵吞公款、媚外辱国之崔士杰,并撤惩屡用非人之外长王正廷。

　　△　福州商帮为腹地税问题罢运,并向福建省政府及财署请愿。

　　5 月 18 日　蒋介石约胡汉民、戴季陶、陈果夫、叶楚伧、陈仪、杨杰等会商对冯玉祥处置办法。同日,蒋、胡、谭(延闿)、戴、叶、陈(果夫)等联衔电邀留沪中委于右任、吴敬恒、蔡元培、杨树庄、李石曾、丁惟汾、张群赴京商时局。

　　△　国民政府下令改组山东、安徽省政府。任命陈调元、冷遹、袁家普、何思源、孔繁霨、朱熙、陈名豫、陈鸾书、于恩波、崔士杰、阮肇昌、阎容德、刘珍年为山东省政府委员,并指定陈调元为主席,冷、袁、何、孔分别兼民政、财政、教育、建设各厅厅长。原山东省府委员孙良诚等免职。任命方振武、吴醒亚、袁励宸、程天放、李范一、吴忠信、郭子清、方

培良、阮玄武、苏宗辙、李德膏、孙传瑗、江炜为安徽省政府委员,并指定方振武为主席,吴、袁、程、李(范一)分别兼民政、财政、教育、建设各厅厅长。任命李芳为外交部特派湖北交涉员,原任甘介侯准予辞职。

△ 蒋介石电委贺国光为"讨逆"第一纵队司令,贺本日乘轮赴沙市就任。

△ 文鸿恩率原邓彦华部由海丰进攻河源。20 日,蔡廷锴旅攻占河源,获械 2000,徐景唐军团长王道受伤,余部由李务滋率领走连平。

△ 张贞抵永定,所部陈国辉、林寿国旅及卢兴邦师已到大埔。同日,"楚泰"、"江元"两舰由厦开粤助战。张部 19 日占领梅县,徐景唐部退兴宁。

△ 红四军进入闽西汀州地区,赣军李文彬旅尾追。福建省政府决定电令卢兴邦旅暂缓援粤,以对付红军。

5 月 19 日　李石曾通电蒋介石、冯玉祥、阎锡山、李宗仁、张学良,呼吁政治解决时局纠纷。

△ 黄河以北冯军全部撤至南岸,集中荥泽(今属荥阳)、郑州等地,并拆毁黄河铁桥第五十四和第五十七孔。

△ 蒋介石宴程汝怀、李石樵、李明瑞、杨腾辉等,并令李明瑞、杨腾辉两师南下援粤。李部于 21 日由上海分乘四轮南下。

△ 本日起北平各报开始对冯军称"逆贼",军警当局检查新闻甚严,邮局信检室奉令扣报纸传单达 23 麻袋。

△ 吴思豫部宪兵第二团与驻青日军第六旅团按预定程序交接青岛防务,市内警察队、保安队及胶济路护路队悉听吴指挥,共同维持地方治安。

△ 任应岐师奉命回防德州,所遗龙口、掖县、昌邑等地防务仍由刘珍年接替,本日任、刘在蓬莱会商善后事宜。

5 月 20 日　蒋介石复冯玉祥 15 日电,令其严厉处分刘郁芬等,即日恢复陇海、平汉两路交通,并指定地点约期晤谈。同日,蒋在国民政府纪念周报告西北将领通电与粤、桂军事之关系,称:初西北方面各将领以为桂军 10 日可下广州,故李宗仁为南路总司令,冯为北路总司令,及期未能占领。彼等又以为 15 日准可下,故约定双方发表宣言;惟李系护党讨贼军南路总司令,冯系护党救国军西北总司令,其名义不同,也许是各有心思与主张。并宣称中央仍以大度宽容、和平统一的宗旨进行,自信有力量可以平定一切叛逆。

△ 国民党中常会第十三次会议,由谭延闿报告冯军毁路炸桥及刘郁芬等通电情形后,临时动议决定本星期内召集全体执监会议,会商应付时局方针;并决议令沪各工会概归沪特别市党部指挥训练,受市政府监督管理。

△ 刘镇华奉蒋介石令任"讨逆"第十一路总指挥,受阎锡山节制。同日,刘密电冯玉祥劝其出洋。

△ 刘峙部抵信阳。

△ 铁道部令裁撤陇秦豫海铁路督办(该路督办为冯系刘骥),并函比公司代表郎柏尔与荷兰银公司,称 5 月 20 日起无论何人以该路督办名义向贵公司订立契约关系文件均属无效。同日,铁道部又电平汉路局停止支付第二集团军协饷及军事附加捐。

△ 何键由永州赴桂林视察,行前电周斓、刘建绪、吴尚、罗藩瀛等齐集桂林。

△ 中英在沪会谈各悬案,外交部长王正廷、欧美司长徐谟、英国公使蓝普森、参赞戴光明等列席,江心坡、滇缅划界、收回租界、收回领事裁判权、收回临时法院诸问题均已提出并初步交换意见。

△ 所有驻鲁日军一律撤离山东归国。陈调元、崔士杰分别通电报告接防完毕,地方安谧。

5 月 21 日 国民政府五院院长谭延闿、胡汉民、王宠惠、戴季陶、陈果夫发出对时局之通电,略谓:"此次西北叛将之动乱,托词于山东接防。夫山东为中央所辖之省区,孙良诚为中央任命之守吏,不遵令接防之不足,复自由离职;自由离职之不足,复席卷款械粮秣以西。……而刘郁芬等又巧避叛变之名,集矢主席,通电张皇,等于狂吠,举刃相向",

表示誓当随蒋介石之后"削除党国之奸顽,力振纪纲,义无反顾"。

　　△　唐生智应蒋介石之邀离北平赴南京。同日,蒋电令驻宣化一带之王金钰之第四十七师暂归唐指挥。

　　△　阎军参谋长朱绶光前奉阎命赴南京,谒蒋介石等商议时局,本日回北平,旋即返晋复命。

　　△　国民政府电开封河南民众反对扣留赈粮运动大会,称:"中央眷念民生,恻焉在抱,早经遣派大员专办灾区赈务……集款已多,移粟亦伙,方冀西北灾黎从此可免流亡,不图中央意旨反为地方阻隔,现金则截购军械,赈米则移作军粮,巨万赈款,用途不明。"

　　△　国民政府令改派朱培德为总理奉安总指挥,任命张治中为中央陆军军官学校教育长,原任何应钦免职。

　　△　北平市军事当局搜查市政府,抓走冯派官员五人,并拆除无线电设备。市长何其巩电南京辞职。

　　△　国民党浙江省党部第十四次会议议决:请中央召集第二次全体会议解决时局问题,给冯玉祥、孙良诚、韩复榘等以永远开除党籍处分,并明令讨伐。24日,江苏省党部、省政府分别议决呈请中央下令讨伐冯玉祥,并永远开除韩复榘、孙良诚等党籍。

　　△　前第二集团军官代表团通电列举冯玉祥五大罪状,请中央大张挞伐,并谓"同人等即与冯逆脱离关系,为国锄奸,义无反顾"。

　　△　张贞及其指挥部由大埔移驻三河镇,所部第三支队本日占领距潮安五里之竹篙山,第一、二支队23日占领兴宁,向五华推进。

　　△　汉口交涉员李芳电王正廷报告水杏林案解决情形,其要点为日本定31日撤兵,抚恤家属6300元,尸还交署并道歉,复工问题尚未解决。

　　△　国民政府训令行政院、上海特别市政府:"查上海泰东书局印行之《暴风雨的前夜》一书,纯系煽惑农工、宣传暴动之反动刊物",饬严切检查,务期禁绝。

　　5月22日　阎锡山电冯玉祥,劝冯"解除兵柄,还之中央,同适异国"，并称"陪兄远游，去则同去，来则同来"，表示"愿负疏解之责"，"如蒙赞许，弟当急电中央停发命令"。

△　何应钦乘飞机由武汉抵南京，谒蒋介石报告军事。同日，蒋宴吴敬恒、谭延闿、胡汉民、戴季陶、王宠惠、陈果夫、叶楚伧、何应钦、邵力子、赵戴文、宋子文等，席间商时局，决定对冯方策，拟提出于次日之中央常务会议。何应钦23日返汉筹划对冯军事。

△　韩复榘、石友三受蒋介石策动叛冯，通电宣称"拥护中央，待罪洛阳，静候命令"。

△　国民党中央政治会议第一八二次会议决议：通过《监察院弹劾法》；特任唐生智为军事参议院院长；任命冯玉祥、阎锡山、何应钦、陈绍宽、钮永建、张之江、熊式辉等11人为禁烟委员会常务委员。

△　孙中山遗体在北平西山碧云寺祭堂内移殓铜棺，参加奉移的有夫人宋庆龄、长子孙科、迎榇专员林森、郑洪年、吴铁城等。

△　粤军香翰屏、余汉谋旅向四会进发，桂军不战退广宁，粤军当晚进驻四会，继续向广宁追击。

△　哈尔滨民众集会反对日人修筑敦化会宁线。

△　国民党中央宣传部通令查禁《先声周刊》、《快乐之神》、《中国工人》、《民众呼声》、《创造月刊》等多种书刊。

5月23日　国民党中央第十四次常务会议决议：冯玉祥永远开除党籍，并革除中央委员、政治会议委员、国民政府委员各职；所有下讨伐令以及关于军事与紧急之政治处置均由国民政府全权办理；对刘郁芬、孙良诚、韩复榘等惩戒问题决定由国府先行免职，待调查后再分别处理；派苗培成视察指导河北、天津、北平、山东各省市党务；以陈耀垣为侨务委员会主任，周启刚、萧吉珊为副主任；奉安公祭事宜由叶楚伧、陈果夫负责主持；通过国民党省执行委员会组织条例、县执行委员会组织条例及上海商人团体整理委员会组织大纲等。

△　蒋介石电韩复榘、石友三，声称冯玉祥叛变，"自陷反革命之罪恶"，"兄等仗义革命，当不再为个人之工具"，"本日已决议开除冯玉祥

个人党籍,明令通缉,至其余诸将领为其威胁者概不与也。如有深明大义反正效顺者,中央必倚为长城,恃为心腹"。

△　韩复榘两次电蒋介石,声明"凡以捏造榘之名义破坏和平者,事前概未与闻",并谓:"业于二十二日将马(鸿逵)、庞(炳勋)、石(友三)、田(金凯)各师约集十万余人,集中洛阳,敬候命令,除通电陈诉各项情节外,伏乞以仁慈俯念十万生灵无幸待毙,指示方略,俾获遵循。"

△　张学良通电指责刘郁芬等"对主席则肆意诋娸,对党国则形同背叛","学良等效忠党国,未敢后人,拥护中央,尤为素志,其有甘冒不韪自绝于人者,定当仗义执言,与众共弃"。

△　粤军蒋光鼐部蔡廷锴、陈维远两旅由东江撤回广州休整。粤海军"永绩"、"永健"、"海容"等舰抵汕头海面,限汕徐景唐军 25 日 12 时以前撤尽。

△　蒋介石任命李万林为"讨逆别动队"司令。

△　国民政府颁布《民法总则》,定自本年 10 月 10 日起开始施行。

△　国民政府令:任命程汝怀、孔庚、何竞武为湖北各部队编遣特派员办事处委员。

△　北平本日起公祭孙中山,宋庆龄伴灵,商震、刘镇华、李品仙、张继等致祭。同日,举行社稷坛改中山堂落成典礼,商震、林森、孙科之代表梁寒操等 500 余人参加。

△　国民政府参军、护灵铁甲车司令蒋锄欧由南京北上,25 日抵平。又沪宁、沪杭两路总理奉安宣传列车是日由杭州开出。

△　日本民党前领袖犬养毅、头山满两人以孙中山友人之资格来华参加孙中山奉安大典,是日到达上海,随行者有宫崎龙介等 20 余人,上海市长张群代表蒋介石、胡汉民等前往码头欢迎,并设宴招待。

△　红四军攻克龙岩城,击溃守敌陈国辉部两个营,当日撤出,向永定进军,25 日占领永定城。26 日,由永定向粤境大埔进军。

5 月 24 日　国民政府下令拿办冯玉祥,称:"冯玉祥背叛党国,逆迹已著,无可再予宽容。冯玉祥应即褫去本兼各职,着京内外文武机关一体协缉拿办,以安党国而彰法纪。"

　　△　蒋介石发表告第二集团将士文,略称:"今冯玉祥已甘为叛党之军阀……诸将士不甘以人格资冯氏去贩卖,幸速图之","不欲以性命供冯氏之孤注,更宜早图之";"愿诸将士凛然于公私之界,顺逆之辨,反正效顺……中央必倚诸将士为干城。"同日,蒋又复韩复榘 23 日电,略谓:"吾兄服从中央,拥护统一……无任感慰,除呈请政府特加嘉奖外,凡驻在陕、豫各部队概归兄指挥,并任命石友三为讨逆第十三路总指挥,希即转令遵行。"

　　△　冯玉祥复蒋介石 20 日电,略谓:"大局崩坏至此,和平统一,徒成虚语,谁实为之,孰令致之,明达如公,当知症结所在";"玉祥腿病加剧,步履维艰……敢请由山西来陕州一谈,藉慰饥渴,并申下情,不识可否?"

　　△　孙良诚部与韩复榘部是日起在郑州、洛阳间发生激战。25日,韩电何成濬,谓"势成骑虎,与叛逆决难并存",请速派队援助。何当即电南京报告,并于 28 日电韩称,"已呈主席迅饬各部分头进援"。

　　△　何应钦、刘峙、朱绍良、张发奎、贺国光、顾祝同、鲁涤平、谭道源等 60 余将领自汉电请蒋介石等讨冯,声称:"冯逆玉祥勾结桂逆,托庇赤俄,蔑视国家法纪,违背中央命令,擅调军队,破坏交通,叛迹已彰……应请中央迅颁明令,用张挞伐。"

　　△　陈铭枢出席省务会议,并发表《告全粤父老书》,说明反桂经过,主张集权中央,建设廉洁法制政府。同日,陈济棠在粤军总部召集两广善后会议,陈铭枢、俞作柏及粤军将领共 20 余人出席,议决收拾桂系残敌计划,拟以俞统帅李明瑞、杨腾辉两师合香翰屏旅追击桂敌,并由粤方协助俞回桂主持军政;为防止桂军与警卫队随白崇禧逃走,决用俞、李、杨三人名义印就告广西民众传单,速派飞机散发。

　　△　白崇禧率卫队回梧,海军陈策部占领肇庆、禄步,桂军退悦城。次日,粤军总部令香翰屏派队进驻肇庆等地。26 日,粤军入悦城,桂军退封川。

△ 何键在桂林召集湘军将领会商军事,决以一部驻桂林、平乐,肃清附近残敌,以主力进攻梧州。同日下令:着第四纵队司令范石生即率所部经贺县、官潭攻梧,并派先遣司令覃寿乔率所部由荔浦经蒙山、蒙江抄袭梧之后方;着第三纵队司令吴尚部暂时位置于二塘、贺县间,继第四纵队之后向梧前进;着第二纵队司令刘建绪进驻平乐,向修仁、马江方面严密警戒;着第一纵队司令周斓以一部肃清义宁等处后向广南方面警戒,并维持桂林秩序及至灵川之联络线;着总预备队分驻兴安、大溶江、小溶江、全州、永州等地,担任后方联络与维护交通等任务。28日,再电各纵队限期向指定地点攻击前进,并注意由广东退怀集之桂军。

△ 徐景唐军由汕头开始撤退。张贞部与徐部在潮安附近之意溪开战,26日,张部进占潮安。

△ 国民政府明令嘉奖陈济棠、陈铭枢等粤军将士;特任唐生智为军事参议院院长;任命朱培德为参谋本部代理参谋总长。

△ 是日至28日,程汝怀、石毓灵、尹承纲、李石樵、李宜煊五师在湖北沙市、黄州、宜都等地,分别被朱绍良、张发奎、鲁涤平、谭道源部改编。

△ 青岛四方日商内外棉纱厂工人因厂方无故开除工人而罢工,经社会科调停始复工,厂方与工人订立协定:以后不得无故开除工人,已开除工人改为自动辞职,罢工时间照支薪水。

5月25日 蒋介石电冯玉祥,指责冯"于公为作乱,于私为背信",不惜自堕其革命之历史与人格,并称"如愿涉历海外,增益新知,或优游休养,重辟新路",当代陈于中央,成全其志愿。所部将士原为国家之军队,中央必能爱护备至,一视同仁。

△ 冯玉祥复阎锡山22日电,略谓:"既承指示,极愿即日下野,或息影山中,或翔游海外,则介公之怒可以稍息,我弟之苦心亦可稍慰……然回首前尘,固不胜其怅触万端矣。此后办法,伫候明教。"26日,阎复电再次表示愿与冯同游海外,促冯"一面通电宣布即日下野,一

面偕同嫂夫人命驾来晋,以便早日放洋"。

△ 韩复榘在洛阳就中央新委西北军总指挥职,并电北平当局,谓:"冯此次不听忠言,破坏统一,殊深愤恨,已将洛阳工厂军械等件取出东运,决即到郑州收束军事,静候政府命令。"

△ 石友三电蒋介石表示服从中央,"宜劳党国,以报殊恩"。同日,石之秘书刘电舟抵衡阳,携有致钱大钧电,谓"弟与韩总指挥复榘已联名通电,一致拥护中央,各在原防待命,听候蒋总司令指示",请转禀蒋派员面商一切。

△ 李明瑞率部抵粤,分谒陈铭枢、陈济棠。27 日,二陈设宴招待李师校官以上军官百余人,并开会通过由俞作柏统帅李、杨(腾辉)两部,会同香翰屏旅追击桂军计划。

△ 北平天安门举行孙中山送榇大会,由总工会张寅卿任总指挥,到党、政、军及各团体代表二万余人。

△ 国民政府改组禁烟委员会,免冯玉祥等委员职务,任命阎锡山、何应钦、陈绍宽、钮永建、张之江、李登辉、钟可托、王维藩、罗运炎、田雄飞为禁烟委员会委员,指定张之江为委员长,钮永建为副委员长。

△ 蒋介石、胡汉民、于右任分别电邀前建国豫军总司令樊钟秀来京。6 月 7 日,蒋聘樊为陆海空军总司令部高等顾问。

△ 蒋介石电刘湘、刘文辉制止张汝骥率部扰云南。

△ 国民政府训令山东省政府查禁《民权导报》。

△ 上海特别市商民协会结束,上海特别市商人团体整理委员会本日正式成立,虞洽卿、叶惠钧、王延松、王晓籁、徐寄庼、顾馨一、秦润卿七人当选为常委,陈布雷被推为秘书。

5 月 26 日 孙中山灵榇由北平南移,商震任总指挥,宋庆龄、孙科、何成濬、林森、郑洪年、吴铁城等参加。凌晨 1 时由碧云寺起灵,沿途送殡群众达 30 万人。下午 3 时 15 分,商震等将灵榇扶入灵车,至下午 5 时开行,鸣炮 108 响。前引列车先于中午 12 时开出,护灵列车、警备列车也提前发车,灵车前后各有一列铁甲车,家属随乘灵车,最后送客列车下午 6 时始发,灵车于晚 8 时至天津站,停车半小时,当局各要人和外宾在车站致祭。全国各大城市均下半旗志哀,南京举行奉安典礼演习。

　　△　韩复榘派人至武胜关与蒋军联络。同日,石友三电何应钦,称在原防待命,请转陈蒋介石派员往洛阳接洽。27 日,石再电何,谓该部开赴许昌,"此后当追随诸公之后,服从中央,遵守党义,谨效驰驱"。

　　△　马鸿逵部入郑州,另部在黑石关为庞炳勋部所阻,韩复榘率队与庞部激战,并将该关占领。27 日,韩部与庞部继续在偃师、登封一带激战。

　　△　"讨逆军"第五路将领唐生智、李品仙、何成濬等通电,数冯十罪。同时,第四十八师徐源泉等电蒋介石讨冯。

　　5 月 27 日　冯玉祥通电下野,略谓:"玉祥养疴华山,深居简出,尝惴惴焉以国危民困,万不可再有内战,以自取覆亡,不料区区苦衷,复不见谅于友,谣言纷起,岌岌若不可终日……谨洁身引退,以谢国人。自五月廿七日起,所有各处文电一概谢绝。从此入山读书,遂我初服,但得为太平之民,于愿足矣。"

　　△　国民政府五院院长谭延闿等通电冯玉祥部各将领,略谓:"冯玉祥背叛党国,中央已严重处置。""观于最近冯氏无故张皇,撤兵毁路……进则胁部队以犯中原,陷诸将士以叛徒之恶名;败则退保西北,即以诸将士馈赠苏俄,为万劫不复之臣仆。"诸将领"与其为私人供刍狗,何如为民众作干城"。并谓中央处分此事,只及冯氏一人,"凡有效顺自拔,解除私人之系属而表服从中央之诚者,中央必保障其地位"。

　　△　冯玉祥复阎锡山 26 日电,谓:"下野宣言业经拟就,即日公告国人……拟俟谣诼稍息,体气略复,即束装就道,远是非之窝,作逍遥之游。""我弟为党国柱石,侪辈所钦,中央倚畀正殷,岂可遽言高蹈;远引何敢梗阻,携手同游,则亦兄之私幸。"28 日,阎复电云:"承允携手同游,欣幸何极……务请我兄断然决然即日命驾莅晋,以便及早偕游",并称:"弟前日返里已将家事料理就绪,亦即挈眷驰赴运城,恭候尊驾。"

△　石友三自偃城通电称:"遵将所部集中南阳,与韩总指挥行动一致,主张和平,拥护中央。"

△　新编第五师师长李纪才因拥冯(玉祥)嫌疑由武汉卫戍部押解到南京,交总部监狱暂押,经证明排除怀疑,于 6 月 6 日释出。

△　何键部各路湘军开始向梧州进攻。

△　滇军龙云部朱旭师占领贵阳,28 日李燊入省。

△　哈尔滨当局借口第三国际执委会在苏联驻哈领事馆内集会,入内搜查,抄走文件、书籍及物件两车,并拘捕驻沈阳苏总领事库兹涅佐夫(旋被释放)、驻哈领事梅里尼可夫及馆员等 39 人。中东路苏方副理事长齐尔金当即向黑龙江省长官公署提出抗议。

△　蒋介石偕宋美龄及宋太夫人由南京赴蚌埠迎接孙中山灵榇,唐生智等同行。同日,蔡元培、何香凝、张之江、唐绍仪等抵南京,17 国公使及教皇代表由北平专车南下,日使芳泽、波、捷两国代表及犬养毅、头山满由上海到达南京参加孙中山奉安典礼。

△　国民政府令:定每年 6 月 3 日为禁烟纪念日。

5 月 28 日　孙中山灵榇抵南京,国民党中央委员、政府委员、各特任官和各地、各机关团体代表前往浦口迎榇。上午 10 时 40 分,灵车到达浦口车站,海军鸣炮 101 响,各外国军舰亦鸣炮致敬。下午 3 时,灵榇运入中央党部祭堂,举行停灵礼,蒋介石主祭,各中央要员及家属与祭。迎榇队伍依次分为八列,共约六七万人,沿途参谒民众则达 10 余万人,犬养毅、头山满和国民政府顾问宝道等外国友人一并参加迎榇活动。下午 4 时起,国民党中央委员和特任官分班守灵,每班三人,每四小时一更易。

△　国民政府令:在孙中山总理奉安期间,禁止自由开会或聚众游行,倘敢故违,立即逮捕,照《暂行反革命治罪法》严行惩治。

△　何应钦电庞炳勋、席液池,劝其弃冯投蒋。

△　何成濬发表告"讨逆"第五路第九军将士书,历数冯玉祥罪状,请一致讨伐。同日,云南省政府主席龙云、王均第七师、金汉鼎第十二

师通电讨冯。

△　李明瑞离广州率部西上。同日,杨腾辉部到达广东,杨至广州谒陈济棠。30 日,杨部开肇庆,会合李部一起攻桂。

△　白崇禧在梧州召集各军官讨论战略问题,决定必要时放弃梧州。

△　范石生部占领乾河汛,右翼到达东安。刘建绪部集中平乐。30、31 日攻梧。

5 月 29 日　国民党中央党部、国民政府、中央及首都各机关、团体公祭孙中山,中央党部由胡汉民主祭,国民政府由蒋介石主祭,中央及第一编遣区亦由蒋主祭,各省、市党部由叶楚伧主祭,其他机关由本机关主管长官主祭。

△　蒋介石复阎锡山 26 日电,宣称冯玉祥如能允出洋,"无论其道出晋、沪,我二人皆可为其保障安全,即弟亦愿随其出国,以全吾三人之始终"。

△　国民政府公布《弹劾法》,凡 11 条。

△　马鸿逵通电,谓即率部至新郑与韩复榘部会合,表示一致拥护中央,拥护和平。同日,韩、马两部同入郑州,韩之第五十九旅开往汜水堵截孙良诚部。

△　蒋介石任命万选才为暂编第三师师长,刘茂恩为暂编第四师师长;又任命马廷勷为"讨逆"第十五路总指挥,马占逵副之。

△　哈密回部双亲王、库车亲王及回部全军总指挥马廷勷、回部全权总代表兼全军总司令李谦、甘军总司令马麒等西北回族领袖电国民政府声讨冯玉祥。

△　陈策率"中山"等五舰进驻封川。

5 月 30 日　阎锡山挈眷由五台原籍返太原,同日复蒋介石 29 日电,报告将赴运城迎冯,并谓"钧座对焕章始终包容,爱护到底……已转电焕章,俾领厚意";又谓"党国肇造,整理建设,一切胥赖钧座主持,钧座不可言去"。次日,阎自太原赴运城,并派朱绶光、贾景德往华阴迎冯莅晋。

△ 唐生智、方振武、徐源泉、贺耀组等在陆海空军总司令部会议，决定唐、方两部由陇海北段，陈调元部沿陇海正面向豫进军，会师开封，最低限度封锁潼关。

△ 冯军第二十六师田金凯部由荆紫关东开，本日抵南阳，继续向方城、舞阳一带集中，决定与石友三、韩复榘一致行动。

△ 公祭孙中山第二日，国民党海外各总支部、各直辖支部、各地华侨代表、蒙藏代表、农工商学妇各团体代表及国民党中央党校、中央军校、童子军先后进行公祭。

△ 国民政府令公布民国十八年关税库券条例，定额 4000 万元，定于本年 6 月发行。

5 月 31 日 公祭孙中山最后一日，18 国参加奉安专使、教皇代表、日人犬养毅、头山满、各国驻华新闻界代表及葬事筹备处委员、奉安委员会委员、亲故、家属等分别致祭。祭毕即行封棺礼，孙之家属、亲友及国民党中央委员、国民政府特任官、宋庆龄、孙科、蒋介石、胡汉民、谭延闿、戴季陶、张静江、陈果夫、叶楚伧等 100 多人参加。

△ 苏联照会国民政府，抗议哈尔滨当局搜查驻哈苏领事馆，要求立即释放一切被捕人员，送还一切信札及其他财物，并称将取消莫斯科中国使馆与在苏各中国领馆所享之治外法权。

△ 蒋介石、张学良电阎锡山表示挽留，请勿远引高蹈。

△ 韩复榘、席液池先后抵郑州，韩召集商民训话，通告安民，并电告各方：孙连仲、庞炳勋部已由洛阳西退。

△ 陈汉光奉陈济棠令赴从化收编李务滋部，并负责保护石井兵工厂。

△ 国民政府派王正廷为互换《中比友好通商条约》批准书全权代表。

△ 天津警备司令部军械库地窖爆炸，所藏手榴弹、炮弹等全部炸尽。

△ 江苏省当局在各县镇压共产党及革命群众，本日在江阴逮捕

陈叔旋、在沭阳逮捕王安民等 11 人，6 月 1 日，又在东海捕陈秀夫等 12 人、在灌云捕武心殿等 20 余人。

5 月下旬　刘郁芬电韩复榘、石友三，谓："本军非两兄固无以成今日之盛，抑两兄苟非凭借团体共同奋斗，则亦何以有今日？"指出蒋介石好用权术，"非可共事之人"，"本军朝被消灭，则两兄夕被解决"，蒋"自包办三全大会以来已成袁世凯第二"，并称"今日之事，团体之存亡，国家之存亡，皆悬于两兄之手"，望"毅然决然迅速率部西开"，或"集合兵力，择险固守"，俟机驰骋长江上下游。韩复电称冯玉祥去留"关于国家存亡及数千万之生灵涂炭，能不能放下屠刀，皆悬于兄等之手，千载一时，万勿蹉跎"。

是　月　国民党改组派在上海组织"护党革命大同盟"，并发表成立宣言。略谓：蒋介石"篡夺中枢以后，外交则以献媚帝国主义为能事，吏治则亲戚故旧、贪官污吏、土豪劣绅尽据要津，财政则滥发公债，贩运烟土，苛捐杂税，有增无减，军事则假编遣会议名义扩充军备。凡此诸端，已比北洋军阀专政时代，其腐败黑暗程度有过之而无不及。……三全大会以后的国民党几乎尽变成蒋中正个人御用的党，吾党同志誓死不能承认"。"同人等追随先总理革命有年，目睹党国危机，岌岌不可始日，故不揣绵薄，集合同志发起组织中国国民党护党革命大同盟，领导护党运动，设总部于沪上，设分部于各行省"。宣言并提出欢迎汪精卫等归国护党；请二届中委"自动集合重组中央党部"及组织护党革命军、组织护党政府等项主张。

6　月

6 月 1 日　孙中山灵榇安葬于南京紫金山陵墓，晨 4 时由国民党中央党部启灵，在京各中央委员、政府委员、孙之家属、亲故及各国专使参加送殡，沿途民众肃立瞻礼者达数十万人，正午 12 时奉安告成。同日，全国各地均举行公祭，并停止工作与交通三分钟，以志哀悼。海外国民党各支部与华侨亦有纪念活动。

　　△　冯玉祥电阎锡山，劝阎与蒋介石勿下野，并谓："刻闻通缉等令确已发表，兄纵欲远游，亦何所逃罪。承吾弟与介公保障个人安全，感且不朽，顾中央威信、法律尊严恐非爱我者所能左右，临电神驰，万望明示。"阎于 2 日电蒋转达冯意，请示应付办法。

　　△　阎锡山到达运城，电冯玉祥称："挈眷抵运，候迎兄及嫂夫人，并派朱绶光、贾景德赴潼速驾，盼即日惠临。"同日，阎电何成濬止兵，谓："西北苦旱，大兵进据，恐贻人民无穷之忧，弟拟邀焕兄出洋，意在避免战争，以保持中央视民如伤之德意，果能如约，则和平统一可以立见，否则弟拥护中央，不落人后，一切惟中央之命是从。"

　　△　石友三通电称已奉命集中许昌，并于本日在许昌防次就"讨逆"第十三路总指挥职。石并电何应钦称："与向方（韩复榘）服从党国，主张和平，实受良心驱使，自当继续努力为党国奋斗，以副尊命。"

　　△　李明瑞部向广坪镇（距梧州 70 里）进发，陈策率"中山"、"江大"、"江固"、"江巩"等舰对界首、鸡笼洲、狮子山各炮台发起攻击。同日，驻梧桂军并各机关重要职员退藤县，所有辎重及制弹厂机器、枪炮弹等分装 10 余船运往柳州。

　　△　何键令周斓部即日由桂林进取永福，刘建绪部即日进占修仁后，同向柳州攻击，务于本月 7 日以前占领柳州。

　　△　红五军彭德怀部攻克粤北南雄城。

　　6 月 2 日　粤、湘军联合攻梧，与桂军战于封川，桂军退往桂平，陈策海军陆战队和范石生部相继进占梧州。

　　△　云瀛桥、李务滋部约四团由紫金抵揭阳。4 日在揭阳会议，决定向闽南发展，会后李部即开往潮安，进攻韩江上游张贞部。

　　△　苏联驻沈阳总领事库兹涅佐夫、驻哈尔滨副领事斯那米列斯基等由哈回国，本日在满洲里为护路警捕送回哈，6 日库兹涅佐夫复化装潜行回国。

　　6 月 3 日　李明瑞率部抵梧州，布告安民，并通电称即向南宁进军,全省肃清为期不远,念祸首仅为黄绍竑、白崇禧、李宗仁诸人,其余非甘心附逆,翻然来归者自当一视同仁。

△　何键令范石生部及许克祥旅协同李明瑞之第十五师追击由梧州向藤县撤退之桂军;令吴尚部调贺县、平乐之线填防。同日,何电中央党部、国民政府表示"务于最短期间歼灭桂逆,一面准备精锐三师待命北征"。

△　冯玉祥复电阎锡山,谓一周内偕朱绶光、贾景德、丁春膏、曹浩森至运城恭聆教益,请阎不必准备出洋,冯本人则另途出国。

△　孙良诚退出洛阳,向西开拔。同日,高在田派飞机三架赴潼关、洛阳等处散发传单,劝第二集团军将士拥蒋。

△　济南各界四万余人开讨冯大会,通过请国府明令讨冯、通电全国一致声讨、请省府肃清冯系余孽马良、李庆施等决议。

△　日本公使芳泽、意大利公使华蕾、德国公使卜尔熙分别向国民政府主席蒋介石呈递国书。

△　国民政府公布《南京特别市市政公债条例》,债额300万元。

△　是日至7日,国民党中宣部在南京召开全国宣传会议,通过规定训政时期宣传方法、统一宣传系统、充实中央党报内容、规定国际宣传方法、扩大农村宣传等10余项议案。

△　是日及9日,张学良分别电蒙藏委员会与国民政府称,苏联煽惑外蒙,蒙兵已到哈拉哈。

△　禁烟委员会在南京举行林则徐禁烟九十周年纪念大会,到各机关代表400余人,该会委员长张之江主席。下午在公共体育场焚毁烟土。同日,拒毒会发表宣言,号召大家团结一致加入拒毒会,使鸦片毒物从此肃清。北京、上海等地亦有纪念、焚土活动。

△　红四军再克龙岩,5日开往上杭。

6月4日　冯玉祥见朱绶光、贾景德后,致电阎锡山拒赴运城,谓:"出洋本兄素志……惟中央已下通缉令,深恐国境未出,刑网已触","故对同道赴津乘轮游日恐难从命。兄之出国拟取道西伯利亚,然后再赴德",请勿烦迎候。

△　唐生智谒蒋介石,商讨冯军事部署后,离南京北返。同日,唐部第五十三师由济宁向归德开拔。

△　马鸿逵代表王文骘抵汉谒何应钦,陈述该师拥护中央诚意。

△　蒋介石电张学良,谓苏联及蒙古与冯关系已明,"东省与俄蒙毗连,关系极重,请注意防范"。5 日,沈阳当局饬张作相、万福麟注意边防,并电令松黑江防第三舰队派舰赴三江口驻扎,另调丁超部第十八旅、邢士奎部第二十六旅各一团开赴吉边、绥远(今抚远县)驻防。

△　俞作柏、杨腾辉等在广州葵园开会,议决收拾全桂计划,并请粤助以巨款。

△　湘军刘建绪、周斓部分别占领修仁、永福、永宁,桂军向柳州退却。7 日,周部先遣司令陈光中进占雒容,刘部戴斗垣旅到达鹿寨。

△　蒋光鼐部陈维远、戴戟旅昨今两日抵海丰,蒋等在海丰开军事会议,决定对潮汕下总攻击令。

△　桂系在香港出版之机关报《正报》发表《蒋中正与奉安》一文,指责蒋藉尸敲诈,屡次将先烈居为奇货,以成就其地位权势,同时将党中柱石如芭蕉般一层一层剥除,最后则存蒋氏一人:"今者蒋氏又于奉安典礼假惺惺作孝子状……不知者以为蒋中正总理之信徒也,英士(陈英士)之化身也,仲恺(廖仲恺)之后起也,谬矣! 堕蒋氏之术中矣!"

△　行政院第二十六次会议,议决武汉特别市名称改为汉口特别市,以汉阳、汉口为其管辖区域,武昌划归鄂省府(11 日国民政府以令公布);筹备中之国立山东大学改称国立青岛大学,撤销原私立青岛大学,其校产归国立青岛大学接收。

△　南京水西门造币厂起火,烧毁房屋 90 余间,损失上百万元。同日,汉阳兵工厂制炸弹引线爆发,炮厂全毁,损失极巨。

6 月 5 日　国民党中央政治会议第一八三次会议决议,北平特别市市长何其巩辞职照准,以张荫梧继任。

△　蒋介石积极部署讨冯,武汉方面各部队已集中豫南,向平汉线

集结之宁方军队渐次向襄阳、樊城移动,驻浦口之罗霖部向汉口开拔。本日蒋令南路总指挥何应钦自平汉路进攻河南,令毛炳文、徐源泉、方振武向河南进击。

　　△　国民党中宣部副部长刘芦隐对各报记者谈称:中央讨冯绝非内争,乃政府处理"叛将",中央讨冯为既定政策,当然无变更之理;冯最近有下野通电,并非真诚,不过为缓兵之计。

　　△　国民党济南市党部会议议决呈省党部转请中央及省府拿办马良、师景云、白宝山等八人;并请省府取消人民自卫团,另订维持治安法。

　　△　李明瑞、范石生部向藤县桂军进攻,桂军向平南、桂平退却,李、范军队当即入城。同日,许克祥部抵梧州。

　　△　国民政府公布《县组织法》。

　　△　驻辽宁苏领事馆就哈尔滨当局无理搜查苏领馆事向辽交涉署提出抗议。同日,东铁苏理事长齐尔金访张景惠面致抗议,张借口齐非外交官予以拒绝。

　　△　财政部长宋子文偕中央造币厂厂长郭标赴广东整理财政。12日起,宋在广州与陈铭枢、陈济棠及财界要员商财政整理问题,大体确定除盐税、烟、酒、印花、海关已划入国税外,更将禁烟、厘金、沙田、爆品等项税收一并划入,如国税仍有不敷则酌由省税借给国库支付;军费亦须切实核减,得陈济棠同意,除6月份在军事时期仍需450余万元外,以后每月当缩减至300万元。

　　6月6日　国民党第十六次中央常务会议,通过三全大会未及讨论各项提案之审查报告;修正通过各级党部工作考核条例草案;蒋介石提请任作柏为广西省政府主席,并撤销其处分案,决议先恢复俞之党籍,候四次全国代表大会追认;议决《字林西报》已改变态度,取消禁止邮递。

　　△　李明瑞在梧州就任第八路副总指挥及广西编遣特派员。同日,黄绍竑、白崇禧派人到梧见李明瑞请求收编,李要黄、白先通电下

野,然后再商收编条件,并保存其生命财产。

　　△　陈策率舰由梧班师回粤,9 日抵广州。

　　△　张贞部与徐景唐军激战于高陂,徐军退丰顺,张部乘胜攻潮安,7 日开始总攻;又粤军陈维远部 8 日抵葵潭,9 日抵普宁,12 日占揭阳,13 日占潮安,均无抵抗。

　　△　国民政府以冯、桂两派在上海活动皆以张定璠为中心,下令对张严缉究办。

　　△　阎锡山所派迎冯代表朱绶光、贾景德偕冯玉祥代表曹浩森由华阴返运城。冯未同行。

　　△　冯军庞炳勋部奉令撤出洛阳西开。

　　△　中日宁案调查委员会开第一次会议,中方余紫骧、陈开懋,日方清水、村上等到会,对调查手续及程序有详细讨论。又汉口“水案”谈判,日领承认赔偿等条件,但复工问题尚未议妥。

　　△　西湖博览会开幕,万余人参加典礼,开幕式由浙江省政府主席张静江主持,国民政府代表孔祥熙、中央党部代表朱家骅、行政院代表蒋梦麟等到场致词。

　　△　中国垦业银行上海总行开业,该行董事长秦润卿,总理由秦兼,经理王伯元。

　　6 月 7 日　阎锡山接蒋介石电,称冯玉祥如决心出洋,必可保障其安全。阎即将蒋电出示曹浩森、邓哲熙,嘱曹、邓回潼复命。同日,阎又接何成濬电,谓蒋有致阎亲笔信由唐生智携平,命赴晋面交。阎即由运城回太原,临行电冯玉祥,略谓:“介公顷有复电,所陈各事均行认可,且慷慨其词,尤见与兄感情依然未稍改变,已请曹、邓两同志持原电回华复命,务请大驾早日来晋,以便偕行。介公派孟潇(唐生智)、雪竹(何成濬)两兄来晋见面,拟留敝眷在此相候,弟先回省一行,稍事周旋,仍来运迎驾。”

　　△　方振武抵豫,是晚及次晨韩复榘、石友三、贺耀组、方振武、马鸿逵、关树人等在郑州韩之司令部会晤,商河南善后和布防问题。8 日

下午,贺、方、马、关等离郑赴南京。

△　驻晋、陕交界大庆关之冯军已撤至潼关、朝邑、韩城一带。8日,河南冯军全退潼关以西,一部抵长安,一部抵汉中。

△　甘、宁、青三省联军"讨逆军"总司令兼第一路司令马仲英、第二路司令兼军长马廷贤等回军将领通电声讨冯玉祥,并谓该军五万人,现"集中大滩水岸一带,枕戈待命,绝对服从中央命令,就近受阎总司令指挥",但给养缺乏,无力购办,请求予以救济和实行编遣。

△　黔军军长李燊电南京,谓已遵令集中所部前进讨桂,黔省善后一切听中央处置。

△　蔡元培向国民党中央和国民政府呈辞监察院长及国府委员职。

△　蒋介石任命川军第二十八军军长邓锡侯为"讨逆"第十四路总指挥,第二十九军军长田颂尧为"讨逆"第十二路总指挥。

△　川军赖心辉与刘湘、刘文辉战于江津。

△　外交部电驻莫斯科总领事夏维松称,哈尔滨苏领馆有秘密开会宣传共产行为,令其向苏联提出口头抗议。同日,中国驻苏联代办朱绍阳抵南京,即向外交部报告哈尔滨苏领馆被搜查事。

△　广东省政府议决发行中央银行公债1000万元,限20个月清还。

△　厦门国民党当局追究《鹭江小报》和《飞泉周刊》,搜查其承办人住所,捕去嫌疑犯陈玉清等三人。

6月8日　国民政府以韩复榘、石友三、马鸿逵"不私一人一系",通电拥护中央,讨伐冯玉祥,特予明令嘉奖,尤冀韩等早日清除反侧。

△　陕军师长井岳秀电南京称,冯军假道陕境,业经电拒。同日,冯玉祥部骑兵第二师师长席液池电请所部由韩复榘节制。

△　"讨逆军"在梧州开军事会议,决定分两路攻南宁,李明瑞、杨腾辉各部已下动员令。同日,范石生偕师部人员抵梧。

△　清东陵盗墓案经多次审问,是日预审终结,主犯谭温江等七人

被判死刑,余犯分别判无期徒刑和徒刑。审判长商震发表谈话,称判死刑之现役军官均握有重兵,执行时明知有种种困难,但为维持军法精神起见,不得不如此判决。判决书于 17 日送军政部核办。

△　国民政府训令直辖各机关查禁《溺情记》,宣称该书内容"均系关于共产党秘密组织"。

△　中国佛教会代表数十人向国民政府、行政院、内政部请愿,要求取消《寺庙管理条例》,另颁包括各宗教之适当条例。

△　北平邮务局工人与邮票处监视员英人戈裕德为放假问题发生冲突。12 日,邮局工会要求将戈撤职,并发表宣言。14 日,工人列举戈 35 条罪状呈报总局。17 日,全体邮工议决限三日内撤换戈,否则取最后对付。20 日戈辞职,遗缺由副监华人车瑞衡代理,工潮解决。

6 月 9 日　唐生智、何成濬在太原谒阎锡山,转交蒋介石促阎对冯用兵函。阎对时局仍主和平,并表示蒋决不能卸肩。对冯用兵问题,决定以冯去留为转移,去则罢兵,不去即讨伐。

△　程希贤带领冯部手枪队一营到郑州投韩复榘改编。

△　俞作柏、李明瑞、杨腾辉电黄绍竑、白崇禧、黄旭初、伍廷飏等,请暂息肩远游,以军权交吕焕炎,政权交粟威,静候中央命令。

△　周斓、刘建绪同到鹿寨,何键令周部向柳州北城进攻;刘部向柳州东城进攻,并以一部出江口袭击柳州之背。周、刘两纵队 10 日开始动作,至 13 日分别到达指定地点。

△　由梧州撤退之桂军乘民船 20 余艘过象县北进增援柳州。同日,桂军与范石生部在五福墟接触。

△　张贞抵漳州,所部除张汝劻率一个团留饶平协同蒋光鼐部攻潮汕外,其余陆续回闽原防,以对付红军。

△　全国反日会改名废除不平等条约促进会,是日在南京开第一次执委会,议决在东三省积极抵制日货、救国基金以发展实业为原则、定 11 月 1 日在南京召开全国提倡国货运动会等案。

6 月 10 日　国民党三届二中全会开幕,接开预备会,出席中央执监委员及候补执监委员 43 人,到各机关代表数百人。胡汉民主席,议决:冯玉祥业经开除党籍并革除其中央执行委员,应以王伯群递补为正式中央执行委员;组织提案审查委员会;推蒋介石、胡汉民、谭延闿、戴季陶、孙科为主席团,叶楚伧为秘书长。

△　阎锡山、何成濬、唐生智联名电蒋介石商处置冯玉祥事。蒋复电谓只要冯到运城出洋,中央不失威信,可不事苛求,其军队本系国家之军队,自无不可设法安插,否则为保持威信计,不能不按照原定计划积极讨伐。

△　阎锡山电冯玉祥谓:"前奉介公微(5 日)复电,系望公先实践出游之约,后以人格保障支(4 日)电所请各项之实行。细绎尊电系望介公先行停止军事行动,酌发欠饷恤赏,俾便旦夕首途,所差只在一间。弟意我二人因决定携手出洋,敝处始有日前陈请各项之电,似须先践约出洋,始为不失顺序。介公信人,既以人格保障,必能如电实行。倘非然者,弟当负完全责任,必使对得起我兄而后已。兄意如何? 切盼示复。弭战祸,全始终,端在我兄最后一诺也。"同日,阎电北平行营,谓韩(复榘)、石(友三)服从中央确系诚意,"地方谣言不值一笑,敝处当随时辟之"。

△　贺耀组、方振武偕韩复榘代表马鸿逵、石友三代表关树人、石友信等自郑州抵南京谒蒋介石,晚蒋在私宅宴韩、石代表,贺、方及鲁涤平等作陪,席间对解决冯玉祥方法有所讨论。

△　韩复榘电刘镇华请赴郑主持豫政,刘派代表与韩接洽。

△　刘湘、刘文辉、邓锡侯、田颂尧等川军将领电国民党中央及国民政府,请颁明令讨伐冯玉祥。

△　陈济棠由颐养园回第一师部召集重要会议,团长以上均参加,议决第一师各旅分驻西北江及江门、四邑各地,以黄质文、陈汉光两团固省防,派林翼中赴南京报告讨桂事,并请示粤军编配。

△　李明瑞、杨腾辉部是日起分三路向桂平进军,一路由梧州攻平南,一路由藤县攻容县,一路绕道攻郁林(今玉林)。

△　何键遵蒋介石令组织广西战地政务委员会,由何任主任,负责处理一切政务,俟省政府成立后即撤销。

△　徐景唐军以廖鸣欧统帅由潮安总退却,11 日汕头徐军已撤尽,赴大埔集中,准备向福建进发。同日,粤军蔡廷锴部占领梅县。

△　红四军与闽军卢兴邦、卢新铭、陈国辉部战于长汀,后转移永定。同日,红军贺龙部 1000 余人进入五峰县境,该县当局电湖北省民政厅告急。12 日,贺部与谭道源部激战于五峰县。

6 月 11 日　国民党三届二中全会开第一次大会,蒋介石主席,通过预备会决议各案,推出党务、政治、军事、建设四组审查委员,决定自 12 日起开审查会三天,常委提案分交各组审查。

△　蒋介石召集朱培德、刘峙、方振武、陈仪、杨杰等开军事会议,商讨对冯玉祥进兵及安排西北"反正"各军问题。次日晚朱等赴蒋宴,续商上述问题,认为冯出洋毫无诚意,需要进一步部署兵力。

△　阎锡山派员赴运城与冯玉祥代表作最后商榷。同日,冯复阎 10 日电,谓:"兄之归田,早具决心,出洋同去,更为感念。前电所请,不过认为应行先决问题,并非条件的。介石以人格担保,请我弟又负完全责任,兄岂有不相信者,但数十万军队,若不急图所以解决之者,万一军心摇动,恐非国家之福";"此时但求军队有切实具体办法,则其余皆可迎刃而解";"仍派曹浩森、邓哲熙两同志前往请教,至祈惠予接纳。"

△　吴敬恒电冯玉祥劝"尽释兵柄,翻然远游",称阎邀冯去国之意在"冀先生另换一负担,望自任以大业之重,为伟大开山之人物"。

△　韩复榘部前锋进驻洛阳;方振武之第六路军已过周家口;唐生智之第五路军前部已抵开封,所属第八军李品仙师 13 日全部开商丘、兰封;第五十三师刘兴部 14 日由兖州开徐州,准备西进。

△　李明瑞、李腾辉部占蒙江,次日复占白马,13 日占武林,均无抵抗。

△　国民政府令:贵州省政府委员兼主席周西成阻挠讨逆师出黔边,贻误地方,着即免职查办。

　　△　国民政府撤销靳云鹗之通缉令。23日,蒋介石电靳,称"效忠党国,来日方长,前此受屈,望勿芥蒂"。

　　△　国民党上海市党部查禁《世界日报》及《公论日报》。

　　△　天津电车工人向比方公司提改善待遇10条件,是日公司洋总管卢发完全拒绝工人要求,工人开始罢工,12日罢工人数已达千人。14日,公司登广告招募工人300名代替罢工者,工会亦登广告,声明在工潮未解决前如应募作工,则以反革命对待。18日,卢发访市长崔廷献,对工人所提条件仍无容纳。19日,崔赴市党部商解决办法。21日,市政府与公司开始谈判,22日公司大体接受工人要求。23日,工人在总工会开罢工胜利大会,会后复工。

　　6月12日　阎锡山、唐生智、何成濬等在太原会议,初步议定对冯问题善后办法:一、冯服从中央,于十日以内外游;二、国民政府于冯出游时即取消通缉令;三、冯之军队归阎指挥,由中央改编;四、冯之部下一俟时局安定,改由中央重新任命。

　　△　蒋介石召见马鸿逵谈西北军事,并面示讨冯作战计划。

　　△　曹福林追随韩复榘、石友三之后率部集中漯河,听候中央调遣,奉令续任第二十九师师长,是日电谢国府奖励。

　　△　新疆省政府主席金树仁就任第十八路"讨逆军"总指挥。

　　△　贵县吕焕炎率部向李明瑞输诚,被委为广西编遣部队第十五路总指挥。

　　△　国民政府令:任命俞作柏为广西省政府委员,并指定为主席;任命李明瑞为广西各部队编遣特派员,原任吕焕炎免职;广东省政府委员兼教育厅长黄节准免本兼各职,任命许崇清兼代教育厅长,所遗民政厅长职务由陈铭枢暂行兼代;任命姚承业、张翼廷为热河省政府委员,分别兼任财政、教育厅长;国立同济大学校长张群免职,遗职由胡庶华继任。

　　6月13日　国民政府为谋对冯玉祥军事便利起见,对韩复榘提出三事任其自择:一、韩内任军政部长,所部另由其部将领代为指挥讨逆;

二、所部调赴山东,任讨逆后方事宜;三、率部积极西进,肃清冯军。同日,马鸿逵派人回郑州见韩报告在南京接洽情形;钱大钧携款至豫慰劳并检阅韩、石(友三)部队。

△　傅作义就任"讨逆军"第十六路总指挥。

△　李明瑞、李腾辉等在藤县会议,决定攻桂平方案,以李和范石生部任中路,杨任左翼,何键任右翼,分别由平南、大乌、柳州进兵。

△　湘军周斓部占领柳城,桂军退柳州、庆远(属宜山县),白崇禧亲率五个团援柳。

△　粤军戴戟旅进占汕头,未受抵抗。徐景唐军已抵平和,旋转移永定,17 日抵上杭。张贞部在南靖、山城、小溪设防,并电蒋光鼐沿韩江夹击徐军。

△　黔省在贵阳开市民大会,推举李燊、安健、龚为霖、彭述文、马明亮、周培艺、方策、王度、马培中、平刚、李居平、杨万选、吴道安为该省临时政务委员会委员,李为主席,安、龚、彭、马(明亮)、周分别为民政、财政、教育、建设、农矿各厅厅长。

△　青海代表雅楞丕勒向国民政府请愿,提出救济难民、组织民团、任命蒙籍委员、设立办事处等六项要求。

△　长沙市公安局在距城 20 里之九峰镇赤冈冲弥陀庵地方破获一制造伪钞机关,逮捕人犯唐洪亮、晏寅生、谢和风、陈迪、吴桂林、刘杰生等六人,搜出上海中、交两行钞票伪版、山西省银行金库券伪版、国民政府新旧两种印花伪版、湖南电灯公司一、二、三角辅币券伪版等数十块及已制成伪钞 5.6 万多张,计 28 万余元。后又捕同犯吴志和一人,除唐犯另案办理,其余六人于 16 日枪毙。

6 月 14 日　国民党二中全会第二次大会,讨论振刷政治案审查报告,通过于最短时间内加紧废除不平等条约工作;厉行禁绝鸦片及一切代用品;统一币制整理金融;严厉革新财务行政制度;五院中未成立各院限三个月内完全成立等项决议。军队编遣案,议决全国各军统限于民国十九年(1930)6 月编竣,编余官兵之遣置,如兵工、垦荒、修路、浚河、造林、筑堤、筑港、开矿等,由编遣委员会与农矿、工商、铁道、内政各部迅行筹备。

△ 蒋介石答记者问,声称:"桂逆残部正待肃清,而冯氏又以叛党闻……故现在非特非余所忍言去之时,且有振作精神激励国人共与周旋之必要。""对于冯氏始终以宽大处之,不加讨伐,亦无讨伐之必要。如其不自觉悟,必欲割据抗命,障碍统一,国人当有公判,决不容叛逆常为革命之障碍,政府亦必随国人之后以尽其职也。"

△ 冯玉祥派曹浩森、丁春膏、邓哲熙到太原商出洋条件及确实保障办法,是日与阎锡山晤谈,并交冯亲笔函,内称对阎之劝告完全容纳,并称对中央绝无抵抗意,观于放弃全豫可知,现在仍取退让宗旨,稍事摒挡即出国,惟部下欠饷非空言所能济事,"望吾弟转陈介公得一切实办法"。阎即将冯意转告唐生智、何成濬,认为冯不无诚意,遂商定三项办法,分电南京及华阴:一、冯须于最短期内实行出洋,沿途保障安全;二、各路军队暂在原驻防地停止军事行动,听候解决;三、冯部欠饷由中央尽先筹拨,惟冯部须听中央编遣。

△ 刘建绪电湘军总部报告攻柳州部署:戴斗垣旅附周斓师一团由雨泉墟、洛垢墟攻柳正面,周师陈光中部由柳城攻柳右侧,罗树甲旅一部由三门江、一部由江口墟攻柳左侧。桂军伍廷飏部坚守柳州,两军战斗十分激烈,双方伤亡均重。16日,桂军突破湘军之联络线,并将陈光中部包围,湘军大败,后数日被迫退桂林,复分别撤至梅溪口、文村、灌阳、全州、黄沙河、贺县、龙虎关。

△ 范石生部依俞作柏令由昭平出修仁攻象县、武宣,本日起与桂军张任民部发生激战。许克祥率部由梧西上参加讨桂,香翰屏部亦陆续到梧,于16日开往桂平助战。

△ 范熙绩部将青州张宗昌旧部窦宝璋残部缴械。陈调元派王凯赴即墨点验顾震部。

△ 据《申报》讯:内蒙各盟旗向中央提出六项要求:一、盟旗制度一律照旧,不得改设县治;二、各盟长、副盟长、兵备扎萨克由中央就本

盟旗中择优任命；三、盟旗归省范围仅以外交及关于外侮之军事为限，所有地方行政权仍由王公处理；四、设在蒙地之省府须有半数蒙族委员，经盟旗公推，由中央任命；五、凡内蒙未垦之地不得藉任何名义再行开垦，其已开垦者，土地所有权仍由蒙人自主；六、以上各条请中央明令公布。

△ 红军彭德怀部进抵上犹。贺龙部再克桑植，进逼大庸、慈利等县。

6 月 15 日 国民党二中全会第三次大会，通过训政时期党务进行计划案、分区"剿匪"案、继续执行编遣会议决议案、确立农业政策为发展工商业之基础案、规定训政时期为六年，至民国二十四年(1935)完成案、二十三年(1934)底完成县自治案、普及教育，限民国二十三年底实现案、二五减租案。蒋介石临时动议，提出满蒙回藏党务政治案，推蒋与赵戴文、谭延闿、戴季陶等拟定办法。

△ 冯玉祥复电阎锡山，谓"前言既出，决不反汗，日内总可见信于吾弟"。又电曹浩森等，谓出洋之事业已决定，现正摒挡一切，稍缓即践阎公之约。同日，李书城自华阴电阎，称冯出国通电已起草，又称甘刘郁芬、陕宋哲元、宁夏吉鸿昌均商定于冯离西北时，通电一致拥护中央。

△ 蒋介石在南京私宅宴韩复榘、石友三之代表马鸿逵、唐邦植等，详商豫事，并嘱张钫代表范琪秋回豫宣达中央意旨。

△ 张学良、张作相、翟文选、万福麟、张景惠、吕荣寰、张国忱等在沈阳开重要会议，商讨东三省军队改编、对苏态度、屯兵吉蒙边界及接收中东铁路等问题。

△ 国民政府通缉黄灼棠、马镜池，声称黄等"劫持加拿大晨报，该报言论始终反叛中央"，现在"已经回国，居然奔走营谋"，训令直辖各机关转饬所属严缉究办。

6 月 16 日 阎锡山电张荫梧，略称以促成统一为职志，第一步采取和平方法，如无效再秉承中央；对中央绝对服从，如冯不走，中央无论如何处置无不听命。

　　△　冯军田金凯部决与张维玺一致反冯,是日电何应钦,谓遵命派人赴汉请示,望大军速进,免误时机。18 日,田率两万人离潼关,再电何输诚,何接电后即电蒋请示。

　　△　陆海空军总司令部以徐景唐军已退入闽西,是日电令粤军蒋光鼐师由潮汕溯韩江而上,闽之张贞部向连城、龙岩进攻,江西之第十二师金汉鼎部及第七师王均部由瑞金向汀州进攻,三面夹击徐军。同日,外交部令广东交涉员向香港当局交涉引渡徐与邓世增等。

　　△　红四军攻克上杭,闽军卢新铭部分三路向上杭反攻。

　　6 月 17 日　国民党二中全会第四次大会通过下列各项重要决议案:一、拨用庚款发展建设事业案:努力发展铁道事业,提前完成粤汉、陇海、新陇绥各线,粤汉限民国二十一年(1932)底竣工,陇海限二十三年(1934)底竣工,新陇绥限二十六年(1937)底竣工;就庚款全部中拨用三分之二为铁道建筑经费,三分之一为水利及电气事业等建设经费;用庚款完成之铁路及其他建设事业其母金所得之赢余全数用于文化教育经费。导淮治河工程应于民国二十三年底完成。二、改善工人生活改良工作制度案,由工商部负责于民国十八年制成入手办法。三、确定行政事项统属案:航空事业归军政部主管,建委会所管之无线电移转交通部,海政归海军部管理,全国铁道之敷设及经费归铁道部统一筹办,各市之公用事业归各市政府监督,各部公款及发行公债一律由中央银行存储,各部会不得自设银行。建委会毋庸并入各部。四、由教育部定期停止试行大学区制案。此外,并通过人民团体组织方法、关于司法制度之完成及其改良进步之规划、治权行使之规律、蒙藏问题、铁路统一行政等案。通过胡汉民等所提议恢复李济深自由案。

　　△　国民党中央监委会议决:开除张知本、张华辅、胡宗铎、邓世增、徐景唐、黄旭初、黄绍竑、王垣、王季文、张定璠、李务滋、云瀛桥、张国元、舒宗鎏 14 人党籍,交由中执会通过执行。

　　△　蒋介石令阎锡山、唐生智、方振武、刘峙着照讨逆作战第一期作战计划及附图表切实施行。该项计划规定以河北、山西(主要为原第

三集团军)为北路军主力;以唐生智之第五路军及方振武之第六路军为东路军;在粤、鄂各军为南路军(旋改定战斗序列,取消东路并入南路,蒋自兼南路总司令,北路总司令为阎锡山);为平定西北之目的,先以主力于豫省东、南两方面取包围态势,压迫逆敌至郑州以西地区,北路军主力乘机由晋南出清化、济源、陕州各道渡河与陇海线各军协取虎牢、洛阳等处,务在潼关以东地区将敌包围而歼灭之;各路军均于本月 20 日开始运动,限 31 日集中完毕。计划还确定:以第三集团军步兵两师、骑兵三师编为北路挺进军,由包头进取宁夏;以四川之邓锡侯、田颂尧两部编为南路挺进军,由汉中威胁西安,断敌归路;总预备队为第三、五、六、七、四十七、四十九、十八、五十各师。

△ 蒋介石再次见韩、石之代表唐邦植等谈河南及西北事。中央正式令调韩部驻鲁西,石部驻皖北,韩、石所遗豫中防地由唐生智和方振武部填防。同日,前奉蒋命赴沪访西北要员之关树人回京复命,称在沪西北要员行踪秘密,无从探视,仅晤张之江,张对韩、石表示同情,并望冯早日出洋。

△ 冯玉祥部下将领张维玺电何应钦,表示反冯,拥护中央,请呈蒋介石不咎既往。

△ 俞作柏令李明瑞等限三日内攻克桂平。18 日李等开始总攻,李与杨腾辉部由藤县攻江口,范石生、许克祥部由大湟江击桂平之侧,海空军亦加入战斗,桂军向贵县方面退却。

△ 蒋光鼐令所部入闽追击徐景唐军,戴旅已抵大埔。18 日,徐军向赣南"三南"(定南、龙南、虔南)转进。

△ 国民政府通令各省及军事机关盐税统由中央核收。

△ 中比庚款委员会在上海开会,决定款项用途原则:一、华人留比学费;二、中比学术交换;三、在华、在比中比间学术事业;四、比人在华经营之慈善事业;五、中比在华卫生建设事业。

△ 甘肃灾民代表呼吁团在上海接甘肃电称,此次回乱屠杀汉人近万人,系为马廷勷作内应,说明冯(玉祥)部已不能统治甘肃,希望中

央速救灾民之命。

　　△　北平师院学生游行示威,与军警发生冲突,北平大学副校长李书华已容纳部分要求,学生不满,遂电教育部反对大学当局。同日,北平第一工学院亦罢课。

　　△　北大举行"三一八"烈士纪念碑落成礼。

　　6月18日　国民党二中全会第五次大会决议:接受中常会关于处置冯玉祥"叛党乱国"事件报告;关于整顿并发展全国教育案等。通过大会宣言后闭会,宣言强调必须保持全国之真正统一、争取国家之自由平等、训练人民行使四权,实现地方自治、完成训政需全党全民一致努力等四端。

　　△　冯玉祥电告阎锡山谓:"内人携小女日昨已由长安到华阴,预定今日再到运城,兄于明日或后日亦可到运,把晤在即,欣慰何似,特电奉闻。"同日,阎复电谓:"我兄及嫂夫人惠然莅止,得遂同游,欢欣何极,已派朱参谋长随同曹、邓、丁三同志先往负弩,晋垣行馆早已备齐,弟亦即前往欢迓。"19日,冯之妻李德全等11人抵运城,与前往迎候之阎之妻会晤。朱绶光等同日亦抵运城迎冯。

　　△　财政部电全国关税局,着以后所有收入按月缴解中央,各机关借款亦须呈财政部核准后才能拨付。

　　△　赈灾委员会常会决定:请国民政府速办海关附加以资分拨各灾区;拨云南、青海赈款各一万元;丰台存粮交陕北赈分会接收散放。

　　△　中央大学区中校联会开会,议决分呈中央及教育部即日取消大学区制。下午,出席会议的全体校长赴教育部请愿,蒋梦麟表示浙江大学区立即取消,江苏半年以后取消,河北与李石曾商后定期取消。

　　6月19日　蒋介石之代表熊式辉抵太原,20日谒阎锡山面交蒋亲笔函,并代蒋恳切挽阎,打消去意。同日,阎锡山电何成濬,谓"焕章兄果来运城,大局可望和平解决,锡山仍拟随同出洋"。20日,何电蒋报告。

　　△　韩复榘因孙良诚派交际处长谒韩接洽投诚,并附手函有"破坏

交通,百身莫赎,留此余身,图报党国"等语,本日电何应钦请示。

　　△　李明瑞、杨腾辉部于官江渡江进攻蒙圩,与桂军韦云淞部接触,桂平已被包围,桂军入城坚守。桂军许宗武部输诚改编,后许被委任为警备第二师师长。21 日,韦云淞亦请降,李、杨准韦即日离境,所部交吕焕炎收编。23 日,韦在桂平遍插白旗,李、杨部入城。同日,俞作柏亦抵桂平。

　　△　陈济棠得香翰屏报告赞成桂军将领吕焕炎投诚。本日香电俞作柏请催吕就桂警备司令职,将所部集中兴业、贵县以击黄绍竑、白崇禧之背。同日,黄绍竑由南宁至贵县指挥,白崇禧则在柳州督战。

　　△　陈章甫奉陈济棠命将三水刘玉山部缴械遣散,共缴步枪 400 支,刘事先赴梧州得免。

　　△　青岛四方日纱厂罢工工人向厂方提四项要求:一、每人每月加房资三元;二、星期休假照给工资;三、实行八小时工作;四、必要时工人得自由集会。厂方接受,是日工人复工。

　　△　红四军第三次攻克龙岩,闽军陈国辉部三营全被缴械,陈逃永福,集合余部于 24 日退同安。

　　6 月 20 日　蒋介石接阎锡山告冯玉祥将抵运城电后,即邀胡汉民、谭延闿、戴季陶等商应付方针,命军政部筹 300 万元作为冯出洋旅费及所欠冯部军费,并电阎请先垫付,面交给冯。

　　△　冯玉祥离华阴赴晋,行前曾召集部下说明为党国计、为保全西北计不得不毅然出洋之苦衷。总司令职交石敬亭代理,陕西、甘肃事仍交宋哲元、刘郁芬、门致中等负责,又令鹿钟麟与中央接洽一切。

　　△　阎锡山电冯玉祥谓:"特派朱绶光代表欢迎吾兄,务请径临太原,所商各节容晤面后再行奉告。"又电何成濬请再赴太原会商冯出洋各事,何以在平事忙,熊式辉已抵太原,暂不前往。

　　△　黄绍竑由南宁走龙州,通电称因事离邕,省府事务着粟威代,军部事务着郑承典代。21 日,白崇禧亦走龙州。24 日,白、黄同赴越南,后转赴香港。

　　△　吕焕炎在鬱林通电就桂警备军副司令兼警备第一师师长职。同日电梧,谓"自二日率部回鬱,即本最初主张力倡和平,各部同袍亦同此旨,季宽兄亦于二十日宣言和平,善后收拾千端万绪,望时加指导"。

　　△　国民党中央常务委员会第十七次会议通过修正省执委会及县执委会组织条例;天津特别市党部宣传荒谬,掩护冯玉祥,决议将该党部宣传部长周仁齐、秘书周德伟撤职,并交中监委会惩处;驻法国总支部迭起纠纷,近更发函电诋毁中央,决议将该总支部指委一律免职,其所召集代表大会及选出之执监委不能存在,该地党务另行派员整理。

　　△　外交部奉国民政府令,本年8月底将各埠交涉员一律裁撤,年终裁撤各特派交涉署,嗣后各省通商、游历事凡属内政者归地方政府办理,临时如遇重大交涉,呈报中央办理。是日,饬各地交涉署遵令如期结束。

　　△　教育部长蒋梦麟赴杭州结束浙江大学区,改设浙江省教育厅,管理中小学校。仍组织浙江大学,蒋兼任校长,由教育部直接管理。

　　△　广州南堤原第二师弹药库起火爆炸,所存弹药全部炸毁,伤亡颇重,损失达数十万元。

　　6 月 21 日　国民政府特派阎锡山为西北宣慰使兼办军事善后事宜;任命石青阳为滇康垦殖特派员。

　　△　冯玉祥偕李书城等到达运城。同日,冯电阎锡山,略谓:"我弟将莅运城相迎,当此溽暑天气,万不敢当。兄渡河即赴太原,当与我弟在省垣欢聚。"

　　△　第十三路军石友三部奉命移驻亳、颍,是日开始移动,24 日开拔完毕。同日,唐生智部李品仙之第五十一师、刘兴之第五十三师由商丘、兰封乘车西上,刘春荣之独立第十四师,魏益三之第五十四师亦由曹县、济宁向河南开拔。

　　△　俞作柏赴藤县督师。香翰屏由广州赴都城率部讨桂。

　　△　蒋介石电令何键星夜率部回师桂林,恢复失地。何接电后决定先以主力进攻平乐,然后再攻桂林,遂于 28 日着刘建绪、范石生各率

所部由现地出发向平乐进军,限 7 月 2 日以前占领之;着吴尚率所部由现地出发,经兴安、大溶江,限 7 月 2 日到达甘棠渡附近,3 日开始向桂林进攻,5 日以前占领之;着周斓率所部由现地出发,经梅溪、西延,限 7 月 2 日到达六峒附近,4 日到达义宁,5 日协助吴师进占桂林。各部得令即开始行动,刘师于 7 月 1 日攻入平乐,吴师先头部队亦到桂林附近。

△ 编遣会第十五次常会通过以张之江为委员;中央陆军军官学校仍用委员制,增常委二人,以张学良、朱培德补为委员,以蒋介石、阎锡山为常委;追认广西各部队编遣特派员吕焕炎免职,遗缺以李明瑞接充;由本会明令禁止驻闽海陆各军不得截留地方税捐等案。

△ 中英会商接收威海卫和修约等问题,中方王正廷、徐谟、刁敏谦,英方蓝普森、福克司、台克满参加,中国要求无条件收回设在刘公岛及威海卫全湾英人建筑及炮台,英国则主张保留,修约问题亦无结果。22 日继续会商,英方提出刘公岛保留十年,以作英远东舰队基地,中方不同意。对庚款英使表示可以交出。修约问题已有相当结果。决定将谈判情形报本国政府请训。

△ 沪宁路与英银公司成立购车借款 15.6 万镑合同,本日由蔡增基与英方代表柯士比在南京签字。

△ 国民政府依中宣部呈训令各省、市政府查禁青天白日社邮寄之《促开国民会议挽救中国危亡宣言》,并严密查禁各种含有政治性之集会,防范、制止其活动。

6 月 22 日 蒋介石电约阎锡山在北平会晤。另电告何成濬,谓 23 日晚或可由南京赴北平,请何在平相候。

△ 唐生智率第五路军部人员由兖州抵商丘,所部刘兴、李品仙两师前锋已到郑州。第六路军方振武部阮玄武第四十四师抵许昌、鲍刚师抵长葛。

△ 蒋光鼐由汕头赴大埔,率部入闽追击徐景唐军。24 日,陈维远部抵永定。同日,蒋应陈济棠电召回广州,入闽粤军共八团,归蔡廷

锴指挥。25 日,徐军廖鸣欧、王道部退向龙岩。

　　△　国民政府令:贵州省军民各政暂由龙云以第十三路总指挥名义援照战时办法从权处理;第四十三军军长李燊着即开复原职并将从前查办处分撤销;派李仲公、何辑五驰赴贵州,会同龙云、李燊商办贵州善后事宜。

　　△　东北军政首领张学良等议决,派步、炮、骑兵共七旅赴满洲里一带,并拟于必要时收回中东路。

　　△　范熙绩和孙殿英部奉令将即墨顾震部包围缴械。同日,杨虎城参谋处电南京报告山东郯城一带剿匪情形,谓攻克刘家庙,击毙匪首朱贵信、王毓和等,救出肉票 500 余人。

　　△　西藏代表诺那呼图克图谒蒋介石,报告西藏情形及今后治藏意见。

　　△　吴雷川就任燕京大学校长。何思源至青岛接收青岛大学。

　　△　国民政府训令行政院和江苏省、上海市政府照《关于取缔销售共产书籍各书店之办法》、《关于取缔印刷共产刊物之印刷所及工人办法》,严密取缔共产党刊物。

　　6 月 23 日　蒋介石偕宋美龄、吴敬恒、赵戴文、孔祥熙、陈布雷、周佛海离南京北上。行前蒋发通电称:"顷据阎总司令报告,冯焕章已抵运城,大局可望和平解决。中央此次处置,于伸张纪纲之中,本寓指导和平之意,已明令阎总司令为西北宣慰使兼办军事善后事宜,中正并于本日驰赴北平,约同阎总司令面商种切。""中央对于阎总司令正资倚畀,前请偕同焕章出洋考察,已由中正恳切挽留。"另电何成濬就近派员谒阎,申述挽留之挚意。

　　△　冯玉祥代表曹浩森、丁春膏自运城抵太原。丁称冯因患头痛未克首途,派彼等先行。曹下车即访熊式辉,并偕丁谒阎锡山。24 日,曹语记者,谓昨与熊式辉接洽,对冯善后问题,均照阎、蒋前电商各条办理。又谓冯仍劝阎勿偕行,惟阎意坚难挽。

　　△　韩复榘部向商丘移动,马鸿逵部由郑州开济宁。

△　河南渑池遭匪劫,数百户被焚,架走肉票不下 300 人。

6 月 24 日　冯玉祥离运城赴太原,阎锡山到介休相迎,当晚冯、阎晤面作竟夜谈。

△　阎锡山电武汉何应钦、方本仁及北平商震等,仍表示将偕冯玉祥出洋。同日,阎派宋澈、岳开优赴日本筹备行馆。

△　范石生致书劝李宗仁、白崇禧、黄绍竑立即下野。

△　杨腾辉部由桂平开赴武宣以攻柳州之敌,杨于 25 日亦前往督师。

△　蒋军第十师方鼎英部遵令由武汉回防蚌埠,第一批于本日到浦口,第二、第三批亦于一二日后相继开到。

△　东北当局公布并开始施行整理奉票办法,规定:一、以奉票大洋 50 元作现洋一元,由官银号充分准备现洋兑现;二、凡属省库征收机关所有课赋捐税及一切收入税一律按照定价征收奉票;三、凡属商民交易、私人买卖一律按官价使用奉票,违者重办;四、为充实汇兑基金,特发行第一次卷烟统税公债 2000 万元。

6 月 25 日　蒋介石偕吴敬恒等抵北平。吴称,蒋此次北来专为与阎见面,其目的有二:一、商冯玉祥出洋事;二、和平处理西北善后。同日,蒋电阎约冯到平晤谈,并通电西北各将领称:"此后编遣办法当悉照编遣会议原案办理,中央待遇各军向无歧视,所有西北军事善后并已委任阎总司令主持……望诸同志效忠党国,一致服从命令,并请合电挽留阎总司令。"

△　冯玉祥在阎锡山陪同下由介休到太原,阎当即电蒋介石报告,并通电说明冯已到太原,稍事摒挡即行放洋。午后冯在晋祠行馆接见来访者,表示请一致劝阎勿与彼同出洋,又谓军队已交石敬亭,秉承中央意志办理。

△　国民政府令:冯玉祥已解除兵柄,自愿出洋游历,行经内地各处应责成阎委员派员妥为照料。

△　阎锡山、冯玉祥联名发出洋通电。同日,阎呈国民政府请辞本

兼各职,俾便偕冯出洋,并谓所部军队已饬听候中央按照编遣会议编遣,晋、冀、察、绥四省主席及各委员拟请一并由中央遴选妥员早日接替。

△ 国民政府五院院长谭延闿、胡汉民等电阎锡山劝勿出洋。同日,东北要员张学良、张作相、万福麟、翟文选,上海市长张群,山东省政府主席陈调元,湖北省政府代主席方本仁,江苏省政府,中央军校党部等,亦电阎挽留。

△ 广西省政府主席俞作柏离梧州赴广州,28 日与陈济棠、陈铭枢商善后,已拟定桂军编遣办法,军饷问题由二陈即席拍电中央请示,广西省政府准于 7 月 15 日在南宁成立,编遣处亦移邕。

△ 桂系要员粟威自南宁电梧州俞作柏,谓黄、白均已离龙州出关,盼早日莅邕,俾卸重任。同日,南宁、贵县各界亦电梧表示欢迎李明瑞、杨腾辉。

△ 投降李明瑞、杨腾辉之许宗武部占领永淳(今并入横县等县),桂军退南宁。同日,吕焕炎部进占龙山。

△ 东北当局首脑会议结束,对"哈案"处置决遵中央意旨,在中央未公布办法前,巩固国防,对苏取冷静态度,日内派哈尔滨特教厅长张国枕赴南京报告,张景惠、吕荣寰回哈办理善后。同日,国民政府电令在中央未决定办法前,对苏交涉勿为局部之缔结。

△ 中英再次会商威海卫案,英方蓝普森主张以旧约为准,中方王正廷则提出新约,分歧较大。28 日继续会谈该案,中方提出刘公岛须无条件交还,英使表示不能做主,待请示政府。谈判暂停,蓝普森离南京赴沪转平。

△ 行政院第二十七次会议,依蒋梦麟提议,准照教育部拟定办法停止试行大学区制,浙江大学区及北平大学区限本年暑假停止,中央大学区限本年底停止。同日,浙江大学电教育部,谓浙江大学区拟即日开始结束,7 月底取消,请求核准。26 日,国民党江苏省执委会议决,函教育部立即取消中央大学区;江苏职教员联会亦议决请教育部准中大校

长张乃燕辞职,反对张长省教厅,并请政府维持省税办省校原案。

△ 是日至 30 日,中国共产党在上海举行六届二中全会。会议总结第六次全国代表大会以来的工作,分析目前的政治形势,重申今后继续执行中共六大规定的"争取广大群众以准备武装暴动的总任务"。通过了《政治决议案》《组织问题决议案》《宣传工作决议案》《职工运动决议案》、中央政治局的工作报告和各种宣言,确定了争取群众的 15 项任务。全会"号召全国工农劳苦群众一致起来,与帝国主义、买办地主、资产阶级、国民党作坚决的斗争"。

△ 阎锡山训令查禁中国共产党、共产主义青年团中央印发的《反对军阀战争宣言》和太平洋劳动会议秘书处印发的《太平洋劳动会议秘书处的起源、组织、纲领及其工作》等文件。

△ 天津电车公司稽查与该公司工人又发生冲突,伤工人数人。26 日,比代理总领事骆丰泰要求重办"肇事"工人,崔廷献召集总工会、公安局、社会局代表讨论应付办法。

6 月 26 日 国民党中央政治会议第一八四次会议决议:推蒋介石、古应芬、胡汉民等 11 委员审查二中全会交议各案;改组广西省政府,任命曾如柏等为委员;改组河南省政府,任命韩复榘等为委员,以韩为主席;任命赵丕廉为河北省政府委员;任命陈中孚为江苏省政府委员;任命陈布雷为浙江省政府委员兼教育厅长;任命马福祥为青岛市长,未赴任前由吴思豫代理。同时,依国民政府函追认阎锡山为西北宣慰使兼办军事善后事宜;贵州省政府委员兼主席周西成免去本兼各职,听候查办。

△ 国民党中常委谭延闿、胡汉民、戴季陶、于右任、陈果夫、叶楚伧、孙科等电阎锡山挽留,谓"值此训政开始,方案初定,诸待实施之时,务祈权衡轻重,停止远游,牺牲约言,共赴国是"。

△ 阎锡山电蒋介石称:"锡山拟行出洋,致劳我公溽暑远行,深感不安,短期内决来平进见,已嘱启予(商震)先行返平,面陈一切。"同日,阎派朱绶光偕蒋之代表熊式辉赴平谒蒋,请代向蒋作出洋之请。

　　△　阎锡山偕贾景德等赴晋祠晤冯玉祥,谈出洋问题。同日,阎电天津警备司令傅作义及交涉员苏体仁,请代定赴日船位50个备用。

　　△　唐生智自商丘抵郑州,其总部亦移郑。同日,石友三率指挥部人员抵商丘。

　　△　国民政府宣布中国共产党第六次全国代表大会议决案,"关系党国安危甚巨",训令军政各机关严密防范。

　　△　吉林交涉员钟辑五奉东北政务委员会令,将"哈案"查抄苏领事馆所获文件送抵南京,谒王正廷谈话数小时。27日,钟又晤外部司长周龙光及中国驻苏代办朱绍阳商应付办法。

　　△　外交部照会驻华瑞典代办雷尧武德,以《中瑞友好通商行船条约》至本月14日期满,请即各派专员重订平等新约。

　　△　川军混战又起,赖心辉部被刘文辉指挥的张致和部驱逐出川,退往康边。

　　△　青岛日人火柴公司宣布停业,全厂650余工人被逐,经调停于28日无条件复工。

　　6月27日　蒋介石在北平招待新闻界,声称中国已进入真正和平统一时代,此后再无军阀出现之可能,并称改组派(按:系指"中国国民党改组同志会")完全是一班叛党背国的狐群狗党,冯全系上了改组派的当,中央对冯力持宽大,劝阎勿出洋。同日,蒋在平市国民党员大会上讲话,抨击改组派"无政治道德,专事取巧,不足成事,亦不足为敌",并称汪(精卫)如不离开党,中央自极端敬仰,如站在改组派的基础上,中央必严重予以处置。

　　△　阎锡山电蒋介石,谓冯玉祥出洋"系受本人之约,若不偕行,恐失信义,冯部结束问题由刘郁芬、马福祥赴平面陈","冯在革命历史上不乏劳绩,此次自觉出洋,请与以相当名义"。

　　△　熊式辉偕朱绶光抵北平见蒋介石,报告冯玉祥到晋后情形,谓冯决心出洋,对中央赈款至感,至欠饷支配及西北善后须待刘(郁芬)、孙(良诚)等到后会商,阎一星期内可来平,熊等濒行时,阎坚请转达蒋

准许其出洋。

△　吴敬恒、孔祥熙、赵戴文奉蒋命抵太原,随即谒阎锡山谈此来任务,吴等携有蒋介石亲笔函劝阎勿出洋,同赴北平商洽国是。经吴等恳切慰留,阎始与吴、孔拟电报告中央,请撤销对冯处分,恢复官职,以便同行赴京。

△　何应钦电何成濬,谓:"焕章(冯玉祥)出洋,举国欣慰,西北军事善后非百公(阎锡山)莫属,尚祈力劝打消去意。"同日,方本仁电阎劝勿同冯远游。

△　李明瑞部占领南宁,原桂系驻南宁之朱为珍部事先退龙州,本日朱在龙州就任第八路总指挥部所委广西新编第一师师长。

△　杨腾辉部由武宣向柳州进军,并请何键夹攻柳敌,范石生部亦由平乐向柳州前进。

△　国民党中常会第十九次会议决议:关于南京市执委会呈请规定中央委员不得兼任行政长官案,此时不能有此限制;又请规定现役军人不得兼任省府委员,并修正省府组织法,裁撤不兼厅长之委员案,交政府照此原案斟酌情形采纳施行;原则通过禁止各省预征钱粮;中央党务学校改称中国国民党中央政治学校,推蒋介石为校长,丁惟汾为教育长;任李文范、余井塘、赖特才为中央法规编审委员会专任委员,指定李为主任委员;加派陈调元、范熙绩为山东省党务整委会委员;河南省党务指委邓哲熙等五人一律撤回,另派陈泮岭等八人为河南省党务指委。

△　东北边防司令张学良在辽宁召开军事会议,张作相、万福麟、汤玉麟、张景惠、高维岳、邹作华、荣臻、于学忠、王以哲等出席,讨论接收津平与支配防务办法、编师进行与师长人选、在滦县设立东北边防办事处及饬海军司令沈鸿烈调海军往秦皇岛、责成哈满护路司令梁忠甲及呼伦贝尔镇守使张殿九等派兵防边等问题。

△　北宁路北陵支线通过日侨神原农场,经路局交涉将地赎回,但日侨于交涉妥协后忽反悔,本日日方军警率韩人百余拆毁铁道数处,将车辆推于道下,并插日旗及木牌,上书"神原农场、禁止通行"字样。当

晚辽宁交涉署向日领严重抗议,要求惩凶、道歉、赔偿损失并保证不得再有此类事件发生。

△　教育部长蒋梦麟咨请外交部向日方提出废止前北京政府承认之日本对华文化事业协定及换文。

6月28日　吴敬恒、孔祥熙、赵戴文持蒋介石函赴晋祠慰问冯玉祥,并报告昨日晤阎锡山结果,请冯偕阎至北平商善后及出洋问题,冯表示不愿阎此时出洋。

△　阎锡山电告蒋介石,定29日离太原,30日到平晋谒。

△　韩复榘部离郑州东开,其参谋长李树春赴北平谒蒋介石报告一切。同日,韩电何应钦,略谓田金凯部已遵令集中禹州,服从中央系出至诚。

△　国民政府令派蒋介石、胡汉民、张静江、谭延闿、李石曾、蔡元培、于右任、林森、宋子文、孔祥熙、林焕庭、叶楚伧、杨铨、戴季陶、陈果夫、孙科、古应芬、刘纪文、吴铁城为总理陵园管理委员会委员,并指定林森、林焕庭、叶楚伧、孙科、刘纪文为常务委员。

△　江苏交涉员徐谟致函驻沪领袖领事,声明民国十六年(1927)1月1日开始施行之收回上海会审公廨暂行章程不适用现在情形。

6月29日　蒋介石在北平招待美国记者团并发表演说,声称中国已届统一时期,今后建设工作,务必使之实践,希望"昔之束缚中国的不平等条约实行解除,尤盼亲爱的美邦予中国以较关切之同情"。

△　朱绶光自北平携300万元赴太原,交冯玉祥作为西北军善后费,另有冯出洋旅费20万元。

△　何键重整部队反攻桂林、平乐,本日湘军吴尚部过兴安抵大溶江,与桂军发生接触;另一路湘军占领恭城,30日过沙子街,到达平乐附近。7月1日,何接蒋介石电令停止入桂。后即电各部队停止待命。

△　中法越南陆路商约交涉续在南京谈判,中方王正廷、张维翰、徐谟、胡世泽,法方玛太尔、粤斯特鲁、阿拿大、茄乐参加,法使玛太尔报告法国政府研究前订草案情形,谓补充修改甚多,并提出书面意见,中

方须详加研究,未能即议,遂散会。

△　驻安徽芜湖新编第七旅第一团陈国材部哗变,走宣城转赣闽边,该旅旅长李崎电皖南各县进行堵截。

△　国民党上海特别市执委会决议查禁反帝大同盟、取缔劳资争议结队请愿、7 月 9 日北伐纪念不得结队游行等案。

△　上海药业工人罢工。30 日,市党部令工人最迟 7 月 2 日前复工,并函警备司令部,到期如不复工即驱逐出店,对有越轨骚扰情事者拘拿法办。

△　红四军攻克福建适中(位于龙岩东南)。

6 月 30 日　阎锡山偕吴敬恒、商震等抵北平,谒蒋介石,报告冯玉祥出洋确具决心,说明本人须同行之苦衷,请中央解除其本兼各职,并转交冯致蒋复函。蒋力劝阎勿出洋。下午,蒋复至阎宅再三挽留。同日,阎对新闻记者发表谈话,略谓此来见蒋面述出洋诚意,并辞行,蒋虽挽劝,但决心已定,拟 7 月 15 日同冯夫妇在天津乘"南岭丸"出发,先至日本,渡过夏季再游欧美,家属及贾景德(秘书长)、南桂馨(前师长)等随行。晋、冀、察、绥四省党务及军事善后已完全交还中央,晋省主席以傅作义为宜,余当力保。至西北宣慰使当然未能就职,西北将领及军队处置权固操之中央,但依余私见以维持现状为宜,中央允诺之 300 万元善后费决定由余转交,行前拟将此款领到交冯支配。

△　阎锡山复国民政府 26 日电,略谓:"锡山身许党国,何忍言去,惟此次宁息西北,实具苦衷。伏冀俯念锡山出国确系积极的为国家筹和平统一,非消极的以鸣个人高蹈,特恳俯允,俾得遵行。"同日,阎电编遣委员会说明冯已到晋,"惟有力践前约,一同放洋,庶几和平统一可以彻底实现。至于锡山与冯总司令所部即照编遣议案一律进行,当然相安无事,此实党国安危,非仅个人出处"。

△　29 日开幕之国民党长沙市党代大会,因派别纠纷是日被清乡司令部职员何柱国等 30 余人捣毁,殴伤 10 余人。7 月 1 日,湖南省政府临时会议议决,饬警备司令部及公安局并函清乡司令部对肇事者严

拿究办,派兵驻会保护。

7 月

7月1日 国民政府任命曾如柏、梁世昌、李明瑞、梁史、杨腾辉、卢奕农、李权亨、雷沛鸿、郑介民、范石生为广西省政府委员;梁(史)、梁(世昌)、雷、李(权亨)分别兼任民政、财政、教育、建设各厅厅长。原省府委员黄绍竑、李宗仁、白崇禧、粟威、伍廷飏、黄蓟、雷沛鸿、朱朝森免职。

△ 国民政府任命陈布雷为浙江省政府委员兼教育厅长。

△ 国民党中央组织部副部长陈果夫奉蒋介石电召"整理北方党务",是日离京赴平。

△ 中英签订海军合同,国民政府得派海军学生赴英见习,并向英购买军舰数艘,英派专家来华襄助。

△ 徐景唐部自福建上杭、武平退广东蕉岭;蔡廷锴师由松口向蕉岭包围。同日,湘军刘建绪师克平乐,吴尚师进驻兴安,准备进攻桂林。

△ 红四军朱德、毛泽东部自适中返回龙岩。

△ 豫南光山等地群众和革命红枪会万余人,配合红十一军第三十一师和黄安地区武装向盘踞白沙关一带地主武装发起进攻,是日攻占白沙关,并建立"豫南红军司令部"。

△ 教育部通令查封《纪念广州惨案》、《中国工人》、《布尔塞维克》等18种进步刊物。

7月2日 国民党中常会及国民政府发电挽留阎锡山。同日,阎晤蒋介石,仍表示决与冯一同出洋。下午,阎接见方本仁,以条件未洽,忽称吐泻入德国医院,谢客养病。

△ 国民政府任命韩复榘、张钫、张鸿烈、马鸿逵、韩多峰、石友三、李树春、何其慎、王向荣、李敬斋、杨冏、袁华选、张静愚为河南省政府委员,韩复榘为省政府主席,李树春、杨冏分别兼任民政、财政厅长。原省

府委员冯玉祥、刘镇华、邓哲熙等免职。

　　△　黄绍竑抵香港,与李宗仁同住青山桃园。

　　△　徐景唐部退赣南,欲出赣西奔湖北归张发奎改编,粤省当局电韶关余汉谋派兵堵截。同日,徐军廖鸣欧部 3000 人在广东兴宁贝岭被蔡廷锴旅缴械。

　　△　广西省政府主席俞作柏赴粤筹款,是日在广州发表谈话称:杨腾辉师已进驻南宁,伍廷飏出走安南,桂系驻柳州之徐启明、梁朝玑部 4000 余人输诚,听候改编。3 日,粤方表示筹款事爱莫能助,俞空手而归。

　　△　中央大学区中等学校联合会、各中学校长赴教育部请愿,申述中央大学区延长之流弊,要求即时废止;指责张乃燕不照任免条例任免中学校长为毁法,要求纠正。

　　△　山东博兴县民众代表舒耀南等 20 余人到山东省政府请愿,谓任应岐部从该县撤退时屠焚全城,民众死亡十之四五,要求派兵剿除和救济。

　　7 月 3 日　蒋介石以河北省党务复杂,是日在平发表党务政治谈话,称党内不应有小组织,并声称"国民政府之基础已十分巩固"。同日,陈果夫抵平与蒋会商整理北方党务方针。

　　△　外交部长王正廷复照驻华使团领袖公使欧登科,谓收回临时法院系外交问题,应由外交部与关系国公使直接交涉,不宜委诸地方代表审议。同日,王正廷赴沪,与法使玛太尔继续会商中法越南陆路通商条约。

　　△　徐景唐部于兴宁败后,退向赣边"三南"(虔南、龙南、定南),粤军总部电请赣军出师会剿,并调香翰屏部由西江集中英德、韶关,防徐部北逃。5 日香部抵韶关,6 日香率巫剑雄、陈枚新两团取道入赣向"三南"进发。

　　△　广东省政府主席陈铭枢电告国民党中央,谓桂系已告肃清,徐景唐、邓世增决计出国;吕焕炎、许宗武各部候命改编。

△　红五军彭德怀部与赣军在遂川激战后,转入井冈山。

△　南京中学学生 400 余人向国民政府请愿,要求:一、取消大学区制,设立教育厅;二、罢免中大校长张乃燕;三、请令中央大学收回更换中学校长之乱命;四、挽留南京中学校长沈履。

7 月 4 日　蒋介石在北平陆军大学演讲《我们为什么要入党,我们为什么要以党治国》,宣称:"三民主义没有实现以前,绝不能够再有第二个党起来,也不能让第二个主义出来,我们只能用一个党、一个主义来号召,来领导。"

△　蒙藏委员会向国民政府报告,英人在西藏大肆侵略,贱收原料,贵卖成品,不准抽税,并建筑印藏铁道,嗾使藏兵抢占西康 20 余县。

△　贵州周西成部毛光翔、黄丞谟、廖怀忠等部数万人攻下贵阳。

△　红五军彭德怀部克宁冈。6 日,何键派门炳岳部赴茶陵防堵。

7 月 5 日　国民政府下令撤销对冯玉祥之通缉令,声称:"前因豫鲁撤兵,行为越轨,政府为申纲纪,不得不加以制裁。近据调查情形,冯玉祥养病华山,深自怨艾,遵令解除兵柄,愿即出洋游历,政府追念前劳,允宜曲示宽大。"

△　阎锡山在医院对何成濬宣称:目前时局症结,仍在军权问题未得解决,主张先将第三集团军按照编遣会议决议案实行编遣,然后再编遣第二集团军,如此,西北根本问题可得解决。

△　邓哲熙、马福祥奉冯玉祥命,先后离晋赴平晤阎锡山,探询与蒋会谈真相及协商西北善后具体办法。

△　外交部决定对中东铁路采取强硬态度,是日蒋介石电张学良,谓坚决收回中东路全权,不得已时可绝交,并嘱东北边境戒严。

△　外交部对日军警无理拆毁北宁路案,二次提出严重抗议,要求:一、处分参与此事之军警;二、恢复铁路原状;三、赔偿一切损失。

△　驻沪英军司令博来德就英兵泼赖斯无理殴毙上海市民张学亮一案宣称:科处泼赖斯监禁一年,遣回英国陆军监狱执行。6 日,上海各民众团体异常愤慨。"张案"委员会发表宣言,号召各界同胞为争取

恢复民族地位而奋斗。

　　△　中法越南商约会议继续举行,王正廷对法方新提案加以驳复,指出三点:一、华侨在越南有历史的固有权利,不能与其他国家并论;二、通过税废除,国际约法有明文规定;三、滇越路签订在数十年前,与现状不合,非修改不可。法代表允电政府请示。

　　△　第四路军总指挥何键下令班师回湘,所有军队限一星期内撤回。何即日返省。

　　7 月 6 日　国民政府再次电挽阎锡山。

　　△　立法院第三十二次会议通过《禁烟法》。胡汉民在会上谈时局时宣称:"这三个月中时局的转变非常剧烈,在政治上几乎又回复到去年那种混乱的状态。"

　　△　张学良抵天津,旋即发表声明,谓赴平目的乃奉蒋电召,特来报告东北易帜后军政情形,探望阎锡山病况,挽留其出洋之举,与王正廷会商解决东北外交问题,并表示以中央之意志为意志,协助中央实现统一。

　　△　国民政府任朱绍阳为驻芬兰特命全权公使。

　　△　汉口水杏林案是日由交涉员李芳与日领在汉正式签字解决,日方出抚恤金 360 元,并书面道歉。

　　△　陕西赈灾救济会具呈国民政府请速发赈款救济,内称:"西北各地赤地千里,田间颗粒无收,树皮草根掘食已尽。政府无施赈之粮,人民无可逃之路,仅长安一隅,每日饿毙者不下数百人。……更可伤者,饥民卖妻鬻子,易子而食,而全家服毒自杀,惨苦情况,摧痛无极。"

　　7 月 7 日　张学良抵平,随带卫队约千名,汽车 20 辆。傍晚,阎锡山往访。晚 8 时,蒋介石、张学良谈东北党务等问题。

　　△　马福祥、邓哲熙、张允荣抵平。下午,马赴北京饭店见蒋介石;张与邓到医院谒阎锡山。

　　△　辽宁日商劝业公司强占新民县农民土地 200 余亩,并枪伤村民,村民奋勇抵抗,夺下枪支与日方交涉。日领事竟不理。

　　△　北平商民千余人向蒋介石请愿,要求迁都北平及取消崇文门税关,无结果。

　　△　北平大学教职员工会在中山公园来今雨轩举行记者招待会,报告庚款来历,反对国民政府挪用庚款。

　　△　河南省赈务会派代表李环侬、周小范在上海设立办事处,并向各界呼吁,略谓:河南旱魃为虐,加以兵匪,民不堪命。河南 110 余县,而省府所能管辖者仅七县而已,其余百余县之县长、厘税局长均为当地驻军所委派,军政不分,颇为混乱。现各县土匪峰起,已剿不胜剿。

　　7月8日　晨,阎锡山出院回私宅,对记者表示:待蒋回京后,本人即将返并,督率办理"二集"、"三集"之编遣事宜,大抵三个月可办完,届时再偕冯玉祥出洋。并称"二集"编遣主任为鹿钟麟,石敬亭副之,本人为监督编遣,冯已表示同意,且电令马福祥列席北平会议。

　　△　蒋介石接见张学良、马福祥谈对付苏联问题和西北军编遣问题。上午 9 时半,蒋、阎、张举行会谈。

　　△　国民党天津市执委在蒋讨冯期间,未作讨冯宣传,此次整理北方党务,恐遭不测,是日总辞。

　　△　国民政府任命陈铭枢、邓泽如、范其务、许崇清、孙希文、林云陔、曾塞、林翼中、金曾澄为广东省政府委员,陈铭枢为省政府主席。以陈、范、许、邓分别兼任民政、财政、教育、建设各厅厅长。原任徐景唐、冯祝万、伍观淇等均免职。

　　△　国民政府电令东北当局:"东铁电报、电话关系赤化宣传,应速收回。"同日,东北电政监督蒋斌抵哈尔滨。张景惠在哈召开会议,决定对中东路采取断然措施处置。

　　△　国际商会在荷兰阿姆斯特丹开会,中国代表提出撤废领事裁判权问题,英、美、法、日等国代表反对。

　　△　粤军香翰屏旅抵南雄向信丰推进。蔡廷锴旅克安远,徐景唐部被俘 600 余,缴械 500 余。

　　7月9日　蒋介石、阎锡山、张学良及何成濬等在平外交大楼宴会,并商议东北外交、西北善后、编遣等问题。下午,蒋、阎、张同赴西山举行会议,与会者有冯玉祥之代表马福祥及方本仁等。会议决定由阎锡山处理西北军善后,张学良回东北发动反苏的中东路事件。

△ 国民党中央及国民政府分别在南京举行北伐三周年纪念会,胡汉民先后在两个大会上作报告,宣称:军事时期已告一段落,训政时期建设正在开始,要增加军事成功之价值,尤须致力于建设。

△ 贵州周西成部下毛光翔等攻入贵阳后,组成临时政务委员会,是日,委员毛光翔、卢涛、王显芳、胡仁、周培艺、熊逸滨、彭文治、马空凡、谢勋陶、陈公亮、蒋亦莹、邱连昌、潘慎勤、杜运枢、赵蓄乘在省府就职,推毛光翔为政务委员会主席。

△ 北平教育界代表往北京饭店见蒋介石,反对用庚款筑路,由周佛海、陈布雷接见,允代为转达。

7 月 10 日 外交部长王正廷及驻苏公使朱绍阳等抵平与蒋介石会晤。下午蒋、阎、张(学良)、王举行会议,讨论西北问题及东北外交。当晚,蒋、阎、张先后离平。蒋行前招待报界宣称:与阎、张晤谈结果,一致认为应服从中央,遵守命令;编遣军队,各区同时举行;返京后将立即召集编遣主任会议。

△ 蒋介石发表《告北方青年书》,指责北方青年惯提出空洞口号,攻击中央,小团体观念重于党的观念。关于民主,蒋说:"中国的人民和本党下层同志,事实上大都是幼稚的,而且情形与思想是复杂不纯的,无论党内或党外要实行民主,非经长期训练不行。"

△ 东北电政监督蒋斌派哈埠电话局长沈家桢率员接收中东铁路电讯机关。哈尔滨特区行政长官张景惠下令将苏联远东贸易局、煤油局、商船局、商业联合会查封,并解散各职工会。中东铁路督办吕荣寰准该路华副局长郭宗熙辞职,遗职委派范其光代理。

△ 徐景唐残部遭粤、赣军围攻,自"三南"退至信丰,前后受敌,遂向粤军第一旅叶肇团投降。

△ 韩复榘电蒋介石请辞河南省政府主席。

△　红四军朱德、毛泽东部攻克上杭、永定,距广东大埔仅 30 里,大埔县长电汕告急,蒋光鼐调张世德团由松口赴大埔防堵。

△　北平大学校长李石曾以大学区制被取消,庚款复改作他用,教育经费无着,提出辞职。是日国民政府复电慰留。

△　上海沪西劳勃生路日商东亚制麻株式会社纱厂工人 1800 余名,要求增加工资,厂方不理,全体罢工。

7月上旬　红军在闽、粤、赣边区进行武装斗争,闽西革命根据地开始形成,红色区域包括龙岩、永定、上杭、长汀附近广大农村和龙岩、永定两座县城,成立了长汀、永定、龙岩三个县的革命委员会。

△　湖南第一警备军第三团团长向子云率部进犯桑植,红军贺龙部采取诱敌深入战略在南岔地区将其全歼。

7月11日　中东路督办吕荣寰与中东路苏方副理事长齐尔金交涉规定局长权限,要求双方平均用人,并用中苏文字,及建立中苏局长会签制度,遭到苏局长叶穆善诺夫的拒绝。吕荣寰即将叶撤换监视,以范其光为代理局长。同日,张景惠要求在哈埠及中东路沿线之苏联人全部于 12 小时内退出国境。

△　日本当局对中东路事件表示中立,认为此次断然处置系蒋、张在北平会议之结果。同日,日本政府突然令关东军在长春建筑大兵营,经费为 100 万日元。

△　北平外交团因上海领袖领事克银汉将南行,特召集非正式会议,交换撤废领事裁判权等案之意见,各公使认为组织中外预备委员会之时期已到,而交付领事裁判权之时期尚有相当之过程,均称须向本国请示后方能答复。

△　海军部长兼福建省政府主席杨树庄自马江乘舰赴厦门指挥进攻红军。12 日抵厦门后,即电漳州邀张贞会商军务。17 日,杨、张等在厦门会商"剿共"计划,决定第一师出兵三团,省防军、陆战队出兵三团,共六团,四团在前线,两团任预备。

△　北平大学学生会致电教育部,要求北大直属中央,请任蔡元培

为校长,恢复"北京大学"原称。

　　△　上海市民举行收回租界宣传周,是日开宣传大会,各界代表发表演说,高呼"打倒帝国主义"、"无条件收回上海租界"、"反对驻沪英国兵擅杀华人"等口号。

　　△　昆明火药库爆炸。13 日,云南代主席胡瑛电驻沪滇省交涉员张维翰,谓火药库因搬运管理不慎,造成火药爆炸,毁屋无数,死千人,伤六七千人,请商中央拨款救济。

7 月 12 日　国民政府下令,宣称现在大局敉平,全国军队除"剿匪"区域外,均应复员。关于编遣事宜,"着国军编遣委员会依照议定原则,迅即分别编遣"。

　　△　阎锡山赴晋祠晤被软禁的冯玉祥,面述在平与蒋、张会议经过,解释因各方坚留,未克即行出洋苦衷,并协商编遣事宜。

　　△　驻哈尔滨苏联领事馆函告中东路督办吕荣寰,谓苏联政府已派交通次长谢列布良阔夫来华谈判,希望和平解决。吕即向南京政府请示。

　　△　王正廷在北平招待中外记者,宣称收回中东路已预先知道;并称:"俄人宣传共产,常利用电信机关为普通宣传,故首先接收电讯机关。"

　　△　张汝骥、胡若愚趁龙云用兵贵州,由四川暗袭昆明,师次昭通,被滇军击溃。

　　△　红军四川第一路军邝继勋、恽代英部在四川西充、蓬溪一带发动群众,组织苏维埃政府。16 日,川军刘文辉派邓锡侯、黄隐部进攻红军。

7 月 13 日　苏联照会国民政府,声明愿意以和平谈判解决中东路问题,并提出三项建议:一、从速召集会议解决中东路一切问题;二、中国方面应立即取消对该路之专制行为;三、从速释放被拘捕之苏联人员,停止排苏行动。照会并警告中国须顾及拒绝此项提议后所产生之不良结果,限三日内给予答复。

△　驻哈尔滨日总领事八本代表各国领事访张景惠,对中东路问题提出抗议。略谓:"从国际信谊,世界交通立场,希望问题迅速解决。"同日,日本外务省发言人声称:"中国当局若侵害日人在东三省利益,日本必以极端之方法抵抗之。"

△　闽西永定县农民在共产党领导下,先后举行三次大暴动。是日,当地豪绅向国民党当局发电求救,略谓:永定自5月24日被红军占领后,本地共产党领袖张鼎丞、阮山等即成立红军赤卫队。6月4日红军返回龙岩,张等复组织永定革命委员会于湖雷。7月5日前举行第二次暴动,各乡村又成立苏维埃区分部。最近又在举行第三次暴动。并称:"省防军卢新铭旅自红军到后,逃匿无踪,不知去向;陈国辉旅被朱、毛击溃,全师覆没。"

7月14日　蒋介石偕赵戴文、孔祥熙、周佛海、陈布雷等抵南京。据蒋之幕僚宣称,此行结果:一、阎、冯均暂缓出洋,全国同时进行编遣,冯不任编遣职务,亦不离晋;二、北方及两广、云、贵均停止军事行动,军队各归原防;三、二集团军将领将发服从中央通电;四、张学良晤蒋、王后,东三省外交听命中央,对苏外交及收回中东路采取断然手段。

△　苏联政府致国民政府之照会由驻苏代办夏维崧电达南京,蒋介石立即召集胡汉民、戴季陶、孙科及外交部要员会商对策。

△　上海青年学生1000余人在舢板厂、新桥等处作反帝宣传,高呼"打倒帝国主义"口号,遭到中外探捕镇压,被捕27人。

7月15日　蒋介石在中央党部纪念周报告赴平与阎、张会谈经过,宣称:赵、孔二委到太原见冯玉祥,冯称反抗中央通电是改组派借刀杀人,不能承认,要求政府彻底根究。故中央以宽大为怀,取消通缉令,西北问题完全可以和平解决。关于中东路问题,蒋称:"过去和现在苏俄是我们主义上最大的一个目标,所以我们定须先把中东路收回。"

△　中东路形势转趋严重,是日,哈特区行政长官张景惠强行接收中东路地亩局及图书馆。

△　广西省政府在南宁正式成立,俞作柏就省政府主席职。

△ 外交部召开紧急会议,讨论中东路事件对策,认为苏已派出谈判代表,此次照会不过表示不满之意而已,故无须在一定期间内答复,拟照已定方针进行,以期达到完全收回中东路之目的。

△ 日使芳泽由北平奉召回国。

△ 红五军彭德怀部自宁冈追敌至安福城边。敌门炳岳旅驰援。

△ 江西省政府决定裁撤厘金及统税,实行特种消费税制。

△ 农矿部垦务会议开幕,制定垦务政策及全国垦务计划,20 日会议闭幕。

7 月 16 日 外交部复照苏联外交人民委员会,宣称对于中东路之处置,"纯系阻止骚乱治安事件之突发为目的,不得已而有此权宜之处置"。声明苏联政府若能释还拘押之华侨,对于中国旅苏侨商及团体予以保障及便利,则中国对于东省被捕之苏联人员及查封之机关,亦可于适当时机予以相当之待遇。所有中俄关系各事及东路问题,均可由驻苏公使朱绍阳回任时与苏商洽,谋求合理解决。

△ 中东路督办吕荣寰通电中外各报社,宣布执行"中俄协定"之经过。称按照协定,双方权利悉应平均,因俄方把持,以致协定精神未能实现。

△ 苏联谈判代表突然中止来华,待南京复照如何再定行止。

△ 行政院第二十九次会议通过外交部长王正廷提议,裁撤各地交涉署,分期增设驻外总领事馆五,领事馆 13,副领事馆 10。

△ 何键在衡阳召开军整会,商讨整训军队,"围剿"湘西及鄂属石首、监利红军。

△ 日本对北宁路交涉表示拒绝,是日驻上海日领事署将拘捕之华籍韩人吕运亨密解赴日,准备转解朝鲜处分。

△ 孙科与美国航空发展公司代表佐治·施赖德,就 100 万美元之航空借款正式签字。30 日,美国飞机五架由美轮"林肯号"装运到沪。

7 月 17 日 苏联外交人民委员会照会中国驻苏代办夏维崧,宣布与中国绝交。略谓:中国政府否决苏联三条和平提议,用友善态度调解中东铁路争执问题之方法业经罄尽,苏联政府不得已采取下列方法:一、召回苏联在华全体外交官、领事及商务代表;二、召回苏联政府任命之中东路全体职员;三、停止中苏间全部铁路交通;四、命令驻苏中国外交官、领事即时离开苏联国境。同时声明保留1924年中俄、奉俄两协定中所规定之一切权利。

△　鹿钟麟允就二集团军编遣主任,即日离沪赴潼关。

△　中华国货维持会浙丝绸机织联合会电外交部,请抗议越南本月3日起实行新税制(值100抽50),要求仍照旧章最惠税(值100抽5)办理。

△　福建省防军旅长陈国辉自龙岩败逃同安,余部仅剩三营,是日省府令缩编为独立团,以营长陈荣亮任团长。30日,陈通电下野表示服从。

△　金汉鼎在吉安召集的闽、粤、赣三省"剿匪"会议结束。同日,粤军三团入闽协助"剿共"。19日,粤军总指挥陈济棠又令蒋光鼐师入闽助战。

△　永定河流域12县代表赵维新等到河北省政府请愿,因连日雨量过大,要求将金门闸加木板以资防堵,但无结果。18日,永定河决口成灾。

7月18日　下午,苏联二次照会到南京后,蒋介石立即召集高级干部开紧急会议讨论对策,决定对苏来照不予答复,准备发表宣言请各国主持公论,并公布前从哈尔滨苏领事馆所获之文件。

△　蒋介石电阎锡山、张学良告以中央对中东路事件方针,谓:"务须保我主权,决不受其胁迫,惟中俄接壤,绵亘万里,狡谋侵占,不可不防。"

△　国民党中常会决议改组四川、绥远、天津党务机关,派卢师谛、石青阳等八人为四川省党务指导委员,徐永昌、王靖国等七人为绥远省党务指导委员,傅作义、苗培成、崔廷献、鲁荡平等为天津市党务整理委员。

△　张学良离北戴河返东北,21 日抵沈阳。

△　济南商民协会、各工会、学联会、妇女协会等团体三万余人,赴山东省济南市党部及政府请愿,要求严办侵吞公款之商会会长于耀西,陈调元派白玉剖代见,谓于已被逮捕,应候法办。

△　在沪白俄旧军官开会议定,凡无职业且在从军年龄者,将悉赴国军投效。

7 月 19 日　国民政府为苏联对华绝交事发表对外宣言,声称:"此次中东路事件之发生,乃由苏俄政府违反中东路协定精神之全部,及指使苏俄驻哈尔滨领事馆,与利用中东路机关及其人员之名义,为其宣传共产主义等事实而起。"同日,外交部正式公布从哈埠苏领事馆搜获之文件。

△　苏联使领馆人员下旗回国,在华苏侨托德使馆保护。同日,苏联中央交通委员罗佐泰克宣布:中国军队若不侵入苏国境,苏联政府不向中国宣战。

△　美国务卿史汀生与英、法、日三国大使会商,拟用"公断程度"解决中苏问题。

△　第三编遣区主任周玳语记者称:三区编遣纯系自动,确无保持均势意味,为免观望,决从三区开始编遣,照规定应遣长官 7000 余、士兵八万余。第三编遣区已设总务、军务、遣置三局进行工作。总部被裁人员约 700 人,8 月底一律停薪。

△　济南市各民众团体三万余人又赴山东省政府请愿,要求严办市公安局长徐朝桐,因徐有包庇于耀西行为。省政府被迫将徐停职查办。

7 月 20 日　蒋介石致全国将士电,宣称"舍一致对俄以外无出路",要求共同努力以保国权。同日,蒋又致电西北将士,宣称"中央对于全国部队,一视同仁",要求"振作精神,激励士卒,巩固西北边防"。

△　王正廷在沪语记者,谓对中东路事件仍当以外交手续和平解决。

△　苏联军舰在黑龙江、松花江合流处截住中国商轮二艘。同日，张学良电国民政府报告，称："苏军在绥芬河用炮向我军射击，我军尚未还击"，"请中央预定方策，详为指示，俾中央与地方联贯一气，相机应付，事机迫危，不容再迟。"

△　国民党山东省整委会会同公安局将济南市党部、商会查封，并令各民众团体停止活动。

7 月 21 日　驻苏代办夏维崧电告外交部，略谓：苏联政府对其边境之军事行动，严加制止，加拉罕已表示愿避免军事行动。

△　美国务卿史汀生电令驻平美武官速往中苏边界调查实况。次日，美海军武官波渥罗大佐、陆军武官马克律特少佐赴哈尔滨调查。

△　上海招商局"新康"轮由沪赴津，是日下午 1 时许，行至山东成山角海面被日轮"龙野丸"撞沉，伤亡乘客 60 余人。烟台分局电日本邮船会社交涉。23 日，招商局出面交涉，要求日方赔偿一切损失。

△　中华教育文化基金董事会所设科学研究补助金当选名单揭晓：甲种补助金获得者，丁文江、赖其芳、张春霖、严济慈、吴定良、饶毓泰六人；乙种补助金获得者，王竹泉、赵忠尧等 14 人；丙种补助金获得者，汪敬熙、戴芳兰等 19 人。

7 月 22 日　国民政府文官处通电全国军民应沉着观变，内称：政府早定维持世界和平、保障本国主权独立之方针，中东路事件"苟非苏联以武力相凌，兵衅决不轻自我启，溯自十八日迄今，绝交已赓五日，东省长官来电，尚未有军队接触之正式报告"。同日，蒋介石在国民政府纪念周上报告称："政府是采取和平方针与镇静态度，决不至与俄国开战。"孙科启程北上调查中东路事件。

△　苏联政府发表宣言，谓恢复中东路原状为和平解决之第一要件。同日，驻哈苏总领事梅里尼可夫访交涉员蔡运升，表示将在哈多住数日，以便联系和平解决中苏问题。

△　日本外务省举行会议，关于中苏问题，决定派驻沪总领事重光葵回任与国民政府接洽。重光葵即日由东京启程。

△　国民党中央以天津废除不平等条约促进会连日来组织宣传队上街宣传,是日电令天津当局制止一切反日运动。

△　国民政府任命李鸣钟为编遣委员会遣置部主任。

△　教育部公布《蒙藏学生待遇章程》,凡 12 条,规定每年学校开学可以保送蒙、藏生,分别奖励或保送国内外相当学校升学,毕业后可由蒙藏委员会择优介绍工作。

7 月 23 日　外交部宣称:中苏邦交虽然断绝,但不无和平之途径,故不能视为完全决裂。同日,朱绍阳语记者:俄事确已和缓,决不再兵戎相见,二次来照亦无答复必要;并宣布即将北上,赴莫斯科与苏联政府进行交涉。

△　中东路苏职员 300 余人罢工被拘,是日解至哈尔滨监狱。

△　阎锡山电辞西北边防长官之委任,对苏主张以外交方式解决。

△　编遣实施会议第一次预备会在南京召开,到会者朱培德、贺耀组、陈仪、杨杰等人,讨论编遣实施方法,并决定 24 日开第二次预备会。

△　闽、粤、赣三省合力追攻红军。粤军分两路入闽,以陈维远为总指挥,率两团由三河埧趋永定;张世德率三团由松口攻上杭。

△　北平大雨成灾,市内房屋倒塌 7000 余间。同日,永定河又决 30 丈,数十万灾民呼吁发粮救济。25 日,大清河决口 11 处。

7 月 24 日　外交部遵国务会议决议,训令驻苏使领即日下旗回国,实行中苏绝交。

△　东北当局就第三国际决定 8 月 1 日在海参崴召开亚洲工人代表大会事,分电文武各官吏严加防范,如有请假半月以上之工人,有赴海参崴之形迹者,即行拿办。

△　驻日苏使访日外相币原,声称中东路问题不愿第三者调停。

△　满洲里苏领事为避免双方军队冲突,与中国方面约定,将入满洲里之苏军主动撤退。25 日,哈尔滨苏总领事梅里尼可夫偕蔡运升抵吉林访张作相,旋即返长春。

△　北平美、英、法使馆专员抵哈尔滨调查中东路事件,张学良派

秘书随行。

△　美国总统胡佛在华盛顿宣布《凯洛格非战公约》即日生效。

△　中波修约会议在南京外交部举行,双方决定废弃北京政府所定之商约草案,重订新约。

△　云南龙云电告国民政府,称19日抵省,值胡若愚、张汝骥等窜至近郊,当即饬部下将其击溃,败走迤西。

7月25日　苏联政府发表文告,详述白俄在远东之活动,谓此种白俄得到中国当局之直接援助。

△　驻苏代办夏维崧及其随员离苏赴芬兰,使馆事务托德使照料。

△　驻沪日总领事重光葵抵沪,即拜会外交部长王正廷。晚,重光葵语记者称:中苏问题希望能及早和平解决,"解铃还须系铃人",中日修约交涉待芳泽公使回华即可开议。

△　王正廷、玛太尔在沪续开中法越南通商条约修约会议,除通过税需各自向本国政府请示再议外,其余大致决定,并签声明书,以免再有异议。

△　编遣实施会第三次预备会讨论编遣分区、军额编制、编遣标准等案;决定邵力子为编遣实施会议秘书长,会期定五天。

△　蒋介石电湖北编遣处,饬令各部"进剿"洪湖红军。同日,湖北省编遣特派员刘峙致电黄安夏斗寅、光山李永安、蚌埠方振武"会剿"河南商城之红军。

△　湖北省立第三、第七、实验三小学教职员赴教育厅请愿,要求收回撤换三校长之成命,遭到门卫武力镇压,伤张实之等四人。29日,湖北教育界代表在南京向国民政府请愿,要求罢免该省教育厅长黄昌谷。

△　上海杨树浦英商自来水厂工人组织工会,厂方不加认可,并借故将积极活动之工人开除三名,为此全厂400余工人罢工。

7月26日　国民政府国务会议决议:特任阎锡山为西北边防司令长官;任命刘大白为教育部常任次长;公布《考试法》、《禁烟法》。

△ 驻苏公使朱绍阳偕吉交涉员钟辑五等由南京乘专车赴哈尔滨,调查中东路事件。王正廷语记者称:朱绍阳启程赴哈,如苏赞成直接谈判,即可命其赴莫斯科会谈。

△ 编遣实施会第四次预备会讨论兵额编制及裁留标准。全国兵额拟定 80 万。

△ 阎锡山电国民政府,请拨士兵编遣费 290 万,官佐编遣费 300 余万,及欠饷 400 余万。

△ 蒋介石召滇、黔驻南京代表李培天、谭星阁,询问两省军事实况;并任毛光翔为第二十五军军长,令龙云对胡若愚、张汝骥等须速剿办。

△ 国民政府颁布《大学组织法》,凡 26 条,规定大学分国、省、市、私立四种,凡具备三个以上学院者方得称为大学,否则只称为独立学院。同日,公布《专科学校组织法》,凡 13 条,规定专科学校分省、市、私立三种,修业年限为二年或三年。

7 月 27 日 满洲里前线中苏军队各奉政府命令后撤 10 余里,听候和平解决。

△ 蒋介石召胡汉民、戴季陶、古应芬、王正廷等会商中苏问题,至夜 12 时始散。

△ 蒋介石电邀阎锡山出席编遣实施会议,阎以病后体弱,且正办编遣,电蒋辞谢。

△ 日本向长春、珲春等处增兵将近 4000 名。31 日,日本又在长春增兵 2000 名,委关东军司令长官田英太郎任总指挥。

△ 何键决定派刘建绪、吴尚、周斓三个师共 20 团担任"清乡",并限期三个月"剿灭"红军贺龙部。先期者赏一万元,如期者赏 5000 元,越期者严惩。

7 月 28 日 张学良任命张作相为国防司令,万福麟为副司令,熙洽为参谋长。

7 月 29 日 驻达普里亚之苏军司令部电满洲里东北军司令部,略谓:中东路问题希望和平解决,苏现已委梅里尼可夫为全权代表,请中国速派交涉员蔡运升前往接洽。同日下午 6 时许,蔡运升与东铁理事李绍庚及英、法领事前往满洲里。

　　△　编遣实施预备会开第六、第七次会议,决定设中央、第一、第二、第三、第四、第五编遣区,第四区归编遣会直接办理。

　　△　鹿钟麟、薛笃弼、唐悦良等西北要员由沪到南京。鹿语记者称:编遣贵有标准,须先点后编,而点验全国军队谈何容易。目前彼此不无猜疑,如能开诚布公,编遣始克有济。

　　△　国民党上海市党部组织 50 万人参加之反苏市民大会。

　　7 月 30 日　蔡运升晚抵满洲里后,即偕李绍庚专车到苏境第 86 号小站(距满站 60 里),与苏代表梅里尼可夫在火车上举行中苏会谈,内容为:一、中止两国军事行动;二、决定召开和平会议之时间及地点;三、和平会议,以 1924 年之协定为基础;四、从速恢复西伯利亚与中东铁路之联络。

　　△　蒋介石电派何成濬赴太原,促阎锡山就西北边防长官职。

　　△　湘军独立第九旅李韫珩与慈庸桑清乡司令张义卿部在桃源发生激战,焚烧民房 800 余栋,死伤军民 1000 余人。

　　△　浙江大学区结束,教育厅长陈布雷正式到职,着手组织教育厅。8 月 10 日,浙江教育厅正式成立。

　　△　上海招商局"新康"轮交涉委员会召开第一次会议,报告交通部咨请外交部与日本交涉情况。31 日,开第二次会议,议决向日本邮船会社要求赔偿一切损失。

　　△　河北省连日大雨,各河均泛滥,唐山倒屋 1200 间,宝坻、安次两县城全被淹没,人畜皆有极大伤亡。

　　7 月 31 日　中苏边界会谈今晨散会,会议除同意提前恢复通车外,余无结果。苏联代表提出:中国借口取缔苏联宣传"赤化",致以武力蹂躏协定,今后交涉能否圆满进行,当以中国方面态度为先决问题。会后,蔡回满洲里,梅领返赤塔,各电本国政府请示办法。

　　△　编遣实施会议开第九次预备会,讨论各编遣区遣置分局条例、

官兵遣散费等案。全国兵额若定 80 万,将分为 65 师,军费每月需 3300 万元。

　△　国民党中央政治会议议决,李济深准恢复自由。

　△　国民党天津市党部奉命结束,组织案卷保管委员会,各部职员全体离职。同日,河北省党部全体执委电国民党中央,声明自 8 月 4 日起自动离职。

　△　国民党军分三路进攻闽西红军:闽军张贞师任中路,林秉周、萧叔宣两团为左翼,金振中团为右翼,与长汀赣军金汉鼎部、永定粤军陈维远部为犄角,向龙岩、永定、上杭进行包围。

　是月　中共闽西第一次代表大会在蛟洋举行,提出"发动广大群众创造闽西工农割据"的总路线和必须完成的 18 项任务。通过了《政治决议案》。会上,邓子恢对闽西党的工作做了总结。毛泽东就如何巩固和发展红色根据地方针问题作了重要指示:"这就是:一、深入地进行土地革命;二、彻底消灭民团土匪,发展工农武装,有阵地地波浪式地向外发展;三、发展党、建立政权、肃清反革命。"

8 月

　8 月 1 日　编遣实施会议开幕,到曹浩森、何应钦、朱培德、张之江、张学良(王树常代)、杨树庄(陈季良代)、胡汉民、赵戴文、李鸣钟、唐生智、朱绶光、周玳、刘峙、刘镇华、石友三、方振武、石敬亭、陈调元、杨永泰、马鸿逵、鲍文樾、宋子文、何键等 300 余人。蒋介石致开幕词,痛陈裁兵必要。下午第一次大会,何应钦报告中央、第一、第四各编遣区编遣经过;通过编遣部队裁留标准等案。

　△　国民政府公布《考试法》。

　△　国民政府下令通缉白逾桓、张华炽等人,称:"白逆逾桓在中华革命党成立之初,即已背叛总理,近复与其党羽张华炽等匿身海外,主办反动刊物,企图煽惑民众,颠覆党国。"

△　闽军在漳州开"剿共"军事会议,当晚下令向龙岩总攻击。

△　是日为南昌起义纪念日,北平、天津、上海、广州等城市宣布特别戒严。北平有大刀队乘车巡逻。上海公共租界、南京路永安公司门前群众呼喊口号、散发传单,被捕20余人。

△　吉林大学正式成立,张作相兼校长,李锡恩任副校长。

△　交通部遵照二中全会决议,接收建设委员会无线电台,并通函各洋商公司,承认继续履行与建设委员会所订合同。

△　山东省立第二师范学校校长宋还吾因学校演出话剧《子见南子》案,被省教育厅撤职。

8月2日　编遣实施会议第二次大会,周玳报告第三编遣区编遣经过情形,通过实施编遣奖惩条例等案。下午,举行第三次大会,第二编遣区代表报告编遣经过情形,通过军官佐退役俸率及给与规则。同日,陈济棠抵京参加会议。

△　苏领事梅里尼可夫与蔡运升在满洲里继续会商,中方提出先行恢复欧亚通车,无结果。苏方提出恢复中东路原状,中苏分任沿线警备,中苏交涉在赤塔开会等要求。同日,中东路驻天津办事处由华人接收,新任经理王文秉即日就职。

△　外交部长王正廷在京语记者称:"我国对中苏谈判颇为赞同,但在未开正式谈判以前,绝对不承认任何条件。以现在情形论,虽在谈判,但仍十分严重。"同日,赴东北办理中东路交涉之驻苏公使朱绍阳抵沈阳。

△　北平行营主任何成濬离平赴太原,与阎锡山商谈西北边防。4日,何抵太原劝阎就任西北司令长官,阎表示坚辞。

△　闽军卢新铭旅进占长汀、上杭。3日,卢电蒋介石,要求"迅定三省会剿大计"。

△　青岛日本商办之铃木、和田、华祥、山东四厂为应付工潮限工人三日内退出。经青岛市社会局与厂方交涉结果,允每人发给回家路费两元。

8 月 3 日 编遣实施会议举行第四次大会,刘峙报告湖北各部队编遣办事处成立经过及编遣情形;鲍文樾报告第五编遣区成立经过及编遣情形;通过陆军编制原则,分师为甲、乙、丙三种。

△ 张学良训令蔡运升不能接受苏方要求,宣称:"若照昨日梅里尼可夫所提出的要求条件,由中俄两国分担保护中东铁路之任,则从今以后,反因此残留祸根。"

△ 国民党北平市党部在天安门组织二万余人之反苏大会,通过无条件收回中东路、限期"铲除"共产党、请积极对苏备战等案。

△ 闽军陈国辉部在同安哗变,杨树庄派陆战队围剿。

△ 日本新任关东军司令田英太郎抵沈阳就职。

8 月 4 日 孙科抵沈阳与张学良、朱绍阳及东北政务委员等举行会谈,对苏方要求恢复中东路原状问题,决定依照《奉俄协定》进行交涉。朱于是晚赴哈尔滨。

△ 湖北省教育界代表张实廷等 10 余人,是日在南京向教育部请愿,历陈教育厅长黄昌谷摧残教育,近来又逮捕省一中校长夏正声等情形,要求罢免黄。该部派科长钟灵秀赴鄂调查。

△ 越南被逐华侨 160 人,自西贡乘"元利"轮抵汕头。

△ 青岛日本大康、内外、隆兴三纱厂决定停工,2000 余工人赴青岛市政府请愿。近来青岛日商工厂停工者已有 10 余家,失业工人约四五万人。

△ 北平大学区结束,河北教育行政事务移交省教育厅办理。

8 月 5 日 编遣实施会议举行第五次大会,何键报告湖南各部队编遣办事处成立经过;陈济棠报告广东编遣办事处成立经过。下午,第六次大会通过:一、陆军给予草案,定全国兵额为 65 个师,军饷等费每月为 1884 万元;二、今后省政府主席不得兼任军职,师长不得兼任政务官;三、分别编遣,确定各区师额,于编遣时以团为单位。

△ 张景惠命将前搜查哈尔滨苏领事馆时所捕苏共党员 39 人解送法院审讯。

　　△　蔡运升电外交部，报告苏联提出由其另委中东路正、副局长，为开始正式谈判之先决条件。王正廷在南京答记者称：此种提议中国政府绝对不能容许。同日，外交部致电《非战公约》各国，申述中苏谈判停顿原因。

　　△　司法院副院长张继抵沈阳，访张学良商谈外交事务。同日，孙科离沈阳返南京。朱绍阳抵哈尔滨后即赴满洲里。

　　△　第三师第四旅旅长谭曙卿枪杀东海县党部委员兼《民报》主笔陈嗣恒及县总工会常委张劲升，徐、海各县民众组织东海惨案后援会，分别向国民党中央党部、国民政府及编遣会请愿，要求惩凶。

　　8月6日　编遣实施会议第七次大会，补推朱培德、唐生智、鹿钟麟为常务委员，通过请政府明令严禁招兵等案，即举行闭幕式，并发表《编遣实施会议闭会宣言》，声称：能否实施编遣会议之议决案，是"革命与反革命之所攸分"，"革命与不革命之所攸分"，"革命与假革命之所攸分"。

　　△　财政部长宋子文由于编遣会议后军费仍不能撙缩，预算不能实行，财政困难无法应付，自上海电国民政府辞职。同日，阎锡山电辞山西省政府主席职。

　　△　晚，朱绍阳抵满洲里后即与蔡运升、李绍庚及护路司令梁忠甲等密议。同日，国民政府宣称：蔡、梅交涉"呈完全停顿之状态"。

　　△　行政院通过教育部所提更改北平大学各学院名称，恢复北京大学、师范大学等案。同日，教育部决定增设蒙藏教育司。

　　△　河北省永定河水暴涨，淹入北平南城。7日，永定河南岸续溃130余丈，北运堤决，水淹18里，估计被灾民众不下50万人。

　　8月7日　中东路副局长李绍庚以电话邀苏领梅里尼可夫到满站接洽，被其秘书米海伊诺夫藉词拒绝。同日，外交部电嘱朱绍阳"除商议正式谈判日期及地点外，其余概可拒绝讨论"。

　　△　蒋介石抵上海挽留宋子文，宋允复职。9日，国民政府下令挽留宋。

△ 王均第七师部分士兵在九江因欠饷哗变,戕杀该部参谋长,抢劫市民商店,民房被焚不计其数。

△ 国民党中政会通过航政根本方针:确定航路国有政策,凡属港政归中央主管机关负责,凡属港务归地方管理;沿海及国境内之外船航行权,应即速收回。

△ 鹿钟麟、熊斌联袂赴沪,不就所委之军政部长、航空署长职务。薛笃弼坚持出洋,已上第三次呈文。

△ 第三编遣区主任周玳语记者称:第三集团军现存兵额 130 余团 20 余万人,按定额最大限度为九师计 54 团,遣散之数当在半数以上。

△ 红军朱德、毛泽东部攻漳平新桥,与守军陈祖康部及地主武装激战后,转移至距城 45 里处。闽军师长张贞令张汝劻旅自浦南、永福向漳平"追击"。

8 月 8 日 外交部长王正廷就外传美将出面邀集四国调停中苏事答记者称:中俄形势近日无甚变化,倘形势万一恶化,美国为缔结《凯洛格非战公约》之盟主,当然可以根据条约出面谈话。

△ 山西省召开村政会议,阎锡山训话宣称:"村本政治很重要,欲诊治穷病,应集资于村、县、省举办民生事业,富者出资,贫者出力,互相提携。"

△ 国民政府国道设计委员会定全国国道干线 12 条:一、京桂线;二、京滇康线;三、京藏线;四、闽浙线;五、京蒙线;六、京黑线;七、张绥线;八、甘藏新线;九、绥新线;十、黑蒙新线;十一、迪疏线;十二、陕桂线。

△ 山东长山县叛一道首领自称"皇帝"之马士伟部 1000 余人,被第四十六师范熙绩部剿俘。同日,徐州宿县小刀会首领王金桂、孙三奉省令就地枪决。

△ 中法宁案经审定,法方所受损失 8.6 万余元,已由财部支付法领收转,此案结束。

　△　英国嗾使藏军进攻打箭炉,已陷巴安(今巴塘),驻军向四川省府告急。

8月9日　苏联副外交人民委员加拉罕与朱绍阳通电话,对派代表会议表示同情,但谓必须以彼方之最后通牒为基础条件。

　△　编遣委员会召开常委会,何应钦主持,通过《点验委员组编制草案》,追认李鸣钟任遣置部主任,决议厘定各直辖分区之番号。

　△　湖南人民救湘驱何请愿代表团周梁等赴国民政府请愿,要求惩办湘省主席何键,并决定10日再赴国民党中央请愿,将其罪状通电全国。

　△　国民党天津市党部整理委员崔廷献、傅作义、鲁涤平等六人在宪兵保护下在警备司令部就职,公推苗培成主席。同日,天津总工会、学联、商协、妇协等团体向整委会辞职。

　△　闽西红军又攻漳平,守军陈祖康不支退华安,战事集中在浦南北溪方面。

　△　1926年发生之汉口"神电"轮案是日由交涉员李芳与亚细亚公司龙天桢在汉签字解决,由英商亚细亚公司付恤金2.7万元。

8月10日　国民政府令,山西省政府委员兼主席阎锡山准免本兼各职,遗职以商震继任;徐永昌继商任河北省政府委员兼主席。

　△　蒋介石在上海召集银行界劝认编遣公债,晚宴鹿钟麟、李鸣钟、马福祥等西北军人。

　△　闽军侵占龙岩,粤军第三师抵永定峰市,赣军进犯上杭。同日,蒋介石电令湘军进攻红军贺龙部。

　△　广东梅县新塘、官塘等地群众600余人,在共产党领导下游行示威,宣传《土地法》,遍贴苏维埃标语。

　△　国民党中央宣传部为中东路事发表《告东北将士书》,勉励服从中央命令,"捍卫边陲"。

　△　日侨神原毁北宁路案交涉步骤,辽宁当局决定先与神原个人交涉,收回农场。至于日本军警无故拆路,将来赔偿损失,当由日领负

完全责任。

　　△　山东"新康"轮案,日邮船会社复函招商局,否认"龙野丸"错误。招商局汇集材料,准备再作进一步交涉。

　　8 月 11 日　加拉罕在莫斯科对美记者发表谈话,谓苏联所提出之条件,中国须先加以承认,否则无谈判之可言;中国代表朱绍阳上星期"函约我方代表面洽一切,业已由本人予以拒绝,盖中国对于我方条件,毫无接受诚意,空言又何能了事"。

　　△　苏军与东北军在满洲里冲突,交战两小时,东北军伤 60 余名、死五名。张学良召开紧急会议,对前线军队发出避免冲突令。12 日,蔡运升为两军冲突事向苏方提出抗议。

　　△　东三省讲武学堂与东北学生队 100 余人,乘安奉线车时,被日守备队以无日本护照加以扣留。

　　△　湖北编遣处电饬张发奎、谭道源等师,会同湘军吴尚师"兜剿"红军贺龙部。吴尚已抵常德。同日,湘军陈渠珍部分永顺、大庸、龙山三路进攻红军。

　　△　四川红军邝继勋部约 7000 人与川军刘湘部作战,已进入遂宁一带。

　　△　财政部曾电海外华侨酌量推销编遣公债,各地复电承销总数已达千万元以上。是日该部宣布前发编遣公债 5000 万已销售半数,近拟再发 5000 万元以助编遣之实施。

　　8 月 12 日　蔡运升接到 10 日张学良对苏联加拉罕最后通牒之回训,是日答复苏方,请于三日内再开中苏交涉,否则将认苏方无诚意,应由苏方负交涉决裂之责。同日,胡汉民在南京中央党部纪念周上称:"对俄问题,形势仍在混沌,结果尚难推测。"

　　△　苏联飞机两架、军舰二艘载陆战队 300 人驶抵黑龙江绥东县属兆兴镇,与东北军交战。傍午,东北军退守绥东;苏军占据兆兴镇及李家房子。

　　△　新疆省政府主席金树仁致电外交部报告新疆对苏态度,谓:

"新省拟暂持以镇静,藉资羁縻,仍候明示机宜,再行积极防御。"

△　国民政府派参谋部厅长刘光视察东北国防,刘是晨由吉林赴哈尔滨。

△　财政部咨各省府,盐斤附捐应统归盐务机关办理,嗣后各地驻军不得派员收取。

△　湘西红军贺龙部进攻慈利。同日,湘军师长吴尚电令汽车路局,限 9 月 20 日前完成桃辰及常庸汽车路,以便"围剿"红军。

△　中国要求备价赎回北宁路神原农场,日方不允,宣称:"此事须俟中日商租权完全决定后,方有解决办法。"并称:"拆坏轨道,日方不负责,因在农场区域内,日侨有自由处分权。"

8 月 13 日　晨,东北军第九旅一团及海军陆战队一营在绥东兆兴镇与苏军发生冲突,战斗五小时后将苏军击退。同日,苏军在满洲里附近占领闹尔屯。东北军军长王树常派飞机多架,炮兵一大队前往绥芬河前线增援。东北海军舰队司令沈鸿烈抽调水兵 300 名,由营口开往前线。

△　蒋介石电北平何成濬,告以中东路事态严重,请往助张学良主持交涉,称"我方对俄终以不主开衅,惟以镇定不屈处之"。

△　宋子文在上海宴请银行界,商讨再发编遣公债 5000 万元,由海外华侨认 1000 万,余由上海银行界负责筹募。是晚,宋返京复职。

△　国民政府下令通缉黄绍竑、温树德。

△　中共豫南罗山县委郑新民等领导当地红枪会和数千群众起义,消灭民团,组织革命委员会,改红枪会为赤卫队。

△　江苏东海惨案后援会由镇江移往南京,是日推代表十余人赴南京市党部申述惨案最近情形。14 日,赴中央党部二次请愿。

△　外交部接到英、法、荷三国关于撤销在华领事裁判权之复文,内容大致与美国政府之复文相同,先言在主义上并不反对,而结论却婉拒中国方面之要求。

8 月 14 日　中苏交涉决裂,苏领梅里尼可夫奉令返莫斯科,朱绍阳亦离满洲里赴哈尔滨。外交部宣称：苏俄虽无与我直接谈判诚意，但亦未完全拒绝谈判，故蔡运升仍暂留满洲里，相机进行。同日，蒋介石、胡汉民、王正廷等会商对苏问题，决不改变原定方针。

△　吉林军步兵一连、骑兵两连赴宽城子，被日警阻止。日警声称：南满路附属地不许华兵通过。

△　国民党天津市整委崔廷献、傅作义、刘不同等在市党部召开紧急会议，因第六区党部反对整委会，议决将张信庵等 16 名撤职，并开除党籍；第六区党部执监委一律撤职，另派员整理。

△　北平银行公会致电中央党部及监察院、财政部，略谓：比年军费浩繁，用款则毫无限制，长此以往，非至财政破产不止，上海各团体主张监督编遣费用途，筹定全国预算，并缩减军费，望切实采纳。要求政府及各军公开一切收支，使民众得以审核。

△　北平大学八校（法、工、农、艺、医、女大、女师大、俄专）自北大、北师大独立后，均要求独立。是日，招待新闻界报告八校希望独立复校之意义，并决议每校推代表二人至南京请愿。

△　中央研究院于南京成立天文、气象二研究所，上海成立化学、工程、物理、地质四研究所，北平成立历史语言、心理二研究所。

△　上海市闸北农纯丝厂女工 200 余人因厂方减少工资、延长工作时间，无理压迫，相率罢工。沪北 14 厂女工为支援农纯厂斗争亦相继罢工。

8 月 15 日　朱绍阳、蔡运升、李绍庚等抵哈尔滨。张学良奉令派兵六万赴西伯利亚边界，派王树常为西路总指挥，设司令部于满洲里；胡毓坤为东路总指挥，设司令部于绥芬河。

△　刘芦隐在招待记者席上报告中苏问题，声称："若我承认先恢复中东路原状，是无异于中国承认此次对该路处置为无意义，故必先由俄方承认，然后始有谈判可能，此种立场，我国决不变更。"同日，吕荣寰电告南京，谓东北对俄态度，完全与中央一致，中东路照常通车。

△　国民党中常会决议：一、通过《征求预备党员实施办法》；二、河

北省党部执行委员一律撤职,另派陈访先等七人为该省党务整理委员;三、停办河北《民国日报》,由中央派员接收。

　　△　粤军陈维远部攻永定城,与红军激战;红军向胡雷方面转移,粤军占永定。

　　△　是日至 17 日,中华教育文化基金董事会在清华学校举行科学教育会议,讨论科学教育方法之改良及合作办法,与会者有韦悫、邝嵩龄、吴永权、曾昭抡、赵元任、罗家伦、翁文灏等 20 余人。

　　△　美国卡尼奇国际和平基金委员会所派新闻记者访华代表团,游历东三省及上海等地后回国途中在日本发表污蔑中国之言论,谬称:"所谓取消治外法权,使侨居中国之外人,遵从中国之法院之听断,真是妄谈而已";"中国欲使国内安宁,颇需日本扶掖"等等。是日《申报》进行报道,斥之为谬论。

　　8 月 16 日　外交部电《非战公约》签字国宣布对苏交涉经过及中国态度。同日,另电驻德公使蒋作宾,请德政府代向苏联询问此次苏军入境是否奉有政府之命令,若无即请加以制止。

　　△　苏军与东北军在札兰诺尔冲突,激战约两小时,苏军主动退去。同日,东线绥芬河附近也有小冲突。

　　△　王正廷对记者谈中东路事,谓苏军"万一真入我国境,我方为自卫计,决采用第二步外交方针,与之对抗"。同日,张学良接见美国《芝加哥日报》记者,宣称苏不守《非战公约》遣兵入境,准备决一死战。

　　△　陆海空军总部以谭曙卿"擅杀党委,破坏党纪",下令拘捕,押于军法处,听候审讯。

　　△　教育部聘王宠惠、王正廷、李石曾、陈立夫、王劭廉、赵天麟、茅以升七人为国立北洋大学筹备委员会委员。

　　△　日兵在长春增兵并实弹演习。外部令驻日公使向日本政府询问。

　　△　日本公使芳泽抵北平办理北平使馆结束事宜,20 日离平返国,由驻沪日总领事重光葵代理公使。

　　8 月 17 日　晨,苏军再攻札兰诺尔,双方相持至天明始退。张学良电南京国民政府,称"俄军侵我边境,意图占领满洲里断我后方联络"。同日,张学良在沈阳召开军事会议,下令步兵四旅、骑兵一旅、航空兵一队,开赴边防。

　　△　国民政府委员张继抵南京向国民政府报告调查中东路情形。

　　△　国民政府公布《反革命案件陪审暂行法》《工商同业公会法》。

　　△　国民政府任命鹿钟麟署理军政部部长。

　　△　外交部为越南违反中法关税新约,增加华绸进口税事,向驻华法公使玛太尔提出抗议,并电令驻法公使高鲁向法政府切实抗议。

　　△　红五军彭德怀部攻克江西万载。

　　△　英人嗾使藏兵进犯西康,是日西康旅京代表分向中央党部及国民政府请愿,要求组织西康省政府,以固边圉。

　　△　美国红十字会调查陕、甘、豫旱灾赈恤团,以别克纳尔为首,一行六人抵南京。

　　8 月 18 日　苏军占东宁县城,守军退大绥芬。晚,曹团、保卫团、商团反攻,鏖战一夜,19 日拂晓苏军被击退。

　　△　日军连日在长春增兵并进行实弹演习。是日,日军 4000 人又在沈阳城郊演习作战,枪炮声不绝,意在示威,民众愤激,促交涉署向日方速提抗议。

　　△　北平行营主任何成濬奉蒋介石命到沈阳与张学良策划对苏,晚召集东北各将领会议,讨论对苏问题。

　　△　韩复榘在南京与鹿钟麟、熊斌及西北在京要员协商第二编遣区编遣事宜,决照中央议决案进行。

　　8 月 19 日　外交部再电驻美公使伍朝枢,令向各国宣布"苏俄破坏非战公约,向中国开衅情形"。

　　△　中东路局长吕荣寰等电国民政府称:"俄方密探在宽城子及满洲里等处出没无常,为慎重路务计,自十九日起已全线戒严。"

　　△　蒋介石派胡逸民、王震南赴汤山迎李济深入城,移住总司令部招待处。

　　△ 北平国立八校代表团到南京教育部请愿,教育部长蒋梦麟接见,称独立不成问题,但须经相当时期;复大问题,限于国府颁布条例,须重加考虑后再定。

　　8月20日 晨,何成濬会晤张学良,报告中央军已集中津浦路及北宁路一带,归张指挥,必要时可开赴前线。同日,何电蒋介石报告与张学良谈话情形,并陈述对苏交涉意见,称"张态度颇镇静,惟其左右多怀疑,不愿有军事行动"。为今后计,似仍宜外示坚强,内则由外交方面秘密进行,以求相当解决。

　　△ 张学良在沈阳召开军事会议,何成濬、蔡运升、翟文选、于学忠、高纪毅及在省各旅长均列席。讨论万一与俄决裂后,关于军队之备战及军火、军费等筹备事项,议决对苏取严守地位,调步兵二旅、骑兵三旅分赴北满驻防,令各镇守使注重边防。21日,张学良、何成濬、朱绍阳又在北陵会商对苏问题。

　　△ 晨,苏军铁甲车一列、步兵200余名,在满洲里以西与东北军发生冲突,交战数小时后退出国境。

　　△ 蒋介石发出通电,切望国人协助编遣,宣称"民国存亡,视此一举"。

　　△ 长芦纲总案举行第三次审讯,由主席委员赵戴文、委员宋子文、李翔及司法院秘书吴昆吾将五纲总隔离审讯,至5时许退庭。所有审讯详情未公布。

　　△ 毛泽东之堂妹共产党员毛达湘(毛泽建)在湖南衡山县被该县县长蔡庆煊枪杀,壮烈牺牲。

　　8月21日 蒋介石在南京励志社召见派赴各编遣区点验委员,勉励大家"任劳任怨,不偏不私"。到会者有何应钦、唐生智、周亚卫等百余人。同日,国民党中央划定第五编遣区之军队,为刘镇华、韩复榘、石友三、马鸿逵、杨虎城等部;以马福祥为该区正主任,刘镇华为副主任。

　　△ 国民政府特派伍朝枢、蒋作宾、高鲁为出席国际联盟会第十届大会代表。

△ 外交部电驻日公使汪荣宝,嘱向日本政府转达国民政府同意日本政府以佐分利任驻华公使。

△ 中国科学社在北平燕京大学开年会,到会社员任鸿隽、王琎、白敦庸及来宾李石曾、吴雷川、罗家伦等 50 余人。余泽兰、吴有训等 15 人在会上宣读科学论文,会议于 24 日闭幕。新增理事有胡刚复、竺可桢、杨铨、赵元任、翁文灏、胡先骕六人。

8 月 22 日 中东路东线苏军主动从密山县撤退到兴凯湖岸。

△ 外交委员会讨论对苏方针及步骤,王正廷、胡汉民、孙科等出席。会议决定援助张学良军费 200 万元,必要时再补充实力,派郭同赴东北传达中央意旨。23 日,郭于沪启程北上。

△ 蔡运升由沈阳回哈尔滨,表示中俄开议仍有可能,对来访者宣称:沈阳军事会议并未主张对俄严峻计划。目下边界冲突,殊不足重,两国实际未曾开战。

△ 孙科在京记者招待会上报告考察东北路政,宣称:中东路管理,俄方既违反协定,我即不遵守义务,"中央外交方针,最低限制必须收回该路管理权"。

△ 广东梅县驻军三路包围松源、宝坑红军,红军奋勇抗击,旋即向安全地区转移。同日,赣军金汉鼎部全部抵闽,后方交谭道源填防。闽军张贞部向龙岩进攻,并分电粤军陈维远、卢新铭"会剿"红军。

8 月 23 日 苏骑兵 1700 余,由第五卡架浮桥渡河猛袭札兰诺尔,经东北军第十八旅死力抵御,激战一昼夜,是晨将苏军击退。

△ 国民政府召开国务会议,王正廷列席报告东北边境中苏冲突情况及外交委员会所定对苏方针步骤。决议简派王正廷为中波签订《友好通商航海条约》全权代表;公布《民国十八年编遣库券条例》,库券定额为 7000 万元,9 月份开始发行。

△ 沈阳军事会议结束,张学良任命张作相为"防俄军"总司令,万福麟为副司令,王树常为第一军军长兼东路总指挥,胡毓坤为第二军军长兼西路总指挥。

△ 朱愈云、袁恒升、潘焕清等14人在上海宝山路东方图书馆门前散发进步传单,被市公安局逮捕。

8月24日 晨,苏军与东北军在札兰屯北激战两小时,旋即退去,苏军被俘120余名,东北军团长陈志新伤重死亡。翌日,东北军为防止苏军装甲列车驶入,将满洲里前线铁轨拆卸数段。

△ 驻德公使蒋作宾在柏林与苏驻德大使会晤,苏使否认对华有战意,称如苏境无华兵侵入,决不作战。

△ 国民政府任命李培基继徐永昌为绥远省政府主席;李服膺为北平警备司令。

△ 第三区编遣实施会议在太原开幕,周玳主席,到徐永昌、李培基、傅作义、辜仁发、李生达等32人。阎锡山致训词,略谓:"晋、察、绥及河北等省,近以军费开支浩繁,本省财政均已不能维持,故本人极为焦虑。今日之会务须筹一通盘计划,照中央规定,实行编遣。"

△ 中共中央政治局候补委员彭湃因叛徒白鑫出卖在沪被捕,同时被捕者有杨殷(中共中央政治局候补委员)、颜昌颐(中共中央军委委员)、邢士贞(中共江苏省军委干部)。30日于龙华被国民党反动派秘密杀害。

△ 北平40余所小学教员代表向市政府请愿,要求改善待遇,结果无切实办法,决继续怠工一星期。

8月25日 张学良电国民政府称:"昨今两日前方甚沉寂,俄方虽时有骚扰行为,但我方仍在镇静防备……学良令关内滦西各军一律开往北满驻防;第十二旅张廷枢部队编入防俄第一军,即由锦州北开,而以于学忠二十七旅出关接防。"

△ 苏联远东军司令白鲁谦(即加伦)抵赤塔,是日对苏军发表演说谓:"此次调动之军队应为布尔什维克主义而战。"

△ 日本自动开筑吉会路已成七华里,同时催华方进行正式会议。

△ 上午,第三区编遣实施会议继续开会,提案分四项:一、裁留标准;二、军额及编制;三、编余军官安插法;四、在编遣期内各地治安维持

法。讨论结果,裁留标准以淘汰老弱为原则;军额及编制,以九师为准。下午,大会闭幕。

△　第五十六师刘和鼎部奉命离芜湖开往福建"剿灭"红军,前部28 日抵厦门。

8 月 26 日　德国政府将苏联政府对中国抗议之答复转达国民政府,略谓:苏军绝对不侵入中国领土,亦未尝取挑战的态度。但对于受中国军队指挥之白俄军侵入苏联领土,不得已而取当然应取之处置,希望中国负责方面将在华白俄军一律遣散;因此而发生之一切损害,苏方完全不能负责,当由中国方面负之。

△　外交部条约委员会委员郭同离京赴辽,临行前语记者称:"此次北上任务,系奉蒋命前往宣达中央意旨:对俄问题系整个的,中央与地方意见均须一致。关于军事方面,悉由张学良指挥,必要时中央充分援助。"

△　外交部接驻德公使蒋作宾电告:加拉罕电驻德俄使,要求中国准俄方依照协定更换中东路正副局长,即可直接谈判。

△　司法院副院长张继 25 日抵长崎,是日赴横滨,语日记者称:"余来日目的,在访问贵国朝野代表参加总理奉安者,以示答礼。故以私人资格来日,并非奉政府之命。协议中俄问题等事,国民政府始终希望和平解决。"

△　第十八师鲁涤平部离汉口开赴江西。南昌卫戍司令即由该师代师长张辉瓒出任。

△　闽军独一师第二旅杨逢年部自适中三面进攻龙岩,中午,杨部第三团陈林荣部入城,红军向东北转移。

△　北平市公安局公布秋季调查全市户口,总计为 26.0961 万户,男女共 124.2728 万名。

8 月 27 日　蒋作宾电外部,谓接苏俄政府正式答复:一、华军不攻俄军,俄军决不攻华军;二、须中国负责将在华白俄军一律遣散。

△　朱绍阳离沈阳返南京,是日抵北平答记者称:"俄军犯我国境,

纯为示威。现我对国防已有准备，不虞其骚扰，至外交进行，京、辽完全一致。"

△　广东编遣会议在广州开幕，决议将全省军队编为五个师：余汉谋第五十九师、蔡廷锴第六十师、蒋光鼐第六十一师、香翰屏第六十二师、李扬敬第六十三师。

△　国民政府下令禁运粮出口。令称："西北灾情奇重，待赈孔殷，粮食一项，必赖他省源源接济，庶免缺乏，所有国内出产之米谷麦粉，亟应暂禁出口，以资转运。"

△　红军贺龙部进攻慈利；湖南"清乡"司令何键命令李韫珩旅前往防堵，同时调周斓部戴斗垣旅赴湘西进攻红军。

△　武昌地方法院侦查教潮案宣告终结，谓黄昌谷犯法嫌疑不足，予以不起诉处分；门卫伤害教员另案起诉。

8月28日　外交委员会特派员郭同抵天津，语记者称："中央对俄方针，根据第一次复牒，始终一贯，决不变更。""苏联当局迄今仍否认派兵攻我防地，似无对我宣战决心。"

△　红军贺龙部攻克慈利。

△　北平八校代表团为恢复大学事再赴教育部请愿，部长蒋梦麟答复：一、独立不成问题；二、经费可以增加；三、"复大"限于大学组织法，不能变通。

△　胡适曾在《新月》杂志先后发表《约法与人权》、《我们何时才能有宪法》、《知难行亦不易》三文，是日，国民党上海市党部为此作出决议，略谓："中国公学校长胡适，公然侮辱本党总理，并诋毁本党主义，背叛政府，煽惑民众，应请中央转令国府严予惩办。"

8月29日　国民党中常会决议：准蔡元培辞去监察院院长兼职，所请辞去国民政府委员，应予慰留；选任赵戴文为国民政府委员兼监察院院长。

△　外交部亚洲司长周龙光就中东路问题语记者称，中国始终以无条件先开正式谈判为言，外传苏已新任中东路局长，完全不确。现在

边境形势已渐和缓,如苏联愿与我直接谈判,则交涉前途数日内或有进展希望。

△　王正廷在上海先后接见德国驻京代表费休、日本驻沪总领事重光葵,就两使所提中苏问题分别予以解答。同日,朱绍阳由京抵沪。

△　《南京条约》八十七周年纪念,国民党中央党部及各地均举行国耻纪念集会,南京国民废约会纪念会发表宣言,希望一致团结,恢复民族精神,与帝国主义奋斗,以求废约运动之成功。

8 月 30 日　外交部负责人答记者称:苏联委派中东路局长事前并未通知我方,外部亦未接到吕荣寰电告,苏即独意执行,我方断难承认。

△　郭同昨日抵沈,是日往晤张学良,传达国民党中央意旨,并表示此次奉令代外交部接洽外交,军事由何成濬负责。张表示对苏交涉遵中央意旨办理。同日,张作相奉张学良命,即令蔡运升停止以私人资格与苏联之一切接洽,静候中央交涉。

△　国民政府国务会议决议:前第四集团军驻各地部队编遣特派员李品仙、刘峙、何键、李明瑞均免职;另任晏勋甫、刘峙、何键、李明瑞、马福祥分别为编遣委员会直辖第一、二、三、四、五编遣分区办事处主任委员,广东各部队编遣特派员一并撤销,任命陈济棠为中央编遣区第一分区办事处主任委员。

△　铁道部次长王征因在北宁路营私舞弊,被人告发,国民政府将其交参军处看管。

△　四川刘文辉致电南京蒙藏委员会,略谓:"报载英人嗾使藏兵侵略西康,已占甘孜、巴安等语,毫无事实……藏兵团无内犯之行动,西康仍为稳固之屏藩。"

8 月 31 日　苏联外交人民委员李维诺夫通知苏驻德大使窦克森,谓:苏联政府准备接受中国政府提出签署解决中苏争端联合宣言之提议,同时将苏联政府建议之联合宣言交与德使。其内容大致为:一、双方派代表开会,俾依据 1924 年中俄协定解决两国间各悬案;二、依照 1924 年协定恢复中东路原状;三、苏保举中东路正副局长各一人,应即由董事会任命之；四、双方严格遵守 1924 年协定之第六条规定；五、双方释放自 1929 年 5 月 1 日起或因此案被捕之人员。

　　△　唐生智因与张发奎暗中串连反蒋，是日起被蒋软禁在南京。后因西北军反蒋，蒋百里力保唐为前方统率，方获自由。

　　△　红军朱德部克漳平，张汝勋旅第一团退永福，张旅被隔于宁洋。

　　△　上海英军殴毙张学亮案解决，英人给恤金 5000 元。

　　△　《关于比国交还天津比国租界协定》由国民政府主席特派外交部条约委员会顾问凌冰与比利时驻华公使馆参赞纪佑穆在天津正式签字，俟比国及南京政府立法院通过后，即实行接收。比方对中国要求先移交租界后筹偿市债一节，亦已允诺。

　　是月　平汉路局长刘维炽在北平谈该路收支情况，谓本路每月负担湖北军费 35 万，冯玉祥军费 50 万、山西军费 35 万。目前共负债 6000 余万元，外债 5000 万元。平汉路被破坏状况，非 1000 万不济。

　　△　北平义赈会发表调查西北四省灾情结果：本年因灾死亡者 600 万人，病者 1400 万人，流亡转徙者 400 万人，比平时疾病死亡率超过 25 倍。

9　月

　　9 月 1 日　外交部电令驻德公使蒋作宾向苏驻德大使窦克森提出答复苏联政府之照会，质问苏方对华军事行动，声明中方并未利用白俄，望互派代表，会议解决中东路发生后之纠纷，并解决中苏间已往之悬案。

　　△　粤军是日起实行编遣，新委师长余汉谋、李扬敬、香翰屏在广州正式就职。

　　△　铁道部长孙科以王征贪污案引咎辞职赴沪。是日，蒋介石亲赴孙宅慰留。2 日，孙科返京复职。

　　△　湘军师长吴尚到常德,令各部是日起"围剿"红军贺龙部,以阎仲儒任指挥,向慈利前进;李韫珩由石门,陈渠珍由永顺同时前进。

　　△　闽西红四军克永定,粤军陈维远旅由胡雷驰援,红军当晚转移。

　　△　是日为国际青年运动纪念日,上海工人、学生上街发传单,捣毁时事新报社,即遭军警镇压,捕去学生二人。

　　9 月 2 日　外交部长王正廷在南京语记者称:中苏直接谈判确有可能性,共同发表宣言事尚未决定;苏委中东路局长,未经正式手续,势难承认。

　　△　国府文官处秘书钱昌照在国民政府总理纪念周作政治报告,声称:"苏俄外交是很难推测的,缓和时候忽然紧张起来,紧张时忽然缓和下去。……我国与之交涉,首须镇定,当其缓和,不因之而大意,当其紧张,不因之而恐慌,以逸待劳,以静制动。"

　　△　财政部次长张寿镛语记者,谓:编遣库券,上海方面大约可募一千五六百万元左右,余数财部已决定按省摊派,每省约一二百万元不等,再加海外侨胞认购 7000 万元之数,相差必不甚远。同日,北平银行界表示:编遣区共计向中央请领恤款、欠饷、维持费、编遣等费总数在一亿元以上,7000 万编遣库券无济于事。

　　△　农矿部林政会议开幕,通过奖励私有林与整理国有林业等案。7 日闭幕。

　　△　李培基称病辞绥远省政府主席,称该省地丁钱粮,年入仅 10 万余元,无"政"可办。3 日,国民政府致电慰留,阎锡山亦电促其早往就职。

　　△　中央研究院向李盛铎购回前清大高殿之内阁档案数千麻袋,是日运到历史博物馆清理,月拨 3500 元为整理费。

　　△　长春日军军事演习,由关东军司令田英亲自指挥,踏坏民田1500 余亩。

　　9 月 3 日　桂军编遣已告完竣,共编李明瑞、杨腾辉、吕焕炎三个师及梁朝玑、蒙志两独立旅；此外警备军改编为警备队五个大队，归省府直辖。

△　红军彭德怀部由宜春进入萍乡桐木附近；驻醴陵地方武装驰往攻击。

△　杨树庄电南京总司令部，称：闽西红军已向龙岩以西发展，刘和鼎师全部入闽，正会同省防军分途"围剿"红军。同日，张贞因永春、德化之红军攻占漳平，电刘尚志旅往援。

△　红军第十一军第三十一师在豫南磨角楼歼敌第七十四团一个排，后向麻城转移，在八字门楼与第三十二师会合。敌人妄图消灭红十一军主力的企图遂被打破。

9月4日　蒋作宾自日内瓦电国民政府，谓中苏交涉连日无进展，因苏未加入国联，无代表在日内瓦，故无从接洽。同日，伍朝枢在国联发表演说，希望贯彻盟约第十九条之规定，将不适用之条约加以修改，并称"联盟成立十年，未能引用，深为可惜"。

△　编遣会电各地党政机关，于各部队驻在地组织裁兵协会，辅助编遣。同日，第二编遣区点验组主委贺耀组离京西上，点验二编遣区各部队。

△　何成濬离沈阳返平。何语记者称："俄事不久即可告一段落，军事济外交之穷，一切已与张学良商妥，并极有把握。"

△　北平八校学生代表团再赴教育部请见部长，要求"复大"、增费。蒋梦麟未见，学生闯入部长室，致与工役冲突，学生坐守两昼一夜，至5日下午6时始离部，由一司长出面传言，宣称："八校问题准10日提出行政会议讨论解决。"

9月5日　何成濬抵平，来平之前对记者谈，称苏军在前线仅四师兵力，另有预备队四师，粮食缺乏。东北军在前线约八万人，近又开去六个混成旅。苏联态度并不强硬，而是某国故意挑拨离间，目前有和平谈判希望。

△　中央编遣区点验组主任及各委员，分八班出发武昌、延平（今

南平)、芜湖、宿州等地开始点验。

△　国民党中常会决议,新闻纸检查,除中央认为有特殊情形之地点及一定时期外,一律停止;通过日报登记办法。同日,中央宣传部招待新闻界,宣称此项登记办法,决非干涉舆论界,而为防止做广告之报纸及防止"反动"宣传言论。南京市社会局是日在中央书店查禁《我的幼年》等刊物。16 日,国民政府明令停止检查新闻纸。

△　刘和鼎抵厦门,宣称:"在闽之本师,暂编一师、二师,省防陆队,均归杨树庄规划。赣第十二师及粤第三师归金汉鼎指挥规划。"并称:"杨对闽各师旅合围命令已下,大约赣军自西,粤军自南,卢师自北,本师与张师自东,合围剿共。"

△　何键限令张其雄旅刻日恢复铜鼓、万载。

△　外交部发表英、美、法、荷、挪五国关于撤销在华领事裁判权复照,内容皆反对中国收回领判权。同日,外交部决定根据五国复照,分别发出第二次照会,重申撤销领判权之意旨。

9 月 6 日　苏军与东北军在满洲里和绥芬河前线激战。札兰诺尔地区战斗持续到 7 日苏军被击退为止,共战斗 20 小时,双方均有重大伤亡。同日,国民政府明令嘉奖东北边防军司令张学良、副司令万福麟、张作相并慰劳诸将士。

△　苏联外交人民委员李维诺夫在莫斯科发表宣言,声明共同宣言不照苏方意思修改不能再开谈判;华方另委新理事长,苏方允换局长。

△　蒋介石派朱绍阳赴柏林同蒋作宾商筹对苏交涉。苏方已派克列斯敦斯基等二人为对华交涉代表。

△　国民政府国务会议决议:任杨兆泰为内政部长,朱培德为参谋总长;改组江西省政府,指定鲁涤平为省政府主席,以张辉瓒继鲁任第十八师师长。

△　国民政府驻美旧金山副领事高英夫妇及旧金山领事馆主事孙垣,因在美犯偷运烟土案,奉召加国,是日抵沪,旋由军警押解南京,收

押在江宁地方法院。

△　第五十二师阎仲儒旅占慈利,李韫珩旅占江垭东岳庙,红军贺龙部转移桑植。

△　闽军旅长卢新铭电蒋介石乞援,略称:"红军傅柏翠于5日围困武平,经职团汤营全营及梁营一连与之激战,以众寡不敌,至6日全城被陷,汤营长失踪。乞饬前线各支军会同职旅共同围剿。"

9月7日　晨,苏军3000人左右向绥芬河、马桥河之间的东北军进攻,战至8日晨始退。同日,东北军坦克车队开往绥芬,沈鸿烈率舰抵黑河视察。

△　苏联外交人民委员会照会驻苏德大使,谓中苏断交以来,苏侨迭受中国当局虐待,要求德政府训令其驻华领事向南京政府交涉,即速制止中国当局不人道之行为,否则将施以报复之手段。9日,德国外交部答复苏联称:在华德领事已尽力保护苏侨之利益,如将所知之事立即呈报在华德领事,则保护更可周到。

△　国民政府文官处电四川省政府,询问西康近况及可否组织西康省政府等事。刘文辉复电认为西康省府能副其名,非四川省府已臻健全不可,否则徒有空名,实则崎岖僻野,荒旷一如其旧。并称报载英兵侵康,巴安陷落,则是无端造谣。

△　蒋介石决定派航空署长熊斌携带接济费30万元赴陕西办编遣,熊10日由平赴晋。

△　刘和鼎偕许卓然等入漳平,各军分途进攻红军;以皖军刘尚志旅及闽军独一师张旅包围漳、宁;粤军陈维远进攻杭、连;闽军卢新铭团夹击连城;永德由闽军陆战队担任。并宣称:"剿共完成后,赣军、粤军各回本省防次,张师移汀属。"

△　张继在东京访问日拓相松田,对中日问题交换意见。

9月8日　晨2时,苏军与东北军在绥芬河激战,至晚7时始息。东北军退守小绥芬站。

△　蒋介石电张发奎,命第四师由湖北宜昌移防陇海路,乘船东

下,原防由新一师曹万顺接替。10 日,张在师部召集团以上军官会议,一致认为此乃蒋之阴谋,企图在转移中消灭异己。决定一面警告蒋氏,一面准备南下与桂军联合,共同反蒋。

△ 阎锡山荐举被裁之高级军官佐出任军事参议,谓彼等在北伐期中勋劳卓著,一旦置诸闲散,殊非国家褒奖有功之旨,因特荐黄国梁等 10 人为军事参议院特任参议;张维清等 23 人为简任参议。

△ 广东省主席陈铭枢由粤抵京。与陈偕行之范其务称:广东省现每月收入约 300 万,其中烟赌捐占三分之二,如将此项捐款取消,必将导致财政破产,此来特向中央请示补救办法。

△ 湘军吴尚分兵四路,委李韫珩、阎仲儒、王霈、陈渠珍为纵队司令,门炳岳为总预备队,准备进攻红军。同日,粤军陈维远旅占漳平。

9 月 9 日 苏军猛攻守满洲里十八里小站之东北军梁忠甲旅,战斗至晚结束,苏军被击退。

△ 国民政府再令军政机关保障国民党党务工作人员,"除刑事嫌疑犯应由法院依法办理外,不得任意逮捕伤害"。

△ 王正廷由沪返宁语记者称:"中俄双方发表共同宣言问题,现因意见相距尚远,何日实现,殊未有把握。"关于近日边界军事冲突,王称:"俄当局迄未承认发过正式命令","此种流寇式行动,已令边境军队迎头痛击。"

△ 徐永昌就河北省政府主席职,何成濬出席监誓并致训词,略谓:河北省阻碍建设原因:一、改组派捣乱;二、一部分人受帝国主义者煽动;三、封建势力的存在。希望徐就职后,努力肃清反动势力。并称:军队本来要改编,反对改编是不对的,近来有谣言说阎、冯合作倒蒋云云,皆不可信。

△ 国际联盟推选常任理事,中国二次落选。消息传到北平,舆论大哗,谓国际对有色人种向欠公平待遇,中国纳巨额会费其冤。

△ 天津市举行反苏市民大会,到 1.5 万人,国民党天津市整委会宣传部长鲁荡平主席并发表反苏演说。

△　红军贺龙部由桑植入慈利、石门。何键致电刘峙派兵截堵。

△　外交部公布比利时交还天津租界之中比协定。

△　外交部长王正廷与捷克代表倪慈都在上海开订立《中捷友好通商条约》第一次正式会议。

9 月 10 日　中东路两端战事已平静,绥芬河各机关职员是日下午返回办理善后。满洲里之战争已于 9 日晚停止。

△　苏联外交人民委员致函驻苏德大使,要求转达沈阳、南京当局,内称:华军与白俄军近复攻击苏境 19 次,沈阳当局及南京政府须负完全责任。苏军为自卫计,不得不取坚决报复行动。13 日,沈阳当局语路透社访员,否认上述事实。

△　张学良电王正廷报告苏军进攻情形,称:"近日俄军于绥、满两处猛烈进攻,其意不止促进交涉,似有作战决心,业电前方将领,竭力撑持。"

△　国民政府任命鲁涤平、刘芦隐、陈家栋、张斐然、蒋笈、路孝忱、林支宇、熊育锡为江西省政府委员,以鲁为省政府主席,刘、陈、张分别兼任民政、财政、建设各厅厅长。

△　何成濬偕熊斌由平赴并与阎锡山协商"二集团"编遣。同日,鹿钟麟由沪返京出席编遣常会,声称已得蒋介石允许准假回西北办理编遣。

△　李石曾、褚民谊等之北平中国学术团体协会与法国雪特隆汽车公司订立组织"一九学术考察团"合同,定民国十九年(1930)1 月启程赴蒙古、新疆考察。

△　国民党中央党部特派黄俊昌赴青岛调查工潮情形,是日在青岛市党部召集各工厂工人代表讲话,决定 11 日赴四沧工厂视察。

△　日本成立"日蒙协会",是日该会理事长石塚忠乘轮由神户经大连入蒙考察。

9 月 11 日　外交部电驻德公使蒋作宾向苏再提严重抗议,质问苏方对交涉有无谈判诚意,及此次对中国边境进攻究属何意,如无明确答复,则一切损害赔偿之责,当由苏方担负。同日,驻苏代办夏维崧电国民政府,谓旅苏华侨 2000 人业于今日到芬兰。

△ 陈铭枢在国民党中央政治会议报告广东省财政、政治状况,并要求中央制定国、省两税原则,及偿还前财政部在粤所发未还公债费 2000 万元。

△ 蒋介石电张发奎限期开拔,略谓:"准备二次或三次运完可也。先由汉运新一师来荆接宜防,即以原船运第四师东下,先头部队务于翌(20)日前到达浦口为要。"

△ 粤军旅长陈维远回汕头与蒋光鼐商洽增兵入闽事。蒋又调两团归陈指挥。

9 月 12 日 国民党中宣部招待报界,刘芦隐声称:中东路问题"决不变更对俄宗旨,仍遵守非战公约,希望以和平方法解决"。

△ 国民党中央执行委员会发出通电,宣称:近日各地时有以党员联合会或省党部联合会之名散发印刷品诋毁中央,破坏编遣,冀以淆乱人心,动摇政局,除由国民政府通令全国严密查禁,并缉惩破坏编遣之"反动分子"外,望国人协助政府防止"反动"。

△ 李明瑞连日在广西扣留国民党改组派黄鸣一等 30 余人。

△ 宋子文召集各省财政厅长、特派员会议,讨论分派编遣库券办法,13 省代表出席,经逐名认派,共推销 2055 万元,限年底缴足。

△ 何成濬谒阎锡山长谈。何语记者,称此来系奉阎召,报告中苏战事近况,并协商"二集团"编遣善后。

△ 何键电刘峙,请令彭启彪等部"进剿"监利、通咸一带红军,由湘军王通厚部"协堵"。是日,刘峙电复何键,称已分电曹万顺、万倚吾"协击"贺龙。

△ 张其雄旅由平江、浏阳向铜鼓、万载进攻红军彭德怀、黄公略部。

△ 外交部答复美国关于撤销领判权之第二次照会在南京正式发表。照会称:中国政府希望美国政府对此案作进一步研究,从大处着

想,速与中国代表商定必要办法,废止在华领判权。

△　日本函辽宁当局促开解决吉会路会议。

9月13日　王正廷招待新闻界,对苏联之抗议进行反驳,称:"苏俄谓中国向俄方攻击,俄方不得不出而抵抗云云,此点毫无根据,最明显者,即屡次发生冲突,皆在我国境内,故绝非我方去为难可知。"

△　莫斯科发表中国外交部托德使转交之复照,内容系拒绝苏联修改共同宣言之草稿,拒绝双方须尊重中俄条约,对于简放中东路苏籍正、副局长尤加峻拒。

△　蒋介石电各省府主席,限期三个月至多半年办理保甲,清查户口。声称欲绝"匪"之根株不在用兵,宜由举办保甲、清查户口入手。"延不奉行者,应以纵匪治罪"。17日,国民政府颁布《清乡条例》,声称颁布此条例是"为肃清全国匪源,厉行训政";"本条件施行期间,各地方以文到之日起,限三个月办理完竣"。

△　刘峙奉蒋介石令,电调第四师张发奎部移防陇海路,限日内开拔;五路靖区主任由新一师曹万顺接替。

△　闽军张贞部会同皖军、粤军包围龙岩红军。

△　于右任抵西安办理赈务。19日,于电南京为全陕灾民请命,由赈会代拍。

△　中丹条约正式换文。

9月14日　苏联政府二次复照,由苏联驻德大使窦克森电达蒋作宾。内容要点为:一、苏允更换中东路原任局长,须中国更换吕董事长;二、国境军事因白党侵袭而执行自卫行动,如中国能阻止白党来侵,自无抵抗之事;三、维持第一次照会所称之双方释放被捕人员及不得反对对方的立国主义;四、俄任命局长系中俄协定上赋予之权利,无否认余地。

△　阎锡山向何成濬表示决定下月初偕冯玉祥出洋,编遣费请何代向南京催发,免失信于部下。何电商南京,允先发300万,但不敷其巨。同日,熊斌由太原赴陕办"二区"编遣。

　△　北平清华大学学生会见津报载有蒋梦麟、宋子文拟以清华基金购买公债之报道,是日该校评议会开会讨论并发表宣言:一、反对以基金购买不可靠之公债;二、致函中华文化教育基金会,请重视基金,勿买公债。

9 月 15 日　朱绍阳晨抵北平,称此来系办理出国护照准备赴芬兰任所。关于中俄交涉,朱云:"中央已令蒋作宾自日内瓦遄返柏林,即在德与俄方接洽。报载俄已向我提出条件,外部未接到,因国际惯例,两国绝交时期任何条件均不能接受。交涉前途如何,此刻尚难预断。"

　△　外交部接驻苏代办夏维崧自芬兰来之报告,称莫斯科政府拘禁华侨千余人。是日,王正廷电请德国政府代向苏联政府提出严重抗议,并请德政府对被拘华侨代为援救。

　△　闽省府主席杨树庄率行营全部乘"普安"舰抵厦门,刘和鼎、林知渊自漳到厦会晤。行营参谋长沈珂语记者称:"剿匪"中央划定区域,由省主席指挥。闽省"剿匪"各军,归杨直接指挥。同日,粤军陈维远部两团由汕头开到闽西。

9 月 16 日　蒋作宾由日内瓦电外交部,报告苏联对中东路局长人选问题,坚持在正式谈判以前解决。

　△　苏联外交人民委员会发出对华第二次复照,交德大使馆转达,其内容系拒绝中国所提议之行政权共同分配案及管理局整理案,并力主中东路须恢复事件发生前之原状及苏联正、副局长之复任,为中苏交涉再开之必须条件。倘今后交涉仍迁延无进展,全部责任须由中国方面负之。

　△　张学良电外交部称:被禁苏侨未受虐待,现在仅拘禁 1100 余人,谓被逮数千,实无其事。

　△　张之江、唐悦良赴晋访阎事毕,是日同车抵京。唐语记者,谓冯玉祥出洋意仍甚坚决,俟阎编遣完竣即偕同赴日。第二区编遣事,已由熊斌召集各将领开始编遣,最近期内即可完竣。

　△　国民政府下令查封前清故吏盛宣怀遗产,称盛"侵蚀公帑,证

据确凿",所有遗产除拨充慈善基金外,一律查封没收。

△　国民政府令:任蔡元培为国立北京大学校长,蔡未到任前以陈大齐代理。

△　张发奎电刘峙称:"曹师接防部队仍未到,职师第一批部队准十七日晨开船,余俟曹师船到即行。"

△　贵州临时政委会主席毛光翔电驻京代表谭星阁,谓李燊残部均被击溃,罗启疆已经收抚,裁兵指导所经费已经规定。

△　何键电鄂军驻监利部队堵击湘、鄂边境红军。同日,彭进之部在沔阳与红军激战。

△　闽、赣、湘三省"剿匪"总指挥金汉鼎在赣防次就职,并令三省军队准备出发。

△　日本外相币原在东京招宴张继及驻日公使汪荣宝,对中苏问题及通商航海条约交换意见。

9月17日　苏联政府答复南京政府有关委任中东铁路副局长之复文,是日已送驻苏之德大使,内称:"南京政府既否认其自己条件,则谈判地点问题直无意义,此后冲突责任须由南京政府负责。"

△　第四师师长张发奎解除蒋介石派往宜昌接防之曹万顺部武装,通电拥汪反蒋,提出三点主张:"一、第三次全国代表大会之违法乱纪","应请立即解散,再行依法召集";"二、侵蚀本党之腐化分子,及一切残余封建势力,应请根本铲除,并继续反帝反共的工作";"三、汪精卫同志为本党最忠心最伟大的领袖","应敦请回国主持大计"。

△　阎锡山至建安村会晤冯玉祥,解释他始终与冯合作讨蒋,望勿误中蒋的离间计。阎建议先由西北军发动,晋军继起响应。

△　红军彭德怀部进攻铜鼓。

△　王正廷为比教士三人9日晚在湖北宜昌柳塘被杀案致电刚恒毅主教称:"本部长对此异常焦灼,刻正饬令地方当局详细调查。以后对于教士,当妥为保护,不使再有意外事件发生。"

△　接收天津比租界委员长凌冰语记者称,此次接收比租界有两

点足以自慰：一、比方公有财产一律无条件交还我国；二、比租界收回后，该处外人私产须一律向当地官厅更换契约，此实开我国收回租界之先河。

9 月 18 日　张发奎率所部第四师 21500 余人于湖北枝江渡江，向湘西进发。

△　宋子文发表盐务借款宣言，谓现在盐税收入渐有起色，每年应还外债可以按年偿还，积欠之数亦可按计划清理，英、法借款于 1931 年可以还清；1912 年克利斯浦借款，拟从 1932 年起分年偿还。19 日，英、法、日盐税借款团对宋之宣言，认为时机尚早。

△　《中波通商友好航海条约》在南京由王正廷与波方代表魏登涛正式签字，该条约定明无领事裁判权及内河航行权。

9 月 19 日　外交部亚洲司长周龙光谈对苏方针，谓："苏联抗议全文尚未接到，仅见外电，如果到达，当逐条驳复。俄方有无诚意尚待静观。总之，现时症结悉在局长问题，此问题未解决前纵互相抗议，亦无何等结果。"

△　晚，武汉当局因闻张发奎军变，有向湘西移动模样，采取临时戒严。曹万顺原定是日赴宜昌，因所部三个团开往宜昌，三四日尚无回信，暂留武汉。

△　张发奎部旅长黄镇球、邓龙光自宜都电南京蒋介石，表示服从，称该旅长等决不受威胁，誓死拥护中央，全部移驻宜都待命。

△　蒋介石拘押方振武于南京。

△　国民党中央因俞作柏治桂期间采取急进主义，将"清党"时革除或通缉分子起用，派往各县担任农运工作，故派吴铁城前往调查，并电促俞入京。

△　红军毛泽东部一纵队攻克中都，距上杭城 30 里。闽军卢新铭电驻汕代表向各方告急，谓上杭与峰市间交通断绝，援军不至恐难持久。

△　美国以春间上海流行脑膜炎症为借口，派员在沪检疫。卫生

部请外交部向美抗议,要求将此种不合国际礼让之政令即日撤销。

9 月 20 日　王正廷在南京对记者报告外交,称中苏交涉日来无甚发展,"现在我国方面,完全以逸待劳,故前方极为镇静"。

△　郭同抵哈尔滨调查中东路事件。郭语记者称,"中央对俄主张,始终一贯,并未变更"。

△　国民政府令:陆军第四师师长张发奎未奉命令,擅自调动,着即免职听候查办。任命黄镇球为陆军第四师师长。

△　蒋介石电令刘峙率第六师讨伐张发奎,并命刘文辉、李仲公开往湖南,阻止张部南下回粤。

△　蒋介石电张发奎,称:"改组派日以挑拨离间为事,汪先生决无回国与彼等合作之可能,若汪先生应彼等之请而回国,中正亦决无与汪先生合作之可能。"

△　安徽省政府主席方振武称病辞本兼各职。

△　红军朱德部约 2000 人,集中龙岩及坎市间。第五十六师师长刘和鼎受杨树庄委任为闽西"剿匪"指挥官,是日出发南靖进攻红军。

△　红军朱德部攻克上杭,闽军卢新铭旅被歼。

9 月 21 日　苏联人民委员会主席李柯夫在莫斯科区第一大会演讲,谓中国之提议不能作为解决冲突之根据,因中国系欲以谈判维持其用武力攫得之地位,在此等情况下谈判,无由成功。并称:"苏联政府自始即主张恢复原状,而同意最低限度以中国委任中东路新理事长为委任俄籍新正、副局长之交换条件。倘令中国拒绝此最低限度之条件,即中国无和平解决冲突之意。"

△　国民政府准第六路总指挥方振武辞职。22 日,方部第四十五师师长鲍刚由芜湖发出通电,称第六路总指挥部奉令结束,第四十五师调动及编遣,悉听中央直接指挥。

△　刘郁芬偕贺耀组、于右任等自西安启程赴京。24 日抵南京后,刘语记者,称此来系报告西北编遣情形,并请示一切,西北有兵 30 万,近已开始点验编遣;并称:"过去误会,全系路远,交通阻隔,致为谣

言所乘。今后常来常往,谣言自无从发生。"

　　△　古应芬以广西俞作柏及李明瑞、杨腾辉等呼应张发奎之独立,似有迫近广东之势,特电请陈铭枢、李扬敬、余汉谋回粤防范。陈等是日启程返粤。

　　△　何成濬、马廷勤离并返平。何语记者称,"二集团"编遣已经商定,由刘郁芬、石敬亭负责进行。编遣后西北军政各权概交中央,由中央月协款 200 万,与他军一视同仁。

　　△　宋庆龄离沪赴法。何香凝由沪抵香港。

　　△　国民党中训部致函国民政府,称:中国公学校长胡适"误解党义,不审社会实情,放言空论,饬令教育部加以警告"。24 日,国民政府准中训部函请,明令彻查中国公学校长胡适。

　　9 月 22 日　苏联 16 日之复照已由蒋作宾转递到南京。是日,王正廷召周龙光等商议对苏复照,内容有两点:中苏宣言依照最初原稿,不涉及中俄、俄奉两协定;中东路局长之任命不明白规定,俟谈判时解决。

　　△　张发奎前头部队吴奇伟旅到达石门县之大望山、王家渡一带,余部在澧县之王家厂。23 日晨向慈利、永顺方面推进。

　　△　红军彭德怀部又克铜鼓,该地县长逃浏阳。

　　△　刘和鼎师刘尚志旅抵华口,陈万泰旅抵适中。23 日,刘旅到达漳平。25 日,陈旅抵龙岩。龙岩红军朱德率第二、三纵队转移上杭与第一、四纵队会合。

　　△　湘军吴尚师阎仲儒旅占桑植,红军贺龙部向鄂境鹤峰转移。

　　9 月 23 日　外交部否认拟就答复苏 16 日照会复文之说,谓外部拟暂不答复苏方来照,现在中苏双方时有接洽,万一交涉无望时,将向世界公布交涉经过详情。

　　△　陈调元在山东省政府纪念周会上,谈张发奎、方振武免职原因,谓张发奎系因与俞作柏联合发电,邀请汪兆铭回国主政而引起;方振武因有证据与上海行刺蒋介石案有关。方现在京尚可自由,但出京困难。

△　辽宁铁岭日宪兵六七人酗酒滋事,大闹戏院,警察干涉不服,当场打伤华警三人。下午3时,日驻军包围县公安局,逮捕保安队官兵30人,监押于日本宪兵营。

△　财政部长宋子文以外界谓其复任后发行债券已达四五亿元,专供军政费消耗之用,特公布任内所发债券详表进行解释。声称除已还本外,因军政费用而所负之债额总数仅13800余万元,裁兵公债用于军政费者仅五六百万元。

△　国民政府任命马福祥为蒙藏委员会副委员长,石青阳为委员,赵戴文准免蒙藏委员会副委员长职。

△　广西俞作柏部向广东方面移动。

9月24日　第四十四师师长阮玄武到京看望方振武,方嘱阮转告蒋介石,称"本人始终服从中央,过去历史可证明"。阮即见蒋表明方之态度,蒋允任方为军事参议院副院长,并令第四十四师阮玄武与第十师方鼎英、第四十五师鲍刚与第六师方策对调师长,易部统率。阮当晚离京回防。

△　汪精卫、陈公博、王法勤、柏文蔚、朱霁青、白云梯、王乐平、顾孟馀、陈树人、陈璧君、潘云超、郭春涛12人在香港联名发表《中国国民党第二届中央执监委员最近时局宣言》,历数蒋介石之十大罪状,提出:"中国国民党第二届中央执行委员行使职权,改组国民政府"等五项主张,"建设统一之民有民治民享之国家","所望革命民众一致兴起,为本党之革命纲领而奋斗"。

△　国民政府明令褒扬前广州孤儿院院长潘达微,并指定广州孤儿院为其纪念。令称潘为中国同盟会会员,志洁行芳,任侠尚义,辛亥三月二十九日之役,躬冒危难,收瘗七十二烈士骸骨于黄花岗,义声震于海内,后为广州孤儿院院长,晚年积劳致疾以终。

△　湖北省政府会议通过方本仁提议:黄安、麻城、黄陂等县红军出没无常,宜先组成一中队便衣游击队进行潜伏活动,归警备部指挥,委皮宗荣为大队长。

9 月 25 日　苏联外交人民委员会发表宣言,请驻苏德大使转南京及辽宁政府,略谓:苏联政府已促南京及辽宁政府注意武装白俄卫军及中国军队在苏联领土挑衅,并指出必须立即解散一切白俄卫军,为防止新严重纠纷之惟一方法。

△　外交部向驻京日领事馆询问是否接到有关铁岭事件之报告,请即致电铁岭日守备队释放被捕之公安人员。同日,沈阳交涉署亦向日领提出交涉。

△　蒋介石在南京励志社设宴为刘郁芬洗尘,刘发表演说,谓上年因交通不便,故中央与西北略有隔膜,近来反动派造谣生事,挑拨离间,第二编遣区将士不为所动,"只知服从中央而不知其他"。

△　于右任语访者,谓陕西人民饿死者达 50 余万,潼关道上妇女、儿童之被卖出关者不计其数。

△　国民党中央政治会议决议改组贵州省政府,任命毛光翔、李仲公、窦居仁、马空凡、李雁宾、马明亮、胡刚、叶纪元、杜忱为省府委员,指定毛为主席,李(仲公)、马、叶、杜分别兼任民政、财政、教育、建设各厅厅长。10 月 2 日,国民政府正式公布。

△　福建省政府决议,自是日起实行全省戒严。陈维远旅全部回粤,第五十六师刘和鼎派队接防。

△　南京市店员总会第一次代表大会决议,要求国民党中央取消旧商会,维持商民协会名义;通令各级党部扩大民众组织,增加民运经费;颁布店员服务法。

9 月 26 日　张发奎部第十二旅、第十旅过石门,何键遵蒋介石令派吴尚、周斓等师分途堵截。同日,湘军李韫珩旅在石门,与张发奎后续部队第十一旅、教导旅进行激战,张部不支,退走辰州。

△　海陆空军总司令部发表命令:免去李燊第四十三军军长职,调充军事参议院参议。

△　驻铁岭日军复向县署索取公安大队长卢振武,未遂,即绑去队兵三名,商民四名。卢忿而自杀。

9 月 27 日　广西省政府主席俞作柏、师长李明瑞等通电响应张发奎宣布独立。是日，俞在南宁就任护党救国军总司令职，率兵与广东陈济棠部作战。

△　王正廷在京语记者称：中苏交涉截至今日，因蒋作宾在日内瓦开会，故未接具体解决办法，现蒋已返柏林，中苏交涉当由彼继续进行。双方所争执之点仍为局长问题。

△　第四十五师余亚农旅在安徽临淮关哗变，捕新任师长方策。

△　蒋介石派毛炳文、徐源泉、夏斗寅三师会剿皖境方振武部。

△　蒋介石派刘文岛飞抵长沙，与何键商堵张发奎部机宜。

△　美国红十字会中央委员会决定对华赈务不再推广。据该会派赴中国调查西北灾情之委员团主席比克尼尔报称：中国之灾情系缺乏强有力之中央政府所造成，人民受军阀苛索、土匪蹂躏等，以至民穷财尽。灾民饿死 300 万人以上，"非天灾，不受人怜"。

△　蒙藏委员会常会决议将中东路详细经过情形通令蒙古各盟旗，劝勿受利诱；并致函班禅请其劝导蒙民"勿为赤化所惑"。

△　赈灾委员会主席许世英等电蒋介石，略谓：灾民数至 5000 万以上，前发赈灾公债 1000 万元，杯水车薪，无济于事，请再发行赈灾公债 1000 万元，并请每年筹备灾荒基金 500 万元。

9 月 28 日　国民政府电令皖省府：代理主席苏宗辙着即来京，主席职务以吴醒亚代理。

△　张学良电外交部报告称：铁岭案迭经交涉，现已将捕去的 24 名保安队员及枪弹等释还一部分，余者均定 28 日晚释放，风潮不致扩大。

△　陈济棠在广州召开军事会议，决定克日水陆总动员，由陈策派八舰赴西江组成西江舰队，派香翰屏、李扬敬、蒋光鼐三师为前锋，集全力进捣南宁，向桂军发动攻击。同日，吴铁城、李扬敬、邓彦华、蔡廷锴、余汉谋等由香港抵广州。

△　苏联外交人民委员会照会驻苏德大使，谓齐齐哈尔苏籍路员

三人被枪击事,请德政府向南京与辽宁省当局切实抗议,并谓苏联将采取适当方法,以保护在华之苏联人生命。

9 月 29 日   张君劢对记者谈中苏边事,称此次赴满洲里、绥芬河一带视察,藉悉中苏两军,远者相隔三四里,近者不过一里。两军接触以 8 月 16 日及 9 月 8 日两天最为剧烈,目下苏军仍不时以飞机向华方阵地窥探及投掷炸弹。

△   辽宁省政府令交涉署向日提严重抗议,要求:一、严惩铁岭肇事日军;二、释放被捕人员,交还枪弹;三、驻铁岭肇事军队离开南满线驻防;四、道歉、赔偿损失。

△   张学良电张发奎称:"值此中俄开衅之际,正危急存亡之秋,望切种族之谊,敌同仇之忾,毋为戎首,遗臭将来,请速息争端,一致团结,以御外侮。"

9 月 30 日   蒋介石电劝广西师长李明瑞,勿为改组派利用。略谓:"顷据杨(腾辉)师长电称:健侯(俞作柏)受反动派挑拨,将挟兄反抗中央。"指出:"改组派买空卖空……为世人所不齿之徒。""今张发奎部受湘西各军之打击,早已处于进退维谷之势。"末谓:"尚希兄迅速电复,以明真相,并促健侯离桂来京,以息谣诼。""是非顺逆,成败祸福,尚祈熟筹之。"

△   张发奎反蒋事件发生以来,阎锡山一面表示拥护国民党中央,积极办理所部编遣;一面主动表示愿与冯玉祥合作反蒋。是日,偕冯玉祥、邓哲熙等同游五台山,当晚同住紫金山。

△   铁岭事件,日本反提出条件,要求中国赔偿损失 30 万元为日兵治伤,并要求将广裕大街(即肇事地区)划为铁路附属地。沈阳交涉署严加拒绝。

△   收回法权筹备会在南京开成立会。司法行政部长魏道明答记者称:收回领判权在最短期间必当促其实现,未收回前,尤应先行收回上海临时法院,候各国现对我国收回原则无异议,所须详细会商者,仅收回后之善后办法。收回后之法院组织法限下月讨论完竣。

△　蒋作宾、伍朝枢电蒋介石，要求取消顾维钧通缉令，使彼协助中俄交涉。

是月　四川省綦江、涪陵民众抗缴粮税，与当地驻军发生冲突，驻军困守城内，粮尽援绝，派代表出城交涉，订立军民协定，规定除现有税卡外，不再增税，保障自卫团人员生命财产安全，冲突结束。

△　上海市教育局发表全市私立学校调查结果：高等以上学校 35 所，学生 1.1351 万人；中等学校 160 所，学生 2.1945 万人；小学 759 所，学生 5.4461 万人；私塾 172 所，学生 3394 人；其他特殊学校 145 所，学生 420 人。

△　《新民报》在南京市创刊。

△　红五军第四纵队进入湖北崇阳、通山，决定在黄沙镇落脚。

10　月

10 月 1 日　下午 6 时，苏军炮兵在飞机掩护下猛攻东北军满洲里阵地，炮战甚烈，战斗两小时，双方均有重大伤亡。2 日晨又有炮战，苏军数百人逼东北军战壕，发生肉搏战，东北军阵地一角被占领。3 日，苏联骑兵三面向东北军围攻，另以步兵攻击正面，战斗至下午 5 时停止。

△　蒋介石之代表刘文岛在长沙召集军政人员训话，勉湘军讨伐张发奎，拥护中央。宣称："全国军权非集中不可……谁反蒋，即谁反对中央集中军权。"何键为湘军按兵不动辩解称："军队调动稍迟，刘代表所深知，且财政困难无法补助，希望刘代表转达中央协济。总之，以后湖南为中央之湖南。"

△　刘峙电南京陆海空军总司令部，再请明令讨伐张发奎。张部已进入湖南桃源，正向溆浦方面前进。同日，何键令周斓师集中宝庆、桃花坪一带，刘建绪师集中永州、新宁一带，分途阻击张部。

△　孙良诚离太原返陕，行前答记者称：第二编遣区点验工作正进

行中,但军饷甚为困难,极望中央接济。此来与冯玉祥面商此事,已有头绪。拟返陕与宋哲元报告此行结果后,仍回陕州原防。

△ 河北省政府会议决定发行编遣欠饷库券 220 万元。该省担任前第三集团军军费,至 7 月底欠饷已达 373.7 万余元,阎锡山迭电催发,无法筹支,不得已发行库券,以备遣散时发给官佐。

△ 北平郊区农民不堪菜商重利剥削,5000 余人赴市政府请愿,要求取消惠民菜业专行,自行组织合作出售蔬菜。请愿队手持白布标语,上书"打倒万恶滔天贪官污吏","剁除剥削农民菜专行"等口号。北平市长张荫梧被迫答应农民要求。

10 月 2 日 哈尔滨特区高等法院开审苏领事馆案,19 名苏联职员受审,被告聘有律师六人辩护。

△ 外交部亚洲司司长周龙光奉命自京赴沈阳与张学良会商中苏交涉。

△ 国民党中央政治会议决议,免广西省政府委员兼主席俞作柏职,指定吕焕炎继任。5 日,国民政府明令发表。

△ 国民政府文官处以俞作柏"擅调军队,侵犯粤边,破坏编遣,扰乱两粤",电令"讨逆军"第八路总指挥陈济棠、副总指挥吕焕炎督率所部克期歼灭广西俞作柏部。

△ 驻法公使高鲁电外交部报告《中希友好条约》已于 9 月 30 日在巴黎正式签字。

10 月 3 日 国民党中央常务委员会决议:陈公博、王法勤、柏文蔚、朱霁青、白云梯、王乐平、顾孟馀、陈树人、潘云超、郭春涛,勾结军阀余蓥,阴谋破坏编遣,颠覆党国。交国民政府明令缉拿,其有党籍者送中央监察委员会分别议处。11 日,国民政府明令通缉陈等。

△ "讨逆"第八路总指挥陈济棠在广州布告"讨伐"俞作柏,并发宣言数俞五大罪状:"一、勾引赤俄,甘心卖国;二、招引共党,组织农军;三、与改组派同谋叛乱;四、破坏统一,以便私图;五、反抗中央裁兵大计。"同日,吕焕炎宣布就任"讨逆军"第八路副总指挥,即引陈济棠部余

汉谋第五十九师、香翰屏第六十二师暨海军陈策率舰九艘入梧州。

△　桂军师长杨腾辉通电拥护中央，声称桂省自俞作柏主政以来，一切设施多有乖戾，违抗国军编遣会议决议，将编遣会所派委员逮捕，望中央明令讨伐。

△　张发奎部第四师副师长李汉魂自湖南辰州电南京古应芬，表示拥护中央，略称："第四师全体官兵离防以来，历尽艰辛，昨始到达辰州，今张发奎业已引退，全师任务暂交汉魂代理，听候中央处分。请迅令在湘各军，准予安全通过，勿再冲突，本师暂以芷江、洪江为驻地，请速派黄镇球师长前来就职。"

△　外交部电驻德公使蒋作宾，就苏军进攻满洲里事向驻德苏大使提出质问，声称中方所受损失须由苏方完全负责。

△　参谋本部在南京召开全国测量会议，决议：一、各省测量局经费独立；二、测量教育取三级制，分简易、本科及研究科；三、航空摄影测量招生标准，取人才主义，不归各省分派；四、拟订整理全国测量计划大纲。

10月4日　晨3时，苏军出动飞机五架，配合陆军骑兵在满洲里前线与东北军激战。同日，辽宁飞机第一队10架运抵长春，准备开赴前线。

△　王正廷在南京招待记者报告外交，声称解决"济案"时，国民政府不但未承认西原借款，且双方亦从未曾提及此事。

△　安徽省政府主席杨杰令第十、第十六两师各派两团，于是日配合第六师在太湖一带追剿第四十五师余亚农旅。5日中午，第四十五师全部被缴械，余只身逃英山，被余旅劫持之第四十五师师长方策出险抵舒城。

△　蚌埠驻军第七师李文彬第二十一旅奉蒋介石令收缴市公安局各署队枪械，局长廖梓英撤职查办，以该旅副旅长陈傅文代理。

△　国民政府令赈委会讨论灾区移民办法。令称："救荒之策，不在一时而在永久，与其移粟以安旦夕，曷若移民以辟草莱"，边陲藏富于

地,亟当藉民力增加生产,着赈委会会同各被灾省区妥议移民办法,呈候施行。

　　△　教育部以中国公学校长胡适,近年来刊发《人权与约法》等三篇文章,是日奉国民政府令训令称:"该校长言论不合,奉令警告",并通饬全国各大学校长切实督率教职员防止"与此类似之谬误见解发生"。胡适致函教育部长蒋梦麟,称来文"含糊笼统","不得谓为'警告'","只好依旧退还贵部"。

　　△　蒙藏委员会讨论苏联在外蒙之行动,决议:一、通咨沿边各省府及各盟旗严防"赤化";二、咨请外交部向苏提出交涉。

　　△　日本新任驻华公使佐分利贞男抵上海,就铁岭事件答《申报》记者称:事件发生时,本人已由东京启程,故未知真相,发表意见,恐反滋误会。

　　△　日本警察当局以检举共产党为名,在东京拘捕中国留学生130 余人。后经中国驻日公使汪荣宝提出抗议,日方仅放回 20 余人。

10 月 5 日　　国民政府明令免俞作柏广西省政府主席职,以吕焕炎为广西省政府主席;杨腾辉为第四编遣分区办事处主任委员,黄权为第十五师师长;原任李明瑞免本兼各职,听候查办。

　　△　外交部据张学良 4 日电告绥远县(今属抚远县)城失守经过,即电蒋作宾就此事请德国政府向苏联提出严重抗议。

　　△　夜 12 时,苏联骑兵进攻满洲里站东北军。6 日凌晨 1 时许,东北军第四十三团援军开到,于 2 时许击退苏军。

　　△　张发奎部在石门与慈利麻衣袄击败李韫珩旅后,先后渡过沣水与沅江,于 13 抵溆浦。

　　△　第六师师长鲍刚自安庆抵南京见蒋介石,报告解决余亚农旅经过。鲍语记者称:余已觉悟,所部听候编遣,余本人则准许出洋。6日,鲍返安庆。

　　△　国民政府训令直辖各机关:以后对西藏民族,不得再沿用番、蛮等称谓,以符中华民族一律平等之旨。

△ 国民政府令直辖各机关:"从民国十九年一月一日起,凡商家账目、民间契约,及一切文书簿据,一律须用国历上之日期,并不得附用阴历,方有法律上之効力。"

10月6日 夜11时许,满洲里前线战事极烈,苏军出动飞机三架助战,战斗至次晨6时结束,苏军撤退。

△ 商震赴五台谒阎锡山,报告在北平办理编遣及结束各部之经过。同日,薛笃弼抵五台会见冯玉祥、阎锡山,报告中央最近情况。

△ 司法院通令废除斩刑。

10月7日 陈济棠由肇庆抵梧州,吕焕炎、陈策、香翰屏前往迎接。陈谓:"此次讨逆共分三纵队:第一纵队由朱绍良指挥,率中央军向韶州出发;第二纵队本人指挥;第三纵队吕焕炎指挥,分向抚、大两河前进。定八日向上游开拔。"

△ 比利时驻华参赞纪佑穆在北平会见法国公使玛太尔,报告宜昌比教士被杀经过,请法使依中法教约催促南京政府查惩凶手。法使应允协助办理。

△ 新任驻华日本公使佐分利贞男向国民政府主席蒋介石递交国书。

10月8日 第六路总指挥朱绍良偕师长毛炳文等抵广州,晚与粤军将领李扬敬、陈铭枢等会商军务,决定朱部以北江为防地。

10月9日 国民政府颁令:于民国十八年国庆日启用国玺,文曰"中华民国之玺"。同日,又令定自本年10月10日为《乡镇自治施行法》及《区自治施行法》施行日期。

△ 陈济棠在梧州召开军事会议,决定下总攻击令,分三路向浔州(桂平)、贵县、南宁前进,攻击俞作柏部;吕焕炎由藤县攻浔州,香翰屏、蔡廷锴由戎墟迫贵县;杨腾辉由桂、柳东下会师浔、贵,并派海军协助。

△ 日本驻华公使佐分利贞男在南京与王正廷会谈两小时,佐分利语记者称:"本日会见系一种普通谈话,对中日修约事未多提及,至正式会期约在一月以后。"

10 月 10 日 第二编遣区将领宋哲元、石敬亭、孙良诚等 27 人,在阎锡山、冯玉祥策动下自西安发出反蒋通电,推戴阎锡山、冯玉祥为国民军总、副司令。宣称:"蒋氏不去,中国必亡。哲元等服膺三民主义,矢志革命,誓不与独夫共存,谨率四十万武装同志,即日出发。"通电并列举蒋之六大罪状:一、包办三全大会,党成一人之党;二、自蒋氏主中枢,政以贿成;三、财政不公开,黑暗贪污;四、消灭革命武力,以恣行其帝王专政之淫威;五、假编遣为名,行武力吞并之实;六、利用外交问题(中东路问题),转移国人目标。

△ 蒋介石发表《双十节告同胞书》,以所谓"立勇、近仁、致知"勉国人,宣称"吾人革命与立国之要道为仁、智、勇"云云。

△ 军政部长鹿钟麟及编遣委员会遣置部副主任刘骥是晚逃离上海。

△ 德国政府提议中苏两方先将在满洲疆界两面所拘留之俘囚,举行对换。13 日,外交部电令驻德公使蒋作宾答复德政府不能赞同。

10 月上旬 汪精卫由法国回香港指挥反蒋军事。各路"护党救国军"均发委任状,自第三路以下的总司令,有唐生智、李宗仁、张发奎、胡宗铎、石友三诸人;第一、二路总司令留给冯玉祥、阎锡山,未曾发下。

△ 红军第五军第四纵队在黄沙镇举行大冶中心县委和第五纵队党委联席会议,决定在鄂东任务为开辟和建立革命根据地,扩大红军,开展武装斗争。

10 月 11 日 国民政府下令讨伐西北将领,声称:"宋哲元、石敬亭等破坏编遣,背叛中央,称兵作乱,逆迹昭著⋯⋯着即免职,缉拿惩办,各该部队或甘心附逆,或被胁盲从,着各路讨逆军指挥分别剿办绥抚,以遏乱萌。"

△ 国民政府下令缉拿鹿钟麟、刘骥,令称:署理军政部长鹿钟麟、抚恤委员会委员长兼编遣委员会遣置部副主任刘骥,"图谋不轨,离职潜逃","均予免去本兼各职,着京内外各机关一体缉拿"。同日,任命该部政务次长朱绶光代理军政部长。

　　△　国民政府五院院长联名电阎锡山,谓宋哲元、石敬亭等背叛中央,破坏编遣,国府已明令讨伐,请其就近负责解决。

　　△　晨,阎锡山离建安村急返太原。同日,何成濬、刘镇华奉蒋介石令由平赴晋晤阎锡山。

　　△　苏联军队与东北军在同江激战甚烈。

　　△　张学良在沈阳召集高级将领开会,决议拥护中央,并致电阎锡山取一致行动,拱卫北方。

　　△　国民政府令:前国民革命军第二十军军长杨森,"前因矜躁未除,志行不固,轻生战衅,贻误西陲,业经明令免职查办在案,兹据电陈图盖前愆,情词恳切,姑从宽宥,应即免予查办,许其自新"。

　　△　何键偕刘文岛、叶开鑫等10余人由长沙赴宝庆,策划"督剿"张发奎部。

　　△　北平外交团举行非正式会议,交换中国时局意见,对修约、法权等事决中止进行,静候时机到来。

　　△　浙江省西湖博览会自6月6日开幕以来,历时四月,是日闭幕,孔祥熙代表国民政府致训词,希望民众一致起来,协助政府及工商界,以促进中国工商业之猛进。

　　10月12日　苏联以陆海空军袭击三江口,占同江,东北军退守富锦。同江之役,"江平"、"江安"、"江泰"三艘军舰被击沉。苏联军舰亦被击沉三艘。

　　△　冯军分三路出动,孙良诚任西北军前部总指挥。是日午间,孙部前锋已达洛阳,原驻洛阳之第五路军唐生智部第五十一师退集孝义防守。

　　△　晨,蒋介石召见唐生智、朱培德、何应钦等商讨应付西北军事。同日,唐、朱、何三人联名致电阎锡山称:"焕章与宋、石、孙逆,关系至深,在晋居留,难保宋、石、孙诸逆不假借其名,以为号召,殊非所宜。我公如能劝其来京,使谋逆之徒,无复藉口,则乱事易平。""至焕章个人安全,则生智等皆可以人格担保。"

△ 晚,蒋介石召集杨兆泰、赵戴文、朱绶光谈话,询问阎锡山对西北态度。杨答称,阎素以服从中央努力和平为职志。蒋又询此次西北事阎知冯玉祥曾参加否?杨等皆答不知。

△ 蒋介石派军政部次长陈仪赴东北劳军,是日离京北上。14日,抵沈阳,晚,会见张学良。

10 月 13 日 东北江防司令沈鸿烈偕依兰镇守使李杜由哈赴富锦督战。同日,辽宁航空第二、三队飞机九架,由长春飞哈尔滨支援前方。

△ 蒋介石邀唐生智到南京城外汤山共度周末,戴季陶作陪,蒋以"真诚合作"相抚慰。唐表示:"军人以服从为天职,领袖有命,谁敢不从。"互相暂时让步,携手合作。

△ 晨,何成濬在太原与阎锡山晤谈。据何随员谈:阎表示对"二集团"将领通电,事前确未知晓;对西北问题仍望依照中央意旨和平解决。

△ 晨,宋哲元抵潼关,其总部也随之由西安移潼关。

△ 陈济棠电南京陆海空军总司令部,谓俞作柏、李明瑞已由南宁逃往龙州,杨腾辉委张贯之为南宁警备司令。

10 月 14 日 下午 7 时许,苏联军队退出同江城,移驻三江口。同日,双方海军在三江口发生激战,炮兵总指挥张力声阵亡。

△ 苏联政府就三江口、同江县之役发表声明,略谓:中国军队炮击阿穆尔松花江下游航行之苏联船舶,并敷设水雷,故苏陆海军在阿穆尔沿岸采取断然处置。此后中国方面若不反省,仍当取同样行动。

△ 蒋介石发表《告全国将士书》,声称"实施编遣,乃国家治乱之所关",宋哲元、石敬亭处心积虑,阻碍编遣,"冯系逆军乃中国统一之最后障碍……汉贼不两立,革命与反革命不共存,我不消灭逆军,即将为逆军所消灭"。同日,蒋任命唐生智、何应钦为讨伐西北军之第一、二路总司令;并派方本仁赴晋与阎锡山磋商时局。

△ 何成濬、刘镇华离晋返平,行前何发表谈话,称:西北军事与阎已议有办法,绝不至影响大局,中央与阎意旨均愿和平解决。俟与蒋晤

面,即可决定进行程序。

　　△　韩复榘、石友三、马鸿逵、孙桐萱、曹福林、张德顺联名电国民党中央"讨逆",谓:此次西北军变,其中不无明白大义之人,一马之害岂及于群,一发之牵动及全体,则石敬亭实为罪魁祸首,理当挞伐,群起相攻。

　　10 月 15 日　哈尔滨搜查苏联领事馆案,经近五个月审讯,是日由哈埠特区法院正式宣判:处徒刑九年者四人,七年者 19 人,五年者七人,二年者四人。理由是"以反革命为目的,共同集会,执行重要事务之所为"。

　　△　陆海空军总司令部召开重要军事会议,讨论对西北军作战部署及讨伐各军名义。16 日,总部委派"讨逆"军五路总指挥:第一路方鼎英;第二路刘峙;第三路韩复榘;第四路何键;第五路唐生智。并以陈调元任后方总预备队总指挥,贺国光为第一路总参谋长。

　　△　阎锡山电南京赵戴文复国民政府五院院长,表示对宋哲元等举动,当尽力制止。

　　△　赵戴文在中央广播电台报告阎锡山对时局主张,谓宋哲元、石敬亭凭藉武力抗拒编遣,和平完全被其破坏。阎愿献身党国,惟政府之命令是从。并谓今晨接阎电,昨日起已派卫队旅杜春沂旅长监视冯玉祥行动。

　　△　陆海空军总司令部武汉行营正式成立。16 日,刘峙就行营主任职。

　　△　刘镇华通电答复宋哲元、石敬亭,声称:"若执迷不悟,甘犯和平,惟有本尊电大义为重私交为轻之旨,疆场相见。"

　　△　红四军猛攻闽西峰市,与当地警士团激战四小时,占领峰市。峰市公安局长陈荣光率队向广东大埔败退。18 日,红军攻克大埔。

　　△　红军袁文才、王佐部又克江西宁冈县;何键电许克祥部往援。赣军金汉鼎部攻占上杭城。

　　10 月 16 日　蒋介石电吕焕炎,谓:"俞(作柏)、李(明瑞)既逃,此后动作,更贵敏捷,各军应共入邑,歼灭妖氛。"

　　△　方本仁抵北平就任北平行营主任,是日在平语记者称:因何成濬出发赴郑州,西北问题不难解决。17 日,方本仁离平赴太原。

　　△　国民党中央政治会议决议调任石友三为安徽省政府主席。21日,国民政府发表任命令。

　　△　阎锡山离太原复往五台县,旋即赴建安村与冯玉祥会商西北军务。

　　10 月 17 日　外交部特派员郭同由沈抵津,对记者谈称:"中苏交涉最近在德国接洽,已有具体办法,使双方面子过得去,内容暂难宣布。""中日交涉,成为悬案者五百余件,最近铁岭事件,亦将来悬案之一。"

　　△　"讨逆"军第五路总指挥唐生智奉蒋介石命赴郑州指挥军事,蒋介石夫妇亲自送行,下午 4 时唐与何应钦同车离京西上。同日,何成濬由北平抵郑州。

　　△　吕焕炎在梧州通电就任广西省政府主席职。

　　△　金汉鼎自会昌电漳州张贞出兵"会剿"红军,称"武平共党已完全肃清,本军十五日抵高梧(离上杭 30 里),十六日进上杭城,请各友军夹攻"。

　　10 月 18 日　哈尔滨警察局派警察封锁苏联远东银行哈埠分行,并逮捕苏联职员二人。据称该行自停业后,仍拟收回华商贷款,华方认为非法,故予封锁。

　　△　外交部长王正廷招待各报记者报告外交情况。称:外部前据德公使转来俄国照会,谓中东路有枪毙三俄员事,据张学良 14 日来电谓"绝无其事",外部已将此意电告德公使。

　　△　西北军在陕州开军事会议,宋哲元、石敬亭、孙良诚等 10 余人参加,决定即日下令向郑州、许昌、信阳、襄阳等地之蒋军发动总攻击。

　　△　方本仁抵太原,语记者称:"中央军事布置已妥,徐、汴、汉行营、兵站等均成立,军队正开始调动。蒋对西北事拟尊重阎意,持容忍

态度,先礼后兵,予阎以斡旋余地。"

　　△　是日及 20 日,张发奎部在武岗江口、瓦屋塘,两江击退刘建绪部,以及李韫珩、周斓、陈汉章、吴尚各部(共六个团),于 31 日越过湘桂交界大山之甘溪苗寨乡,进入广西龙胜县。

　　△　援粤第六路军决定班师回京。当晚第八师乘"海平"、"裕通"、"济通"等七轮离粤。第六路军总指挥朱绍良定 21 日启程。

　　△　粤军师长蒋光鼐令陈维远第七旅入闽"剿共",是日陈由汕头赴韩江上游"督师"。

　　10 月 19 日　西北军孙良诚部向豫西巩县之洛河桥附近,用大炮向唐生智第五路军猛攻;驻孝义之姚永安部炮兵团用大炮还击。洛阳以南临汝一带亦发生战斗。

　　△　晨,方本仁赴五台县建安村与阎锡山会谈,当晚返太原。方语记者称:阎对时局表示乐观;对西北军处境艰苦甚为同情;对西北军事仍望和平解决。

　　△　陆海空军总司令部任命张治中兼武汉行营主任,刘峙改任为前敌总指挥。

　　△　驻德公使蒋作宾自柏林电外交部,谓关于抗议苏联军队进攻三江口的照会,已请德政府提出,苏方未答复。

　　△　晨,红四军朱德、毛泽东部再克福建虎头沙(距大埔 40 里)。同日,第一纵队由闽西武平县出击广东梅县。

　　10 月 20 日　中国国民党第二届中央执监委员汪精卫、陈公博、王法勤、柏文蔚、朱霁青、白云梯、王乐平、顾孟馀、陈树人、陈璧君、潘云超、郭春涛联名通电声讨蒋介石,号召武装同志,"露布到日,应即迅提义师,扫除叛逆"。

　　△　张学良在沈阳召开军事会议,陈仪、周龙光及东北军政要员 50 余人出席,议决:一、饬令前方严防苏军进攻;二、东北出兵防苏,对西北军作战决不参加;三、诚意拥护中央;四、请阎锡山劝息西北战事。

　　△　唐生智乘铁甲车赴黑石关前线视察,对官兵训话,称:"此次声

讨西北军,完全为党国而战。"当日返回郑州,召杨杰等开军事会议,决议致电蒋介石,请颁总攻击令。

　　△　中国出席第三届太平洋国交讨论会代表张伯苓、吴鼎昌、陶孟和等由天津启程赴日本。28 日,会议在日本京都开幕,出席会议者有中、日、美、英、澳洲、加拿大、新西兰等七国代表 200 余人。会期至 11 月 9 日共 13 天。是日,中国代表团在开幕宣言中陈述济案及皇姑屯事件的经过,要求废除治外法权,谓取消领判权时机已至。

　　△　粤军陈维远、戴戟两旅分别自松口、三河坝进攻入粤红军,是日侵占大埔。红军转移石下坝,旋退峰市。

10 月 21 日　中苏交涉无进展,王正廷电令蒋作宾中止与苏谈判,并电张学良加强边防;另方面整理交涉经过,准备公告国人及外邦。

　　△　刘镇华由杨村到北平,语记者称:"本人主张停止战争,以苏民困,曾电宋哲元等请其翻然悔悟,停止军事。昨津报竟谓所部有联冯之意,深为可笑,实无辩白价值。"

　　△　上午,陈调元奉蒋介石令由济南赴德州访石友三,商石部调皖事。下午返回济南。陈语记者称:此行结果圆满,石表示拥护中央,石部俟省军接防完毕后,即分批南开。

　　△　湘军旅长阎仲儒电告何键,谓:红军贺龙部在植树坪与鄂军万倚吾团激战后,转移鹤峰。阎亲率全旅赴鹤峰"会剿"。

10 月 22 日　"讨逆军"第一路总指挥方鼎英率指挥部人员由蚌埠过徐州西上,参谋长贺国光偕行。贺语记者称:"西北军事可于最短时期解决,因西北力量薄弱,我军一总攻,即可各个击破敌军。"

　　△　何应钦抵郑州,与何成濬、唐生智会商军事。

　　△　何键、刘文岛、叶开鑫由宝庆抵长沙。湖南堵击张发奎战事告一段落。何对欢迎者宣称:"我军堵剿张发奎部,以十八、十九、二十日为最烈。周斓师在龙潭,李觉旅在江口,陶广旅在金瓦屋塘,分段肉搏。"

　　△　陈济棠在广州谈"桂战"局势,谓:"本人中止赴梧,杨(腾辉)、

黄(权)部已入邕,粤军仍驻梧、浔,暂不班师。"

△ 日本驻华公使佐分利贞男在上海日侨俱乐部谈日本之移民政策,宣称"中国为日人海外发展第一线","每年移民一万尚不为多,不幸近年来中国国内变乱时起,未能达到最初之期望"。上海舆论界对此言论极大反感。

△ 北平市人力车工人因反对市党部改选总工会,借"电车影响人力车夫生计"之名,与电车工会发生大冲突,电车被毁17辆,司机、售票员伤10余名,电车工人全体离职逃避。市内警察全部出动镇压,逮捕人力车工人李政德等六名及群众数人。当晚市卫戍部召开紧急会议,宣布戒严令,人力车工人1400余名被围拘光明殿,全市人力车工会一律被封闭。23日,北平市长张荫梧电南京行政院报告昨日工会冲突,系因市党部改组总工会,以致新旧两派互相争斗,大同盟鼓动人力车工会制造事端,因此形成大规模暴动。

△ 广东省财政厅长范其务因原定军费月支250万元,本月骤增500万元,无法筹措,特电财政部辞职。

10月23日 外交部电令驻外各公使向各国宣布同江战役事实真相,略称:"本日德参赞在京面称:苏联以我方军队于十一、十二两日向彼枪击,提起抗议。本部以同江之事确系彼方启衅,我方还击,出于自卫,事实俱在,应由彼方负完全责任。俄提抗议,不能接受。"

△ 哈尔滨探访局自20日以来,捕获苏联敢死队18名。是日下午,又派警察赴苏领事馆搜查,捕去馆员三人。当局声称:"此次搜查,乃因有人告密,共产党图在哈尔滨起事,以苏俄领署为根据地所致。"

△ 红军朱德、毛泽东部约5000人于晚12时自松源分兵两路转移,一向象洞,一向蕉岭。粤军分别向岩前、中都堵击。

10月24日 张治中在武汉行营召集各处科长开会,讨论作战方略。略谓:作战地点当在豫南、陕南、陕东各处,鄂省决无战事。前敌作战计划须待刘峙返汉后再作决定。

△ 马鸿逵奉命被任为陇海警备司令,是日由济宁率部南下徐州。

△　拂晓,赣军金汉鼎师周志群旅由武平,韦旅由汀属回龙会攻上杭;红军傅柏翠率农民赤卫队应战,因寡不敌众,退出上杭城。同日,粤军陈维远旅自松口及下坝进攻松源。

10 月 25 日　阎锡山在五台建安村晤冯玉祥,劝冯檄告西北将领停止军事行动,实行编遣,并将进入豫南各军退回潼、洛。冯以部下渐大,恐不听话,表示可姑发一信。

△　驻旧金山领事高瑛夫妇贩卖烟土案,在江宁地方法院第一次开庭公审。检察官提起公诉,高夫妇拒不承认,审讯无结果。26 日,第二次审讯亦无结果,待调查后再审。

△　蒋作宾由柏林电外交部,报告在苏华侨情形。称:"接德国政府照会称,驻列宁堡德领事报告,被拘华侨虐待极惨,九十七人禁锢两小房,饥寒交迫,已由德领力争改良。"

△　红四军朱德、毛泽东部攻克广东梅县。翌日与粤军第七旅陈维远部在城北门外激战,黄昏后退兴宁。

△　国民政府国务会议议决:卫生部长薛笃弼免职,部务由次长刘瑞恒代理;外交部次长唐悦良准辞职,以李锦纶为外交部政务次长,张我华为外交部常任次长;广州市改为特别市。

10 月 26 日　拂晓,蒋军与西北军在豫西巩县至登封间全线开火。

△　第六路军总政训主任陈平裘由港抵沪,对记者谈"讨桂"经过。谓此次中央特派第五十师及第三、八两师,由朱绍良统率入粤,朱受命后,一面令第五十师由赣到韶关集合待命;一面自率第三、八两师,全数到广州,未及两旬,广西遂告底定。今奉令率部回京待命,第八师已全数离粤,第三师及总部正候船待发。

△　王正廷由南京飞抵上海,记者询以中苏问题,王称:"自宣言发出后,且看俄方如何表示再定办法。如果将来诉之武力,我方早有准备,足资防御。"

10 月 27 日　蒋介石为讨伐西北军发表《政府今日之责任与国民现在之地位》一文,声称:"此次讨逆之意义,非特安内,实为攘外,盖内奸一日不除,外侮未有一日能免者也。"晚,蒋又发表讨冯誓师词。

△ 北平人力车工人风潮案,经军警会审决定,将人力车工人 900 余人开释,驱逐出境;其执监委、组长等移交警备司令部执法处处理。28 日,人力车工人有 800 余人,分三批由军、警、宪兵释放押解出境。

△ 驻华日使佐分利贞男抵北平,途经青岛时曾发表谈话,谓纱厂问题不久可望解决,并否认在沪发表每年移侨民万人来华之言论。

△ 陈济棠接海丰县长告急电,称海陆丰共产党千余名占据海丰属新田、河田等 20 余村。陈电蒋光鼐由大埔率队攻红军,并电蔡廷锴调驻梧部队一部回粤,开海陆丰。

△ 蒋介石急电川军将领整装待命,拟调邓锡侯、田颂尧分攻陕、甘,夹击西北军;刘湘部出击鄂西。同日,刘湘、龙云、毛光翔密电筹商时局,表示一致拥护中央巩固西北办法。

10 月 28 日 蒋介石由京乘轮赴汉督师,其国民政府主席职由行政院长谭延闿代,总司令由参谋长朱培德代。行前发出讨冯(玉祥)誓师通电。略谓:"中正谨于本日赴汉督师。奉党国之威灵,为主义而奋斗。讨贼戡乱,安内攘外,皆系于今日之役。"

△ 国民政府特任阎锡山为中华民国陆海空军副总司令。蒋介石并每月拨款 680 万元与阎作为"协饷"。

△ 何应钦对记者谈军情,称:"前方军事已布置妥善,预料一月内即可肃清西北叛逆。本日前方已下总攻击令,前线军队齐向洛阳方面猛攻。本人定即日赴郑州。"

△ 晨,唐生智率随员专车赴孝义转前线督战。西北军孙良诚部自 27 日晨起猛攻登封第九军魏益三师。第八、十两军各遣一部增援,均已达到阵地。

10 月 29 日 蒋军分三路进攻西北军,唐生智、方鼎英、何成濬、杨杰均赴前方督师,在黑石关、登封、临汝、禹县、郏县以西激战终日,至晚 6 时,西北军程心明部向洛阳退却。

△ 国民政府任命李燊为军事参议院参议;任命顾祝同、夏斗寅、

方本仁为编遣委员会直辖第二编遣分区办事处委员。同日并公布《公务员任用条例》,凡 13 条;《审计部组织法》,凡 17 条。

△　行政院就人力车工潮事电北平市长张荫梧,声称:"车夫啸聚骚扰,企图暴乱,与寻常滋事不同……尤应搜索余匪,以遏乱源。"

10 月 30 日　苏联政府就中苏交涉问题发出第十次宣言致各国政府,对国民政府 25 日宣言有所答辩,并主张与东北当局依照 1924 年俄奉协定进行谈判,解决中东路问题。

△　晨,苏联飞机六架先后在富锦投弹,据称当地民众死伤九人。下午苏联飞机五架、步骑兵一师、炮舰 10 艘向富锦 30 里外之高家屯进攻。

△　晚,第九军第四十八师徐源泉部将西北军魏凤楼部四团击退,占领临汝。

10 月 31 日　上午,蒋介石由汉口赴许昌视察,布置讨逆军事。邵力子、周佛海、刘文岛等随行。

△　第五路军王金钰部拂晓以五团兵力攻占登封。

△　苏联军舰九艘,冲破东北海军防线,进入富锦江岸用炮猛攻县城,同时派步骑兵登陆与东北军激战。

△　何应钦、方本仁、刘志陆等抵太原,商震、辜仁发、周玳等到站迎接。

△　国民党中常委决定:解散广西省党部执委会,派吕焕炎等进行整顿。

△　驻日公使汪荣宝电外交部,报告在东京被捕之中国留学生共达百余人,经迭次交涉,已放 30 余人,其余未释者须由日当局详细研究再定。同日,据日警察厅报告称:"近来中国共产党在日甚为活跃,全境约百余人,其在押之七十余人中,均查获有与第三国际之通信及文件传单等。"

11 月

11月1日 国民政府令:自本年11月1日为《工会法》施行日期。

△ 《申报》刊载:国民党中央宣传部公布肃清改组派宣传要点。共分四部分:一、改组派之分析;二、改组派之最大罪愆;三、怎样肃清改组派;四、口号。

△ 王正廷在上海对记者谈:"中俄交涉略有新发展,我方宗旨,无论直接谈,或任人调停,或国际仲裁,均无不可,即根据前订之中俄协定,以谋解决,亦所乐从。总之,我对中东路有一半权利,苟不越此范围,我即认为有解决之可能。"此后交涉方式,如形势必要,"亦可由中央责令地方当局,全权代表中央办理"。

△ 晚,阎锡山由五台返太原,即赴傅公祠会晤何应钦、方本仁。2日晨又继续会谈,阎对时局仍主和平解决。方语记者,宣称"会商结果异常圆满"。

△ 陈济棠偕陈章甫乘广三路车赴三水,转乘兵舰赴梧州督师。

△ 华侨教育会议是日至9日在南京举行,到代表40余人,戴季陶主席,会议着重讨论发展华侨教育办法,通过广设海外华侨社会教育机关等案。

△ 驻华英、美、法、荷四国公使照会外交部,拒绝取消在华领事裁判权。

11月2日 国民政府训令财政部迅拨50万元给广西第八路军副总指挥吕焕炎,"派部队分赴左右两江肃清余孽,并出发桂、全堵张(发奎)逆"。

△ 太平洋会议继续讨论在华领判权问题。是日,外国代表数人谬称:"如即将上海租界交还中国,则必发生纷扰,盖除行政干涉司法问题外,因华人缺乏经验,必不能立即担负全部管理事宜。"

△ 苏军迫桦川,东北军被迫退至松花江上游。

△ 日本逮捕中国学生案,经外交部电令驻日公使汪荣宝交涉,是日汪电外交部,谓连日赓续向日外务省交涉,昨今又释 30 余人。惟共产嫌疑浓厚者(约 60 人)不能通融。

△ 粤军蒋光鼐师对进入粤东之红军发动围攻,红四军被迫从东江退出,经石正转入赣南寻邬游击。13 日又回师闽西。

11 月 3 日 蒋介石抵许昌,召集何成濬、杨杰、唐生智等高级军官开军事会议,商讨对西北军作战计划。4 日会议结束,即下攻击令,前线各军统归唐生智指挥。

△ 陈济棠在梧州召开军事会议,商讨堵截张发奎军之办法,陈铭枢、吕焕炎、香翰屏、蔡廷锴等出席。同日,陈电何键,请增派军队追击张发奎部。

△ 张学良就日军在长春殴毙市民事电告外交部,称:长春日警 1 日干涉市政,在东瓜与市民冲突,市民死七人,请外部向日提出严重抗议。

11 月 4 日 国民党中常会议决:拨款购买日本熊本市荒尾村宫崎民藏、宫崎寅藏两位先生之屋舍园圃,作为孙中山在日本之永久纪念。

△ 国民政府令:卫生部长薛笃弼免职;任命刘瑞恒代理卫生部长;任命林云陔为广州特别市市长。

△ 晨,石友三由徐州抵蚌埠,所部移防完竣。石出布告称:"誓肃清西北,拥护中央,以苏民困。"

△ 中国银行伦敦分行正式开幕。此为中国人自办银行在英国设立直接经理处之开端。

△ 太平洋会议讨论中国满洲问题,日本代表声称:"日本在满洲所处之地位,类乎英国之在印度,美国之在海地。""日本在满洲,不但于经济上负重大责任,且于军事上负重大责任。"中国代表对此强烈反对。

11 月 5 日 阎锡山在太原就陆海空军副司令职,就职通电称:"锡山以衰弱之躯,早不堪再肩巨任,第身许党国,义不敢辞,遵于本日就职。"

△　张发奎电唐生智,劝其"因利乘便,义旗高张,一发而有武汉,再战而定金陵。"

△　汉口行营主任张治中对时局答客问:一、中央各路军正在追击前进,直趋洛阳;二、阎已出兵讨逆;三、鄂北未发生战事;四、鄂属共军正派兵肃清。

△　国民政府令:广东粤汉铁路应即收归国有,其原有商股,着由铁道部发行公债限期赎回,以利建设。又令特任张难先为铨叙部部长。

11 月 6 日　国民党中央政治会议决议:改组广西省政府,除吕焕炎业经任命为该省政府委员并指定为主席外,任命梁史、蒋继伊、雷沛鸿、杨腾辉、林伯棪、杨鼎中、吕沧隐、杨愿公、伍蕃为广西省政府委员,以梁、蒋、雷、吕分别兼民政、财政、教育、建设各厅厅长。8 日,国民政府第五十次国务会议通过,11 日,正式明令公布。

△　汉口行营主任张治中偕航空署长张惠长乘飞机由汉口赴许昌谒蒋介石。行前张语记者称:此行系与蒋商第二步进攻敌军计划。7 日,蒋在许昌召集张治中、朱绍良等会议军事。

△　何应钦、方本仁在太原宴晋要员,宣称对付西北问题,已商有善后办法,准备"恩威并用"。

△　北平市警备司令部奉国民政府电准,以"捣毁电车,扰害公安、破坏秩序"罪将人力车夫"暴动"之领导人、北平市工会执监委员陈子修、贾春山、马文禄、赵永昌四人判处死刑,是日在天桥执行。

△　哈尔滨特区军警司令部第五署,在偏脸子逮捕苏联敢死团团员 105 人。据哈尔滨军警当局宣称,该团谋于 11 月 7 日苏联革命纪念日举行"暴动"。

11 月 7 日　王正廷在上海接见德使馆参赞费休,询问柏林方面中苏事件消息。旋接见记者称:"苏俄仍在看风驶舵,寇边未已;富锦未失,仅一度被包围。"又称:"我侨民在海参崴、伯力、赤塔等处被捕者约二千人,德政府以隆冬将届,希望我政府接济。据其预算,有俄币五万即足。政府于四日已汇款五万,请德政府交各德领发给华侨。"

△　晨 5 时,中央军在豫西偃师一带向西北军展开全线总攻击,激战终日。唐生智任前敌总指挥,何成濬任中路指挥,杨杰任左翼,刘兴任右翼。

△　全国商会联合会具呈国民政府,要求裁撤厘金,实行"工商救国"。略称:"关税已加,厘金未裁,与党纲不符,请准通令全国裁厘,撤销新税,废除苛捐杂税";并要求于十九年(1930)6 月底止,全国厘金一律裁撤。

△　国民党江苏省党部、省政府各委员第三次联席谈话会讨论如皋、南通、海门、泰兴、常熟等县"防范共党活动"案,决定:一、由省党部令该县党部严密侦查具报;二、由省政府酌派省、县警察队,并令各该县县长切实"防剿"。

△　中英宁案损失调查委员会第六十八次会议对久悬未决之英人史密斯·贺贝生命赔偿案作出决议,此案宣告结束。赔款总额须经政府核准后公布。

△　太平洋会议讨论中苏问题。中国代表提议,于国际联盟设调查机关调查中东路事件真相。各国代表主张以第三国之调停为最适策,同时有主张日本以第三国资格出面调停者。日本代表表示,"中俄两国如有表示,日本当执调停之劳"。

11 月 8 日　谭延闿在京召开全国民食问题会议,到戴季陶、孙科、赵戴文、叶楚伧、陈果夫、易培基、邵元冲等,决定组织粮食研究委员会,以五院院长及农矿、交通、铁道、财政、内政、工商各部长为当然委员;另聘专家为委员,讨论具体方案,呈请政府办理。

△　国民政府第五十次国务会议决议:教育部政务次长马叙伦辞职照准,遗缺调常任次长刘大白继任。11 日,国民政府明令正式公布。

△　驻沈阳日总领事就中东路问题再次劝张学良与苏直接交涉。张表示"在未得中央容许前,不便直接谈判"。

△　张发奎部到达广西灵川,是日蔡廷锴由梧州赴蒙山督师迎击。

△　安徽省政府通电各报馆宣称:盘据英霍间之余(亚农)逆部

4000余人,经方师长策收抚,微(5日)日到省,驻集贤关;皖南徽属鲍(刚)逆所部,亦经韩旅、胡旅完全击溃。

　　△　安徽六安县独山数千农民举行起义,包围六安三区"自卫团",夺取枪支。经过激烈战斗,占领独山镇。12日,在独山镇召开群众大会,会上提出"打倒豪绅地主"等口号。

　　11月9日　蒋介石下令限中央军于10日向登封方面发动第二次总攻。

　　△　刘镇华部于下午3时攻克豫西密县,西北军向卢店方面退却。

　　△　阎锡山7日晚患霍乱症。8日起停止会客。是日午,何应钦在太原答记者,谓:"阎拥护中央,态度极坚决,宣誓系仪式,阎因病暂缓举行。方本仁将长驻晋接洽一切。"

　　△　太平洋会议闭幕,1931年在中国召开第四届太平洋会议。

　　11月10日　蒋介石赴禹县前线督战,中央军向登封孙良诚部开始第二次总攻,战事激烈。

　　△　晨,太原各界举行庆贺阎锡山就任副司令大会,阎锡山、何应钦、商震等均派代表莅会。会议代表发言,均以拥护阎出师、巩固中央为主旨。

　　△　凌晨1时,湘军吴尚第五十二师发生内讧,第一五六旅旅长王霈、团长唐铖在常德同时被部下戕杀。

　　△　国民政府特派海军上将杜锡珪赴日本、欧美考察海军,是日晨乘船离上海赴东京,秘书长董显光等偕行。

　　△　粤军驻汕头部队调兵进攻兴宁红军。

　　11月上旬　李宗仁、黄绍竑就上海国民党(改组派)二届中央所委任之"护党救国军"第八路总、副司令职,与张发奎军切实合作,共同讨蒋。

　　11月11日　国民政府令:任命凌冰为中国驻古巴国特命全权公使。

　　△　外交部发表英国政府定于本月15日将镇江租界交还中国政

府之往来照会。英政府照会要求"此后应仍继续享受从货栈搬运货物、商品、材料等件,经过江岸达江中浮船或轮船之权利"。

△ 驻美国旧金山副领事高瑛及其妻高廖氏贩运烟土案,江宁地方法院正式宣判:高瑛帮助输运鸦片一罪,处有期徒刑六年八个月,并科罚金 6666 元;对于违背职务之行为,期得贿赂一罪,处有期徒刑一年四个月,褫夺公权七年。高廖氏处有期徒刑四年,并科罚金 5000 元,鸦片烟膏 2299 罐没收焚毁。孙垣无罪。

△ 北平外交团开特别会议,讨论上海临时法院问题,决定依国民政府之要求,派代表赴南京出席改组临时法院会议。各国皆拟从上海、南京两处之领事馆中选派代表。

11 月 12 日 墨西哥代理外交部长艾斯加大照会中国驻墨公使,正式声明放弃在华领事裁判权。

△ 川军刘文辉召集泸州会议,邓锡侯、田颂尧、刘湘、杨森均派代表列席,决定一致拥护中央,通电讨冯。15 日,会议闭幕,议定邓锡侯部攻甘肃,田颂尧部攻陕西,杨森赴鄂攻郧阳,刘湘负责全省治安,刘文辉留后方筹饷,郭汝栋部全部离川,赴荆、沙一带候命。

11 月 13 日 蒋介石由新郑赴郑州,转赴黑石关阵地视察。旋召唐生智等会议进攻洛阳方略。

△ 张学良在沈阳召开东北政务委员会会议,讨论对苏问题。14 日,继续会议,沈鸿烈作关于苏方军事状况的报告。

△ 张学良致电外交部,报告苏军军情,略谓:"其用兵计划,俟封冻后,一部由萝北进攻阳原,然后直捣哈埠;一部用骑兵直攻黑河,然后直攻江省省城。"又谓:"伯力附近铁路沿线,堆积粮秣如山,确有第三国由海参崴运输供给,如云俄方缺粮,实不足信。"

△ 吴尚由益阳致电何键,正式声明解除第五十二师师长职务,服从命令,分编所部。

11 月 14 日 国民党中常会决议:一、推孙科、吴铁城赴东北,戴季陶、刘纪文赴西北劳军;二、规定学生党员担任党务办法三项,以不妨碍学业为原则;三、规定 1 月 3 日为广东新军庚戌首义纪念日,该省于每年是日举行纪念。

　　△　葛光庭奉张学良命由北平赴太原慰问阎疾,并商时局。16 日抵太原,旋即赴总部访阎,代表张学良慰问病况,请阎斡旋时局,早息内争,并报告东北边防近况。

　　△　刘峙率部抵枣阳,二路总指挥部暂设县城。刘定 15 日赴襄阳,率蒋鼎文、杨虎城、陈诚等部,向陕南总攻击。

　　△　教育部通令全国各大学停止施行学分制,改行学年制,以杜流弊。略谓:各大学实施学分制,原为便利高才生之自由发展,期能缩短修学年限。但施行以来流弊甚多,例如欲早毕业者,每择其易获学分之科目而习之,常有三年或不足三年而毕业者,至是否已学得真实之智识皆不顾及。故规定除医科外,均须读满四年始准毕业。

11 月 15 日　拂晓,中央军在豫西向西北军发动第三次总攻击,唐生智等临阵督战,蒋介石赴白沙(位于登封之东南)视察。

　　△　晨,陈济棠偕区芳浦、程璧金等由梧州乘舰返粤,下午抵广州。区语记者谓:“行营仍设梧不迁省。桂无张发奎军踪迹。”张发奎部已放弃进兵桂林之举,另从全州直赴灌阳向粤边进军,陈匆遽返粤布置粤边防务。

　　△　何键发出整顿军务电令:一、第五十二师师部名义,着裁撤;二、第一百五十六旅旅长王需出缺,着湖南团防训练所教育长张敬兮暂代;三、第五十二师第六团团长唐钺出缺,着张代理旅长暂兼。

　　△　外交部正式接收镇江英租界,是日在该地旧英领署举行接收典礼,到王正廷、英总领事许立德等 40 余人。王正廷致词称:“英政府及商人此次以平等态度待我中国,以前的中英邦交不必论。自去年英国表示中国关税自主,此即我先总理所谓以平等待我之民族,有共同奋斗之可能。”

　　△　外交部招待新闻界,到中外记者 30 余人,由外交次长张我华作报告,略谓:一、本部一年来比较满意之工作,为收回天津比租界与镇

江英租界;二、改组上海临时法院会议,已决定 19 日在南京开议;三、关于收回领事裁判权,英、美、法、荷四国已有照会到部,内容大致相同;四、关于中俄交涉,外交一项系整个国家的行动,决不能单独由地方办理。

△　中共中央政治局会议决定,开除陈独秀党籍。

11 月 16 日　何应钦离太原南下许昌谒蒋介石,报告与阎锡山接洽经过,并携有阎致蒋函。据何对记者称:"此行结果圆满,阎就副司令职后,已予西北军莫大打击。"

△　蒋介石任第四十八师师长徐源泉为攻洛阳前敌总指挥,将王均之第七师、毛炳文之第八师、方鼎英之第四十四师、马鸿逵部骑兵旅、孙殿英部独立旅交徐调度。

△　何香凝上月出洋,是日抵荷兰。

11 月 17 日　"护党救国军"第八路总司令李宗仁、第三路总司令张发奎联合通电讨蒋(介石),宣布"以护党救国相勖勉","务将蒋贼所凭借之不正当势力,摧毁廓清,俾无余毒"。同日两路出发,桂军由李指挥,向梧州进发;张部向广东北江前进,互相呼应,直取广州。

△　总司令许昌行营政训部通电告捷,谓:"登封之敌,锐日(16日)经我一、二两师及刘春荣师、万选才师围城猛攻,敌军不支,即于夜十二时弃城西遁,我万师已进城。"

△　晨 1 时半,苏军大举进攻满洲里及札兰诺尔,与东北军第十七旅进行激烈战斗。18 日,苏军再度以步、骑、炮兵攻击满洲里。19 日,张学良电南京外交部报告苏军进攻札兰诺尔情况,略谓:"十七日晨,敌飞机二十七架,联合步、骑、炮兵三万余人,坦克车二十余辆,向满洲里、札兰诺尔同时进攻……我军以一旅之众,决死力战,伤亡多员,现正在激战中。"

△　晚,刘镇华由河南抵太原访阎锡山。刘语记者称:"此来系奉蒋命,向阎报告豫战近况,并商晋出兵事。阎表示极坚决,一切均在准备,候命进行。"

11 月 18 日　国民政府公布《铁道部组织法》，凡 21 条。

△　晚，苏军 4000 余人围攻密山县城，另外两支各 1000 人向密山县属平阳镇、梨树镇一带进攻。19 日，苏军占领密山县城，东北军退至离城 15 里下亮子待援。

△　何应钦到郑州谒蒋介石，报告阎锡山就职经过，及其对西北军善后之办法。

11 月 19 日　国民政府下令嘉奖对西北军作战有功将领。令称：第五路总指挥唐生智、第八军军长刘兴、第四十八师师长徐源泉、第四十七师师长王金钰、旅长上官云相，"均属忠勇奋发，为国宣劳"，均着传令嘉奖。徐源泉并加陆军上将衔，"以励勋绩"。

△　苏军攻占札兰诺尔，守军黑龙江第十七旅旅长韩光第、团长林选青等相继阵亡，团长张季英重伤后自杀。该旅 5000 余人殉难。

△　国民政府密令上海军政机关将改组派组织之所谓各省、市党部、海外总支部联合办事处，严格侦查封禁，以遏乱萌。

△　哈尔滨交涉员蔡运升由沈返哈，谈辽宁会议结果，略谓：会议决定"对俄交涉，仍完全服从中央，决不单独进行。中东路我方应有之权益当始终保持，决不放弃丝毫"；并决定"增加边防军队，以防不虞"。

△　总司令许昌行营电国民政府报捷，谓："我军自本月删日开始总攻击以来，节节胜利，筱克复登封、临汝镇，巧晨占领偃师、平等、自由、伊阳各县……逆军精锐，丧失殆尽，现我先头部队已占领洛阳东南各关。"

△　第二路总指挥刘峙下总攻击令，向在鄂北老河口一带西北军展开全面进攻。

△　外交部公布，改组上海临时法院会议，因各国特派委员尚未确定，展期开会。同日，中国方面出席委员吴昆等在外交部会议，议定若日本派代表参加，决加以拒绝。

△　驻沪日总领事重光葵由沪抵京访王正廷，要求早日继续进行宁案赔款委员会之调查事务。王大体承认，并要求日方从速解决青岛

纱厂罢工问题,胶济铁路问题,及各地方不正当之课税问题。

　　△　厦门国民党指委会协同警探大肆搜捕共产党"嫌疑犯"。厦大学生苏吉晖、寿山学校校长陈醒鹤、教员林仕龙,及集美学校因"共党嫌疑"被开除之张馥秋、沈培堃、陈铨、叶松青等十余人均被捕。次日,厦大学生 200 余人到市公安局、指委会请愿,要求释放苏吉晖,如 21 日不释,即全体罢课。

　　11 月 20 日　蒋介石电国民党中央党部及国民政府,称中央军是日已完全占领洛阳。

　　△　苏联军队攻占满洲里,守军梁忠甲旅力战数日,因后路被苏军截断,图取道呼伦池往海拉尔退却。

　　△　粤军是日起由梧州退却,回广州。

　　△　内政部准云南省新增县治,谓:"滇省近年所增县治计有:西畴、曲溪(今属建水)、永仁、双江四县。改县计泸西、祥云、会泽、双柏、峨山五县。内部已呈请行政院转呈备案。"

　　△　红四军攻克上杭,23 日入长汀。

　　△　青岛四方日商纱厂失业工人与被迫复业工人械斗,日人开枪射击,双方受轻伤者 30 余人,重伤者 12 人。市指委会要求外交部向日使提严重抗议。

　　△　中共鄂豫边区第一次代表大会在光山南部坛子石召开,选举徐朋人、徐向前、王平章、徐玉珊、周纯全、詹才芳等九人为特委委员;并决定建立鄂豫边革命政权领导机关鄂豫边苏维埃。12 月 27 日至 29 日在光南云细吴家召开鄂豫边第一届工农兵代表大会,成立鄂豫边苏维埃,曹学楷当选为主席。

　　11 月 21 日　粤、桂战事紧急,蒋介石拟回南京主持对桂军事,特电太原请阎锡山赴郑州坐镇,指挥西北军事。

　　△　国民党中常会决议,选任朱培德、唐生智为国民政府委员。

　　△　国民政府任命龙云、胡瑛、金汉鼎、张维翰、张邦翰、周钟岳、卢汉、朱旭、张凤春、唐继麟、孙渡、缪嘉铭、龚自知为云南省政府委员,并

指定龙云为主席。

　　△　厦门大学学生因苏吉晖被捕事组织扩大委员会，委员 25 人，派吴方桂等三人为代表，赴省设法营救，并自今日起罢课三天。厦门公安局今晨将苏吉晖等四人押解省城。

　　11 月 22 日　上午，蒋介石离许昌返汉口。蒋命唐生智代行总司令职权，办理豫省军事及善后事宜。同日午，唐生智率队赴洛阳坐镇。

　　△　晨，何应钦专车由开封取道陇海路返南京，蒋以前方军事进展，已令将汴行营撤销，行营各处人员均随何离汴返京。

　　△　刘峙自樊城电国民政府告捷，谓是日下午蒋鼎文第九师占领老河口，赵观涛第六师占领谷城，敌军向郧阳、房县方面溃退。

　　△　粤军将领陈济棠、陈铭枢等通电对张发奎、李宗仁、黄绍竑作战，宣称："张发奎狼子野心，好乱乐祸；李宗仁、黄绍竑幸逃显戮，蹒跚重来，举戈内犯，蹂躏岩疆"，"为拥护统一，完成革命，谋两粤安宁而战。"

　　△　王正廷招待新闻界报告外交近况，谓中俄问题日来形势颇严重。又谓在中国有领事裁判权国家共有 19 国，截至今日止，已有九国放弃（德、奥、俄、意、比、丹、葡、西、墨），所余 10 国，内中瑞士不成问题，亦可放弃；日本、瑞典、秘鲁三国条约已期满，挪威亦正进行修约；最无办法者为条约尚未到期之英、美、法、荷兰、巴西五国。

　　△　青岛特别市指委会电告国民党中央，谓："日厂复工问题交涉毫无进步。日厂招募新工，希图抵制。二十一日，大康纱厂开工，数百工人前往探视，被日人毒打，开枪击伤五十余人。嗣据报告，四（方）、沧（口）又发生工人被日人枪毙数名，日本陆战队陆续登岸，形势严重，请即饬外部严重抗议。"

　　11 月 23 日　上午，蒋介石偕邵力子、周佛海、刘文岛专车抵汉口，旋在行营召集张治中等会议军事。议决：一、肃清鄂北、陕南残敌；二、肃清各属共党；三、维持平汉路交通；四、武汉行营于本月内办理结束，并令刘文岛赴沈慰劳东北军。下午 5 时蒋乘舰返南京。

　△　滇军范石生师五团及陈诚第十一师罗霖独立第四旅攻占鄂北南漳。

　△　青岛市党部与市政府举行会议,对青岛工潮问题作出决议,宣称:"无论如何应先行复工,然后与日方交涉条件及此次事变之解决方法。"同日,青岛市长马福祥在青岛国际俱乐部与日领藤田签字无条件解决日厂工潮问题,定自 26 日起,沧口、四方等处各日厂一律开工。

　△　宋子文由汉口抵南京,转赴上海,与金融界洽筹军费。

11 月 24 日　蒋介石乘"永绥"舰抵安庆出席石友三就安徽省主席职之宣誓典礼,旋偕石等往慰方策。下午,原舰返南京。

　△　上午 11 时许,苏联飞机六架自札兰诺尔方面飞至海拉尔上空,掷弹数十枚。胡毓坤令海拉尔商民悉退回内地。同日下午,苏军攻占海拉尔。

　△　王正廷在上海发表声明,谓苏联塔斯社电讯称,此次苏军进攻中国边境,系由中国军队向苏军民挑衅而引起,显系苏当局之反宣传。又谓渠愿邀请世界人士组织国际团体实地调查犯边挑衅者为苏俄军队,抑为中国军队,公告世界。

　△　张发奎在广西边界石桥与黄绍竑会晤,商定攻粤计划及联络信号。

　△　蒋介石编韩德勤、孙常钧两旅为第五十二师,任叶开鑫为该师师长,韩德勤为副师长。

11 月 25 日　晨,蒋介石抵南京,即令何应钦赴粤主持对桂军事,令陈绍宽率第二舰队,石友三率所部南下援粤。

　△　国民政府电各非战公约签字国,宣布苏军攻占满洲里、札兰诺尔情形,希望各国主持公道。此电已先由外交部电驻美公使伍朝枢向美政府询问,是否电美即可,抑或由中国直接电非战公约国。

　△　何成濬电北平行营,称:"阎锡山廿五日来电云,关福安师已渡河,杨效欧师到风陵渡,决同中央军歼灭关外之敌。"

　△　夜,黄绍竑抵德庆。26 日,李宗仁由南宁到梧州设立大本营。

△　外交部电驻英、美两国公使施肇基与伍朝枢，请英、美两国政府派员来华会议撤废领事裁判权办法，并声明如再延宕，中国政府将于明年元月1日起自动宣布废除。

11月26日　驻德公使馆发表中国外交部托德转致苏联政府之照会，提议组织共同调查委员会，调查中苏冲突真相，以明边境冲突责任，并要求各自边界撤退军队30英里，以免再起冲突。中国政府准备将全盘事件交以和平解决国际争端为宗旨之中立公正机关解决。

△　东三省农业联合会、商工联合会、教育联合会等团体致电美国总统、法国总统及国际联盟、北平外交团等，评述苏联军队四阅月来进攻中国事实，要求"主持正义，组织国际调查，以明真相"。

△　晚，满洲里、札兰诺尔苏联军队撤退一部，尚留一部在嵯岗附近。

△　贺耀组、刘镇华同车由郑过徐赴京。贺语记者，谓西北军两路均已退却，我军陇海线退到渑池，襄樊线到鄂北。刘语记者，谓此行赴京谒蒋，报告在晋与阎接洽经过，阎已令周玳、赵承绶实行两路出兵，共六师兵力。

△　青岛四、沧等处日厂尚未复工，市长马福祥与市指委李郁亭假总商会召集工人代表50余人谈话，决定对退出工友生活费概由市府负责，另由市党部、市政府、社会局、工整会、总商会五机关组织救济工友委员会。市政府拟具复工条件12项，送达日厂方，俟其承认方能复工。

11月27日　中央军攻占陕州，西北军败退灵宝。29日，徐源泉部进抵陕州。

△　国民党上海特别市执行委员会决议：中俄交涉迄未能解决，东省牺牲极大，外交当局应负责任，请中央立免外交部长王正廷职，并拿办周龙光。

△　何应钦由南京乘舰赴粤。

△　晨，石友三自安庆到南京，即往谒蒋介石，请示一切。蒋令石抽部分军队援粤，以分散石之兵力。石当天离南京赴蚌埠，表示将亲率

第二十四师南开,另一师由秦德纯指挥留皖。

△　陈铭枢偕蔡廷锴、蒋光鼐等赴粤北视防。据探报:黄绍竑任右翼,率部 7000 余人,经肇庆出广利,侧击三水;张发奎任左翼,由广宁、四会攻清远。粤军香翰屏师布防四会,舰队守马房河口。

△　晨,青岛日厂四方之内外棉、大康、隆兴三纱厂,台东区铃木丝厂及山东、华祥两火柴公司部分工人复工。惟沧口之钟渊、宝来、富士三纱厂尚未复工。青岛市政府派参事孙绳武等 30 余人莅场监视复工。28 日,青岛市长马福祥通电各界,报告"工潮"已完全解决。

11 月 28 日　苏联发表"辽俄交涉"经过,谓张学良已接受苏方提出之"一切恢复原状;苏正副局长俱复原职;释放侨民"等三项条件。称:本月 21 日,在德领馆任职俄员库库林偕译员聂嘉夫与中国王团长携带蔡运升之正式文件,赴伯力与西门诺夫斯基协商,结果张学良承认8 月 29 日苏方托德政府提出之初步条件。

△　苏联代理外交人民委员李维诺夫复张学良 26 日电称:"接奉26 日尊电,宣称阁下完全接受本月 22 日由哈尔滨交涉员蔡运升转致之书面初步条件,希望阁下派遣代表赴伯力与西门诺夫斯基讨论,并解决中苏会议时间及地点等问题。"

△　东北军胡毓坤军长自博克图电张学良报告前方军情,谓:"二十八日午前十一时,敌人飞机先后二十余架飞至博克图投掷炸弹二百余枚,将车站炸毁,火车烧去二列";并称官兵伤亡 30 余名。

△　北宁路局长高纪毅由沈阳抵津,对记者谈称:"自中东路事件发生后,东北公私方面损失已逾五千余万元。以三省之兵力,御苏俄倾国赤军,诚虑不足。"并称:"中央不暇兼顾,仅给编遣库卷二百万,前途如何,诚难言矣。"

11 月 29 日　王正廷招待记者报告外交,谓中俄交涉外传地方与中央意见不一致,完全不确。同日,王否认中国已承认苏方"三项条件"说;并称苏要求中国代表赴伯力谈判,倘与我条件相同,可以照办。

△　晨,石友三由蚌专车到浦口,旋即过江会晤蒋介石,商洽南下

援粤事。

△　朱绍良、毛炳文奉蒋介石令,率第六路军第三、八两师由南京开赴广东讨伐张、桂军。

11 月 30 日　蒋介石电武汉行营主任张治中,令将武汉行营结束;关于卫戍武汉暨湖北全省"剿共"事宜,统归刘峙负责。

△　外交部次长张我华对记者谈中苏问题交涉情形,谓:"中俄形势近日已稍和缓,外部接东北报告,满、海方面俄军已撤退。""现在交涉已不在柏林,在伦敦。""我方已经决定一种办法,由施(肇基)、伍(朝枢)等公使向各关系国进行。此项办法较任何办法为有益。"并称:"此项办法,在十日内当有结果。"

△　外交部电令东北当局调查苏军"迭次侵入同江、富锦、满洲里、札兰诺尔等处,人民死亡、财产损失及军队死亡损失",备作将来交涉根据。

△　蔡运升与李绍庚奉张学良命,离沈阳赴伯力与苏方代表进行谈判。

△　中央军刘茂恩师占领阌乡,西北军宋哲元部向潼关总退却。

△　工商部咨各省府,规定明年元旦为《度量衡法》施行日期。全国分三期完成。

12　月

12 月 1 日　唐生智、宋哲元、孙连仲、徐源泉等 75 人联名通电反蒋,略谓:当此之时,唯有立息内争,同心御侮,"有违斯旨,仍存自私者,即为全国公敌,誓当立予铲除"。

△　国民政府驻日公使汪荣宝电外交部辞职。

12 月 2 日　是日下午 4 时,北平地质调查所古生物学家裴文中,在周口店龙骨山发现完整的"北京人"头骨化石。28 日,该所举行公开讲演,报告发掘经过及各专家研究之结果。

△ 石友三因参预唐生智、韩复榘、方振武、马鸿逵等的倒蒋密谋，是夜在浦口召开紧急会议，决定立即起兵反蒋，随即在浦口隔江炮轰南京，并发表通电，历数蒋的罪行，宣布反对蒋介石对广西、河南用兵。3日，师退蚌埠；石在滁州通电就"护党救国军"第五路总司令职，宣称："谨率十万健卒直取南京，还我国都。"

△ 外交部接驻德公使蒋作宾电称："苏俄外交人民委员李维诺夫，对我方所提合组调查团及双方军队各退三十里以外之两办法，已拒绝接受。"

△ 美、英两国政府为中东路问题照会中、苏两国政府，劝履行《非战公约》，两国边境军队即日停止军事行动，和平解决两国纠纷。

△ 何应钦抵广州，对记者谈此行任务，"系与二陈（陈铭枢、陈济棠）商讨逆军事"；并称第三、八两师已由京开来。是晚，陈济棠、陈铭枢宴何，并开重要谈话会。

12 月 3 日 唐生智、刘文辉、徐源泉、何键等 53 人联名通电，表示拥汪（精卫）联张（发奎），与石友三通电相呼应。同日，唐在郑州发表时局讲话，内容要点如下：一、"团结全国武装同志，速息内争，一致对外"；二、蒋因被谭延闿、胡汉民、王正廷等所包围，才把政治败坏；三、主张汪、蒋、阎合作；四、反对非法的国民党三大，主张"护党救国，促成统一"；五、表示要与张发奎"始终结合，一致援助"；六、放弃第五路军番号，改称"护党救国军第四路军"。

△ 下午，蒋介石邀集胡汉民、谭延闿、赵戴文、戴季陶、孙科、朱培德、古应芬、陈果夫、宋子文等 20 余人讨论唐、石部反蒋事，一致主张要争取阎锡山、张学良，讨伐"叛逆"。同日，蒋命令马鸿逵由徐州堵击石友三部，并派张之江、李鸣钟劝导石友三。

△ 下午，石友三部北撤到安徽临淮关，被中央军第五十六师阻击，一部在三界下车，进入定远县境内。

△ 蔡运升与苏联西门诺夫斯基在尼阔立司基乌苏里司克（位于伯力与双城子站中间）签定会议录。双方声明：各遵守中俄、奉俄协定；

该路正副局长，苏俄另行推荐新人；中国所派东路人员，亦得易人。

　　△　晚，何应钦在广州以行营主任名义召集军事会议，讨论剿灭张、桂军办法，在省各军事长官均列席。

　　△　驻美公使伍朝枢代表国民政府正式照会美国及《非战公约》之各签字国政府，申述中国始终遵守《非战公约》及苏联屡次"开衅"之经过情形，谓："俄军屡次由陆地、水路及空中截击中国驻军，侵略中国土地，如8月14、16及17日东宁之役，8月18日、9月4日及8日札兰诺尔之役，9月20日绥远（抚远）之役，10月1日及2日满洲里之役，及10月12日同江之役。……11月17日，俄军复大举进攻，较前更烈，次第占我满洲里及札兰诺尔。"并称："中国军队击退侵入领土之敌人后，亦始终未越国界一步。"

12月4日　吴铁城奉蒋命以劳军名义赴东北联络张学良，是日自南京抵北平，宣称到平任务有二：一、为携党旗一面赴东北授张学良，并慰东北官兵；二、阎就副司令后，迄未举行宣誓，本人将代表中央监督。并称：一二日内赴太原，俟阎补誓后，即回平转沈阳。

　　△　何应钦在广州下令分兵五路向张、桂军进攻：第一路谭道源师由连江前进；第二路余汉谋师由清远、三坑进；第三路李扬敬师由白泥、国泰进；第四路香翰屏师由芦苞、黄冈进；第五路陈继承师扼三水。蔡廷锴师守军田，蒋光鼐师守炭步，策应前线。海陆空同时进击。

　　△　晨，蔡运升、李绍庚自绥芬返哈尔滨，9时15分原车赴沈阳。蔡在哈站语记者，谓："俄方力持先解决正、副局长问题，并恢复中东路原状。"

　　△　刘峙第二路军李云杰旅会同新编第十四师杨虎城部孙旅攻克荆紫关，西北军向西撤退。

　　△　何键奉蒋介石令，派刘建绪师入桂讨伐张发奎部。是日刘师入桂林。

　　△　行政院为实行编遣减薪，通令各部、会及各省府：对于文官减薪，不得意存观望，尤不得于扣减时增高薪级，致有折减之名，无折减之实。

12 月 5 日　唐生智在郑州通电劝蒋介石下野,并宣布就任"护党救国军"第四路总司令职。

△　东三省政务会议依照国民党中央、外交部长指示,讨论对苏议和所应取之步骤。会议承认蔡、西会议录,即电苏联政府,派蔡运升为正式代表往议。

△　下午,傅作义、苏体仁由天津赴沈阳,代表阎锡山慰问东北将士。傅语记者称:此行携有阎锡山致张学良慰问国防将士函,并汾酒二万瓶,罐头三万个,豆腐干 60 箱,酱菜 494 包,香烟 10 万盒,毛袜 10 万双,外有现款两万元,抵沈晤张学良后,即赴哈尔滨。

△　监察院长赵戴文奉蒋命回山西劝阎锡山讨唐,是日偕第十一路总指挥刘镇华由沪乘轮赴青岛,转程赴太原。

△　全国农政会议开幕,到会员 60 人。农矿部长易培基主席,并致开幕词,宣称:"训政时期工作分配年表,农政一门列有项目一百三十余项,若能认真办理,不过十年,即做到家给人足,耕者有其田,使总理民生主义完全实现。"

△　青岛英烟公司工潮扩大,厂方坚持非开除工人 36 名不复工,谈判破裂,厂方正式宣告停业。

12 月 6 日　王正廷招待记者,报告外交近况,略谓:中苏问题,张学良前次来电报告政府后,政府即去令,谓在一定范围内可先同苏代表接洽。

△　张学良电国民政府报告中苏交涉近况,略谓:中苏交涉已派蔡运升与苏俄代表西门诺夫斯基在伯力(尼阔立司基乌苏里司克)接洽妥贴,其办法为:一、中东路正、副局长重新由俄推举;二、责任问题由中俄双方派员调查,无须第三国参加;三、中俄纠纷由中俄双方会议解决。请国府决定,并派大员正式谈判。

△　杨杰、方鼎英、王均、王金钰、徐源泉、刘春荣、魏益三等通电讨伐唐生智,称唐忽于支(4 日)起盘踞郑州,对各部友军作军事行动,且扬言回师武汉,并冒杨杰等名义通电附逆。除派队在潼关严密扼守外,

决先率所部集中洛阳,即日向逆部进攻,应请中央明令缉拿唐生智,并冀一致声讨叛逆。

　　△　李鸣钟奉蒋介石命飞赴徐州,与马鸿逵接洽围攻石友三部计划。李留徐指导一切,7 日飞回南京,携有马致蒋函一件,略谓:"鸿逵父子受恩深重,誓死坚守徐防,拥护中央。"

　　12 月 7 日　国民政府以唐生智"背叛党国,附逆有据",明令褫去本兼各职,着京内外文武各机关一体严缉拿办。

　　△　蒋介石召集谭延闿、胡汉民、戴季陶、王正廷等开紧急会议,讨论张学良 6 日电,决对张电意见完全采纳。同日,国民政府电张称:"中俄交涉既已接洽妥协,准如所请办理,派蔡运升为正式代表,明令不日颁发,尚望以拥护国权为重。"

　　△　陆海空军总司令部委何应钦为广东行营主任。

　　12 月 8 日　蒋介石对记者发表谈话,宣称:"余为党国一分子,且负有重任,决不忍自鸣高蹈","决以全力扫荡一切叛徒。"

　　△　阎锡山致电蒋介石,表示拥护中央讨伐冯玉祥、唐生智,称"钧座对军事上必有把握,锡山唯命是从,并请详示方针,俾有遵循"。9 日,蒋复阎电,慰勉有加,称"讨逆杀贼,义无反顾,务望吾兄共同一致,扶持正气"。10 日,阎致蒋电,报告赵戴文已抵太原,称"承谕军事上确有把握,山自当共同奋斗"。12 日,蒋复阎电,称"区区叛逆,相信弟与吾兄,必能于短时间了之"。上述四电,国民政府于 12 日公布于众。

　　△　刘峙、顾祝同、蒋鼎文、夏斗寅、范石生、陈诚等 17 将领在湖北发通电讨伐冯玉祥、唐生智、韩复榘、石友三。顾祝同部轮运至浦口,与冯轶裴部同任北上正面攻击。夏斗寅部开赴信阳。

　　△　张学良电外交部,请任莫德惠为出席中苏会议首席代表。同日,张令中东路督办吕荣寰调省,遗缺由郭福绵代理。

　　12 月 9 日　蔡运升被任为中苏预备会议代表,是日偕李绍庚由沈阳抵哈尔滨。11 日经绥芬赴会议地点伯力。

　　△　孙科在中央党部纪念周报告时局,其要点为:一、唐生智虽有

电令何键、徐源泉、王金钰,但彼等将原电送京,不受其命,坚决表示拥护中央;二、两粤有中央军六七万,对付张、桂军三万,也有余裕;三、中俄问题,中央早令张学良相机接洽。张 7 日晨有电到京,称接洽妥贴。中央已批准任蔡运升为会议代表,正式交涉。

　　△　蒋介石发表正告第五十一、五十三两师将士书,略谓唐生智引两师将士"入叛逆邪途,务望辨明顺逆,诛除叛逆,效顺中央"。

　　△　张、桂联军兵分三路图广州,每路约一万七八千人,中路由张发奎指挥,左路由李汉魂指挥,右路由黄绍竑指挥。粤军方面亦分三路对付。是日在新田、九传湖、两龙墟、银盏坳、国泰圩一带激战。陈济棠亲自督战。11 日,两军在太婆山(距花县 15 里)激战,张军败北。

　　△　上海公共租界临时法院改组会议在南京开幕。美、英、法、挪威、荷兰、巴西等国代表参加,华方以徐谟等为代表。王正廷致开会词称,"盼最短期内得一满意办法"。挪代表欧尔答词称,"愿得一双方共利之办法"。旋徐谟提出中国所拟草案,略加说明,即散会。

　　12 月 10 日　西北军宋哲元、孙良诚、石敬亭等通电即日东下,声明倘有阻止前进者,定以敌人对待。

　　△　国民党河北省党部整委会电中央党部报告,谓本日有改组派钟竞成等率领百余人到会扰乱,旋被军警逮捕 90 余人。现钟竞成等七人暂留候审,其余 80 余人均由各县党部函令取保释放。

　　12 月 11 日　陈济棠电南京总部告捷,谓张发奎所部主力军被第八路军击破,向花县溃退,现正在追击中。同日,粤军占花县,前锋进至龙圩。

　　△　农政会议第六次大会通过关于农业合作、农业贷款、农业教育、农业统计、农业仓库、农业作物、农业预测、禁种有害植物等 10 余案。下午闭幕。

　　△　晚,中国共产党人邓小平、张云逸、韦拔群等在广西举行百色起义大会,参加大会的有部队 1000 余人,各族工人、农民、学生、市民共 3000 余人,宣布成立中国红军第七军。红七军辖三个纵队和直属队,

第四大队,第五大队一部,东兰韦拔群所部农军(约六七百枪)及奉议农军一营,全军约 5000 人。张云逸就任红七军军长,邓小平为前委书记兼政治委员。同日并在平马镇召开右江工农兵代表会议,成立右江苏维埃政府,雷经天任主席。

12 月 12 日　国民党中常会决议:一、开除汪精卫党籍,并明令通缉,送中央监委会;二、许崇智、邹鲁、居正、谢持"阴谋危害党国",交国府通缉。

　　△　何应钦自广州电中央党部、国民政府报捷,谓:"本晨张、桂逆军,经我第八路军及第三师猛力攻击,已全线溃退。"

　　△　陆海空军总司令部委何成濬为第五路总指挥兼汉口行营主任;杨杰为洛阳行营主任;王金钰为第九军军长;徐源泉为第十军军长。

　　△　刘峙召集在汉军官会议,商讨唐军事,决定分兵两路直趋许昌、郑州。刘语人谓,讨唐计划非常周密,一星期内可完全解决。

12 月 13 日　何成濬由京乘飞机抵汉口。行前语记者称:"余回京后奉蒋命派充五路总指挥,现决定赴前线讨唐";并称:"唐部枪支不满二万,比较国军仅二十五分之一,十日内决可还我郑州。"

　　△　何成濬电刘兴、龚浩两师长,请劝唐生智停止反蒋,略谓:"望两兄切劝孟潇(唐生智)急流勇退,藉图自全。倘孟兄不肯见信,亦请两兄各行其是,以免随孟潇作无益之牺牲。"同日,何又电唐,劝立释兵权。

　　△　蔡运升抵伯力,与苏代表西门诺夫斯基会见,双方讨论正式会议日期、地点及以中俄协定为正式会谈根据等问题。

　　△　黄绍竑率桂军四团渡河猛攻赤泥、炭步,拟乘粤军尽调往花县之际,冲出粤军防线,攻占广州,但因粤军防御工事坚固,未能冲破第一道防线。14 日,黄部在清远一带集中,会合张发奎军从四会撤退。

　　△　进攻三水之桂军,因张发奎军在花县向银盏坳败退,是晚亦退回四会。同日,桂军杨腾辉部两团在军田附近攻击粤军,掩护左翼张发奎军退却。

12 月 14 日　哈尔滨交涉署接蔡运升伯力电,谓苏方代表二人为西门诺夫斯基及前驻哈俄领事梅里尼可夫,交涉定 16 日开始,前途可望顺利。

△ 改组上海临时法院会议开第七次会议,除荷兰代表已于前日愤然离京赴沪外,余均到会。会议先讨论华洋诉讼案,各国坚持凡有各国侨民者,不论民事、刑事,须由关系国领事承审。中国代表不同意。次讨论法警问题,中国代表主张沪公共租界应由中国法警行使职权,各国代表亦不同意。对华方所提各点,各代表允向本国请示。

12 月 15 日 何成濬乘"永绥"舰抵汉口,通电就"讨逆军"第五路总指挥职,并数唐四大罪状,声称"讨唐军事,两星期内可完全解决"。

△ 晚,刘峙访何成濬,会商讨唐军事,决定平汉路南段由第二路军担任,北段由第五路军担任,陕南方面由第二路军担任,潼关方面由第五路军担任,陕北由晋军担任。讨唐军费请中央拨 100 万元。

△ 何应钦在广州通电,宣称:"此次奉命来粤讨逆,于一周内将张逆所部完全消灭,桂系残余无复成军。唐逆生智反复无常,殃民祸国,应钦奉命回汉参加讨唐,即日动身,灭此朝食。"次日,何乘舰北上。

△ 晨,苏军引蒙古青年党千余人入据海拉尔。

△ 红四军进攻龙岩,与金汉鼎部激战后,转移新泉(位于上杭北)。

12 月 16 日 国民党中执会发表告全体党员书,略谓:"中央截获唐逆之证据,深知此次之反叛,实与汪兆铭及其所卵翼之改组派多所勾结。"

△ 中苏预备会议在伯力外交员公署开幕。苏方代表西门诺夫斯基及前驻哈苏领梅里尼可夫提出中东路局长为鲁迭意、副局长为简尼索夫,征求华方理事同意,并称待通过理事会予以任命后,再续议其他两项,未任命前停议。

△ 晨,陈济棠率海、陆军出发西征,决定在三水设行营,指挥攻桂军事。

△ 陈铭枢在广东省党部纪念周报告粤战经过,略谓:当张发奎未

到桂时,我们已用政治手腕把俞作柏赶走了,办法是以吕焕炎制俞作柏,因此桂省军权便归吕执掌。后来张发奎到桂,与李宗仁、黄绍竑等联合,吕焕炎受李、黄运动,与张勾结,想在桂把我们的军队消灭,但我们消息灵通,所以马上把香、李两师调回,因此李、黄、张的第一步计划便告失败。

△　青岛大英烟公司工潮暂告一段落,是晨由保安队莅场"维持"复工。退职工友35人,每人给工资五个月。

12月17日　中苏预备会议继续举行,苏方对铁路警备权允在最后讨论,其他各件无甚争议,撤兵一事无结果。

△　石友三在蚌埠自组安徽省政府,石任省府主席,毕广垣兼建设厅长,邓萃英兼教育厅长,袁德性为安徽省警备司令。

△　何成濬在汉口就湖北省政府主席职。

△　晚,刘峙率参谋长刘耀扬等200余人,离汉赴信阳督师,行前语记者谓:"唐部确已分化,盲从者不过七八团人。我方军队在陇海路及平汉路包围会剿,达二十师以上,以之讨唐,如鼓洪炉燎毛发耳。"

△　陈铭枢电南京总司令部称:"海军陈策部及蔡廷锴师铣(16日)克复肇庆。"

12月18日　国民党中央监察委员会依中常会决议,通过开除汪精卫党籍案。

△　外交部电告张学良,谓中央决定派蔡运升为中苏会议正式代表,莫德惠为副。

△　第二路总指挥刘峙抵信阳,即与夏斗寅、蒋鼎文、陈诚等讨论讨唐作战计划,决定由夏、蒋担任前线指挥。20日,刘下总攻击令,所属各军陆续向前推进。

△　洛阳行营电南京总部报告豫西战况,谓:"讨唐军十七、十八续开动。杨杰令左翼沿陇海进,先头队十八日抵巩县,向汜水、荥阳进,右翼由禹县攻许昌。"同日下午,第五路军王金钰、刘春荣两师攻占郑州。

12月19日　蒋介石电令各路讨唐将领韩复榘、何成濬、刘镇华、石友三、杨杰、王均、徐源泉等,统归阎锡山指挥。

　　△　中苏预备会议自 17 日至是日,着重讨论新任正、副局长就任手续,及恢复东铁 7 月 11 日以前原状、释放被拘侨民等问题,是日议决:正式会议在哈尔滨召开,双方释放侨民,定十九年 1 月 1 日开始,至于中东路局长及双方人民与军队损失,待正式会议解决。蔡运升即返宁,莫德惠在沈阳待命。

　　△　蔡运升电沈阳当局,报告中苏预备会议情形,谓:"十七日下午,开议恢复东铁原状步骤。郭福绵报告华方理事对苏联所提正副局长已同意,但俄理事未返,开会不足法数,须待补行正式通过。"

　　△　外交部发表墨西哥放弃在华领判权之往来照会。按:1889 年所订《中墨商约》业于上年 11 月 30 日期满失效,墨政府于上月 12 日照会驻墨公使李锦纶,表示自愿放弃条约所定在华领事裁判权。

　　△　何应钦由粤抵沪答《申报》记者问,谓桂事已大部解决,余无在粤指挥之必要,此后粤省军事概由陈济棠负责。张发奎现存残部至多不过二三千人。桂军不过万人。经痛击,损失在二分之一以上,且内部复杂,李明瑞及吕焕炎部殊不值李、黄、张之行动,余在粤时曾来接洽输诚。汪精卫现在香港,港政府对汪行动监视颇严,近汪发电报亦被限制。

　　△　陈济棠电国民政府文官长古应芬称,第六十师协同海军本晨克复梧州,"桂逆"向贺县溃退。20 日晨,陈抵梧州督师。

　　△　夏斗寅军攻占遂平,唐生智军退守郾城。23 日,夏部占郾城,唐军退许昌。

　　12 月 20 日　国民政府令:许崇智、邹鲁、居正、谢持阴谋反动,危害党国,着京内外各机关一体严缉务获,归案究办。

　　△　蒋介石电何成濬,谓:"百川(阎锡山)既将亲赴石家庄守候面晤,未便在汉久稽,应即乘轮返京,转由海道赴晋。"何接电后,当晚乘轮东下。

　　△　阎锡山、张学良、刘镇华、陈调元、王金钰、刘春荣、魏益三、马

鸿逵、万选才、刘茂恩联合通电，声明拥护中央，铲除改组派，反对唐生智。21日，阎续发通电，声明韩复榘、孙殿英、王均、杨胜治要求追加列名昨日之联合通电。

△ 苏体仁奉阎锡山电召，是日由津抵平，转赴太原，报告赴东北劳军与张学良接洽经过。苏在平称："与东北诸政务委员晤谈，均主拥护中央，与阎同一志趣。"

△ 下午，何应钦由沪抵京谒蒋，报告讨张（发奎）经过。

△ 方鼎英电南京总部，报告前方军事，谓："本师前头部队二十日到登封，唐逆退许昌，无险可守，现正向西北方面溃退。"

△ 何键奉蒋介石令，免第八师师长周斓、副师长兼第一旅旅长唐哲明、团长唐生明职务；委罗藩瀛代理师长，谢煜涛代理旅长。

△ 午，中苏预备会议继续举行，讨论西线撤兵及警备权问题。

12月21日 晨，何应钦再晤蒋介石，对平汉路军事有所讨论。蒋因何成濬另有差遣，特改任何应钦为武汉行营主任。次日，何应钦赴汉主持行营。

△ 石友三通电表示反对改组派，赞同主和，并派代表余信持函赴南京向蒋介石请罪。23日，石又发电响应阎锡山等20日电，称"嗣后友三一切举动，自当以钧座为转移，务恳不弃庸愚，示以周行"。

△ 方本仁抵太原，当晚赴总部谒阎锡山，协商攻豫办法。

△ 刘镇华由新乡专车抵开封，与韩复榘等磋商"讨逆"办法。

△ 国民政府电张学良，准予取消梁士诒、顾维钧、罗文幹、王克敏通缉原案。

12月22日 下午，蔡运升与苏联代表西门诺夫斯基在伯力签定预备会议记录。其要点为：一、恢复1929年7月10日以前东铁状态；二、由苏改派铁路正副局长，即日就任，东铁理事会亦先行恢复；三、两国签约后，各将国境军队撤退30里，并停止军事行动；四、两国签约后，至迟不得逾两星期，即将逮捕之侨民释放，政治犯送出国境；五、东北准许苏领馆及国营贸易机关于正式会议前先行恢复；六、欧亚交通一月内恢复;七、东铁嗣后用人以苏俄国籍、中国籍人为主,白俄人绝对禁用;八、正式会议于三个月内召开。

　△　马福祥奉蒋介石命率随员十余人离青岛赴徐州、蚌埠、郑州等地,与石友三等会晤,斡旋时局。24 日,马抵蚌埠与石友三会晤,劝石服从中央,并称蒋应许不究以往。

　△　吕焕炎在南宁通电声讨"桂逆"。

　△　国民党西山会议派居正、蒋尊簋及许崇智之参谋长耿毅,在上海因运动第五师反蒋,是晚被熊式辉诱捕,送至淞沪警备司令部拘禁。

12 月 23 日　王正廷在外交部纪念周报告外交称:中俄交涉,东省地方始终秉承中央,蔡运升系奉部令办理一切,今年本部最大任务,为撤销领判权,明年元旦起,必有相当办法。明年工作,为恢复内河航权、收回租界、租借地及撤退外国驻军三事。

　△　赵戴文在太原党部报告此次赴晋任务,称系促阎赶快出兵,并称:"中国现在捣乱者不外两种人:一欲成立改组派的政府,一欲离开党成立政府。此两种人均罪在不赦。"

　△　刘镇华由开封抵太原,旋即致电南京,报告与阎锡山会晤情形,谓:"阎意俟五路军到达目的地,即与余专车南下,俾会合各军,在最短时期将唐逆完全消灭。"

　△　何成濬奉蒋介石命,由上海北上晤阎锡山磋商讨唐军事。

　△　北平市卫戍司令部宣布:第三编遣区奉中央命令,原定兵额不敷,仍添设晋、冀、察、绥四保安司令,每司令约增一师,计四师,丰玉玺驻北平,杨澄源驻太原,周士濂驻张家口,秦绍观驻绥远。

12 月 24 日　晚,蔡运升、李绍庚与苏新任驻哈代理领事西门诺夫斯基、东铁局长鲁迭依、副局长简尼索夫等 14 人,专车离伯力。26 日抵哈埠时西氏发表宣言,谓中俄误会,系有人挑拨,俄无对华野心,否则问题当不如此容易解决,将来当依中俄原来协定持平解决一切问题,以彼此有利为原则。并称此次赴沈后将返国商陈正式会议。27 日夜,抵沈阳时,李绍庚语记者,谓正式会议地点在莫斯科,日期为下月 25 日。

28 日,蔡运升偕苏新任局长往谒张学良,报告会议经过。

△　吴敬恒偕李石曾、徐永昌由北平赴太原,劝冯玉祥出洋;并与阎锡山会商时局。

12 月 25 日　何应钦在汉口以代总司令名义,发《告讨逆将士》文,并于次日电劝唐生智速即离开部队,"否则长围既合,败溃立待,身死名辱,势所必至"。

△　司法院长王宠惠回国抵上海,对记者谈出席海牙国际法庭经过,并称曾赴日内瓦与出席国联之伍、蒋、高三公使晤商一切。关于撤废领判权问题,各国原则赞同,但均主张有一过渡办法以为救济,即以开会方法讨论一切,各国最后态度如何,尚在审慎考虑中。租界问题,我国未正式向国际联盟提出,故国联无表示。

12 月 26 日　外交部接张学良电,谓根据最近中苏议定书恢复外交关系的规定,请转电驻海参崴总领事许熊章、驻黑河领事韩述曾、驻伊尔库茨克领事管尚平、驻阿拉木图领事杨德善等,即率领事馆人员回馆复任。

△　李鸣钟奉蒋介石命离京赴蚌埠会晤马福祥,商洽时局。

△　陈济棠布告,暂以第八路总指挥名义,权理广西政务,称:"一俟负责有人,当立卸仔肩。关于政务之处理,暂由本部政训处负责,不另设机关。"

△　上午,改组上海临时法院会议开第十三次会议。外国代表认为:改组法院问题与租界问题有关,在租界问题未解决前,应当拟订一过渡办法。下午 5 时,华方代表徐谟、吴昆吾、刘师舜、钱泰、梁敬镎五人对此项意见作详细研究。

12 月 27 日　国民党中政会举行临时会议,讨论外交组提出撤废领判权案,决议:一、由国府即日命令公布自民国十九年 1 月 1 日起,凡侨居中国之外国人民现时享有领判权者,应一律遵守中国中央政府及地方政府依法颁布之法令规章;二、对于管辖外国人民诉讼之实施办法,由国民政府从速颁布施行,以资遵守。翌日,国民政府明令公布。

△ 太原各界千余人开欢送晋军出师"讨逆"大会,梁先觉主席,辜仁发报告出师意义,谓唐叛变,"乃欲根本推翻党国,故晋必出师,彻底解决"。又谓阎锡山候部署妥当,即前往督师。

△ 马福祥由蚌埠专车抵南京,语记者谓:石友三现已觉悟为改组派利用,嘱向中央解释。石部原驻京代表关树人同行到京,定明日谒蒋当面恳求。石部将来调驻何处,当依中央命令是从。

△ 吕焕炎代表伍蕃由香港赴梧州会晤陈济棠请收容,陈未决。

12月28日 王正廷招待记者报告外交,略称:一、撤废领判权案,一俟国府命令发表,即行电各国知照,并毋须取照会形式;二、中苏预备会议记录,已经张学良来电报告,并声明须即恢复驻苏各领馆,本部亦同意;三、改组上海临时法院问题,谈判甚有进步。惟改组法院与撤废领判权二者是相互联贯的,若领判权问题解决,则改组法院即不成问题。

△ 朱绍良率第六路军占平乐。

△ 中共红四军第九次代表大会在闽西上杭县古田召开,会议通过《中国共产党红四军第九次代表大会决议案》(即《古田会议决议》),强调红军必须服从党的领导,树立无产阶级思想,纠正单纯军事观点、极端民主化、绝对平均主义、主观主义、个人主义、流寇思想等错误观念。红军必须担负起宣传群众、组织群众、武装群众等项任务。

12月29日 何成濬抵太原,即偕方本仁往谒阎锡山,会谈三小时,翌晨又继续会谈。31日,华觉民语记者,谓:"何、阎已晤两次,结果圆满,阎对消灭改组派、安定党国颇具决心,讨唐及维持大局办法均有具体决定。豫中战事统由阎主持。何决与阎同车赴郑。"

△ 外交部发表办理对苏交涉经过,略称:本月2日以后,各《非战公约》签字国发出牒文,均请中俄两国以和平方法解决东路问题。"当此时适据东北长官来电,沥陈地方困难情形,并称已遵照中央指示范围,与苏联方面接洽"。苏联声明切实遵守协定,中央审查内外情势,允宜及时解决,因即派蔡运升为代表与之谈判。

△　苏联新任驻哈尔滨总领事西门诺夫斯基发表谈话,谓:"此次中苏间因些许误会,并因有人挑拨,故一时断绝交谊","将来一切问题,当依奉俄、中俄协定持平解决","此次赴辽见张长官(张学良)后,予将返国陈商正式会议。"

12 月 30 日　国民党中常会决议:一、永远开除宋哲元、石敬亭、孙良诚、鹿钟麟、薛笃弼、刘骥六人党籍,鹿、薛并免中央候补执委职;二、函国府通令禁止本京各机关另设广播无线电台;三、促监察院赶速筹备,限十九年 2 月底务须成立。

△　蒋介石招待新闻界作年终演说,并答记者问称:吴敬恒、李石曾赴太原,政府没有什么使命;居正、耿毅当交付审判。蒋并诡称:政府不敢挟制舆论,"希望自明年一月一日起,舆论界对政治尽量发表意见,政府当尽量容纳"。

△　外交部发表撤废领判权宣言,略谓:中国自受领判权束缚以来,已届 80 余年。民国十九年为最紧要之时期,并定是年元旦起撤废领事裁判权,恢复中国之主权。故已令行政院、司法院拟具办法,以便施行。国民政府 12 月 28 日之命令,实系一种步骤,各国对现由政府准备之办法,如有意见,亦愿于相当期内与之审议。

△　第六路军第八师师长毛炳文由梧州电南京陆海空军总司令部,报告该师 29 日克恭城,桂林指日可下。

△　第九师师长蒋鼎文自豫省前线电南京陆海空军总部谓:"本师已于八时占领驻马店,逆军龚浩部投诚来归者三团。"

△　东北政务委员会发表任命莫德惠为中东路督办;翟文选准辞辽宁省政府主席职,以臧式毅继任。

12 月 31 日　中国国民党中央执行委员会发表嘉慰陆海空三军总司令蒋介石文。略谓:"自桂系军阀倡乱武汉以后,以至于冯玉祥、宋哲元、石敬亭、孙良诚、张发奎等,其称兵作乱,目的无不为破坏中国之统一,编遣之实施。"本党决议兴师,"陆海空军蒋中正同志,宵旰忧勤,指挥若定……斩当途之荆棘,致训政于康庄。……以奠国家,以完成主义。则所以慰蒋同志尤大矣"。

　　△　上海交涉署照会领事团,《收回上海会审公廨暂行章程》本日期满,嗣后上海公共租界临时法院移归中央直辖。

　　△　外交部通令撤销各地方交涉署,又定于新疆、云南、辽宁、吉林各设外交部办事处。

　　△　中国与西班牙《友好通商条约》,双方互换政府批准通知书,是日起条约生效。

　　△　苏联新任中东铁路正副局长由长春回哈尔滨。午刻,东铁开理事会,正式任命苏方推荐之鲁迭依、简尼索夫为正、副局长。午后新局长到路局视事,以局令发表机务、车务、电务、会计各处苏籍处长及职员,各复原职。华方副局长郭宗熙亦复任,范其光回任理事。

　　是年　本年外贸输出为 11.27 亿两;输入为 12.98 亿两,入超为 1.71 亿两。

　　△　1928 年度(1928 年 7 月至 1929 年 6 月)国库收入为 4.34440712 亿元;支出:军费 2.09536969 亿元,行政费 2808.8394 万元,党费 404 万元。

　　△　本年公债共发行 16 种,总额为 2.555 亿元。

　　△　本年各省灾民约计 5762 万人。

1930年(民国十九年)

1　月

1月1日　国民政府主席蒋介石发表题为《以气节廉耻为立党立国之本》之元旦文告,指斥改组派等反蒋派"以投机取巧为智,以好乱反复为勇",声称"本党同志苟能以各个的革命人格,团聚为整个党的人格,则前途一切困难,一切敌人,皆如摧枯拉荄"。

△　陆海空军副司令阎锡山离太原经石家庄赴郑州督师讨伐唐生智。第二路军总指挥刘峙令确山正面各部队向唐部全线出击,杨虎城部冯钦哉旅由刘岗突袭唐军右侧,下午占领唐总部驻地驻马店,守军溃散。唐仅以身免。

△　国民政府发表授勋令,阎锡山给予一等宝鼎章;张学良给予青天白日章及一等宝鼎章;何应钦、朱培德、杨树庄给予一等宝鼎章。

△　苏联代表西门诺夫斯基到沈阳,谒见东北边防军司令长官张学良,声明是日双方同时撤兵。同日,驻哈尔滨苏领事西门诺夫斯基及新任东铁正副局长到哈接事。

△　驻沪日总领事重光葵在南京就小幡使华事会见蒋介石,转达日本外务省意见,催请重行审议,因中国政府早已议决拒绝,不得要领而返。

　△　国民政府建设委员会发行民国十九年电气事业长期、短期公债两种，长期定额 150 万元，作为收办戚墅堰电厂事业之用，年息六厘，至民国三十三年（1944）12 月 31 日本息全数还清；短期定额 250 万元，作为扩充首都及戚墅堰两电厂事业之用，年息八厘，至民国二十六年（1937）12 月 31 日本息全数还清。

　△　海关总税务司梅乐和公布民国十八年海关税收，共关平银 1.5276 亿两，约合 2024.86 万英镑。

　△　上海公共租界临时法院是日起改隶司法部。

　△　鲁迅主编的《萌芽》月刊在上海创刊。创刊号上发表鲁迅的杂文《流氓的变迁》、《新月社批评家的任务》，开始连载鲁迅由日译本转译的苏联法捷耶夫长篇小说《毁灭》。该刊从第三期起，成为"左联"机关刊物之一。出至第五期，被国民政府查禁。

　△　《坦途》周刊在天津创刊，周震鳞、刘人瑞、黄一欧等人创办。

　△　故宫博物院上书国民政府，列举《清史稿》存在问题，请查封停止发行。

　1 月 2 日　唐生智以门炳岳师两个团、龚浩师一个团反攻驻马店，被新十四师杨虎城部击败，全线动摇，4 日拂晓前开始总退却。

　△　广西省政府主席吕焕炎前在南宁通电反桂，是日派代表伍蕃到梧州见陈济棠，并于 6 日亲抵梧州与陈济棠协商反桂军事及收拾桂局。

　△　美国国务卿史汀生声称："南京政府所下关于领事裁判权之命令，未可视为废除在华美侨所享领判权已告成功。"

　△　法国驻华公使玛太尔致牒国民政府，声明法国不能接受中国片面取消法人在华所享之领事裁判权。

　△　台湾民众党向国际联盟控告日本殖民当局准许吸食鸦片。

　1 月 3 日　讨逆第八路军总指挥陈济棠自广州乘飞机赴藤县指挥各军会攻桂平。北路第六路军毛炳文第八师、谭道源第五十师计划攻桂林。第八路军李扬敬、余汉谋两师出抚河攻柳州。

△ 第十八师师长张辉瓒令成光耀第一四八旅由吉安分三路进攻永新红军王佐、袁文才部,又令戴岳第五十二旅分六路进攻弋阳县漆工镇磨盘山红军方志敏部。

△ 日本政府声明不接受对华取消领事裁判权。

△ 济南齐鲁大学学潮结束后,是日校役 200 余人因要求增加工资和工会经费又罢工。

△ 南京下午 6 时 05 分发生地震。6 时 10 分镇江地震,草房多有倒坍,江面有船只倾覆。江苏六合、松江(今属上海市)、扬州,安徽芜湖、滁县均有震。

1 月 4 日 阎锡山在郑州召开军事会议,决定先以徐源泉、王均、杨胜治、刘桂堂各师夹击唐生智部。次日,阎委韩复榘为北路军前敌总指挥,王金钰为中央军司令,刘春荣为副司令,王均为右翼军司令,杨胜治为副司令,张德顺为左翼军司令,由韩复榘指挥南下讨唐。

△ 第二路总指挥刘峙通电报捷,称二路军在平汉路南段与唐生智军激战 10 余日,是晨击破唐军。是役毙敌约六七千人,俘敌约五团,缴枪 6000 余支,大炮、机枪数十门。

△ 冯福祥偕马鸿逵、李鸣钟到郑谒阎锡山,商石友三部善后,阎主张一切服从中央,以维大局。

△ 东北边防司令长官张学良电外交部报告释放苏侨经过,谓拘押在松北看守所者 1346 名,在本埠待遣所者 64 名,在护路指挥者 98 名,特区法院已判决者 36 名,均于 31 日分批释放。

△ 前因枪杀海州党部委员被拘囚之谭曙卿,经朱绍良、毛炳文、谭道源、陈继承等联名电蒋保释,并请其赴粤效力。经蒋批准,是日将谭释放。

△ 法使馆参赞欧思德罗洛自平到沪,与外交部长王正廷续商中法越南陆路通商条约。据驻华法使玛太尔在平告记者称,因滇省近对由越南输入货物,在关税厘金外,又征 10% 至 100% 之特别税,致使修约发生困难。

　△　东铁客车是日由东线绥芬河站直达西线博克图。

1月5日　王金钰、韩复榘等电劝唐生智解甲出洋,"免遭屠戮"。6日唐复电表示愿即将所部军队暂交刘兴,即日出洋,但须保安全,并酌给川资。7日又电阎锡山自请下野,阎复电允纳,并委刘兴为第八军军长,负责收抚唐部。

　△　被何键免职之周斓新八师副师长兼旅长唐哲民、团长唐生明在宝庆率部反蒋,挟新任旅长谢煜焘取道祁阳、永州入桂投张发奎。8日,何键令第十九师师长刘建绪等部分途追堵。月底,唐部抵桂,改编为"护党救国军"第十二军,迎周斓任军长。

　△　赣、闽、粤三省集中14个团的兵力,以金汉鼎为总指挥,对闽西革命根据地发动第二次"会剿"。

　△　何键召集新七师副师长范宿钟、新八师师长罗藩瀛、第十九师师长刘建绪等协商湘省"剿共"防务,并电赣省主席鲁涤平、二路总指挥刘峙,与赣、鄂各军协同"清剿",克期"肃清"湘、赣红军彭德怀、黄公略、袁文才、王佐部及湘、鄂边红军贺龙等部。

　△　毛泽东在古田就时局和红军的行动问题复红四军第一纵队司令员林彪信(即《星星之火,可以燎原》),指明中国革命的发展前途。

　△　红四军为粉碎蒋介石之赣、粤、闽三省"会剿",实现"争取江西"计划,是日从古田出发,兵分两路,由朱德率第一、三、四纵队经连城、宁化越武夷山入赣,16日占广昌;另一路由毛泽东率第二纵队到龙岩地区,迷惑敌人,掩护主力转移后,亦由连城、清流、宁化、归化越武夷山入广昌,到宁都东韶与朱德部会师。

　△　新疆省政府主席金树仁电驻京代表张凤九,表示竭诚拥蒋,请中央彻底讨伐冯玉祥。

　△　中东路督办莫德惠抵哈尔滨就职。

　△　外交部呈国民政府请饬各省、市政府详查各地外国驻军及警察确数,以便与各国交涉撤军。据最近日本外务省调查,目前在华驻军共1.56万人,计上海5500人,天津4700人,北平1400人,香港4000

人。其中美国 2300 人,英国 7700 人,法国 3400 人,日本 1800 人,意大利 400 人。

△　上海世界商业储蓄银行创立,资本总额 20 万元,董事长沈知方。

1 月 6 日　福建地方派系争夺省政权,卢兴邦新二师旅长卢兴荣联合海军系省防司令林忠、萨福畴等,在福州逮捕省政府委员林知渊、陈乃元(兼民政厅长)、许显时(兼建设厅长)、程时煃(兼教育厅长)、郑宝菁(兼秘书长)及水上公安局长吴澍,次日分别送至龙溪、南平扣押。省府例会亦改为党政军联席会议。7 日,"福建省党政军联合大会"以林知渊等勾结张贞,图迎改组派入操闽政为由,电请国民党中央党部、国民政府下令将林等六人撤职查办,以除改组派之内应,并讨伐张贞。

△　刘峙讨唐第二路军攻下河南遂平,唐部向郾城溃退。10 日,二路军占郾城。

△　原与唐生智合作之孙殿英在郑州倒戈通电讨唐。

△　国民政府考试院、考选委员会、铨叙部同时成立。考试院长兼考选委员会委员长戴季陶、副院长孙科,考选委员会副委员长邵元冲,考选委员焦易堂、刘芦隐、桂崇基、陈立夫、余井塘,铨叙部长张难先、副部长仇鳌宣誓就职。

△　国民党中常会决议任命蒋介石、吴敬恒、王宠惠、胡汉民、邓泽如、古应芬、戴季陶、邵元冲、叶楚伧、林森、张继 11 人为党史史料编纂委员会委员。

△　王金钰在郑州通电继何成濬任第九军军长职。

△　东北边防第一军奉令结束,待车回辽;吉军张作舟旅是日起自哈开回吉林。

△　中东路苏方局长罗德伊到局办事,将车务处、机务处、工务处 7 月 10 日以后到差之职员停职,仍以前被裁撤之苏员接充。

△　日本公使驻沪办事处对中国撤废领事裁判权事非正式表示,谓日本利害关系与英、美相同,决与英、美采取同一态度。

△　蒙古青年党经苏方授意退出海拉尔。

△　越南华侨 40 人因无力缴纳人头税,被越南政府驱逐出境,是日到达汕头。

1 月 7 日　古应芬、陈铭枢抵梧州,与陈济棠等协商桂局,决定由吕焕炎负责收编桂军,不服者由第八路军协剿;第六、八两路军负责肃清张发奎部。桂局收拾后,仍由吕焕炎任主席及第八路军副指挥。

△　改组上海临时法院会议开第二十次会,就取消领事观审权、收回监狱管理权、限制该法院终审权及工部局不得干预法院行使职权等问题进行讨论,各国代表以所奉各该国政府训令范围有限为借口,对中国所提各点未能完全接受,讨论无结果。9 日续开第二十一次会,对于双方争执各点,各国代表声称须候接得各该国共商后之总训令再行表态。

△　石友三之代表关树人到南京见蒋介石,商洽该部驻防问题。9 日,石电蒋介石,表示竭诚拥护中央。

△　阎锡山委万选才为第二十五路军总指挥。万之代表吴邦杰是日由豫到京谒蒋介石,报告该部"一致效命中央,誓死不渝",并请示讨唐机宜。

△　蒋介石任命何键为第十五师师长;罗瀌瀛为第十六师师长。即日起取消新编第七师及新编第八师番号,改用陆军第十五师及第十六师番号。

△　陆海空军副司令阎锡山委任孙殿英为第十四军军长,是日孙通电在许昌就职。

△　阎锡山委第三十三师师长孙楚为第二十三路军总指挥兼郑州警备司令。

△　台湾民众党修改纲领,主张:一、废除政治、经济、社会的束缚;二、拥护伸张民众的日常利益;三、反对总督专制。

1 月 8 日　马福祥、刘镇华由郑州抵南京,9 日谒蒋介石,报告阎锡山在郑处理军事情形及唐生智自愿出洋经过,并代阎请示处置唐生智部办法,磋商石友三防地问题。

　　△　唐部师长刘兴、龚浩致电蒋介石,称:"此次事变,出人意表,职等分属军人,只能服从命令";并称:"唐氏已于二日前离军,所部五十一、五十三各师统交职等负责维持,现已令饬各部一律撤至西平以北,藉免冲突。职等翊戴中枢,维护统一,耿耿此志,始终不渝。"

　　△　刘兴、龚浩、晏勋甫致电武汉行营主任何应钦称:"唐于两日前离军,一意养疴,所部各师概交兴负责维持,现已遵示停止军事行动。除派彭熙同即乘飞机请示一切外,敬乞电告刘峙、蒋鼎文等停止前进。"9 日,何复电称:"孟潇既为人所误,而兄等事前又未与闻,中央当可原谅。"嘱唐速乘飞机赴汉,"当保其安全,搭轮赴沪或放洋"。

　　△　福建省政府主席杨树庄因"一六"事变电国民政府自请处分,国民政府复电令其负责查明,呈报核办,并令卢兴邦等保全被拘者生命。海军编遣委员兼第一舰队司令陈季良旋亦奉命率舰自沪赴闽镇慑。

　　△　驻华英公使蓝普森由平抵南京。9 日访外交部长王正廷交换关于中英修约及中国预定 2 月 1 日实行新税率问题的意见。10 日,蓝普森再访王正廷,以中英条约未满期为词,要求延至相当时期逐渐撤销领事裁判权。

　　△　金价暴涨,银价暴跌,市场动荡不安,是日上海、伦敦间汇价,低至一先令 11 便士又四分之三。

　　1 月 9 日　唐生智通电下野,表示悔过,即日出洋,请中央不咎既往,并电何应钦要求保证其生命安全。

　　△　国民党中央政治会议临时会议讨论整理金融方案,财政部长宋子文报告金价高涨情形及整理办法,通过发行关税公债 2000 万元,除收回前发到期之整理湖北金融公债外,即以余额调节因金价暴涨,关于外债方面之损失。10 日,国民政府国务会议决议,令财政、工商两部迅速设法救济,并制止标金投机交易。

　　△　阎锡山致电蒋介石称,唐生智已决计引退,所部官兵,要求发

给薪饷一月,旅费若干,派车安全遣送回籍;负伤官兵,设法收容抚恤疗养。如蒙允准,请即饬令各方停止军事行动。同日又电何应钦、刘峙、韩复榘,请饬前方军队停止攻击。

△　蒋介石以河南军事行动即将结束,是日派贺耀组赴郑州劳军,并与阎锡山协商收拾豫局、改编唐军办法。同日,第二路总指挥刘峙赴驻马店召集师长蒋鼎文、夏斗寅、杨虎城、赵观涛、陈诚等开军事善后会议,讨论肃清唐军及收编办法。

△　沧石铁路局长何澄与日商华昌公司签订《沧石路借款合同》,铁道部以内容与原则条件均多谬误,将何免职惩戒,何抗不接受。是日,铁道部再训令何澄,驳斥该合同谬误之点,并将该合同即予取消。

1月10日　何应钦电令刘兴、龚浩迅将唐部集中整理,指定两路为整理地点,一路在项城集中,退集豫东;一路在泌阳集中,退集鄂北随县等处。限两路均须离开铁路线,两路任择其一,唐生智须迅速离开部队。何奉蒋令准委刘兴为第八军军长,蒋锄欧为副军长,龚浩为师长。

△　外交部长王正廷在京招待记者,谓伯力中苏会议记录现已到京,中央以其内容有超越规定范围者,决召莫德惠到京面授机宜。铁道部长孙科旋在中央党部纪念周报告,主张根本否认会议所签草约之效力。

△　阎锡山令豫中各军停止军事行动,在24小时内放还所扣车辆。

△　驻哈尔滨苏领事西门诺夫斯基宣布,第一批释放华侨765人由满洲里站遣回,1557人由绥芬河站遣回。前哈满警备司令梁忠甲及部属8000人亦被释回到满洲里。

△　教育部与蒙藏委员会拟定蒙藏教育实施方案要目。

△　《拓荒者》月刊在上海出版,蒋光慈、钱杏邨主编。

△　清东陵纯惠皇贵妃墓上月22日发现被盗,金棺损毁。清室载涛等是夜宴请军警要员,请注意防掘。

1月11日　国民政府令:"查近日金价暴涨,银价低落,于国计民生,关系甚巨。此种情形,虽为国际汇兑之变动,惟上海交易所商人投机买卖,影响金融经济,亦复匪细。着财政、工商部迅筹办法,以资救济。"同日,财政部长宋子文赴沪调查有无操纵嫌疑,并与银行界会商救济办法。工商部长孔祥熙亦于 12 日电沪社会局、全国商联会、银行公会、钱业公会等团体就近查明真相,并电令金业交易所不得有操纵垄断行为。

　　△　国民党中央监察委员会以汪精卫"勾结陈公博、顾孟馀等设立小组织",并"应各叛将之请,回香港主持逆谋……以图坏破中央,颠覆党国",议决永远开除其党籍。13 日,汪发表《怎样树立民主势力书》,指责南京"不但不能扫荡反革命,反与反革命势力结合一致","有党治之名而实与之反",宣称"要为树立民主势力而努力"。

　　△　立法院通过《民事调解法》。20 日,国民政府命令公布。

　　△　唐部刘兴、龚浩、晏勋甫及各旅团长到漯河车站会商投降办法,决定 12 日全部缴械。同日,唐生智离漯河转道豫北赴津。

　　△　广西省政府主席吕焕炎通电报告桂局,称:"桂局经梧州会议后完全解决,现正筹备善后,李(宗仁)、黄(绍竑)将自动下野。"

　　△　暂编第一师师长兼福建"剿匪"司令张贞通电,谓卢兴邦勾结反动派林忠等谋叛,掳押省府委员林知渊、许显时、陈乃元、程时煃、郑宝菁及水上公安局长吴澍六人,诬指林知渊等有改组派嫌疑,请中央迅速处理。

　　△　中东铁路苏方局长罗德伊下令裁撤 7 月 11 日以后所用华员280 余名。同日,东铁督办莫德惠召集中东路局各华处长会议,恢复东铁航务处,被裁华员按日给薪。

　　△　驻华德国公使卜尔熙照会外交部,声明中苏预备会议草约已签订,德代理中苏侨民利益之义务理应卸除。同日,德使代表费须尔晤王正廷,请令我国驻苏使馆人员及各地领事赴苏回任。

　　1 月 12 日　日本政府任命驻沪总领事重光葵为驻华代理公使。国民政府拒绝小幡使华事结束。

△　云南省为巩固边防,在腾冲设第一殖边局,思茅设第二殖边局,并划临蒙华永沿边荒地移民开垦。

△　中国公学校董会准胡适辞校长职,推马君武继任。

1月13日　唐生智残部1.6万余人在漯河以南姚庄、万庄等处全部缴械,计步、马枪1.3万余支,炮30余门,机关枪20余挺,迫击炮150余门,其他辎重物品若干。同日,第二路总指挥部在驻马店发布唐部即日复员令,总指挥刘峙通电宣称"讨唐任务已告完毕"。

△　陈济棠9日下令限期克平乐。是日粤军第一纵队李扬敬率余汉谋第五十九师、香翰屏第六十二师抵平乐,张桂联军闻风于先一日向荔蒲、修仁撤退。第二纵队继续追击,并与左翼军及吕焕炎部会合,进攻柳州。

△　国民政府任命臧式毅为辽宁省政府委员,并指定为主席,准原任省府委员兼主席翟文选辞职。

△　东北交通委员会议决本年建设五条铁路线:一、兴京—抚顺线;二、齐齐哈尔—黑河线;三、盖平—复州线;四、呼兰—巴彦—鹤岗线;五、九台—张家湾线。

1月14日　阎锡山不战而胜唐,拟凯旋归晋,是晚召集在郑军事将领会商豫省善后,复令王金钰部进驻许昌,刘春荣部进驻许昌以南,孙楚部进驻黑石关,魏益三部留郑州。为防止遭韩复榘暗算,委其参谋长辜仁发留郑办理一切。次日,阎偕赵戴文等迅速离郑返晋,行前电张学良、陈调元、方本仁、何键、陈济棠等,声称返晋"料理晋钞兑现事"。

△　河南省政府主席韩复榘通电辞本兼各职。电称:"半生戎马,未谙政治,复值豫省连遭灾祲,既乏术以拯救,而军事迭兴,又无力以制止。"16日,蒋介石复电挽留。18日,马福祥奉蒋命赴汴慰勉韩继续供职,并商收拾豫局。

△　汪精卫再发《怎样树立民主政治宣言》一文,声称:"我们主张励行党治,完全为的是促进民主势力以实现民主政治。""南京当局假党治之名,以摧残民主势力,是我们所要根本推翻的。"

△ 工商部长孔祥熙就金价飞涨、银价低落事向行政院提出以关税改征金币、发行金元券、废两改元、辅币划一等为初步救济办法。是日,由行政院送请中央政治会议参考。

△ 山东省政府会议议决,取消孔氏家族特殊待遇,规定除孔子祀田外,其他孔族田地一律照章纳税。

△ 中东路因大量裁减华员华工,东铁总工厂华工罢工,提出恢复被裁华工工作、增加工资等 12 条要求,并派代表向路局请愿,无结果。

1 月 15 日 国民党中央政治会议通过财政部所拟救济金价暴涨、银价低落办法及实行海关税收采用金本位提案,工商部所拟取缔上海金业交易所标金投机交易具体方案,交国民政府明令公布。同日,国民政府下令,自 2 月 1 日起,所有海关进口税一律改收金币,以值 60.1866 公厘纯金为单位计算。简称关金。

△ 唐部刘兴、龚浩、晏勋甫秘密逃津。

△ 张学良致电阎锡山,主张力谋统一,不使再启纷争,辽、晋互相提携,消弭反侧。18 日阎复电响应。

△ 阎锡山为收编唐军残部为己用,委李品仙为第二十六路军总指挥,是日李在郑州通电就职,即赴许昌、郾城招抚前第五十一、第五十三师旧部。

△ 东北政务委员会通过发行整理东北金融公债,总额 2000 万元,是日起开始发行。

△ 吴佩孚筹办已久之陆军大学在四川绥定正式成立,投考者 1000 余人,全系国家主义派分子。1 月 20 日正式授课。校长吴自充,副校长刘湘。

△ 广州市改特别市。

△ 中共中央军委主办之《军事通讯》在上海创刊。

1 月 16 日 国民党中央执委会常会决议,选任宋子文为国民政府委员兼行政院副院长。

△ 首都废约会决定,伯力会议记录之签订,有违国际惯例,呈请

中央宣布无效;蔡运升有损国权,要求撤职严办。

△ 日本驻华代理公使重光葵抵京访外交部长王正廷,对修订中日通商条约、宁、汉案及其他悬案作非正式商谈。旋访财政部长宋子文,对中国实行国定新税则及海关税则改用金单位制有所协商。

△ 梅兰芳首次在美国演出京剧,受到热烈欢迎。

1 月 17 日 国民政府令:自本年 10 月 10 日起,所有全国厘金及类似厘金之一切捐税,一律裁撤。

△ 财政部电令全国各海关,谓近因金价暴涨,银价低落,致偿付海关担保外债已有不敷之虞,为妥筹根本救济办法,决定自 2 月 1 日起征收进口税一律改用海关金单位。

△ 阎锡山在太原总部召集财界人员会商晋钞兑现事,拟令赵戴文回京,与财政部商未付军费及豫局善后等财政问题。

△ 东北边防司令长官张学良任命程志远为哈满护路司令,所部由骑兵第十团、步兵第十六团编成。

1 月 18 日 讨唐军事结束,第二路军总指挥刘峙偕参谋长刘耀扬是日由驻马店返汉口,第二路军总部亦于次日迁汉。平汉线防务分交王金钰、徐源泉、杨虎城接管。唐部俘虏二万余人,大部先后运汉改编或给资遣散,余一万人尚在漯河、驻马店一带候车南下运京改编或遣散。

△ 立法院通过国际劳工大会之最低工资公约。

△ 财政部长宋子文在上海接见记者称,国定新税制因海关改征金单位,税银略增,将延期实行。

△ 北平使团打消联合抗议中国撤销领事裁判权之提议,决定由各国自行交涉,惟约定标准三项:一、逐渐撤废可以容纳;二、保留至华会各国撤废时同时行之;三、另订过渡办法。

△ 湘赣红军第六军成立,黄公略任军长,赣西南特委书记刘士奇兼任政委,毛泽覃任政治部主任。下辖三个纵队。全军共 3000 余人。

△ "满铁"地方委员会在"满铁"社员俱乐部开第七次会议,议决不用华人员工。

△ 北宁路唐山铁路工人 5000 余人因要求增加奖金,被当局拘捕多人,押送天津军事法庭。

1 月 20 日 石友三部移防发生障碍,蒋介石派军队向津浦线集中,形势转紧。是日,徐州、蚌埠间符离集南及固镇南两铁桥被炸毁,鲁省军队亦纷向鲁南集中,石友三由汴赶回蚌埠。

△ 阎锡山撤销在郑州之副司令行营,令孙楚师回河北。

△ 何应钦、刘文岛由汉口专车到长沙,与何键会商肃清桂系及善后,决定抽调部分湘军入桂协助第六、八两路军会剿张、桂两部,会攻桂林。

△ 国民政府公布《民国十九年关税公债条例》,债额 2000 万元,作为整理旧中央政府及国民政府所欠湖北债务和收回民国十六年国民政府发行之整理湖北金融公债之用,年息八厘,至民国二十六年 12 月底本息全数偿清。

△ 国民政府公布《民国十九年财政部整理山西省金融公债条例》,总额 2400 万元,充作收回山西省银行纸币之用。民国十九年 1 月 1 日起发行,年息八厘,至民国二十六年 12 月底本息全数偿清。

△ 彭德怀红五军第五纵队与赤卫队配合进攻鄂东南阳新城,守敌邓英独立第十六旅第三营及常练队仓皇向武穴逃窜,红五纵队占领阳新城,释狱囚,焚县署。旋于春节期间分途向粤汉路出击,打击大冶县的金牛、保安和咸宁县的柏墩、汀泗桥、马桥、贺胜桥、官埠桥等集镇的地主武装,歼灭十多个民团,获枪 400 余支,活捉咸宁县长黄思犹。

△ 红三十三师在安徽六安、霍山一带成立,徐百川任师长,姜镜堂任政治部主任,辖两个团,共 200 余人。30 日,与霍山赤卫队配合,攻占霍山县城。

△ 国民政府任命靳云鹗、詹旭初为军事参议院参议;莫德惠为中东铁路督办。

△ 清东陵二次被盗。据载泽对记者谈,此次被盗为乾隆纯贤(按:当系慧贤)皇贵妃及乾隆废后那拉氏之陵。河北省府是日命令将

遵化县长方懋撤职查办,另委王睿增接任。

△　郭沫若著《中国古代社会研究》由上海联合书店出版。

△　台湾新竹、嘉义实施市制。

1月21日　蒋介石电韩复榘、石友三,任命石为河南省清乡总指挥,归韩节制指挥,所部离蚌移驻归(德)、亳(州)。23日,石率部离蚌向指定地点开拔,前月成立之皖省政府各机关及有关人员亦随军北去。

△　改组上海临时法院第二十八次会通过新协定十条及附件三条,交涉即告结束。俟分别向中国外长及各该国公使请示同意后即定期签订新协定。

△　莫德惠向南京请辞中苏会议代表,希望外交部长自当全权之任,"俾外交一贯,责有攸归"。

△　驻哈尔滨苏领事西门诺夫斯基因南京方面否认伯力协定,特向东北当局及各国声明:一、伯力协定任何条款不得变更;二、中苏正式会议不能变换地点及迁延;三、苏联缓撤满洲里一带军队,俟正式会议开成,即扫数撤退;四、东北代表于短期内口头答复。

△　陈策率海军占领琼州,同日召集琼属13县及各界代表,讨论"剿共"安民办法。

1月22日　阎锡山在太原总部补行陆海空军副司令宣誓典礼,吴铁城监誓。阎借机发表对抗蒋之演说,提出建立"整个的党,统一的国"之主张,要求蒋"礼让为国",表示愿与蒋一起下野。

△　汪精卫应阎锡山之邀商谈联合反蒋,特派王法勤、陈公博北上联络。是日陈离香港绕道日本北上,于3月间抵天津。

△　国民政府公布《交通部邮政储金汇业总局章程》。邮政储金汇业总局直隶交通部,管理全国邮政储金及汇兑等业务。

△　国际电信交涉委员会在交通部开会,就大东、大北两水线公司声称其在我领海内安设水线享有永久登陆权事进行讨论,决议不予承认,由该会驳复。按:大东系英人所办,其线路经香港、新加坡、印度过地中海达欧洲各国;大北系丹麦人所办,其线路经东三省、西伯利亚至

丹麦达欧洲各国。两水线已创办 50 余年,与清政府前后签订合同 20 余件,是年合同期满。

1 月 23 日　工商部为救济金融,咨请各省政府急办五事:一、厉行国货运动;二、整理各业工厂,改良产品,增加产额;三、振兴特产,补助输出;四、停止征收附加货捐;五、开发各种富源,渐图输出。

△　国民党中常会通过《学生团体组织原则》、《学生自治会组织大纲》、《妇女团体组织原则》、《妇女团体组织大纲》、《文化团体组织原则》、《文化团体组织大纲》。

△　上海丝厂 104 家因欧销不振,先后停闭。

△　日本向南满路增加驻军,是日辽阳开到日军两队,计 470 名。

1 月 24 日　石友三率部入豫,中央军陈继承第三师自张八岭北进接防蚌埠。27 日起津浦路恢复通车。石友三 23 日、24 日两次电蒋介石,表示痛悔前非。

△　卫立煌通电就第八军军长职。

△　北宁铁路管理局局长高纪毅与荷兰治港公司驻华总代表陶普施在天津签订《葫芦岛海港合同》,建筑费 640 万美元,限 1935 年 10 月 15 日前竣工。

1 月 25 日　是日为伯力协定所定中苏正式会议开会日期,因国民政府不承认伯力协定,会议未能如期举行。26 日,苏联当局为此发表声明称:会议日期及因此发生的结果,应由中国方面负责,苏联当局仍视 1 月 25 日为开议日期。

△　张学良召集王树常、汤玉麟、万福麟等各师长在沈阳举行编遣会议,拟将东北国防军 24 个师缩编为 16 个师。

△　何成濬辞湖北省政府主席,专办军务,国民政府是日复电慰留。31 日,何自汉乘飞机到京见蒋介石,仍坚辞。

△　教育部通令禁止小学再采用文言教科书,各小学严厉推行部颁之国语课程暂行标准,各师范学校、高中师范科厉行国语教育,养成师资。

1月26日　苏联政府宣布中苏会议无限展期。

1月27日　国民政府令任命王金钰为安徽省政府委员，并指定为主席，免去石友三安徽省政府委员兼主席职。30日，王金钰电蒋介石辞安徽省主席职。

△　国民政府任命马吉第、冯象鼎为军事参议院参议。

△　国民政府令：赈灾委员会改为赈务委员会，另定组织条例，公布施行。特派许世英、唐绍仪、王震、熊希龄、刘镇华、汪守珍、朱庆澜、严庄、赵丕廉、水梓、李环瀛为赈务委员会委员，指定许世英、王震、刘镇华、汪守珍、朱庆澜为常务委员，许世英为主席。

△　国民政府外交部通令各级政府及公安局，谓领事裁判权撤废后，外侨在内地发生民、刑各案，均受中国裁判。

1月28日　蒋介石以粤桂战争紧张，电令何键第四路军出兵讨伐张、桂。何键乃委刘建绪为"讨逆"前敌总指挥，动员第十九师全部、第十五师、十六师各旅、第二、第三警备部各一团参加。2月2日，刘建绪下令由永州进攻桂林。

△　东铁督办、中苏正式会议全权代表莫德惠奉召于27日晚抵京，是日向蒋介石面陈伯力会议记录真相及东省当局签字原因，并称："外交事项，东北绝对听命中央。"同日，莫对记者发表谈话亦作同样表示，并对担任中苏会议代表表示坚辞。

△　国民政府训令中央研究院在沪各研究所移至南京，所有在沪一切建筑即日停止。2月20日又训令南京市政府，饬划拨中央研究院清凉山院址。

1月29日　日本首相、外务大臣、拓相、藏相、陆相及仙石总裁等，出席南满铁路改革第二次协会，决定经营满铁方针：一、改革满铁组织；二、整理旁系会社；三、扩展昭和制钢；四、实现制油计划；五、交涉吉会路线；六、撤废三头政治。

1月30日　司法院业经决定上海临时法院改组为江苏上海特区地方法院，其上诉机关为江苏高等法院第二分院，预定于2月1日实行。是日,司法院长王宠惠召集会议,决定改组具体办法。是为我国司法机关在上海租界执行职务之始。

1 月 31 日　蒋介石嫡系中央军连日纷调津浦线。邵力子是日衔蒋命赴豫见韩复榘,视察韩、石部队。韩电蒋表示:"惟中央之命是听。"

△　国民政府以"首都警政腐败",撤销姚琮警察厅长职务,遗缺以宪兵司令吴思豫继任;所遗宪兵司令一职由国民政府警卫团长俞济时代理。

△　国民政府国务会议批准《中希友好通商条约》。

△　外交部长王正廷电张学良,表示不能接受苏联对中苏会议延期之抗议。同日,蒋介石召王宠惠、王正廷研究对苏交涉补救办法,以"中央与地方意见一致"为原则,次日又召莫德惠商谈。

△　上海南洋兄弟烟草公司受外货竞争影响,宣告停顿。

是月　中共中央军事部决定统一全国红军的番号和编制,将几支较大的红军编为中国工农红军一至八军。

△　全国各地奇寒,贫民冻毙颇多。豫省 113 县十室九空。5 日东南各省奇寒。10 日汉口连日奇寒,为 43 年来所未有。10 日《申报》载称,绥远 17 县今冬冻死 1.5 万人。13 日《申报》又称,北平近日冻毙736 名。16 日,上海附近内河交通为冰阻断。全国一月来均受到严寒影响。

△　和昆信托股份有限公司在上海创立,资本总额 50 万元。

△　旅越侨商梁康荣在西贡创刊华文《中国日报》。

△　香港保护儿童会成立。

△　上海纱厂工会成立。

2　月

2 月 1 日　财政、工商两部会拟救金融办法,呈报行政院监核。其主要内容为:一、关税改收金币;二、发行专为纳税用之金券;三、废两改元,统一货币;四、增加生产;五、便利交通;六、提倡国货;七、免除苛税;八、开采东三省、西藏等处金矿等。4 日行政院会议决议,除开采金矿由财政、农矿两部妥筹计划外,余准备案。

△　俞作豫率领广西警备第五大队在广西龙州起义,成立中国工农红军第八军,俞作豫任军长,邓斌(小平)兼政治委员,李明瑞任红七、红八军总指挥。同时成立左江革命委员会,王逸任主席,俞作豫、何世昌、何键南等为委员。左右江根据地从此连成一片。

△　美国新任驻华公使詹森抵京,向国民政府主席蒋介石呈递国书。

△　日本新任驻沪领事(代理总领事职务)三浦义秋抵沪。

2 月 2 日　陆海空军总司令部以讨唐军事结束,重新配置军队,令刘峙第二路军(除夏斗寅师外)全调津浦路,兼卫戍南京;由何成濬第五路军担任湖北及平汉路南段防务与武汉卫戍。

△　前第六路军总指挥兼安徽省主席方振武因与冯玉祥密谋倒蒋,于 1929 年 10 月被关押于南京,蒋介石将其发交军法会审,委朱绶光为审判长,张治中、贺耀组为审判官,是日在南京进行第一次审判。4 日判决方暂禁汤山思过。

△　唐生明部由永明(今永江县)入桂,3 日经灌阳向灵川退却。何键电令第十六师师长罗瀛瀛及司令陈光中速将唐部歼灭于全州附近后,即向桂林前进。

△　蒋介石派第二路军唐云山独立第十五旅及公秉藩师到赣,与张辉瓒第十八师"会剿"红军。是日,蒋介石电令第二路军入赣各部统归鲁涤平节制指挥。

△　外交部就美舰及鱼雷艇于上月 20 日、26 日先后在重庆大佛寺撞沉商轮及民船七艘事照会驻北平美使馆抗议。是日美使馆复照外交部,称此案正在调查中。

△　英公使蓝普森晤外交部长王正廷,商撤销领事裁判权及交还威海卫问题。英使声明奉该国政府训令,希望分五年逐渐撤销领事裁

判权。同日,驻美公使伍朝枢电外交部,报告美政府对领事裁判权无急切解决之意。5 日,蓝普森向王正廷提出关于领事裁判权交涉意见书,注重在华英侨生命财产安全,希望对外侨诉讼法详加考虑。

△ 驻哈苏领事西门诺夫斯基奉苏联政府令向东北当局提出节略:一、请速承认莫斯科为正式会议地点;二、请制止路工罢工及仇视俄员;三、中苏会议有正当办法时,满站苏军即撤,希望中国军队撤退,以免对峙发生误会;四、各项交涉望以友谊关系交换意见。

△ 莫德惠在京与周龙光等续商对苏交涉补救办法。南京各界对俄后援会决定联合废约会向莫德惠建议:一、伯力协定不生效力;二、严拒在莫斯科举行正式会议;三、发还没收华侨财产;四、前中东路苏籍局长不得复用。

△ 国民政府公布《修正省政府组织法》、《驻外使领馆组织条例》。

△ 国民党中常会通过《社会团体组织程序》;批准童子军于 4 月 18 日举行第一次全国总检阅及大露宿;核定工厂每年停工日数及星期日休假给资办法。

△ 行政院令各省修葺郑成功、戚继光祠宇,连同福州鼓浪屿水操台一并依照古迹条例保存。

△ “台湾工友总联盟”第三次代表大会在台北召开,号召“拥护中国工农革命”、“反对帝国主义战争”,大会被日警强行解散。

2 月 3 日 国民政府特派外交部长王正廷为商订中捷友好通商条约全权代表。

△ 国民政府特任贺耀组继何成濬为国民政府参军长。

△ 陈济棠派飞机 12 架轰炸桂、柳张、桂军阵地,象县张、桂军电台被炸毁。

△ 沈阳城南苏家屯农民李景春误过南满铁道,被日兵枪伤头部。

2 月 4 日 刘镇华衔蒋命自南京抵太原,次日见阎锡山,述蒋对西北事愿交阎负责办理。

△ 伦敦发表英政府为领事裁判权问题致中国备忘录,略谓英政

府去年 12 月 31 日致中国备忘录中最紧要者,为勿使不幸事件发生,致妨碍行将开始之谈判,希望中国政府严谕各省、各地方官吏,凡关于英人地位与权益在条约上之规定,在未经谈判而协定修正之前,应完全继续有效。

△　波兰驻华代办魏登涛与外交部交涉修改中波商约,外交部以商约既经签字,不能再提修改,只允另加附件或换文。

△　铁道部发表与中英公司改订京沪路合同结果:一、裁撤洋总管,由铁道部另派董事会主席;二、中英公司放弃代购材料价款 5% 之酬金,改为该部年付 3500 镑,作为经营铁路债权及经理人之酬劳金,付托公司购料等事不另受酬金。

△　中共中央发出《关于召开全国苏维埃区域代表大会的通告》,决定由中国共产党和中华全国总工会发起于 1930 年 5 月 1 日召开全国苏维埃区域代表大会。15 日,中共中央和全总联合发表《召集苏维埃区域代表大会宣言》。

2 月 5 日　国民党中央政治会议讨论伯力协定补救办法,大致议定:关于恢复中东路原状及互释侨民,因事实上已生效力,不得不承认;关于恢复中苏国交及中苏通商,暂作悬案;关于苏俄在东北商业机关,可以恢复,但不得为"宣传赤化"之所;关于解除白俄武装,驱逐出境,正式会议中须声明中国决不利用白俄颠覆苏俄。

△　蔡运升向哈尔滨领事团表示,伯力协定签订时,中央声明与东北完全一致,并无所谓两歧,该协定仅十条,无密约,依政府所承认之中苏协定办理,无其他损失国权之处。

△　蒋介石重新确定讨桂军事策略,以何键第四路军由阳朔进攻桂林,朱绍良第六路军由平乐出修仁,搜索柳州附近之桂军,陈济棠第八路军则沿大河西进,肃清桂平、贵县一带桂军。吕焕炎部负责绥靖桂省各属。是日陈光中率部由阳朔向桂林进攻。

△　鄂西红军段德昌独立师在监利汪家桥扩编为中国工农红军第六军,孙德清任军长(孙因病未就职,由邝继勋继任),周逸群兼政治委

员,下辖两个纵队,第一纵队司令段德昌,第二纵队司令段玉林。全军约 6000 人,先后占领沔阳、潜江、华容、石首等地,开辟洪湖根据地。

△ 上海法租界会审公廨自动改组,法总领事甘格露公布办事简章五条:自 1 月 27 日起,刑事案初审、复审概由中国法官单独审理,租界代表得观审及发表意见;华洋刑事及引渡案由中法会审;1 月 27 日以前之案件,仍维原状;在该公廨登记及被承认之中国律师,得出庭于刑事会审公堂;会审公廨对其他法庭之管辖权,仍依 1920 年 7 月 2 日协定办理。

2 月 6 日 国民党中央政治会议开临时会议,商定对苏外交方案原则,以完成中国独立自主权为惟一标准。

△ 工商部长孔祥熙电呈蒋介石,请饬财政部训令海关禁止外国银币进口,并令国际联盟中国代表向国际汇兑会议提议,请英、法政府转知印度、安南政府,于一定时期内,停止向外输售现存银货。

△ 中国航空公司与美国飞运公司所订之中美航空合同经军政、财政、交通三部与参谋本部会议,决定呈请国民政府根本取消。美飞运公司已先借口中国不履行合同,径向美外交部呈诉,由该部向驻美公使伍朝枢提出交涉。

△ 蒋介石委杨杰为长江要塞总司令,将镇江、吴淞、江宁、江阴、镇海五区要塞划归指挥。

△ 日本谋以武力强筑吉会路,在六道沟朝鲜银行附设吉会路办事处。13 日,东北大学学生组织护路会反对。

△ 据《民国日报》讯:由于外商打击和税捐加重,南洋烟草公司三年间亏损 575 万元,上海总厂停工,职工 3000 余人给资一月遣散。

2 月 7 日 据《申报》讯:国民政府变更编遣划区办法:划苏、浙、皖、闽、赣为中央编遣区,由中央直接处理;新疆、西康、晋、陕、绥、冀为西北区,由阎锡山处理;东三省及热河为东北区,由张学良处理;豫、鲁为豫鲁区,石友三、孙殿英、韩复榘等部归韩处理,马鸿逵、陈调元、刘珍年等部归陈处理;湘、鄂为湘鄂区,由何成濬处理;粤、桂为东南区,由陈济棠处理;云、贵、川为一区,人选未定。各区在2、3两月内,照中央指定师数,自行编遣,4月底中央派员赴各区点验。全国以60师为限。

　　△　日代公使重光葵抵京,与财政部长宋子文接洽修改商约中之关税问题。关于对日修约方针,中政会外交组最近决定以下原则:一、关税完全自主;二、撤废领事裁判权;三、废除以前商约条文上所有不平等待遇。

　　△　朱绍良赴荔浦督战。第八路军先后攻克浔江右岸蒙江、白马(位于平南县东南)、武林、丹竹、平南各地,蒋光鼐、香翰屏两师会同吕焕炎部向柳州方面攻击前进。9日晨,航空一、二队共派飞机24架,对张桂军阵地总轰炸。

　　△　毛泽东在吉安之陂头主持召开红四军前委、赣西特委及红五、六军军委联席会议(即“二七”会议),讨论扩大红色区域,深入土地革命,发展工农武装,为夺取江西全省而斗争等问题。9日结束。

　　△　汉口、长辛店分别举行“二七”惨案纪念会,两处共到万余人。长辛店会通过提案四项:一、抚恤死者家属;二、建立纪念碑;三、购地改葬死者;四、请中央严缉吴佩孚。

　　2月8日　外交部发表对苏宣言,声明对伯力协定中有关解决中东路纠纷办法,予以承认,该协定所载两国其他关系事项,超越中国政府训令范围,中国代表无权讨论。我国准备派代表往莫斯科出席正式会议,讨论中东路善后问题,至两国通商及其他一般问题,苏联政府如另派代表来华,亦愿与之商议。

　　△　国民政府惩办前办理对苏外交人员,外交部司长周龙光免职查办,驻芬兰公使朱绍阳、前哈尔滨交涉员蔡运升交行政院转饬外交部严加议处。

　　△　蒋介石召莫德惠商对苏交涉计划,劝任中苏正式会议代表,莫坚辞。

　　△　福建省政府主席杨树庄由闽乘“普安”舰到沪,当晚赴京,次晨

谒蒋介石商闽局。蒋决派上海市长张群前往查办。杨当夜返沪促张赴闽。12 日,杨偕张赴闽。

　　△　中国社会学社在上海成立,选举孙本文、许仕廉、吴泽霖、杨开道、钱振亚、吴景超、陶孟和七人为理事,应成一、王际昌、游嘉德、胡鉴民、吴文藻五人为候补理事。

2 月 9 日　蒋介石致电阎锡山,称平定两粤,极有把握;请敦促赵戴文早日来京,共商大计。并说:今日中国危险已达极点,救国之事与祸国之罪皆由我两人实负此责。暗示阎要慎重,不要蠢动。

　　△　赣省"剿共"军开始总攻击,11 日张辉瓒部朱耀华旅占乐安,唐云山旅占永丰。16 日金汉鼎师占宁都。

　　△　阎锡山电请中央拨款办理西北善后,要求按前第二集团军编遣饷费为标准拨款。

2 月 10 日　国民政府五院院长谭延闿、胡汉民、王宠惠、戴季陶、赵戴文联名发表《告全国军人书》,重申"和平统一为政府之根本大策",痛斥"挑拨离间"、"称兵作乱"者之非,要求全体军人力行四项要旨:一、须视军队为国家之武力;二、须从保障国家生存中求本身之生存;三、须不存利用别人之心而亦不可为别人所利用;四、须居心作事,光明磊落,不必多所疑猜。并宣称:"中央所知且必力行者,惟在抑制内战,实施编遣,以完成统一,保障和平。故凡称兵作乱,扰乱和平者,中央必根据人民之要求,以之为人民公敌,且为谋国家之统一与独立,是万不得已而讨伐之。"14 日、17 日,何成濬、陈调元分别复电响应。

　　△　国民政府决议改组湖北省政府,任命何成濬、黄昌谷、方达智、吴醒亚、彭介石、张贯时、熊秉坤、黄建中、谢履为湖北省政府委员,指定何成濬为主席,吴醒亚、张贯时、黄昌谷、黄建中分别兼任民政、财政、建设、教育各厅厅长。同日,何成濬抵汉接收湖北省政府。五路总部呈请撤销,军事仍由行营负责,由何应钦主持。

　　△　阎锡山发表致蒋介石"蒸电",指出:"武力统一不特不易成功,且不宜用于民主党治之下。"并称:"同持青天白日之旗,同为党军,而互

相肉搏,伤亡者皆我武装同志……军心不安,武力将何所持,党已破碎,党国将何以全。"又以"礼让为国"之名,提出与蒋共同下野。

　　△　第四路军刘建绪部罗瀛瀛第十六师进驻全州,旋刘亦抵全指挥各部攻桂林。朱绍良部调平乐,毛炳文、许克祥师各一部赴容县,协助第八路军攻贵县。同日,粤军余汉谋、蒋光鼐两师由藤县抵容县,向郁林进攻。11日,蒋师占郁林,蔡廷锴师攻贵县。

　　△　国民政府公布《民法债编施行法》、《民法物权编施行法》,定5月5日起施行。

　　△　行政院据中国驾驶员联合会、中国扬子江领江员会呈请将领海引港权与航权同时收回,是日训令外交、财政、交通、工商四部会同核议。

　　△　沈鸿烈访东铁华理事沈瑞麟,交换中俄会议收回东北航权之意见。

　　△　卢兴邦通电在延平就陆军新编第二师师长。

　　2月11日　蒋介石电武汉行营,在何应钦未到前,由何成濬代行行营主任职权。12日,何到职视事。

　　△　驻徐州第十一军马鸿逵部10日调皖,是日顾祝同率第一军军部人员由蚌抵徐接防,在刘峙未到前,由顾驻徐主持军事。

　　△　挪威驻华代办爱尔由沪抵京见王正廷,转达该国政府对中国政府撤销领事裁判权表示赞同。

　　△　国联禁烟委员会第十三届会议通过中国代表吴凯声所提各国政府应与中国政府合作禁烟议案。

　　2月12日　蒋介石复阎锡山蒸(10日)电,批驳阎锡山"礼让为国"的主张是"自鸣高蹈"、"奖乱助争"。坚决表示:只有和平统一完全实现,国民革命进行无阻之时,才能共息仔肩。

　　△　张学良电南京五院院长,表示"拥护中央,以固国家之统一"。张电发表后,王金钰、徐源泉分别在17、18两日电张,称"一切惟公马首是瞻"。

△　驻防临沂县、峄县(今属枣庄市)、诸城等地之暂编第十九师师长高桂滋响应阎锡山反蒋,是日电阎锡山、韩复榘、石友三等,表示"即当联合友军,攻取济南,进窥南京,整装待命,听候驱策"。该电经济南转发时,为山东陈调元总指挥部扣留。16 日,高又电阎,仍为山东总部所扣。

△　《中捷友好通商条约》由外交部长王正廷与捷代表倪慈都在南京签字。4 月 7 日,外交部公布条约全文。

△　国民政府令:派驻法公使高鲁为互换中希友好通商条约批准书全权代表。同日,外交部公布 1929 年 9 月 30 日在巴黎签订之《中希通好条约》全文。

△　银价续跌,工商部长孔祥熙向行政院提议禁止外国银币进口及在日内瓦国际汇兑会议中商请英国缓售印度大宗存银。

△　吴佩孚在绥定设"讨逆军"总司令部。连日各方代表往来甚众,尤以国家主义派为多。

2 月 13 日　阎锡山复蒋介石文(12 日)电,仍要求蒋"共同下野",并责蒋:"将多数党员划出党的圈外,国民革命能否进行无阻? 多数军人置诸讨伐之列,和平统一能否真正完成?"主张"凡属国民党者团结一致,取决多数,以解决国事,完成整个的党"。蒋置之不复。14 日,南京中央通讯社发表蒋之谈话,宣称"目前正吾人努力奋斗之日,决非高蹈远飏之时"。

△　外交部长王正廷与英使蓝普森在南京签订收回威海卫租借地草约,计专约 20 条、协定六条及附件。

△　西北军代理总司令鹿钟麟呈国民政府,表示愿依编遣方案缩编陕、甘、青、宁四省军队,请发行西北善后公债 2400 万元。

△　国民党中常会通过党史史料编纂委员会组织大纲;陈少白、萧佛成、张静江为该会名誉委员。

△　上海进步文化界在中国共产党支持下,由鲁迅、柔石、郁达夫、田汉、郑伯奇、夏衍、彭康、画室(冯雪峰)、王学文等 51 人发起组织之中

国自由运动大同盟成立。

　　△　蒙藏委员会派赴呼伦贝尔之慰问专员恩和阿木耳,由辽宁抵海拉尔。呼伦贝尔副都统表示"服从中央,效命党国",并向交涉员赵仲仁示意,蒙军虽驻旧街,黑龙江军队仍可开进 200 名协防,市街公安庶政,仍请黑省负责。

　　2 月 14 日　蒋介石公开发表谈话,坚决表示"出处进退,不能不以党国之命令为依归,决不能以一二人之私见,变更决议,违反法令"。

　　△　据《申报》载:北平各大学教工会派代表入京,向国民党三中全会请愿,要求停止移用庚款。

　　2 月 15 日　南京、太原间因阎复蒋元(13 日)电,发生大论战。是日,胡汉民、谭延闿、王宠惠电阎,责以不顾党国纲纪,谓"国有纲维,党有纪律,个人进退,绝无自由"。吴敬恒、何应钦亦各电赵戴文,对阎进行指责,要求赵予以"匡正"。

　　△　李宗仁、白崇禧、黄绍竑、张发奎致电阎锡山,称:"顷诵蒸电,促蒋下野,以谢国人,欣具同心,无任感佩,惟蒋私心自用,怙恶不悛,望以武装迫其引退,和平初衷,始能确保,南部义师,当为公继。"

　　△　国民政府特派莫德惠为中苏会议全权代表,解决中东路善后问题。

　　△　国民政府任命安徽省政府委员兼教育厅长程天放兼任民政厅长,代行省主席职务。

　　△　第二路军已全部移驻津浦线,总指挥刘峙进京见蒋,报告移防及汉口行营交接情形。

　　△　鲁迅主编的文艺理论刊物《文艺研究》季刊在上海创刊,仅出一期即被禁止。

　　2 月 16 日　蒋介石发表《告诫军人书》,宣称:"和平统一之方策……以实施编遣与制止内战为惟一之纲要";"称兵作乱,反抗中央者,谓之叛变,亦即谓之内乱,而制裁反侧,戡定内乱,是为讨伐,而非内战",望军人明察顺逆之分,公私之辨。

△　阎锡山电复胡汉民、谭延闿、王宠惠删（15 日）电，谓党国以个人中心之武力为基础，党治精神不能真正实现，而与蒋在野负责，于党国无害。17 日复发一电致谭、胡、王，提出依照编遣会议议决，组织元帅府或机枢、元老等院以镇乱，而实现在野负责之主张。

△　蒋介石制定讨伐阎、冯之战斗序列及作战计划，决以主力集中丰沛、新安镇、徐州、萧县、宿州、蚌埠、寿州、正阳关、阜阳、颍上之线，先行击破石友三、孙殿英等部，以孤阎、冯之势。大部则集中平汉路沿线之许昌、漯河、西平一带，及以东之商水、项城、正阳、上蔡等地，与主力相呼应，以阻阎、冯南下。于舞阳、信阳、广水、花园、安陆、孝感、武昌、汉口等地集中四师兵力以为后援。以原驻济南附近陈调元第一路军之第四十六师、兖州附近之第五十五师在原地集中，以山东警备旅之一部在黄河北岸警戒，防止阎军入侵；以刘峙第二路军驻徐州之第一师，萧县之第三师，阜阳之潘善斋独立旅在原地警戒，担任主力军之集中掩护。以第五十一、五十三两师集中襄阳、樊城，第十七师集中南阳、紫荆关，担任左翼之掩护，并封锁陕南冯军之出动。

△　蒋介石制定肃清石友三、孙殿英部作战计划，方针如下：出陇海路及豫东、皖北、鲁西，全力包抄石、孙；同时以一部速占平汉路之郑州，以北抗阎、西对冯，及截断石、孙图与阎等连接之退路；在孝义、洛阳间与南阳、襄樊一带各置守备部队，构筑工事，以遏阻西北军之出动。

△　桂省战事双方在北流激战二昼夜，是日陈济棠第八路军攻下北流。张、桂军退兴业（今玉林）。是役双方死亡 4000 人以上，为桂省十余年来战争牺牲最大者。是役后双方因牺牲重大，入休战状态。

△　张学良在沈阳召开军事会议，张作相、万福麟均到，各旅长多列席。19 日，东北驻晋办公处处长葛光廷在沈对记者谈称，此次会议纯系中俄冲突后整顿内部军队，不干预外事；对关内时局，东北素主和平，但望全国统一，努力对外。

△　鲁迅、柔石、夏衍、阳翰笙、冯雪峰等 12 人在上海北四川路咖啡馆集会，总结革命文学运动的成就和经验教训，确定今后的任务为：

一、严厉地破坏旧社会及其一切思想的表现；二、宣传新社会的理想和促进新社会的产生；三、建立新的文艺理论。决定成立左翼作家联盟筹备委员会。

△　天津宝成纱厂是日起将12小时工作制改为八小时工作制，开中国劳动界创例。

△　据《申报》讯：陕西旱灾，凤翔县原20余万人，已死亡9.9万余人。

2月17日　改组上海公共租界临时法院协定由中国代表徐谟与英、美、挪威、荷兰、巴西代表在南京正式签字。18日，外交部正式公布改组上海临时法院协定及换文。法代表以未奉法使训令未出席，22日补行签字。

△　蒋介石以驻海州的第四十九师师长任应岐与高桂滋、石友三、孙殿英等部互为声援，威胁徐州，令其移驻寿州、正阳一带，原防由独立第十三旅徐声钰部接替。是日任部遵令移防，在向睢宁前进时，被第一军军长顾祝同指挥部队包围缴械。

△　内政部长杨兆泰奉蒋介石令启程赴晋，敦促赵戴文返京斡旋大局。22日到石家庄后因病停进。

△　何成濬在武汉行营召集在汉高级将领会议，一致决议联名电阎规劝。电称"国事如此，尚希珍重，倘若误听流言，为人利用，实足为兄惜，为大局惜"。

△　国民政府任命李石曾为国立北平师范大学校长，未到职前由李蒸代理。

△　国民政府为中央研究院发掘安阳县殷代故址，训令河南省政府对该院工作加意保护。

△　上海市银行创立，资本总额100万元，总经理徐桴，经理顾逸农。

2月18日　阎锡山因闻蒋介石已下令动员，肃清平、豫，问罪晋、冀，是日急电蒋，声明无负蒋之心，无须劳师动众，一纸命令，无不服从。

同日,谭延闿、胡汉民、王宠惠复阎铣(16 日)、筱(17 日)两电,谓"在野与负责二事势不能两可,既未忘情镇乱,自应巩固中央",劝阎"高拱中枢,弼成训政"。陈铭枢亦于是日通电斥阎"发矢无的,在野救国,理复何居"?

△ 蒋军第二路总指挥刘峙自南京抵徐州坐镇,声明"中央抱和平统一之宗旨,始终不渝,迫不得已时始用兵","凡背叛中央,决无幸存之理"。19 日刘电阎称:"革命未成功时,国是须待执监会解决。"刘部精锐,悉集徐州。

△ 改组派在上海法租界霞飞坊所设之对外联络点"中国国民党各省市党部、海外总支部联合办事处"遭蒋介石之特务袭击,改组派上海总部负责人王乐平及潘行键被击毙,赵麟强受重伤。旋蒋令淞沪警备司令熊式辉严缉凶手,并赙赠 2000 元。

△ 上海特别市长张群奉命赴闽查办政变,是日在福州遇刺。张因赴宴未回幸免,副官一人受伤。

2 月 19 日 蒋介石复阎锡山巧(18 日)电,责阎"以礼让为名,争夺为实",部署对中央作战。并称"兄果有服从命令之诚意,则请立即取消下野引退之说"。要求阎"首践请焕章出洋之约,复其自由,并切实负责实行编遣会方之决议案,以示大信于天下"。阎复蒋电,仍言服从,声称"北方今仍安谧,此间迄今尚无备战之象"。

△ 阎锡山电胡汉民、谭延闿、王宠惠,建议:一、原第一、二、三、四集团军总司令均摆脱军权,入元老或机枢等院,维护党国;二、各地停战,党是由全体党员投票表决,以息党争。24 日,胡汉民、谭延闿、王宠惠复电责其"离中央而言党","以他人为牺牲而己获其利,陷他人于水火而己不居先","不惜为乱国之祸首"。望阎速撤侵扰鲁西之晋军,停止一切不祥行动。28 日,阎复胡、谭、王电,称"弟多作辩论,无非为党为国,既不见谅,尚何多言。冯师系在直境剿匪,并未至鲁西"。

△ 刘峙、顾祝同、蒋鼎文、夏斗寅、陈诚、陈继承、赵观涛、徐庭瑶联衔通电,响应五院长 10 日《告全国军人书》,表示指导四项,绝对接

受,始终拥护中枢,完成编遣,实现统一。

　　△　闽省政府主席杨树庄通电斥阎"谬托名高,动摇视听,名为礼让,实启纷争"。

　　△　粤军将领在梧州会商结束对桂军事及应付时局,是日陈铭枢偕范其务、黄强自广州飞梧参加。21日,梧州会议结束,议决:一、第六、八两路军全体将领联衔通电促阎觉悟;二、以武力戡定全桂。

　　△　中法悬案中之美金债票拨还中法实业借款一案,国民政府如约履行,计还本息2.2亿法郎,又零星付还小款外债多起。

　　△　国民政府以"清史稿纰缪百出",训令行政院转饬所属禁售,并将故宫博物院现存之该项史稿悉数运京,永禁流传。

　　△　国民政府令准湖北警备司令夏斗寅辞职。

　　2月20日　阎锡山复蒋介石皓(19)电,称:"党国以党为主体,个人中心之武力,是党国之障碍,必一齐交还于党,再实行编遣",并称"津浦、平汉准备军事,系挑拨离间者之言,祈勿轻信"。

　　△　鹿钟麟等通电反对南京三全大会,并推阎锡山为全国陆海空军总司令,冯玉祥、李宗仁、张学良为副司令。

　　△　监察院副院长陈果夫电促院长赵戴文返京,谓监察院若早成立,"中央命吏,皆在监察院严正督察之下,反动者或不敢越轨犯法"。

　　△　国民党中央宣传部招待新闻记者,中委孙科报告中央对时局之态度,驳斥阎锡山"礼让为国,在野负责"之主张,声称"凡有称兵作乱者,中央当然以武力削平之"。

　　△　蒋介石以驻鲁南之新编第十九师师长高桂滋有倾向阎锡山迹象,密令鲁军会同蒋军将其解决。是日陈调元派阮肇昌第五十五师由兖州、临城东进,包围枣庄、峄县,高部一团被缴械,另二团退临沂。阮部继续进逼。适石友三部进攻济宁,阮部迅即开往兖州防石。第四十六师范熙绩部两个旅由胶济路南进包围诸城、安丘,高部坚守诸城。

　　△　独立第十五旅唐云山部到达吉水、乌江一线,分左、中、右三路进至水南、富滩、值夏,企图合击红四军。红四军放弃原定进攻吉安计

划,将所部集中富田,诱敌深入,待机歼敌。24 日,红四军以一部钳制值夏、富滩之敌,主力对水南之敌猛攻,歼敌两个营。次日在富滩、值夏经过一天激战,又歼其大部,俘敌 1600 余人。敌向吉安逃窜。

△　历史语言研究所主任李济在北平发表关于发掘安阳殷墟古物之谈话,谓发现雕刻、瓷器、铜模、白铜器、龟甲、牛骨、麒麟头颅诸物,其价值足可令中国美术、文化、社会史重行编定。

△　东北当局决定,自本日起,吉林官贴、热河兴业银行纸币及东三省官银号发行之奉票,一律中止发行,另发行新纸币以整理币制,并组织金融整理监察委员会协助整理。

2 月 21 日　汪精卫就王乐平被暗杀事以英文发表对外宣言,谓王在上海被暗杀系政治性质,是想给反对派一个直接的打击,使用这种无耻手段,明显是政府懦弱无能的供状。

△　李宗仁、黄绍竑、白崇禧、张发奎、胡宗铎通电请蒋介石下野,以谢国人,谓“党国破碎,民苦流离,推原祸始,皆介石一念之私有以致之,介石一日不去,则整个的党,统一的国,一日不成”;并推阎锡山为全国陆海空军总司令,总揽军权,冯玉祥、张学良为副总司令,夹辅阎锡山。

△　冯玉祥西北军改编为三个军团,受阎锡山指挥,孙良诚、刘郁芬、宋哲元分任第一、二、三军团司令,鹿钟麟任总司令。西北军总部由西安移潼关。

△　国民党广东省各级党部通电响应阎锡山蒸(10 日)、铣(16 日)两电,称阎“提倡党员团结一致,取决多数,主张军人推诚合作,为党国整个之武力,实今日人民所渴望,多数党员所蕲求”;斥蒋“恃暴力以为统一由我,征伐自专”,必将不戢自焚,为当世所共弃。23 日,阎复电致谢,并指责国民党三全大会代表指定者 211 人,圈定者 122 人,选出者仅 73 人,“党既不党,国安能国”?

△　苏联派中东路前局长叶木沙诺夫为东铁副理事长,于 20 日抵哈,是日就职。中方反对无效。

　　△　交通部与德国汉沙航空公司签订合办欧亚航空邮运合同,规定合办公司须完全遵守中国法律;公司股本中方占三分之二,德方占三分之一;董事及监察人之三分之二皆由中国人担任。

　　△　交通部为日本提议开设中日航空路线拟订协定事咨复外交部称,应俟我国批准《国际航空公约》后依约办理,无另订协定必要,并请与日交涉促速撤除南满日邮。

　　2月22日　蒋介石复阎锡山号(20日)电,责阎对皓(19日)电所提取消礼让引退之议及实践请冯出洋之约、实施编遣二点"概未置复",对阎电所称"个人中心之武力"的指摘有所辩解,声称"在党国命令之下造成健全之武力,用以戡定叛乱",是"天职所在",下野"无异为反动者解除本党武装"。

　　△　训练总监何应钦电沈阳阎锡山之代表梁汝舟,谓阎"此次竟假礼让之美名,为倡乱之主动",望劝阎"临崖勒马"。

　　△　云南省政府主席龙云电驻京代表李培天,谓对晋阎"必须严予制裁,云南始终拥护中央"。

　　△　第八路军蔡廷锴、余汉谋两师占领贵县。

　　△　国民政府据国民党中央执行委员会第七十四次常务会议决议,训令直辖各机关,禁止以孙中山遗墨手迹等售与外人,违则严重处罚。

　　△　立法院通过《党员犯罪加重处刑暂行条例》,凡五条,规定:"凡党员犯刑法或其他法律所定之罪者,加重本刑三分之一";"现任职官虽非党员,以党员论"。25日,国民政府公布。

　　△　国民政府特派伍朝枢为编纂国际法会议全权代表。

　　△　国民政府指定张之江为全国禁烟会议主席,钮永建为副主席,决定本年4月21日召集第二次全国禁烟会议。

　　△　教育部令停闭上海私立东亚大学。

　　△　上海复旦大学教授洪深组织群众反对大光明电影院上演侮辱华人之美国影片《不怕死》,并呈请上海市当局取缔。

2 月 23 日 阎锡山、冯玉祥、李宗仁、白崇禧、何键、韩复榘、刘文辉、宋哲元、金树仁、徐永昌、石友三、黄绍竑、张发奎、傅作义、邓锡侯、杨虎城、刘桂堂等 45 人联名通电，谓党内纠纷迭起，由党争而变为兵争，"所争者三届续统与二届复统两点。而主张息争者，拟由一、二、三届执监委员，除共产党党员外组织临时国民党党员干部会议，于最短期间成立四届"。"锡山等拟请由我全体党员总投票，取决多数"，以实现"整个的党，统一的国"。28 日，何键、刘文辉、金树仁、王金钰、杨虎城、刘珍年等声明否认列名阎该电。

△ 蒋介石电令武汉行营代主任何成濬将第二路、第五路军统归行营指挥。

△ 据《申报》讯，日本对沪法院协定，认为并未参预，不受拘束，须中日另行直接交涉，日保留期满未修旧约精神，不放弃领事裁判权。

2 月 24 日 阎锡山复蒋介石养（22）电，声称"个人中心之武力，是党国之障碍，应一齐交还于党，再实施编遣"；并派代表指定过半数之三全大会，"非国民党之三全大会，乃钧座之三全大会，编遣讨伐，无异钧座一人之命令，党国危乱，实肇于此"。

△ 汪精卫电阎锡山，表示极赞成全体党员总投票解决党内纠纷，称此举为"全体党员之公意"，"实为本党最高主权之所在"，"无论何人，均当服从"。责蒋"好乱怙权，悍然不顾"，"如和平无望，则以武力制裁"。

△ 国民党中常会决议：陆军第四、十五、十六、十七、二十一、二十三、二十五、二十六、二十七、二十八、四十五、五十一、五十三师，第二集团军、第四集团军均系反动军队，又陆军第三十四、四十四、五十二等师及第二十二军业已改编，所有各该军、师特别党部应一律取消。

△ 据《申报》载：第八路军蔡廷锴、蒋光鼐、香翰屏三师及空军在容县、兴业一带击退桂军黄绍竑部。

△ 据《申报》讯：豫赈灾会函请华洋义赈会协助移民东三省，经该会核议，须中国国内停止军事，则募赈及运输移民均可尽力办理。

△　新任挪威驻华公使欧伯向国民政府主席呈递国书。

△　上海各丝厂因去岁洋庄丝市不振,干茧原料枯薄,于去冬先后停机休业。一月以来,各丝厂相继开工,至是日止,全沪 104 家丝厂,开工已达 70%。

2 月 25 日　阎锡山亲到五台建安村晤冯玉祥,表示讨蒋决心,双方言归于好。28 日偕冯同返太原,共商讨蒋大计。冯对阎所拟讨蒋电稿表示赞许。

△　河北省政府奉阎锡山令派员赴英、美、法、日各国公使馆,告以蒋介石若不下野,将予武力制裁,并声言万一战祸波及外侨,由省府负责保护。

△　太原组织各方将领联合办事处,专司计议军事方针及接洽机要。

△　何成濬电阎锡山,斥组织元帅府及枢密、元老两院之非,劝阎勿"立异鸣高,以退为进"。

△　建设委员会第二次全体委员大会开幕。陈果夫代表国民政府致词,声称"建设障碍在破坏分子尚未肃清,扫除反动即为建设工作之第一步"。该会副委员长曾养甫报告该会成立以来工作概况,各省代表分别报告各该省建设情况及今后计划。大会通过确定全国建设经费保管支配方案,整理扬子江镇江、瓜洲水道码头等 55 项议案。27 日闭幕。

△　国民党中央政治会议外交、财政、经济三组开会,审查工商部长孔祥熙所提救济金贵银贱意见书(内容分禁止现金出口、充实银行发行准备、进口生银酌量征税、铸造五角银币四项),及孔祥熙前提禁止外国银币入口,向国际汇兑会议提议商请英、法政府转知印度、安南政府于一定期内停止向外输售现存银货案,决由外交部与英、法两国代表商救济办法,关于禁止外国银币入口及铸造五角银币,由财政部酌办,其余俟统一币制时再议。

△　工商部呈行政院,请指借民国十九年以后之俄、英、日、美、意、

比、荷七国庚款余额 3.7 亿元作抵,发行海关金单位公债券 2.2 亿元,名为民国十九年七厘庚款债券,以创办特殊银行,俾实行金本位制及办理国际汇兑之准备。

△ 国民党中央政治会议决议:朱绶光准辞代理军政部长兼职,特任何应钦兼任军政部长;安徽省政府委员兼主席王金钰辞职照准,任命马福祥为安徽省政府委员兼主席。

△ 国民政府令:各省前经设立之最高法院分院,在法院组织法制定施行以前,准其暂缓裁撤,至各该分院处理事务暂行办法,应由司法院转饬司法行政部拟具条款,呈候该院核定饬遵。

△ 上海华商纱厂联合会致电行政院长及外交、财政、工商三部部长,请于中日关税条约中,不得以日制棉纱、棉布两项作互惠品,并请披露“互惠协定”全文,以待国人研究。

△ 中共中央指示,决定将湖北的黄安、麻城、黄陂、黄冈、孝感、罗田,河南的商城、光山、潢川、固始、息县,安徽的六安、霍山、英山、霍丘、颍上、寿县、合肥等县划为鄂豫皖边界特别区,建立中共鄂豫皖边特别区委员会。4 月,中共鄂豫皖边特委成立,郭述申任特委书记。

2 月 26 日 蒋介石复阎敬(24 日)电,对三全大会代表产生有所申辩,谓:“三全大会代表产生之方法,系第二届中央执行委员会常务会议所决定,指派或圈定之代表,亦均提出常务会议经众公决。”忠告阎“结束无益之辩论,停止不祥之举动,临崖勒马,维持和平”。

△ 国民党中政会开临时全体会议,决定下令讨伐阎锡山,推邵力子拟稿,提交中常会或三中全会讨论后颁发。

△ 中共中央向全党发出第七十号通告,规定党“目前总的政治路线”应是汇合各种斗争,“走向‘变军阀战争为国内的阶级战争’以推翻国民党统治,以建立苏维埃政权”。

△ 国民党中央党部所派天津市党务整理委员兼社会局长鲁荡平,因将军方截获之李宗仁等致阎删(15 日)电以密电抄呈南京陈立夫,被警备司令部监视。其他整委刘不同、陈石泉即晚避入法租界,市

党部人员逃避一空。

△ 汉口市长刘文岛抵京向蒋介石报告何键态度,称何绝对拥护中央。

△ 财政部长宋子文宣布政府已决定不征生银进口税。

△ 上海机制国货工厂联合会电国民政府,反对中日关税条约互惠协定,称日本输出都属工业再制品,中国输出都属原料品,此项协定成立,足制中国棉织业于死命。上海面粉公会亦电行政院,称"互惠固托空言,华厂竟蒙实害",要求在协定未签字前,将全文公布。

△ 上海邮务工会发布《告各界书》,反对交通部设立邮政储金汇业总局,称"邮政储金汇业总局名为发展储汇,实为野心家破坏邮政之屠器",要求交通部收回成命。旋交通部以工会不应干涉行政,严电邮政总局严切训导。3月1日,交通部采纳前邮政总办刘书蕃之建议,决定开办邮政储金汇业总局,各地邮务职工纷起反对。

△ 尼泊尔恃英为后援,派兵进攻西藏。28日,达赖电南京请兵三师防边,班禅亦请南京援兵,俾资应付。按:尼人在藏经商,向不纳税。去年达赖因尼侨抗税,处决一人,因是引起藏、尼纠纷。

△ 国民政府公布《中华民国十九年度试办预算章程》。

△ 据《申报》载:美商美川桐油公司总经理瓦林特抵渝,拟以美金一亿元垄断四川桐油贸易,在渝、宜、汉、沪四处建五万吨油池各一所,另造大小江轮24艘,浅水拖轮四艘供转运,并在扬子江、嘉陵江沿岸设分行,招商收购桐油。

2月27日 驻军陇海路开封与归德之韩复榘、石友三联名通电突倡和平,谓党国伟人,"即使意见偶有冲突,当别有排解之良策,何至诉诸武力",声称"苟于武力之外,另有维持和平之术,誓当追随其后,勇效驰驱"。

△ 陈济棠接蒋介石电令,限半月肃清全桂。同日,陈派程璧金赴滇见龙云,请出兵攻桂。

△ 美国飞运公司派代表勃来斯到南京,与中国航空公司接洽修

改中美航空合同。

△ 国民政府公布《参谋本部陆地测量总局组织大纲》、《参谋本部各省陆地测量局组织大纲》、《中央陆地测量学校条例》、《各区陆地测量学校条例》、《陆地测量标条例》及《测量标条例施行细则》。

2 月 28 日 冯玉祥偕阎锡山抵太原,西北军将领数十人联电欢迎,冯之旧部均列名,惟无韩复榘、石友三。同日,各方参加反蒋代表 34 人在太原召开军事会议,议决八项,决定晋、陕两军同时出发,全力攻平汉、津浦两线。反蒋阵线大联合形成。

△ 津浦路北段晋军以陈调元拥蒋,解决高桂滋、任应岐,决将主力集中德州,由傅作义指挥南下。津浦路北段车辆被扣运兵。

△ 平、津时局紧张,国民党中宣部所办之北平《华北日报》及天津《民国日报》停刊,中央通讯社北平分社亦停止活动。

△ 阎锡山复蒋介石宥(26 日)电,称:"钧座以为负责心安,锡山以为引退心安,只好各行其所安而已。"声明"自此以往,不再言国事"。

△ 国民政府国务会议批准第十一次国际劳工大会所通过之最低工资公约。

△ 日人"满铁"理事大藏公望抵吉林,为武力强筑吉会路作重要视察,3 月 2 日返大连。

2 月下旬 湘鄂边红四军奉命离开鹤峰去洪湖与红六军会师,向松滋、公安方向进发,遇蒋军郭汝栋等部阻挡,于占领五峰县城后,又折回鹤峰,待机改途东下。

△ 中共湘赣边界特委以整编地方武装、研究攻打吉安之名,通知边界各县主要负责人带领本县武装到永新城集中。原井冈山地区绿林头领、受毛泽东团结改造加入中国共产党担任红五军第五纵队领导的王佐、袁文才率部开进永新城。边界特委书记朱昌偕误认为王佐、袁文才会叛变,率部包围其住所,将袁文才枪杀。王佐逃离,在涉水过河时溺死。

是月 五年悬而未结之五卅惨案,以上海英工部局允赔偿抚恤费

15万元了结,工部局与五卅惨案家属会已正式签字。

△　李浩吾(杨贤江)著《新教育大纲》由上海南强书局出版。

△　林柏生奉汪精卫之命在香港创办《南华日报》。

3　月

3月1日　中国国民党第三届中央执行委员第三次全体会议在南京开幕。出席执监委员、候补执监委员44人。下午举行第一次会议,议决:一、中执委汪精卫业经开除党籍,遗缺以候补执委丁超五递补;二、阎锡山受党国重任,并为中央执委,乃于最近联合武人,倡为谬说,违反党纪,动摇人心,并有调遣军队、破坏交通情事,应即设法制裁,特派李石曾、张继、赵戴文切实查明真相。

△　张学良通电劝蒋、阎息争,谓"政见无妨磋议,而不可为意气用事之争,武力有时必需,而不可为萁豆相煎之具",望"融袍泽之意见,剖兵战之凶危,一本党国付与之权能,实施领袖群伦之工作"。

△　蒋介石电告第三集团军各将领,望"认清是非,力持正义",劝阎"及早自拔"。

△　韩复榘、石友三上月27日通电主张和平后,是日朱培德、何应钦致电勖勉韩、石,并告以如阎武力压迫,河南首当其冲,可整队引退,苏、皖、鄂、鲁诸省均可暂驻。同日,刘峙电劝韩、石进一步表示反阎态度。

△　张发奎派司徒非、王超到梧谒陈济棠,请准退出桂境,勿进逼。陈不理,将二人扣留。25日,陈释王超,令携函劝张归降,勿与桂系合作。

△　美参议员麦克玛司德在参院提议,由农委会收购麦粉运中国赈灾,款额以美金2500万元为限,中国政府须在十年内陆续归还。参院农委会主席麦克纳莱对该提案表示赞许,拟即公开征求意见。

△　江海关改为征收金单位币后,因金价涨落不定,外汇汇率时有

变更,海关总税务司报经财政部批准,是日起以汇丰银行挂牌价格为标准,按日公布各国货币换算率。

△　上海金价受伦敦、纽约银价跌落及印度征收生银入口税影响,是日标金突涨至 519.5 两,为前所未有。上海金融界人士建议政府征收生银进口税或限制生银进口,加以挽救。

△　《无产者》月刊创刊,陈独秀主编。

3 月 2 日　阎锡山与唐生智捐弃前嫌,是日唐之参谋长臧卓自天津电香港告唐,谓阎对豫事表示歉意,此后愿与唐共谋国是,并盼唐到晋一行。5 日,臧卓电阎,称唐对阎之讨蒋,必从旁赞助,已嘱湘、鄂旧部相机响应。

△　阎锡山复张学良东(1 日)电,声称:"和平息争,弟之素志,日来与介公迭电商承,戡乱不如止乱,亦正为吁恳和平起见。"

△　阎锡山曾于 2 月 24 日致电吴敬恒,对三全大会指派代表事有所指责,是日吴复阎电,申述指派代表理由,略谓:"一届指定,为防腐也;二届指定,为亲共也;三届指定,为汰共也。"

△　"中国左翼作家联盟"在上海北四川路中华艺术大学召开成立大会,柔石、殷夫、冯铿、洪灵菲、夏衍、冯乃超、钱杏邨、郑伯奇、冯雪峰、阳翰笙、田汉、潘汉年等 40 余人到会,鲁迅在会上作《对于左翼作家联盟的意见》的讲话,阐明无产阶级作家要和实际的社会斗争接触,和劳动阶级打成一片,要造出大群的新战士,要发展文艺界的统一战线。大会通过《中国左翼作家联盟理论纲领》,提出"我们的理论要指出运动之正确方向,并使之发展","我们对现实社会的态度不能不参加世界无产阶级的解放运动,向国际反无产阶级的反动势力斗争"。选举鲁迅、夏衍、冯乃超、钱杏邨、郑伯奇、洪灵菲、田汉七人为常委。设中共党小组,潘汉年任书记。

△　朱德、毛泽东、彭德怀、黄公略红军围攻江西吉水唐云山旅,是日成光耀旅、朱耀华旅到达城郊,红军退富都。

△　外交部允许日本航空株式会社飞机于本月 5 日至 8 日做上

海、福冈间试验飞行,是日转知航空署并上海市政府检查违禁品。

3月3日　国民党三中全会第二次大会除通过临时动议撤销整理晋省金融公债案外,并通过推进党务工作、训练党员工作方针、建设方针等九案。建设方针案中提出今后要注意农业发展,注重农民教育,提倡农业合作,各省限期成立农业银行以辅助农村经济发展;规定有逆产关系之煤铁矿为国家公有,未开发之矿产归国营,准外人投资或合资倡办;政府应在两年内借外资兴办大规模制铁、炼钢、造船、电机制造厂。

△　蒋介石复张学良东电,指责阎"联合武人倡为谬说",无中央命令而擅自动员,进占他省,擅委总司令、总指挥,扣留车辆,阻碍交通,没收机关,拘捕官吏,弁髦法令,自创中华民国军,包围党部,拘捕党员等,望张调查事实,"仗义执言",以促阎之省悟。

△　张学良东电发出后,南京政府即将青岛交与东北海军维持。是日,青岛驻军两营调回南京。东北海军司令沈鸿烈12日由长山岛抵青岛视察。

△　阎锡山电国民党中央、国民政府,称:"锡山以衰病之躯,久思退休,重以主张国事,未蒙鉴纳,自应请准开去本兼各职,以遂初衷。"

△　赵戴文电国民党三中全会,谓晋军调动,系在河北境内换防,破坏交通更无其事,急盼张继、李石曾克日赴晋会同查察。

△　国民党中央政治会议就工商部长孔祥熙请救济金贵银贱案议决,由外交部电令国际联盟中国代表与英法两国参与国际汇兑会议代表会商救济办法。至于禁止外国银币进口等,由财政部酌办。国民政府据此训令行政院转饬遵办。

△　工商部拟具整理币制方案呈行政院,主张废两改元,统一币制。11日,行政院决议交财政部审查。

△　张群查办闽事完毕回上海,谓林知渊等六人确有不惬舆论之处,经请示中央将六人送省,由陈季良解京究办;省防军司令林忠等三人擅自逮捕中央任命官吏,有违法规,已电自请处分。

△　国民政府令准安徽省政府主席王金钰辞职,任命马福祥为安

徽省政府委员,并指定马为主席。

△ 国民政府准免朱绶光军政部代理部长职务,特任何应钦兼军政部长。

△ 国民政府任命李禄超为驻墨西哥特命全权公使,原任李锦纶免职。

△ 国民政府任命马玉仁为军事参议院参议。

△ 卫生部在上海召开中外联席防疫会议。

3月4日 国民党三中全会第三次大会通过重要议案多件:一、修正中央政治会议条例案,其要点为:政治会议为全国实行训政之最高指导机关,对中执委会负责;委员从中执监委中确定;政治会议讨论及决议事项为:甲、建国纲领,乙、立法原则,丙、施政方针,丁、军事大计,戊、财政计划,己、国民政府主席及委员,各院副院长及委员,及特任特派官吏之人选;二、限制官吏兼职案,规定中央官吏不得兼任地方官吏,各院、部、会官吏不得兼任其他院、部、会官吏,各省市官吏不得兼任其他省市官吏,事务官除在本机关外不得兼职;三、训政时期党务工作方案等。

△ 阎锡山致电鹿钟麟、韩复榘、石友三,表示决心下野出洋,声称韩、石"通电主张和平,甚洽鄙怀"。同日,命驻豫之第三十三师孙楚部、第四十二师冯鹏翥部向河北省复员。

△ 赵戴文离太原返五台原籍,表示不再预闻党政,并电蒋介石称"阎近日大彻大悟,已决心下野"。

△ 汪精卫电阎锡山,指斥南京方面所谓第一、二届代表皆指派之说,谓一届代表由总理指派,乃国民党采取总理制所当然;二届代表皆依章选举,指派之说纯属谰言;三届代表指派圈定至80%以上,非私人垄断,尚有何说。

△ 陈调元电南京报告,晋军是日进驻德州,"我军为避免冲突,退驻平原、禹城"。

△ 第六、八两路军将领朱绍良、陈济棠及毛炳文、香翰屏、蔡廷

锴、蒋光鼐等各师长与吕焕炎等，集梧州商时局及桂事。

△　陆海空军总司令部令淞沪警备司令熊式辉下令密缉中共中央总书记向忠发、组织部长周恩来、宣传部长李立三、军事部欧阳钦等。

△　国民政府任命夏斗寅兼武汉警备司令。

△　上海邮务工会承市党部意旨，打消反对成立邮政储金汇业总局之运动。

3月5日　阎锡山通电声明偕冯玉祥出国，谓"此次主张国是，原为止乱，既不能荷蒙鉴察，何肯因止乱而起乱"。

△　国民党三中全会第四次大会通过训政时期民众训练方案等案，民众训练方案规定以"训练"人民认清国民党训政之精神等为基本原则，并规定人民团体受各地党部指导，受政府监督，"使人民对党义有深确之认识与信仰"。

△　阎锡山决调晋军南下，以傅作义为津浦线北段总指挥。

△　蒋介石以阎锡山部五师兵力集结沧州、清河、道口之线，并以一部进驻曹县、菏泽一带，判断其目的为沿津浦路及其迤西地带南下，先略取山东，后相机进攻南京，一部则于鲁西扰津浦线侧面，掩护主力渡河，是日乃制定作战计划，确定先击破黄河两岸附近之晋军，乘胜追击，肃清河北，收复平、津，然后廓清晋、察、绥等地。

△　石友三、马鸿逵分别电张学良，响应张之东电，力倡和平。

△　胡汉民、谭延闿、王宠惠复阎锡山勘（28日）电，称"为政不在多言，止谤莫如自修"，望以事实证明服从中央，劝取消中华民国联军名义。

△　陆海空军总司令部准王金钰辞第四十七师师长兼职，遗缺以旅长上官云相继任。次日，蒋介石电委王为平汉南段警备司令。

△　上海法租界祥昌棉织厂因受金涨银跌影响亏损停业，是日，工人千余名拥入厂内要求开工，厂方召法巡捕弹压，工人邢友成被枪杀，20余人受伤。9日，工人要求《时事新报》登载宣言，该报馆惧租界压力，未予刊登，致被工人捣毁。21日，厂方允发退职职工每人津贴70

元,发给死者家属抚恤金 1500 元,伤者给医药费,工潮解决。

3 月 6 日 国民党三中全会第五次大会通过筹集首都建设经费案等决议案 23 件。下午全会闭幕。大会宣言指出:今后必须注全力于地方自治工作;以举国之心思、财力,发展各种基本工业;普及三民主义教育。

△ 蒋介石因韩复榘、石友三联名通电拥护中央,并遵照命令如期调防(石部由归德移驻郑州,韩部曹福林师由郑州移驻归德),是日分电刘峙、何成濬、陈调元等总指挥,变更 2 月 16 日策定之作战计划,以韩复榘为前敌总指挥,统率津浦路方面军及第一总预备队,与平汉路方面军及第二总预备队,从事讨伐准备。

△ 晋军孙楚部奉阎锡山令将驻郑州部队撤至新乡,石友三部奉蒋介石令自归德开至郑州,即将孙楚未撤一部包围缴械。陈调元电告鲁西晋军退离鲁境。

△ 交通部决定收回大东、大北两水线公司水线登陆权及电报收发权。

3 月 7 日 晋省要员在太原开重要会议,讨论阎锡山下野问题。8日,傅作义、张荫梧自平赴太原出席会议。阎锡山派岳开侁、宋澈赴日本筹备住所,所有第三编遣区及一切善后问题由赵戴文负责办理。

△ 编遣委员会通告各军、师,国民政府迭经张学良呈请,已准予撤销王克敏、顾维钧、梁士诒三人通缉令。

△ 国民政府训令直辖各机关,各地军民长官嗣后不得直接派遣陆军学生赴外国留学。

△ 中日关税交涉由外交部长王正廷、财政部长宋子文与日代使重光葵在上海开正式会议讨论,对税率问题及互惠货品之种类,双方争执甚久;对于协定有效期间,日方主定五年,华方力主缩短。

△ 日本国际航空运输会社组织之中日国际航空运输试飞成功,是日该公司飞机一架由福冈飞抵上海。

3 月 8 日 冯玉祥在太原拒见宾客,与阎锡山长谈数小时后,于晚

8时离太原秘密回陕。

　　△　国民政府任命魏益三为军事参议院参议。

　　△　彭德怀红五军占安福,12日克分宜。

　　△　日轮"信阳丸"在沙市下流20里处被红军贺龙部猛烈射击,弹伤50余处。

　　△　满海警备司令梁忠甲在海拉尔因心脏病暴卒。

　　3月9日　阎锡山、冯玉祥、李宗仁受所部将领拥戴为陆海空军总、副司令,总部设在太原,任刘骥为总参谋长。

　　△　华丝外销疲滞,浙江又因提倡人造丝而有日趋衰落之势。江浙皖丝茧总公所及上海丝厂协会是日召集同业大会,讨论救济丝市现状,议决呈请政府发行丝业公债,减征丝茧捐税。

　　△　马鸿逵在浦口就"讨逆军"第十五路总指挥职。

　　△　丹麦太子斐列特立克一行来华游历抵沪,13日,抵南京谒中山陵。

　　3月10日　国民政府令准阎锡山辞去本兼各职;特派阎赴欧美各国考察实业。当晚又将命令撤回,并通知各报勿登载。

　　△　阎锡山致电马福祥,称"和平本属素志,下野休养,早具决心,日内即返五台,料理家事就绪,即行出洋"。

　　△　冯玉祥与阎商妥共同倒蒋后,是日自太原返抵潼关。同日西北军将领23人由鹿钟麟领衔,由潼关发出留阎通电,望阎"消除患难,打消去志",表示"自愿追随百公之后,奋斗到底"。

　　△　晋军退出豫境。石友三军由郑州开抵新乡,韩复榘部经道口开往彰德联络北进。

　　△　外交部电令驻美公使伍朝枢向美交涉禁映侮辱华人之影片《不怕死》。

　　△　蒋介石任命第十八师师长张辉瓒为江西全省"剿匪"总指挥,所有驻赣部队概归其指挥。

　　3月11日　冯玉祥在潼关召开西北军师长以上将领会议,宣布联阎打蒋,会上除师长葛运隆主张讨蒋外,多数未表态。

　　△　西藏班禅驻京办事处处长罗桑坚赞向国民政府呈称,尼泊尔大举犯藏,请准予组织卫队入藏,并发给枪弹、服装、月饷。蒙藏委员会拟派员调解,并组织蒙藏特殊事务讨论会。

　　△　国民政府特派王正廷为议订收回威海卫租借地专约及与本案有关系事项协定全权代表。

　　△　教育部训令各大学自十九年度起不得再招预科生。

　　3 月 12 日　陆海空军总司令部任命顾祝同为"讨逆军"第十六路总指挥,是日顾率部进驻济南。

　　△　陈调元通电,在济南就"讨逆军"第一总预备队总指挥职。23日,蒋委陈为第一路总指挥。

　　△　外交部长王正廷与日代使重光葵在南京签订中日关税草约。

　　3 月 13 日　汪精卫致函覃振,主张以党驭军,谓"此后新旧忠实同志之合作,应以如何始能以党驭军为悬前待决之根本问题"。

　　△　吴敬恒致电冯玉祥劝摒弃干戈。14 日冯复吴电,斥吴"不言党了,又不言革命了,亦不言真理是非了,苍髯老贼,皓首匹夫,变节为一人之走狗"。18 日,吴复冯电,再请"俯纳前电之意"。

　　△　晋军将领商震、徐永昌、杨爱源等 23 人通电阻阎出洋,称阎曾负国家重任,"言国事而不见谅,求下野而不见容,夫复何言。震等除坚决阻止阎副司令出洋外,惟有在军待罪而已"。

　　△　韩复榘电何成濬,报告晋军完全退出豫境,该部及石友三部进至道口、彰德,请派兵至郑州接防。何即令王金钰之第九军开郑接防。

　　△　1911 年受袁世凯指使,参与谋杀吴禄贞之凶犯张光武,是日经山东高等法院宣判,以反革命图谋杀人罪,处有期徒刑 10 年,褫夺公民权利 15 年。

　　△　中共中央发《中央通告》,提出极力争取一省与几省的首先胜利。

　　△　上海药业职工会因租界药店资方拒绝安插失业工人,决议在

租界区内罢工。24日,当局令53家药铺分别录用128名失业职工,罢工获胜,决定次日复工。26日,资方又雇用大批巡捕武力阻止店员进店。27日,职工乃继续罢工,并列队向上海市政府请愿,学生联合会及闸北水电工会等32工会均发宣言援助。

　　△　交通部与德国汉沙公司签订欧亚航空合同,规定设立中德公司,合资经营,资本总额300万元,华方占三分之二,汉沙公司占三分之一,营业期间定为五年,先办两国间航空邮务,再经营载客事业。

　　△　渡海大水管正式启用,九龙水塘用水开始输至香港。

　　3月14日　国民政府国务会议议决改组江苏、安徽两省政府,以叶楚伧为江苏省政府主席,马福祥为安徽省政府主席。

　　△　关内时局紧张,东北地位为各方所重视,各方使者络绎于北宁道上。张学良因南京及山西代表均在沈阳活动,是日在沈召集最高会议,商议应付时局,蒋之代表方本仁、刘光,阎之代表梁汝舟、温寿泉,冯之代表邓哲熙、门致中等均列席参加。

　　△　黑龙江省政府主席万福麟任命黑龙江边防副司令长官公署参谋长苏炳文继梁忠甲为第十五旅旅长兼呼伦贝尔镇守使、哈满护路司令。

　　3月15日　西北军高级将领鹿钟麟、宋哲元、石敬亭、刘郁芬、孙良诚、孙连仲、张维玺等临时会议,决定鹿即解除西北军代理总司令职务,军队仍由冯玉祥统率,继续沿陇海线进军,要求阎锡山陆续接济军队给养。

　　△　第二、三、四集团军将领鹿钟麟、商震、黄绍竑等57人通电讨伐蒋介石,略称蒋介石"窃踞中枢,毒痡四海,邦基杌陧,日即倾危",历数其六大罪状,表示誓歼残贼;并加推李宗仁为陆海空军副司令,拥护阎锡山、冯玉祥、张学良、李宗仁领导讨贼。阎、冯反蒋联盟形成。

　　△　高桂滋以一旅兵力坚守诸城、莒县,陈调元屡攻未下,高一面托马鸿逵向蒋介石输诚,请求改编,一面与阎、冯通信待援。

　　△　国民党全国训练会议在南京开幕。18日第二次大会通过开

除阎锡山党籍并明令讨伐案、统一并推进各级党部训练工作案等多案。
20 日闭幕。

　　△　国民党中央宣传部颁发建都南京及清党三周年宣传要点,要求"彻底肃清共党,努力铲除改组派以及破坏统一、阻挠建设之一切腐恶分子","从事清党清心工作"。

　　△　中共赣西南特委召开赣西南党的第一次代表大会,30 余县的代表参加会议,决定建立江西省苏维埃政府。

　　△　邮政储金汇业总局在沪正式成立,后迁南京,总办(后改称局长)刘书蕃。经营储金、邮政汇兑、人寿保险等业务。

　　△　陕西省赈务会华县分会致电旅平陕灾救济会,吁请救济陕灾。电称华县连年大旱,去冬严寒,冻饿而死者几达 3.5 万之数,逃荒外出者 2.78 万人,全县 14 万人口中 13 万罹灾。

　　3 月 16 日　讨桂军下总攻令,第六、八两路军向南宁、柳州进攻。第六路军总部移梧。

　　△　鹿钟麟致函蒋介石,责其以总理自居,而事事反其道而行之;据党私有,使自身与党国不分;北伐完成,攘为己功;排除异己,不遗余力;陕甘灾荒,充耳不闻;劝其"翻然悔悟,急流勇退,即日宣布下野"。

　　△　蒋介石任命王金钰兼第二总预备队总指挥,第六师赵观涛部归王指挥;委徐源泉为"讨逆军"鄂北总指挥,限所部 20 日前集中襄樊,驻防鄂北各部交徐指挥。

　　△　国民政府对工商部所拟救济金融办法内之禁止外银入口及铸造五角银币两项,令行政院转饬财政部遵照办理。

　　△　据《申报》讯:撤销领判权问题,外部拟分三个步骤进行:第一步先取消侨居内地外人之领判权;第二步取消侨居次要商埠外人之领判权;第三步取消侨居重要商埠外人之领判权。

　　△　满洲里苏领馆派警 29 名在东铁工厂驻扎,哈尔滨长官署以其侵我主权,饬警务处交涉。

　　3 月 17 日　冯玉祥抵陕县,向西北军下动员令。所部张维玺、刘汝明部旋即由紫荆关东进,庞炳勋部前锋抵洛阳,万选才部聚集汜水、巩县一带。

△　蒋介石在国民政府纪念周发表演说,声称"阎锡山自知已无办法,就骗出冯玉祥向中央捣乱"。声明中央对时局决取守势,"待反动势力暴露殆尽,再不能不用兵的时候,然后方起来去消灭他"。

△　何应钦在军政部纪念周报告中央对阎锡山方针称:"如阎此时能悬崖勒马,及早觉悟,将军政权奉还中央,未尝不可博得人们之原谅而加以宽恕。如仍执迷,甘心与一切反动分子互相勾结利用,处心积虑,破坏国家和平统一,则其结果亦惟有与反动分子同归于尽。"

△　国民政府公布《民国十九年交通部电政公债条例》,总额为1000万元,年息八厘,4月1日起按票面九八折发行,民国二十年(1931)起分10年还清全部本息。

△　国民政府公布《劳资争议处理法》。

△　上海公共租界临时法院既经取消,是日外交部照会驻华法使玛太尔请迅速会商收回法租界会审公廨,改设中国法院。4月25日,法国政府复照外交部称"对于贵部收回法公廨建议,刻下正在审查中"。

△　国民政府任命叶楚伧、胡朴安、陈其采、陈和铣、孙鸿哲、何玉书、王柏龄、李明扬、罗良鉴为江苏省政府委员,叶楚伧兼省政府主席,胡、陈(其采)、陈(和铣)、孙、何分别兼任民政、财政、教育、建设、农矿各厅厅长。

△　国民政府改组安徽省政府,除委员兼主席马福祥、委员兼民政厅厅长王之觉业经明令简任外,任命孙绳武、程天放、李范一、马吉第、张克瑶、李应生、金维系为安徽省政府委员,孙、程、李(范一)分别兼任财政、教育、建设各厅厅长。

△　国民政府令:驻荷兰特命全权公使金问泗另有任用,应免本职。

△　梁启超所遗藏书4.2180万册,由其家属尽赠北平图书馆。

3月18日　北平警备部奉阎锡山命令,勒令国民党中央宣传部主办之《华北日报》停版,封闭中央通讯社北平分社,驱逐该社办事人员。陆海空军总司令部北平行营、外交部档案保管处、电话局、电报局、陆军军医学校均被晋方武力接收。19 日,北平市党部被封,封条署名为"中国国民党北平特别市各区分部联合办事处"。国民党中宣部所办之天津《民国日报》亦被封闭。

　　△　蒋介石电在粤各军,限十日内解决桂局。20 日,第六、八两路军会攻桂平县,朱绍良亲往前线督师。25 日,第四路军攻入桂林。

　　△　闽西第一次工农兵代表大会在龙岩召开,制定土地法、劳动法、军事条例、婚姻条例、文化教育和财政经济政策等。大会选举邓子恢、张鼎丞等 35 人为闽西苏维埃政府执行委员会委员,组成闽西苏维埃政府,邓子恢为主席。

　　△　红五军第五纵队在鄂东南向粤汉路沿线城镇举行"三一八"武装示威,袭击据守咸宁城之夏斗寅两个团,又一次扫荡贺胜桥、官埠桥、马桥、汀泗桥等地民团,破坏铁路几十公里,粤汉线交通停顿十几日。

　　△　鄂东北、豫东南和皖西北红军合编为红一军。

　　△　江西省政府主席鲁涤平以红军声势日大,是日电京自劾,蒋介石复电慰勉。同日,张辉瓒通电就全省"剿匪"总指挥职,次日进驻吉安指挥。

　　△　广东商人谭礼庭等发起组织之丝业银行在广州成立,资本总额毫银 100 万元,董事长谭礼庭。

　　△　吉林永吉电影院失火,死 300 余人,伤数十人。

　　△　华文《三民晨报》在美国芝加哥创刊。

　　3 月 19 日　阎锡山、冯玉祥为在北平组织军政府,派员访各国公使、代办,探索外交界态度。

　　△　蒋介石任命何应钦为平汉路总指挥,朱培德为津浦路总指挥,王金钰为第二路总指挥。20 日命顾祝同移驻鲁南。

　　△　蒋介石委第十一师师长陈诚为蚌埠戒严司令。24 日蚌埠宣布戒严。

△　国民党中央政治会议决议,准叶楚伧辞政治会议秘书长兼职,由陈立夫继任。

△　上海剧团联合会成立。

3月20日　国民党山西省各县市党部联合办事处通电迎汪回国讨蒋,指斥蒋介石之独裁。宣称:"本办事处否认伪三全大会,主张二届委员行使职权……深望迅速回国,集中革命力量,铲除一切障碍。"

△　阎锡山派代表赵丕廉赴天津,迎陈公博、王法勤、邹鲁、谢持、傅汝霖、覃振等到太原共商联合反蒋大计。

△　北平国民党各省市党部联合办事处电阎锡山,促就陆海空军总司令职。23日,阎复电称:"自当即日就职,与我诸同志戮力同心,共奠国基。"

△　蒋介石偕宋美龄离京检阅沪宁、沪杭甬沿线部队,次日到上海,22日返奉化原籍。

△　张学良电京,重申东电和平解决时局主张。

△　韩复榘、孙殿英两部在归德(今商丘)以西发生战争。韩于19日令驻归德孙殿英部即日调防河北,孙拒不听命,并将离马牧集三公里处之铁桥炸断,以防徐州方面中央军进攻。韩即派兵东进,是日拂晓向孙部攻击。

△　北平国民党河北省党部被封,封条署名为"河北省各县市党部联合会"。22日,北平平汉铁路局、交通部短波无线电台及财政部印刷局亦被晋方接收。

△　第六、八两路军部署对张、桂军发动总攻。第六路军总部由梧州移戎圩(位于苍梧西南),第八路军大部开拔完竣。23日,平南、北流两线发生激战,陈济棠、朱绍良先后赴藤县督师。

△　国民政府据3月5日国民党三中全会决议训令训练总监部,军队政治训练事宜应归并各该级军队特别党部办理,除训练总监部政治训练处以外,各级政治训练处一律裁撤。

△　国民政府任命钮永建代理内政部长。

△　国民政府据本月 13 日国民党中常会决议,训令直辖各机关,在国歌未制定前,以党歌代替。

3 月 21 日　阎锡山委徐永昌为前敌总指挥,张荫梧为津浦路前敌总司令,孙楚为平汉线前敌总司令,傅作义为预备队总指挥。

△　石友三通电响应鹿钟麟领衔之第二、三、四集团军将领删(15 日)电,谓:"曩者浦口之役,即期除阴霾而倒独夫,惜为环境所迫,未能早竟事功,忍辱待时,匪伊朝夕,备受压迫,志意弥坚",表示将"执戈前驱,贯彻初衷"。同日,石又与孙殿英、万选才、刘春荣联名通电响应鹿等删电。

△　蒋介石派吴铁城自沪赴辽,24 日到沈晤张学良商谈时局。27 日,吴应张约再次晤谈,张表示拥护中央,"削平叛乱"。

△　驻哈尔滨苏领事梅里尼可夫访莫德惠,谓苏主张扩大中苏会议范围,除中东路善后问题外,松花江航行权、外蒙古独立、新疆边境划界等,均请开谈。29 日,外交部令知莫德惠,中苏会议专商中东路问题,范围决不扩大。

△　中东路电政权交涉,莫德惠曾在中东路理监联席会议上提出允许电权恢复原状等七项提案,是日东铁理事会进行讨论,苏理事主张此项问题移至中苏会议解决,无结果。

△　江西建设银行在南昌开业。

3 月 22 日　太原"各市县联合办事处"接收国民党山西省、太原市党部,《民国日报》及晋新书社被查抄停办。24 日,太原各界代表开讨蒋大会,各校青年团沿街张贴欢迎汪、阎、冯及讨蒋标语。

△　据《申报》讯:冯玉祥派人游说石友三,谓冯深悔向日双方误会,致深裂痕,深自引咎。如能弃前嫌,共图国事,冯当开诚布公,安乐患难共之,并商请阎以平汉沿线归石。

△　阎锡山之秘书长贾景德由晋抵平,与各方面接洽时局问题,奉阎命在平组织军政部。

△　张学良电蒋介石,谓对鹿钟麟等通电事前毫无所知,"个人心

迹,屡于呼吁和平通电中明白表示"。

△　编遣委员会缩小组织,将总务、经理、编组、遣置四部一律改编为科,办事人员、经费裁减约十分之四五,不及办理事件分别划归陆海空军总司令部及军政部办理,4 月 1 日起实行。

△　刘和鼎第五十六师是日起由永泰、福清陆续开向福州,卢兴邦就近抽调军队加紧布防各要隘,并将林知渊等六人移禁黄山,闽局又趋紧张。26 日,刘师在福州布告辟谣,声明所部开省系移防性质。

3 月 23 日　汪精卫在香港答南华通信社记者,谓蒋倒以后,最低限度之政治设施,其大者约有数端:一、须注意组织民众,否则自国民会议至地方自治皆成空谈;二、继续进行废除不平等条约;三、保障人民生命财产自由;四、财政公开;五、重新厘定党部与政府机关权限,党部处指导地位,不可直接干涉行政;六、不可以党部代替民意机关。

△　太原方面派员接收天津电报局、商品检验局、津浦铁路局、华北水利委员会等单位,封闭天津市党部,封条署名"天津特别市各区党部联合会"。

△　红四军与江西金汉鼎部激战,红军克南康等地。

△　红军贺龙部在华容与湘、鄂军接战。

△　据《申报》讯:陕西大旱,灾情益酷,沔县(今勉县)等灾民,烧食死尸,结果食者亦继死,近又饿毙数万人。

3 月 24 日　汪精卫自香港电阎锡山,请阎在主持讨蒋军事同时,组织国民政府,并担任国府主席。

△　石友三电何应钦,表示拥护中央不渝,称"现晋军南移,冯师东进,弟因外边环境、内部将士之关系,不得已敷衍晋冯,发出马电,请陈转总座,万勿介意"。据 29 日《申报》载:阎曾允拨发石友三现款 100 万元,子弹 200 万发,面粉五万袋及机关枪、炮弹等物,但迄未发给,石乃与阎决绝。

△　蒋介石命韩复榘部集中山东。

△　万选才通电就阎锡山任命之中华民国陆军第六路总指挥职。

△　陇海线附近之孙殿英部已告肃清,其在归德之大部被韩复榘部包围解决;其在马牧集之一部亦于同日晨被陈继承师解决,残部退鹿邑、太康。

△　国民政府令:故黔军总司令王文华,着晋赠陆军上将,交军政部照陆军上将阵亡例从优议恤。

△　国民政府令:废止民国十九年财政部《整理山西金融公债条例》。

△　教育部通令变更学校假期,十九年度起旧历寒假停放,国历年假延长至三星期,并发表《学校学年学期及休假日规程》。

3 月 25 日　太原各方代表团征求陈公博对时局的意见,陈建议以各省区党部联合办事处名义,即可代表全国,以二届中央委员主持党务,将来再召第三次代表会议,推举正式政府。

△　北平各省区党部联合办事处致电二届中委,声称:"诸公皆革命领袖,党国先进,请速结合,主持大计,本办事处愿追随公等。"

△　韩复榘电京,报告万选才称兵东犯,被其击溃,万继派代表到汴向韩解释两军误会,称该部东进系被冯玉祥军所迫。

△　国民党绥远省党部被阎锡山封闭,通县党部亦停办。

△　南京陆海空军总司令部准军事参议院参议詹旭初呈请,任命姚以价为山西宣慰使,米文和、袁德性、宋照奎分别为新编第二十八、二十九、三十师师长。

△　中国佛教会第二次全国代表大会在上海召开,圆瑛法师再次当选会长。

3 月 26 日　冯军孙良诚部兵不血刃占洛阳,西北军先头部队已过巩县东进。

△　日代使重光葵抵京,与王正廷就中日关税协定作文字校订。重光葵提出将该协定改为专约,其时效不受中日新商约成立迟早之限制,并表示法权问题须待关税协定正式成立后方可开议。

△　日人在北平所办《华北正报》(英文)停刊。该报创刊于 1919

年,受日本政府津贴。

△ 上海米荒,米价每石逾 20 元。

3月27日 改组派、西山会议派在党统问题上有争论,陈公博等主张恢复广东二届中央执委会职权,在平组织国民党中央党部扩大会议,推选常委会,产生政治会议和政府,邹鲁、谢持认为既然合作反蒋,上海二届中央也应参加,联合召集扩大会议。嗣因陈公博、王法勤接受邹鲁、谢持先在北平成立中央干部秘书处之主张,党务争论告一段落。

△ 日本在北平之机关报《顺天时报》停刊,终刊号为 9286 号,载有题为《本报临别赠言》之长篇社论。该报于 1901 年 10 月创刊,初名《燕京时报》,一贯支持亲日派军阀,为日本侵华重要舆论工具。

△ 关于收回大北水线主权交涉,是日中国代表庄智焕、吴南如等与大北水线公司代表彭生、史温生等在交通部举行第一次会议。

3月28日 晋军重占德州,赶修黄河涯铁桥,准备南进。鲁军以未奉中央令未加抵抗,节节后退。

△ 蒋介石假中央宣传部名义发《告革命将士书》,宣称"阎、冯一日不除,则违害党国之祸源一日不绝,今阎、冯既以叛党、祸国、殃民而倡乱而称兵,我中央自应为救党救国而止乱而声讨",要求革命将士与逆敌作殊死战。

△ 阎锡山派赴沈阳的代表温寿泉回太原。张学良以致阎函交温带回,表示不参加内战。

3月29日 陈公博、王法勤与邹鲁、谢持商定由一、二、三届委员发表共同宣言,并由一、二、三届部分委员组织中央扩大委员会,解决今后党政问题。

△ 万选才通电占领开封。阎即委万为河南省政府主席。万以"愿为前驱,不谙政治"为词,请另委贤能。

△ 国民政府特派韩复榘为冀鲁豫剿匪总指挥。同日,韩奉令移防济宁。

△ 财政部公布甘末尔财政设计委员会拟定之中国逐渐采行金本

位币制法草案及理由书,主张中国币制逐渐推行金本位,金货单位定名为"孙"(一孙含纯金 60.1866 公毫),作为计算价值及国外汇兑标准,以银币为辅币在国内市场实际流通。

△ 中日法权交涉,外交部长王正廷向日代使重光葵提案:一、请日本承认撤废原则;二、1930 年起内地日侨受中国法庭裁判;三、"间岛"韩民应归中国地方官厅管辖;四、日本在华租界期满后,所有日侨一律受中国法律保护。4 月 4 日,重光葵将中日法权草案电日政府请示。

△ 浙江鄞县名刹育王寺失火,损失 20 余万元。

3 月 30 日 阎锡山下令结束第三集团军办事处及第三编遣区办事处,在太原设立中华民国陆军第三方面军总司令部,委徐永昌为总司令。傅作义、孙楚、杨效欧、冯鹏翥分别为第十二、十三、十四、十五路总指挥。31 日,阎复改制,将全军分为十个军,委孙楚、杨效欧、王靖国、李生达、李服膺、杨耀芳、关福安、张会诏、冯鹏翥、傅作义分任第一至第十军军长。

△ 日本海军第一水雷战队军舰 16 艘由少将司令后藤章率领抵上海,载兵 2000 余名,定 4 月 1 日以实习长江航路为名,开赴南京、九江、汉口等处。日海军第一舰队军舰 18 艘同时抵青岛。

△ 哈尔滨开明书店因传布共产主义被特警处查封。

△ 青岛大英烟公司是晚借口工人中有"不良"分子,突发停工布告,3000 余工人顿告失业,工人提出补发工资、奖金及赔偿损失等意见六条。后经连日协商未获解决。

△ 广东西江上游都城(位于郁南县)发生百年未有之飓风巨雹,损失惨重。

△ 香港币制审查委员会成立。

3 月 31 日 尼泊尔犯藏,拉萨危急,达赖数次派员赴尼媾和无结果。班禅派代表三人偕同驻京办公处长罗桑坚赞是日到京向国民政府请求援助。4 月 2 日,该代表等由蒙藏委员会蒙事处长吴鹤龄偕同谒蒙藏委员会副委员长马福祥报告一切。

　　△　蒋介石上日偕宋美龄由奉化到杭州,是日蒋在浙江省党部扩大纪念周演说,声称:"对一切反动不肯断然处理者,期以主义感化。"表示:"我对时局无穷乐观,政府的力量可以消灭一切反动。"

　　△　东北边防长官公署组织航空总司令部,张学良兼总司令,是日就职,职务由张焕相代理。

　　△　国民政府公布《民国十九年卷烟税库券条例》,总额2400万元,月息八厘,4月1日起按票面十足发行,分36个月还清本息。

　　△　安南华工130余人因无力缴纳人头税,被当局驱逐出境,是日抵汕头。

　　△　应国民政府邀请来华之德国实业调查团一行八人,由团长勒慈曼率领,是日抵广州,陈铭枢设宴欢迎。4月9日抵上海,勒慈曼对记者称,该团来华使命,为视察中国经济及实业状况,然后拟订开发计划,协商投资。4月14日由上海抵京,次日谒蒋介石。

　　△　淞沪铁路是日起改驶蒸汽火车。

　　3月下旬　朱德、毛泽东率红四军下赣南南康,到新城,指向南雄。赣省政府悬赏缉拿朱德、毛泽东,生擒者五万元,击毙者三万元。彭德怀红五军占袁州(宜春),消灭守城的靖卫队及警备队。

　　是月　国民党中央政治会议议决废除道制,定地方行政区域为省、县二级。内政部通咨各省政府将所有道尹公署或类似之特种行政机关一律裁废,以符现制。

　　△　日本极力限制华工入境,要挟中国对商订法权问题让步。外交部电令驻日公使汪荣宝进行交涉。上海30余团体为反对日本排华,联合发表宣言,主张继续对日经济绝交。

　　△　日本渔轮"姬岛丸"于1月26日在我国领海温州洋面捕鱼,撞沉我国渔船,复将船主朱阿良押赴长崎,至是月底方释放回沪。上海市摊贩等30余团体具文呈请外交部提出严重交涉,要求赔偿一切损失。

　　△　"满铁"当局发表《朝鲜总督府铁路建筑计划》(日本称《韩满联络铁路网计划》),包括安东大连直通线、江界通化线、甲山抚松线、镜城

延吉线,目的在将韩、满连成一片,以利日本对华侵略。

　　△　美商桐油公司以四川桐油质优,特在鱼洞溪、木洞两处种树万株,并收买大批树苗运美。近复派员赴广西调查桐油出产情形。

　　△　江西建设银行在南昌创立,资本总额 100 万元,该行由江西省建设厅拨资经营。

　　△　美国纽约天产博物院中亚调查团要求今夏赴蒙古采掘古动物标本,是月,中国古物保管委员会北平分会主任马衡与该团团长安德思在北平团城签定协定,规定所得学术资料,凡与以前所采相同者,统留在中国;与以前所采不同、必须运往美国研究者,研究毕后须将原物运还中国。5 月 26 日,安德思率中亚调查团离北平赴蒙古。

　　△　桂军杨腾辉部进攻龙州,红八军失利,由军长俞作豫带领向粤桂边境转移,旋编入张云逸红七军。

　　△　闽西苏维埃政府将闽西各县赤卫团改编为中国工农红军第九军,军长邓毅刚,政治委员邓子恢。4 月,红九军改称中国工农红军第十二军,全军约 3000 余人,在闽西各县开展游击战争。

4 月

　　4 月 1 日　阎锡山通电在太原就陆海空军总司令职,通电宣布:"将统率各军,陈师中原,以救党国。"阎设总司令部于石家庄,编桂军为第一方面军,以李宗仁为总司令,出衡阳,攻长沙;西北军为第二方面军,以鹿钟麟为总司令,担任平汉线作战;晋军为第三方面军,以阎锡山兼总司令,徐永昌为前敌总司令,担任津浦线作战;第四方面军以石友三为总司令,由鲁西南之济宁会攻济南。内定张学良、刘文辉、何键、樊钟秀为第五、六、七、八方面军总司令。以西北军、晋军为主力,迅即开赴陇海、平汉、津浦各线。同日,冯玉祥、李宗仁通电分别在潼关、桂平就副司令职。鹿钟麟通电就第二方面军总司令职。2 日,石友三通电在新乡就任第四方面军总司令职。

　　△　改组派陈公博、王法勤等离平赴太原,与阎锡山商组政府,并携去与西山会议派草拟之共同宣言稿,征求阎同意。宣言主张由阎主持政治,冯玉祥、李宗仁主持军事,汪精卫主持党务,先由一、二两届反蒋中央委员,组成扩大中央干部委员会,推汪、阎、冯等21人为常务委员,由常务委员会产生政治会议与政府。

　　△　国民政府航空署组织"讨逆"空军,并以飞机轰炸退守山东诸城之高桂滋部,以促其缴械。

　　△　国民政府驻沈阳代表方本仁电何成濬,谓张学良令于学忠部集中滦州,听命中央。

　　△　国民政府任命陈季良为海军第一舰队司令,陈绍宽为海军第二舰队司令,陈训泳为海军练习舰队司令,曾以鼎为海军鱼雷游击队司令,郁邦彦为马尾要港司令。

　　△　朱德、毛泽东率红四军克南雄,3日克始兴。

　　△　东三省交涉总署、奉天交涉署改组为外交部驻辽宁特派员办事处,特派员由前东三省交涉总署署长兼奉天交涉署署长王镜寰担任。外交部特派哈尔滨交涉员署改组为外交部驻哈尔滨吉林特派员办事处,特派员由前交涉员钟毓担任。外交部特派黑龙江交涉员署改组为驻辽宁特派员黑龙江分处,主任王春。外交部特派吉林交涉员署改组为驻哈尔滨吉林分处,主任施履本。

　　△　上海公共租界临时法院正式改组,改组后之江苏高等法院第二分院及江苏上海特区地方法院同时正式成立。

　　△　第四届全国运动会在杭州开幕,22省市1700名选手参加,大会主席蒋介石,会长戴季陶,副会长张静江。会期10日,男子部上海、广东、香港并列第一,各得总锦标;女子部广东第一,得总锦标。

　　4月2日　阎锡山电北平各国驻华公使、代办,通知已就陆海空军总司令职,并声明在本军所辖境内负责保侨,望勿以精神、物质援助蒋介石。

　　△　陈公博等抵太原,宣称拥阎锡山主持政治,汪精卫主持党务,冯玉祥、李宗仁主持军事。

△　国民党中央政治会议讨论浙江省执委会呈请废止破产者剥夺公权之处分案,决定交立法院于起草破产法时加以注意。青岛党务指委会呈请修正共产党人自首法案亦交立法院。教育部所呈改进全国教育方案交教育组审查。

△　外交部照会英、美、法、挪威、荷兰、巴西六国驻华公使,谓中国各地交涉员业已裁撤,此后所有华洋诉讼案件,均归各省区高等法院处理。

△　太湖匪船 30 余艘与苏州水陆警队在阳澄湖激战。4 日,匪船 10 余艘向吴江方面驶去,淞沪警备司令熊式辉令所辖各县政府不分畛域,协同军警兜剿。剿匪总指挥胡祖玉呈请南京总司令部派飞机两架协剿。12 日,湖匪在莲花垛被昆山驻军及县水陆警队击溃,毙三四十人,擒获八人。15 日,匪陷长兴泗安镇,旋被军警击溃。16 日,复陷苏皖交界之金锁镇,杀掳镇民各千余人。

△　哈尔滨《国际协报》因拒登自由运动大同盟宣言,被工人、学生捣毁。同日,东三省特区行政长官张景惠借口哈尔滨学院学生"行动越轨",将该院查封,并声称"严拿反动"。晚,哈尔滨各报馆、通讯社开紧急联合会议,议决到长官公署请愿,要求三日内逮捕祸首,否则各报一律停刊。17 日,哈尔滨特区一中学生数十人包围国际协报社,质问为何不登其宣言,被警察驱散。

4 月 3 日　粤二届中委王法勤等为反蒋介石召开三全大会在上海组织的"中国国民党各省市党部海外总支部联合办事处",是日在北平正式成立平津执行部。6 日,该部发表成立宣言,主张粤二届中执监委为正统。7 日,西山会议派邹鲁著《对党事国事之意见》一文予以驳斥。

△　阎锡山电冯玉祥,略称:"山受国人推戴总揽戎机,整顿中原,在此时惟有与兄共策良图,方克有济,望勿轻信人言,致生误会。"

△　万选才部占领开封后,是日向徐州进攻,韩复榘部退集济宁、韩庄一带。山东省主席陈调元令将济南黄河铁桥拆毁,准备必要时将省府迁兖州。

　　△　阎锡山委朱鹤翔为陆海空军总司令部外交处长。朱访北平各国公使、代办，面交阎对外宣言，并声明保护外人生命财产，请各国勿助破坏中国统一与压迫民众之徒。

　　△　上海市药业职工为要求安插失业职工，被资方拒绝，发生罢工风潮，是日市总工会筹委会召集全市各工会举行会议，讨论援助药业职工罢工斗争。

　　△　历时数月之南京下关英商和记工厂工潮经市社会局调解，由工会与厂方订立协议：工人经工会介绍，厂方得同意雇用。是日复工时，因厂方不履行协议，上工工人与失业工人发生冲突，数人被殴受伤。各校学生组织"四三惨案"后援会声援。5日上午，失业工人复至工厂附近示威，500余学生出城援助，与军警发生冲突。教育部长蒋梦麟召集各大学校长到部，嘱阻止学生结队游行示威。8日，沪工人、学生四五十人在租界集会援助和记工潮，为西捕驱散，捕去三人，击毙工人刘义清。

　　4月4日　冯玉祥副司令部在潼关组织就绪，梁建章任军事厅长，石敬亭任参议厅长，阎锡山于数日前命令晋军受冯玉祥统率。

　　△　万选才通电在开封就阎锡山所委之河南省政府主席职。

　　△　交通部国际电信交涉委员会代表庄智焕等与英商大东公司代表柏乐德就收回电权在南京举行首次谈判，无具体结果。

　　△　日本水雷舰队16艘，官兵2000余人抵南京，各舰官兵上陆谒中山陵，重要官佐先后谒海军部次长陈绍宽及市长刘纪文。5日，海军部设宴招待。9日，日舰16艘抵汉口，何成濬、刘文岛、夏斗寅等设宴接待，市党部对此反对，电请中央抗议。

　　4月5日　国民政府下令免阎锡山本兼各职，着各省政府、各军队一体严拿归案讯办。

　　△　蒋介石以总司令名义发表《为讨伐阎冯两逆告将士书》，通电全国将士讨伐阎、冯，称阎"迭次叛乱，无不作祟于其中"，指冯"受阎庇护，又图死灰复燃，啸聚潼关，进犯郑、洛，与阎共肆披猖"。

△　沈阳举行追悼边防军阵亡将士大会,蒋、冯、阎在沈代表均参加。7 日,吴铁城代表蒋介石举行授勋礼,东北边防军司令长官张学良及高级将领王树翰、张焕相、荣臻等均参加受勋。吴训词称民国最后完成统一之功者乃张司令长官,以一隅之力抗全俄之众者,亦张司令长官,今阎锡山破坏统一,望再奋纾内乱捍外侮精神,保持统一。

△　陈公博遵阎锡山嘱,自太原电香港促汪精卫北上。

△　冯玉祥电杨虎城,欲饵以江苏、浙江地盘。杨即电蒋介石报告。

△　石友三派代表毛以亨到南京见蒋介石,面陈石"拥护中央,决不受阎冯诱惑"。蒋予嘉勉。

△　济南宣布戒严,山东省政府颁戒严令 15 条,由警备司令施忠诚、副司令李钺负全责。

4 月 6 日　赵丕廉代阎锡山电请北平之西山会议派谢持、邹鲁等赴太原,磋商组党问题。

△　鹿钟麟、石友三、孙良诚、万选才、孙楚等在郑州开军事会议,决定各路进军大体方针,准备不日开始积极攻势。

△　新编陆军第十一师师长赖心辉在京谒蒋介石,请示所部出川办法及此后防务等机宜。

△　晨,闽西红军邓子恢部占漳平,保安队陈国华部退华安。

4 月 7 日　国民党中常会决议永远开除阎锡山之党籍,送中央执委会执行,称阎"称兵作乱,背叛党国,逆迹昭著"。

△　国民党中央执行委员会发表《告第三编遣区武装同志书》,劝告阎之部下不要为阎所骗。同日,国民党中宣部颁发《讨伐阎锡山宣传大纲》、《讨伐冯逆宣传大纲》。

△　据《申报》讯:冯玉祥电张学良促就副司令职,张复电谢绝,称"如此足使中国破裂,而促其灭亡"。

△　徐永昌抵石家庄,组织前敌总指挥部。11 日,阎锡山委徐兼平津卫戍司令。

△　蒋介石离南京北上阅军,邵力子、贺耀组偕行。蒋并饬飞机百余架分布津浦、平汉两路。

△　鹿钟麟、商震、黄绍竑、刘郁芬、白崇禧、徐永昌、宋哲元、石友三、张发奎等 61 人通电,谓已警告上海财团,自 4 月 1 日起拒绝蒋介石所发公债(蒋拟在上海发行卷烟公债 2400 万元)及私人借款,"如果承受,即为助逆,国人决不承认"。

△　何键电何成濬表示愿为讨阎后盾。

△　首都卫戍司令部以"印发反动传单,破坏交通"为由,令晓庄师范学校暂行停办。12 日,卫戍司令部又奉令将该校解散。同日,国民政府以该校校长陶行知"勾结叛逆,阴谋不轨,查有密布党羽,冀图暴动情事"为借口,下令京内外各军警机关严缉究办。

△　班禅代表罗阶汪敬巴康福安偕罗桑泽仁谒蒋介石,报告尼泊尔派兵犯藏情形,请政府派兵援救。

△　国民政府训令行政院,通饬各省市不得任意收税及增加附捐。

△　国民政府任命卢师谛、李景曦为军事参议院参议。

△　交通部国际电信交涉委员会代表庄智焕等与美商太平洋商务水线公司代表陶特在南京举行收回电权首次会议。

△　日内瓦国际劳工局决定在中国设立分局,以该局秘书陈宗城为中国分局局长。

△　台湾民众党在基隆举办促进自治运动。

4 月 8 日　据《申报》载:陈公博、王法勤等连日在太原同阎锡山及各方代表会议,决定政治、军事均由阎锡山之陆海空军总司令部全权处理,一切用人行政事宜均以总司令名义发表,待正式政府成立后追认。党的问题不受总司令部支配,俟正式政府成立后决定根本方针,在政府未成立前各级党部工作暂停。政府所在地定为北平。

△　韩复榘由济宁抵徐州,电汉口行营称所部俟总攻令下,即作前锋,沿津浦路"讨逆"。次日,陈调元亦相继抵徐。

△　前天津市党部整理委员陈石泉由京到津,被市公安局会同法

租界工部局在宝祥里捕获。

4 月 9 日　蒋介石抵徐州召开军事会议,刘峙、顾祝同、韩复榘、陈调元、马鸿逵参加。会议决定陈部调鲁西,韩部调鲁北,委韩为第一军团总指挥,担任整个山东方面之防务,陈调元第二十六军、刘珍年第二十一师、马鸿逵第十五路军统归韩指挥,蒋并派蒋伯诚为第一军团军事联络员,监视韩复榘。11 日蒋返南京。

△　阎锡山委石友三兼山东省政府主席,率部由豫东攻鲁;孙殿英为安徽省政府主席,率部攻安徽亳州一带。时阎、冯各部,合石友三、万选才、孙殿英、刘春荣、樊钟秀、刘桂堂、高桂滋、任应岐等部,总数逾 50 万人。

△　国民党江苏整委会呈请中央党部抗议日舰驶华,称日驱逐舰以实习航路为名,长趋直入我长江各要口,"开国际未有之怪例,侮辱我国家,侵夺我主权"。

△　芬兰政府派威海梅夏为驻华代办。

△　南京下关和记洋行工潮经市社会局等调解平息,工人 700 余人复工。行政院仍分令内政、工商、教育三部对工人、学生加意防范。

△　青岛大英烟公司罢工工人因拒绝复工被青岛当局逮捕九名。是日工人向市政府请愿,又遭警察镇压,伤数十人,另有 30 余名被捕,制烟、印刷两工会被解散。

4 月 10 日　冯部第二方面军总司令鹿钟麟任命各路总指挥:第一路总指挥张维玺,副总指挥刘汝明,第二、三、四、五路总指挥分别为孙良诚、庞炳勋、宋哲元、孙连仲,后防总指挥兼陕西省政府主席刘郁芬。

△　国民党中常会又决议撤销阎锡山中央政治会议委员、国民政府委员职务。

△　赣粤闽三省"剿匪"总部由福建移江西赣州。总指挥金汉鼎是日由京抵南昌,与省政府主席鲁涤平、旅长唐云山等会商"剿共"计划。

△　朱德、毛泽东红四军攻克江西信丰,击毙县长吴兆丰、警察队长王覃勋。

　　△　福建省政府主席杨树庄因刘和鼎师入福州，林知渊等六人移押何处无确实下落，愤闽事久不解决，是日在上海向国民政府提出辞职。

　　△　厦门全禾汽车公司之"便利"汽船载客渡五通港出厦，中途船破沉没，溺毙乘客189人。

　　4月11日　南京卫戍司令谷正伦招待记者，声称晓庄师范内有不良分子，发布与三民主义相违反之宣言，特派部队前往强制停办；检查《新京日报》事，因该报登载海军鸣炮迎日舰消息，恐引起海军界误会，不得不作如此处理。

　　△　国民政府训令直辖各机关，公务人员及在职军人应以身作则，尽先购用国货。制服限用国货，不得有违；家常物品，日用所需，亦应互相劝勉，务购国货。

　　△　芬兰新任驻华代办威海梅夏到南京向外交部呈代办证书，并接洽签订中芬通商条约。

　　△　溯航长江之日本第一水雷舰队由汉驶抵江阴。该队司令后藤章少将电在青岛之日本第一舰队，约定16日开我领海舟山群岛海面会操。我国各界一致反对，督促政府提出严重抗议。13日，王正廷答记者问，否认日舰将在我领海会操。15日，驻京日领赴外交部，诡称日舰由沪开往台湾或须经舟山群岛一带，但演习地点决不在中国领海内。16日，日舰不顾中国人民反对，仍在舟山群岛附近会操。

　　△　《巴尔底山》旬刊在上海创刊。鲁迅主编，为"左联"机关刊物之一。

　　△　晚，河南嵩县华乐里猝降冰雹，历数小时，积厚尺余，东西40余里、南北30余里内房屋损坏、禾苗摧折。

　　4月12日　汪精卫就北方党务争执问题电平各省区党部联合处，声称"亡党之痛，甚于个人失位"，主张牺牲成见。西山会议派邹鲁、谢持应阎锡山邀是日抵太原，与阎锡山、陈公博等会商党务，陈有让步表示。

△ 西北军逼近鲁山,杨虎城、徐源泉两军奉令出击。

△ 河南旱灾严重,朱庆澜运赈粮八列车到郑州,是日河南建设厅长张钫自开封赴郑接收。

△ 阎锡山任命高桂滋为第二十三军军长。

△ 外交部驻哈尔滨交涉员钟毓赴苏联领事馆向苏领事梅里尼可夫面交通知书,通知中国政府已特派莫德惠为中苏会议全权代表,定5月1日前往莫斯科。

△ 财政部前因全国实施编遣,发行编遣库券7000万元,并在各省市设立劝募机关。刻因时局变化,编遣暂难实施,是日令各劝募机关暂停劝募。原令京内外各机关八折减薪以充编遣费用案亦予撤销。

△ 国民党中央党部举行清党三周年纪念大会,中委刘芦隐作报告,号召"继续清党"。上海市执委会定是日为清党宣传日,扩大反共宣传。南京、徐州、芜湖等地均召开清党纪念会,戒备甚严。

△ 南京卫戍司令部布告,以"巩固首都,防遏乱萌"为名,取缔各团体、学校、机关集会结社。

△ 中华国货维持会等团体电外交、财政、工商三部,请将华绸、夏布、瓷器、南货等列入对日互惠物品。电称:中日商约内规定"运华日货之得互惠达一百零一种之多,而华货运日,能否得到互惠,究为何货,税率若干,均莫明其中情形"。

△ 国民政府中央侨务委员会致函国民政府文官处,请饬外交部抗议荷兰政府虐待华侨,要求取消"猪仔制度",称:"西人诱往荷属垦地华工,每日工作十三四小时,每人每年所得净利不过五六十盾,尚有种种剥削与凌虐,终身劳动,永无出樊笼之日,不死于苦工,即死于鞭挞。"

△ 台湾总督府《临时产业调查令规则》公布。

4月13日 何应钦抵汉,对记者称系奉令主持武汉行营,襄助何成濬筹划军事。

△ 阎锡山为防蒋方宣传品入境,令卫戍部检查邮件,对一切印刷品及邮件,不问署何名目,均须拆视。

4月14日 国民政府任命王家桢为外交部常务次长；吴铁城为内政部政务次长；魏道明为南京特别市市长；朱履和代理司法行政部长职务；刘纪文为江海关监督；特任刘瑞恒为卫生部部长；免魏道明司法行政部长、刘纪文南京特别市市长职。

△ 蒋介石电委曹福林为第十四军军长。

4月15日 阎锡山赴傅公祠访邹鲁、谢持，劝对党务问题化除成见，与汪精卫改组派共同负责。16日，西山、改组两派及各方代表再晤阎，促速组政府，阎称"余个人对此，并无特别意见"。17日，阎决定原有县市党部停止活动。

△ 第二次全国教育会议在南京开幕，到各省、市、县教育厅局长、大学校长等共122人，蒋梦麟为大会会长，23日闭幕。会议通过改进全国教育方案10章，作为今后20年内努力之方向。内容包括实施义务教育初步计划，成人补习教育，训练各种师资计划，改进初等、中等、高等教育计划，社会教育计划，改进并发展华侨教育计划，实施蒙藏教育计划及经费总预算等。

△ 是日至17日，首都建设委员会在南京举行，议决由财政部发行首都建设公债3000万元等议案。18日，首都建设委员会通电全国共谋完成首都建设。

△ 上海美精致总绸厂及八个分厂工人罢工。

4月16日 陈公博、邹鲁在太原对粤、沪二届党统争论激烈。陈公博最初坚持粤二届为正统，认为扩大会议应由广州二届中央召集，后承汪精卫意，让步至会合一、二、三届中央委员组成扩大会议，邹鲁、谢持则坚持既然合作反蒋，上海二届中委也要参加召集，谓"欲团结整个的党，只有就一届，或粤、沪两个二届，或合各方各届之执监委员，组织一种委员会，以执行党之职务，最为适当"。谈判成僵局。是日，晋主席商震电北平覃振赴并调停。覃未即往，讨论直延至21日，终无结果。

△ 国民党中常会决议，任田桐等人为党史史料编纂委员。

△ 行政院令内政部常务次长张我华暂行代理部务。

△ 中央研究院召集之全国气象会议在南京举行。17 日,审定气象电码及天气旗号两委员会决定,国内各气象台天气预报一律采用徐家汇气象台所定之天气旗号。

△ 上海租界纳税华人会与上海租界纳税西人会同日开会。纳税西人会否决纳税华人会将华董由三人增至五人之决议。纳税华人会 17 日召开紧急代表大会,议决登报声明纳税西人会无权措置华人会华董问题,并推代表王晓籁、虞洽卿等向外交部请求严重交涉。工部局为俯顺舆情,拟召纳税西人特别会议挽救。

4 月 17 日 李宗仁的代表叶琪前赴太原谒阎商承一切,是日返北平,语记者称:"余代表李宗仁与阎商军政,顷已商妥,电港促汪北上。"

△ 沪公共租界工部局举行第一次董事会议,纳税西人会否决华董增额。19 日,新任华董袁履登、虞洽卿、徐新六、贝淞荪、刘鸿生致函工部局诘问,称:"对于 4 月 17 日第一次董事会议,事前未接到任何通知,致不得出席,应予以正式抗议,并保留应有之一切权利。"

4 月 18 日 外交部长王正廷与英国驻华公使蓝普森在南京签订收回威海卫专约及协定,专约议定英国将威海卫及刘公岛与威海卫湾内之群岛交还中国。但刘公岛仍由英国续租十年。

△ 是日为国民政府建都南京三周年纪念。南京、上海、江苏、山东、福建、浙江等省、市党部均召开纪念会。

△ 阎锡山派人迎覃振赴并(太原),调停陈公博、邹鲁粤、沪二届中委问题争执。同日,陶冶公由并函覃振称,"陈、邹辩论二届问题甚力,弟从事调停,恐力不逮,盼兄速来并"。

△ 阎锡山委刘桂堂为第十五军军长。

△ 冯玉祥在郑州设司令部,反蒋前线各军一概受冯节制。

△ 蒋介石任命邵力子为陆海空军总司令部秘书长。

△ 蒋介石令第三、第二、第五路军分别改编为第一、第二、第三军团,委韩复榘为一军团总指挥,由河南退入山东,防守鲁西之线;刘峙为第二军团总指挥,防守徐州、砀山、宿县等处;何成濬为第三军团总指

挥,防守平汉线许昌以南各地;陈调元为总预备军团总指挥,据守黄河南岸。杨杰为总参谋长,蒋锄欧为铁甲车司令,俞鹏飞为兵站总监;张惠长为航空署长,指挥空军助战。在汉口设陆海空军总司令部行营,任何应钦为行营主任,对付李宗仁从广西方面的进攻。

△ 南京陆海空军总司令部任命杨森为川陕边防司令。旋冯玉祥亦委杨为川陕边防司令及第三路总指挥,被杨拒绝。

△ 全国童子军总检阅在南京小营举行,到 121 团,蒋介石、吴敬恒、蔡元培、戴季陶到会训词。蒋宣称:"中国的童子军是要在三民主义的信仰之下,培养发挥智仁勇的精神,这就是我们中国童子军的根本信条。"22 日检阅结束。

△ 华文《侨民新报》在马达加斯加创刊。三日刊。

△ 贵州省思县更名岑巩县,凤泉县更名凤冈县,麻哈县更名麻江县,罗斛县更名罗甸县,紫江县更名开阳县。

△ 天津天气昨起骤热,是日达华氏 92 度,与 16 日前相差 20 余度。

4 月 19 日 陈济棠通电否认辞第八路军总指挥职及派员赴晋接洽事,并谓俟桂局定后,即请命中央移师北指。旋即率总参议杨鼎中、第四舰队司令陈策等出发大湟江督师。

△ 何应钦电告朱培德称:"均县西北,逆军第二师被我边防军张藩部会同四十四师于删日(15 日)完全解决,俘获师旅长以下官兵千余名。"

△ 立法院通过《中捷友好通商条约》,国民政府于 22 日公布。

△ 上海日商会会长米里纹吉为内河航行权及日侨司法权问题,乘"上海丸"轮回日向日政府请愿。

△ 国民政府任命石陶钧、闻捷、方鼎英为军事参议院参议。

△ 上海公共租界公共汽车全体司机因要求增加工资未遂相率罢工,各路汽车完全停驶。25 日,公共租界电车工人约 2000 名罢工声援。

4 月 20 日 北平学生及各界代表 200 余人集会筹备纪念"五一", 会后并游行示威。军警当局认为学生有共产党嫌疑,逮捕 58 名。21 日,北大学生集会声援,复有 32 人被捕。北大学生因是贴出罢课通告。北平市长张荫梧 23 日在市府召集各大学校长及各校学生代表谈话,声称被捕学生已有多人承认为共产党,将设特别法庭审判,望劝告学生勿作"轨外"行动。

△ 长沙何键通电否认派代表赴太原、北平接洽,称:"湘省言动,悉以中央意志为依归,如因公事须派员陈商时事,先当有专电,否则概不负责。"

△ 行政院通令全国各机关,裁汰冗员,缩减经费。

△ 驻哈苏俄领事馆以正式公文答复中国拟派莫德惠出席中俄会议事,称苏俄预备接待中国代表,望莫准于 5 月 1 日前往。

△ 沪 61 名外侨联名呈请领袖领事,授权工部局召集公共租界纳税西人特别会议,将工部局之华董由三人增为五人。

4 月中旬 西北军张维玺第一路军、孙良诚第二路军、庞炳勋第三路军,分别进至平汉路以西之淅川、内乡、叶县一带及陇海路西段之洛阳、郑州一带。晋军孙楚、杨效欧、关福安各部及周玳炮兵由徐永昌、杨爱源指挥,经郑州进入豫东兰封一带,驻冀南、豫东、皖北之石友三、刘春荣、万选才、刘茂恩、孙殿英等部均归其指挥。津浦路方面晋军,在傅作义、张荫梧指挥下,进出德州和济南。

4 月 21 日 冯玉祥自潼关抵洛阳,召开重要军事会议,会商讨蒋军事。宋哲元、孙良诚、石敬亭、庞炳勋、鹿钟麟、刘春荣、杨爱源、徐永昌、潘宜之、万选才、孙殿英、任应岐、刘骥等均赴洛与会。23 日,冯以副司令名义向各军颁对蒋作战令。

△ 阎锡山、冯玉祥联衔电汪精卫,称讨蒋军事布置就绪,大战即在目前,望北上领导一切。是日汪电复阎、冯,允即就道,并称"一切大计,悉赖我公主持,请勿留待,免误事机"。30 日,汪复电平国民党各省市临时联合办事处,允"摒挡就道,共策进行"。

　　△　蒋介石派国民政府参军长贺耀组到济南视察山东防务,调和韩复榘、陈调元两军关系,稳定韩对阎作战决心。

　　△　蒋介石派姚以价、詹旭初到新乡,劝说石友三反阎、冯附中央,被石扣留解往太原。29日,姚解至石家庄后逃脱。

　　△　国民党中央宣传部为时局发表告海外同胞书。

　　△　国民政府任命林国赓为厦门海军要港司令;任命吴凯声为驻瑞士代办,兼国际联合会全权代表办事处处长。

　　△　国民党中常会通过蒋介石等12人所提改注音字母名称为注音符号,并拟定推行办法案。5月2日,国民政府通令各机关推行注音符号。

　　△　在广东五华、惠来、普宁、潮阳等处活动之红军游击队古大存部克五华、梅林。

　　4月22日　蒋介石偕海军部次长陈绍宽、总部秘书长邵力子、政训处长周佛海等离南京赴汉口。24日夜召何应钦等开军事会议,部署平汉线军事。次日偕何成濬、邵力子、赵观涛等赴信阳、确山、郾城等处视察防务。

　　△　外交部照会驻华英、美、法、比、意等国公使,称"阎、冯以沧石路向外国借款事,如果确实,中国政府不承认"。

　　△　内政部规定完成县组织期限:一、苏、浙、晋、冀、粤五省,限本年6月终完成;二、赣、皖、鄂、湘、闽、鲁、豫、辽、吉、陕、滇、桂12省,限8月终完成;三、川、黔、甘、新、黑、热、察、绥八省,限10月终完成;四、宁、青、康三省,限12月底完成。

　　△　国民政府建设委员会与财政部、工商部协议,指定荷庚款全部为东方大港、北方大港之测验、计划经费。

　　△　江西省政府主席鲁涤平电国民政府请辞本兼各职,谓"剿匪计划无由实施,防军远征,匪势转炽,事违初愿,治丝益棼","与其更误将来,曷若早避贤路"。28日,国民政府复电慰留。

　　△　财政部长宋子文密电汉口蒋介石,称第二十军郭汝栋部由宜

昌移防武穴,夹带大批私货(鸦片),贬价兜售;平汉路局扣留抵税,致使办理特税发生困难,请令饬各方协助,以维持驻鄂部队二百数十万月饷。

△ 南洋烟草公司上海厂停办整理已过两月,迄未开厂复工,而将出品转托三友、中原、新民三厂代制。是日,失业工人代表团发表宣言,吁请各界援助,请主管机关限厂方立即开工,并制止各烟厂代其制烟。

△ 四川省设立宁南县(由会理县析置)。

4 月 23 日 晋方接收国民政府机关报英文《北京导报》,阎锡山聘顾问英国人辛博森为主笔。是日辛正式就职。

△ 鹿钟麟、徐永昌等 71 将领再电张学良,促就陆海空军副司令职。

△ 中央军第六路军谭道源、毛炳文两师进攻张、桂军,是日到达平南。

△ 外交部照会各国驻华公使,不承认阎、冯以沧石路向外国借款。

△ 中东铁路更调理、监事,理事李绍庚升首席理事,原首席理事郭福绵调监事长,原监事长刘泽荣调理事。

4 月 24 日 邹鲁致电冯玉祥,攻击改组派"不配再言党统",内称:"党事未能商妥之故,由于改组派必欲存其彼方之二届,而否认沪方之二届","沪二届本团结之精神,不否认改组派二届于人人排斥之时,而改组派乃必否认沪二届于人人言团结之际,究不知是何用心。"

△ 国民党中常会决议:一、福建省党务指导委员冯思定、林寄华、林学渊、詹调元、丁超五、陈乃元、方治、杨树庄、冯济安九人一律撤回,另派詹调元、甘沄、冯济安、陈联芳、唐绍周五人为福建省党务指导委员;二、通过各市县邮电检查办法八条。

△ 何键委第十五师旅长张其雄为湘东"剿匪"指挥,并令会同江西部队进攻红军。

△ 国民政府训令直辖各机关,严禁水陆交通机关员役夹带或纵

容他人寄递鸦片及其代用品。

4月25日　国民政府国务会议议决修正《共产党人自首法》、任命杨振声为国立青岛大学校长、准赣省府委员刘芦隐辞职等案。

△　阎锡山令集中平汉路北段之孙楚、赵承绶、杨效欧等部向黄河以南推进。

△　苏、皖产米区米荒,是日安庆市市民因购米困难,集众向各米店强买。安徽省政府特召集各机关团体讨论解决办法,一面布告制止"滋事"。

4月26日　东铁理事会议讨论电权问题,通过莫德惠所拟八项办法,内容略为:在东铁电权新合同未正式签订前,暂按1922年11月22日所订之电权合同处置一切,俟新合同成立后,所有东铁及沿线所有中国电报局,不得接发商电及私人电报。此案咨行路局派副局长简尼索夫、电务处长梅尔滋洛夫等五人为代表,与东北交通委员会开会交涉。

△　蒋介石抵确山视察防务,并召附近驻军团长以上军官训话,次日返汉。何键谒蒋,请缨"讨逆",并报告湘政。29日,蒋自汉乘"永绥"舰返京。

△　晋军万选才先头部队进抵归德,与亳州孙殿英部联络前进。石友三部由道口绕道封邱渡河,前部一师到达考城。石并派代表邓崇熙、宋克宾赴德州筹组山东省政府。

△　国民政府公布修正《共产党人自首法》第七条,修改条文为:"自首应经所在地高级党部允许后,向法院或其它官署为之。"

△　国民政府公布《管理成药规则》。对成药调制、原料成分、注册核准等各项作出规定。

△　云南省政府主席龙云奉蒋令讨伐张、桂军,是日派兵入桂。

△　阎锡山以陆海空军总司令名义发行战事通用票600万元,称俟军事结束,即由国家银行兑现收回。

△　据《申报》讯:外交部消息,收回租界、租借地问题,除天津德、奥、俄、比租界,浔汉、镇英租界,汉口德、俄租界已经收回外,尚有23

处现正筹划收回。租借地除德之胶州湾已交还,英之威海卫已收回外,其余日之旅大、英之九龙、法之广州湾亦准备收回。

△　淞沪警备司令部以"五一"劳动节将届,训令所属部队及市公安局切实防范。28 日,上海市政府暨淞沪警备司令部发出布告,严禁罢工、罢课及聚众示威,违者以扰乱后方军律治罪。

△　国民政府任命王典型为军事参议院参议。

4 月 27 日　晚,商震、薛笃弼、赵戴文、赵丕廉、陈公博、邹鲁等及各方代表 50 余人在太原集会交换党政意见,决定先邀汪精卫及党中负责人到北平,共商进行办法。

△　冯玉祥夜抵郑州,次日在机场阅兵,29 日北上新乡。

△　上海公共租界当局制止青年集会,借口"共产党徒希图捣乱租界",在仁济善堂拘捕青年学生和工人百余名。

4 月 28 日　川边防司令杨森电蒋介石请缨讨伐阎、冯。

△　上海法捕房破获徐家汇路宝安里第二十七号共产党地下印刷机关,抄走印刷机两架,拘捕五人。

△　国民政府派朱懋澄、吴凯声为出席第十四次国际劳工大会中国政府代表,指定朱懋澄为第一代表。

△　中国国民党中央执行委员会党史史料编纂委员会成立。

△　国民政府任命杨振声为国立青岛大学校长。

△　广东省当局因金价暴涨、洋米成本奇昂,米价飞涨,每元仅购六七斤,是日由广东赈务会召开临时特别会议,决定联合慈善、商界组织平粜委员会,筹款 100 万元,分两期办理。

4 月 29 日　孙科呈行政院,请令财政部饬税务司将俄国退还庚款三分之二拨交铁道部管理,教育经费仍由母金盈余内支拨。

△　据《申报》讯:何成濬、何键、鲁涤平在汉口会议,决各出一旅以上兵力,约期"会剿"湘鄂赣边红军。

4 月 30 日　砀山方面前哨战开始,冯玉祥西北军主力集中郑州,以四师兵力沿陇海线东进。阎锡山晋军孙楚等部集中黄河以南开封一带。蒋介石中央军飞机连日在郑州附近投掷炸弹。

　　△　晚,阎锡山偕徐永昌、杨爱源、杜春沂离太原南下,次日与冯玉祥会晤于新乡。

　　△　阎锡山截留天津关税,令津海关关税及代征之二五附捐在津保管,不得汇往他处。5月1日,阎令津海关将扣留关税及附税分存中、交两行。

　　△　诸城、莒县高桂滋部由马鸿逵收编,高部调往泰安。诸城自2月20日起被围两个月零十天,是日解围。

　　△　日本政府正式批准中日关税协定草约,日本驻华代理公使重光葵奉外务大臣币原令准备由上海赴南京签字。

　　△　中东路理事会决定1929年红利分配办法,中苏两国各分50万。

　　△　班禅驻西康办公处成立。

　　△　朱德、毛泽东红四军到大庾,粤军吴文献部开南雄边境拒红军入粤。

　　△　张云逸红七军占领贵州榕江县城。

　　△　以华人为主体之马来亚共产党在马来亚森美兰州瓜拉比劳成立。

　　是月　阎锡山为统一四省财政,令晋察绥财政整理处改晋冀察绥财政处,自兼督办,规定河北及平、津财政机关均归其管辖,并称南京政府一切命令均无效。

　　△　蛰居四川绥定河市坝之吴佩孚,因时局变化移居绥定城内,打出"讨贼联军西南总司令"旗号,派人四出招募新兵。

　　△　鄂豫皖边红十一军之第三十一、三十二、三十三师合编为中国工农红军第一军,军长许继慎,副军长徐向前,政治委员曹大骏。三个师依次编为第一、二、三师。旋大败川军郭汝栋部及戴民权部,沿京汉路进窥武汉。

　　△　中共东江特委在广东五华、丰顺、揭阳交界八乡山召开东江第

一届工农兵代表大会,成立东江苏维埃政府。

　　△　中共琼崖临时特委改为琼崖特委,冯白驹任书记。

　　△　山东省政府公布孔族待遇办法,其内容为:一、曲阜县孔氏蠲免土地清丈升科办法;二、孔族土地除孔氏祀田外,一律照章纳税;三、改革特殊待遇,铲除封建余毒。

　　△　驻华英使蓝普森与外交部长王正廷商订英国退还庚款用途新协定。该项退款约银2000余万两,将完全由中国政府支配,英方无权干涉。退款用途,经国民党三全大会决议,以三分之一用于发展教育文化事业,三分之二用作建设经费。

　　△　台湾劳动互助社举办"文化协会及民众党批判演讲会"。

　　△　工商部举行第二次工会调查,据九省27市统计,共有各行业工会741个,会员57.625万人(不包括各地工会整理委员会和总工会)。

　　△　中央银行发行金单位本票,凡进口商缴海关税者,可向中央银行开立户头,购买该行金单位本票,向海关缴纳税金。

　　△　中国第一信用保险股份有限公司在上海创立,资本总额20万元,总经理潘学安。

5　月

　　5月1日　蒋介石在南京举行誓师典礼,发表《讨伐阎冯誓师词》,宣称:"阎、冯叛逆,割据称雄,破坏统一,乱国害民,纠集盗匪,反抗革命,西北何辜,遭此兵凶,革命军人,救国保民,仗义讨逆,不辞牺牲。……"令各部队于10日前完成一切作战准备。

　　△　中苏会议中国全权代表莫德惠率代表团由哈尔滨启程赴苏,9日抵莫斯科。

　　△　中东铁路由官方于哈尔滨成立华工事务所,以统一华工工会事权,经费完全由督办公署拨给。

　△　上海工人举行群众游行示威，纪念五一劳动节。

5月2日　财政部长宋子文为阎锡山截留天津海关税收发表宣言，声称"若阎氏截留津关税款之举许其成为事实，将开从来未有之恶例，不特破坏中国对内对外之信用，且对于国内购买大宗公债者亦将与以巨大之打击"，政府自当用全力阻止。同日，阎锡山之陆海空军总司令部外交处长朱鹤翔在北平招待新闻记者，声明北方对关税、盐税在不侵犯外国利益的范围内有扣留权。北平及外国银行团因阎接收关、盐税，集议办法，决请外交使团即开会议商定对策。

　△　中央军李云杰新二十一师与晋军第五路军孙殿英之前锋岳相如部在亳州南泚河口接触，岳部阵线被攻破，新二十一师随即占领泚河口。

　△　太原商洽北方党务无结果，陈公博、傅汝霖、黄少谷、陶冶公等自太原回北平。

　△　国民政府国务会议决议，关于提议召集国民失业问题研究会案，令行政院征集各部及京、沪、苏、浙、皖各方工商界意见，速求救济。

　△　中东路电权会议在东铁督办公署开幕。5日正式会议，开始讨论提案。12日，中东路电权会议开专门委员会，中方委员提出电权议案10项，为苏方委员所拒绝。

　△　上海公共租界纳税西人特别会议通过工部局关于华董自三人增加至五人案。

　△　蒋介石委李云龙为陆军新编第三师师长；王振膺为暂编第八师师长；将邓英独立第十六旅升编为新编第十三师，以邓升任师长。

　△　中央禁烟会以荷印等地华侨受鸦片毒害，特开会决议咨请外交部转饬国联代表吴凯声向国联提出抗议。

5月3日　济南惨案二周年纪念日，各地举行纪念活动。

　△　行政院密令实业部严防共产党在红五月发动工人罢工示威活动。

　△　朱绍良电南京报告讨桂军情，称张、桂残部窜匿深山，时出时

没,攻剿不易,现第八师毛炳文部会同谭道源部分途围攻,并调飞机两架助战。

　　△　　阎锡山外交处通告外交团,北平仍称北京。

　　5月4日　　阎锡山、冯玉祥相偕于3日抵郑州,是日在郑召开军事会议,部署对中央军作战计划,决由津浦、陇海、平汉三路进攻,以徐州、武汉为第一期作战目标。津浦路以第三方面军担任,攻取徐州;陇海路以第三方面军为主力,孙殿英、万选才、刘茂恩、刘春荣等部及石友三一部均归第三方面军前敌总指挥徐永昌指挥;平汉路以第二方面军为主力,樊钟秀配合作战。陇海、平汉两路暂取攻势防御,在平汉线以东、陇海线以南三角地带兰封(今合并于兰考县)、杞县、扶沟、许昌一线设防。至是,中原大战序幕揭开。

　　△　　陈公博偕冯玉祥之代表黄少谷到天津。由陈公博、覃振、张知本、茅祖权、傅汝霖、胡宗铎、郭泰祺、叶琪、陶冶公九人召开天津会议,讨论党务问题,决撇开"党统"不谈,而从"非常"二字着眼,重开第三次全国代表大会解决党务,召开国民会议制定约法。遂由覃振电汪精卫征求同意。5日,汪复电赞同。

　　△　　武汉行营令郭汝栋一月内"肃清"鄂东红军。郭是日返防指挥,并令王清澄率二团出发赴皖。

　　△　　金汉鼎与鲁涤平、张辉瓒、邓英在南昌会商"剿共"第二步计划已竣,是晨乘轮溯赣江赴赣州,与闽、粤军"会剿"朱德、毛泽东红四军。

　　△　　阎锡山委齐燮元为江北招抚使,孙传芳为江南招抚使。齐是日通电就职。

　　△　　上海市教育局发表收回租界教育权宣言。

　　△　　晚,河南登封附近突起飓风,飞沙走石,雷电交加,猝降冰雹,大者重数斤,小者如鹅卵,历一小时,厚积尺余,50里内田禾屋宇多被损坏。巩县境内亦遭烈风巨雹击袭。6日,温县同罹雹灾。

　　5月5日　　中央党部及国民政府召开孙中山就任非常大总统九周年纪念会。胡汉民演说,望"认清是非顺逆,一致奋斗,铲除叛乱,以安大局"。蒋介石在中央军校特别党部纪念会报告,宣称将在半年内消灭阎、冯。同日,蒋在南京检阅冯轶斐教导第一师,誓师讨阎、冯。

△　中英交收威海卫专约、关于刘公岛之协定及附件在南京、伦敦同时公布。英国将威海卫地域及刘公岛与威海卫湾内之群岛交还中国,1898 年 7 月 1 日所订租约即行取消。英借刘公岛作为海军消夏之用,为期十年。约定 10 月 1 日前交换批准书。14 日,外交部派徐祖善办理接收威海卫事宜。

△　卫立煌改编之方振武旧部、驻溧阳之第四十五师一三三旅二六五团刘营一、四两连哗变,搜县署,缴警械;次日,二、三两连亦变,均赴茅山。南京卫戍部队闻警,开至句容等处设防,南京、镇江各要塞戒严。

△　阎锡山委鹿钟麟为第二、三方面军前敌总司令,徐永昌为副司令,统一指挥陇海线方面作战。鹿、徐是日通电就职。

5 月 6 日　阎锡山自豫回晋,军事由冯玉祥全权主持。

△　吴佩孚自四川发出通电,声称"即日出川,调解时局"。

△　《中日关税协定》由外交部长王正廷和日本驻华代理公使重光葵在南京正式签字。协定及附件换文同时公布。

△　阎方外交处长朱鹤翔向津海关交涉保留关税,津关拒交,朱以派员接收相威胁。

△　行政院会议,讨论建设委员会呈请将庚款三分之一拨交该会管理支配案,决议送政治会议核定。

△　香港体育界为即将赴日本参加第九届远东运动会的游泳选手饯行。11 日,领队庄成宗、黄家骏率游泳选手离港往上海集中。

△　国民政府公布《商标法》。

△　彭德怀、黄公略红五军攻占平江县城,全歼余贤立一个团和两支挨户团队,缴枪千余支。湘东"剿匪"总指挥何键委新编第三十一师师长陶广为平浏绥靖处长,令其率部会同第十五师四十三旅旅长张其雄分路"围剿"红军。9 日,彭、黄率部撤出平江城,向江西修水转移。

5 月 7 日　汪精卫起草之北方党务问题宣言稿到津。宣言除申讨蒋介石外,并述倒蒋后对党务、国事之办法,称"最短期间,必须依法召集本党全国第三次代表大会及根据总理北上宣言召集国民会议",并称"同人等认为党国目前最亟之图,谨以精诚结合,一致共同努力,克日成立中央党部扩大会议,以树立中枢"。参加天津会议诸人赞同宣言稿,并据此提出由非常会议产生中央干部扩大委员会,再产生中央政治会议之过渡办法,然后再由干部会召集第三次全国代表大会及国民会议产生政府。

　　△　土耳其代办福特培与外交部次长李锦纶在南京商改订两国友好通商航海条约,由李将拟就之条约草案交福特培。次日,福特培提出对案,并希望根据平等互惠原则订约。

　　△　财政部为救济银价低落,通令各海关禁止墨西哥银元进口,以为应急之治标办法。

　　△　苏联正式发表任加拉罕为中苏会议苏方全权代表。

5 月 8 日　蒋介石自南京北上检阅津浦线驻军,邵力子、周佛海随行。夜抵蚌埠,通令"讨逆"各军于 5 月 10 日完成战备。作战部署为:以韩复榘军担任津浦正面,在山东禹城布防拒阎;以陈调元、马鸿逵两军布防山东济宁、曹县一带拒石;命刘峙率第二军团主力沿陇海路向河南归德、兰封攻击前进;王均率第三军布防皖北,拒孙殿英南下;叶开鑫率第八军攻河南淮阳、泰康、鹿邑等处孙殿英部,并策应第三军围攻亳州;卫立煌、张砺生分领第四十五师、骑兵第二师警备皖北及徐浦路线;令何成濬以第三军团第九、十两军攻取河南襄城、叶县,第七军攻取河南鲁山,先挫平汉路正面南犯之冯军,再会攻许昌、郑州;令蒋鼎文率第二军由周家口间道北袭河南杞、睢,与第二军团主力夹击兰封。

　　△　晋军万选才部从陇海线北侧虞城方面向中央军阵地攻击。孙殿英将马牧集以东四里的铁路破坏,以防中央军铁甲车袭击。

　　△　冯玉祥电陈公博,告以在豫和阎商谈党务问题,阎决请汪精卫出面主持,"意确诚恳"。陈公博等九人天津会议结束,议定由各方代表

召开非常会议,产生党部的扩大会议,然后由党部扩大会议召集"三全大会"。

△　上海银钱两公会电陈财政部,要求阻止晋阎截留津关税款,称此举"对关税自主暨取消不平等条约之前途大有妨碍"。

△　美国各大杂志社及日报社等组织之东方考察团一行 18 人抵沪。

△　太湖中之海州帮土匪首领张兆华等 15 人,由太湖剿匪总指挥部在苏州执行枪决。

5 月 9 日　阎方外交处长朱鹤翔在北平招待外国记者报告北方时局称:军事完全交冯,党务、政治完全交阎,军事已开始推进至相当地域,实现总攻击。关税问题,系扣留新增关税,至外债及旧案内债基金,照旧维持。

△　阎锡山为筹措军费,公布棉纱、棉布、麦粉、火柴、肥皂等增收二分五厘制造税。天津商民反对,市总商会电阎要求取消,否则将总罢市。

△　行政院训令财政、教育两部将俄庚款三分之二由财政部拨交铁道部管理支配;自铁道部接受之日起,由俄庚款项下分付之教育经费改由铁道部担任。

△　驻华美公使署照会中国外交部称,关于华洋上诉案件统归中国法院审理一案,其美方原告而未结者,请勿以新定手续处决。

△　国民政府免郭泰祺驻意大利公使及立法院立法委员职,任命彭养光为立法院立法委员;任熊式辉为苏、浙、皖三省"剿匪"总指挥。

△　是日为签订"二十一条"十五周年国耻纪念日,青岛、济南、蚌埠、南京、徐州等地有纪念活动。

△　四川大学工学院院长杨懋实枪杀学生,激起学潮。是日,重庆全市学生 5000 余人游行向省政府请愿。

△　陕西全省连年旱荒,饥民遍野,全省 1300 万人中,饿死者 300 余万,流离失所者 600 万。上月朱庆澜等曾赴陕办理运粮赈济,但缓不

济急,是日朱回北平募捐购粮,以便再运赈粮接济。

5 月 10 日　晚,何成濬离汉北上指挥平汉线各军。11 日抵信阳,第三军团总部亦移驻信阳城内。何旋赴确山召集徐源泉、王金钰、蒋鼎文、上官云相、郝梦龄等开军事会议。

　　△　蒋介石到济南,与韩复榘、陈调元会议,允调赴陇海线的范熙绩第二十六军、马鸿逵第十五路军俟攻占考城后,即调回津浦线归还第一军团建制。

　　△　驻华法使玛太尔自北平到沪。次日,外交部长王正廷与玛太尔晤商中法越南商约。12 日,中法越南商约谈判告一段落,玛太尔向法国政府请训。

　　△　立法院会议通过《矿业法》及《西医医师暂行条例》。委员卫挺生以《中日关税协定》未经该院审议,即由外交部擅自订定生效日期,认为不合法,临时动议请外交部派员出席说明,因外长王正廷未在京,改订于 12 日举行临时院会专议此事。

　　△　国民政府指定广东省中山县唐家环(亦作唐家湾)开辟为无税口岸,以 60 年为期,定名中山港,由中山县训政实施委员会负责经营办理。

　　△　外交部令福建思明县政府从速调查鼓浪屿会审公堂状况,以便交涉收回。

　　△　海军编遣处奉中央编委会令撤销,嗣后仍沿用海军司令部名义。

5 月上旬　晋军、西北军主要兵力集中陇海线,以石友三为左路,由考城向菏泽、定陶前进;以万选才为中路,孙殿英为右路,分别由归德、亳州向砀山、徐州前进。晋军杨效欧、孙楚、关福安三个军由徐永昌、杨爱源指挥,集结于开封、兰封一带,徐设司令部于兰封,以大部兵力策应万、孙两部。

5 月 11 日　中原大战爆发。蒋介石由济南抵徐州,设行营于陇海路,以居中指挥。当晚下总攻击令,以中央军第二军团为主力,沿陇海线向归德进攻,与晋军、西北军开展大规模接触。孙殿英部被迫退往鹿邑、亳州,万选才部退至归德附近。

△　孙传芳被阎锡山委为江南招抚使后,是日离津赴太原,13日见阎,声明愿以私人情谊在野为阎帮忙。14日赴郑州,17日衔阎命赴沈阳晤张学良,请其加入反蒋联盟。7月6日又由津赴葫芦岛与张联络。

△　唐生智离港经日本北上。13日阎锡山委唐生智、赵恒惕为湖南招抚使。

△　蒋介石委刘珍年为第十七军军长,以胶东防务重要,仍令暂驻原防地。

△　莫德惠访苏外交人民委员李维诺夫及中苏会议苏方代表加拉罕,非正式商榷中苏会议程序问题。

△　浙南红军和部分赤卫队编成红十三军,胡公冕任军长,金贯真任政委,全军共2100余人。

5月12日　拂晓,中央军第二军团陈继承第三师以第八、九两旅沿陇海路两侧向马牧集进攻,顾祝同第二师在铁道以北齐头并进,陈诚第十一师为预备队,沿铁道线跟进。13日,陈诚部周至柔第三十三旅占领马牧集,第三师向朱集车站与归德之线猛进。晋军万选才部退守归德城。是役为陇海线战事之开端。

△　中央军第二军团杨胜治、王均两部在亳州附近与晋军第三方面军孙殿英部激战。13日,蒋介石下令猛攻亳州、归德,冯玉祥令郑大章、赵承绶两骑兵军抽调精锐由归德驰援。15日,蒋介石亲赴马牧集督战,令第三、十一、二等三个师乘胜前进,并以教导第一师围攻归德。

△　立法院为《中日关税协定》开临时会,对外交、财政两部多有责难,谓该协定未经立法院审议,即订明签字后十日生效,此于立法尊严殊多蔑视。决议交全院各委员会联合审查。13日,立法院第九十次会议根据五委员会审查报告,通过《中日关税协定》。

△　上海公共租界电车工人昨得巡捕房及公司应诺增加工资等最

低条件,已部分复工。是日公司复又取消,工人愤而继续罢工,并列队游行。

△　赴南京出席蒙古会议之内蒙五盟旗代表 51 人,由张学良派员护送抵上海。

△　上海全国商会联合会为豫民请命,特电请蒋介石,请前方飞机抛掷炸弹时,认清军民,以重民命,而免蹂躏。

△　冯玉祥在陕、甘、宁、青四省公布禁止贩卖人口令,规定已被卖者,拘而还之家族,设灾民收容所,给以食料,教以手工,给农民以种子,以军马耕田。

△　南京陆海空军总司令部委张泰为暂编第十师师长,石维清为暂编第八师师长。

5 月 13 日　陈公博、王法勤、覃振、谢持、白云梯、茅祖权、傅汝霖七中委及陶冶公、卢蔚乾、黄少谷、郭泰祺、张知本、胡宗铎等在北平什刹海会贤堂开谈话会,讨论汪精卫起草之宣言稿,均表赞同。同日,阎锡山亦电傅汝霖赞成汪所拟之联合宣言。

△　朱绍良第六路军占领桂平。蒋光鼐、蔡廷锴两师猛攻贵县,战况甚烈。桂军及唐生明部由恭城龙虎关入湘境,张发奎部取道全州,图入永州。15 日,唐生明等部占湘省道县,主力克全州,向黄沙河推进。攻桂湘军刘建绪部退永州、黄沙河之线。

△　上海公共租界公共汽车工人罢工将近一月,是日劳资双方签约,资方答允一律增加工资、三个月内不准开除工友等条件,14 日,全体工人复工。

5 月 14 日　阎锡山电劝汪精卫速驾北来,称:"公以元勋先进,重负本党誉望,此后党务,自应悉听主持。国家既取党治,一切政务自应由党主持。"16 日,汪复电称"期勿责以过重"。

△　国民政府临时国务会议,照立法院意见通过《中日关税协定》。协定除规定日本在华仍享受最惠国待遇外,并将优惠待遇项目扩至船钞、关税等项,共达 110 种,而中国输日货物享受优惠待遇者仅 11 种。

中国在协定附件中承认整理无担保或担保不足之日债,以致协定签订后,日本即据此向国民政府讨索旧债,协定成为偿还西原借款之法律根据。

△ 行政院秘书处函外交部,称日政府借名保侨,拟派陆军一师团来华,请提出抗议阻止。

△ 上海标金猛涨,价格最高达 526 两。

5月15日 中央军刘峙第二军团先头部队占领归德以西柳河车站。第三军团所属第二军蒋鼎文部亦逼近杞县,图与正面部队配合围攻兰封。晋军孙殿英部在亳州被中央军王均部包围。鲁西方面石友三部亦被陈调元部所阻。

△ 国民政府以金价暴涨,决定禁止黄金出口及外国银币进口。是日,行政院训令财政、工商两部转饬全国海关一律查禁。16 日,江海关布告此令生效,上海日本住友银行 500 万元金币自沪运美,为江海关所阻,上海标金价格即跌至 502 两。

△ 外交部派徐谟、刘师舜、周纬、吴南如、于联模为筹办收回英、法、意租界委员会委员,指定徐谟为委员长;派王家桢、刘师舜、胡世泽、方文政、徐营秋为筹办收回日租界委员会委员,指定王家桢为委员长;派李锦纶、刘师舜、嵇锦、谭绍华、许沅为筹办收回公共租界委员会委员,指定李锦纶为委员长。

△ 粤军蔡廷锴师占领广西贵县,桂军退宾阳。陈济棠以浔州、贵县已克,令飞机队全部返省,梧州航空行营结束。旋因张、桂军北上,广东北江告急,陈济棠委蒋光鼐为北江前敌总指挥,蒋光鼐、蔡廷锴、李扬敬等三师归其节制。

△ 教育部通令取消私立中等以上学校名誉校长。

5月16日 平汉线何成濬下总攻击令。中央军第三军团总部由信阳向驻马店推进。何由驻马店到漯河督师。17 日,上官云相第四十七师等包围晋军第八方面军樊钟秀部于临颍城,第三军团大部进逼许昌城。

△ 朱绍良、陈济棠通电移师北指,声称:"我军十三、十五先后克桂平、贵县,已将张、桂残余势力扫荡净尽,惟阎、冯叛变中央,我六、八路军将士,效忠党国,拥护中央,现经呈准中央,移师北指,助我友军,铲除叛逆。"

△ 彭德怀红五军攻克修水,鄂罗霖师、赣朱耀华旅、湘陶广师会攻修水彭部。18 日,朱耀华旅复占修水,彭部向铜鼓方面转移。

△ 《中法越南及中国边省关系专约》(简称《中法越南专约》)由外交部长王正廷与法国驻华公使玛太尔在南京正式签字。17 日,驻华法使馆向各国记者声明,称《中法越南专约》签字,华方得在海防、西贡设领,至通过税采适宜办法,其他法权、租界等问题,不在越约范围,并未讨论。

△ 交通部国际电信交涉委员会以中日沪、崎(长崎)水线合同已属满期,函外交部促日派员来中国协商撤废。

△ 国民政府令:《惩治盗匪暂行条例》施行期间,自十九年(1930)5 月 18 日起,再延长六个月。

△ 河北省政府决议,统捐加征三成,延长半年。

5 月 17 日 陇海线中央军刘峙部击破柳河阎、冯军阵线,占领民权县野鸡岗,前锋逼内黄集,右翼第二师取考城(现合并于兰考县),左翼下睢县。

△ 南京官方发表:阎锡山借修路为名,发行公债 2000 万元,勒令冀、晋、察、绥各省商民承销。

△ 福建红十二军邓毅刚部由漳平返龙岩,与傅伯翠部会合,向峰市进军,18 日,至永定炉下坝,歼灭大股民团,击毙团总王石甫、范衍秦,活捉团总陈尚文、范畅庭,打死和俘虏团丁 200 余人。

△ 上海电车工人罢工 20 余日,是日复工。公司方面应诺增加米贴、工资及释放被捕工友等七项条件。

5 月 18 日 受阎锡山任命为河南省政府主席之万选才,通电在前方就省主席职,并成立河南省政府。

△ 陈诚第十一师进逼宁陵,致书宁陵守将万选才部军长刘茂恩,劝其投蒋。

△ 中央军刘峙部冯轶斐教导第一师及陈诚第十一师攻占陇海线战略要地归德,晋军万选才部第三十五师师长万殿尊被俘。蒋介石亲到归德视察。刘峙第二军团主力向兰封猛烈进攻。

△ 张、桂军入湖南零陵,湘军刘建绪部退守祁阳、衡州(今衡阳),罗藩瀛师回防邵阳。

△ 粤桂战争停止,吕焕炎部不战入南宁城,粤军陆续由广西班师。陈济棠、朱绍良是日离梧州返粤。

△ 广东东江地区红军古大存、李明光部在丰顺八乡召开东江地区第一次工农兵代表大会,宣布成立东江苏维埃政府,以陈魁亚为主席,古大存为副主席;并成立工农红军第十一军,古大存任军长,颜汉章任政委。

△ 《记者周报》创刊,上海市新闻记者联合会主编。

△ 《图书周刊》在上海创刊,随《申报》附送。

△ 由改组派总部主办之《民主日报》在北平创刊。

5 月 19 日 阎锡山因陇海线形势吃紧,是日由太原抵石家庄召集军事会议,傅作义、王靖国、张荫梧等参加,商以晋军为主体之津浦线进军计划。

△ 晋军主力孙楚、关福安、杨效欧、张会诏、杨耀芳五军开赴陇海线,与中央军顾祝同、马鸿逵等部在民权、考城、东明、宁陵、柳河一带激战。20 日,马部攻占东明,会攻兰封。

△ 邹鲁偕赵丕廉自晋抵平,参加党务讨论。同日,李宗仁之代表叶琪持阎函赴香港迎汪精卫北上,解决北方党务问题。

△ 外交部以我国侨越商人被越南当局强迫改用法文簿记,迭向法政府交涉取消,迄无结果,是日再向驻华法使提最严重抗议。

△ 湘军陶广师占虹桥,朱耀华旅到白水,"会剿"修水、武宁彭德怀部。陶广悬赏捉拿红军将领,拘彭德怀者赏 1000 元,拘孔荷宠、吴溉

之者各赏 800 元。

△ 国民政府令饬直辖各机关撤销各部驻沪办事处，以一事权。

△ 上海中国公学校长胡适辞职后，经校董会议推定马君武继任。马于是日就职。

5 月 20 日 晋军万选才第六路军第二十九军军长刘茂恩受其胞兄刘镇华策动，与中央军陈诚部进攻宁陵相呼应，在阵前诱捕晋军万选才倒戈投蒋，并与师长阮勋、徐鹏云、武庭麟等通电讨伐阎、冯。万军之第六路军解体，宁陵、民权、睢县等城尽入中央军之手。蒋委刘茂恩为第十五军军长，刘镇华为"讨逆"第十一路总指挥，参加对阎、冯作战。

△ 在平国民党中委及代表胡宗铎、叶琪、陶冶公、张知本、覃振、傅汝霖、谢持、茅祖权八人在怀仁堂讨论发表联合宣言与发起成立中央党部扩大会议问题，陈公博、王法勤、白云梯、郭泰祺未到。因最近汪精卫来电主张"团结须依党统"，而西山派则坚持汪既然合作，就应迁就事实，抛弃党统，双方争持未获解决。

△ 中央军第三军团蒋鼎文师抵杞县，与陇海路中央军联络进攻兰封。

△ 阎锡山电促吴佩孚北上协商时局。

△ 中苏会议在莫斯科开幕。苏外交人民委员李维诺夫致开幕词，加拉罕、莫德惠发表演说。因中国要求将赎路问题列入议程，苏方反对，致正式会议未有确期。

△ 国民政府公布《市组织法》，废除"特别市"，规定凡下列情形之一者设市，直隶于行政院：一、首都；二、人口在百万以上者；三、在政治、经济上有特殊情形者。但为省府所在地者应隶属于省政府。具有下列情形之一者设市，隶属于省政府：一、人口在三十万以上者；二、人口在二十万以上，所收营业税等占该地总收入二分之一以上者。

△ 工商部长孔祥熙受日内瓦国际工商管理研究院函请组织工商管理研究社，是日特函上海实业界领袖及工商管理专家开会筹备。

△ 中共中央在上海秘密召开第一次全国苏维埃区域代表大会，

讨论通过《全国苏维埃区域代表大会宣言》,决定本年11月7日召开第一次全国苏维埃代表大会。

　　△　中共领导下的革命文化团体中国社会科学家联盟(简称"社联")在上海召开成立大会,会议通过《中国社会科学家联盟纲领》,提出主要任务为团结进步知识分子,在马克思主义旗帜下,"光大和发挥这个伟大的革命的理论,来促进中国工农革命的胜利"。选举邓初民为主席。朱镜我为第一任党团书记。

　　5月21日　冯玉祥自郑州通电报告万选才被刘茂恩诱捕经过,并称第二方面军孙良诚、宋哲元、庞炳勋、张维玺、刘汝明、孙连仲六路,第三方面军杨爱源、孙楚、杨效欧、张会诏四路,会同石友三、孙殿英、樊钟秀等部,是夜起在陇海线实行全线攻击。

　　△　中央军刘峙部对柳河晋军关福安、杨效欧等部发动总攻击,占领李坝集,分途向兰封、陈留追击。蒋电令王金钰进攻许昌,限一星期攻下。

　　△　蒙古会议在南京举行开幕式及第一次预备会,到蒙藏委员会全体委员及蒙古代表40余人,主席马福祥未到,由王培天代理,讨论蒙古交通建设、敷设电信、恢复蒙藏邮路、航测蒙藏地形四案,结果均交第三组审查。

　　△　国民政府指令批准外交部呈复所拟前芬兰全权公使朱绍阳、中苏预备会议中国全权代表蔡运升因中苏预备会议丧失国权,已予撤职,免予议处。

　　△　上海全国商会联合会接河南省商会联合会、华洋义赈会、红十字分会等来电,报告归德、兰封、开封及郑州以南各地被飞机轰炸惨状,特转电蒋介石代恳免派飞机向豫境商民掷弹。

　　△　国民政府文官长古应芬致电蒋介石,建议否认阎锡山在华北发行之纸币证券。

　　5月22日　孙殿英部困守亳州,是日蒋介石派新任河南省主席张钫到亳向孙劝降,嘱副军长谭温江于晨6时送张出亳州。

　△　万选才被解往南京。鹿钟麟委石振清暂代万选才之第六路总指挥职。

　△　张、桂军一部抵祁阳。湘军第十九师刘建绪部继续北撤。蒋介石派汉口市长刘文岛到长沙,与何键商作战计划。

　△　广州举行欢迎第六、八路军凯旋大会,陈铭枢主席,陈济棠、朱绍良均到会演说。会后通电称第六、八路军继续讨伐阎、冯,"百粤民众,誓为后盾"。

　△　外交部派陶履谦与英方洽商收回厦门租界办法。

　△　上海航业公会及中国商船驾驶员总会对于中日商约内容有所怀疑,会呈外交部请求宣布将来航海条约之方针及收回航权之实行步骤。

　△　上海航业公司具呈交通部称,大连日本海务局阻止中华轮船由大连运货往日,任意摧残我国航业,实属有心侵犯我国主权,吁恳咨请外交部迅予严重交涉。

　△　中东铁路局以局令停办扎兰诺尔煤矿,矿工 6000 人失业,华理事要求开监事会讨论。

5 月 23 日　陇海线正面主力战开始。阎、冯军阵线在兰封以东,由徐永昌指挥,配有孙楚、杨效欧等晋军主力约九个师,冯玉祥又调宋哲元、孙良诚各一师增援。24 日,冯又令考城石友三部南下应援。25 日,孙良诚率部五万人,由野鸡岗、兰封之间向北推进,击敌侧背,郑大章骑兵部队迂回敌后,中央军主力刘峙、顾祝同大败。是为两军对峙以来第一次主力战,双方伤亡惨重,中央军失利。25 日,阎锡山通电告捷。

　△　津浦路晋军傅作义、李生达部以三师之众攻禹城,与中央军第一军团韩复榘部作战。韩由济南赴前线视察。津浦路左侧因石友三分兵援兰封,陈调元部由曹州西进。

　△　国民政府国务会议决议治黄事宜由建设委员会统筹办理;公布《矿业法》、《西医条例》、《杭州市自来水公债条例》;派藩荫棠为出席

万国量地家联合会代表。

　△　国民政府令:阎锡山所发纸币、债券及各项票据,商民应一律拒绝。同日,阎锡山、冯玉祥、李宗仁亦电津、沪、汉、粤银行团禁销南京新库券,声明自4月1日以后复认销者即为甘心附逆,将其财产全部没收。

　△　清华大学校长罗家伦因学生提出关系校长进退之议案,是日电教育部提出辞职。教育部于26日去电挽留无效,罗认为"整顿学风,为目前环境所不许",乃于6月7日离平。

　△　第九届远东运动会在日本东京开幕,31日闭幕。我国选手113人参加,总成绩日本第一,中国第二,菲律宾第三,印度第四。

　△　据《申报》讯:豫省120县,受兵匪之灾者达104县,其中匪祸76县,兵灾28县,水旱灾者尉氏、博爱两县,全省绝食者800万,每月饿死千余人。

5月24日　夜,津浦路晋军约一师由铁路两侧迂回至中央军韩复榘部后方,拟袭洛口铁桥,被韩部乔旅阻击于洛口北岸,晋军向临邑退却。

　△　蒋介石任命骑兵第二师师长张砺生为"讨逆军"骑兵集团总指挥,统率前方各师骑兵。张是日在蚌埠就职。

　△　云南省政府主席兼"讨逆军"第十路总指挥龙云电驻南京代表李培天,谓入桂先头部队已抵百色,向南宁推进。

　△　立法院第九十二次会议核议邮政总局改为邮务总局,议决交法制委员会审查;通过《工会法施行法》、《古物保存法》等。

　△　国民政府声明:阎锡山所发行之一切内外债、公债及所缔之合同概不承认。

5月25日　平汉线中央军何成濬第三军团徐源泉部占领临颍,俘敌5600名,西北军师长孙士贵被击毙。

　△　守许昌之阎、冯第八方面军总指挥樊钟秀在许昌南门外被中央军飞机炸死。冯派吉鸿昌继樊为第八方面军总指挥。

△　上海特别市党部民众训练委员会以南洋烟草公司去年骤然停业,未遵党政机关处理办法,延不复业,致使数千工人失业,特具呈国民党中央训练部,请转函国民政府饬令该公司克日复业。

△　福建思明县共产党人劫狱,释囚 48 名,毙看守长,伤警兵多人。

△　湖南常德大火,共烧民房 500 余栋,损失在 100 万元以上。

△　国民政府发表江西省 81 县中报灾者达 70 余县。

5 月 26 日　津浦线晋军第四路军总指挥傅作义率李生达第四军及第十军南下图渡河夺取济南,是日与中央军韩复榘部在禹城接触,傅向德州败退,韩部占领平原。

△　莫德惠在莫斯科出席加拉罕之宴会,加表示中东路系苏方出资兴建,全为苏联所有,中国之权利仅属于分红事项,如欲谈赎路,则先解决中东路财产问题,主张根据伯力协定进行交涉。

△　国民政府公布《矿业法》。

△　国民政府派徐寄顾、王晓籁、李馥荪、陈光甫等 18 人为国民失业问题研究委员会委员。

△　上海租界华洋德律风公司将电话营业投标出让,由国际电话公司得标,工部局给予 40 年专利。交通部以此事侵害中国主权,特函请外交部向租界当局交涉给价收回,由部自办。

5 月 27 日　阎锡山秘密赴德州,召集傅作义、张荫梧、李服膺、王靖国、李生达等开军事会议,决定晋军攻鲁方针。29 日返石家庄。

△　阎、冯军将领百余人由鹿钟麟领衔,联名电催张学良就陆海空军副司令职,张置之不复。

△　北方党务争执经赵丕廉斡旋有解决希望,陈公博、白云梯、王法勤、覃振、傅汝霖等在北平赵宅密议,商定由汪精卫、阎锡山、王法勤、冯玉祥、邓泽如、邹鲁、谢持等 31 人联名发表宣言。29 日,北方下级党部反对联名宣言,主张以粤二届为党务最高机关。

△　长春日军在吉长路举行军事演习,以长春城为射击目标,发炮

500余发,践踏田禾2000亩,东北当局抗议无结果。是日,国民党南京市执委会常会决议请中央党部函国民政府严重抗议。

　　△　台湾劳动互助社举办"台湾社会运动清算演讲会"。

　　5月28日　张、桂军攻下衡州、邵阳,湘军何键部刘建绪师退守湘潭、株洲,长沙戒严。31日,粤第八路军蒋光鼐、蔡廷锴两师由平乐入湘,尾追张、桂军。

　　△　津浦路晋军李生达部陈长捷师在惠民以南清河镇渡过黄河,占领青城县桥头阵地。

　　△　国民政府公布《浙江省杭州市自来水公债条例》,总额250万元,年息八厘,自本年7月1日起按票面九八折发行,分20年偿清。

　　5月29日　阎锡山进攻禹城失利,舍津浦正面,以第十军傅作义、第四军李生达、第三军王靖国、第五军李服膺、第九军冯鹏翥等五个军由铁路左右两侧渡河抄袭济南。是日台子黄河渡口及青城一役,韩复榘军第二十师徐桂林旅长战死,晋军冯鹏翥部次日在东河渡口渡河,直逼泰安。

　　△　国民政府训令行政院、司法院严缉《巴城新报》总编辑谢佐舜、泗水《泗滨新报》总编辑叶善如,声称该报"言论极为反动,警告不悟,益形猖獗"。

　　△　湘、赣两省因张、桂军北上告急。赣省府主席鲁涤平奉令兼任第九路总指挥,统率在赣各军,与何键合力堵截。同日,何应钦调武汉军校教育长钱大钧率一团兵力入湘。

　　△　蒙古会议在南京励志社正式开幕,会议主席马福祥致开幕词称:"本会任务,在研究蒙古实况,而为训政之推行,建设之猛进。"谭延闿代表国民党中央致训词称:"欲建设事业之实现,必须全国人民通力合作。"

　　△　"左联"在上海召开全体大会,各部各研究会报告工作;"五卅筹备会"代表、"社联"代表和出席苏维埃区域代表大会代表作报告。大会决定参加"五卅"示威和"艺大"启封活动。

5 月 30 日 平汉线中央军直迫许昌城下,何成濬下令即日克复许昌。

△ 交通部再函外交部,请即向各国驻沪领事团提出严重交涉,将上海租界电话交由该部收回办理;所有华洋德律风公司出卖给外商之任何办法,政府概不承认。

△ 五卅惨案五周年,各地举行纪念活动,军警机关防务加严。

△ 国民政府财政部将甘末尔设计委员会所拟中国逐渐采行金本位币制草案送中央政治会议审查。

△ 国民政府国务会议决议公布《工会法施行法》、《古物保存法》,抚恤前第十六军第四师师长彭健初等。

△ 上海标金涨至 540 两。

5 月 31 日 平汉线阎、冯军前敌总指挥鹿钟麟乘连日大雨全线反攻,又遭失败。中央军王金钰第九军、徐源泉第十军是日围攻许昌,太康亦被中央军占领。6 月 1 日,徐源泉部占领许昌南关。

△ 冯军郑大章骑兵部队袭击归德马牧集中央军飞机场,烧毁飞机 12 架,俘虏驾驶员及地勤人员 50 余名。

△ 阎锡山到沧州召集第二路总指挥傅作义、第四路总指挥张荫梧、第四军军长李生达开军事会议。

△ 蒋介石令张钫、张鸿烈等在归德组织河南临时省政府。

△ 冯玉祥通令全军严申纪律,称:"烟酒嫖赌,在所必戒,守纪律,真爱民,在所必行,此为治军救国之要诀。"

5 月下旬 彭德怀红五军入鄂东南,克崇阳、通城,进攻阳新城未下,主力撤围打援,转移至大冶、阳新边境,击溃川军郭汝栋五个团,乘胜占大冶、黄石港、鄂城。

△ 东北政务委员会严令各地官厅防止"赤化",凡主谋宣传"赤化"者处无期徒刑,知情而参加者处十年以上徒刑,保护或援助"赤化"宣传者处一年以上十年以下徒刑。

△ 外汇奇紧,市场恐慌,国民政府令行政院转饬财政部暂收生银

进口税 30%，以资救济。

　　△　据《银行周报》调查，日本在东北设立之银行（不包括总行设于日本国内的银行），资本在 50 万元以上者 18 家，资本总额 3497 万元，连同正金、朝鲜银行之分支行，其机构遍设东北各城，经营放款达 12.38 亿余元，其中放与华人者占五分之三，以不兑现之朝鲜银行金票与在牛庄发行之钞票为交易本位，发行额日增。

　　是月　中央苏区党内肃"AB 团"。是月，赣西南党内发现"有 AB 团分子做支部书记"，甚至确认"AB 团"分子已经"混入党团内及各政权机关"。肃"AB 团"在赣西南党内开始。7、8 两月，普遍开展。9 月，赣西南东路行委发出《为肃清 AB 团告革命群众书》，进入高潮期。10 月 14 日，毛泽东给党中央写信，说各级指导机关"多为 AB 团的富农所充塞"，"肃清富农领导，肃清 AB 团"，"目前总前委正计划这一工作"。11 月下旬，红一方面军在整军中开展肃"AB 团"半个多月，在四万红军中肃"AB 团"4400 余人。12 月发生"富田事变"，肃"AB 团"持续进行，从赣西南到全苏区，从 1930 年到 1934 年。据事后调查，苏区杀"AB团"达七万余人。按："AB 团"是 Anti-Bolshevik 的缩写，直译为反对布尔什维克，是段锡朋、郑异根据蒋介石、陈果夫指令，于 1926 年 12 月在江西南昌成立的反共团体，1927 年中共与国民党左派联手发动"四二"暴动，"AB 团"骨干分子少数外逃，大部被捉。仅存三个月的"AB 团"当即解体，不复存在。"AB 团"并未混入共产党内。

6　月

　　6 月 1 日　中原大战重心移至陇海路兰（封）杞（县）线。是日，中央军第二、第三军团分别在陇海、平汉两线开始总攻兰、杞。

　　△　汪精卫通电主张即开中央党部扩大会议解决党务问题，并筹备召开第三次全国代表大会，但仍坚持粤二届为合法党统，不承认沪二届地位，致再次引起西山会议派不满。邹鲁、谢持于 5 日通电驳斥，主

张打破党统,沪、粤二届合作。

△　江西省政府主席鲁涤平兼"讨逆军"第九路总指挥,是日在南昌通电就职,并呈报蒋介石,称将统辖在赣各军与第四、六、八各路军会师解决张、桂军。

△　国民政府指令行政院,曲阜大成殿维修后定为孔子纪念堂。

△　朱应鹏等创办《前锋月报》,反对无产阶级革命文学。

△　我国提倡新闻学最早之徐宝璜在北平病逝。

△　晚 8 时半,济南小北门里军械库爆炸,147 户被炸毁,96 户受损失,死三人,伤 200 余人。

6 月 2 日　湖南省政府主席何键偕刘文岛及援湘军第十三师师长夏斗寅赴株洲、湘潭前线视师。

△　韩复榘委孙桐萱为济南警备司令,孙是日就职。3 日,济南戒严。

△　国民政府令公布《古物保存法》。

△　关于收回大东、大北水线交涉,英国、丹麦联合要求中国偿清债务,照价收回该两线,在债务未偿清以前,坚持旧约有效。

6 月 3 日　张学良 30 岁生辰,蒋介石除电吴铁城就近道贺外,又特派李石曾到沈阳祝寿,借机请张出面调停蒋、阎、冯争端。张表示愿意促进和平。

△　第十军军长徐源泉电张作相、万福麟望东北军移师入关,称"倘两公能敦请汉公(张学良)即日饬部西进,我平津不战而定,其功诚伟"。

△　张、桂军攻占醴陵,湘军大败,何键、夏斗寅匆返长沙。何键召集省务会议,布置退却。

△　行政院会议议决,改特别市为市,京、津、汉、沪、青五市直隶行政院,北平、广州二市分别改隶冀、粤两省政府管辖,各市长重加任命,转呈政府照办。

△　中苏会议因讨论范围未获协议而搁浅。苏方又根据《伯力协

定》提议将会议范围扩大,不仅东铁之争执,且两国间一般争执,均须在此次会议中解决;中国方面主张会议仅根据奉俄、中俄协定讨论中东路本身问题。是日张学良据莫德惠所陈电行政院请示。

△　交通部《收回上海租界电话理由书》在各报发表,列举理由六项,内有租界当局欲将华商股权交由外商承购,不啻攫取华商企业,授之外人;倘政府不及时交涉收回,将来实行收回租界之时,阻碍势必益多。

△　上海银价续跌,金价暴腾,是日最高飞腾至 569.3 两,又开新纪录,入口品涨价 20%—70%。

△　驻沪美总领事署发表:本年 4 月份中国金块出口运至美国者计 18.4793 万条;1 至 4 月份运美金块共 45.995 万条,计值 939.8754 万金圆。

△　中国禁烟纪念日。各地有纪念活动,南京纪念会后焚毁烟土2000 余两,烟具 5400 余件,并举行禁烟展览。

△　上海龙华兵工厂炮弹装药间试炮时引火不慎,发生爆炸,死七人,重伤 10 人,轻伤 15 人。

6 月 4 日　湖南省政府主席何键率省政府、第四路军总部、清乡司令部全部人员退出长沙,在岳阳成立临时办公处。长沙商绅组织临时维持治安会维持城内秩序,并派员欢迎白崇禧入城。

△　蒙古会议第五次大会通过振兴教育、解放蒙古奴隶等提案多件。

△　教育部重申废止大学预科令,各大学自十九年度一律不得再招预科生,如或故违,已立案之私立大学应由所在地之教育行政机关严予取缔;未立案之私立大学以后呈请立案概不受理。

△　上海金价继涨,达 598.5 两,英、美等国仍有大批条银装运到埠。

6 月 5 日　东北各要员借祝贺张学良生辰之机集会沈阳商议应付时局,张作相、于学忠、王树常、王树翰、莫德惠、刘哲、刘尚清、沈鸿烈、臧式毅、荣臻、鲍文樾等人均出席。张作相等主张不与任何方面合作；王树翰等赞同与蒋介石合作；万福麟等无何意见，听从张学良决定。张举棋不定，希望双方息争言和。

△ 谢持、邹鲁通电对汪精卫东（1 日）电不放弃粤二届党统有所指摘，主张打破党统。

△ "中华民国军"第一方面军前敌总指挥白崇禧、第四军军长张发奎、第七军军长杨腾辉先后抵长沙。朱绍良、夏斗寅、钱大钧各部北逃。

△ 国民党中央执行委员会通令各级党部，党内各种会议决议案不得对外发表。

△ 蒙古会议第六次大会通过建议送班禅回藏等案。大会提案讨论已毕，6 日至 7 日上午各组加紧审查。

△ 朱德、毛泽东红四军自寻乌经吉潭，到达福建武平，击溃民团，克县城，8 日续克上杭。

6 月 6 日 李宗仁及李品仙抵长沙，白崇禧赴前敌。桂军决定暂不成立省政府，以民政、财政、建设、教育四处代行其事，并令各级党部停止活动。

△ 唐生明第八军、张发奎第四军与粤军前锋在攸县接触。

△ 行政院长谭延闿复张学良江电，谓经第十七次临时政治会议议决，中苏会议除讨论解决中东铁路问题外，其他关于复交、通商问题，亦可以次讨论；另由外交部训令莫德惠代表，必候中东路问题解决之后再商其他问题。

△ 外交部照会各国驻华公使、代办，声明保护战地外侨。

△ 国民政府公布《工会法施行法》。同日，工商部对工会组织法中之"工会联合会"及"工会区域"有所解释，并称《工会法》并无总工会名称，所有旧日成立之省、市总工会应即解散；旧时工会组织条例已奉令废止，不得再行援用。

△ 教育部以上海国立劳动大学"大学部招收不劳动之学生，工厂

纯用非学生之工友，毫无成绩"，奉蒋介石令停止该校招生，重新改组。
9日，劳动大学校务委员会议认为按法令学校有招生全权，决议继续进行，并推教授代表章友三等五人赴南京向国民政府说明。

6月7日　张学良致电蒋介石，谓莫德惠赴苏，原奉中央指示讨论范围仅以中东路为限，其他复交、通商等问题，应先期遴选大员，俟东路问题解决后即行派往代莫交涉。

△　中央军何成濬第三军团占领许昌，进逼新郑。

△　在平之国民党各省市党部联合办事处通电全国，赞成汪精卫东电主张。

△　工商部长孔祥熙、财政部长宋子文在沪召集银行界及工商界虞洽卿等20人讨论平准金银办法，孔、宋提出：一、制止标金交易；二、外国生银进口，概由中央银行办理。

△　国民政府训令行政院，准河南省政府主席韩复榘所请，以省政府委员兼建设厅长张钫暂代省政府主席职务，并在归德组织办公处。

△　农矿部拟具《救济国民失业意见书》，呈请行政院鉴核，推算中国失业人数在1.7亿左右，提出救济失业办法四项：一、维持劳动；二、扩大生产事业，增加工作机会；三、介绍职业；四、扶助失业。

6月8日　桂军杨腾辉第七军占领岳州，张发奎第四军在醴陵击破鲁涤平部，进抵平江。何键部退湘西，临时办公处移常德。海军司令陈绍宽率"楚有"、"江元"等11舰入岳州洞庭湖一带协攻桂军。

△　闽战复起，卢兴邦师攻福州，与驻福州刘和鼎师发生接触。刘和鼎调所部陈万泰旅由泉州开赴福州助防。12日，陈旅抵福州，刘师开始对卢师发动总攻击，次日，卢师败退西乡桐口，福州战事告一段落。

△　上海美亚绸厂总厂及第四、第六两分厂工人要求改善待遇举行罢工，提出四项条件：一、恢复无故被开除工人工作；二、履行民国十六年劳资双方协订条件；三、发还储蓄金；四、撤销临时雇用书。

△　美商友邦银行上海分行成立，资本50万元。该行系由原友邦人寿保险公司储蓄部改组而成，专营储蓄业务。

6 月 9 日　韩复榘部逼近青城,晋军王靖国第三军由临邑开青城增援。10 日,晋军向津浦线左右两翼进展,韩往来青城、东阿间督师防御。

△　援湘粤军蒋光鼐、蔡廷锴、李扬敬三师攻占衡州,进逼衡山、醴陵,威胁桂军后方。何键亦于 11 日由常德督师反攻长沙。桂军已被粤军截成两段,黄绍竑第十五军前锋在零陵,急电李宗仁回师破敌。13 日,白崇禧、张发奎等部自岳州撤回株洲一带。

△　国民政府公布《民国十九年浙江省赈灾公债条例》,总额 100 万元,年息八厘,定 7 月 1 日按票面九八折发行,从 12 月起分九年偿清本息。

△　国民政府派黄慕松为出席瑞士万国量地家联合会代表。

△　内政部长钮永建、常任次长张我华、南京市长魏道明在京宣誓就职。

△　南昌环城街茶店失慎起火,延烧 161 户,为该市罕有之大火灾。

6 月 10 日　冯玉祥为配合桂军作战,下令向平汉线中央军发动全线进攻,激战两昼夜,中央军向漯河以南溃退。

△　国民党中央政治会议讨论救济金贵办法,决定先由主管各部切实调查后,再议救济办法。19 日,行政院训令财政、工商两部调查金银数量。

△　蒙古会议第七次大会通过各组审查报告案。12 日,第八次大会后闭幕。会议讨论议案 125 件。

△　第十四届国际劳工大会在日内瓦举行,中国代表朱懋澄当选为副主席。

△　美商香港沙逊银行上海分行成立,资本英金 50 万镑。

△　长沙三公祠火药库因桂军士兵搬运手榴弹失慎爆炸,燃烧达 12 小时,焚房数十栋,死伤士兵数百人。

6 月 11 日　蒋介石令第四路军何键、第八路军陈济棠、第六路军朱绍良、第九路军鲁涤平、海军司令陈绍宽、航空署长张惠长务于 10 日内歼灭张、桂军。

△ 兰杞线中央军转移阵地，谋诱敌至民权、睢县附近歼灭之。阎、冯军果以大部队向睢县及其以南地区攻击前进，中央军随即分左右两翼，以刘峙、陈调元分任指挥，于 12 日拂晓袭击阎、冯军，形成相持之势。

△ 中共中央政治局常委兼宣传部长李立三在上海主持召开中共中央政治局会议。会议通过由他起草的《新的革命高潮与一省或几省的首先胜利》的决议案。决议提出："准备一省或几省首先胜利，建立全国革命政权，成为党目前战略的总方针"；而"目前党的策略总路线"是"布置以武汉为中心的附近省区首先胜利"。其决议标志着以冒险主义为特征的"左"倾机会主义又一次统治了中共中央领导机关。

△ 红四军前委和中共闽西特委在长汀南阳（今上杭）召开联席会议，13 日结束。会议对闽西党的土地、婚姻、财政、经济等政策作补充和修改，通过《富农问题》等决议案，推动了闽西土地革命的深入发展。

△ 外交部就上海租界当局将电话营业权出卖给国际电报电话公司事发表宣言，声明所有华洋德律风公司出卖与外商之任何办法，概不承认，惟有由政府给资收回；中国各电话无论华界、租界均应归中国自办。

△ 据上海《民国日报》讯：华洋义赈会贝克发表陕灾视察报告，谓西安围城时所挖战壕，已埋饿死灾民 25 万，灾民食品与平、津野犬所食者同，且不易得，各处粥厂停办后，饿死者激增，灾民总数尚逾百万。

6 月 12 日 汪精卫在香港发表《中央党部扩大会议之必要》一文，希望反蒋派携手合作，对付共同敌人，宣称："与西山派及实力派妥协决不可动摇。务以党治军，永绝内战。尤应文人与武人领袖精诚结合。故军事领袖参加中央党部扩大会议，以共同负责，今日实为必要。"

△ 张学良致电阎锡山、冯玉祥，表示愿出面调停蒋、阎、冯之争，称："战争对外则为耻辱，对内为党为国为人民均非所取，如能同意罢战，愿执调停之劳。"

　　△　粤军蒋光鼐、蔡廷锴两师在衡山与桂军黄绍竑部激战一昼夜,蒋师教导团攻占衡山。

　　△　陇海路阎、冯便衣队潜入朱集、马牧集附近,破坏中央军飞机数架。

　　△　阎锡山以天津海关税务司勃尔拒绝截留新增税款,将其免职,改任阎、冯军总司令部顾问辛博森兼天津税务司,令即赴任接收天津海关。

　　△　川军刘湘、邓锡侯分电何成濬,愿率所部讨伐冯、阎。

　　△　内政部公布《省市县勘界条例》。

　　△　日本借口延边共产党活动,陈兵图们江彼岸,待命出动,驻鲜日要员纷来视察。吉省当局以情势严重,急派民政厅长章启槐、警务处长王之佑等赴延办理镇慑布防事宜。

　　△　青岛市公安局派员率同沧口第一派出所警士昨夜捕去日商纱厂被裁工人七人,钟渊纱厂工人请求保释无效,遂将第一派出所包围,公安总局派保安队前往弹压,并捕去为首工人17名。

　　6月13日　津浦线晋军傅作义部从右翼渡河进迫济南,是日攻占长清县。

　　△　陇海路冯军仍守兰封。14日,蒋调平汉线上官云相师赴陇海线。16日上官师攻占上蔡,进入周口。

　　△　靳云鹗在徐州宣称:"即将转往亳州与孙殿英接洽共同讨逆工作。"

　　△　军政部次长朱绶光潜离南京,绕道大连于21日抵沈阳,即晚赴北平,应阎锡山召转赴太原。军政部长何应钦以其擅离职守,呈国民政府明令将朱免职。

　　6月14日　陈公博、傅汝霖、赵丕廉与郭泰祺、胡宗铎、覃振等在津商议党务问题,主张速发扩大会议宣言。王法勤、白云梯主张须汪精卫来主持党务,故未赴津。谢持、邹鲁发表声明,认汪东电以粤二届为主体成立扩大会议为不当。

　　△　中央军总部发布湘江止航令,略谓:为免入湘张、桂军自水路孔道逃窜,已令海军封锁湘江口,禁止中外商轮及其他船舶通过。

　　△　陈绍宽率舰夺回岳州城陵矶,陆战队登陆进驻岳州,张、桂军向南撤退。

　　△　司法院筹备行政法院,拟就《行政法院组织法》及《行政诉讼法》送立法院审议。

　　△　中苏交涉中东路赎买问题,估价该路财产为五亿元,中国代表以该路系中苏合办,主张中国支付总额之半即 2.5 亿元赎路;但苏方代表认为该国对中东路投资额为五亿元,外加 30 年利息,总额为 15 亿元。双方主张悬殊,中国代表因此主张以旧俄羌贴赎路。

　　△　去年 9 月 30 日在巴黎签订之《中希友好通商条约》,是日由中国驻法公使与希腊代表在法国互换批准书,该约即日起生效。

　　6 月 15 日　长沙张、桂军被中央军五路包围,是日,李宗仁率部退出长沙,集中醴陵,长沙秩序交李品仙、冯天柱维持。在平江、岳州前线之张发奎、杨腾辉等部,亦陆续退往醴陵。

　　△　蒋介石任命贺耀组为徐州行营主任,是日贺就任。

　　△　桂省主席吕焕炎在广州新亚酒店被其卫兵冯名声刺死。后冯被获,据供系受白崇禧遣副官贿使。

　　△外交部宣布,收回沪法租界会审公廨问题,法使玛太尔非正式表示,法方拟待新使韦礼德到任时再交涉。

　　6 月 16 日　武汉"陆海空军总司令部行营"下讨伐张、桂军总攻击令,并派参谋长贺国光赴湘指挥作战。四路军总指挥何键令危宿钟率部占领长沙之岳麓山,与张、桂军隔江对峙。蔡廷锴师由攸县进逼醴陵,蒋光鼐师由衡州转向湘乡,金汉鼎部抵萍乡,与修水、铜鼓张辉瓒师联络。海军占领湘阴江面,掩护武长路正面部队向汨罗出击。张、桂军分三路溃退:一路由白崇禧率领向攸县,一路由张发奎率领向浏阳;一路由唐哲明、唐生明率领向醴陵。

　　△　中央军总部截获亳州孙殿英致鹿钟麟、孙良诚之乞援电,内称

"粮弹早罄,危在旦夕,请速派大队增援",遂令王均第三军将亳州严密封锁。

△　辛博森会同天津市政府代表陈鸿鑫、警备司令部代表段茂澜、海关监督葛敬猷接收天津海关。天津市长、警备司令、津海关监督联合布告称:对于担保债务部分之关款,按旧案妥善保管;所有该关收入税款,存放原指定银行;该关人员一律照支原薪,应享利益充分保障,抗令者斥革不贷。原津关税务司勃尔携重要文件避匿英领事馆,电英使蓝普森抗议。同日,驻津各国领事会商应急处置,并电各国公使及本国政府请训。

△　上海租界纳税华人会函公共租界工部局总办爱德华,请协助将租界电话由我国收买管理。

△　下午,沪金价最高达 603.2 两,外汇发生大变动,市面大起恐慌。17 日,沪市商整会分函金业交易所、银行公会、洋商银行公会等团体,提议限制标金营业,以救济金贵风潮。

6 月 17 日　蒋介石在陇海线发动新攻势,以刘峙、蒋鼎文、陈诚各部及教导师三万余人由杞县、太康间进攻郑州、开封。冯玉祥将计就计,命孙良诚、庞炳勋、吉鸿昌等部迅速后撤,闪开杞县、太康之线,诱敌深入。19 日,蒋军克杞县,向开封挺进。

△　何键第四路军危宿钟之敢死队由岳麓山渡江,占领长沙。陈绍宽亦率海军舰队驶抵长沙。张、桂军南撤。

△　靳云鹗前奉蒋介石命由徐州赴亳州劝孙殿英投诚,是日返徐,称孙"反复不定"。

△　北平外交团领袖欧登科集《辛丑和约》国公使及善后借款银行团代表在荷兰使馆就阎锡山接收天津海关事交换意见。各公使以中国关税已初步自主,主张持慎重态度,不轻抗议;银行团代表则着眼于不妨碍债权本利,遂各电本国政府及总行请示。

△　本周上海存银增多,银价难有起色,是日,上海三井银行及大通银行将银块 100 余万两运伦敦炼制销售。

6月18日　国民党中央政治会议就晋方强行接受天津海关事决议办法三项：一、照会英国公使驱逐辛博森出境；二、停闭津海关，调回华洋关员；三、津海关税款由大连、青岛各海关代征。19日，外交部长王正廷通告各国，取消天津海关。财政部经总税务司令津关税务司以下全体职员撤退，并令大连、青岛海关开始征收津关税款。20日，外交部长王正廷代表政府发表声明，略谓阎派辛博森接收津海关事，应由中国自己解决，不与各国相干。

　　△　阎锡山由平原经石家庄回太原，同日电复汪精卫东电，谓对党务毫无意见，一任汪主持，盼汪早日北来。

　　△　何键率省政府各机关抵长沙，布告安民，委危宿钟为长沙警备司令，令刘建绪师会同蔡廷锴、蒋光鼐及谭道源、戴斗垣各师分途追击张、桂军。张、桂军大部退醴陵、株洲一带。

　　△　外交部驻沪办事处奉令致函上海领袖领事克银汉转致英、法等领事，声明租界电话决由中国政府收回自办。27日，克银汉复文称：华洋德津风公司将召集股东会解决收回租界电话权问题。

　　△　交通部国际电信交涉委员会代表庄智焕等与英商大东、丹商大北两水线公司代表开第二次废约会议，庄提出从前合同一律废止，如欲继续在中国经营水线，须按中国新原则办理。两公司代表允电总公司请示后答复。

　　△　上海市商整会主张以提倡国货为救济金价暴涨之根本办法，是日函各省、市商会组织提倡国货专门委员会，专司调查研究宣传之责；并普遍设立国货合作社，便民随时购选国货。

　　△　国民政府派黄慕松、陈绍宽、张静愚为出席国际联合会裁减军备筹备委员会高级专门委员。

　　△　上海法租界法商水电公司机务部工人因要求改善待遇未遂举行罢工。资方雇白俄20余名代理，23日又雇用马路小工20余名在巡捕保护下修理水管，与罢工工人发生冲突。

　　△　教育部为推行国语注音，组织国语注音推广会，聘吴敬恒为常

委,并指定该部各司、处各派若干人为委员。

6月19日 国民党中央常务会议决议,李文范、朱家骅、邵元冲递补为中央政治会议委员;通过各地商人团体改组办法。

△ 唐生智离津南下,赴港迎汪精卫。

△ 张、桂军主力退至安仁、茶陵、耒阳一带。蔡廷锴师占耒阳。

△ 贵州省主席毛光翔电国民政府,否认派代表与晋接洽,表示至诚拥蒋。

△ 上海海关全体华员宣言反对辛博森为天津海关税务司。

△ 工商部就外国公司注册问题电示驻沪办事处,称:"凡在中国境内设立之公司,不问中商外商,均应依照中国公司法呈请注册,方取得法人资格。外国公司在中国设立支店,应依照中国法令呈请支店注册。"

△ 交通部国际电信交涉委员会与大东、大北两水线公司代表开会清算所欠电费,该两公司允对交通部所提折合法郎价目新原则,电公司请示后答复。

△ 香港立法局通过增征烟草税。

6月20日 平汉线冯军停止向南追击,是日起中央军转为攻势。23日,第三军团徐源泉部占郾城,旋即会合右翼周家口上官云相部、左翼舞阳杨虎城部围攻襄城、临颍。

△ 武汉行营主任何应钦由汉口抵长沙,指挥各路军队进攻湘赣边境张、桂军。何键偕钱大钧赴株洲督师。张、桂军在株、醴一带与蒋光鼐军相持。

△ 国民政府下令将南京、上海、汉口、北平、青岛、天津、广州各特别市改定名称为市,并依据《市组织法》,改任原南京特别市市长魏道明、上海特别市市长张群、汉口特别市市长刘文岛、广州特别市市长林云陔为各该市市长;准青岛特别市市长葛敬恩辞职。23日,任命胡若愚为青岛市市长。

△ 外交部在广播电台播发外交近况,称:关于保护海外侨民及解

除种种不平等待遇,本部已通盘筹划,按照预定步骤节节进行。对于有约国则尽力协商废除旧有苛例,对于无约各国则分别进行缔结商约,一本平等互惠原则以谋根本改善。至于虐待华工、入境留难、征收苛税等项,现已积极对关系国分别交涉。

△　外交部长王正廷向英公使蓝普森提出严重抗议,略谓:辛博森受阎锡山命就任天津税务司,系助长中国内乱之违反国际法律行为,有损中英关系,请予严重处分。

△　天津税务司勃尔奉总税务司令,通告即日停闭津海关,河泊司仍照常办公,津关中外职员均未到关办公,辛博森以开除相威胁。

△　法国驻华公使玛太尔卸任,新任公使韦礼德抵沪。

△　上海药业安插失业职工案,以资方允安插 50 人解决,药业职工会后援会是日结束。

6 月 21 日　国民政府特任张学良为陆海空军副司令,并由张群将特任状及印信送到沈阳,劝张立即出兵入关。

△　张学良是日及次日两次电阎锡山、冯玉祥,主张将郑州、开封一带划作缓冲地区,立即撤军停战,公开政见,委诸国民共同研究,以备中央采用。阎、冯以军事形势有利,未予理睬。

△　陇海线战事渐趋激烈,中央军左右翼各进数十里。冯玉祥令后撤之孙良诚、庞炳勋、吉鸿昌等部由通许出太康正面堵击中央军,又从平汉线调孙连仲、张自忠部向高贤集中央军左侧背兜抄,左翼由陇海路正面之晋军防堵,孙殿英部则在鹿邑、柘城方面扰乱中央军后方,形成口袋形包围圈。是日中央军由通许方面回师侧击,双方激战于鹿邑、柘城一带,中央军在高贤集、龙曲集等处陷于阎、冯军包围中。

△　刘建绪师李觉旅占领醴陵。张、桂军向攸县退却。23 日,刘师占攸县。

△　东北边防公署举行张作霖逝世二周年纪念会,张学良、张作相、吴铁城、方本仁、刘哲、张焕相等参加祭奠。国民政府派代表王家桢、祁大鹏、温世珍致祭。

△ 天津关系国领事就津海关封闭事商议应付办法,日、英领事主张由领事馆代管税务,美、法领事认为海关停闭,天津即为自由港,不需外国领事代行事务。23 日晨续开会议,决定对津海关封闭事采取不干涉政策,并分别电各该国公使向本国政府报告。

△ 南京关务署令上海总税务司梅乐和,所有运往天津之货物,由江海、粤海、厦门、青岛、大连、安东、秦皇岛、营口八关征足抵津税款始可放行。

△ 辛博森率同海关职员至天津海关办公,并招募海关失业人员准备录用。又电朱鹤翔请英公使令驻津英领事驱逐勒尔出境。同日,朱鹤翔发表声明,称勒尔应负津埠发生遗憾事件之全责。

△ 国民政府令:新编第二师师长卢兴邦"为贼作乱,扰害地方",着即褫职剿办,"所有伙同作乱之人"一律严拿惩究。

△ 刺杀许卓然之凶手陈德麟在同安缉获,供称系受集美学校校董叶渊与陈延香所主使。叶、陈即由思明法院拘押。

△ 国民政府据陈嘉庚电称,因三年来橡皮事业失败,其独立创办之厦大、集美二校将难维持,请予补助经费;复据中央侨务委员会函恳,念陈毁家兴学之热心,请将陈嘉庚公司所有制造品应纳关税,全数拨充厦、集二校经费等情,特训令行政院准由财政部从国库内按月补助 5000 元。

△ 沪标金连日迭涨,是日最高价达 615 两。

6 月 22 日 刘和鼎师陆续开出福州城外,准备大举进攻卢兴邦,海军亦派飞机助战。卢部五个旅已集中水口以下,阻止刘军前进。

△ 马鸿逵派参议曹济青赴莒县,接洽收编高桂滋部。

△ 教育部令燕京大学撤销宗教科目。

6 月 23 日 阎锡山在太原与王鸿一、刘汝贤、梁式堂、李书城商改组政府问题,并起草中华民国临时政府组织大纲草案,阎主再征各方意见后再决定。

△ 蒋介石为解高贤集、龙曲集之围,急调上官云相部应援,又令平汉线积极反攻,以分散冯军兵力。蒋并于是日亲赴柳河车站督战。

　△　天津海关监督葛敬猷奉阎锡山令接收常关。

　△　国民政府电令张学良派东北舰队至大沽口外封锁天津,监视逃税船只。

　△　交通部电上海商整会,请赞助政府收回租界电话。25 日,上海工商界领袖虞洽卿等开会筹商办法,决定公告上海华洋德律风公司华股东不出席 27 日召集之股东会,以示维护国家主权与法令之决心,并复电交通部长王伯群,表示赞助政府收回租界电话,请政府严重交涉。

　△　中央大学学生会为力争每年 300 万元学校经费召开紧急会议,并于是日分赴行政院、教育部、财政部请愿,教育部允极力向中央声述。

6 月 24 日　韩复榘为保存实力放弃济南,所部沿胶济路东撤,第三路总部移驻潍县。鲁省府在青岛设立临时办公处,执行省府职权。同日,第十五路马鸿逵部放弃泰安,向兖州方面撤退。25 日,晋军傅作义部占济南。

　△　何键抵衡州督师,与第八路军蒋光鼐商歼敌计划。

　△　行政院会议决议,中山县训政实施委员会呈请"唐家环奉令辟为无税口岸,现在随时可与各国开始贸易交通情形,知照各国使馆"案,交外交部照办。

　△　北京外交团举行会议,决定对津海关问题不加干涉,暂取观望态度。天津领事团自动撤销代办关务之议。

　△　交通部国际电信交涉委员会委员庄智焕、吴南如等与美商太平洋商务水线公司代表丁甘陶开水线废约会议,庄提出合同废止后如欲继续在中国经营,须按中国新原则办理。公司代表允电美国总公司请示后答复。

　△　中共中央军委发布进攻南昌、会师武汉的通电。

6 月 25 日　国民党北平特别市各区分部联合办事处发表宣言,主张牺牲粤、沪二届党统之争,以反蒋之过去中央委员及现在反蒋之党领袖,共同组织中国国民党临时中央执行委员会,重新登记党员,召集第三次全国代表大会。

△ 国民党中政会外交组讨论津关事件,由外交部长王正廷报告处置津关经过及照会英使请惩辛博森情形,决俟英方复照到后再定办法。

△ 国民党山东省各县市联合办事处筹备委员会杨宝庠、济南市区分部联合办事处筹备委员会丘青萍、于惠民分别接收省、市国民党党部。

△ 阎锡山委温襄城为国家银行行长,阎嵩峰、吴扶青为筹备主任。

△ 阎锡山所委清华大学校长乔万选,率随员到清华接收该校,为学生拒绝,乔签字表示以后不再前往接收。

6月26日 陇海线石友三部突以五六万兵力侵入曹县西南高坝园、刘同集一带,拟袭击柳河、归德。冯玉祥调孙良诚、孙连仲及炮兵约10万人投入陇海前线。同日,傅作义部李生达师占领泰安。

△ 国民党中常会推朱培德为政治会议候补委员。决议将《妇女团体组织大纲》第五条修正为:"妇女团体不得于三民主义及法律规定之范围以外为政治运动,凡为政治运动之妇女团体,须经中国国民党中央执行委员会之核准。"

△ 总税务司奉国民政府令宣布所有天津海关应收之进出口税,统由江海关代征。上海华航商决定天津航线之北洋班轮正式停航。

△ 沪三轮抵津,均称津关应征之入口税,已由沪海关征收,不肯再缴。葛敬猷与辛博森商决通融办法,规定报关验税一切手续仍照旧章办理,应缴关税款项如数存放津关,由各商持据向前征收机关要求索回;如实无法索回,亦得呈缴纳税证据,以便交涉发还。

△ 外交部令驻巴西公使戴恩赛就近与阿根廷接洽订立中阿商约。

△ 国民党中央宣传部代部长刘芦隐著文指摘在华日文报纸自冯、阎叛变以来,只刊载不利国民党中央言论,不见刊登冯、阎失利消

息,已成为反动派的宣传工具。

　　△　清华大学教授会发表宣言,校务会亦电阎锡山,均谓校务未因校长罗家伦去职受影响,反对阎一纸命令任用校长。同日,清华大学学生会向报界宣布:一、清华不为一党所操纵;二、清华不介入军政漩涡;三、未经全体同意,拒绝任何人接任校长。乔万选亦宣称本人受命,今既被拒,即返太原向阎锡山复命。

　　△　国民政府据中央执行委员会秘书处函称,中华书局出版之《武昌革命真史》一书诸多失实,特训令行政院转饬所属禁售。

　　△　柏林、南京间传真电报试验成功,交通部长王伯群接到驻德使馆告公使蒋作宾行踪亲笔电文。

　　6月27日　青城方面晋军开始出击,韩复榘令各部次第转至淄河东岸布防,与晋军隔河对峙。中央军夏斗寅师奉令自湘调津浦线作战。钱大钧教导第三师除留一部警备武汉外,亦调津浦路。

　　△　何键、陈济棠两军与攻衡阳之张、桂军发生大战。激战两日,张、桂军向永兴、耒阳、郴州退却。

　　△　国民政府国务会议决议:行政年度应与会计年度同由国民政府公布;公布《土地法》、《票据法施行法》;军政部政务次长朱绶光免职。

　　△　华洋德律风公司不顾中国迭次抗议,是日召开股东特别大会,投票多数通过接受国际电报电话公司之投标,将租界电话营业转让该公司。华股东以不出席表示抗议,西股东亦有反对者。

　　△　天津海关税务司勃尔离津南下,向总税务司梅乐和报告封关经过。

　　△　驻美公使伍朝枢向外交部报告,《中美公断条约》是日与美国务卿史汀生正式签订。但立法院认为有未尽妥善之处,迟迟未予批准,以致该约不能发生效力。

　　6月28日　方声涛自沪抵厦门,29日与张贞会晤,筹划自兴化、泉州进攻卢兴邦。

　　△　上海华洋德律风公司通过标卖将租界电话权让与国际电报电

话公司后,国内各团体及上海市民极为激愤,是日华人用户发抗议宣言,市商会、市民联合会、纳税华人会及用户联合会等已联络一致,准备作第二步抗争,以促国际电报电话公司自动放弃,否则消极抵制,以护主权。

6 月 29 日　中国工商管理协会在上海成立,会章规定该协会"以研究科学管理方法,增进工商业生产效率,实现民生主义为宗旨"。孔祥熙、穆藕初等 15 人当选为理事。

△　鄂豫皖红一军第一师在湖北孝感杨平口地区歼第二十军独立旅第一团,毙伤俘敌 1000 余人。战后,红一师扩编,人数达 1500 余人。

6 月 30 日　阎锡山连日与各方代表商议组织政府,拟推阎锡山、冯玉祥、张学良、李宗仁、汪精卫、唐绍仪、许崇智七人为政府委员。因党务问题未决,是日派代表赵丕廉、冀贡泉到北平,劝谢持、邹鲁让步,以便由党部产生政府。并派代表到郑州与冯玉祥商组织政府事,冯表示听命于阎。

△　中央军在高贤集、龙曲集突围,被冯军截成数段,损失严重,一部经太康向周口方向退走,一部经睢县东南向永城、砀山退走,张治中教二师掩护退却,损失尤巨。此役中央军死伤 2600 余人,被俘 4200 余人,损失枪支 3000 余、炮数十门、汽车 20 余辆及大批辎重物品。

△　国民政府公布《土地法》,凡 397 条,规定地租不得超过耕地正产物收获总额 375‰,并不得收取押租。是为二五减租推行全国之始。

△　陈济棠委陈策为琼崖"剿匪"司令,限三月肃清"土共"。

△　万选才由南京解武汉,押于武汉行营军法处,7 月 5 日解往河南。

△　沪蓉航空管理处结束,候移交中国航空公司。京沪航空公司邮件 7 月 1 日起改由中国航空公司递送。

6 月下旬　鄂豫皖边区第一次工农兵代表大会在河南光山王家湾召开,成立鄂豫皖苏维埃政府,以甘元景为主席,正式形成鄂豫皖根据地。

是月 朱德、毛泽东红四军在汀州(即长汀)召开前委扩大会议,传达全国苏维埃区域代表会议和红军代表会议的决议,指出红四军总的发展路线是夺取武汉。

△ 中国工农红军以朱德、毛泽东红四军为骨干,集合闽西、赣南红军在福建汀州合编为中国工农红军第一路军,旋又改称红军第一军团,以朱德为总指挥,毛泽东为前委书记兼政治委员,林彪、黄公略、伍中豪分任第四、第六(后改第三)、第十二军军长。

△ 彭德怀红五军在鄂东南大冶县刘仁八召开军委扩大会议,决定将第五纵队扩建为红八军,何长工任军长,邓乾元为政治委员,由红五军、红八军组成红三军团,彭德怀任总指挥,黄公略为副总指挥,滕代远为政治委员。全军团共一万余人。

△ 中国工农红军第二十一军在闽西成立,军长胡少海,政治委员邓子恢。

△ 杨杰调任陆海空军总司令部总参谋长。

△ 行政院令内政部转各省查禁《公民日报》、《自救晚报》、《世界日报》、《华北晚报》、《小小日报》、《木铎余音》、《国民公报》七种报纸,《北平各界讨蒋大会告武装同志书》、《告农工青年妇女军人商民书》、《北平各界讨蒋大会宣言》、《告党员书》、《平市各区联合办事处告民众书》等10种传单及《蒋介石总检阅》、《讨蒋拥汪宣传大纲》、《革命主力军》三种小册子。

△ 平汉铁路工会联合办事委员会因北方政局变动,奉令停止活动,《平汉工联周刊》随同停刊。

△ 沪、杭等地火柴工会为瑞典商人在沪周家渡收买日商燧生火柴厂,并扩大经营,致使我国火柴业有破产危险,百万火柴工人行将失业,特递文国民政府请愿严行制止。

△ 广州总商会组织富国煤矿有限公司,集股开采北江韶州、曲江、乐昌地区无烟煤矿,并着手建筑轻便铁路。

△ 中国留日学生500余名因受金涨银跌影响,学费困难,废学归国。

　　△　陕西汉中旱灾严重。略阳西北区 40 余村人烟灭绝,留坝灾民因食毒草死者 5000 人,凤县襄城镇巴佛坪树皮剥食无余,西乡、沔县(今勉县)、宁羌(今宁强)、洋县灾民掘食石质面粉,滞塞而死,绝户者日有所闻。汉南 300 余万人,死亡在 100 万以上。

　　△　据广东、江苏、辽宁、福建、东省特别区统计,至是月止,出国华侨共计 13.6238 万人,归国华侨共计 14.3267 万人。

7　月

　　7 月 1 日　自 6 月 29 日至是日,张、桂军为夺回衡阳,与粤军第八路军第六十三师李扬敬、第六十师蔡廷锴、第六十一师蒋光鼐各部在衡阳西回龙寺、弹子山一带激战。第四军团长李汉炯阵亡。粤军旅长张世德也被击毙。张、桂军向祁阳、永州败退,损失极重,所余仅十分之二三。

　　△　蒋介石任命贺耀组为徐州行营主任,指挥马鸿逵、夏斗寅等军扼守兖州、曲阜;施中诚、陈孝思、梁鸿恩等旅扼守济宁,警备徐州以北,以与退守胶济路之韩复榘军相策应。次日,蒋介石任贺耀组兼津浦路总指挥。

　　△　参谋本部第一厅厅长、陆军大学校长刘光由辽宁携张学良致蒋介石亲笔函返南京。5 日,刘抵柳河与蒋密谈,旋告外国记者,谓张学良收拾时局之意见,系主张阎、冯先下野,晋军暂由傅作义、赵戴文监理,冯军暂由鹿钟麟监理,一方面召集国防会议,确立全国军队统率权,以期将来不能依个人意志而动兵。蒋介石对此主张亦表同意,并谓倘阎、冯二人下野,其余无论如何条件皆可允诺。

　　△　冯玉祥赴开封督师。

　　△　江西红三军黄公略、红十二军罗炳辉率部分五路围攻吉安。国民党军新十二师邓英部固守,至 5 日,红军攻吉安未下,遂撤退。

　　△　外交部长王正廷与波兰代表魏登涛在南京签订《中波商约附

加议定书》。

△　前北京政府国务总理王士珍在北平病故,遗嘱希望和平统一。

△　英轮"卡摩拉号"自沪装载现银400余万两外运香港、印度等地,此为上海第二次大批现银出口。

△　新疆省银行成立,总行设迪化,以财政厅长徐益珊为总办兼理事会主席,教育厅长刘文龙为协办,民政厅长李桑为监事会主席,孙国华为经理,资本暂定500万元,由财政厅陆续筹拨。

7月2日　晨,平汉线中央军第三军团总指挥何成濬偕第十军军长徐源泉等赴大石桥督师。第十军第四十四、四十八两师驱走颍桥之西北军。第七军杨虎城部攻鲁山、叶县,与第十军联络北进。

△　黄昏,平汉线西北军南路军张维玺、田金凯、石振清等部约六师之众,开始向中央军漯河、青龙潭、郾城、十五里店等处阵地进攻,未能得手。3日夜至4日晨,复屡向郾城、十五里店、新店进攻,均被击退。

△　陇海线阎、冯第四方面军石友三部与中央军第一路军陈调元、第二军蒋鼎文、第一军顾祝同各部在考城一带激战。是日,中央军绕道进击,将石部包围,阎、冯复以安树德、张印相两师增援,亦被击溃,后石率部突围而去,至6日战事告一段落。

△　中央军第四、八两路军联合追击张、桂军,第四路军何键部占领茶陵、耒阳、常宁、邵阳,沿白水、大忠桥抄出永州,截其归路。第八路军在桂之余汉谋、香翰屏两师复由平乐出道永兜剿。

△　张学良整理东北空军,聘日本航空技术专门教官12人,并向日本陆军省借用战斗机六架、侦察机三架,以备日教官传授技术之用。

△　国联劳工局中国分局在南京成立。

△　葫芦岛筑港举行开工典礼,东北边防军司令张学良、铁道部代表吴铁城为纪念碑揭幕。该港建筑费为美金640万元。

△　中华教育文化基金董事会在南京开第六次年会,议决本年补助各文化教育机关35万元。

△ 孔德成及孔教总会全体会员电阎锡山,请仿耶路撒冷例,将曲阜划出战线之外,保护孔林孔庙。

△ 比利时代办昔美韦克鲁司抵南京,谒王正廷谈中国收回津比租界协定业在比下院通过。同日,中国驻比代办罗怀英亦电告外部,称该项协定是日在比上院通过。

7 月 3 日 津浦线战事呈胶着状态,中央军贺耀组赴兖州主持夺回济南之战事。韩复榘部与刘珍年部取联络,候令反攻济南。夏斗寅第十三师在曲阜前线与晋军接触。同日,晋军将领傅作义在泰安,张荫梧在周村,积极准备津浦、胶济两路战事之进行。阎锡山连日向津浦线增厚兵力,驻济南之第九军第二十六师高鸿文部已奉令向前方开拔。黄诗桐第十二旅是日到济担任城防。晋方所委之山东省代理主席邓崇熙亦于同日就职。

△ 朱绍良接任陇海线讨逆军左翼军总指挥,亲赴前线指挥所部第八师、第四十七师等由陈留围攻开封,连日战事颇激烈。

△ 国民党中央宣传部制定《检查拍发电信办法》,规定军事时期中外新闻记者拍发电信一律须受检查,10 日开始实行。

△ 财政部裁厘委员会办事处发表裁厘方案,规定在 11 月底前将各种局、卡一律裁撤,由财政部举办粮类税、织物税、出厂税三种特种消费税。

△ 上海总工会筹备委员会发表结束宣言,声明因《工会法》无设总工会之规定,奉市党部令结束。

△ 红三军团彭德怀部克浏阳、岳阳。5 日,湖南省政府主席何键令各县整练团防,防范红军。岳阳红军向平江转移,随即占领平江。

△ 工商银行月来发生数次提现风潮,是日起总分行一律停止营业。上海分行停业主要因经营汇兑、标金、证券等投机失败,损失达 150 万元。

7 月 4 日 津浦线马鸿逵部马腾蛟率其第六十四师连日于曲阜北官村、柳沟、宁阳一带,与晋军傅作义、冯鹏翥、李生达各部作战。兖州方面双方在二十里堡附近激战,均有伤亡。5日,贺耀组令第十三师夏斗寅部死守曲阜,第六十四师马宝琳旅死守兖州,并派军警戒邹县以北,其余各部撤至滕县。

　　△　平汉线正面中央军下令总攻许昌,何成濬偕徐源泉、萧之楚、郝梦龄等在前方督战。

　　△　第八路军总指挥陈济棠以湘南战事结束回广州。同日,该路黄质文旅占领湖南祁阳、永州。张桂军退广西全州。

　　△　蒋介石在陇海路前线接见上海外报记者团。午前兵站总监俞飞鹏陪同外报记者团前往柳河参观战迹。6日,记者团回南京,谓据蒋介石称一个月内,必可消灭叛军。

　　△　讨逆军第三军团总指挥何成濬在驻马店枪决"暗来煽惑军队"之孙殿英参谋长张履安。

　　△　湘鄂边红四军与洪湖地区红六军在湖北公安会师。中旬,组成中国工农红军第二军团,贺龙任总指挥,周逸群任政委。红四军改称红二军,军长由贺龙兼;红六军军长邝继勋,政委段德昌。全军团共一万余人。

　　△　闽海陆军决定分三路进剿卢兴邦部。以刘和鼎任一路,由古田、闽清进攻延平;方声涛担任二路,由德化、大田进攻尤溪,双方同时并进;海军并派战斗机协剿。是日,第五十六师刘和鼎部对卢兴邦部发动总攻。

　　△　行政院令财政部转饬各海关注意检查并禁止携带木印古本、墨刻古本书籍出境。

　　△　日本政府正式委任重光葵长期代理驻华公使,小幡使华问题无形打消。

　　△　中国侨日工商业者因金贵及日本金解禁影响,纷纷失业,被日本当局遣送回国。第一批40人于上月底抵上海,第二批300余人是日到上海,尚有100余人待第三批运回。自费留日学生因日金突涨,废学归国者亦多。

7月5日 胶济线晋军对韩复榘军开始攻击,正面王靖国部隔淄河与韩军对峙,右翼李服膺部抄攻青州(益都),左翼冯鹏翥部已由临淄渡淄河,直攻大王桥。次日战事愈烈,青、济间交通完全断绝。

△ 粤军沈荣光部占怀集,万全策部占昭平。桂军周国治部向平乐撤退。次日,桂军李宗仁、黄绍竑先头部队抵桂林,白崇禧由永州分途退平乐、柳州。

△ 淞沪警备司令兼苏浙皖三省"剿匪"总指挥熊式辉在沪召集三省"剿匪"会议,通过联防"分剿"计划。

△ 国民政府训令行政、立法两院,准孔祥熙提议,外商在我国设立公司,应依据相互认可原则,以对方国家是否允许我国公司在彼国注册为先决条件。

△ 据《申报》讯:最近一周间,上海汇丰、大通、麦加利、有利四家外国银行出口银块 200 万盎司,运往孟买销售,沪生银存数因之减少颇多,银价亦得维持不替。

7月6日 蒋介石下令将横亘 200 余里的陇海正面战场分成六个守备区,第四十六、五十五师为第一守备区,教导第二师、第五师为第二守备区,第六、二十三师为第三守备区,第一、二、三守备区统归右翼军总指挥陈调元全权负责;第六十五、六十六、六十七师为第四守备区,第八、五十二师为第五守备区,第九军为第六守备区,第四、五、六守备区统归左翼军总指挥朱绍良负责。第一军、第四军、第十六军及第一师为总预备队,由顾祝同任总指挥。

△ 冯玉祥到许昌,即召集邓宝珊等会商军务。

△ 红十军方志敏部攻克赣北重镇景德镇。7 日,红十军独立团邵式平、李上达部围攻万年,与江西省警备大队等激战。9 日,景德镇红军转移。

△ 国民政府下令改组各市政府,定南京、上海、青岛、天津、汉口五市直隶行政院。

7月7日 第八路军总指挥陈济棠调粤军第五十九师余汉谋部往

桂截击张、桂军,余师是日抵梧州。同日,何键第四路军占全州,张、桂军向桂林退却。何键兵分两路,向界首、兴安推进。

　　△　刘光奉蒋介石令由南京赴东北,携带国民政府任于学忠为平津卫戍司令、王树常为河北省主席之委任状密交张学良。

　　△　王正廷在外交部总理纪念周上就外交使团之地位问题发表谈话,略谓使团领袖决无代表各国向驻在国说话之理,前清办外交者不明使团性质,一任使团越轨要求,现决不让不合理之习惯存在。8日,北平使团领袖荷使欧登科以关于津海关事件之照会交由驻沪美总领事克银汉送至外交部驻沪办事处,办事处奉部令将原件退回。

　　△　中国工商管理协会在沪开第一次理事会议,选举孔祥熙为理事长,刘鸿生、陆费伯鸿、荣宗敬、徐寄顾为常务理事。

　　7月8日　蒋介石任刘峙为津浦路总指挥,先领第一、第九、第十一、新编第二十师及教导第一师是日起陆续开赴滕县、邹县、兖州、曲阜、汶上等地;又调蒋光鼐、蔡廷锴、钱大钧、金汉鼎各师迅向津浦线集中;李韫珩师由海道航运青岛支援韩复榘军反攻济南。26日,各师到达津浦线集中完毕。

　　△　韩复榘联合第二十一师刘珍年部连日向济南猛攻,第二十六军范熙绩部与晋军战于姚家店一带。是晨蒋军占巨野,10日占定陶、菏泽。

　　△　山东省政府主席陈调元及省府各委员因全省半入作战范围,省府迁避一隅,电行政院辞职。

　　△　行政院会议通过交通、海军两部请在西沙岛建筑无线电观象台案,建筑费18万元。

　　△　《中美航空合同》由交通部长兼中国航空公司理事长王伯群与美国飞运公司代表波林在上海正式签字。31日,《中美航空合同》公布。公司规定双方合组股份有限公司,定名中国航空公司,经营中国航空载运业务,资本定为1000万元,交通部认550万元,飞运公司认450万元,期限十年。

△ 教育部通令严限南京私立学校在本届暑假期满以前,即十九年度第一学期开学以前一律立案,各地私立学校立案期限,至迟以下届暑假期满,即二十年度第一学期开学前一日止。

7 月 9 日 蒋介石电陈济棠奖勉蒋光鼐、蔡廷锴、李扬敬湘南破敌,并谓蒋光鼐"屡建奇勋,自当令其专任一路"。

△ 闽西红十二军邓毅刚部克永定。10 日,邓部返龙岩。

7 月 10 日 青岛出入口商 200 余人以在青岛纳税后,过潍县以西仍须重复纳税,是日联合将大港货物统捐局及分卡捣毁,警察及保安队赶到,逮捕为首者 10 余名。

△ 福建省政府主席兼海军部长杨树庄自沪乘舰返闽主持政务,是日抵福州,次日即召集军政要员商彻底解决卢兴邦办法并令海军封锁南港。闽南各军由方声涛与新一师师长张贞商定即出兵讨卢。

△ 上海报界工会、英美烟厂工会发表反对美商国际电报电话公司承购租界电话宣言,声称"敝会等痛心国权丧失,无泪可挥,唯有拼洒满腔之热血,追随国人,与帝国主义者作殊死战,以争最后之胜利"。次日华人用户再呈国民政府,请饬交通、外交两部据理力争,表示决作政府后盾。交通部亦咨催外交部严重交涉。惟上海租界工部局表示,在中国未收回租界前,彼方享有售让租界电话之权利。

△ 晚,闽西民团攻入泉州。驻军高为国部退出城外,继复反攻,民团败退,高部复入城,于 11、12 两日大肆劫掠。

7 月上旬 冯玉祥再令陕、甘、宁、青四省府饬教会交还土地于中国。据《申报》北平电讯称,如实行后,冀、晋、察、绥四省亦将援例办理,仅冀、察、绥三省教会土地、房产即值两万万元以上。

7 月 11 日 江海关监督公署奉财政部训令,为奖励出口货物,所有各商运销海外之商品,无论土制、机制、仿制,均由就近海关征收出品税一次,以后经过各关,则仅验照单,不再纳税。

△ 上海法商水电公司工人罢工已逾半月,仍未解决,资方态度强横。10 日,法商电车被工人捣毁六辆,是日晚法界电车、汽车又被

击毁四辆。

7月12日　陇海线右翼晋军孙楚部约三团,拂晓乘中央军第五师与第二十三师移防,在两师阵地连接处突入,一部猛袭中央军阵地后方,一部进占霍楼、戴岗各要点,第五师不支,撤至萧老家、周庄之线。是役第五师伤亡失踪800余人。13日,中央军第四十七师师长上官云相率教二、第一、第五各师恢复戴岗附近阵地,双方反复进出,战斗异常激烈,中央军又伤亡400余人。是时晋军复向中央军左翼第八师及第四十七师阵地猛攻,晋军伤亡亦达千余人。双方阵地犬牙交错,已成混战局面。晋军因伤亡太重,至14日停止攻击。

　　△　国民政府令准浙江大学校长蒋梦麟辞职,任命邵裴子继任。

7月13日　下午,北平国民党中央党部扩大会议预备会在怀仁堂召开。出席会议的中央委员仅邹鲁、谢持、覃振、陈公博、王法勤、白云梯、潘云超、傅汝霖、张知本、赵丕廉10人;另有代表郭泰祺、冀贡泉、黄少谷、麦焕章、刘况五人。会议由王法勤主持,赵丕廉宣读《联合宣言》,即日成立中央党部扩大会议。《宣言》由出席之中央委员及未出席之汪精卫、阎锡山、冯玉祥、赵戴文、薛笃弼、鹿钟麟、商震、茅祖权、陈树人、朱霁青、柏文蔚、郭春涛、陈璧君、陈嘉祐、熊克武、李宗仁、顾孟馀、许崇智、邓泽如、黄绍竑共30人署名发表。北平、天津悬旗三日志庆。《宣言》历数蒋介石种种罪行,称"蒋中正背叛党义,篡窃政权";变民主集中制度为个人独裁;"托名训政,以行专制,人民公私权利,剥夺无余"。《宣言》表示"誓为本党去此败类,为国民去一蟊贼"。

　　△　胶济线中央军第一军团韩复榘部开始总攻击,与晋军第三十七师王靖国部、第三十八师李服膺部,隔淄河互相猛烈炮击。晋军调平、津保安第一纵队丰玉玺、保安第四纵队秦绍观两部助战。同日,韩复榘在青州召集军事会议,决任第十四军军长曹福林为前敌总指挥。

　　△　晋军第四军军长李生达率周原健、霍原璧各师及张会诏军一部,沿津浦线南下,是日与曲阜、兖州之蒋军接触,激战三昼夜后,向大汶口、泰安退却。

△ 平汉线西北军增加刘郁芬部生力军两个师、骑兵一个旅,是晚开始进攻沙河北岸,与中央军第十军徐源泉部激战三昼夜,至 16 日被击败。

△ 鄂豫皖红一军第一、二师在英山游击队配合下,于英山县大金铺地区歼国军独立第二旅 1000 余人,乘胜占领英山城。

△ 交通部令无线电管理局接收管理美商大来洋行在沪所设之无线电台。

△ 沈阳自 13 日起连日暴雨成灾,浑河、辽河水势暴涨,淹没农田甚多。北宁路新民、白旗堡一带,因饶阳河、柳河山洪暴发,冲毁田地千顷,火车被阻。连日沈阳通至外地的电报、长途电话,除哈尔滨二线外,余俱遭风雨摧毁。北宁路局调查此次被水冲坍桥轨,损失 200 万元。

△ 上海江海关在"加拿大皇后号"轮内,搜获偷运出口之金条 300 余条,共值七八十万元之巨。另据电通社是日大阪电称,大阪造币局在最近一个月间,陆续购入自华运到黄货已达 400 万元之多。

7 月 14 日 冯玉祥为解亳州之围,令孙良诚、宋哲元、庞炳勋、吉鸿昌四路对宁陵、归德迂回出击,牵制中央军主力大部,复将新调左翼援助石友三之孙连仲一路全部秘密抽出,由考城、兰封经杞县、太康、柘城斜趋鹿邑。13 日,孙部与原守鹿邑之孙殿英部一师会合,自是日晨起突向围亳中央军猛攻,孙殿英亦自城内以全力出击。围城之中央军第三军王均、第八军叶开鑫、第十师杨胜治各部腹背受敌,由晨战至午,向东南退却,亳州解围。

△ 国民政府特派伍朝枢、蒋作宾、高鲁为出席国际联盟第十一届大会代表。

△ 第一方面军总司令李宗仁任命薛岳为第四军第十师师长,吴奇伟为第七军第二十一师师长。

△ 国民政府接收威海卫专员徐祖善在威海卫与英国驻威大臣庄士敦商定接收细目,是日由威海卫返南京报告。

△ 上海沪东杨树浦路老怡和纱厂工人 3000 余人,因反对厂方实

行三日调班工作制举行同盟罢工，提出取消三日调班工作制、实行八小时工作制、罢工期内工资照给、不得无故开除工人等要求。

7月15日　汪精卫由香港搭"加贺丸"赴长崎，陈璧君、顾孟馀、曾仲鸣同行。19日抵达长崎，20日到门司。

△　教育部以《中日文化事业协定》现正交涉废止，暂停序补庚款生缺额。同日，教育部通令，赴日调查教育无论团体或个人，概不得领受日本对支文化事务局之补助费用。

△　广东省政府通过总额1500万元之地方善后库券，定8月1日发行。

△　《动力》杂志在上海创刊。

7月16日　平汉线西北军南路军第八师张维玺、第七师田金凯、石振清及刘郁芬等部，是夜分四路向中央军全线进攻，刘郁芬部向郾城攻击最猛，至次日黎明，冯军不支，向北退却。中央军左翼十五里店、新店及右翼消遥镇、青龙潭之线，亦与西北军激战竟夜，西北军全线退回原阵地。

△　关于中苏间黑龙江、额尔古纳及乌苏里河之航务设备及码头修理等事，经双方磋商结果，是日由黑河道尹张寿增与苏联黑河领事阔尔臬夫签字，协定有效期间为两年，至1932年1月1日止。

△　上海太平银行开业，资本总额100万元，实收55.5万元。董事长李木公，总经理朱静安，经理万茂之。

△　上海中华国产联合大商场开业。

△　中共中央政治局致函共产国际主席团，提出为了坚决执行"变军阀战争为革命战争"的路线，决定在南京、武汉举行暴动，上海实行总同盟罢工，力争武汉暴动首先胜利，建立全国苏维埃政权，请国际批准。

7月17日　晋军杨效欧、孙楚等部约数团于16日夜向中央军新二十三师申庄、杨帝庙、华陀庙阵地猛烈进攻，并突破申庄、杨帝庙阵地，第二十三师伤亡600余名。晋军在两日激战中亦死伤千余名。

△　晚,何键第四路军李觉、陈光中两旅占领广西灵川,张、桂军退桂林。陈济棠第八路军第五十九师余汉谋部 15 日已越过阳朔向桂林进展。滇军三团 18 日由龙州抵南宁。桂军一部退大河,一部退武鸣。

△　国民党中常会通过修正《人民团体组织方案》,废止《社会团体组织程序》。修正方案规定:凡欲组织团体者,须有 50 人或 30 人以上之联署,向当地国民党党部申请,经国民党党部认为合法方可组织,并须受国民党之指挥。惟上海市政府曾奉行政院指令称:商会及工商业同业公会之组织,一则以公会商店为单位,一则以公司行号为单位,与其他人民团体不同,自可不受《人民团体组织方案》之限制。

△　自美国所拍侮辱华人的《月宫宝盒》、《不怕死》两部影片在沪上演后,公私团体纷起反对,外交部当即据情向美使詹森提出抗议书,美使已正式向外部道歉,保证以后决不会再有是项影片发行,并已令饬美国电影商人将该项影片迅予销毁。是日教育部长蒋梦麟、外交部长王正廷会衔发布命令,今后严禁外人在我国内地拍摄关于华人举动之影片。

△　蒋介石委杨鼎中为桂军新编第二师师长,办理广西善后,杨是日赴梧州就职。

7 月 18 日　陈济棠第八路军范德星部占领平乐,黄廷桢旅抵恭城。19 日,第六十三师李扬敬部由龙虎关出恭城,会同第四路军夹攻桂林。

△　蒋介石委杨虎城为第十七路军总指挥,是日杨在舞阳就职。

△　红十二军罗炳辉部三四千人,17 日开始围攻江西永丰,是日占领该城,复与红三军黄公略部沿赣江东下,向新淦、清江进展。22 日占新淦,次日又占清江。

7 月 19 日　津浦线晋军傅作义部从正面反攻,与中央军第十一师陈诚部在大汶口南面激战。晋军李生达、冯鹏翥等部分由左右两翼向曲阜之线侧攻,激战甚烈,晋军不支,退至肥城一线构筑工事。

△　武汉行营主任何应钦乘飞机往亳城前线指挥第三、八两军攻

毫战斗。

　　△　国民党南京市党部通电攻击北平扩大会议,略谓:"西山派本诋汪、陈为赤化,改组派则诋邹、谢为叛徒,而阎之与冯,积不相能,又为国人所共见。以历史上互相水火之人,竟称同志开会议,为一时利害之结合,目的只在于产生伪党部、伪政府,以遂其害国殃民之诡计,与袁之筹安会、段之善后会,尚复何异。"

　　△　是晚,方声涛自漳州抵厦门,教导团长萧叔萱亦自同安到厦门。20日,方、萧及林寿国开会讨论闽南出兵事,林称省已决定分三路讨卢,共出兵十三四个团。

　　△　平浏岳"剿匪"指挥官危宿钟指挥第十五、十九两师出发平浏,与鄂、赣军"会剿"红三军团彭德怀部。20日,危部与红军战于平江,21日被击败,何键急调邵阳驻军增援。

　　7月20日　平汉线郾城西北军全线总退却,张维玺、田金凯等部退至许昌,中央军向临颍、许昌追击。

　　△　国民政府代表张群应张学良电约赴葫芦岛,21日与张学良洽谈东北出兵讨阎。

　　△　军政部接川军将领田颂尧、刘文辉、刘湘、杨森等联衔电,略谓:"同人决一致拥护中央,报效党国。前奉钧部命令,监视吴佩孚意图活动一节,自应恪遵办理。"

　　△　湘省废约会以日轮在常德撞沉民船,呈请国民党省指委会转请国民政府向日领严重交涉,并请从速收回内河航行权。

　　△　永定河决口合龙典礼是日举行。河北省河工局招待各界,到200余人。永清、固安等11县代表要求改变向来只顾北岸、不顾南岸之方针,称中央不拨付修堤工程经费,由河北省府向银行借款60万元及向各县摊派借款,已将工程初步完成。

　　7月中旬　海关总税务司梅乐和电英外交大臣及上、下议院,请按英国法律治辛博森应得之罪,以维中英友好。

　　△　上海日人所办同文书院,于每届毕业期间,辄组织考察团,分

赴我国各地调查市政、经济、交通、海港、铁路、森林、植棉等事业,窥探国情,现又分派 18 队,其足迹几乎遍布我全国。内政、外交两部转咨各省市政府,通令民政、公安各厅、局注意取缔。

△ 第四路总指挥何键批准《湖南"铲共"义勇队组织章程》,规定 18 岁以上、40 岁以下男子均须参加,规避者以通"匪"论罪。

△ 教育部令北平市教育局查禁燕京大学宣传宗教。

7 月 21 日 拂晓,孙殿英部向围亳中央军阵地佯攻,22 日夜 2 时大部由河北寨撤走,余部出西门随同孙连仲援军齐向西北退去。中央军遂占亳州,解除了阎、冯军对其侧后的威胁。23 日拂晓,鹿邑之冯军亦撤退,中央军进占鹿邑、柘城,向太康追击。

△ 第四路军总指挥何键委危宿钟为湘东"剿匪"司令,并限三个月内"肃清"湘赣边红军,危于是日就职。同日,危就蒋委陆军第十五师师长职。

△ 晨,上海法商水电工人开扩大会,机务、车务两部工人 200 余名齐集法租界马浪路工人俱乐部内。法捕房立派武装警察、巡捕 100 余人,对工人滥施枪击,并捕受伤工人 20 余人,流弹击毙一无辜行人,群众大愤,参加罢工人数遂达 1000 人以上。各界工会起而声援,请外交部向法方抗议。是日,法租界实行戒严。

△ 浦东英美烟厂工会因近来金贵银贱,物价飞腾,工友生计难以维持,是日上午派代表顾若峰等三人会同市党部、社会局代表,向厂方正式谈判,要求增加工资。结果决定由 7 月 1 日起全厂普遍加薪,每人一成半,由工会通告各工友知悉。

△ 教育部准私立岭南大学立案。

△ 前广西副都督王芝祥在通州原籍病故。

7 月 22 日 平汉线西北军张维玺部于 21 日晚突然总退却,中央军第四十四、四十八、十七等师乘势尾追。是晨,第四十八师占临颍,第十七师占颍阳,23 日占领颍桥、小商桥,西北军退许昌以北。

△ 蒋介石电中央党部及国民政府,将"讨逆有功"将领王均、王金

钰、徐源泉、杨虎城、顾祝同、蒋鼎文擢任各路总指挥,上官云相擢任军长,郝梦麟、萧之楚、杨胜治擢升副军长,请准备案。25 日,国民政府复电嘉勉蒋介石,各将领擢升准予备案。

△　赣东北革命根据地红十军正式成立,周建屏任军长,胡庭铨任前委书记兼代政委(后由邵式平接任),下辖三个团一个独立营,共2000 余人。

7 月 23 日　汪精卫、顾孟馀等改易姓名自日本门司搭"长城丸"抵塘沽。阎锡山之代表贾景德、冯玉祥之代表薛笃弼及陈公博、邹鲁等往迎,旋即赴北平。汪在津各界欢迎宴会上演说,要求蒋介石觉悟自己的责任,自动下野;声明与阎在政治与党务方面的主张已趋一致,希望阎任国府主席,自己"对于政府则拟处于赞助之地位,而专心于党务方面";重申以党治国的原则,反对蒋以党代政,以党代民意机关,独揽一切的做法;呼吁加强"中日两国的亲切关系"。

△　共产国际执委会作出《关于中国问题的决议案》,认为中国革命运动已面临新高潮,指出右倾仍然是主要危险。

△　法属殖民地越南当局强迫华商改用法文簿记,行政院是日令外交部再向驻华法使严重抗议。

△　晨,闽南陈国辉突派兵两路约千人进攻永春湖洋乡,25 日再次猛攻。方声涛迭电制止无效。26 日晚 5 时,民团不支,湖洋为陈部攻陷,全乡人民被杀数百人,逃散仙游及各乡者达万人。

△　广东海关正式宣布中山港为无税埠。

7 月 24 日　外交部公布《中法越南及中国边省关系专约》及附件,全文共 11 条,有效期为五年。其要点为:一、以前所订商约一律作废;二、双方在龙州、思茅、河口、蒙自、河内或海防、西贡互派领事。两国人民过境手续享受最惠国待遇;三、经越南北部出入滇、桂、粤的中国货物,照值百抽一纳税,矿产、生皮及中国政府的军火免收捐税。越南船只得在松吉江、高平河间航行,所载货物免税;四、双方应互相查缉、逮捕、引渡对方的罪犯。

△ 第六十一师师长蒋光鼐奉蒋介石令任第十九路军总指挥,率部参加津浦路右翼作战。

△ 红一军团红十二军罗炳辉、红三军黄公略部占领樟树镇,续至丰城,并渡赣江向高安进军,26 日经过高安,于 30 日到达万寿宫、石子凌、生米街,并派出一部兵力进迫南昌对岸之牛行车站。

△ 中东铁路电权会议自 21 日开议,经三日之讨论,于是日由中苏双方将议决各项签字,为将来商订合同细则之根据;其未决事项,留待东铁理事会开会议决。

△ 成都市学联会、工会、自由大同盟等团体发起成立成(都)华(阳)反帝大同盟,是日在北道街省师附小开会,军警派便衣混入,侦悉该盟通过拥护苏联、拥护苏维埃代表大会等议案,即将会场包围,逮捕工人 11 名,男女青年 36 名,后转送军法处,判死刑者四人,余判长期徒刑。

△ 上海美领克银汉 6 月 26 日复函外交部关于公共租界电话出售事件之抗议,谓租界电话公司之出售,系遵照英国公司法,工部局负有管理公共租界之责,其允许在电话营业权给予国际电报电话公司,颇为正当;并否认此项营业权之存在,足以妨碍将来关于租界地位之各种谈判。是日,上海华洋德律风公司华人用户联合会电外交部,谓"收回租界为党国之明定政策,钧部且有准备于一年以内交涉收回租界之宏图",请本革命外交之精神,严词驳斥美领之复函。

△ 招商局总办赵铁桥在沪福州路外滩招商局门首遇刺身死。28 日,交通部委航政司司长蔡培暂兼招商局总办。

7 月 25 日 北平中央党部扩大会议连日开谈话会,汪精卫与扩大会议各委员拟定基础条件七项,以筹备国民会议、制定根本法、集中人才、均权制等为主要原则。汪并招待记者发表谈话,谓宁方一切措施,直为"训政"之敌;并谓:"现在组织政府,主席一职以阎百川氏(阎锡山字百川)最为适宜。"

△ 平汉线中央军徐源泉第十军先头部队是晚逼近许昌,冲破第

一道防线；左翼杨虎城部由小商桥向北推进；右翼徐源泉部占领苏桥，向和尚桥猛攻。西北军全线动摇，纷向北退。

△　第九路军总指挥鲁涤平以红军多次迫近南昌，任第十八师师长张辉瓒兼南昌戒严司令。是日，张辉瓒宣布南昌临时戒严。

△　晨7时，厦门共产党人袭击当地盐务局，思明监狱28人越狱。

△　据《申报》讯：交通部对内河航权问题决本收回主权精神，对日本之以互惠内河航行为交换条件，英商之以合办为条件，均万难承认；并定沿海航权交涉原则，外轮在中国此海口至彼海口仅能卸货，不得载客运货，将据此续与各国交涉。

△　阎锡山派徐一清到平筹组中华国家银行，以徐为总经理。该行定8月1日开幕，基金定一亿元，由晋方及各省分担，晋方先拨2500万元，发行1000万元兑换券。

△　上海法商水电公司工人罢工运动逐渐扩大，人数已增至1200人，该公司电车全部停驶。29日，上海全市各业70余工会联衔发表总宣言，声援法商水电公司罢工工人。

7月26日　交通部咨外交部，请对于收回南满日邮案从速交涉。

△　江西省政府主席兼第九路军总指挥鲁涤平布告悬赏10万元缉拿朱德、毛泽东。

△　国民政府训令裁撤财政委员会，限9月30日以前遵令移交。

△　主办山西村治学院并促使阎、冯合作之王鸿一病殁北平。村治学院由梁漱溟接办。

△　青岛人力车工人百余人赴市党部请愿，公安局派警在该部门前守候，工人一出即拘捕，工人避于市党部内，警察即将市党部包围，入内捕去工人81人，并查抄该部办公室。27日，青岛人力车工人全部复工，车租降为0.38元，同日，市党部认为市政府有意摧残劳工，破坏党务，遂电请国民党中央明令惩办市长葛敬恩，并严饬市府释放被捕工人。国民党中央电青岛市府，对人力车工潮妥为防范处理，以期早日解决。

7 月 27 日 彭德怀率领红三军团在平江、浏阳工农武装的支援下,由浏阳、平江、金井分三路向长沙推进,经五昼夜激战,是日克长沙。湖南省政府主席兼第四路军总指挥何键割须易服,狼狈逃走。长沙街上遍贴"暴动夺取长沙,取消一切苛捐杂税"、"工农兵联合大暴动建立苏维埃自己的政府"、"打倒国内混战的军阀"等革命标语,极受劳动人民欢迎。

△ 第四、八两路军向桂林总攻,第八路军第六十三师李扬敬部黄任寰旅出恭城,绕道攻桂林正面;第五十九师余汉谋部由阳朔攻桂林;第四路军由兴安击桂林之背。张、桂军因四面被围,大部沿桂柳公路退柳州。

△ 驻琼崖定安县军队两连兵变投入红军,随即向县中各区团和乡团进攻,缴团械数十。8 月 7 日红军占陵水县,9 日攻下万宁县。海口驻军乘长途汽车前往陵水、万宁、定安等县进攻红军。

△ 5 月间汉口警备司令部查获"裕川"轮载运未缴特税、价值 200 万元之鸦片烟土案,是日经武汉行营所组织之审查委员会审查完竣,依湖北省向例,凡经宜昌不贴印花之烟土即为私土,认为该轮所载全属私货,主张由行营下令没收,并惩办假托联运而通同舞弊之前特税处长等。

△ 日商石原公司操纵大冶铁砂,湖北省府以未经签订正式合同,取消其承买权,日商遂请驻汉日领事向湖北省府抗议,并电请日代使重光葵向外交部提出抗议。是日,外交部据鄂省府复函所述案情,照会日使据理驳复。

7 月 28 日 汪精卫在北平通电慰问反蒋军全体将士,声称"此战为民主与个人独裁之战";并与外国记者 10 余人谈话,宣称南京政府以党部代替地方议会,人民"在南京政府下所享之民治,较在军阀手下为少",对于南京无妥协希望,"必须在此间建设政府"。

△ 北平国民党中央党部扩大会议开第一次谈话会,通过并正式公布党政七项基础条件:一、筹备召集国民会议,以各种职业团体为构

成分子;二、按照《建国大纲》制定根本大法,确定政府机关之组织及人民公私权利之保障,此根本大法应由国民会议公决,如时期紧急,或由扩大会议宣布,将来候国民会议追认;三、民众运动、民众组织,应按照《建国大纲》由地方自治作起,要"严防共产党激起阶级混斗之祸端";四、各级党部对于政府及政治,立于指导监督之地位,不直接干涉政务;五、不以党部代替民意机关;六、贯彻总理遗教"以党治国,乃以党义治国"的原则,应集中人才,以收群策群力之效;七、中央与地方之关系,按照《建国大纲》,采均权制度,不偏于中央集权或地方分权。定8月7日召开正式会议。

△　蒋介石从陇海战场急调陈诚第十一师、冯轶裴教一师增援兖州。阎锡山转对津浦线取守势,对胶济线取攻势,对韩复榘步步紧逼。同日,韩复榘在潍县通电下野,称:"煮豆燃萁,摘瓜抱蔓,我退一寸,人进一尺。"

△　青岛市政府以市党部指委李翼中煽动工潮,并利用《民国日报》、《青岛民报》进行宣传,"污辱"政府,特令两报自29日起停刊。29日,被捕之人力车工人80余名被释,尚有数十"情节较重者"仍被扣押。同日,国民党中央宣传部长叶楚伧等电青岛市党部,谓:"此次纠纷,中央已定调处办法。本部根据中央意旨,已电葛市长恢复《民国日报》及《青岛民报》自由,以便照常出版。并望诸同志本巩固后方之旨,静候中央调处。"30日,国民党中央宣传部电青岛市长恢复两报自由。同日,李翼中奉召赴南京。

△　外交部第二次向英国政府抗议辛博森助阎夺津海关。

△　禁烟委员会委员长张之江以禁烟法令无法贯彻,再呈行政院辞职。行政院指令慰留。

△　上海租界纳税华人会函上海市府电外交部,请收回外人在沪西越界修筑之路,并向工部局抗议,要求交还。

7月29日　武汉行营主任何应钦召集教导第三师长钱大钧、汉口市长刘文岛、行营参谋长贺国光、武汉警备司令部参谋长叶蓬等开会,讨论进攻长沙红军之计划及武汉方面之警备问题,决定调宜昌之独立第十四旅彭启彪部及黔军新十师谢彬部至武昌,担任武汉警备事务。

△ 鄂豫皖红一军第一师攻占湖北花园,全歼钱大钧第三教导师一个团,俘敌官兵千余名,缴获长短枪 700 余支、重机枪八挺、迫击炮四门。

△ 南京市党部呈请国民党中央通缉参加扩大会议分子,将有党籍者开除党籍,并请查办监察院长赵戴文。

7 月 30 日 津浦路中央军云集,蒋介石由归德乘专车到达兖州,召集刘峙、杨杰、陈调元、蔡廷锴、蒋光鼐、冯轶裴等开会,部署反攻,决定兖州附近会战计划,晚由兖南返,赴曲阜视察。

△ 上海特区法院奉国民政府令搜查卡德路苏联塔斯社驻华社长罗佛寓所,毫无所获。

△ 湖南省工农兵苏维埃政府在长沙成立,李立三任主席,当即颁布《湖南省工农兵苏维埃政府暂行劳动法》与《湖南省工农兵苏维埃政府暂行土地法》,以保障工人八小时工作制和农民获得土地。

7 月 31 日 北平扩大会议再开谈话会,推顾孟馀、陈公博、傅汝霖起草"中央党部"规则;王法勤、覃振、赵丕廉起草"中央政治会议"规则;并就红军占长沙发表"灭共驱蒋"宣言。

△ 第四路军总指挥何键拟具进攻红军办法,电请武汉行营核示,并电告已令湘军在湘潭集中,即大举"进剿"。武汉行营主任何应钦亦暂行留汉,主持行营,并规定鄂、豫、皖联防办法。麻城、罗田由郭汝栋负责;商南、光山由戴民权负责;英山、六安由潘善斋负责。

△ 九江因瑞昌方面红军迫近宣告戒严。市政府奉江西省政府令,通知在庐山牯岭避暑的外国人于 24 小时内离开。

△ 农矿部以外国电力渔艇驶近我国沿海捕鱼,为维护渔业起见,除已函请外交部切实交涉外,是日咨请工商、海军两部,对划分领海界限,速拟妥当办法。

△ 上海公共租界工部局董事会不顾中国人民反对,正式通过准

许华洋德律风公司依照原订合同出售于国际电报电话公司，并准于8月1日办理交割手续。

△　上海法商水电工潮迄今40余日，尚未解决。下午，工会会员开谈话大会，到500余人，张其祥主席，报告30日与资方代表杜月笙谈判情况。厂方表示要开除工会负责人徐阿梅及张阿毛两名。工友闻悉，愤慨异常，议决警告厂方，在复工后不得开除任何工人，否则仍进行罢工。

是月　日本大量吸收中国铜币。据统计，本年1月至6月底止，中国铜币以及住友矿业公司将中国铜币溶解混入煤渣，输入日本价值共达146.9万元，是月自中国输入铜货即值24万余元。

△　上海内国公债维持委员会以国内公债价格狂跌，金融市场极度混乱，特致函财政部长宋子文，提出四项补救意见，要求十日内付诸实行：一、请令证券交易所对卖出期货者，于成交后必须以现货交付交易所作为担保，其手头无货者，概不准投机卖出期货；二、请令中、中、交三行对各种库券本息票，仍照向例准予贴现；三、请宣布公债基金实况，并准银行公会、钱业公会及市商会推派代表按旬清查账目，俾明真相，而杜谣诼；四、请令中、中、交各行对于以编遣、裁兵各债券抵押借款不得拒绝。

△　四川军警团联合办事处查封西南、民立、岷江三大学。

△　中国左翼文化总同盟（简称"文总"）在上海成立。由左翼作家联盟、社会科学家联盟、社会科学研究会、新闻记者联盟、电影演员联盟、世界语联盟、话剧演员及美术工作者联盟等组成。同月，在"文总"领导下，在上海成立中国左翼美术家联盟（简称"美联"）。

△　晏阳初等制定定县平民教育十年计划。分作三期：第一期三年，注意文字教育和县单位的教育系统；第二期三年，注重农业改进和生计教育；第三期四年，注重公民教育与地方自治；卫生教育则贯穿十年间。

8　月

　　8 月 1 日　中央军与晋军争夺济南之大规模战役开始,中央军部署如下:刘峙任津浦路总指挥,以陈诚、夏斗寅、马鸿逵、胡宗南四师任中路,由兖州前方沿铁路进攻;蒋光鼐、蔡廷锴师附张乔龄骑兵旅为右翼,由新泰西端间道抄袭;以冯轶裴、胡伯翰、杨胜治各师及施中诚、陈孝思、梁鸿恩等旅为左翼,由铁道西侧汶上、宁阳之线进攻。另以许克祥师附第六十四师之骑兵一团为左侧纵队,经郓城、东阿、平阴、长清,向济南钳击晋军背后。以韩复榘为胶济路军总指挥,以从青岛登陆之李韫珩军两师为左翼军,第三路军为中央军,由昌乐以西地区沿铁路侧击,另以刘珍年军为右翼军,堵截晋军归路,全军共 15 万人,对晋军发起全线总攻。

　　△　晋军关福安、杨效欧、孙楚、杨爱源各部,已由陇海右翼调至津浦线。关福安、杨效欧两部布防于历城、泰安之间;孙楚、杨爱源两部集中泰安以南,前线设防于大汶口。晋军形势非常不利,胶济线方面晋军 18 个团是晚全部南下驰援。

　　△　冯玉祥通电各将领:"望本破釜沉舟之决心,与敌作最后之决斗。先下归德者赏洋百万元,直下徐州者加赏二百万元,有敢迟疑不前、畏缩不进者,军法俱在,决不宽容。"

　　△　长沙红军与外舰之炮战益烈,英、美、日、意军舰均开炮,国民政府海军亦继续炮攻。何键之反扑部队已接近长沙。美、英、日公使馆协商对付长沙事件之办法,决定先向国民政府提出保留随时要求赔偿损失之权利。

　　△　日本外务大臣币原上月 31 日关于长沙事件之照会,是日由驻南京副领事上村送交外交部。代理公使重光葵并赴南京交涉。中国驻日公使汪荣宝奉令往访日本外务大臣币原,对长沙事件表示道歉并声明负全责。

　　△　马鸿逵奉蒋介石命，由青岛过胶州赴高密，极力慰留韩复榘。韩表示未将所属军队善后处置办妥以前依然负责。

　　△　红一军团派出两个纵队攻击牛行车站，隔江向南昌鸣枪示威，以纪念南昌起义三周年。同日，红军撤围南昌，前往安义、奉新一线休整。

　　△　赣东北工农民主政府在弋阳成立，方志敏任主席。

　　△　云南省领事裁判权已收回。自是日起云南省华洋诉讼概由中国法院受理。

　　△　上海法商水电工潮，资方拒绝调解，是日外交部奉国民政府命令，向驻华法使韦礼德提出严重抗议。

　　△　招商局内河轮船受英、日商轮排挤业已辍业。浙江省航政局将该局停航轮船全部租下，于是日恢复苏浙航路 21 条。

　　△　广东省政府核准发行民国十九年广东省整理金融库券，定额广东毫洋 1500 万元，为清理十八年度短期军需库券及维持广东中央银行纸币之用。自 8 月 1 日起发行。

　　△　淞沪警备司令部、上海市政府会衔布告严禁工人罢工，谓任何企业发生劳资纠纷，务须先行呈请主管机关依法调解仲裁，不得以罢工要挟。擅自罢工者，以扰乱治安论，由军警机关严行拿办。

　　△　北平师范大学学生 300 余人手持"打倒汪精卫"、"反对扩大会议"传单及红旗举行游行，被军警逮捕 50 人。

　　△　上海公共租界举行"八一"游行，有工人、学生多人散发传单、呼口号，被中外探捕拘捕八人。华界戒备甚严。

　　△　"艺术剧社"、"南国社"、"摩登剧社"、"大夏剧社"、"戏剧协社"、"光明剧社"、"辛酉剧社"在沪共同成立左翼剧团联盟。

　　8 月 2 日　北平中央党部扩大会议电阎锡山、冯玉祥、李宗仁称，"本会议决，请李（宗仁）进兵长沙，必要时放弃桂林亦可，请劝告各方将领与我方一致行动"。

　　△　中央军击破汶河南岸之晋军，强行渡河，占领南夏、北弈任、辉

南、漳城等，并包围汶上县；另一部在郓城北击破晋军，迫近东阿。同日中央军占领新泰。次日，中央军击破泰安东南店子之晋军秦绍观部，俘1000 余人。

△　益阳方面何键军已集合完毕，自 1 日起向长沙进发。第十五、十九、十六各师一部由湘潭向长沙前进，各军先锋队约两个团是晚经岳麓山下集中长沙对岸，集全部民船于左岸，由炮舰"勇胜"、"咸宁"二舰掩护炮击长沙。

△　长沙 10 余万工人在教育会坪举行"八一"南昌起义三周年和庆祝湖南省苏维埃成立大会，湖南省总工会、粤汉铁路总工会等 80 余团体参加，会后举行盛大游行示威。

△　日代使重光葵访外交部长王正廷，就长沙事件提出保留赔偿损失之要求，并请保护长江各地日侨生命财产。王表示遗憾，允于查明后答复。

△　财政部以奸商私运大宗铜元至日本图利，仅 7 月份一个月即达 600 吨，特令各关卡查禁。

8 月 3 日　阎锡山 2 日派冀贡泉专车到北平迎汪精卫，是日，汪乘专车赴石家庄，陈公博、邹鲁、覃振、薛笃弼、赵丕廉等同行。次日抵石家庄，汪、阎晤谈，交换关于党务等意见。

△　何键军向长沙发起总攻，在海军掩护下由岳麓山渡江，飞机亦飞往助战。4 日夜 9 时起，何键军开始第二次总攻，由刘建绪率陈光中、陶广任第一路，罗霈瀛率陈渥等部任第二路，危宿钟率戴斗垣等部任第三路，分三路总攻击，在军舰"勇胜"、"咸宁"掩护炮击下渡河强攻。5 日晨攻入长沙城，与红三军团进行激烈巷战。两小时后，红军主动撤出长沙，向平江、浏阳地区转移。

△　方声涛通电称在泉州就福建省政府所委之军事特派员职，节制闽南各军讨卢。陈国辉在永春县之湖洋焚劫仍甚。

8 月 4 日　津浦线正面中央军第十一师陈诚部占领南驿、大汶口，绕道出左翼，攻下大辛庄、小辛庄、黄草岭、红岭、王家堂、凤凰山，绕攻界首。右翼蒋光鼐、蔡廷锴两师绕过曲阜，继续北进，6日围攻泰安，10日占领莱芜，当即分为三路北进。左翼冯轶裴等部亦绕过汶上、肥城，占领东平、东阿，一面包围汶上、肥城之晋军，一面攻取长清。防守汶河之晋军，因中央军左右两翼已迫近济南，恐归路断绝，乃下令北退，未及退完，即仓皇将大汶口铁桥炸毁，致使未及过河之晋军及民夫坠河溺毙者甚多。

△　国民政府公布《江苏省建设公债条例》，总额700万元，年息八厘，分两期发行，第一期400万元，于民国十九年8月1日发行，第二期300万元，于民国二十年（1931）8月1日发行，按票面九八折收款。自发行之日起每六个月还本一次，十年本息全数还清。

△　邮务总办韦以黼与上海邮务工会代表朱学范、职工会代表傅德卫等会谈解决两会要求改善邮务职工待遇之10项悬案，除增薪一项外，余款经修正后均予接受，邮务人员月加米贴二元，悬案圆满解决。

△　晨，福建邵武监狱暴动，数十人越狱。

△　连日来北方大雨成灾，山海关内外洪水益涨，留守营至北戴河间路轨被水淹没，是日起西行车仅通至白旗堡，秦皇岛迤西路轨亦被水冲毁数十米。秦皇岛海口发现多具浮尸。绥中县水灾奇重，死千余名，难民3000余人逃至山海关无家可归，北宁路局9日拨2000元前往救济。山海关迤东电报线、电话线亦均被水冲坏。

8月5日　汪精卫、阎锡山在石家庄续议新政府之组织及人民与政府之权利义务问题。阎允任政府主席职。同日，阎对《大公报》记者谈与汪晤谈结果，谓有四点：一、人民求安，国家图治，三民主义当在安与治上设施；二、党员是为党，党是为国的，党员不得借党图自身之利益，党不得借政图本党的利益；三、先定实行训政规约，以资遵守。规定严密办法，为实行训政前提，即社会安宁、财政公开、政治廉洁、取民有制以作实行训政基础；四、以革命精神整理破碎国家，以公道原则处理党政事务。

△　外交部以日本对长沙事件所提照会措辞有失国际礼貌，决定

不书面答复,并令驻日公使汪荣宝将此意转告日外务大臣币原。

△ 红军克湖北大冶。同日,据电通社发布消息,日本外交界极重视红军在大冶铁山之活动,以该铁山有担保债权关系,且供给日本制铁所原矿,若至原矿不能输出时,日本将对红军采积极的"自卫"手段。6日,大冶红军转移。

△ 蒋介石委顾祝同为陇海护路司令,兼归德警备司令,顾于是日就职。

△ 重庆新闻界因弁兵一再捣毁《西蜀晚报》举行全体大罢工。12日,新闻界全体组织罢工委员会,并发表宣言,请求各地新闻界声援。重庆市50余民众团体亦成立新闻界罢工后援会,作有力之援助。四川省政府恐风潮扩大,负摧残舆论之名,由刘湘第二十一军师长蓝文彬出面,于15日宴请新闻界,表示"愿负全责"。各报、各通信社遂于18日复刊。

△ 行政院议决准贵州省设置贵阳市。

△ 教育部聘高阳为江苏省立教育学院院长。

8 月 6 日 汪精卫自石家庄回到北平,即召开扩大会议预备会,议决扩大会议组织大纲、扩大会议成立宣言及中央政治会议规则,并决定常务委员及组织、宣传、海外三部部长及民众组织委员各人选。

△ 冯玉祥乘中央军分兵攻阎(锡山),突以主力迂回陇海线中央军右翼,攻击中央军侧背。中路以孙连仲所部三师攻归德;右路以孙殿英部三师攻马牧集;左路以孙良诚、宋哲元等部七八师之众向右策应,压迫睢县、宁陵之线,遂形成宁陵附近会战。蒋介石即调第三军团之第三师陈继承、第七师王均两部增援,并令第三军团副总指挥朱绍良将阵地变更,以适应兵力。相持至11日,蒋介石将兵力分为三个纵队,以上官云相、王均、顾祝同分右中左三个纵队,指挥兵力约七个师,三面围攻西北军。

△ 中共中央政治局在上海议决成立中央行动委员会。是日,由党、团中央及全国总工会领导机构合并组成的指导全国武装暴动和总

同盟罢工的最高机构——中央行动委员会在上海成立。向忠发、李立三、徐锡根、袁炳辉为主席团成员。李立三在成立会上强调党的总任务是积极准备武装暴动。

　　△　共产国际执委会远东局致函中共中央，要求停止执行冒险计划。

　　△　日本海军省因长沙事件借口护侨，由柳原司令率领第二十四驱逐舰队到沪，完全取作战时紧急准备之形式，是日到三艘，次日又到一艘，并到陆战队300名。

　　△　美国驻华海军司令官署命令驻沪各军舰官兵即日起一律不准离船上岸，待命出发，并调华北及小吕宋之驱逐舰六艘到上海集中。

　　△　上海法租界会审公廨，我国早欲收回改组为正式法院，迭经外部与法使交涉，迄未得确实答复。是日外交部正式照会新任驻华法使韦礼德，催早日商订解决办法。

　　△　外交部电驻英公使施肇基催询惩治辛博森真相。

　　△　何键派刘建绪师向株醴，危宿钟师向平浏追击红军，并在长沙大肆屠戮。次晨国民政府代主席谭延闿向旅京湘人表示，"现在湘局，非何键不能收拾……"，但"若不分皂白，概行株连，则危险甚大"。

　　△　红十六军孔荷宠部在平江与罗霖新编第二十二师激战，晚向长寿街转移，罗部占平江。

　　△　红一军团朱德、毛泽东部克江西安义。

　　△　太原成立山西省防共委员会，由军警宪各机关负责稽查，防止共产党人活动。

　　8月7日　北平扩大会议开第一次正式会议，发表宣言，对七项基础条件加以具体解释，并通过《扩大会议组织大纲》、《中央政治会议规则》和《党务宣言》。《扩大会议组织大纲》共九条，规定扩大会议设常务委员会，其下设组织部、宣传部和民众训练委员会。会议又决定以汪精卫、赵戴文、许崇智、王法勤、谢持、柏文蔚、茅祖权为常务委员；汪精卫、邹鲁、陈公博、赵丕廉、朱霁青为组织部委员，以汪为秘书主任；顾孟馀、张知本、薛笃弼、潘云超、傅汝霖为宣传部委员,以顾为秘书主任;覃振、白云梯、陈嘉祐、陈树人、商震为民众训练委员,以覃为秘书主任。

△ 前湖南省长赵恒惕在汉口日租界被日警捕获,拘押警署内。武汉行营交涉引渡。月末,赵经日当局释出,仍匿居日租界。

△ 驻沪英军 115 名开赴汉口。同日,法东亚舰队司令已将天津之炮舰"摩里号"调沪;又从越南调炮舰"法里号"到沪待命。

8 月 8 日 国民政府国务会议决议:所有湘、鄂、赣"剿匪"事宜,特派武汉行营主任何应钦负责办理,各该省驻军概归其节制指挥。同日,武汉行营召开湘、鄂、赣三省"绥靖"会议。

△ 江西红一军团所部红三、四、十二等军,一部分沿瑞河经上高趋万载,一部分由奉新、靖安趋宜丰。是日占上高,9 日占宜丰,12 日占万载,拟赴湘边与红三军团会合。鲁涤平急电总司令部请派飞机来赣"助剿"。

△ 江苏启东县红军百余人劫狱,放火焚毁看守、拘留两所,释囚百余名。指挥劫狱之红军连长陆凤岩受伤赴沪求医时被捕,16 日被淞沪警备司令部杀害。

△ 福建省政府下令陈国辉撤退湖洋军队,方声涛亲赴永春晤陈传达命令,陈表示服从。是日方声涛自永春回泉州,次日即令张贞新编第一师一团自泉州出发,11 日抵湖洋,陈部即开始撤退,13 日撤尽。

△ 中央研究院民族学组东北通古斯族调查团在《民报》发表《考察松花江下游赫哲族报告》,称赫哲族已由清初之 3000 人左右减少至500 余人。

8 月 9 日 邓演达等在上海法租界召开"中国国民党临时行动委员会"(即"第三党")成立大会。到会的有 10 个省的代表,包括黄琪翔、章伯钧、季方、朱蕴山等 30 余人。会议由邓演达主持,通过六项信条和邓演达起草的纲领《我们的政治主张》,纲领从经济、政治、社会三个方面分析了中国社会的结构,指出中国社会的前途,阐明中国革命的性质、对象、动力、目的,阐明斗争的手段,并制定了具体的革命方案。次日,中央干部会发布该会正式成立第一号公告。选举中央机构——干部会,由邓演达任中央干部会总干事。

△　阎锡山令李服膺部开泰安增援津浦线。李设司令部于济南。是日,阎派其参谋长辜仁发向第二、四两路总指挥傅作义、李服膺传达命令,令其死守泰安、肥城、长清之线;更恐兵不用命,又派周玳、谢濂为督战司令。

△　《中德国际航空合同》签订后,德国汉沙公司因时局关系,派代表石密德来华商变通办法,是日抵南京与交通部接洽。13日,中德双方代表王伯群、石密德等在南京开会,商定变通办法,其要点为:一、一年半之开航限期得比照中国方面军事延长之久暂,予以比例展期;二、除购机件款按照合同应由德方垫借外,中国方面应出之营业开支,因经济困难,亦由德方垫借半数;三、试航期内所用之机件由汉沙公司就现有机件中之最精良者运华备用。

8月10日　1日至是日,武汉警备司令部先后枪杀共产党人李惠荣、程之期、唐英洲、何恐等46名,逮捕嫌疑者86名。又公布禁令16条,违者一律处死。

8月11日　津浦线中央军大部到达汶河南岸,刘峙本人亦到,遂下各路总攻击令。13日,第十一师陈诚部攻下界首。第六十一师第八旅旅长毛维寿亦由小道进至长城岭,与晋军血战两日夜,迄13日晚,占领距济南仅50里之仲宫镇。14日午复由仲宫北进,到达大涧沟,与晋军激战。同时陈诚部攻下张夏车站,左翼冯轶裴部教导师亦到达长清。各路晋军被截成数段,失去联络,中央军迫近济南,晋军遂下总退却令。

△　胶济线晋军缩短战线,开始后撤,以昌乐为第一战线,青州(今益都)为第二战线,一举放弃坊子、潍县阵线。韩复榘部曹福林军占领潍县,向昌乐追击。韩将司令部移峤山,并亲在该处督师。第十七军刘珍年部进抵白狼河。

△　何键一面对长沙总商会勒索军费40万元,一面挨户搜查,捕人盈千,杀害者达数百人,市民怨声载道。是日长沙盛传红军反攻讯,

何键急下特别戒严令。

△ 何键令第十五师师长危宿钟任长沙留守司令,王东原任警备司令,亲率十九个团进攻浏阳,红军向赣边转移,是日戴斗垣部占领浏阳。

△ 国民党中央发布告国民书,谴责北平扩大会议汪精卫等人,要求全国人民追随南京国民政府"戡平逆乱"。

△ 内政部通咨各省市,称太平天国为"光荣革命史之一页",被清廷加以种种蔑视之名称达五六十年之久,迄今各地修志及报纸记载,仍沿旧习加以轻蔑,嗣后如有记述太平事实者,禁止沿用"粤贼"诸称,而代以太平军或相等之名称。

△ 天津英美烟厂反对增加统税,宣布停工抵制,华工因而失业者4000 名。13 日,统税局电阎锡山请示办法,谓自上月 21 日实行增税,至本月 10 日止,烟商少作 56.8 万元之买卖,税局减收 28.4 万元。14日烟商派代表朱子琦赴平,向赵丕廉报告。同日,英美烟公司经理皮勒见天津市长崔廷献,报告停工情形。

8 月 12 日 阎锡山由太原乘专车秘密抵济南,召集张荫梧、傅作义、冯鹏翥、李服膺开会,以济南关系重要,如一放弃,则恐张学良出兵,平、津亦将不保,决定死守济南。阎并下令,"无论官兵,凡有后退者,一律枪毙"。

△ 陈济棠在梧据报,桂军白崇禧、杨腾辉有分路攻大河之企图,急调第五十九师余汉谋部回驻蒙山,并将分布阳朔、平乐、荔蒲各师,悉数南移大河方面防堵。是日陈汉光、吕定祥等团回驻陈村塘、昭平一带,策应大河军事,黄任寰旅则开返大河平南江口,并与浔州(今桂平)之黄植楠团联络,警戒武宣江口。14 日,黄任寰旅抵平南,扼守大河腹部。第六十三师李扬敬部亦陆续开回藤县、蒙江。

△ 日本驻汉总领事坂根以近日外传有北方代表匿迹汉口日租界内暗中运动事,遂于是日警告日侨如下:"凡我侨民有与此种中国人同居或藏匿此种中国人者,一经查出,当处严罚不贷。"

8 月 13 日　胶济线晋军继续退却,张荫梧部主力已弃青州,是夜韩复榘先头部队占领青州。刘珍年前锋各部迁回至博兴、高宛等地。

△　国民党中政会议定禁止金饰出口标准,规定凡个人携带金饰,须具饰品形式,且价值不得超过 500 元,旧式金叶及器皿一律不许携带;并令财部,对于私运金条出口商人"严予惩办"。

△　广西红八军军长俞作豫及廖光华、王敬轩等在龙州失败后,奉上级命令,由龙州取道越南到香港,准备由香港乘广九车转赴东江。是日俞等由九龙乘车途经深圳时被捕。9 月 6 日,俞与廖、王同在广州红花岗就义。

△　招商局为上海法租界会审公廨抹煞外交历史,曲解该局向法教会三德堂租用金利源码头租约,判决毁约事,呈交通部,请转外交部于执行期前劝告法领事制止公廨执行,并恢复原租约。

△　欧亚航空公司设立。

△　荷属东印度政府又增华人入境税,决自 1931 年起,外人入境,须纳码头税 150 盾,华侨联合会是日电请国民政府迅向荷印政府交涉。

△　上海法商水电工人工潮经调解解决,双方签订条件为:一、罢工期间工资照给;二、每月增加工资 2.4 元;三、释放被捕工人;四、在工会任职之 40 名工人工资照发,其待遇与在厂工人同;五、抚恤金、退职金、年赏金原则接受,办法另议;六、公司不得无故开除工人。是日下午工人开胜利大会后整队往公司复工。

8 月 14 日　平汉线正面中央军占临颍,右翼达扶沟、鄢陵,过许昌以北。16 日,杨虎城部第十七师占领裴城,冯军退向苏桥。

△　济南晋军因受蒋军重大压迫,决定即退黄河北岸。蒋军飞机连日轰炸济南,是日炸死炸伤 30 余人。

△　山海关发生马旅事件。曾充寇英杰参谋长之陶敦礼,在山海关、北戴河间煽惑东北军于学忠部第二十三旅旅长马廷福及团长孟百孚、安福魁哗变,被于发觉,密报张学良,是日陶、马及两团长被张学良逮捕看押,即组织军法会审。

△ 红十军进占赣北景德镇,帮助成立景德镇苏维埃政府和中共景德镇市委,继向鄱阳、都昌、湖口、彭泽一带推进。

△ 国民政府公布《民国十九年关税短期库券条例》,凡 14 条,规定该库券为调剂金融、财政之用,总额 5000 万元,月息八厘,8 月 1 日发行,按票面九八折收款,至民国二十四年(1935)5 月本息全部还清。

8 月 15 日 中央军蒋光鼐部第六十一师入济南城。蒋光鼐奉令兼任济南警备司令。同日,新二十四师许克祥部抵洛口黄河桥,截断晋军归路,俘获晋军官兵、械弹、辎重甚多。

△ 陇海线冯军开始向汴洛撤退,兰封以西铁桥均被炸毁。18 日,冯玉祥将一部分有力部队及多数武器弹药、粮食等运往陕西,以保存实力。

△ 国民政府国务会议批准伦敦国际邮政汇兑办定等案,并决议拨款 10 万元办理长沙急赈。

△ 天津法工部局在北方书店逮捕共产党人 30 余名,书店被查封。

△ 陈国辉派兵两营自永春出发进攻卢兴邦。19 日,陈部抵德化与卢部发生剧战。20 日,方声涛电福建省府,谓已率各军向永春、德化前进。

△ 全国税收会议在上海召开。

△ 美国人安得思由内蒙古回到北平,窃取我国古代化石甚多。

△ 中共中央机关报《红旗日报》创刊,中共中央总书记向忠发发表《我们的任务》为题的发刊词,并发表 8 月 14 日之《中国共产党对目前时局宣言》,称"中国革命马上便有在武汉附近省区首先胜利以建立全国革命政权的可能",号召"全中国劳苦群众都迅速的组织起来,准备全中国的武装暴动"。

△ 《文化斗争》在上海创刊,"社联"、"左联"联合主编。

△ 《申报》载:《不怕死》影片主演罗克致函中国驻旧金山总领事表示道歉。

△　赤色职工国际第五次代表大会在莫斯科举行,中华全国总工会委员刘少奇率中国工人代表团20余人参加。

8月16日　中央军第二军团总指挥刘峙抵济南,召集蒋光鼐、蔡廷锴、陈诚等开军事会议,讨论渡河追击晋军方案。令蒋光鼐以一旅任济南警备,一部由洛口渡河向德州追击,一部沿胶济路向周村夹击晋军;杨胜治师担任肃清长清晋军;冯轶裴师、马腾蛟师、陈孝思旅分任解决肥城、泰安、汶上之晋军;许克祥师集中菏泽;夏斗寅师调往陇海;胡伯翰师调往汉口。

△　蒋介石通电告捷,详述津浦路作战经过,宣称克济南之役,夺获步枪三万余支,大炮230门,飞机三架。同日,国民政府发给首入济南之蒋光鼐部赏金20万元。

△　何应钦调动18个师兵力,下令对湘鄂赣红军发动总攻击。

△　蒋介石令任戴民权为新编第二十五师师长兼鄂北"剿匪"指挥官,戴是日在小河溪就职。

△　红军占领长沙后,英、日、美、意各国均增加驻华军舰,在汉新式炮舰已达24艘。是日英国又将驻香港巡洋舰、驱逐舰各一艘调到上海。

△　天津《震报》因载军事消息,被检查处下令停刊。

△　外交部长王正廷、交通部长王伯群、招商局代理总办蔡培等在沪进行金利源码头租约案交涉。18日,蔡培偕外交部驻沪办事处副处长刘云舫与法总领事甘格林会谈,结果圆满,制止法廨执行,继续维持租约,即日进行公断。

△　南京卫戍部公布《首都新闻检查暂行条例》。国民党中央宣传部、陆海空军总司令部、首都卫戍司令部、首都警察厅共同派员组织首都新闻检查所,规定禁令六条,违者即予以扣报、停版、封闭或拘留负责人之处分。

8月17日　平汉线中央军开始总攻击。新第二旅刘培绪部在铁甲车协助下,于18日占领小商桥,即向大石桥前进。西北军晨起总退却。19 日,中央军杨虎城第七军一部绕过许昌,抄袭郑州。

△　津浦线中央军集中济南附近,左右两翼越过历城,抵黄河沿岸布防截敌。新二十师许克祥部,已由洛口渡河,直趋晏城。18 日,中央军左翼、右翼分左右抄攻德州两侧。19 日,杨胜治部前锋抵禹城,晋军大部退德州。

△　胶济线晋军第三军王靖国部集中周村附近,向青城方面撤退,渡河北去。韩复榘部 15 日入青州,16 日,韩到青州指挥各军向青城追击晋军。是日,第一军团总指挥韩复榘率参谋长张钺、总参议蒋伯诚等抵济。

△　红四、五、八军占领湖北武穴。19 日,日本军舰"小鹰"到大冶,中国军舰"江贞号"随同出发。

8 月 18 日　平津铁路天津、北仓间之第二十五号铁桥被中央军便衣队炸毁。由太原密赴津浦路视防之阎锡山,早已通过该桥,幸免遇险。

△　晨,中央军飞机四架在郑州市内投弹 20 余枚,商民死伤数十人。

△　中共南京地下组织被国民党破坏,市委任雪涛、北区区委谭籍安等 20 人在南京雨花台遇害。

△　武汉警备司令部组织数百便衣警察,加派汽车队往来巡逻,检查行人,遇有形迹可疑者即押送警备部审讯。该部并通令所属即日实施各区户口检查,遇有嫌疑者,立即逮捕枪杀。

8 月 19 日　何键为筹集反共军费,聘请绅商各界左学谦等 25 人组织军资委员会,该会是日在长沙成立,决定第一期筹款抽收房租,向各行商派借款及挪用赈款、教育基金共 200 万元;第二期筹款决定举办善后特捐,征收田亩、资本、房屋捐,预计三月办完,可得 600 万元。

△　天津警备司令部布告禁止一切集会、结社、罢工斗争以及革命刊物之发行,违者以军法治罪,立处死刑。

△　闽西红十二军邓毅刚部攻下平和,旋向粤边推进。

8 月 20 日　湘军戴斗垣旅三团人在浏阳文家市被朱德红一军团

全部歼灭,旅长戴斗垣被击毙。何键在长沙十里近郊布置战壕,绵延五六十里,壕外布以电网,壕内满载竹钉等物,准备死守。

　　△　津浦路晋军组织变更,阎令将第二、四、五、六各路军合编为第三方面军左翼,自兼总司令,由张荫梧代行职权。

　　△　蒋介石为奖励津浦线作战有功将领,发表以夏斗寅升任第二十一路总指挥,陈诚升任第十八军军长。

　　△　国民党中政会决议,嗣后凡属外交事件,悉提中政会讨论后再交外交部执行。

　　△　廖仲恺五周年忌日,各地均有纪念仪式,何香凝自柏林发表感想文,对南、北均不满。

　　△　湘省府为彻底"清共",特制定五家挨户联结实施办法12条,责令长沙市公安局切实执行。

　　△　江西省政府主席鲁涤平逮捕南昌市社会局长、共产党员熊国华,主张即予严惩,少数赣籍要员表示不同意,鲁遂电请国民政府准予辞职。17日,国民政府电赣慰留,勉鲁"奋勇从事"。18日,鲁将熊国华免职,交戒严部法办。是日熊在南昌大校场遇害。21日晨,与熊案有关之王湘等三人亦以"共匪"罪名被枪杀。

　　△　武汉政府发出布告,悬赏缉拿共产党人。21日,汉口警备司令部枪杀在江汉关中山公园示威之王仲友等五人。22日,将王笃庆等18人杀害;24日,又以"主谋暴动,接应红军袭取武汉"罪枪杀王纯仁等五名。

　　△　日使署及日外务省合派调查员三人,由上海赴汉口转长沙实地调查日侨在长沙事件中之损失。

　　△　王晓籁继徐寄顾任上海市商会主席。

　　△　南京市教育局奉教育部令派熊鬻高接收晓庄师范学校,晓庄附小由江宁县接管。

　　8月中旬　西康13县民众选举丁伯衡、马仲贤为全权代表向国民政府请愿,请速解决藏兵、土匪及苛政痛苦。国民政府令蒙藏委员会召集会议,拟具解决办法。

　　△　驻华外国使团令各地租界侨民,不许赁房给中国共产党人居住,违者解回本国法办。

　　△　国民党中央秘书处函教育部转饬各教育局严防共产党人在学校活动,如有发觉,即须拘惩。

　　△　河北、东北连日霪雨,河北省东南部、辽宁省西南部千余村庄被淹,若干村已绝食多日,居民栖于树巅及屋顶之上,溺毙者已达 3000 余人。

　　8 月 21 日　南北双方代表云集北戴河包围张学良,各以甘言相饵。是日,吴铁城奉蒋密令赴北戴河晤张,要求张就海陆空军副司令职。吴并语人,谓赶走阎锡山后,南京政府拟将北方地盘完全让给张学良。同日,阎、冯代表贾景德、薛笃弼、门致中、孔繁霨等亦自津赴北戴河。22 日,张作相电张学良,谓必须始终严守东北门罗主义,勿为甘言所动,勿为威武所屈。张学良旋复电谓一举一动必以东北四省地盘为前提,而加以慎重考虑。23 日、24 日,扩大会议代表陈公博、覃振接连在北戴河顾维钧别墅与张晤谈,苦劝张加入北方。但张不即不离,称自己一人难于明确答复,要等回奉和各重要干部商量后,再表明态度。

　　△　蒋介石由归德乘飞机到济南视察,命令韩复榘部担任津浦路追击任务。刘峙率津浦路作战各军陆续调往平汉、陇海两线,集中力量打击冯军。

　　△　夏斗寅部开往胶济线,会同韩复榘部肃清残敌。李韫珩部三师兵力 22 日起由潍县到济集中,准备渡河。

　　△　孙桐萱就蒋介石委任之济南警备司令职,并公布《戒严条例》,凡 18 条。

　　△　蒋介石任命第六十一师副师长戴戟代理该师师长,是日,戴在济南就职。

　　△　黄绍竑马电宣布自动辞去第一方面军副司令兼广西省主席职,并另电蒋介石呼吁和平息兵。黄辞职后,副总司令职由白崇禧接任。

△　东北政委会通令各地严禁生金出口。

△　台湾宜兰东南海中发生七级地震。

8 月 22 日　陇海线中央军占杞县,陈继承第三师占柘城,谭道源第五十师进驻高隆集。同日,秦庆霖新四师占鹿邑,西北军退集太康。

△　何成濬由漯河飞陇海前线见蒋介石,报告平汉线军事情况并请示进攻许昌、郑州事宜,当晚回漯河召集军事会议,准备一切。25日,何成濬、贺国光制定进攻许昌、郑州计划。

△　蒋介石自津浦路调三师兵力赴湘鄂赣"围剿"红军,是日教导三师指挥官胡伯翰率部三团由南驿乘车南下,23日乘轮赴鄂。

△　财政部长宋子文、教导第三师师长钱大钧及前湖北财政厅长李基鸿由南京飞汉口,筹款作军费。汉口银行团已允筹100万,宋子文认为不足,夜宴银行界,商请完成盐税300万借款。

△　北平警备司令部开治安会议,议决对共产党及一切革命分子格杀勿论。

△　浙属各县茧商近因大批日茧运沪廉价竞销,华茧业大受影响,是日联名电呈国民政府请求严密取缔,或课以重税,寓禁于征,称"若不禁止,则源源运华,我国蚕桑事业,从此破产"。

8 月 23 日　国民政府据蒋介石养(22 日)电下令谕导阎、冯方将士来归,谓"苟能去逆效顺,政府自必录瑜弃暇","若尚执迷不反,是甘与阎冯诸逆同其恶终","中央当尽力讨伐"。

△　红一军团同红三军团在浏阳永和市会师,组成中国工农红军第一方面军,朱德任总司令,彭德怀任副总司令,毛泽东任总政治委员,下辖第一、第三两个军团,共三万余人。与此同时,成立中共第一方面军总前敌委员会,毛泽东任总前委书记;成立中国工农革命军事委员会,毛泽东任主席。红一方面军组成后,决定第二次攻打长沙。

△　立法院秘密会议通过《处置共产党条例》,决定对共产党人"加重治罪,格杀勿论"。

△　晨 4 时,南京卫戌司令部军警百余人依次检查中央大学各斋

舍,捕去寄宿该校之外校员生 72 人至警所审问。

△　交通部国际电信交涉委员会与大东、大北、太平洋三水线公司开议增加水线价目,讨论增加借线转递电费,决定以专员会议形式定出办法,以减少正式会议之困难。

△　日华纱厂工潮至今已一个多月。是日日华纱厂工会整理委员会发《敬告全国同胞书》,吁请各界援助,在罢工期间,一律抵制日货,声援罢工。

8 月 24 日　中央军马鸿逵部第六十四师第一旅从泰安西门外挖掘地道炸毁城墙一角,城内晋军秦绍观部第四保安纵队全被缴械。困守肥城之晋军向张家店逃跑,被中央军三面截击消灭。汶上晋军见泰安、肥城已破,全部溃散,在东平附近被歼。

△　冯玉祥代表门致中由北戴河赴天津,25 日到北平会见汪精卫,报告与张学良晤谈经过。26 日赴郑州见冯玉祥报告并请示办法。

△　蒋介石升任杨虎城所部第一旅旅长冯钦哉为第七十一师师长。

△　浙江嘉善后方医院伤兵 2000 余人突然出院,关闭城门,挨户搜劫。

8 月 25 日　陈济棠第八路军下总攻击令,分三路攻来宾、宾阳,余汉谋师任中路,黄任寰、杨鼎中任左路,李扬敬任右路。中路余汉谋师占领石龙、来宾,宾阳桂军退向南宁。26 日晨,余师进占宾阳、柳州、南宁交通已断。陈以军事进展顺利,遂于 27 日乘舰离梧回粤,与省当局协商广西善后。

△　外交部次长王家桢由辽返南京,在外交部报告,称"东北对中央始终一致";东北在政治、经济方面常受日、俄之侵害,深感有对付外敌必要,因此对时局不表示积极态度。

△　国民政府令准陆军新编第一师师长张贞呈请取消陈国辉、陈烈臣、叶定国、叶起文四人通缉案。

△　财政部长宋子文与汉口华商银行团接洽第三次鄂岸盐税借款

300 万元,作为军费之用,是日签订合同。借款自 9 月 1 日起分七期(每期五天)如数解交南京国库。月息一分二厘,以鄂岸盐税收入期票 500 万元作为还债担保基金,至次年 4 月底本息如数还清。

△　重庆大火,午后 10 时始熄,北至三牌坊,西至大梁子,南至金紫门,下至太平门,广达数里,尽成焦土,被灾逾 3000 余户,毁房 5000 栋。

8 月 26 日　国民党中政会外交组以英方关于处置辛博森之复照,措辞多失礼貌,且对辛博森多所庇护,决交外交部驳复。30 日,外交部照会驳复英使蓝普森,谓"辛博森助逆事实昭然,应尊重英国法律予以严惩"。

△　龙云滇军分两路二次围攻南宁。卢汉所部向城西之西乡塘进攻,朱旭部则向城北之陆公祠山进攻。桂军韦云淞、陆福祥等以守城兵力薄弱退回城内扼守。27 日,滇军前锋占领南宁城外木行街及东门外三四标营一带地点,对城内桂军取弧形包围之势,但缺乏重炮,屡攻南宁未下。

△　新编第十一师师长赖心辉部戴天民、向成杰两旅由巴东乘轮东下。是日,赖心辉乘轮抵宜昌,整理所部出川军队,被当地驻军奉刘湘命拘捕监视。

△　交通部国际电信交涉委员会委员庄智焕等与大东、大北、太平洋三水线公司代表在交通部开水线废约会议,双方讨论废止水线合同后的新办法,争执激烈。对交通部所提办法最后有部分已经同意,惟关于报价尚未解决。各代表 29 日返上海。

8 月 27 日　北平扩大会议第三次临时会议决定党员登记审查办法。

△　中央军飞机到北平投弹 10 余枚,过天津时并以机枪扫射。北平警备司令楚溪春、代理公安局长王锡符开紧急会议商防止办法,决定在景山、天安门、前门、永定门各置高射炮。

△　交通部再咨外交部,请向沪法领抗议顾家宅法商电台收发商

电,以维护主权。

　　△　红二十军段起凤、肖之铎、曾炳春等指挥赣西南地方武装数万人进攻吉安未下。

　　△　红十四军第二师第四团第六营会同苏北各县暴动农民五六万人,攻下南通、如皋之间的交通要隘平湖市五楼桥,驻防警队悉被缴械,该地著名土劣王品山等被枪决。红军旋攻如皋。

8 月 28 日　财政部发行关税库券 5000 万元,令各省摊募。闽省摊销 120 万,闽省府电请核减。鄂省府则请宋子文派员驻鄂会同劝募,否则只能承销一二十万。是日财政部公布《民国十九年关税短期库券发行简章》,规定奖惩规则,以昭激劝。

8 月 29 日　陇海线中央军下总攻击令。次晨,右路各军已过考城、红庙,迫近兰封;中路各军亦越野鸡岗、内黄,西抵仪封、双溃集、田陈寨、郭楼之线;左路各纵队进至高贤集、头段口等处,俘虏阎、冯军官兵 2700 余人,缴步马枪 3000 余支,野山炮 10 余门,重迫击炮 30 余门,机枪 20 余挺。

　　△　北平扩大会议为促阎锡山早日组织政府,派覃振、傅汝霖、陈嘉祐、赵丕廉四委员赴太原,贾景德、薛笃弼及郭泰祺偕行。

　　△　阎锡山下令赶修由通州至古北口军用汽车路,日人通讯社则借此谣传是日东北汤玉麟部三师入关驻北平附近之消息。同日晚,日军在天津南郊演习,枪声大作,事前未通知中国官署。

　　△　红一方面军进抵长沙近郊,第四路军总指挥何键龟缩长沙,即召危宿钟、刘建绪、罗霖、公秉藩等开军事会议,决由第十五、十六、十九三师拨六团死守长沙,危宿钟等率八团守易家湾,并由何键电请武汉行营加派飞机"协剿"红军。

　　△　赈务委员会主席许世英以各地灾重,纷纷请赈,而政府则借口财政困难,未能拨款,劝募又属不易,遂电请辞职。30 日,蒋介石电许慰留。

　　△　新任招商局总办陈希曾因筹措招商局经费困难辞职,仍蝉联

上海电报局长。同日,国民政府派李仲公代理招商局总办。

8月30日　张学良由北戴河返沈阳,孙传芳、吴铁城、方本仁、刘光、王树翰等同行。张抵沈后即召集王树翰、臧士毅等开会,询问政务消息,协议此后东北四省各种方针。

△　红一方面军分三路进攻长沙,朱德、毛泽东率第十二军到达株洲附近;黄公略、林彪率第三、第四两军抵关刀铺;彭德怀率第五、第八两军主力,抵湘阴港附近,一部则沿浏长大道抵黄花市附近。是晚起,红军对长沙发起总攻,迭以火牛为前驱,猛冲何键军所布电网,终因敌方火力太猛,未能攻破。

△　武汉行营令航空五队入湘,公秉藩、罗霖两师亦全部抵长沙,湘鄂铁甲车队次晨开猴子石协助第四路军迎击红军。何键严令官兵只准向前,退后者斩。同日,钱大钧教三师赴湘增援。

△　阎锡山委前晋方胶济路局局长梁上栋代理北平市长,梁是日接任。

△　中国国民党临时行动委员会召开中央联席会议,议决开展武装斗争,谋得一根据地,以图发展。

△　辽宁省政府通电请赈辽西水灾,称近因阴雨连绵,山洪暴发,河流泛滥,本省西部各县位于群河下游,西起绥中、锦县、义县、北镇、盘山、黑山、彰武,东迄新民、辽中、台安,长六七百里,宽二三百里,一片汪洋,尽成泽国,淹毙人民万余口,冲倒房屋数万间,被水围困无食无喝之难民,不下四五十万。

8月31日　讨逆军总司令蒋介石在归德下达对平汉线西北军总攻击令:第一号命令区分部队为六个纵队,分别准备由淮阳、周家口、漯河之线向郑、洛进攻。9月1日,第一师抵周家口,蒋令第十一、六十、六十一等师相继由归德向周家口推进。3日,蒋介石复下第二号命令,令平汉路各军于4日以前就集结位置,5日起开始攻击。

△　陇海线中央军张治中教导第二师于29、30两日开始总攻,是日占领民权县。

△ 李宗仁之代表张震欧、吕竞存、温廷修,由香港搭轮抵达塘沽,搭午车过津赴平,向汪、阎、冯接洽联合反蒋。

△ 南昌共产党人吴明典等七人遇害。

8 月下旬 海军部据东沙岛气象台呈报,日船不悬旗侵入我领海区域,任意拍摄照片,事关主权,咨请外交部向日方提出警告。

△ 张宗昌运动山东红枪会,谋扰鲁东。栖霞县有于某联合大刀会、红枪会两团余,迫近县城。福山县亦有 300 人活动。刘珍年率部在各地进剿张宗昌乱党。

△ 长沙市内严查共产党,枪杀已达千人。"清乡司令部"近令长沙县知事逮捕女共产党员,予以严处。

是 月 日本派人在东三省境内向各金店及小银铺秘密高价收买生金,扰乱东三省金融。东北政务委员会特下令查禁。

△ 警厅调查南京户口,计总户数 10.5991 万户,总人数 54.272 万,其中男 33.1482 万人,女 21.1238 万人。

△ 英属海峡殖民地颁布移民限制法令,限制华人进入海峡殖民地。

△ 中国共产党中央革命军事委员会颁布《苏维埃土地法》。

9 月

9 月 1 日 北平国民党中央党部扩大会议通电公布《国民政府组织大纲》,并推定阎锡山、唐绍仪、汪精卫、冯玉祥、李宗仁、张学良、谢持七人为国民政府委员,阎锡山为主席。同日,扩大会议委员汪精卫、柏文蔚、陈璧君、顾孟馀、陈公博、陈树人、经亨颐、张知本、黄复生、茅祖权、郭春涛、潘云超、刘守中、王法勤、白云梯、朱霁青 16 人宣誓就职。

△ 平汉线何成濬、刘峙、徐源泉、上官云相、杨虎城、岳维峻、萧之楚等均到驻马店分别晤蒋介石,蒋即日返归德。刘峙在漯河指挥铁道

以东部队，此路新增郝梦龄第九、刘茂恩第十五两军及一师。何成濬回周口指挥铁路以西部队，此路新增陈诚第十一师、夏斗寅第十三师。贺国光则在驻马店负责联络，传达命令。

△　冯玉祥之代表门致中由平抵津，次日转赴沈阳与张学良接洽参加北方政府事。

△　红一方面军第二次攻打长沙。红一军朱德、毛泽东部由跳马涧、铜井铺，红三军黄公略部由渡头市，红三军团彭德怀、红十六军孔荷宠部由永安市、大坝桥，分路向长沙进军，各部集中冲锋二三十次。2日，红军冒雨攻破长沙电网阵地一角，何键军顽抗，且以空军、炮舰、铁甲车向红军猛袭。3日晨，何键军开始反攻。4日午，红军向长沙城郊之东山及永安市方向转移。

△　谭道源第五十师岳森旅开抵九江涂家埠，开始"会剿"红军。赣军分向修水、铜鼓、万载一带推进，防止湖南红军入赣。4日，鲁涤平在南昌召集军事会议，决定大举出兵入湘。

△　蒋介石任命马腾蛟为陆军第六十四师师长，是日马在泰安宣誓就职。

△　李宗仁为稳定内部，巩固军心，成立秘密政治组织"革命同志会"，以李宗仁、白崇禧、张发奎为中央常务干事。

△　来华推销日本干茧之日本丝茧同业会理事高桥在沪晤记者，谓因华商反对甚烈，日茧难以运沪。同日，高桥电告日本内地各茧商停止装货来华，拟改往法国销售。

△　中日电信交涉之日方委员，由日政府派定代理公使重光葵、贮金局长吉野圭三担任。重光葵通知外交部查照。

△　第二国际领袖、比利时前外相樊德维（王德威尔得）应中央研究院之邀，来华游历讲学。是日在沈阳东北大学讲演《第二国际与第三国际之区别及其在国际上之地位》，3日到达北平。

△　重庆川康殖业银行正式开业，资本额400万元。董事何北衡、卢作孚、刘航琛、杨粲三、张茂芹等，总经理卢作孚。

△　重庆市民银行成立,官商合办,资本额 50 万元,重庆市政府认股五万元。市政府派温少鹤、潘昌猷、陈怀先、赵贤生、连世之五人为该行监察委员,是日开始营业。

△　中国国民党临时行动委员会机关刊《革命行动》半月刊在上海创刊。邓演达主编。

△　中华职业指导机关联合会在上海成立。

9 月 2 日　阎锡山电扩大会议表示接受政府委员及主席职。扩大会议推汪精卫、张知本、茅祖权、冀贡泉、陈公博、邹鲁、顾孟馀为约法起草委员。

△　贾景德、薛笃弼自太原携政府组织案到郑州征冯玉祥同意。冯对政府问题表示愈速成立愈好,所有一切办法,全听阎锡山主持。4 日晨,贾、薛抵石家庄向阎报告,阎表示满意,遂命贾、薛二人即日赴沈阳向张学良报告。

△　南京代表吴铁城、方本仁、张群同见张学良谈时局,张表示东北拥护南京中央,当贯彻初衷。同日,张学良电召东北各省要员赴沈,会议应付时局方针。晚,南京代表李石曾由北戴河到沈。

△　平汉线西北军孙长胜骑兵部队由安子岭开禹县,刘桂堂部守西华。鹿钟麟、张维玺两部退许昌,继向郑州撤退,并在临汝、登封一带布置防线。

△　福建红军阮山部 2000 人,自永定占平和县城,张贞新一师第二团自小溪分路反攻。3 日,红军退却。

9 月 3 日　冯玉祥电扩大会议,表示接受政府委员职,并电促汪精卫速组政府。同日,顾维钧应陈公博等催促,自北戴河抵北平,与汪精卫晤谈组织政府事,顾表示不愿参加新政府活动。

△　国民政府指令行政院称:据外交、交通两部会呈大东、大北两水线合同本年底期满,即行取消,已由交通部通知各公司查照,并决定嗣后对于无论何国政府或公司及个人,在中国境内不再许以海底电线登陆之专利权。

　　△　达赖全权代表堪布棍却仲尼见国民政府代理主席谭延闿,转达达赖拥护"中央"诚意。

　　△　晚,红六军3000余人,在湖北沙市城外东南之栖霞寺附近,与新三师李云龙部激战竟夜,至5日上午,向岑河口方面转移。23日,海军"德胜"、"楚观"两舰奉令进攻驻监利之红二军团贺龙部。

9月4日　北平组织政府,推张学良为政府委员,并任顾维钧、汤尔和、罗文幹为部长。张学良是日面告傅作义称,对此完全拒绝,并谓东北方面任何个人绝不能代表东北。

　　△　外交部照会日本政府,请开始交涉收回南满日邮权问题。

　　△　共产党人张叔昆、李林泮、罗仲卿、刘列、石璞、冯爱萍(女)、何月芬(女)、师集贤(女)八人是晨在南京雨花台被南京卫戍司令部杀害。5日,汉口警备司令部又枪杀尹文钦等五人。

9月5日　张学良致电蒋介石,谓"余已拒绝就任北方政府委员,并命罗文幹、顾维钧、汤尔和等即时归沈"。张并以此事电告阎锡山。同日,沈鸿烈亦电北平贾景德、薛笃弼,声明"本人除东北职务外,其他概不接洽"。顾维钧、贾景德与薛笃弼同车赴沈。罗文幹及东北驻平代表危道丰、汤尔和也离平回沈。

　　△　北平扩大会议电促各政府委员即日到平就职。

　　△　平汉线中央军开始总攻击。刘峙、何成濬、王金钰等分别指挥平汉、陇海两路间军事,一部抄抵和尚桥,直趋新郑;一部由长葛、尉氏横断中牟;何成濬第三军团各部则向登封进攻。6日午后,蒋介石到漯河指挥各纵队进攻。西华西北军刘桂堂部顽强抵抗,自5日起激战两日夜,6日晚被中央军第一纵队攻占。中央军杨虎城部7日克宝丰。刘茂恩部8日占汜水;同日杨虎城部克登封。刘峙指挥中央军开始向许昌之线实行总攻击。

　　△　河北省府奉阎锡山令移保定,取消各附属机关。

　　△　国民政府国务会议决议改组山东、安徽省政府,任韩复榘为山东省府主席,陈调元为安徽省府主席。

△ 行政院发出通令,略谓我国现正进行撤销领事裁判权,对于外国在华法庭自未便承认。嗣后政府各机关遇有对外合同发生纠葛,如进行司法手续,不得向各国在华法庭起诉。

△ 国务会议决议公布《整理招商局暂行条例》。13 日,交通部次长李仲公就任招商局总办兼职。

△ 日本新任关东军司令官菱刈隆大将、南满铁路守备队司令森连中将视察南满路军队后,午后到沈会见张学良,表示到任问候。晚间张设宴欢迎。6 日,菱刈隆、森连赴抚顺视察,下午返沈。

△ 晚,红军复攻长沙,与何键军激战。6 日,红军向株、醴、浏南方转移,何键令李觉、陈光中两旅任先锋,公秉藩、罗霖两师追击。

△ 江西方志敏红十军克九江下游之湖口,谭道源第五十师前往与红军激战。8 日,红军向景德镇转移。16 日,鲁涤平令两团由湖口、都昌,另两团由玉山、德兴向景德镇包抄。21 日,红军自景德镇向皖边转移。

△ 徐圣禅、竺梅先、俞佐庭、吴岂汀、陈杏初等在沪创办大来银行,资本 50 万元,是日行开幕礼。

9 月 6 日 唐生明、颜仁毅、冯天柱率部三四千人,分两路攻湖南衡阳,与第四路军湘南警备司令、第十九师旅长段珩部激战于五里牌之线,唐军向祁阳败退。同日,龙云第十路军卢汉部第九十八师孙渝旅进占广西武鸣,桂军向上林等地撤退。

△ 川军将领刘文辉、邓锡侯、田颂尧通电响应北平中央党部扩大会议,促蒋下野。

△ 桂军代表胡宗铎在平见汪精卫,密陈张、桂方面情况。

△ 阎锡山准津海关税务司辛博森建议,由津海、常两关项下每月截留 35 万元,以充北平八校经费。是日,辛电上海总税务司公署,声明北平八校经费无着,奉命每月拨 35 万元以充经费,请即归入俄国退还庚款下,如有意见,请在三日内见复,逾期即照所订计划施行。

△ 武汉警备司令部在汉口杀害共产党人刘云等 21 名。

　　△　樊德维在北大二院讲《第二国际与第三国际及过莫斯科之观感》。11日,汪精卫宴请樊德维夫妇。14日,樊德维赴天津,在南开大学讲演《三民主义与社会主义之比较》后,即晚渡日游历。

　　△　上海租界纳税华人会代表大会认为,公共租界自来水加价二成五案应停止执行。是日,该会主席王晓籁、徐寄顾发出函电通告全体委员,所有订立用水合同仍照旧价计算。20日,工部局复函上海纳税华人会,表示仍按原议增价。

9月7日　晚,阎锡山偕张荫梧抵平。阎在车中对记者团宣布"公平内政,均善外交"之八字施政方针。

　　△　贾景德、薛笃弼奉阎锡山、冯玉祥命到沈见张学良,表示阎、冯愿以察、绥、平、津永久让与为条件,请求援助,被张拒绝。

　　△　蒋介石在漯河召开军事会议,决议平汉线取守势;如平汉军事不利,陇海再反攻。9日,蒋返柳河。委张钫任第二十路总指挥。

　　△　蒋介石电令停办黄埔军校。17日,第八路军总指挥陈济棠派总部参议王仁荣接收该校。

　　△　何键电何应钦,请令赣出重兵堵截红军。何应钦即电鲁涤平令第十八、五十等师向湘边挺进。

　　△　闽军张贞部陈林荣团从永福出发,攻击漳平之卢兴邦部,卢部不支退大田,张贞部占漳平。

　　△　中国共产党、共产主义青年团、中华全国总工会、中国革命互济会定是日为反对帝国主义、国民党的白色恐怖斗争日。上海南京路举行反白色恐怖大示威,参加者2000余人,九人被捕。

　　△　重庆是夜二次大火,城内起火八处,南纪门外延烧千余家。14日午,重庆城外复有大火,毁屋千余栋。

9月8日　阎锡山以沈鸿烈拒任海军部长,张学良又召顾维钧等回沈,特电张学良,略称:"倘能参加政府,同意政府成立,自当以各部部长椅子半数相让;倘不欲参加,则请发出和平通电,出任调停;设两者皆不能办到,则本人将放弃北方警备,率晋军归晋,将河北委诸冯玉祥。"

△ 北平中央党部扩大会议通过《约法起草委员会组织条例》、《第三次全国代表大会组织法》及《第三次全国代表大会筹备委员会组织条例》。

△ 国民政府任命马福祥为蒙藏委员会委员长。

△ 陇海线中央军分为左、中、右翼三军:蒋鼎文指挥第二十六军、教导第二师、第九师为右翼军;顾祝同指挥第五、第二十三、第六、第二各师为中央军;朱绍良指挥第五十二、第八各师为左翼军;陈调元指挥金汉鼎、王均、冯轶裴三个师为总预备队。4 日起,中央军开始全线总攻击,即日许克祥部克菏泽,朱绍良第六路军进至睢县。

△ 鲁涤平第九路军第十八师全部抵达江西萍乡,由戴岳指挥向湘东推进。江西防务,南昌由张辉瓒、吉安由邓英、赣州由金汉鼎、九江由温森、南浔路由岳森等分任警备。

△ 交通部对中日电信交涉拟定进行程序,先讨论沪崎海线,次及落石山—台湾间、青岛—佐世保间、大连—芝罘间各海线及满铁沿线之陆线,决主张收回上述各线以维主权。

△ 武汉警备司令部枪杀组织纱厂工会之共产党人李惠牙等五人。

9 月 9 日 上午 9 时,阎锡山在北平怀仁堂就"国民政府"委员及主席职,汪精卫居右,谢持居左,同就委员职,王法勤监督。就职典礼完成后,即将汪起草之通电签署拍发,并分请唐绍仪、冯玉祥、张学良、李宗仁各于所在地先行就职。

△ 平汉线西北军刘汝明部被中央军第五纵队孙蔚如部在曹店、南召截击,分向鲁山、叶县退却。10 日,驻太康之西北军王泰部投中央,即开豫西。同日,中央军第一师占小商桥车站。11 日,驻襄城之西北军张瑞堂部投中央,归中央军第四纵队收编。中央军第五纵队占领自由县。西北军宋哲元部在龙门及巩县、偃师一带构筑工事。12 日,西北军主力向洛阳移动。驻禹县、临颍、小商桥一带之田金凯部与中央军激战。

△　何应钦偕钱大钧乘飞机抵长沙，即召何键、公秉藩、罗霖等会议，决定"剿共"具体办法，并偕何键、张开琎同赴易家湾、平、浏前线阵地视察，当晚返长沙后即乘原机返汉。

△　陈济棠梧州行营下令总攻迁江、来宾。何键第四路军第十九师占领湖南祁阳县城，即向永州追击唐生明、颜仁毅等部。

△　国民政府令：免去安徽省政府委员马福祥、王之觉、孙绳武、程天放、李范一、马吉第、张克瑶、李应生、金维系职务；任命陈调元、朱熙、袁家普、陈鸾书、程天放、于恩波、卫立煌、刘复、郝国玺为安徽省政府委员，陈调元兼主席，朱、袁、陈（鸾书）、程分别兼任民政、财政、建设、教育各厅厅长。

△　蒋介石任樊钟秀部参谋长郜子举为新编第五军军长，王学聚为副军长兼第十七师师长，是日在太康防次宣誓就职。

9月10日　张学良在沈阳北陵别墅召开东北最高干部会议，东北军政要员除热河主席汤玉麟未出席外，吉林省府主席张作相、黑龙江省府主席万福麟、长官公署军事厅厅长荣臻、秘书厅厅长王树翰、军令厅厅长王树常、辽宁省府主席臧式毅、哈尔滨特区行政长官张景惠、哈尔滨特警处长鲍文樾等均与会，榆关驻军司令于学忠亦列席会议。会上张学良详述出兵华北原因，声称："目前国事日非，如非国内统一，更不足以对外。""最近阎、冯的军队业已退至黄河北岸，蒋军业已攻下济南，我方似应实践出兵关内的诺言。"会上无反对意见。

△　9日，蒋介石在李坝集召集陇海线各将领面授11日总攻机宜。是日，蒋赴野鸡岗巡视炮兵阵地，召集各军团长以上指挥官训话。

△　冯玉祥通令所有陕、甘、宁、青四省军政悉由后方总司令刘郁芬统筹办理。

△　第四路军总指挥何键分兵五路进攻长沙郊区红军，并令海军"咸宁"、"勇胜"两舰，飞机第五队及铁甲车协同进击，是日在㮾梨市、易家湾、昭山、跳马涧各线发生激战。鲁涤平第九路军第十八师亦由萍乡出动堵击。晚及次晨，红军数万人两次猛攻长沙，蒋军出动飞机轰炸。

12 日晨,何键亲赴前线视察督战。13 日,红一军团朱德、毛泽东部向株、醴转移。

△　蒋介石任命马全良为陆军第七十二师师长,是日,马在泰安宣誓就职。

△　前津关副税务司季尔生接到南京财政部及上海总税务司反对截留津关正税移充八校经费电,是日走访辛博森,并代表南京方面向辛氏提出书面警告,谓如果挪用津关税款,应由辛博森负责。

△　武汉警备司令部在武昌汉阳门杀害共产党人王东山、陈清臣两人,在华清街杀害共产党人阮老七、张培信、林元培、袁哲华四人。

△　"左联"机关刊物《世界文化》(月刊)在上海创刊,仅出一期即被查禁。

9 月 11 日　阎锡山赴津浦路视察,赵戴文同行。12 日,到平原、黄河涯、禹城一带视察,目睹晋军士气颇衰,军纪荡然,极为懊丧,令张荫梧、王靖国"能守则守,不能守则退"。13 日,阎由德州折回天津赴石家庄。

△　陇海线中央军开始总攻击。西北军左翼石友三部向中央军输诚,渡过黄河向北撤退,右翼因中央军向平汉线方面进展,亦渐次后退。15 日,平汉、陇海两路中央军同时实行总攻击,西北军右翼增加孙连仲之第二、三两师,但大半系新兵,不堪作战。同日,石友三让出考城,中央军右翼挺进军右纵队第十二师即日进占考城、四门堂及前金庙一带。

△　冯玉祥电告汪精卫、谢持,在郑州就政府委员职。

△　第四路军总指挥何键奉蒋令调动湖南将领:第十五师师长危宿钟调任总司令部高级参谋,以旅长王东原升任该师师长;第十六师师长罗瀌瀛调总司令部高级参谋,代行湖南全省清乡司令,以旅长彭位仁升任该军军长;划第十五、十六、十九师为第十九军,以第十九师师长刘建绪升任该军军长,以旅长李觉升任第十九师师长;第七独立旅旅长陈光中兼湘东"剿匪"司令。

△　中德欧亚航空邮件公司在南京召集双方代表会议,决定由交

通次长韦以黼任总经理,德代表石密德副之,并由德方出资 30 万元为筹备经费。

9 月 12 日　外交部就北方成立政府事发表宣言,声明不论中外国籍,任何个人、商号或公司,凡与北平政府订立任何性质之合同或契约,绝对无效,国民政府不受任何约束,并认订立此项合同或契约者为助长此次叛乱;北平故宫及他处所藏古物均系中国国家所有,绝对不许盗卖转移,私买或占有该项古物者,严惩不贷。

△　国民政府令免山东省政府委员陈调元等 11 人职务,任命韩复榘、李树春、何思源、王向荣、张鸿烈、马鸿逵、刘珍年、张钺、王芳亭为山东省政府委员;韩复榘兼主席,李、王(向荣)、何、张、王(芳亭)分别兼民政、财政、教育、建设、农矿各厅厅长。

△　第一次全国苏维埃代表大会中央准备委员会会议在上海召开,决定将"中准会"移到苏维埃区域,在白区设中央办事处,将原定 11 月 7 日召开全国苏维埃代表大会的日期改在 12 月 11 日广州暴动纪念日举行。会议还讨论通过"全苏大会选举条例"等多项议案。

△　津海关前副税务司季尔生奉南京命抗议津关扣拨每月教费 35 万元无效,是日将抗议书送请中外各大报纸刊登。辛博森因八校教职员及学生支持,态度十分坚决,惟恐引起外交干涉,即晚赴平与阎军总部外交处长朱鹤翔等商洽办法。13 日,朱鹤翔发表声明书,谓此款系指定为北方大学经费之用,北方政府有支配权。

△　日本第二十四驱逐舰队借口护侨侵入长江各埠已一月有余,是日柳原司令奉日政府电令率四舰离沪,开回佐世保。

△　中国航空公司以水陆两用机"九江号"试飞上海、重庆。15 日,飞行遇阻,由宜昌折回汉口。交通部长王伯群电四川当局询问原因,旋接复电谓对飞行事业极表赞同,惟事属创举,又值国内军事未终,恐川人少见多怪,易致误会,请先派员解释,较为妥当。交通部即派员前往接洽。

9 月 13 日　北平中央党部扩大会议约法起草委员会通电全国征

询关于约法之意见。

　△　平汉线中央军两翼侧抄汴、洛。西北军主力集结郑州，分向两侧增援。通许、扶沟、登封、临汝一带战事激烈。是日西北军刘汝明部复占宝丰。

　△　张学良夫人于凤至主办之辽西水灾赈济会在沈阳成立。蒋介石即电汇 20 万元至沈，令吴铁城转交辽省发赈。16 日，北平亦成立辽宁水灾急赈会，次日阎锡山令晋、冀、察、绥四省速筹款 10 万赈辽水灾。

　△　《民事诉讼法草案》在立法院三读通过。

　△　中央财务会议通过《中央派遣留学生学费领取规则》，凡八条。每月美国 100 美金，英国 20 英镑，德国 400 马克，法国 2000 法郎，日本 90 日元，每年分 6 月、12 月两次汇发。

　9 月 14 日　阎军津浦路督战司令谢廉率领八个督战队到平，即赴石家庄见阎锡山。同日晨，阎锡山抵石家庄，即密令退兵：令德州张荫梧除一部分警备队外，速将主力部队全部集结大名及石家庄；令兰封孙楚将陇海线晋军主力集结新乡以北。

　△　红一方面军停止进攻长沙，撤出阵地，向湘东、赣西进发，第二次攻打长沙失败。是日，红一军团朱德、毛泽东部抵醴陵，后向萍乡进军。彭德怀、黄公略之红三军团仍驻易家湾、跳马涧一带。15 日，由跳马涧、永安市向浏阳、平江、岳阳进军。同日，何键在第四路军总部开军事会议，议决分头追击，统限 16 日动员出发，并电赣军堵截。

　△　福建军事特派员方声涛率所部 4000 余人于 1 日开始分三路总攻德化。是晨占德化城，卢兴邦部徐飞龙率残部逃大田，方声涛即统率各军，向大田推进，直迫尤溪。

　△　蒋介石以郭汝栋在鄂北"剿共颇著成绩"，特将该部升编为陆军第二十六师，并任郭为师长。

　△　蒋介石委岳盛宣为第五十七师师长。是日岳在柳河就职。

　9 月 15 日　蒋介石通电告捷，谓平汉前线五个纵队已分别迫近通许、和尚桥，占领扶沟、襄城、密县、伊阳及郑州西南密县、洛阳咽喉之白沙。陇海前线已占考城,向兰封、开封进展中,石友三完全与其一致,战事不久可告一段落。

　　△　冯玉祥致电阎锡山,要求阎以大部兵力攻济南,以一部兵力攻归德,运二万兵至郑州作总预备队,参加郑州会战。

　　△　北平扩大会议电促四川刘文辉、邓锡侯、田颂尧出兵讨蒋,谓"党国分崩离析,罪在蒋逆一人","非以武力制裁,决不足以去此凶残","能于此时指戈东向,会师江汉,则逆军背腹受伤,灭亡立待"。同日,扩大会议通过阎、冯推荐之石友三、刘文辉为政府委员及阎锡山所提之《训政规约》及《地方保安条例》。扩大会议即电促石、刘就职。

　　△　北平扩大会议约法起草委员会成立,聘罗文幹、吕复、高一涵、梁式堂、郭泰祺、周鲠生为专家,推汪精卫为委员长,郭泰祺兼秘书长。

　　△　国民政府令:免蒙藏委员会副委员长马福祥本职,任命王之觉为蒙藏委员会副委员长;湖南省政府委员陈嘉祐着即免职,听候查办。

　　△　英公使蓝普森 9 日抵南京,与外交部长王正廷洽谈中英间各案。11 日,蓝、王谈判威海卫交还我国,决定 10 月 1 日交接。12 日,双方谈判收回厦门租界问题,大致决定照收回镇江英租界之前例,无条件收回,并以照会方式了结。英使并表示对惩办辛博森案不持异议,已电英政府请示。是日,谈判庚款及交收威海卫手续问题,结果极为圆满,惟对中英法权问题各有数点未能相让。

　　△　长沙举行"铲共"大会,通过成立"铲共"义勇队等三案,当场杀害共产党人陈桂林等五人。

　　△　《社会科学战线》创刊,为中国社会科学家联盟机关刊。

　　9 月 16 日　国民党中政会外交组开会,王正廷报告中英庚款交涉,谓英方已决定将庚款全数退还中国,充建筑粤汉铁路之用,并由中英双方组织董事会,董事人员中方占三分之二,英方占三分之一。另在伦敦设购料委员会,购料方式以投标行之。关于法权问题,王谓英方主张逐渐撤销,且有数点请求保留。经各委讨论,决定以不违背撤销领事裁判权之原则为主旨,交外交部审查后再与英使续商。

△　财政部训令上海海关,所有日茧一律禁止入口,以保国产。

△　第二十一军军长刘湘在重庆设立第二十一军总金库,委任孙棣华为金库总经理,并以总金库名义发行粮契税券 200 万元,在防区内照票面十足流通使用;并命令重庆市各税收机关,自本日起对征收税款满一元以上者,概收粮契税券,不得收受其他银行券票和使用现金,各税收机关解拨税款时,一律以粮契税券缴纳;并规定万、涪两县自 10 月 16 日起实行,防区内其他各县自下年 1 月 1 日起实行。

9 月 17 日　阎、冯代表贾景德、薛笃弼自沈急电到平,谓张学良将于 18 日夜发和平通电,并有军事行动。汪精卫等接得此报,惊愕不知所措。18 日晨,汪精卫等开紧急会议,聚商时局。同日,北方代表以东北当局对时局已有鲜明表示,留沈亦无作用,孔繁霨即于早 9 时返平转石家庄,贾景德、薛笃弼亦于 19 日上午离沈返平。

△　东北边防军司令官张学良下动员令,以于学忠为第一军,王树常为第二军,胡毓坤为第三军,张焕相为前敌总司令,向关内进兵。同日,张学良接见《大公报》记者称:"现在民困已达极点,北方尤不宜再受兵祸,故余已不能不被迫而出于干涉。"又称:"唯余之表示,亦不尽与宁府期望吻合,盖余乃站在中间而偏向南方而已,余决不为落井下石之举。"

△　平汉线中央军以重炮、飞机、铁甲车掩护向临颍、纣城等地攻击,第一纵队萧之楚师完全占领鄢陵,郝梦龄师占长葛。冯玉祥为缩短战线,放弃临颍。18 日,西北军在邸阁镇之张印相、孙殿英部,尉氏西南之孙连仲、郑大章部,全面向中央军第一纵队徐源泉第四十八师反攻。同日,中央军第一纵队第十一师攻占长葛东南之石象镇,上官云相部攻占和尚桥。

△　王正廷、蓝普森会谈中英厦门租界交涉有结果,双方议定中国对于外侨在厦门英租界内土地产权易以永租地契,自该项地契交厦门英领事转发外侨之日起,该租界即行取消。遂即双方互换照会。10 月 7 日,外交部公布收回厦门英租界文件。

△　中日电信会议在南京举行开幕式,中方代表为庄智焕、吴南如,日方代表重光葵、吉野圭三。18日,续开第二次会议,详细磋商交涉程序,中方提出交涉方案,日方亦提出对案。日代表允电本国政府请示。19日,东北交通委员会电南京,派陈士瀛出席中日电信会议。

△　湖南湘乡县党部所办《民报》,因载不满当局言论,经检查员查出,呈报第四路军总部。20日,长沙警备司令王东原奉令派士兵20名驰往湘乡,将县党部委员汤渭良、颜莹、曾瑀及《民报》编辑谭祖武捕获,并将《民报》封闭。21日,汤等四人被解往长沙第四路军总部军法处讯办。

9月18日　张学良发出和平通电,声称拥护中央。略谓:"良委身党国,素以爱护民众、维持统一为怀","吁请各方即日罢兵,以纾民困","凡我袍泽,均宜静候中央措置,海内贤达,不妨各抒伟见,共谋长治久安之策。"同日,东北军入关。

△　阎锡山因张学良已发和平通电,即发出倒填日期之寒(14日)电,痛陈蒋军使用毒瓦斯之暴行,宣称"我惟有退避三舍,以救民命"。北京政界极为惶惑。

△　美国国务院宣称:美国愿放弃在华领事裁判权,国务院已草定提案,与英国对中国提出之议案大致不相悬殊。

△　日代公使重光葵访王正廷,对于中日宁案、汉案及长沙事件有所接洽,要求南京政府对日本船舶在长沙被红军射击事实行应急措置,并催促调查长沙事件损失,要求对长沙日侨努力保护。

△　国民政府准免国立中山大学校长戴季陶本职,任命朱家骅为国立中山大学校长。

△　南京中央大学教职员80余人联名发表索薪宣言。20日,中大校长张乃燕召集临时校务会议,商定向财部催索经费。24日,中大理学院教职员会议讨论经费问题,以薪水积欠三月,同人枵腹从公,虽经发表索薪宣言,而9月底转瞬即届,如10月4日以前,还不能发清7、8两月薪水,决定于10月6日起全体怠工。

9 月 19 日　石友三发出响应张学良之通电,宣称"顿兵河朔,希冀和平,此后誓当静听张司令官之措置"。

△　汪精卫电张学良,谓"今日最急之务在于除去内战之原因",提出即开国民会议;召集合法的国民党全国代表大会,由党员选举代表;制定约法;"防剿"湘、鄂、赣共产党等四点主张,询张如何实现。同日,谢持、邹鲁、覃振亦电张学良,提出开国民会议解决国是等四项意见。

△　下午,北平扩大会议要员在怀仁堂会商应付时局方针。会后汪精卫接见记者,谓"如张愿意和平,而能将余所举四项谋其实现,一切自无问题;如张决进兵而情势恶化,则无论太原、西安,吾人均可作为根据地"。

△　东北军入关先遣部队于学忠部第一军渡滦河,向滦州前进。阎锡山、冯玉祥知大势已去,决定先将军队退至郑州以西、黄河以北。同日,冯玉祥在郑州召集军事会议,会后即发布总退却令。西北军大部开始由兰封前线向郑州撤退。20 日晨起,驻滦州至唐山之晋军杨爱源第十六军退石家庄。阎锡山并令徐永昌于五日之内,将陇海线之晋军撤退至新乡线。

△　蒋介石令陇海路各军策应平汉路各军会师郑州,并于兰、汴、郑、洛四处悬重赏督饬各军前进。是日拂晓,平汉线中央军第一师占大石桥,向许昌进攻。第五纵队孙蔚如部接近宝丰,向刘汝明部进攻。西北军田金凯部八九千人退许昌西南地区。

△　东北军向平、津进军消息传开后,是日北平山西省银行、国家银行关门;天津河北省银行、山西省银行发生挤兑。20 日,阎锡山拨国家银行现款数万办理兑现。该行于 21 日晚结束,未兑尽钞票由商会代兑。25 日,平津开始通用奉票,规定奉票 50 元合现洋一元。

△　外交部电令中国驻秘鲁公使魏子京向秘鲁新政府转告国民政府正式承认之意。

△　杨树庄于 14 日委刘和鼎、方声涛为闽北剿匪东西两路指挥官,并令乘势进攻延平(今南平)、尤溪卢兴邦部。西路指挥官方声涛奉

委后,是日由永春返泉州,召开军事会议,讨论进兵大田、攻取尤溪策略。东路指挥官刘和鼎奉委后,即委第五十六师副师长严尔艾为前敌指挥,令亲赴前线督战,分三路会攻延平。

　　△　第四路军陈光中、李觉两师过株洲进攻醴陵红军,罗霖、公秉藩两师过永安市进攻浏阳红军。20日,红一军团朱德、毛泽东部分兵进驻攸县、茶陵、萍乡等县。21日,李、陈两部占醴陵。湘南各县联防团队于23日占浏阳,24日占攸县,27日占安仁。

　　△　国民政府国务会议决议派张群、李仲公、陈希曾、郭乐、黄汉梁、李国杰、王延松为国民政府整理招商局委员会委员,指定张群为委员长,并派李仲公为招商局总管理处委员。

　　9月20日　谭延闿、孙科、胡汉民等在南京集议北方善后办法。同日,国民政府电张学良,略谓:"巧(18日)电诵悉,倡导和平,弥深佩慰。中央但求完成统一,保持纪纲,其他均可和平解决。至阎、冯部属,均属国家军队,中央自应一律待遇,不应歧视。"同日,韩复榘、马鸿逵等发出响应张学良通电,表示"谨当追随张公之后,静听中央措置"。

　　△　蒋介石再发《忠告前第二、第三两集团军将士书》,要求"于敬日(24日)以前毅然反正,各就原防,静候中央处置,中央必仍一视同仁"。

　　△　赵戴文到北平,传达阎意决守山西,邀扩大会议中委赴晋。汪精卫、陈公博、王法勤、白云梯、陈树人、陈嘉祐、经亨颐、茅祖权、覃振、邹鲁、谢持、潘云超、傅汝霖、赵丕廉、冀贡泉因东北军已入关,即随赵戴文赴石家庄,曾仲鸣、何其巩等同行。车至琉璃河,为冯玉祥所派之邓哲熙、王化初所阻,要求诸委留平镇慑。赵戴文等10余人随即偕邓、王折回北平,汪精卫、谢持等六人继续南行。同日汪抵石家庄,即往晤阎锡山,嗣往郑州晤冯玉祥。

　　△　东北军第一军于学忠部午前从前所站出发,先头为董英斌旅,因待唐山、塘沽间晋军之撤退,乃止宿于塘沽。于学忠、高纪毅派员携函至天津,与市长崔廷献接洽和平交替。同日,东北军第二军王树常部

自沈阳出动。日、英、美、意各国之天津警备军在日本军司令部开干部会议,集议天津之防备及交通维持问题,决定暂取观望态度。

△　蒋介石由陇海抽编第七、第八两个纵队,分由王均、顾祝同指挥,增援平汉线。21 日晨,中央军第三纵队占须水镇,截断郑、洛交通。西北军梁冠英、安树德两师由柘城开新郑。同日,中央军刘茂恩部占荥阳。22 日,中央军第五纵队孙蔚如部击退西北军李化龙部占叶县,并向鲁山进攻。陇海、平汉两线西北军开始总退却,晋军各部同时西撤。

△　蒋介石以新编第二十二师师长罗霖"在湘反共,迭建奇勋",特电令改为中央陆军第七十七师,罗任师长。

9 月中旬　内政部咨各省、市政府,将阎锡山在各地所置财产概予查封没收,并限期将办理情况报部。

△　国民政府美国顾问林百克近向国民党中央建议,选任中国负有众望人员及有关主管长官,组织废约研究会;并谓军事结束后,中国应利用外资,兴办实业,发展国营事业。

△　中华教育文化基金董事会新设编译委员会,委员 12 人,以胡适为委员长。

9 月 21 日　晨,贾景德、薛笃弼自东北回北平,赵戴文等始彻底明了东北态度,知北平确已不能久留,即晚 8 时偕留平扩委匆赴石家庄。

△　阎锡山、冯玉祥部将领鹿钟麟、徐永昌、石友三等 69 人复张学良巧(18 日)电,表示"究竟如何循正当之途以定国是,谋目前及永久之计以图永安,敬祈详示"。

△　东北边防军第五旅旅长董英斌抵达天津,晋方市长崔廷献等到车站欢迎。董部与第二十七旅刘乃昌部即日分向平津路之张庄、廊坊及津浦路之杨柳青等处接防。董英斌对记者称:东北军入关者为第一、第二两军,共 12 万人,必要时胡毓坤即组第三军出发。22 日,东北军先头部队进抵西直门。

△　天津常关因奉军入津,为南京方面收回,由前税务司丕尔正式接收。

　　△　南京发表中英法权交涉之英方对案：一、民事案件由中国法庭办理，如该国使领认为裁判不公时，得提出撤回；二、刑事案件须保留五年；三、在上海、广州、汉口、天津等处 30 里或 40 里地区内，须保留领事裁判权。国民党中政会认为有违元旦宣言，令外交部长王正廷口头驳复。英使即电伦敦请示。

　　△　上海码头工会成立。

　　9 月 22 日　津浦线晋军总退却。洛口黄河北岸晋军退往德州，下游青城、利津及上游东阿、平阴晋军同时撤退。中央军韩复榘第一军团曹福林部由青城渡河，第十五路马鸿逵部由东阿、郓城渡河。第一军团第十二军孙桐萱部奉韩复榘令于次日拂晓在洛口渡河追击。

　　△　国民政府行政院长、代理国府主席谭延闿在南京逝世。国民政府即开临时紧急会议，决议：一、举行国葬；二、推胡汉民代理国府主席；三、命宋子文代理行政院院长，并令财政部拨发治丧费一万元，派宋子文等六人前往治丧。谭延闿遗体 24 日入殓。

　　△　张学良派危道丰抵北平，与晋方接洽军政善后问题。

　　△　中英庚款交涉换文由王正廷与蓝普森在南京正式签字，换文共四件。

　　△　波兰代表魏登涛抵南京接洽中波议定书批准事，并与王正廷商互派使领。

　　9 月 23 日　张学良请南方代表转请国民政府：一、中止攻击郑州；二、平、津一带由东北军收拾残局，以于学忠部警备；三、促阎、冯下野，其部队部分改编。

　　△　浙江省政府主席张静江通电响应张学良巧电，主张"务使阎、冯早日下野，以谢国人"。

　　△　董英斌率旅部到达北平。北平晋军已撤尽，完全由东北军接防。街上遍贴不加捐、不拉民夫、不索给养等标语。同日，晋军之北平卫戍司令楚溪春释放政治嫌疑犯 70 余人。

　　△　杨树庄、方声涛、刘和鼎在福州会商攻击卢兴邦军，决定由杨

树庄派军舰三艘,并海军陆战队一部抄袭尤溪口;刘和鼎派一团抄闽清,方声涛为预备队。同日梁齐川、徐炳武两部由闽侯之竹岐分途进占永泰、闽清。林寿国部入古田。

△ 国民政府派王家桢为接收威海卫专员,派徐祖善为威海卫管理专员。

△ 蒋介石任命乔立志为陆军第七十四师师长,是日乔在济南就职。

△ 首批日本米数百包到沪,是日有 81 包运往汉口。东洋米入长江,尚属创闻。

△ 红三军团攻占湖北监利县城,歼国军新编第三师教导团和监利保安团共 2000 余人。

△ 上海人力车工会罢工委员会颁布总同盟罢工令,代表全上海12 万人力车工人宣布最低要求:一、反对涨车租;二、减少车租十分之三;三、反对逮捕工友,释放被捕工友;四、工人有罢工及组织自己工会的绝对自由。同日,虹口区参加罢工工人已达 1000 余人。

9 月 24 日 陇海、平汉两线西北军梁冠英、安树德、赵登禹、刘春荣、孙良诚、庞炳勋等部均开到郑州。宋哲元部由汜水绕中央军右后猛力反攻,并以两师兵力由荥泽、河阴迂回王口,复由新郑、禹县断中央军归路,意图包围中央军第三、四纵队。蒋介石遂以第六纵队增援第三、四纵队。

△ 津浦线晋军过禹城北退,将城北铁桥炸毁。中央军孙桐萱率部由洛口渡河,进驻晏城督师,该军马进贡旅抵平原。同日,韩复榘在济南召集军政要员开会,讨论军政计划,并令各军到德州后,即转向西追击晋军。驻德州之石友三之副司令秦建斌电韩复榘表示服从命令。

△ 张学良已任命邢士廉为天津市长,陈兴亚为北平市长。是日,在津晋军撤退净尽,东北军派王树常、何丰林、邢士廉为接收平、津行政机关专员。

△ 是日至 28 日,瞿秋白、周恩来等在上海主持召开中共六届三中全会,向忠发作《中央政治局工作报告》,周恩来作《关于传达国际决

议的报告》和《组织问题报告》。通过《中央三中全会关于政治状况和党的总任务议决案》。停止李立三等组织全国总起义和集中全国红军攻打中心城市的计划,正式决定成立"苏区中央局"。全会补选中央委员七人、候补中央委员八人、中央审查委员二人,并改选中央政治局。毛泽东重新选入中央政治局候补委员,朱德等选入中央委员。此后,由瞿秋白实际主持中共中央工作。

　　△　国民政府令准免国立北京大学校长蔡元培本职,任命陈大齐代理国立北京大学校长;准免国立交通大学校长孙科兼职,任命黎照寰为国立交通大学校长;准免国立劳动大学校长易培基兼职。

　　△　上海恒丰纱厂工人罢工,10月2日被迫复工。

　　9月25日　国民党中央政治会议开临时会,决定在蒋未返京前,国务会议主席暂由胡汉民、戴季陶、王宠惠三院长轮流担任,行政院长由副院长宋子文代理;推戴季陶重拟国葬条例。

　　△　北平扩大会议中委覃振、赵丕廉、陈嘉祐、经亨颐、刘守中及职员40余人,24日晚由石家庄抵太原,是日午后扩大会在太原举行会议,讨论今后工作。同日汪精卫、陈公博由郑州晤冯后返石家庄。

　　△　阎锡山新委之平绥线护路司令楚溪春离北平,所部移南口、张北暂驻,宪兵四营仍留北平。

　　△　晋军王靖国、李服膺两军开抵保定,德州晋方人员均向西撤。同日,津浦线韩复榘追击部队李汉章旅进抵商河,谷良民部进至保定。26日,第十二军孙桐萱部进驻德州。阎、冯第四方面军后防司令秦建斌同晚专车抵天津。

　　△　李宗仁召集"革命同志会"常务干事会议,李分析军事形势,面临两大任务:一是打粤军,一是打滇军,经讨论,李提出肃清广西的战略部署:"对湘、粤两方敌人取守势,而以全力先将滇军逐出省外,以解南宁之危。"

　　△　司法院院长王宠惠当选为海牙永久国际法庭审判官。

　　△　全厦同业大会决议,组厦门各同业公会,反对常关10月1日

起征收内地复出口税,并电蒋介石、宋子文请加以制止。在财政部未明令禁止前,决自 10 月 1 日起进出口一律罢运,并电港、沪停止配货。

9 月 26 日 于学忠、高纪毅抵北平。于发表宣言,望各方大彻大悟,立罢兵戎,并声明军事以外,地方措施不愿表示意见,不敢滥行干涉,免蹈军阀覆辙。

△ 平汉线原万选才旧部石振青部向中央军投降,蒋委石为第十二军军长,所部退往许昌东南之陶城待编。

△ 中央军第八、十两路军会攻南宁,南宁城防设施因连日遭飞机轰炸,大半被毁。28 日,前桂省代理主席伍廷飏活动粤、桂和平解决,桂方请南京起用李济深收拾桂局。

△ 靳云鹗奉蒋介石令任两河宣抚使,是日在归德就职。

△ 晋方津海关税务司辛博森抵沈阳见张学良,拟商洽东北接收津海关及其本人留任事,遭张拒绝。张表示,海关应保持统一精神,本人不便过问;并称新任海关监督韩麟生 10 月 1 日到津,请与之接洽。

△ 武汉警备司令部在武昌第一监狱杀害男女共产党人李政国、常仁卿、万春官、张九成、冯占鳌、李云清、魏和尚、易元庆、林必顺、马菱舟、傅剑、傅湘、向静、黄子才、林谦炳、蔡济湘、吴祖康、李锦文、江长浩、常卫汉、刘楚明、汪信立、朱西闯、万金波、胡春阶、刘少莪、汪春山、叶炳松、汤应金、翁士靖、秦绪藻、唐良荣、朱玉林、黄楚侠、白炎老、白炎星、唐潭清、刘逸民、曹书文、胡天经、王寿山等 44 人。同日,南京卫戍司令部亦杀害共产党人五人。

9 月 27 日 国民政府令:国民政府委员、行政院长谭延闿特予国葬,一切典礼俟国葬条例颁布后,由治丧处遵照慎妥举行;任命于学忠为平津卫戍司令;任命王树常为河北省政府委员兼主席;任命宣铁吾为国民政府警备司令部参谋长。

△ 西北军主力第八方面军总指挥吉鸿昌率三师之众倒戈投中央,次日在淯川通电就中央所委第二十二路总指挥职,向开封开进。同日,郑州西北军张占魁之骑兵第二师亦全部投中央,被改编为骑兵第三

师,张被委为师长。

△ 东北第二军王树常部之骑兵由天津过津浦路直开泊镇,第一军于学忠部由平汉路开保定。

△ 蒋介石任命展书堂为陆军第七十三师师长,是日,展在山东安丘宣誓就职。

△ 江苏省中小学全体校长任中敏、谢继曾等40人,为宿迁中学校长萧明琴被驻军殴劫案迄今月余尚无结果,是日决定向教厅总辞职,以资声援,借促军政当局严重惩处行凶官兵。

△ 京沪学界为我国女教师萧信庵于8月下旬乘荷兰渣华公司轮船赴南洋,被该船大副、二副污辱,反被诬为神经病事,通电全国请主持正义,一致声援,并请国民政府严重交涉。

△ 匈牙利人斯坦因改易姓名,带大批俄人,将赴新疆考古并从事测量。北平方面因斯坦因前曾盗取敦煌藏经,特电新疆省主席金树仁严行阻止。

9月28日 中央军师长以上将领43人,由何应钦领衔复张学良巧(18日)电,望"贯彻主张,督促阎、冯下野",以实现国家真正统一,确保永久和平。

△ 李宗仁命白崇禧统率张发奎、杨腾辉等部由柳州出发往南宁迎击滇军。白崇禧先以李品仙部在宾阳一带佯攻粤军,主力则从北面绕过宾阳,经高峰隘、五塘等地越过粤军防线逼近南宁。

△ 冯玉祥之代表何其巩、熊斌到沈,表示希望由张学良收编西北军。

△ 福建东路讨卢军刘和鼎师刘尚志、陈万泰等四旅会同省警二队刘宗彝部侧攻延平,卢部不支溃退。30日,东路讨卢军完全占领水口。同日,林寿国会同省防二旅钱玉光部反攻谷口附近梧桐坪,即晚占领之。方声涛令陈国辉、萧叔萱、林清龙、王祖清各部分攻大田。

9月29日 蒋介石电国民政府,谓"冯玉祥退无可守,所部离心,即日通电下野。冯军大部均向中央投诚"。同日,蒋并电令马福祥、张之江收拾西北残局,促即日启程赴柳河。

△　西北军除驻许昌及新郑之各部以外,全线退却。中央军右翼第二十六军进占兰封县城,左翼于拂晓占领杞县,鄀子举部占禹县。次日,孙蔚如部击退冯军刘汝明部,占领鲁山。

△　中共中央长江局军事部负责人周以栗到袁州同红一方面军总前委举行会议。周传达长江局再打长沙的指示。经毛泽东等多方说服,会议一致决定,放弃再打长沙,先打敌军力量较弱的吉安。

△　樊德维夫妇由日本神户乘船抵达上海。上海工人张贴标语反对,谓彼为帝国主义走狗。

△　全沪丝厂同业公会开代表大会,到朱静庵等 90 余人,坚决反对生丝公量检验,决议如 10 月 1 日商品检验局不将公量检验取消,各丝厂即行全体停业。

9 月 30 日　瑞典火柴商人向国民政府要求在华火柴专卖权事件,曾引起各地火柴同业及工商界之反对。是日,日本代使重光葵以违反华盛顿条约中规定外人不得在华占有专卖权为词,正式备文向外交部提出抗议。

△　行政院会议,对内政部长钮永建所拟“剿匪铲共治标办法”六项,决议先交内政、军政两部会商拟定具体办法后,再呈国民政府。

△　周恩来在中共中央军委扩大会议上作《目前红军的中心任务及其几个根本问题》的报告中,介绍“朱毛红军”的发展及现状,肯定了“朱毛红军”游击战争的战略战术。

△　1900 年庚子赔款本年 9 月份应解规银 391.982686 万两,由上海海关交付各经理银行。

△　国民党中执会秘书处命令:取缔中国社会科学家联盟、左翼作家联盟、上海青年反帝大同盟、普罗诗社、中国革命互济会、无产阶级文艺俱乐部、革命学生会以及中国自由运动大同盟等团体组织,并通缉鲁迅。

△　加拿大颁布《华人移民枢密院令 2115 号》。

是月　重庆盐业银行成立。该行为扶助川省盐业,额定股本 300
万元。由各盐商以每月认销盐 160 儎,每儎先缴银 2000 元,以后每儎
每月认缴 200 元作为银行股本,至足额为止。盐商即时认缴 32 万元,
另由盐业公司筹措资金四万元共计 36 万元,先行营业。

△　上海大来商业储蓄银行开业,实收资本 50 万元,专营存放款
及储蓄业务,董事长兼经理竺梅先。

△　暨南大学南洋文化事业部改为南洋美洲文化事业部。

△　月初,东北四洮路沿线及农安县发现鼠疫。通辽县因鼠疫死
亡 50 余人;洮南地方鼠疫蔓延,开通县死亡 200 余名;突泉县水泉地方
死亡 30 余名;内蒙白音泰来亦发现鼠疫。疫情正沿洮昂线向齐齐哈尔
发展。

10　月

10 月 1 日　东北军第二军军长王树常及臧启芳、张学铭等抵天
津。2 日,开始接收天津各机关。公安局长张学铭、社会局长臧启芳、
财政局长刘亥年、长芦盐运使洪维国、津海关监督韩麟生等均以代理名
义就职,天津市长由臧启芳代理。

△　蒋介石以陇海、平汉两路军已联成一线,是日将作战部队分为
左、中、右三个军团会攻郑州。同日,中央军占领许昌、通许、长葛、朱仙
镇。豫军万选才旧部宋天才、樊钟秀旧部焦文典率众四万人投降。2
日,中央军复占陈留及洛阳附近之龙门,3 日占开封。杨虎城部经由登
封、临汝间袭取洛阳,已将洛阳包围,截断西北军西退秦、陇之路。

△　马福祥、张之江应蒋介石电召赴前方筹商收抚西北军办法。
张之江是晨由上海赶到南京,偕马福祥渡江北上。西北军前敌总指挥
鹿钟麟向蒋介石提出归顺条件如下:一、冯玉祥下野外游;二、对冯出洋
给以特别便利;三、西北军归鹿节制,照编遣会议决议改编为 10 个师,
以河南一部及陕、甘、宁三省为驻地;四、拨 300 万元作为编遣费。

△　湘南警备司令段珩调五团兵力,于上月 29 日开始,分三路进攻永州,是日,占领永州。唐生明部向全州黄沙河退却。

△　汪精卫、陈公博抵太原。扩大会议连日在太原开会,继续研究起草约法工作。

△　阎锡山所委津海关税务司辛博森在天津私宅遭人狙击受重伤。英使蓝普森闻讯后,即电张学良表示抗议,望认真缉凶。15 日,英使访于学忠,再次表示希望缉凶。

△　外交部长王正廷与驻南京英领事许立德在南京互换《中英交收威海卫专约》及租借刘公岛协定批准书。同日,国民政府特派接收威海卫专员王家桢及管理专员徐祖善抵达威海卫,与英方海军提督庄士敦举行交收仪式。被英人强行租借达 32 年之久的威海卫,终于重归祖国。

△　国民党中政会通过暂缓实行裁撤厘金案。同日,财政部长宋子文发表甘末尔设计委员会所拟之税收政策意见书。6 日,国民政府下令,原定本年 10 月 10 日起一律裁撤之厘金及类似厘金之一切税捐,因军事尚未结束,暂行展缓至民国二十年(1931)1 月 1 日起实行。财部为筹裁厘后补偿办法,通令各省财厅在裁厘尚未实行前,筹备试行营业税,定为补偿厘金之一种。

△　福建讨卢军刘和鼎部占领福州上游之重要门户水口,卢兴邦残部纷向谷口、黄田、樟湖坂溃退。

△　第七届全国拒毒运动周在上海举行。

10 月 2 日　东北军于学忠第一军接防南口、居庸关、保定。同日,留津之山西宪兵两营及步兵一营于装车待发时,被东北军第二十五旅缴械,汽油、给养、汽车等悉被扣留。

△　内政、外交、军政、教育各部及中央研究院在教部开联席会议,讨论美国约克·罗伯森等请赴新疆考察科学;德国黎克麦尔斯请携械赴新疆测量研究冰河地质;美国斯密司请携械赴滇、黔两省考察动物三案。决定前两案暂缓前行,理由系西北科学考察团正在新疆考察;后一

案则准其入境，条件由中央研究院与教部商决，有"中国派员参加考察；采得标本之半数归中国，无副件者应留归中国"等项。

　　△　国民政府公布《威海卫管理公署组织条例》。同日，威海卫邮政由中华邮局接收。

　　△　江西红十军方志敏、邵式平部占景德镇，即成立工会、农民协会。

　　△　台湾进行第二次户口普查。

　　10月3日　天津海关由海关监督韩麟生及前任副税务司季尔生率旧关人员接收，辛博森手下职员发薪一月遣散。7日，津海关税务司帮办李桐华奉命署理副税务司，为海关任用的第一个华人副税务司。

　　△　东北军接收北平市政府，王韬就代理市长职。同日，河北省政府主席王树常及财政厅长姚铉、建设厅长林承秀、农矿厅长常炳彝在天津就职。

　　△　蒋介石任命吉鸿昌、张自忠、庞炳勋分别为"讨逆军"第二十二、二十三、二十四路总指挥，张印相、葛云龙为军长；吉鸿昌、张印相、葛云龙分别就任新职。张自忠、庞炳勋拒绝蒋委，率部退往黄河北岸。

　　△　何键第四路军罗霖、王东原、李觉三师由萍乡入赣。公秉藩师过浔转南昌，赴高安"协剿"袁州（宜春）红军。袁州红军即向安福、吉水转移。

　　△　蒋介石自开封电国民党中执会，提议在最短期内召集四中全会，商决提前召开国民党第四次全国代表大会，以确定召集国民会议之议案、颁布宪法之日期及制定在宪法颁布以前训政时期适用之约法。

　　△　蒋介石电国民政府，拟请于军事大定后，或民国二十年1月1日，明令将所有军事、政治上之罪犯，概予赦免。惟陈炯明、阎锡山不在赦免之列。至共产党个人如能"悔过自新"，得有切实保证人，亦得暂予缓刑，至三年之后，实无"犯罪行为"，得确定"赦免"之。

　　△　法商"大广东"轮到汕头，法人船主指使船员殴伤上轮接待归侨之工友10余人，击毙工人蔡裕钦，并将尸体抛入海中，邓典桂等六人

受重伤,激起全市公愤。广东总工会汕头支会即请市府扣留该轮,并通令轮船工会勿与该轮驳货,起卸工会停止起卸,联安工会停止落客,该轮只得停泊海面。驻汕法领事欧仁急向市府交涉。5 日,汕头市长张纶允法领所请,将"大广东"轮放行赴香港。同日,广东总工会汕头支会电请外交部向法国提出严重交涉。

10 月 4 日 河北省府各机关由张学良所委之财政厅长姚铉等接收。6 日,张学良电平,谓处理平、津军政全权系中政会及蒋介石所赋与,并非自作主张。13 日起,河北省政府陆续由北平迁移天津。

△ 汪精卫、阎锡山密赴郑州,促冯玉祥共同发表停战通电。当日汪、阎离郑北返。

△ 阎锡山电张学良,谓"关于军事、政治善后问题,完全惟执事主张是从"。

△ 中央军克中牟。6 日占郑州、登封。8 日占荥泽。新郑附近西北军张维玺、田金凯、冯治安及豫军樊钟秀旧部任应岐、邓宝珊等七个师,共六万余人,全被缴械。

△ 朱德指挥红一军团会同赣西南地方武装击溃新十三师邓英部四个团,午夜占领赣西吉安城。

△ 鲁迅在上海举办版画展览会,展出收藏的俄、德、法等国作品。

10 月 5 日 阎锡山、冯玉祥、汪精卫从石家庄致电张学良表示实行停战,略谓:"顷见蒋介石本月江(3 日)电,对于开国民会议制定约法及另行召集全国大会诸点,均已表示服从。锡山等赞同汉卿(张学良字汉卿)先生和平主义及促其实现起见,已下令前线各军一律退回黄河北岸,实行停战,以俟和平解决。""尚望汉卿先生暨国内贤达,本和平主张,以公平方式发起会议,决定办法,使纠纷早解,祥和早见……苟能贯彻上述主张,即当克日引退。"

△ 第三军团总指挥何成濬之代表王金钰携蒋亲笔函抵沈阳,即晚与张群等会见张学良,协商时局对策。张学良同意于双十节前后就陆海空副司令职。

△　武汉行营主任兼湘鄂赣三省"剿匪"总指挥何应钦由汉口飞抵南昌,召集鲁涤平、张辉瓒、公秉藩、岳森等 10 余人开军事会议,协商"剿共"办法,即晚飞回汉口。

10 月 6 日　张学良委富葆恒为北平崇文门关监督,是日富接收崇文门税关。平市商民呼吁取消崇关,而北平官方宣称,崇关每月收入 10 余万,旺月可达 20 万,北平教育等费指此开支,在未有相当抵补款额以前,纵各界如何呼吁,难有相当效果。

△　夜,日警 10 余人闯入吉林延吉龙井村中国陆军哨线,诘问口号不应,反开枪射击,遭守军还击,毙日警二名。驻龙日总领事即下令紧急戒备,并立电朝鲜总督府告急。7 日,日武装警察百名以此为借口由鲜境开入龙井村。吉林省府于 7、8 两日连开紧急会议,并向省府主席张作相请示应付办法。

△　胡汉民在立法院作《国家统一与国民会议之召集》的演讲,认为召开国民会议必须有先决条件,即须"脱离了军阀的淫威和压迫,社会已暂趋安静"等,表示不同意制定训政时期约法,导致与蒋介石矛盾激化。

△　国民政府令:"展缓裁撤厘金两月,改于民国二十年元旦前实行。"

△　汕头各工会就法商"大广东"轮击毙工人事举行联合会议,议决请市府向法领交涉,提出要求五项:一、惩凶;二、向我国政府正式道歉;三、赔偿伤者药费;四、赔偿死者家属抚恤费;五、保证今后不得再有此事发生。

△　鄂豫皖红一军第二、三师袭占光山县城,歼新编第二十五师补充营。次日,红一师强攻潢川县城未克,西进克罗山城,歼一个团和民团一部。

△　西北军主力孙良诚第二路军第一师师长梁冠英部投中央,被中央改编为第二十五路军,是日梁在荥泽就该路总指挥职。

△　刘建绪通电在长沙就第四路军第二十八军军长职。同日,王

东原、彭位仁、李觉通电分别在长沙、醴陵就任第十五、十六、十九师师长。

10 月 7 日　蒋介石在开封通电告捷,报告克复郑州经过。晚抵郑州。9 日上午在郑召集将领会议,决定以少部兵力奠定陇、陕,大部调回各省"剿共";并设郑州行营,委何应钦为行营主任,代行总司令职权;令何应钦将武汉行营交何成濬主持。蒋即日返南京。

△　国民政府任命刘峙、刘茂恩、万舞、刘耀扬、刘积学、张斐然、张钫为河南省政府委员,刘峙兼主席,万、张(斐然)、张(钫)分别兼任财政、建设、民政各厅厅长。8 日,任命李敬斋为河南省政府委员兼教育厅长。20 日,原任省府委员韩复榘、张钫、张鸿烈、马鸿逵、李树春、何其慎、王向荣、袁华选、张静愚均免职。

△　国民政府令:安徽省政府主席陈调元未到任前,着朱熙代理。

△　国民政府公布《国葬法》,规定国民有殊勋于国家者身故后举行国葬。15 日,公布《国葬仪式》。

△　国民政府公布《修正民国十九年关税短期库券条例》,规定该库券用于调剂金融,定额为 8000 万元,于民国十九年 8 月开始发行,月息八厘。以增加之关税收入作为还本付息基金,至民国二十四年(1935)5 月本息如数还清。

△　红一方面军总前委和赣西南特委在吉安召开有十万人参加的群众大会,宣告江西省苏维埃政府成立,发布《江西省工农兵苏维埃政府布告》,说明政府的性质、任务。曾山任主席。

△　上海国立劳动大学校长问题久悬未决,日前全体学生大会议定校长标准,推派代表詹纯鉴、刘培坤赴南京请愿任命新校长,是日詹、刘抵南京。11 日,教育部长蒋梦麟对劳大校务会议代表表示:劳大不停办,亦不改为学院,先派人接收,但一年内不派校长,由教部直接管理。

△　美国人安德思搜集古物队在我国戈壁沙漠盗掘史前遗迹五个月,是日回抵北平。该队格兰杰告路透社记者,宣称所得古物共约 75

种,为 1922 年开始工作以来之最丰富而在科学上最重要者,内有数种为科学上之新发现,皆属古奇兽之遗蜕,并无人之遗骸。

10 月 8 日　外交部发表中英解决庚款换文大要,要点为:所有自 1922 年 12 月 1 日起应付之庚款,英国政府经议会通过后,即将该款全数交还中国政府管理。中国政府当将交还款项之大部分创立基金,即以之整理及建筑铁路,并投诸其他生产事业,作为借款,以便日后用于教育事业。中国政府以交还之庚款或以该项庚款担保所借得之款购买材料时,当向英国订购。

　△　苏联政府照会张学良,抗议东三省不断发生白俄仇视苏维埃之活动,要求立即将白俄解除武装,驱逐出境,以免妨碍中苏邦交。

　△　广东省政府主席陈铭枢及邓彦华、林云陔奉蒋介石电召赴南京会商桂局及粤省财政。

　△　晋军第二路总指挥傅作义因在鲁全军覆没,是日夜在津寓自戕被救。

10 月 9 日　张学良在沈阳就南京所委之陆海空军副司令职,吴铁城、张群分别代表国民党中央执委会及国民政府监誓。

　△　韩复榘派山东省农矿厅长王芳亭赴东北与张学良接洽划分地盘。25 日,王返抵济南,称张决不使驻河北之东北军入山东一步,但青岛系特别区,故由东北海军陆战队驻防。

　△　卢兴邦通电表示下野,请求停战。杨树庄接电后,即召集刘和鼎、方声涛、陈季良等各将领,在闽省政府讨论应付办法。

　△　北平—吉林间开通直达列车。

　△　南京中央大学授予樊德维、林百克博士学位。

10 月 10 日　国民政府为中华民国国庆十九周年举行盛大纪念典礼。蒋介石在南京发出告国民通电,宣称目前最切要之五项工作为:"肃清匪共"、"整理财政"、"澄清吏治"、"开发经济"、"厉行地方自治"。

　△　中央军杨虎城部占领洛阳、新安,冯部宋哲元军西撤。

　△　山东汶上晋军自 7 月被围,困守三月之久,是日被山东警备第

二旅陈孝思部缴械。

　　△　白崇禧与南宁城内黄旭初相约,内外配合,向滇军发动进攻。黄率部从城内向外突围,白率部袭击滇军后背,经一天战斗,滇军全线溃退,被困三个月之南宁城遂得解围。被围期间军民以黑豆为食,李宗仁、白崇禧定每年 10 月 10 日为"黑豆节"。

　　△　日本外务省政务次官永井柳太郎来华考察政治,是日抵沪。13 日,访唐绍仪,交换对中日问题意见。14 日,访上海市党部,借以探明中国外交政策及一般人对日心理。16 日,永井抵南京,声称此次来华并未带所谓特殊使命,仅与各要人交换意见,促进中日"亲善"。

　　△　意大利新任驻沪总领事、意首相墨索里尼之婿齐亚诺伯爵偕其夫人爱达抵沪。

　　10 月 11 日　汪精卫与阎锡山在石家庄会议,冯玉祥派刘骥、张允荣两人出席,结果决定阎、冯、汪均下野。13 日晨,汪精卫离石赴太原,准备出国,16 日阎锡山返太原。

　　△　国民政府驻东北代表、上海市长张群偕方本仁离沈南归,14 日抵上海,16 日到南京见蒋介石,详述与张学良洽谈经过、东北准备出兵总数及张学良处置阎、冯意见。

　　△　立法院通过《电影检查法》,规定由内政部、教育部合派七人组成电影检查委员会,请中央党部派员参加指导;凡"有损中华民族尊严、违反三民主义、妨害善良风俗或公共秩序、提倡迷信邪说"等影片均不得核准。

　　△　中苏会议在莫斯科举行第一次正式会议。苏联代表加拉罕、中国代表莫德惠先后致词并互换证明书后,即因《伯力协定》承认问题发生争论,无结果而散。14 日,加拉罕致牒莫德惠提四项要求:一、履行《伯力协定》;二、急速解散白俄政治团体及军事活动;三、交还哈尔滨市自动电话权于中东路局;四、中东路警备权,中苏平均负担。莫德惠电南京请示。

　　△　招商局整理债务委员会委员长李仲公在上海对记者发表整理

招商局意见,称招商局资产价值4000余万两,今为债务1400余万两所束缚,以至不克振拔。个人意见,惟有收回国有一途,稍加整顿,担保能恢复到收支相抵。16日,国民党中政会通过招商局收归国办原则。

△　北平地质调查所运回周口店发掘之古物中,发现猿人女头骨一具。英国伦敦大学史密斯教授认为是科学界空前之贡献,是日史密斯赴周口店作进一步考察。

△　9日北平各报载有国民政府决定取缔万国储蓄会消息一则,内称:"全国工商大会审查会关于万国储蓄会一案审查结果,谓有奖储蓄,性质类似赌博,贻害社会,尽人皆知。政府对于各项彩票,早有明令禁止。而万国储蓄会性质与彩票相同,且系外商吸收华资,因而审查会一致通过,应即通饬各省严禁。"北平总商会见报后,于是日致电国民政府及全国,请实行工商会议议决案,一致监视万国储蓄会,以防借词收束,损及储户。

△　国民政府任命张维玺为军事参议院参议。

△　红军第三军团彭德怀部自湘抵赣,即日由分宜进占新喻(今新余),第一军团第三军黄公略部在袁州,第一方面军总司令朱德、总政委毛泽东在吉安、峡江一带。中央军公秉藩师到达高安。17日,中央军罗霖师席旅、李觉师陶旅占领袁州。罗霖师即向高安前进,李觉师留守袁州,湘、赣两军遂联成一气。19日,陈光中旅进攻浏东,陶广师围攻平江。

10月12日　第七军军长杨虎城自前方抵郑见何应钦,商追击西北军事宜,次日返防。14日,杨虎城部克渑池。15日,杨召集干部会议,讨论攻取潼关计划,委王遂文旅长任右翼纵队司令,同日王部先头部队过渑池逼近灵宝。

△　北平市公安局正式将北平市党部及河北省党部启封,承认南京国民党中央任命之整理指导委员,惟对民众运动及下层工作主张慎重。

△　江苏省立中等学校教职员联合会是日及次日在镇江中学举行

第七届代表大会,议决请教厅限管理处于 10 月底以前发清 7、8、9 三个月欠费,倘无效果,全体会员当作严重表示。20 日,该会为要求发放积欠经费发表联合宣言。

10 月 13 日　蒋介石在国民政府纪念周上作政治报告,略称:"半年来讨逆军事,中央军死伤人数,有数目可稽者,计九万五千余人";"逆方死伤人数在十五万人以上";"总计两方死伤总数在三十万人以上。"同日,发表《巩固统一与确保和平》一文,宣称:"苟有祸国政客,妖言煽惑,导军队以叛乱之渐,劫制中央,破坏统一,无论其事态大小,皆必以极严正之法纪相绳,而不稍予姑息。"

△　第三军团总指挥兼鄂省府主席何成濬奉令继何应钦任汉口行营主任,是日到职视事,旋赴鄂省府报告与阎、冯作战经过,并谓蒋介石已调六师兵力返鄂"剿共"。又召集吴醒亚等会议,商鄂省"绥靖"及财政问题,决电令徐源泉、萧之楚、岳维峻等部速到鄂"剿共"。

△　石友三投蒋事,经韩复榘从中斡旋,蒋介石于是日电济,允石恢复第十三路总指挥名义,归张学良节制。

△　河北省政府主席王树常通令河北省各县即日停征晋方临时增加之军事特捐。17 日,河北省府令平市财局停办晋方所征军事特捐及附捐。

△　闽省府电卢兴邦,谓应将前被扣之六省委送省,军队退入尤溪。同日,闽省党部电中央党部,请迅转国府即电闽省军政当局彻底讨卢。

△　张贞自漳州赴泉州晤方声涛,即夜开军事会议,商讨卢事;14日,会议结束,军事仍照原计划进行,即进兵大田。

△　豫军万选才旧部薛传峰奉蒋介石令任新编第六军军长,是日,薛在山东阳谷宣誓就职。

△　哈尔滨特区警务处奉国民政府电令,查封薛大可主办之华俄文版《东华日报》。

△　劳大教职员 151 人电南京中央党部及教育部,谓教部直接派

人接收劳大,直接管理,一年内不派校长,此种办法,既无先例可循,亦非教育行政当局对于国立大学应有之态度。同日,教部令派高等教育司长孙本文、参事朱葆勤、科长谢树英及该大学教员张毅、庄权等五人为点验劳大委员。15日,劳动大学校务会议决议,不承认教部不派校长直接接收办法,在继任校长未到前,由校务会议负维持全校之责。

△　褚民谊自比利时首都布鲁塞尔电外交部,报告中国出品在比国博览会中共获奖凭339张,名列第三;博览会于10日举行授奖典礼,中国徐悲鸿得绘画特等奖。

10月14日　蒋军"讨逆"军事将结束,前方各军事将领陈铭枢、朱绍良、钱大钧、谭道源、蒋鼎文、许克祥等纷纷到南京向蒋报告一切经过。蒋在私邸设宴招待,杨杰、邵力子等作陪。17日晚,蒋介石宴请鲁涤平、陈铭枢、蒋光鼐、刘文岛、张群、陈诚及来京各省委数十人,备致嘉慰。

△　冯玉祥在泽州地区将军权交给鹿钟麟,自带少数卫队到晋城。

△　第六十师师长蔡廷锴以军事结束,应即编遣军队,节减军费,从事建设,是日自许昌电蒋介石,请先从该师实行编遣,并通电全国倡导裁兵。

△　鄂省"剿共"计划已定,何成濬令徐源泉、萧之楚等部,限25日前一律开回平汉路,在汉口集中。16日,何成濬电湘当局,谓已呈准蒋介石抽派十师,三个月内彻底"肃清"湘、鄂、赣三省共军,各师均已开拔。

△　罗霖在江西萍乡就任第七十七师师长。

△　卢兴邦之弟卢兴明"一六"政变后即赴上海,借表明未加入政变,留为最后转圜余地。日前卢兴明以卢兴邦、卢兴荣已通电下野,遂于是日由沪转浙回闽,甫抵浙境江山县,即被新编第一师张贞所委之延建邵民团团总何望部截获,暂拘江山公安局,闽省府据何电报后即令克日解省惩办。

△　吴淞中国公学政经系国民党党员学生李雄、严经照等企图包

办系学生自治会,与持正义之同学邓中邦、魏佑翰等发生冲突,邓、魏等被指控为共产党,当即被军队逮捕。15 日,该校校长马君武将邓、魏二人保释,以李、严二人擅自报告军队,扰乱学校秩序,予以开除处分。25日,上海国民党第八区党部通电反对马君武,所加之罪名为:一、不设党义课程;二、蔑视该党总理;三、不悬党、国旗;四、包庇"反动"分子,该校为共产党在吴淞一带之大本营;五、马君武在该校兼讲近代文化史,课授至近代政治制度一章时,公然宣称中国应行代议制,反对以党治国。

10 月 15 日 鹿钟麟、刘郁芬、宋哲元、孙连仲、孙殿英、庞炳勋、刘骥、郑大章、刘汝明、马鸿逵 10 人自焦作通电,略谓见本月 3 日蒋电,为民请命之目的可望完成;依 5 日阎、汪、冯三公罢兵息民通电,即日遵令撤防,至于军事善后,静候公平措置。

△ 粤第八路军总指挥陈济棠自广州抵梧州,即召集军事会议,决以武力解决张、桂军。同日,第八路军黄廷桢、朱为珍两部进攻来宾,在石龙击败薛岳部;范德星、陈光汉两团亦在黎塘、樟木与张发奎军遭遇,占领樟木。19 日,陈济棠赴平南督战。

△ 张辉瓒第十八师朱耀华旅是夜占领新淦(今新干);同日戴岳旅占领清江。17 日,王捷俊旅抵樟树。清江、新淦之红军沿袁河及赣江向江南转移。

△ 蒋介石任命樊钟秀旧部李万林为陆军第七十六师师长,是日,李在宝丰县宣誓就职。

△ 外交部据张学良报告延吉龙井村日警肇事情形,向日代使重光葵提出严重抗议。17 日,间岛日领事岗田向延吉市政筹备处处长张书翰交涉,提出谢罪、给恤、处罚、保证等条件。19 日,日警又有二十一队由朝鲜开到龙井村,并有日机在中国领空示威,长春日守备军亦相应作攻击长春之演习。

△ 汕头民众组织"大广东"轮击毙工人案后援会,参加者二三万人,是日议决一致对法经济绝交。18 日,汕头三万民众举行示威大游行,全市商店停业,工人停工,表示强烈抗议,并电请国民政府取消不平

等条约,要求法国公使将工会所提六点意见圆满答复。

△ 上海海员总工会开全体大会,厦门海员代表对荷轮侮辱萧信庵女士案提出议案,当经议决:一、电请国际劳工会执行仲裁;二、电请国民政府令外交部向荷使提出抗议;三、由各地分会警告渣华公司,速将侮辱萧女士之大副即行撤职重惩,并赔偿名誉损失,保证以后不再发生同样情事。厦门各界对此案亦极愤慨,厦公团通知民众,对渣华轮实行不载货、不乘客,以断绝营业关系。近日渣华轮船公司因此在厦门不能工作营业者,达八艘之多。

△ 中华国民拒毒会具呈国民政府撤销两湖特税,严禁栽种罂粟,略谓:"查两湖特税之设,原为一时清理存土之计,讵知一延再延,取消无期。""据汉口市政府社会局之调查,汉口全市共有商户1.3017万家,粮食业仅536家,而鸦片业占764家。全市店员6.2721万人,而业鸦片者竟达3056人",望采取完全禁绝政策。

△ 日商三井洋行运日米1.38万石抵上海,尚有10万石续运。沪人孙振同著文号召米业抵制。16日,上海社会局告诫各华商米业勿购办日米,违则重究;上海碾米业公会亦通告同业拒销日米,日米销路停顿。

△ 上海盈余、安丰、预丰、晋泰、镇和五丝厂工人抗议资方八折发给工资及取消每月赏工四天,一致罢工。19日,上海纬纶、公益、厚福三丝厂工人亦以同样原因罢工。八厂罢工工人共4000余人。20、21两日劳资双方谈判,决定工资不打折扣,赏工事以后再议,各厂工人遂于21日复工,但坚持赏工不容取消。

△ 据《华北日报》讯:据内政部最近调查,灾情遍及全国16省,牺牲生命6000万人,计有疬疫、旱魃、洪水、地震、兵灾、土匪、雹灾、蝗虫、风灾、水灾、霜灾等等。湖北灾情最重,灾区亘62县,919.72万人或丧生命,或流为饿殍。

10月16日 阎锡山由石家庄返太原。晚8时许,召冯玉祥、汪精卫、陈公博、邹鲁、谢持等各要员会议,决定根据微(5日)电主张,采取和平办法,希望东北将和平解决的具体办法早日实现。如果和平解决一切,阎、冯将同时自动下野,军政大权将交给才力优裕的大员接任。

△　石友三就蒋介石所委第十三路总指挥职,所部约五万人到达磁州轰击晋军,并积极向邯郸开进。正定、石家庄、顺德(今邢台)一带晋军,依照阎之总退却命令向石家庄集中,转正太路向太原退却。同日,李服膺电于学忠,谓:"奉谕将正定、石家庄防务即日让渡,请派员来石,与警备司令接洽。"17 日,晋军全部撤娘子关,并炸毁洛、沙两河铁桥,以阻石友三部队北行。18 日,东北骑兵第六旅白凤翔部接防正定、石家庄;骑兵第一旅郭希鹏部由大名开抵顺德。

△　冯部孙连仲派参谋处长李汉辉由新乡抵济见韩复榘、蒋伯诚,请代为疏通收编。次日得蒋介石电允。19 日,蒋伯诚偕李汉辉奉召抵南京见蒋介石,蒋委孙连仲为第二十六路总指挥,指定鲁西为驻防地点。29 日,孙在新乡就第二十六路总指挥职。

△　红军第一方面军第三军黄公略部与浏平赤卫队万余人三面围攻浏阳城,多日不下,是日向古港、高坪转移。

△　北平总商会开撤废崇文门税关大会,到千余人,决推冷家骥、杨以俭等六代表赴沈向张学良请愿。20 日,张学良见北平商民代表,允电财政部通盘筹划。

△　法国水兵两人在上海杨树浦乘渡船不付渡资,反将船夫忻鼎香击毙,制造暴行。

△　南京中央大学学生涂巨尧等 290 余人联名发出改进校务宣言,要求撤换掌握大权、营私舞弊之秘书长张佐时,改进校务。校长张乃燕允作详细考虑。20 日,学生许自诚等 600 人又提出改进校务之 18 项主张。南高、东大、中大毕业同学会亦开会决议赞助。张佐时被迫匆匆离校。次日,校长张乃燕向蒋介石辞职。

△　《佛学》半月刊在上海创刊,佛学书局出版。

10 月 17 日　湖南省府常会决定设立平浏绥靖处,以刘建绪为处长。24 日,刘拟具"绥靖"意见六条,呈何键鉴核施行。25 日,刘赴平江规划,经费每月 50 万元。

　　△　红一方面军总前委在江西峡江举行扩大会议,对时局的估量、红军的行动方向、土地问题和工商业政策等问题进行了讨论,作出相应的决议,进一步决定停止执行进攻南昌、九江的计划,将部队部署于清江至分宜段的袁水两岸地区,以备战的姿态开展群众工作和筹措给养。

　　△　午后,广西梧州大火,江边游船茶肆中座客 650 人悉被焚毙。

　　△　据哈尔滨北满贸易局发表:北满死于鼠疫者已达 300 余人,中东铁路医务局正致力防疫。

　　10 月 18 日　何应钦在郑州行营召集军事会议,讨论进攻洛西。徐源泉、郝梦龄、刘峙、贺国光等均列席。

　　△　万选才、王老五在南京被枪决。

　　△　张学良委任东北边防公署高等参议官汲金纯为山海关警备司令。

　　△　牙买加华侨创办华文《中华商报》出版,每周两期。

　　10 月 19 日　张学良派军务厅长荣臻赴平筹设行辕,并与于学忠接洽军事。20 日,张学良在沈举行第二次最高干部会议,决定陆海空军副司令部设沈阳,在北平设行辕。组织大纲由军事、军令、秘书三厅起草。

　　△　第九军军长上官云相抵汉口,次日乘机飞南京,21 日见蒋介石,蒋委上官云相为平汉护路司令。

　　△　驻黑河苏联领事科尔聂夫与中国黑河市政筹备处长张寿增商订黑河中苏局部通商条约共 11 条。议定中、苏在海兰泡、黑河作部分通商,苏方在黑河筹设国营商务代办所及其他商业机关,华商集资 10 万,在黑河组设东北贸易公司,谋对苏发展商业。

　　△　新任崇文门关监督富葆恒由沈阳返抵天津,对记者谈称,崇关年收 140 万,担任北平中小学经费 90 余万元。关可废,教育费不可不另筹。且崇关既废,洋货到平少纳一重税,无形为洋货畅销造机会。28 日,富葆恒抵平,称关务照常进行。

10 月 20 日　鹿钟麟由焦作电张学良,谓冯玉祥事实上已去职,命本人指挥西北各军,愿将全军由中央编制,关于西北军此后兵数及驻屯地,恳代为向中央请示。

△　国民党河北省整委会、北平市指委会举行联合扩大纪念周,中央委员吴铁城出席并讲话,提出阎、冯残部中央交张学良处置,华北党务趁此时机严加整理,并痛斥改组派与阎、冯勾结,破坏统一。

△　东北宪兵司令陈兴亚奉张学良令,率部第三、第四两大队由沈南下,是晨第四大队在天津下车驻防,午率第三大队抵北平。

△　蒋介石在中央党部纪念周上演说,称:"现在一般社会因党员多为个人谋幸福,少为民众求利益,致对本党常抱不满之态度。且各地控告党员违法之案,指不胜屈。"

△　河南省政府主席刘峙、委员张钫等在开封就职。

△　平津卫戍司令于学忠在北平宣誓就职,吴铁城代表中央监督。

△　教育部令朱葆勤、谢树英、庄权三人为接收劳大专员,令即日前往接收,如该校抗令,即予停办,并电沪市府于必要时协助。21 日,劳大校务会电请行政院速委校长,并请教育部收回改点验为接收之命令。因劳大校务会一再电请,蒋介石遂决定办法如下:一、举行点验;二、暂由校务会议摄行校政;三、物色继任校长,并面嘱张群电知教育部照办。

△　广东中央银行开始收回前行长黄隆生时期所发行面额五元、十元之钞票,并于 16 日起,先期停止收存广东中央银行纸币定、活期有息存款,其已存入尚未提取之定、活期纸币存款,亦于同日起停止计息。

△　陕西士绅井崧生邀集陕北 23 县士绅王季斌、曹颖生、王鼎丞等筹设陕北地方实业银行于榆林,股本额 50 万元,先由各县筹集 12.5 万元,于本年 12 月 1 日开幕,第一任经理马秉初。

10 月 21 日　鹿钟麟之代表李炘、冉愚谷、李广安抵南京,次日见蒋介石,表示西北军归顺之意,但蒋欲冯、鹿均下野。冯、阎对鹿亦不满,授意刘骥、刘汝明出面反对,使鹿处境困难;加以鹿不愿东北军将黄河北岸西北军之军、师长废除,改旅归东北编制,遂于 24 日自焦作发漾(23 日)电声明"解除军职,息影遂初",并派秦德纯赴沈见张学良说明情况。鹿本人即日离焦作赴天津租界隐居。

　　△　吉鸿昌由蒋介石任为第二十二路军总指挥,是日吉由周家口防地抵南京向蒋介石报告改编经过,并请示驻扎地点。蒋即调第二十二路军往豫、鄂、皖三省边区"剿共"。

　　△　第八师师长毛炳文率部离郑州到南京见蒋介石。25 日,毛赴沪,所部开闽、赣边境"剿共"。

　　△　国民党中政会外交组讨论进行交涉领事裁判权问题。对中美法权问题,令驻美公使伍朝枢留美继续进行交涉,期于本年内解决;对英待研究英方所提法权答案拟定对策后,再交外交当局交涉;对法俟法使到京后由外部进行谈判。

　　△　行政院会议决定,威海卫区域定名为"威海卫行政区"。

10 月 22 日　平绥路宣化、张家口之晋军奉阎锡山令,陆续向大同、浑源一带撤退。东北军第五旅董英斌部开始从南口、顺义向张家口进展。是日,晋军张家口警备司令张诚德电张学良,表示欢迎东北军进驻。同日,董英斌抵宣化,与尚留宣化之晋军北平宪兵司令楚溪春同赴张家口,即日接防。残留张家口之晋军完全退入晋境。

　　△　上海市政府训令所属,谓奉行政院训令,中央第一一〇次常委会决议:"开除党籍或停止党权之党员,与褫夺公权无别,并不得享有《乡镇自治施行法》第七条之公民权及被选为乡镇间邻各长之权。"

　　△　莫德惠电国民党中央及张学良,谓苏联坚持伯力协定,会议无法进行,请准暂停交涉回国。23 日,外交部电召莫德惠回国。同日,苏联报纸辟谣,否认有要求以苏军充任中东路护路队之事。29 日,国民政府电令莫德惠暂缓回国,避免中苏交涉破裂。30 日,莫自列宁格勒返莫斯科。

　　△　红二军团贺龙、邝继勋两部攻克湖南南县、华容、梅田湖,常

德、岳州震动。24 日,何键由汉口返抵长沙,急令川军赖心辉部,湘西陈渠珍、戴恢垣、李国钧等部分途向南、华反攻。27 日,又加派彭位仁第十六师星夜开赴湖口一带"协剿"。同日,川军占麻河口藕池,戴部占三仙湖,围攻南县。28 日,彭位仁率部赴沅江督师。30 日,川军、湘军向南县总攻,占南县。

△ 湘军新三十一师钟光仁旅、第十五师侯鹏飞旅复占平江县城,红十六军孔荷宠部由平北向平东梅仙转移。

10 月 23 日 中原大战反中央之靳云鹗旧部刘春荣第二十军在豫北辉县发生兵变。该部团长陈耀武、特务营长陈北壬乘军部开重要会议时,将军长刘春荣及旅、团长多人击毙,并拘留多人,陈耀武自任第二十军代军长。该部旅长刘万春、申体臣闻警,趋避淇县,通电陈述真相,并请友军援助。驻新乡之石友三部据报,于 28 日派遣第一、二两军及教导师协同孙连仲一部,赴辉县进攻陈耀武、陈北壬,毙千余人,刘万春、申体臣于 29 日率所余官兵 4000 余人至顺德归附石友三。31 日石自顺德发出通电,陈明该部解决变兵经过。

△ 蒋介石偕宋美龄自南京抵沪,赴宋宅参与宋母之祈祷礼,蒋受洗礼为基督教徒。该教派属监理会。24 日蒋等送宋母赴日就医后,即离沪赴甬,转返奉化原籍溪口游览山水。

△ 国民党中常会议决:招商局应收归国营,关于股权债务之清理,由整理委员会妥拟办法,呈请政府核定施行。

△ 晚,湘鄂赣三省绥靖会议在汉口三军团总部举行,参加者何成濬、何键、鲁涤平、徐源泉等,对"剿共"部队配备、经费筹措及联络方法均大致决定。

△ 闽财厅长何公敢以茶税押借 10 万元作讨卢军费。方声涛派孙本戎自泉州抵尤溪晤卢兴邦,接洽释放五省委及卢部输诚事。同日,蒋介石电复闽省当局,对卢军事可酌核情形,全权办理。

△ 阎锡山为整顿山西金融,连日在总部集议维持省钞办法。但省钞价格跌落,物价续涨,官方虽布告令各商家降价,均无效果。是日,

太原总商会召集 20 个商行会董开金融会议,议决办法三项:一、本市商行自 11 月 20 日起售买货物,一律以现洋或国家银行钞票为交易本位;二、所有商民往来债务,于阳历年终清还时,得用省钞,自二十年 1 月 1 日起,均须以现洋清还;三、请省政府借给现洋 100 万元,由太原总商会担保,一年为清还之期,一面由国家银行发行钞票 100 万元,由总商会烙印,当现金通行市面,不得折扣,随时兑现,一年收回。此三项办法议决后,由会长王肇泰面呈阎锡山核办。

△　上海统一纱厂工人罢工,30 日被迫复工。

10 月 24 日　广西张、桂军乘围邕滇军退驻平马(田东),连日来集结柳州、南宁、隆安,分向第八路军阵地进攻。是日,张、桂军之便衣队在石龙、良村一带与第八路军朱为珍部相持,次日始退去。27 日,桂军朱涛部千余人由柳南下,复攻朱为珍部,另一部 500 余人,由苏梅森率领,从小路抄出良村、对河,牵制第八路军武宣后方,28 日晨袭武宣,炮火极烈。第八路军派兵截击,张、桂军退向来宾。

△　接收劳大专员谢树英回南京向教育部报告接收劳大困难。26 日,蒋梦麟在南京就劳大问题发表谈话,谓教部接收劳大本意拟收归部办,以便从事整顿,现既接收困难,当俟新校长产生后,由校长负责办理。

10 月 25 日　杨虎城军占领潼关,冯军刘郁芬部即晚自西安退走。杨部马青苑旅 27 日占领西安。

△　孙本戎电告闽省府,卢兴邦愿无条件送还林知渊等六人,林等日内可赴德化。26 日,福建旅京同乡因收编卢部将成事实,特呈请国民政府彻底讨卢。27 日,卢兴邦拍长电一则,向闽省府请罪,谓“一六”事变,为一二宵小所酿,与卢兴明无涉,已将卢兴荣革职待罪,请停止军事进行。闽省府复允即日退兵。

△　陆海空军总司令部总参议蒋伯诚在沪对记者发表谈话,略谓:蒋介石曾表示,倘西北军以个人名义完全脱离冯、鹿关系,则与中央袍泽一视同仁,否则绝难通融。

△ 陆海空军总司令部任第二师师长顾祝同为洛阳行营主任。

△ 红一方面军总前委和江西省行动委员会在江西新喻县罗坊举行联席会议。总前委书记毛泽东主持,会议讨论红一方面军打不打南昌和如何粉碎敌军"围剿"问题。毛泽东根据敌强我弱的基本情况,提出不应打南昌,主张红军主力先向根据地内退却,使力量对比发生有利于我的变化,然后集中兵力各个歼敌于运动中。经反复讨论,得到大多数与会者赞同。26 日,会议通过《关于目前政治形势与一方面军及江西党的任务的指示》。

10 月 26 日 陈济棠在梧州召李扬敬、杨鼎中等开军事会议,决定先攻南宁,后攻柳州。李济深、陈铭枢鉴于黄绍竑、白崇禧、李宗仁、张发奎等均为马晓军旧部,故邀请马氏主持两广和平。同日,国民政府派前军事委员会主席团主任马晓军自沪赴港,转往梧州收拾桂局。

△ 石友三第十三路军归东北军指挥,石应张学良约自新乡到沈。是日张学良令石友三不许招兵,静候点编,驻地问题俟蒋决定,石表示遵办。

△ 冯部孙良诚派代表王景波抵济,请韩复榘代向中央接洽投诚,得韩应允,是日王返河南。

△ 吉鸿昌在淮阳就豫鄂皖边防"剿匪"副司令职。

△ 交通部以军事已告结束,令各有线、无线电管理局及电台将以前颁布之取缔国内外商电使用密语办法取消。

△ 台湾文化三百年纪念会在台南召开。

10 月 27 日 台湾雾社高山族人民因不堪日人苛虐,1500 人举行抗日大暴动。在高山族领袖摩那·罗达粤领导下,经过周密准备,并推本族日名花岗一郎、花岗二郎兄弟参加领导,乘是日雾社公立学校运动会开幕时包围会场,袭击日人,同时袭击警所、学校、邮局及官员宿舍等处,击毙日人 134 人,击伤 215 人,占领雾社全区。

△ 扩大会议在太原傅公祠开正式会议,汪精卫主席,通过约法起草委员会所拟之约法草案全文,并发表向全国征求对该约法草案意见

之宣言。次晨,汪离太原南下,该会其他要员亦相继离太原,扩大会议随之消散。

△　河北省政府主席王树常率各厅长到沈阳,向张学良报告接收冀省府经过及军事布置情况,并请示方略。31 日离沈返平。

△　何成濬电令回鄂各部队,务自 11 月 1 日起,三个月内"肃清"红军。

△　第九军军长兼第四十七师师长上官云相辞职,王金钰奉令兼任,是日在郑州就职。同日,何应钦自郑州电军政部,谓军事告一段落,郑行营事交王总指挥金钰办理,本人即返南京。

△　陆海空军总司令部发表任命赵守钰为山西宣抚使。

△　朱德、毛泽东红军第一军团第三、四、十二各军,由新喻峡口攻取上高,图断袁州罗霖师与高安公秉藩师之联络。是日,红军遭罗霖部袭击,弃上高向清江(今临江)转移,集中新喻、清江以北及高安西南地区。鲁涤平令所部分为三个纵队,以张辉瓒、谭道源、罗霖分任指挥进攻红军。

10 月 28 日　中央军飞机连日在晋南投弹,太原发现"中央限阎、冯于两星期内离境,否则用飞机催行",并警告晋人"为免惊恐,送二人出境,俾部下可受中央新任命"之传单。是日,中央飞机一架开始在太原投弹轰炸,死伤人民 10 余名。29 日,又有中央飞机六架到太原轰炸。

△　晚,桂军黄绍竑部经蒲庙、永淳进攻距横县 20 余里之第八路军杨鼎中部阵地,被击退,杨部向横县推进。31 日,杨亲率分驻永淳、横县各旅,取道蒲庙向邕宁城东南进攻。

△　蒋介石以军事结束,通令各军,战时名义一律撤销,所有各部善后事宜就近与各该省府商承就近各行营妥筹办理。

△　张辉瓒、谭道源、许克祥、李觉、罗霖、公秉藩、邓英等师包围进攻吉安红军。汉口行营分电湘、赣当局切实联络进击,并派飞机三架轰炸吉安。

△　被卢兴邦扣押之闽省六委,除陈乃元病死尤溪外,林知渊、许显时、程时煃、郑宝菁、吴澍五人是日由孙本戎等护送至福州。

△　国民政府以招商局为我国设立最久之航业机关,因经理无方,濒于破产,虽经派员整理,仍少成效,是日明令将该局收归国营。

△　南京中央大学总务长黄曝寰在纪念周报告中大改组经过时,被学生所逐,风潮益形扩大。是日,张乃燕复教职员、学生书,声明辞职之真相,颇以教育部长蒋梦麟为此纠纷之幕后人。同日,中大八院长联名急电蒋介石,请令张乃燕校长即日回校。蒋梦麟发表谈话称:"本人无不以良心任事,对中大处处维持,反受责难,甚为痛心。"30 日,张乃燕致函蒋梦麟,指责"何以小小学潮,小事大报,有劳主席亲裁"。双方互函责难。

10 月 29 日　台湾高山族起义人民占领雾社全区后,遭台中日本守备队之进击,退入山区,化整为零,据险抵抗。被围山中妇女儿童皆行自杀,以送父兄丈夫出战,绝其后顾之忧。男子组织决死队与日寇搏斗,战败亦均自杀,绝不忍受俘,英勇坚持抵抗 50 余日。台湾总督石塚与台中日寇部队均感无法入山,竟惨无人道筑长堤将山区包围,出动飞机施放毒气。高山族人民生存者仍奋勇作战,弹尽粮绝即集体自杀。事后于岩窟中发现,战士及妇孺往往连成一串,每串十余人,凄惨壮烈。日寇后捕获起义领袖摩那·罗达粤之妹马洪·摩那,逼其不断携带鸡肉酒饭前往诱降援尽食绝之兄。摩那·罗达粤及其子泰拉粤·摩那,偕同起义人员 40 余人于弹尽粮绝后,于卡萨溪上流之一岩穴中集体自戕以殉。

△　国民政府任命杨虎城为陕西省政府委员兼主席。30 日,杨进驻西安,组织省政府,任马青苑为西安警备司令。

△　日本立教大学校长雷甫奈达在东京谈其在北平研究北京人之结果,谓北京猿人头骨经学者判明为距今 60 万年前之人类,可谓人类之元祖,为学术界惟一之研究资料,各国均欲收买,华方不允,拟永久保存于北平。

10 月 30 日　教育部前曾呈请国民党中央废除《中日文化协定》，要求：一、日本庚子赔款，全数退还中国，由中国自由支配；二、取消日外务省对支文化事务局，根据平等原则，由中日另组机关，处理中日文化事业。外部向日交涉后，最近接日本复文，对方案第一项办法完全不同意，对第二项仅允将补助中国留日学生之学费办法加以变更，并坚持文化协定原议。是日，教育部将驳复各点，再请中央向日本外务省严重抗议，废除《中日文化协定》。

　　△　上海中国公学校长马君武被中华学艺社推举为出席日本学术协会代表东渡赴日。是日，中国公学校董会决议以马君武"干犯党怒"，着即免职，选于右任继任校长。

　　△　汪精卫、冯玉祥抵太原与阎锡山相晤，决定阎、冯下野，汪离晋。11 月 1 日，汪偕陈璧君等离太原赴津。

　　△　中共中央创办之《实话》报在上海创刊，至次年 3 月 5 日停刊。

10 月 31 日　国民政府公布《民国十九年善后短期库券条例》，券额 5000 万元，月息八厘，自民国十九年 11 月 1 日按票面九八折发行。还本付息基金由财政部在关税增加收入项下如数照拨。从民国十九年 11 月起分 66 个月还清本息。

　　△　日本阁议决定，今后公文及教科书一律将"支那"改称为"中华民国"，并任命村井仓松为驻沪日总领事。

　　△　阎锡山派代表温寿泉、梁汝舟持阎亲笔函自太原到沈，与张学良接洽山西军事善后办法。

　　△　蒋介石委陈光中为新编第三十二师师长。

　　△　蒋介石以杨虎城第七军入陕"讨逆"有功，特擢委第十七师第二旅旅长孙蔚如为第十七师师长；第三旅旅长马青苑为第五十八师师长；第一旅旅长冯钦哉为第七十一师师长，仍由第七军指挥。

　　△　红一方面军总前委和江西省行动委员会于 25 日起在江西新喻县罗坊举行联席会议。在毛泽东主持下，分析政治形势，总结攻打长沙、夺取吉安的经验教训，作出相应决议。是日会议通过了毛泽东提出

的"诱敌深入"方针,决定主力红军东渡赣江,准备反"围剿"作战。

是月　阎锡山、冯玉祥等反蒋介石战争失败,山西省银行在阎统治时滥发之纸币,亦随阎之战败而狂跌,每元钞票只值 0.3 元左右,并继续下跌。正太铁路车站、邮局、电话局等首先停收省银行钞票,改收现洋,金融混乱,物价飞涨。山西省银行由省政府接管。

　△　热河兴业银行发行新纸币。东三省官银号亦发行新纸币。

　△　日人在南满铁路安奉线(自安东至沈阳苏家屯),自去岁中苏战云紧急时,开始兴修炮台,至是月底止,全线修成大小炮台已达77 座。

11　月

11 月 1 日　阎锡山之代表温寿泉在沈阳会见张学良,传达阎之希望,谓阎现拥有军队 16 万,山西一省无论如何不能养此大军,请将察哈尔、山西、陕西三省仍为晋军防地,如能容纳,阎即下野;晋军统率因赵戴文已老,拟委诸徐永昌。张当即电南京请示,旋接南京复电称,须阎确实出国后,晋军编遣经费方可由中央负全责。

　△　何成濬调集张辉瓒、谭道源、熊式辉、蔡廷锴、蒋光鼐、邓英、许克祥、公秉藩、罗霖、彭启彪 10 师兵力,图先消灭江西中央革命根据地红军,然后消灭湘鄂红军。是日起,湘、鄂、赣三省"剿共"部队开始动员。第十八师张辉瓒部开抵樟树镇,即向南进攻,新编第二十师许克祥部抵丰城。红军主动退出上高、高安及新淦(今新干)县城。4 日,第十八师朱耀华旅占领新淦,戴岳旅占领袁河、赣江汇合处之清江。红军大部向峡江、新喻西南退却。

　△　第十六师师长彭位仁率部兼程向湖南梅田湖进攻红军,与贺龙红二军团激战甚烈,是日占领梅田湖,并分三路进攻华容,3 日占华容,5 日又占领南县。红军由公安、监利、石首回洪湖根据地。

　△　何键赴平江、浏阳一带视察,并召集刘建绪等开军事会议,讨

论"剿共"办法。6日,刘建绪赴浏、平督战。

　　△　广东省府主席陈铭枢代表蒋介石自南京飞抵汉口,2日,慰劳并检阅第十九路军蒋光鼐、蔡廷锴两师。3日,蒋、蔡两师开始向湘、赣开拔"剿共"。

　　△　午后2时,红军第一方面军在新喻县罗坊之园前村发布东渡赣江,实行"诱敌深入赤色区域,待其疲惫而歼之"的第一次"反围剿"命令,部署红军作战计划如下:一、先以主力移到赣江东岸,相机取樟树、抚州,发展新淦、吉水、永丰、乐安、宜黄、崇仁、南丰、南城各县工作,筹措给养,训练部队。二、第三军团为中路军(由彭德怀、滕代远指挥),应即迅速渡过袁水南岸集中队伍,准于本月5日在新淦对河附近渡江,向樟树前进,相机略取樟树,并在樟树通丰城、新淦两大道附近筹款20万,发动群众。以后之集中地在永丰之藤田附近。三、第四军、第十二军为右路军,应于3日集中部队,4日检查工作,5日开到峡江附城,6日渡江(归林彪、杨岳彬指挥),经崇仁向抚州前进,相机略取抚州;在南丰、南城、崇仁、宜黄各处工作,筹款40万,发动群众。以后集中地在乐安之招携市附近。如中路军受优势之敌威逼时,则应提早集中时间,向中路移靠,以便应敌。四、第三军(由黄公略、蔡会文指挥)为左路军,担任赣江西岸一带地区(包括安福)扰敌工作,与第二十军及中路军取联系,牵制敌人进攻吉安。五、第二十军应在吉水、永丰、新淦一带工作,须经常与总部确取联络。六、总司令部拟于5日在峡江城渡河,位置于峡江县城对岸通新淦之大道旁,以后则随中路军(第三军团)行止。

　　△　郑州行营令道格拉斯飞机四架飞往太原掷弹,阎锡山大本营被命中,伤亡甚重。

　　△　财政部长宋子文在沪呈蒋介石,以军事大定,盐税亟待整理,请将驻防九江之缉私特务队调回,实行改良缉私,以维税源。

　　△　外交部令驻日大使汪荣宝交涉修改《中日文化协定》。

　　△　全国工商会议在南京开幕。主席孔祥熙致开幕词,提出巩固工商金融、协谋工业建设、改进工商组织、推行科学管理、振兴固有国

产、发展国外贸易六端,请大会商榷。同日,上海 80 余同业公会为工商部议驳市商会会员代表大会决议"已未入会同业均应一律遵守行规"一案,致电参加全国工商会议之沪市商会常委王延松,请提出工商会议复议。

△ 上海丝厂同业以销滞亏本,遵照上月 19 日公议停业,全沪丝厂 106 家全体停机,工人陷于失业者达四万人。

△ 天津妥信银行受市面萧条影响,亏欠 10 余万元,是日倒闭,经理王竹生潜逃。

△ 《苏报》在江苏镇江创刊。

11 月 2 日 蒋介石在奉化溪口对记者发表对于中央大学风潮之意见,谓:"中大校务废弛,国家主义派、改组派、共产党混迹其间,余两年来早有所闻,并非蒋(梦麟)部长报告,学风如此败坏,校长应负全责。"

△ 杨树庄在福州召集刘和鼎、陈季良、张贞、方声涛等开闽省军事会议,商闽局改造计划,决定对陈国辉、钱玉光、张子明、刘宗彝、梁济川、卢兴邦等部实行改编,并议定以卢兴邦为闽西"剿共"前敌总指挥;卢部悉数退出尤溪,集中清流、宁化,然后即向闽西前进,限一个月内肃清闽西共军。

△ 朱德红军一部由江西莲花进入湘东之茶陵、攸县、安仁一带,会合陈韶部克茶陵,6 日克安仁。何键急电湘南警备司令段珩及湘南团防第一纵队指挥曾正炎扼守耒水、湘水之线,严为防堵;并急电第十九师师长李觉赶率萍乡各部回湘,在攸(县)、醴(陵)进击。

△ 沪公共租界工部局为实施文化侵略,破坏我国教育行政系统,近添设教育部,限令租界内各小学于 11 月底以前填表呈报,以便收归管理。是日公共租界 20 余校校长开联席会议,对工部局添设教育部一致否认,并决议组织收回租界教育权运动委员会等四项具体措施。

△ 晚 10 时半,天津日本大连汽船株式会社仓库失慎起火,烈焰冲天,延烧八小时,余烬 3 日晚始灭,焚毁中吉、大信等洋行棉花、麻丝、

豆油、纸类等物,价值百余万元,此为天津数年来未有之巨灾。

△ 下午,上海闸北共和路福昌军衣第三厂突然发生火灾。该厂楼房一栋、平房五间均付一炬,死工人 36 人,伤 70 人,全厂损失约三万元。火起后,厂方不但不设法令女工逃命,反将门户关闭,以防货物漏失,竟至一发不可收拾。

11 月 3 日 外交部宣布,苏联发表王正廷致李维诺夫电,谓莫德惠在苏正式会议,对中东路、通商、复交三问题有讨论签字全权之说,并非事实;王正廷仅电莫德惠,关于中东路、通商、复交三事,可依次讨论,惟不得并为一谈,此三问题之决议案,须由政府核准,始得签字。

△ 南下斡旋解决桂局之马晓军抵梧,与陈济棠确定解决桂局办法:一面由马晓军联络主和之黄绍竑派,一面由粤军急攻邕、柳,促主战之李宗仁、张发奎、白崇禧下野。2 日,黄旭初之代表周渤雄赴梧与陈济棠、马晓军商收编事。是日,赴梧与陈济棠商和平条件之黄绍竑代表四人抵广州见古应芬。

△ 湖南红三军团之孔荷宠、李实行两部与自江西入平江之红三军黄公略部会合,是日开始即在长沙、平江间之朱砂坳、更鼓台一带,与陶广师激战四昼夜。

△ 国民政府特任张之江为江苏绥靖督办,李鸣钟为豫鄂皖边区绥靖督办,刘镇华为豫陕晋边区绥靖督办。

△ 国民政府公布《电影检查法》,规定凡电影片无论本国制作或外国制作非依本法经检查核准不得映演。有损中华民族之尊严、违反三民主义、妨害善良风俗或公共秩序、提倡迷信学说者不得核准。

△ 中国公学学生 1200 余人开全体学生大会,通过坚决挽留校长马君武。同日,蔡元培亲往敦劝于右任早日就职。5 日,该校学生又推代表八人谒于右任,于表示"余不辞职,马先生断无重来长校之理"。6日,中国公学全体学生代表团招待上海各报记者,详述此次风潮之远因及其影响,表示非达到挽马目的不止,请校董会收回成命。

△ 苏、浙、沪丝业代表王晓籁、沈骅臣、王晋臣、朱静安等分赴国

民政府、行政院、财政部、工商部,请愿发救济丝厂公债 1000 万元,各机关表示接受。

11 月 4 日　阎锡山通电下野,声明"即日释权归田,借副父命",将晋、察、绥、陕、甘、青各省政治交各该省政府,军队交各该警备司令,整理结束,以善其后。同日,阎赴晋祠晤冯,劝其暂勿离晋,5 日晨返五台河边村原籍。

△　国民政府明令改组河北省政府,免去徐永昌、段宗林、朱绥光、孙奂仑、李鸿文、沈尹默、温寿泉、吕咸、李竟容、赵丕廉、严智怡省府委员职。除委员兼主席王树常业经明令简任外,任命王玉科、姚铉、张见庵、林成秀、常炳彝、何玉芳、严智怡、陈宝泉为该省省府委员。王、姚、张、林、何、常分别兼任民政、财政、教育、建设、工商、农矿各厅厅长。

△　赣东红十军方志敏部由彭泽、湖口转移,占领皖南秋浦县城(今属东至县)。皖省主席陈调元急调五十五师阮肇昌部,会同许克祥师防堵围击,7 日占秋浦。红军向赣边深山转移,10 日,到达浮梁(今并入景德镇)、德兴一带。皖军第五十七师岳盛宣部由婺源出浮梁,第五师胡祖玉部由九江进抵彭泽、湖口夹击红军。海军部并派"江元"、"江鲲"、"勇胜"三舰至湖口一带游弋"协剿"。

△　红二军团贺龙、邝继勋部占领津市,次日又占澧县城。何键闻报,急电第十六师彭位仁等赶回安乡向津、澧追击;令戴恢垣、李国钧率部由常德、临澧向津、澧抄袭;陈渠珍率部在石门、合口一带堵击。

△　何应钦乘机由郑州赴西安视察,与杨虎城会晤,商定:一、请中央在两年内修通陇海路;二、杨虎城兼陕西省民政厅长;三、西安解除戒严。

△　晋军北退后,困守山东诸城之高桂滋部高健白旅由韩复榘改编为山东警备第二旅,以吕欣五为旅长。是日,吕应韩召到济开会,即被扣留。吕部军队开至高密,亦被第七十三师师长展书堂借宴会为名,将该旅连长以上军官一律邀至高密城内扣留,并将吕部包围缴械,计俘虏士兵 1120 余名,枪 900 支。至是高桂滋残部全部解决。

　　△　行政院通过工商部关于裁撤崇文门设关征税之提案,并交工商、财政两部会商抵补办法。5日,平商会以取消崇关另筹抵补不适当,决派代表入京请愿。

　　△　全国工商会议讨论工商部交议之《实现劳资协作方案》,发生大辩论,结果决定重新审查。孔祥熙向记者表示:该会提案及决议案不过供政府之选择,决非一经大会议决,随即实行,政府借此明白工商界现在之趋势与需要。5日,会议原则通过《实现劳资协作方案》,取缔有奖储蓄会,请工、财两部拟具办法。6日,会议通过提倡国货、失业救济、工商业救济等要案。对上海各同业公会所争之"已未加入公会一律遵守行规"案原则通过,请工商部采纳施行。

　　△　江苏省政府决议发行第一期江苏建设公债400万元,向各县摊派250万,向银行抵押150万。

　　△　上海中国饭店开业。

　　11月5日　第九路军总指挥鲁涤平为实行湘、鄂、赣三省会合"剿共",将所部分为三个纵队,分三路全线总攻。第十八师张辉瓒部、新编第二十师许克祥部为第一纵队,张任指挥,集中丰城、樟树,沿赣江进攻新淦、峡江之红军,以吉水、吉安、永丰为目的;第五十师谭道源部、独立第十四旅刘夷部为第二纵队、向瑞河、高安、新喻、清江之红军攻击,以新喻为目的;第七十七师罗霖部、新五师公秉藩部为第三纵队,集中高安、上高,向分宜、袁河之红军进攻,以分宜、安福为目的;中央缉私团及毛炳文、熊式辉两师担任预备队。

　　△　晋军张荫梧、李服膺两部对受徐永昌节制表示不满,主张由赵戴文单独与南京接洽。晋军分化之势已成。

　　△　延边龙井村日警寻衅,日趋严重,近日又由朝鲜调来日警106名,占据中国岗位,夜间且到乡间任意搜索扰民。外交部据报后,已向日使馆提出第二次抗议。是日,新增龙井村之日警106名,奉日外务省电令撤退。

　　△　国民党中政会讨论整理中央大学及继任校长问题。教育部长

蒋梦麟列席报告中大校务纠纷真相。同日,中大学生全体会议决定:一、张乃燕校长辞职不予挽留;二、提出继任校长标准四项,不合者誓以全力反对,并于 7 日发表宣言。

△ 中国公学及光华大学教授罗隆基,因被人控告"反动",下午在吴淞中国公学被捕,解送公安局。蔡元培、宋子文等前往具保,6 时即释出。

△ 交通部国际电信交涉委员会与大东、大北、太平洋三公司代表开第四次水线交涉联席会议。三公司代表对交涉委员会坚持年底撤销旧约,另定平等合同,均表示让步。

11 月 6 日 财政部财政整理会秘书长曾镕甫对记者谈,内外国债及铁路交通等各项债款,共有 200 余种,债额总数共为 20 亿元,外债 12 亿元,内债八亿元,现决定自本月 15 日起在上海开始整理。

△ 国民党中执会常务会议决议:讨逆军事业告结束,停止检查新闻;并训令各级党部厉行新闻登记,借防"反动"而便指导。

△ 国民政府以辛博森破坏海关制度,滥用国课,殊违国家法纪,下令通缉重惩,通缉令是日到天津。

△ 蒋光鼐、蔡廷锴两师由湖南抵江西萍乡,向莲花、永新之红军进攻。同日,红军朱德、毛泽东、彭德怀各部分抵抚州(临川)、新喻及闽、粤边境。何成濬即令鲁涤平、何键"跟剿"。次日,公秉藩师由新岗岭向新喻推进。

△ 陆海空军副司令张学良任命陈兴亚为东北宪兵司令,陈是日在北平市就职,下午即赴津收编津市宪兵。

△ 第二次世界革命作家大会在苏联哈尔科夫召开,萧三代表中国"左联"出席,并被选为主席团成员之一。

11 月 7 日 张学良偕吴铁城、张继、刘光等乘车离沈赴天津,由张作相代理东北边防军司令长官及东北政务委员会委员长。8 日,张学良抵津。10 日,中央所派迎张之贺耀组、张群等到津,与张学良会晤后,即偕同南下赴京。

△ 黄绍竑在香港电古应芬,谓"桂苦战经年,元气已伤,军民皆望和平……恳公鼎力斡旋,和平解决,至为容易"。古遂电请国民党中央予黄以桂善后督办名义。黄亦派代表赴京接洽。

△ 石友三部米文和旅进占辉县,刘春荣残部陈耀武旅被缴械。27日,主谋杀害刘春荣之陈耀武在郑州被捕枪决。

△ 石友三离沈回防,15日在顺德通电就第十三路总指挥职。

△ 湘南警备司令段珩部复占安仁,红军退茶陵。何键以茶陵失守后,攸县危急,于14日电南京告急。蒋介石遂令何成濬转令萧之楚即日率师入湘。同日,段珩部占领茶陵。

△ 李鸣钟通电即日在郑州就豫鄂皖边区绥靖督办职。

△ 全国工商会议原则通过筹设人造丝厂、救济茶业、提倡丝业、解决工商目前困苦、集资组织银团、提倡科学管理法、增加进口成货税等案,其详细办法交工商部核办。

△ 厦门各界组织援萧(信庵)委员会抵制渣华轮。8日,该公司"芝巴德"轮自沪抵厦,仅卸客,空轮赴香港。上海渣华公司为挽回营业计,派代表为"萧案"到华侨联合会道歉,并声明惩处侮萧人员。华侨联合会表示,应向全国民众道歉。

△ 中央研究院与山东省政府合组之山东古迹研究会开始在济南附近之龙山镇发掘谭国古城。不久即发现被誉为龙山文化之黑色陶器,在我国新石器时期之陶器体系中独树一帜。

△ 国民党中宣部通令各省、市党部宣传部转饬当地报馆,今后新闻记载,一律采用白话。

11月8日 余汉谋指挥第八、十两路军再攻南宁,兵分三路,直袭南宁城,激战甚烈。马晓军电劝李宗仁、白崇禧等出洋,谓中央可给考察名义,各给川资五万,两年归国后优用。

△ 阎锡山下野后,诡称归里服侍"亲疾",但仍在五台河边村设军政办事机关,令山西分晋南、晋北、晋东三面布防,并发表赵承绶、张会诏、杨澄源、李生达、杨效欧分别任绥远区、平绥区、河东区、孟县辽县

区、潞安泽县区守备司令,徐永昌、杨爱源分别为晋绥警备总、副司令。是日,中央军飞机复至太原掷弹威胁,死伤商民 50 余人。

△ 国民政府任命上官云相为军事参议院参议。

△ 湖北省政府主席何成濬在第三军团总部召集徐源泉、夏斗寅及各军、师长、各省府委员开绥靖会议,讨论湘、鄂、赣三省"剿共"及鄂省政治。

△ 闽省政府令卢兴邦部退出尤溪、延平、建瓯三属,集中沙、永、邵、光四县,听候改编加委。卢兴邦于是日在延平就闽西"剿匪"先遣指挥,并保卢兴明、张兴龙任旅、团长,另派员与闽省府接洽暂缓调防。同日,闽省府电浙省府请将拘押在江山之卢兴明释放。

△ 全国工商会议闭幕,并发表宣言,谓会议讨论议案共 406 件,工商界切要根本问题,如劳工问题、科学管理问题、工商金融问题、保护关税及废除苛捐杂税问题、提倡国货问题等 10 项均审慎议决。但工商部仅采纳议案中设立国际贸易协会一项,在闭幕式前宣布:聘张嘉璈、陈光甫等 89 人为筹备委员。

△ 禁烟会发表财政部关于民国十九年上半年度各海关查获鸦片及麻醉毒品统计报告,总数共值银 47 万余两,其中江海关查获者占 70%。

11 月 9 日 何键派余湘三赴澧城督战,川、湘军向津、澧之贺龙、邝继勋红二军团总攻,红军自津市移驻澧北大堰塘、张家厂。10 日,川军占领津市,并驰澧增援,与湘军第一警备司令陈渠珍部及湘西"剿匪"指挥戴恢垣部联络,大举围攻红军。贺、邝兵分两路,一向湖北公安、石首、监利等县转移,并先后占领之;一向石门、慈利进军,于 13 日占领石门,15 日晨分路进逼慈利,反攻桑植。

△ 宁波、苏州、福建、湖北、湖南等 27 个旅沪同乡会,为舢板船夫忻鼎香被法水兵推落黄浦江溺毙一案发表宣言,要求惩凶、赔偿、道歉,保证以后不再发生同样事件,并严办私纵凶犯之警捕,进而撤退驻华外兵,废除不平等条约,收回租界。

11 月 10 日　　西北军后方总司令兼代陕西省主席刘郁芬在天津通电下野,谓:"兹幸三秦治安负责有人,遂于上月二十五日脱离陕境,退让贤能,副我素愿。"22 日,刘派代表郑达如到南京见蒋介石,蒋交亲笔函一件,嘱迎刘去南京。29 日,刘到南京见蒋。

　　△　山西旅京同乡王用宾、弓富魁等电劝阎锡山早日离晋,谓"十九年治晋成绩,晋人痛之刺骨已久,今惟出国远走一途"。

　　△　何键因受湘人攻击甚力,加以军饷竭蹶,应付不易,是日电呈国民政府,力辞第四路总指挥、湖南省政府主席、湖南清乡司令、湖南省党部委员本兼各职,并另电蒋介石,谓湘省军费自 6 月起至 10 月止,欠饷达 300 万元,请速予接济。12 日,蒋复电挽留。

　　△　蒋介石任命韩德勤接替叶开鑫为陆军第五十二师师长。是日,韩在徐州防次就职。

　　△　中苏会议苏方代表加拉罕致函中方代表莫德惠,谓就东三省目下之状况而论,《伯力协定》可谓业已履行,开始讨论关于中东铁路及中苏商务、外交关系诸事之具体问题,不复有任何障碍;又谓渠为建设中苏友好之稳固基础计,深信中国必能接受苏联开始谈判之建议。后因加拉罕不俟我方同意,先将原函发表,莫德惠奉外部电令,于 17 日函加拉罕提出严重抗议;并声明中东路现状,其不违背中俄、奉俄协定所规定者,在未经双方同意变更中东路现行办法,或由中国赎回中东路前,任何一方不应加以变更。

　　△　中国公学校长于右任,定是日到校视事,全校遍贴欢迎于之标语。然学生分为"代表团"、"同盟会"两派。"代表团"方面开紧急会议决定,先行罢课,以示拒绝,并贴出"誓死拥护马校长回校"等标语。"同盟会"方面,亦有各种标语贴于"代表团"标语之上,致两派发生冲突。第七区区长即派警赶往弹压。午后于右任赴校,声称并非前来接任校长,系受校董会蔡元培与胡适之委托,前来暂行维持。下午,马君武由日本抵沪,中国公学学生代表前往迎迓,恳请马回校主持。11 日马托胡适、王云五持马亲笔函到校训话,劝学生即日复课。学生接受马之劝

告复课,但仍坚持马复职。19 日,马返校授课,备受学生欢迎。

△ 沪商吴蕴初、朱子谦等集资在沪西创办天原电化厂,专制盐酸、烧碱等工业用品,经一年筹备,是日行开工礼。

11 月 11 日 蒋介石偕宋美龄及中委张静江、戴季陶、陈铭枢、王正廷、李石曾、陈策自奉化溪口回到南京。同日,接见马福祥、梁冠英、马鸿逵、刘峙、张之江、杨树庄、何应钦、何成濬、孙连仲、袁英等。晚设宴招待各将领。

△ 被刺受伤之阎锡山所委津关税务司辛博森不治身死。12 日,英使馆讨论善后,草电沪总领馆,向外部催办缉凶,并另函催张学良缉凶。

△ 军政部长何应钦在南京谈视察陕灾情形,谓该省人民之苦甲于全国,武功一县原有人口 15 万,一年之中饿死八万余人。

11 月 12 日 国民党三届四中全会在南京开幕。主席胡汉民致开会词,声称三全大会议案,因受军事影响,未能实现。此次会议对一年余之工作,不可不有所检查,应议出"与人民有益",且能实现之议案;对会而不议,议而不决,决而不行,行而不动,要力行矫正。胡重申有条件地召开国民会议的主张,反对制定约法。

△ 张学良抵南京,军政要员何应钦、王宠惠等 700 余人到站欢迎,张即赴总司令部与蒋介石会晤,表示外交问题由外交部负责办理。随即共同参加孙中山先生诞辰六十五周年纪念及四中全会开幕礼。

△ 郑州行营电复太原总商会感(上月 27 日)电,限阎锡山 10 天内离晋,否则即派大批飞机轰炸。阎急召商震、徐永昌商议军政善后事宜。

△ 鲁涤平第九路军之第一、二、三纵队,自 5 日总攻后,先后将清江、新淦、新喻、分宜四县占领。红军大部由峡江渡赣江,经永丰、乐安,于 10 日占领崇仁。是日张辉瓒、谭道源两师由丰城、清江星夜向崇仁、抚州急进,与邓英师会合夹击红军。

△ 红三军团彭德怀部近在平江会议,宣言再取长沙。孔荷宠部

移驻汨罗、新市,以断湘、鄂交通,拟西与贺龙部会合。11 日,陶广师由官家桥一带向平江推进。是日,湘军彭位仁急率刘旅占领汨罗、归义(位于湘阴县北)。

　　△　第八路军将领李扬敬、余汉谋等在贵县会议,决限张、桂军早日投诚,否则进兵邕、柳。陈济棠欲以政治手腕收拾桂局,已由缪培南、马晓军派代表马展雄、韦超雍往邕宁,与李、白、张接洽收编事。李、白、张要求改投降为合作,陈济棠坚拒。

　　11 月 13 日　国民党四中全会开预备会,决议:推定胡汉民、蒋介石、于右任、戴季陶、丁惟汾为主席团,陈立夫为秘书长,会期自 13 日起至 18 日止,通知张学良列席会议。会后即开第一次会议,决议如下:一、以候补中执委王正廷、陈耀垣递补阎锡山、谭延闿二执委缺;二、以朱培德补谭延闿之中常委缺;三、组织提案审查委员会,分为党务、政治、军事、教育、经济五组,并推定各组审查委员。

　　△　第九路军总指挥鲁涤平偕谭道源飞赴樟树督师,并与张辉瓒等会议军事。15 日,第一纵队张辉瓒师占崇仁,红军大部退集南城、石城、宁都。鲁急电闽省府出兵防堵。第二纵队谭道源师一部驻新喻,一部进抵抚州,罗旅已达临川会同邓英师向闽边出动。许克祥师由新喻向峡江推进,策应第二纵队攻取吉安、吉水。第三纵队自克新喻、分宜后,罗霖师由安福绕出吉安红军彭德怀部之后,公秉藩师由新喻、清江经峡江攻吉安红军之左。16 日,湘、鄂、赣"剿共"军下第三次总攻令。

　　△　龙井村中日冲突案,经延吉市政筹备处长张书翰与驻龙井村日总领事岗田交涉了结,议定由中国方面给予伤毙日警吊慰金日币一万元,并表示惋惜。

　　△　国民政府决定承认巴西新政府,是日由外交部电令驻巴西公使戴恩赛查照办理。

　　△　刘翼飞在张家口通电就察哈尔省委员兼代主席职。

　　△　顾祝同遵令进驻潼关,并于同日在潼关通电就洛阳行营主任职。洛阳行营改称西北行营。

△　北平教育部电蒋介石、张学良,请示崇关裁撤后经费抵补办法。

△　招商局交涉上海金利源码头案,法方三德堂允出卖该码头地皮,惟 1.16 亩地索价银 39 万两,并限次日答复,否则即请公廨执行。招商局以限期太促,特派人访法领事甘格霖,请展限一月,法领答允。

11 月 14 日　国民党四中全会第二次大会,决议省区应重行划定,并酌量缩小。关于议处北平非法扩大会议分子案,经中央监察委员会常会议决,除汪精卫、阎锡山、冯玉祥、李宗仁、黄绍竑、鹿钟麟、薛笃弼、王法勤、陈公博、顾孟馀、朱霁青、柏文蔚、潘云超、白云梯、郭春涛、陈树人、张知本 17 人早经另案开除党籍外,决定将赵丕廉、赵戴文、陈嘉祐、经亨颐四人永远开除党籍。商震虽列名扩会,但因张学良之解释,未议处,仍保留党籍。

△　张学良、蒋介石磋商北方善后,决定:一、北方政局由张学良全权处理;二、整理山西、西北两军之具体办法,待军事善后会议决定;三、该两军之整理办法决定后,张学良负责执行。张发表谈话,宣称此次来京任务,纯为完成中国统一及研究保持永久和平之适当方策,以期今后不再有因个人或党派不同而发生内争之事件。

△　张学良电商震、徐永昌,嘱速派代表赴南京讨论晋军改编问题。

△　教部训令中国驻南洋英、荷属领事调查各该地政府对于侨校用书限制情形,并晓谕所属侨校自由采用本部所审定之教科图书,一律拒绝各该属政府所编印之课本。

△　捷克新任驻华代办拉法尔到外交部驻沪办事处通告就职,并称中捷商约已经政府批准,令彼为全权代表,与中国代表正式订约。

△　辽宁凤城前曾发生日守备队惨杀华人事,迭经交涉无结果。是日,日本守备队又枪杀凤城西沟村农民刘德才,县政府与日方据理交涉,日方竟声称出于误伤。

△　厦门警备司令林国赓奉令取缔援萧委员会抵制渣华轮,是日

起,海上已无纠察队。19日,漳厦司令亦布告制止抵制渣华轮。20日,沪华侨联合会、海员总工会、上海妇女协会等团体电请福建省政府,迅电令林国赓收回"取缔抵制渣华轮"之成命,并将受敌人运动、妄请取缔之思明县长撤职。

11月15日　国民党四中全会第三次大会决议:一、拨款200万元完成总理陵墓工程;二、于民国二十年5月5日召集国民会议;三、取消编遣委员会。关于约法问题,有人认为在总理《建国大纲》中关于国权及土地两部分,已有细密阐明与规定,关于人权之解释,纤细无遗,政府所订之各种法规皆根据民权主义而定,凡此种种皆足以代替约法,无须再画蛇添足。次日,各组审查会对约法案仍有激烈争辩,决留交国民会议讨论。

△　整理内外债会议开会,中国方面出席者为委员长王宠惠、委员宋子文、孙科、王正廷、孔祥熙、张学良等,各国出席者有日、英、美、法、意、比、丹、荷、瑞九国代表。王宠惠致词谓中央政府对于内外债务中之无担保不确实债务,拟从速整理,并将中国《内外债务一览表》及《整理方案纲要》分发各国代表。《整理方案纲要》规定,自本年度起,按年拨还各国债款。会议结果,以各国债务性质不同,决定以后由各国分别进行,以不违背债务、债权任何一方利益为原则。

△　法国新任驻华公使韦礼德向蒋介石呈递国书。

△　香港《工商晚报》创刊。

11月16日　张学良在南京招待中外记者,略谓:对苏交涉,当本中俄、奉俄两协定精神及和平方法进行;北方军事善后,国府已定有"永久和平"方法,阎、冯、汪出国绝无问题;召开国民会议事,原则已经四中全会通过,办法正在研究;东北党务整理办法,正在交换意见中。

△　商震、徐永昌、张荫梧、王靖国、宋哲元、孙良诚、孙殿英、高桂滋、杨爱源、傅作义等26将领联衔电蒋介石、张学良,称阎锡山下野后,决定出洋游历,表示惟有秉承教令,勉维现状,特派荣鸿胪、吕咸、黄胪初晋谒请训。

　　△　阎锡山以大势已去,令其岳父徐一清等退出山西省银行股东,提走现金,晋钞即告破产。是日起,全晋各官营事业及一切税捐悉改收现洋。商民怨声载道。各县因省府征收国家、地方税款,一律限用现洋,亦拒收晋钞。曲沃、新绛等 10 余县民众群集县府请愿,发生包围县署、罢市、骚动等情形。连日商震、徐一清在太原集合全省商会代表,筹商维持晋钞办法,均无结果而散。

　　△　杨虎城经赴临潼、渭南、华县、华阴、潼关、大荔、三原等处视察灾情,是日通电全国,乞赈陕灾。18 日,杨飞赴南京见蒋介石,并以救济陕灾、兴办教育、澄清吏治三事请示具体办法。

　　△　加拿大商务考察团一行 38 人由团长叶姆里率领于上日抵上海。是日,上海市商会宴请该团,王晓籁在致词中提出要求两点:一、加对中、日两国人民入境应一律待遇,不应对中国特设移民专例;二、对于商人往来应绝对许其自由。叶姆里允转达政府。27 日,该考察团离香港回国。

11 月 17 日　上午,国民党四中全会开第四次大会,通过关于党部组织、党务工作、特许东北将领入党各案。决议中委赵戴文开除党籍,以张贞递补,并推刘芦隐、陈布雷起草大会宣言。下午,开第五次大会,将关于中央改制及"限期剿共"等五案合并讨论,通过刷新政治及修正《国民政府组织法》两案,并决定杜绝九龙海关案,建设中山自由港及发行公债 800 万救济陕灾案,农、工两部合并暂改实业部,卫生部并入内政部案。

　　△　郑州行营派飞机续炸太原,并散发传单,促晋人驱阎。20 日,商震之代表吕咸、徐永昌之代表黄胪初见蒋介石,蒋谓关于收拾西北办法,以阎即日离开部队下野出国为先决条件。22 日,商震、傅作义及阎锡山均有电致吕咸,谓阎锡山愿偕冯玉祥出国,请转告中央。24 日,徐永昌、商震续派代表赴京见蒋介石、张学良,申述晋方将领愿服从中央,并商山西善后。

　　△　张学良在中央党部纪念周上发表演说,表示誓以精诚拥护中

央。张并向蒋建议,对晋军事善后须周密考虑,以免妨碍永久和平。

△　浙江永嘉统捐局与温州洋广货税捐局合并,宣布废止旧章,洋广货捐改征统税。各商家以洋广税轻,一经认征统税,负担即须增加20％—30％,决一致反对,是日起发生罢运风潮,运输完全阻断。直至29日统捐局决定废止改征统税,各业始恢复装运。

△　平绥路平地泉附近发生700余全副武装匪徒劫车并绑去路员、旅客30余人事件。

11月18日　上午,国民党四中全会开第六次大会,推选国民政府主席蒋介石兼行政院长,于右任为国民政府委员兼监察院长。旋续开第七次大会,通过对各级党部及全体党员训令。下午开第八次大会,决议修正通过大会宣言案,即闭会。大会宣言举定期召开国民会议以立建国基础、集中人才以充实建国力量、改善制度刷新政治、确定"剿共"剿匪及军事善后施政急务、救济灾民与振兴实业、完成地方自治更定地方区划等六端,为今后戮力之途径。

△　徐永昌、杨爱源、赵承绶、王靖国等晋军11将领,在太原就阎所委之新职后,在总部集议,决暂采保境主义,积极向各县征收捐款、粮秣,并令两兵工厂加紧工作。同日,阎召诸将领赴五台,商议阎走后之军权、军饷支配,结果仍无具体办法。

△　外交部长王正廷与荷使欧登科在南京互换1928年12月19日签订之《中荷关税条约》批准书,至此中国与各国签订之关税条约全部生效,中国关税完全自主。

△　红军向兴国之东固、永和(吉安东南)作战略退却,公秉藩、罗霖两师占领吉安。

△　第二十八军军长刘建绪奉令"进剿"平江红军,是午抵金井,当即召集前方将领开军事会议,详细制定"进剿"计划。

△　上海同文书院无理开除本科一年级中国学生王昭乾、郭启蒙二人,是日,全体中国学生罢课抗议。20日,日籍学生以开除郭、王理由欠当,亦提出抗议,并为经济不公开,剥夺言论出版自由,封禁江南学

报(日文版)等问题没有得到圆满解决,议决与中国学生赤诚团结,同盟罢课。

　　△　教育部奉行政院令,办理中执会交办之彻查中央大学改进校务风潮案。24 日,中大学生代表 20 余人赴国民政府及教育部请愿,要求依照所提校长人选标准迅速任命校长。

　　△　上海法租界纳税华人会选举华董,张啸林、杜月笙、朱炎之、魏廷荣、陆费伯鸿五人当选。

　　△　东北筹办大造纸厂,定名东北造纸厂,资本官商分担,辽、吉、黑各出 10 万元为开办费,不足部分招商股加入。官方派张惠霖为总经理,筹备处是日正式办公。

　　11 月 19 日　张学良宴请蒋介石夫妇,并偕游紫金山、汤山等处。次日,张学良偕张学铭分访蒋介石、胡汉民、于右任、戴季陶、何应钦、邵力子等数十要人,准备北归。

　　△　外交部发表中英庚款换文五件。

　　△　蒋介石与张学良、何应钦等磋商豫北防务,决定以第四十七师王金钰部及卫戍郑州之第五十四师郝梦龄部克日渡河,进驻新乡;驻新乡之孙连仲部向山东移防。是日下午,蒋介石在总部召见王金钰,嘱其即日赴郑督师开拔;郝师开拔后,即由驻扎许昌、漯河之第六师赵观涛部开郑州,担任郑州卫戍。

　　△　第十八师张辉瓒部占永丰,新二十师许克祥部占吉水,第五十师谭道源部岳森旅占领抚州属之宜黄,成光耀旅占领乐安。赣东红军退南丰,赣西红军退兴国,赣南红军退集宁都。蒋介石电鲁涤平传令嘉奖各军。

　　△　新编第十六师奉令改编为陆军第三十三师,师长葛云龙是日在禹县防次宣誓就职。21 日,葛率部开往归德一带驻防。

　　△　在日华工因被各工厂裁汰革职赋闲,被日本当局驱逐回国者,先后已有 2000 人以上。是日,又有潘培富、张仕圭等 11 人被逐回沪。

　　11 月 20 日　中央银行临时兑换券及国民政府财政部国库券执券

人联合会在沪成立,主席吴德裕在成立会上致词称:中央银行临时兑换券系民国十五年北伐时所发行,流通市面,十足行使,实有尽先整理,十足收回之必要。国民政府财政部国库券,系十六年 6 月 30 日发行,于同年 12 月 31 日到期,现已逾期三年,理应即行收回。联合会议决进行办法八项,推吴德裕、潘家桢、戴达诚等九人为代表进京请愿,要求国民政府将该两项兑换券予以十足兑现收回,以恤民艰。

　　△　上海银行公会以财政部已进行整理外债,而内债整理事不容缓,是日召集中国、交通、大陆、金城、盐业等银行经理开会讨论组织中国内债在银行部分之债权团,并电平、津银行公会征求同意。决定在银行内债债权团成立后,登报征求全国债权人举行内债登记。据调查,内外债总数约合国币 13 亿元,内债占十分之三强,外债占十分之七弱。24 日,上海银行公会推定十位会员为内债债权团发起人。

　　△　两星期来江海关迭次破获意大利货轮夹带大批毒品案,是日又在德货船"克洛棱号"上查获价值 100 万元的烟土 100 箱。

　　△　捷克新任驻华公使拉法尔,与外交部长王正廷在京互换《中捷友好通商条约》批准书,下月 5 日生效。

　　△　夜,夏斗寅第十三师第三十八旅卢本棠部占领湖北黄安县城,红军大部退向黄安西南百华里之长轩岭,与该处红军会合。

　　△　上海市丝厂劳资纠纷经社会局再三劝解,资方表示让步,是日下午签订调解条件,决定工人工资暂照原额八五折计算,至厂方营业有起色时,力求恢复原有工资。被减工资时间,迟至明年 5 月底止。全市丝厂已开工者达 36 家。

　　△　沈阳刘庆暄开设多年之小北关天增顺棉花工厂、天增元织布工厂、天增利铁厂、天增东织布工厂、天增利丝房等五大工厂,因营业萧条,亏损 30 万元,同时倒闭,是日刘呈请商会予以查封,以免债权人争拿货物。

　　11 月中旬　据北满贸易局 10 月中旬发表之统计数字,北满死于鼠疫者,已达 300 余名,并有更加猖獗之势。经辽宁省政府、东北防疫处及中东铁道医务局派员前往防治,至是月中旬始将四洮沿线鼠疫扑灭。

11 月 21 日　国民政府为制止外米进口,谷贱伤农,令内部及外、海、农、卫各部会商办法。是日下午,各该部开会议决增收进口税。

△　石友三通电将所部缩编为六个师,孙光前等分任师长,余下手枪团等六团一大队归指挥部直接指挥。

△　红军孔荷宠部克湖南湘阴,何键急调大军"追剿"。23 日,王东原、彭位仁两部复占湘阴,红军向新市、长乐转移。24 日,刘建绪率陶广部及王东原部占领平江。红军彭德怀一部及孔荷宠全部,向平东三眼桥转移。

△　鄂军刘培绪旅占领洪湖苏区监利县城。

△　广东汕头法领事函请汕头市政府制止各界断交运动,表示愿早日解决"大广东"轮案。24 日,汕头市民以法方无诚意解决"大广东"轮案,决定抵制法货。26 日,法领事向汕头市府抗议,市府令"大广东"轮惨案后援会勿妄动。

11 月 22 日　北宁、京沪、陇海各路局长在铁道部报告路政状况,交换整理意见。孙科称全国路债原额七亿元,现以金贵及延付利息,合并计算已达 12 亿元。关内原存车 9000 辆,前年关外开去 4000 辆,近又毁损千余辆,现仅存 3000 余辆,不敷运输。23 日,蒋介石通令各军不得任意扣车干涉路政。25 日,国务会议限令各军将所扣车辆于 12 月 5 日前放还。

△　厦门援萧会以渣华公司总经理劳巴德对萧案已道歉,并撤办大、二副,决议暂停抵制。26 日,上海百余团体代表 1000 余人开援萧反荷大会,一致主张抵制渣华公司,通过提案 20 项。27 日,上海各界援萧反荷大会代表抵京,赴外部向王正廷请愿:一、废止荷约,另订新约;二、要求荷方停止虐待华侨暴行;三、废止暂行护照法,要求荷政府取消查验入境华侨苛例;四、要求荷方严办萧案之大、二副,并质问王正廷"贵部既欲民众援助,何以电厦取缔抵制渣华轮"。王正廷再三否认,

谓无其事。

　　△　上月 16 日在沪发生法国水兵击毙船夫忻鼎香案,是日忻案后援会呈外交部请严重交涉,提出治本、治标要求八项,治本要求为:一、撤退驻华各国海陆军;二、撤销领事裁判权;三、收回租界;四、废除不平等条约。治标要求为:一、法当局向我国政府正式道歉;二、惩办凶手;三、赔偿忻家属赡养费银 10 万两;四、发给忻鼎香治丧费三万两。同日,闸北 50 余工会,亦为忻案发表宣言,号召全国同胞,向法当局作不妥协交涉,以期达到惩凶、道歉、赔偿、赡养等目的,并于最短期间收回租界,撤销领事裁判权,撤退驻华各国海陆军及废除一切不平等条约。

　　△　川、湘两军开始总攻湖北界首,武汉行营派飞机前往助战。红军孔荷宠部乘湘军分向新洲、津市进剿之际,又克汨罗,湘鄂路中断。24 日,彭位仁、陈诚两部重陷汨罗。

　　△　赣边红军克福建长汀。29 日,长汀红军分向上杭、永定及连城、宁化等处进军。

　　11 月 23 日　汪精卫偕夫人陈璧君由天津秘密乘近海邮船亡命日本。

　　△　加拉罕复函答辩莫德惠 17 日函,谓:“阁下在 6 月 8 日等数次谈判中,曾企图使敝人相信中国政府,特别东三省中国当局,已经履行且继续履行《伯力协定》,是故中苏会议上无须再提出正式承认。”“贵代表于 11 月 6 日向敝人申述:对于遵照中俄、奉俄及《伯力协定》而恢复之中东路现状之保持,无有且不能有任何怀疑。尊函对于中国政府已在中俄、奉俄及《伯力协定》中承认,且由中国代表发出之官方正式文件中确定之不能否认的责任,含有如此模棱之词,使人不能不对中华民国全权代表出人意外之地位,产生最严重之疑虑。苏联政府郑重声明,关于中东铁路之任何片面的任意行动,概不承认。”

　　△　红二军团贺龙、邝继勋部二万余人是日由石门南下,占领临澧,欲进攻湘西之重镇常德、桃源。何键令戴恢垣部迎击,并急令第十九师师长李觉由江西萍乡撤回,驰抵常德增援。川军张英新十一师由

安乡侧击临澧;川军马旅与第四路军第一警备司令陈渠珍部两团及慈利之川军周旅夹击石门。26 日,红军贺龙部放弃临澧,仍返石门。12 月 2 日,又由石门、新安、合口二次进攻津、澧,次日占领津市,围攻澧县县城。红军邝继勋部亦于 2 日二次进攻华容,即占领之。

　　△　福建晋南民团与高为国部在秀涂激战终日,高部百余人被缴械,死 80 余人。因东园之围已解,晋南民团 24 日撤回蚶江,高为国残部亦回惠安城。26 日,萧叔宣教导团奉命接防秀涂,民团与高为国冲突平息。

　　△　卢兴邦得孙本戎电告卢兴明在杭州陆军监狱服毒自毙,遂于是日电闽省府请自兼第一旅旅长。

　　11 月 24 日　兼行政院院长蒋介石、国民政府委员张学良、于右任、江苏绥靖督办张之江,在南京宣誓就职。国民党中央委员吴敬恒监誓。

　　△　国民党中常会决议:一、推蒋介石、胡汉民等 14 委员起草召集国民会议方案;二、修正《政治会议条例》,于第三条第二项后增加“负党国之重任,其地位在特任官以上者,经执行委员会议决,亦得为政治会议委员,其名额不得超过中央委员之政治会议委员名额四分之一”;三、推张学良为政治会议委员;四、推吴铁城、张群、何成濬、刘芦隐、马超俊为政治会议候补委员。

　　△　国民政府公布《中华民国国民政府组织法》。

　　△　阎锡山发表《告别三晋父老书》。张学良自南京电令王树常派车赴石家庄接阎锡山出洋。29 日,阎离五台赴大同,取道平绥路赴天津。12 月 3 日,阎在津接见记者,表示略休息后即出洋,“晋军政交徐、商,善后听中央,本人下野之身,一切不问”。

　　△　蒋介石接见山西宣抚使赵守钰,并召孔祥熙、赵守钰、王用宾、弓富魁等商谈晋局善后办法,对晋省内部军队,令赵守钰办理,随时请示张学良。

　　△　蒋介石在南京接见第六路总指挥朱绍良,指示闽、赣“剿共”办

法,并促朱赴赣转闽率部追"剿"。

△ 鲁涤平在吉安召集张辉瓒、谭道源、许克祥、公秉藩、罗霖五师长及各旅长开军事会议,决定三期"会剿"红军计划。同日,邓英师占领南丰、黎川。

△ 据《申报》讯,张、桂军提和平先决条件:一、滇军退出桂境,以便集中候编;二、以宾阳为谈判地点,30 里内双方不驻兵。张、桂军 18 日曾退出南宁,向龙州、百色前进,拟入滇,因滇军有备,复回邕固守。

11 月 25 日 冯玉祥偕刘骥、黄少谷由五台之西会村赴晋祠,旋迁往绛州(今新绛县)汾阳洞,后又移居汾阳峪道河。至此,冯玉祥军事集团完全瓦解。

△ 徐永昌以晋绥警备总司令名义下令将旧有第三方面军之 18 个军裁去八个军,成立 10 个晋绥警备军,分任王靖国、李服膺、杨澄源、赵承绶、张会诏、冯鹏翥、袁庆增、杨耀芳、孙楚、杨效欧为各军军长。

△ 外交部照会法国公使韦礼德及日代公使重光葵,提议无条件收回汉口法、日租界。27 日,东京各报纸社论竟宣称:"中国和平尚未有保证,故收回汉口日本租界之要求,时机尚未到达。"

△ 国民政府公布《襄试法》及《监试法》;《惩治盗匪暂行条例》施行期间自民国十九年 11 月 18 日起再延长六个月;定民国二十年 1 月 1 日为《商标法》及《海商法》施行日期。

△ 国民政府明令改组陕西省政府,除委员兼主席杨虎城业经明令简任外,任命李志刚、李协、李百龄、李范一、胡逸民、井岳秀、王一山为陕西省政府委员。杨虎城兼民政厅长,李志刚兼财政厅长,李协兼建设厅长,李范一兼教育厅长。

△ 国民政府令:任命马鸿宾为甘肃省政府委员,并暂行代理甘肃省政府主席。

△ 国民政府指令行政院,依陆海空军勋章条例,褫夺曾授予阎锡山、傅作义、周玳、赵承绶、孙楚、杨效欧、李生达、王靖国、李服膺、杨耀芳、关福安、张会诏、冯鹏翥、辜仁发、刘春荣、万选才之各等宝鼎章。

△　行政院第一次国务会议（按：据国民党四中全会修正《国民政府组织法》，将国民政府国务会议改称国民政府会议，将行政院会议改称国务会议）讨论国民政府交议之建设委员会应注重设计指导国民建设，不必列于行政机关，直隶于国民政府案，决议已办事业核交续办，未办事业由国务会议决定；决议请国府任命朱家骅为中央大学校长，金曾澄为中山大学校长；严令各军限 12 月 5 日前放还被扣留的机车车辆。

△　第五十五师阮肇昌部分四路进攻江西景德镇之红军，并占领之。赣东红军向乐平、上饶转移。

11 月 26 日　石友三到津迎候张学良。石所扣车辆，平汉路局已派员赴顺德点收，商定由局方每月协饷 30 万，车辆候石、张晤商后再交。石告记者，称该军共 3.2 万人，淘汰 7000 人，中央允月给 60 万元，不敷之数，由东北担负。

△　宋子文以军事善后需款甚急，特电鄂财政特派员李基鸿仍用原担保抵押品，续向汉银行界商借 300 万元，不足再以善后短期库券补充，务于 12 月 1 日缴款。28 日，汉银行界请减财部借款额，李基鸿电部核示。

△　浙江省政府主席张静江电蒋介石辞职，民政厅长程振钧、秘书长刘石心亦同时电呈中央辞职。

△　古物保管委员会呈国府、行政院及教育部，以英人斯坦因借口探求古迹，向外部领得普通护照，携美哈佛大学燕京研究院、英博物院及印度陆军测量局补助费入新疆，大规模发掘古物，在美言论复侮辱党国，请转饬新疆省府驱逐出境，并取消其护照，以保古物。

△　中美洲尼加拉瓜取消华人入境苛例，尼外长与中国驻尼总领事李世中商定《中尼协定草案》12 条，是日经中政会讨论认为可行，即令外部电李签字。

△　上海中国公学校长马君武是日起照常到校视事，并规划下学期一切计划，校内一切仍由马君武主持。

11 月 27 日　武汉行营已批准鲁涤平之"剿共"计划，是日三期"会剿"开始。罗霖、公秉藩两师集中吉安、吉水,谭道源师集中崇仁、宜黄、乐安,张辉瓒师集中永丰,毛炳文师集中南城,成一弧线,下令总动员,继续深入向苏区进攻。蔡廷锴师已由萍乡向吉安推进。

　　△　江西省苏维埃政府发出第四号通令,"要准备充分的经济"粉碎敌人"围剿",决定创设江西工农银行,"发行钞票一百万元"。

　　△　陆海空军总司令部取消教导师名称。原有三个教导师,冯轶裴第一师改为国民政府警备师,张治中第二师改为陆军第四师,钱大钧第三师改为陆军第十四师。

　　△　杨树庄请辞海军部长及闽省府主席职,蒋介石慰留。

　　△　北平商会代表杨以俭、冷家骥等到南京请愿取消崇文门关税及其他苛捐,并保存故宫古物。

　　△　据《华北日报》载:河南许昌、临颍以至郾城及沿平汉路线各县,自去岁至今,大军云集,人民困苦已达极点,所有财物、牲畜、米粮、器具损失无余。最重要者,为豫省东南沦入战区各县,如杞县、睢县、兰封、考城,南至民权、宁陵,又东南至太康、商水、西华、鹿邑、柘城等县,纵横连贯数百里,人民户口数百万,衣食住三项俱无,急需救济。另据华洋义赈救灾总会总干事章元善谈,豫东宁陵、陈留、睢县、兰封、通许五县,战壕凡 170 余道,占地约 9000 亩,若动工填平,则需 100 万经费。

　　△　据北平市公安局统计,全市待赈男女贫民共 29.7846 万名,其中内外城 15 区界共有极贫男女 17.8149 万名,次贫男女 11.9697 万名。

11 月 28 日　第一次国民政府会议决议,特派王宠惠、张学良、王正廷、孔祥熙、孙科、王伯群、宋子文为内外债整理委员会委员,以王宠惠兼委员长。

　　△　国民政府派驻意代办蒋履福为商订中波友好通商航海条约全权代表。

　　△　加拉罕致莫德惠照会,表示苏联并不坚持华方承认《伯力协定》。莫德惠电告外交部后,经王正廷与中政会外交组商定,苏联既然

表示不坚持《伯力协定》，则谈判仍可进行，是日外部电莫相机进行交涉。

△　国民政府训令总司令部、行政院，停止新闻检查，并训令各级党部厉行新闻登记，"借防反动而便指导"。

△　教育部长蒋梦麟呈国民政府及行政院辞职，称受职两年，"力不从心，时遭横阻……默念前途，殊多障碍"。

11 月 29 日　陆海空军总司令部制定"剿共"赏罚令九项，规定凡遵令肃清者均予嘉奖；凡逗留不进，或私自撤退，不遵命令贻误军机者，均以军法从事。

△　红十军在江西万年县珠山桥击溃第五师一个团，毙敌 150 余人。

11 月 30 日　汤姆森爵士率领英国远东经济考察团一行 15 人抵上海，12 月 4 日蒋介石与王正廷分别设宴招待。

△　原任第十三路总指挥王金钰，因前第十三路总指挥石友三已复职，改任第五路总指挥。

△　上海、天津、北平银行界发起组织之中国内债债权团在上海组成，并设立债权事务所，着手办理全国内债债权人登记。同时推举孙衡甫、张嘉璈、卢润泉、周作民、谈丹崖五人为代表，赴南京同财政部商谈内债整理方案。

是月　据河北省政府调查，该省自民国二年迄今之外债，共达 2000 万元。阎锡山占据平、津时代，亦拖欠 800 余万，多有抵押。现冀省设外债委员会，自行清理。

△　四川当局为镇压共产党，不惜以最严厉之屠杀政策对待青年学生。是月成都学生被明令枪决或遭杀害者，达 300 余人。据报刊揭露："军警机关之杀人，既不搜查证据，亦未宣布罪名，凭一连、排长之喜怒，即演流血之惨剧。"

12　月

12 月 1 日　王树常派参谋长陈钦若会同于学忠之参谋长陈贯群,率军一团自天津乘专车抵达石家庄,迎阎锡山出洋,惟阎早已离并,遂于 3 日原车返津,仅带回商震一函,谓"百公为避免迎送计,已于二十九日启程赴大同,转平绥路赴津"等语。于学忠、王树常即将情况电告张学良。

△　陈立夫访张学良谈北方党务。

△　驻湖北黄冈县新洲之郭汝栋新编第二十六师一个旅与共产党联络,发生兵变。武汉行营命第四十八师师长徐源泉亲率所部出动镇压。3 日,行营电令郭汝栋部改调阳新、大冶。11 日,蒋介石以郭汝栋"剿共"不力,令停职留用。

△　张贞新一师奉蒋介石令改为陆军第四十九师,是日张通电在福建漳州就该师师长职。

△　广州中山大学学生风闻金曾澄将任本校校长,举行罢课。

△　陕北地方实业银行在榆林开业。

12 月 2 日　蒋介石偕宋美龄由沪抵南京,邵力子、孔祥熙、马福祥同行。晚,蒋设宴为张学良饯别,即席讨论西北善后,张力荐商震担任晋省主席。

△　国民政府颁布《整饬纲纪令》,略谓:"在此时期,骈枝迭出。政令既不统一,权责尤欠分明。驯至于其主管事项,寝多旷废。……似此政本不清,纪纲日弛,若非迅予纠正,力图改革,其何以收除旧布新之效,而树久安长治之基。""嗣后全国政军各机关,务遵系统,恪守职权,督饬所属,切实负责,不得再有泄沓、偷惰、割裂、纷歧之恶习。服务人员如尚习于宴安,放弃责任,除依法从严惩戒外,并予该管长官以失察失职之处分。其有执法营私,侵公冒利者,尤为罪在不赦。一经察觉,定按非常程序惩办。"

△　广东省政府主席陈铭枢、海军第四舰队司令陈策等,由沪乘船抵广州,即偕各要员参加省府会议。10 时,黄绍竑之代表高元勋见陈商和平解决桂局办法。

△　交通部在上海真如建筑之国际无线电台业已竣工,预定 6 日开业,日使馆驻沪办事处人员称,民国七年,段祺瑞政府曾与日本订立双桥无线电台合同,规定中国建筑无线电台,日本有独占权。此次交通部向美国订立材料借款,建立真如无线电台,日人认为与双桥旧约抵触,前曾由日代使重光葵向外交部提出抗议书,因外部尚未批复,是日又续提抗议。

△　是日至 4 日,中日电信交涉在交通部开非正式会议,讨论烟大、沪崎、青佐三线问题。华方代表庄智涣、吴南如,日方代表吉野圭三。因双方意见不符,讨论无结果。

△　驻华美使詹森偕海军参赞哈利根访交通部长王伯群,对收回太平洋电讯主权问题表示赞同,望我国当局以平等互惠原则解决此问题。詹森并表示将转令太平洋公司代表克日到京,会商解决办法。

△　上海金利源码头案,三德堂方面已愿售与招商局,索价 39 万两;而招商局方面,照工部局估价,仅值 12.8 万余两,以相差过巨,未得解决。招商局代理律师高朔最近特函代表三德堂之巴和律师据理驳斥。是日,法总领事甘格霖为此召集会议,并请高朔律师即行提出公断意见书,以便从中调解。

△　上月 28 日,安东朝鲜人纠众捣毁海关江桥分卡,伤关员一人。是日,鲜人再次捣毁分卡,关员皆负重伤,日警反将巡缉员殴辱,关员大动公愤,日租界各分卡全体罢工。4 日发表宣言,吁请当局交涉。22 日,外交部照会日本使馆转饬安东日本使领迅速惩凶、赔偿。

12 月 3 日　国民党中央政治会议决议改组国民政府,外交王正廷、军政何应钦、交通王伯群、铁道孙科、财政宋子文、建设委员会委员长张静江、禁烟委员会委员长张之江均仍旧;农矿、工商两部合并为实业部,以孔祥熙为部长;教育部长蒋梦麟辞职照准,调驻法公使高鲁继任;内政部长钮永建调任考试院铨叙部长,以刘尚清继任;派陈其采筹备主计处;卫生部改为卫生署,隶行政院,仍以刘瑞恒为署长;另通过预算案多起。北宁路公债案原则通过。

△　日代公使重光葵与外交部长王正廷接谈收回汉口日租界及调理外债。日政府对汉口租界事已有训令致重光葵。

△　陈铭枢、陈济棠在广东省府再商桂局。4日李扬敬抵省谒二陈报告桂局。夜,陈济棠召集总部要员及李扬敬等开对桂会议,古应芬亦列席。

△　杨树庄之代表林知渊谒蒋介石,请示整理闽省军政方法。蒋促杨即日返闽,主持一切。

△　参谋总长朱培德呈请辞职,蒋介石指令慰留。

△　梁漱溟应韩复榘之请自平赴鲁,商乡村自治实行办法。

△　上海租界纳税华人会举行代表大会,讨论自来水公司加价事。到王晓籁、徐寄庼、褚辅成、虞洽卿、陆费伯鸿、吴蕴斋等30余人。议决一致否认自来水公司增加附费、修改合同,并由执行委员会决定对付办法。

12月4日　国民政府特任刘尚清为内政部长,王正廷为外交部长,宋子文为财政部长,何应钦为军政部长,杨树庄为海军部长,高鲁为教育部长,王伯群为交通部长,孙科为铁道部长,孔祥熙为实业部长,钮永建为铨叙部长,陈其采为主计处筹备主任。原任内政、外交、财政、军政、海军、农矿、工商、教育、交通、铁道、卫生各部部长免职。

△　国民党中常会议决议:一、总理生平为革命所举办各项债款、捐款,为数甚巨,亟应加以整理,以便由国家分别偿还、奖励,特组织革命债务调查委员会,并推张静江、林森等17人为委员,定期成立,从事调查整理;二、推刘芦隐继任中央宣传部部长,马超俊继任中央训练部部长;三、派林森、陈耀垣两委员往海外巡视党务及各地侨情;四、派杨虎城、苏资深、田毅安、孙明经、于国桢、张文生、李范一七人为陕省党务整理委员。

　　△　国民政府训令直辖机关及行政院,厉行四中全会通过之"刷新中央政治,改善制度,整饬纲纪,确立最短期内施政中心以提高行政效率案",又令"嗣后各级官吏绝对不得兼任商业机关职务与从事投机市场之交易,如敢故违,定予撤惩"。

　　△　蒋介石电汉口行营,限赣、鄂、湘三省"剿共"军队于一个半月内收复已失城池,否则以违令论罪。

　　△　湖南滨湖之南县、安乡、沅江、汉寿各县均电省告急。何键电令李觉、陈渠珍、张英、戴恢垣等四部统受李觉指挥,以 20 团之兵力,于 6 日大举围攻红二军团。8 日,红军向松滋、公安方面转移,李觉等部占领石门,9 日占津市,14 日占华容。

　　△　朱德、彭德怀一、三军团由赣边入闽,占领宁化、长汀、光泽、崇安。各县纷纷电省告急。福建省府除请张贞第四十九师速由漳州开赴龙岩堵截闽西红军外,又令刘和鼎师一部协同周志群、卢兴邦两旅以守势对付闽北红军。4 日闽南张贞师全部离漳,10 日、11 日分路进占龙岩之适中、漳平之永福。龙岩红军大部退连城。

　　△　张学良与蒋介石在京作最后之国事洽商,即晚偕夫人于凤至渡江北归。蒋派国府秘书高凌百及刘光随张北行。

　　△　国民政府明令改组浙江省政府,准省政府委员兼主席张静江、委员兼建设厅长兼代民政厅长程振钧辞职;省府委员钱永铭、陈布雷、蒋伯诚、叶琢堂、黄郛、何辑五、周骏彦、沈士远均免本职;任命张难先、周骏彦、石瑛、陈布雷、蒋伯诚、方策、王澄莹、张乃燕、叶琢堂为浙江省政府委员,张难先兼省政府主席并兼民政厅长,周、石、陈分别兼财政、建设、教育各厅厅长。

　　△　国民政府令:禁烟委员会委员张之江免职,以刘瑞恒继任。

　　△　国民政府令:任命蒋梦麟为国立北京大学校长,易培基为国立北平师范大学校长,朱家骅为国立中央大学校长,金曾澄为国立中山大学校长。北京大学校长蔡元培、北平师范大学校长李蒸、中山大学校长朱家骅均免本职。

　△　国民政府任命冯轶裴为国民政府警卫师师长。

　△　刘镇华通电，在郑州就豫陕晋边区绥靖督办职。

　△　国民政府公布《船舶法》，该法规分为通则、船舶检查、船舶丈量、船舶国籍证书、罚则、附则六章，凡 43 条。

　△　中苏会议在莫斯科开第二次会议，议决交涉分中东路、通商、复交三组进行。关于中东路问题，中方派刘泽荣、李琛、屠慰曾、王曾思为委员。苏方派罗夫斯基、依兹马依罗夫、罗谟三人为委员。

　△　中山大学全体学生 2000 余人开二次大会，决议继续罢课，并推李绍华等四代表晋京请戴季陶校长返校主持，并派代表冯铉等向古应芬、陈铭枢请愿。

12 月 5 日　蒋介石偕邵力子、周佛海等乘"永绥"舰西上视察湘、鄂、赣三省"剿共"军队，即发表《告民众书》，声称此次"剿共"，大军共有 30 余万众，海军有兵舰 20 余艘，飞机数十架，四面围堵，无异网罗，"惟诚心悔过投顺者赦免，携械或擒杀匪首来归者有赏"。

　△　王正廷在京招待各报记者，报告外交近况称：一、政府注意撤销领事裁判权，期于最短期内完成对英、美、法工作，外交部已拟具对英、美答案；二、收回汉口法、日租界事，已照会法公使、日代公使商结束及收回办法；三、政府已派专员办理北平使团移京之指定地址事宜；四、中日交涉除法权外，均在商约内讨论。

　△　第一届立法委员任期届满，是日立法院举行成立二周年纪念会，院长胡汉民报告两年来工作成绩及将来希望。第二届立法委员候国民政府任命。

　△　国民政府为发展西北垦殖及化兵为工，派驻陕第二师顾祝同部、第三师陈继承部、第十师杨胜治部开赴甘肃。是日，顾、陈两师接到开赴甘肃命令。

　△　日代公使重光葵见蒋介石，谈收回汉口日租界及整理外债事。10 日、22 日，重光葵两次访问外交部长王正廷，谈判中日宁案问题。王正廷表示，日本方面要求宁案赔偿 300 万元，数目过巨，实不能承认。

谈判无任何进展。

△ 《中捷友好通商条约》是日起生效。

12 月 6 日 晋钞狂跌,商震在太原召各厅长会商维持办法,决由财政厅筹资 1000 万元,并将公债基金交付省行,用拈签法每月兑现 50 万元,以后晋钞只收不发。

△ 国民政府令:教育部新任部长高鲁未到任以前,由行政院院长蒋介石兼理。

△ 上海法租界华董杜月笙受法领事之托出任调停忻鼎香案。是日虞洽卿率忻家属及宁波同乡会、后援会代表前往杜宅商洽解决办法如下:一、由法当局下令撤回驻扎天主堂街之法水兵,不再登陆;二、抚恤忻鼎香家属洋 4000 元。忻案至此结束。后援会发表宣言,望全国同胞一致团结,督促政府以革命外交手段,将我国历来所有惨案作一总解决,并将危害我国公权、屠戮我国同胞之一切不平等条约完全废除。

△ 行政院严令教育部整饬全国学风,声称学风不良,"不惟教育破产,抑且有亡国灭种之忧",宣布一切罢课、集会皆为非法,责令"学生惟当一意力学,涵养身心,凛古子思不出位之训戒,奉总理三民主义为依归,不得干涉行政,致荒学业",如有违令越轨者,政府"惟有执法严绳,以治反动派者治之,决不稍事姑息"。

△ 积欠五个月之平、津国立各院校经费,是日才汇到 7 月份款 25 万元。后经李石曾迭向宋子文交涉,宋允拨公债 165 万元,先以二十年(1931)关税库券 100 万元作抵,自次年 1 月 30 日起,分 10 个月拨付,其余 65 万元另行筹措。

△ 上海真如国际无线电台举行开幕礼,交通部长王伯群报告筹备经过,谓自开始至今,历时一年有半,全部建筑费为美金 40 余万元,国币 54 万元左右,11 月全部竣工,与美国旧金山及德国柏林试行通报,成绩极佳,自民国二十年起,我国国际通信即可不仰给外人。

12 月 7 日 李宗仁、白崇禧、张发奎经黄绍竑劝告,致电古应芬、陈济棠、陈铭枢,提出和平解决桂局初步条件:一、中央给黄绍竑主持桂军民政名义；二、重新指定张、桂军集中地点。古、陈转电南京中央请示。中央复电主张以上二事决定后，李、白、张即须出洋，第二步由黄与粤接洽。

△ 蒋介石偕赣省主席鲁涤平、鄂省主席何成濬抵南昌，晚与何应钦、朱绍良、鲁涤平等会议湘、鄂、赣、闽联络"剿共"方针。

△ 红十六军孔荷宠部及平、浏红军集中在平江属献钟南端之高山构筑工事，准备迎敌。第十五师王东原部派队进攻，同日占献钟，10日又占长寿街。孔荷宠部向黄金洞转移。

△ 日本拓务省大臣松田召开秘密会议，讨论满蒙权益问题，参加者有"满铁"总裁仙石，外务省吉田、永井二次官，亚细亚局长，条约局长，拓务省小村、小坂二次官，"满铁"理事木村，陆军省次官阿部及参谋本部负责人员等。会议商定：一、奉派欲将满蒙外交权名实皆归并南京，吾人对此取外宽内严方法以反对之，强其仍以张学良为负责长官，帝国以便保持其特权；二、对奉派铁道网之建设取干涉态度，以阻其实现，持以迫战求和策略，诱其与我协调满铁运价与货物吸收区域之限制，以保南满路与大连港之繁荣。

△ 华洋义赈会引泾工程在西安钓儿嘴行开工礼，杨虎城等均参加。据安立森工程师报告，就原有郑白渠改筑宽二丈之新渠，将来可灌泾阳、三原、高陵、临潼、醴泉之田 50 余万亩，五个月内可收大效，全工一年可完成。

12 月 8 日 江西省政府依蒋介石指示，在永丰、乐安、吉安三县成立三个"剿共"清乡委员会，以谭道源、张辉瓒、罗霖三师长分任主席委员，每区并已领到经费一万元，厉行"剿共"、清查户口等。令第九路军向永、吉、乐三县交界之东固红军根据地包围，第十九路军由赣西抄出赣南，第六路军由赣东抄出赣西南，向红军朱、毛、彭、黄各部形成一个大包围圈。是日，赣西红军趁第十九路军开走，占领分宜。

△ 黄绍竑离南宁，取道龙州入安南转香港。临行前，李宗仁、白崇禧在南宁设宴饯行。白恐黄到港后去南京投蒋，在祝酒辞中称："广

西人不会投蒋。我们要争取生存,必须奋斗到底,一息尚存,此志不渝。"黄答称:"今后行动准则有两条:第一是不再破坏国家,第二是不再破坏广西。"

　　△　张学良在津派察哈尔省主席刘翼飞访阎锡山,劝早日出洋,告以对山西善后若有意见,可开诚相告。阎答"晋事已托商震、徐永昌,可与直接商议,余以下野之身,不愿谈时事,并不愿发表何等意见"。刘复命后,张即电促商震、徐永昌去津协商。

　　△　上海各界援萧反荷大会议决组织之"中华民国对荷外交后援会"开第一次大会,选举华侨联合会等 51 团体为执行委员,上海市党部等 21 团体为监察委员,并以大会名义致电外交部,请求严重交涉萧案,提出道歉、赔偿损失等最低限度之要求五项,照会荷方,以雪民族之耻。

　　△　上海租界纳税华人会发出通告,谓英商上海自来水公司于本年 9 月 1 日起征收附费二成半一案,经本会代表会议根据审查自来水公司账目报告议决,不承认该项附费,应与工部局严重交涉,并经执委会议决,登报通告全体用户;在交涉未解决前,所有水价应照旧价(即 8 月份以前之价)付给,如确因不付附费而被断水者,请即报告本会。

　　△　戴季陶电促金曾澄就中山大学校长。同日,戴电劝中山大学师生同德同心,以亲睦精神守大学之共信,一致欢迎金校长迅速就职。

　　△　午后 2 时 20 分,台南地震,死四人,伤 60 余人,房屋全毁者57 所,半毁及受损者数百所。22 日,发生较强余震,"道路龟裂,屋舍倒塌亦颇多"。

　　△　香港万国宝通银行因传闻纽约总行倒闭发生挤兑风潮。9日,美国驻港总领事布告辟谣。10 日,香港各报刊登美领事通告,称纽约该行系美国大银行,实力雄厚,倒闭一说纯属无稽之谈。挤兑风潮平息。

　　12 月 9 日　蒋介石在南昌召集何成濬、朱绍良、鲁涤平、张辉瓒、罗霖、公秉藩、邓英、邵力子、周佛海等开军事会议,讨论"围剿"江西红军革命根据地有关军队配置及联络,"剿共"之经费及肃清之期限等,决定限一个月恢复各城池,两个月肃清红军,是为第一次"围剿"之开始。这次国民党军总计出动 11 个师、三个独立旅和二个空军中队,共 10 万人。同日,蒋令南昌行营印发《误入共党之官兵临阵归来办法》数万份,由空军携往红区散发,内称:"士兵带枪来归者,赏三十元;带梭标者,赏十五元;带机枪一架者,赏五百元;带炮一尊者,赏一千元。"蒋并电令各路指挥部悬赏五万元购缉朱德、毛泽东、彭德怀、黄公略。

　　△　武汉行营代主任何成濬调集八个师三个旅约 10 万人,对鄂豫皖根据地发动第一次大规模"围剿",以黄安七里坪为中心,对红军进行合围,是日萧之楚第四十四师占领黄安(今红安)城。次日又以一个团占领黄安西之河口镇。

　　△　蒋介石在南昌召张辉瓒、公秉藩及新十三师师长邓英谈话,谓吉安失守,邓应负责,即命将军权交出,随即将邓扣留,交第九路军总部关押法办,吉安县长彭学游亦被押惩办。蒋委现任江西省府委员兼第九路军高等顾问路孝忱兼代新十三师师长。

　　△　国民政府任命王景岐为国立劳动大学校长。

　　△　淞沪警备司令熊式辉应蒋电召,偕参议杨永泰自上海龙华乘飞机赴赣,飞机起飞时,与江中沙船大桅相撞下坠,熊、杨重伤,飞机师中美各一,乘客中外各一均毙命。

　　△　蒋介石发出《告诫全国学生书》,声称"言建设当首重教育,兴教育必先正学风","各地学校学风之败坏与学潮之蜂起,若非立即严加纠正,将如洪水横流,为害无所底止";"学校若任意反对校长,即不啻反对任命校长之政府;若任意干涉校长行使职权,即不啻破坏国家法律;反对政府破坏法纪之学潮,自与反革命无异,政府自当严厉制止,如法惩处"。

　　△　交通部国际电信交涉委员会连日与大东、大北、太平洋三水线公司续开水线交涉联席会议。10 日,中方提出收回沪、烟、沽水线问题,经长时间磋商获得解决,定本月 22 日将该水线移交中国接管。

12 月 10 日　国民党中央政治会议通过第二届立法委员人选案,

名额仍 49 人,除将上届未到任及已辞职之八委员遗额另补充外,余 41 人仍蝉联,交国民政府任命。12 日,国民政府会议通过任命名单,新任命者为张默君、史维焕、朱履龢、竺景崧、李书华、郗朝俊、黄右昌、刘师舜八人。

　　△　驻美公使伍朝枢电南京,呈报美国政府对法权交涉所提出之新方案:一、美国政府对中国全体国民希望司法权独立,表示同情,惟请采取逐渐实施办法。美侨与华人相互间发生诉讼案,将民事、刑事分别缓急,凡涉及民事者,在美政府表示已同意撤废领判权之区域以内,可归中国法院审理;二、在中国内地,即非通商口岸,美国可放弃领判权,俟有成效,再议通商口岸领判权之撤废,惟租界及租借地有特殊关系者,或条约规定者除外。

　　△　财部税务整理委员会成立,即日开始办公,其任务为整理旧税,计划新税。同日,财部令准张福运、邹琳、贾士毅为该会当然委员,蒋尊士、黄开疆为专门委员。

　　△　国民政府据中央研究院呈称,英人斯坦因在新疆窃掘古物,并私测地势,关系我国文化及国防甚巨,令行政院转令新疆省政府就近制止。

　　△　国民政府令派驻尼加拉瓜领事李世中为签订华人赴尼待遇协定全权代表。

12 月上旬　东北政务委员会核准公布《东北国货火柴专卖条例》,令辽、吉、黑、热四省积极进行,并饬各国货火柴公司妥为筹备。

　　△　鄂豫皖三省边界区绥靖督办李鸣钟将三省边界划分四大区,委吉鸿昌为第一分区指挥官,担任潢川、固始一带;张印相为第二分区指挥官,担任光山、罗山、商城一带;夏斗寅为第三分区指挥官,担任黄安、麻城一带;范熙绩为第四分区指挥官,担任霍山、霍邱、六安一带,成一大包围式,妄图于最短期内消灭三省边区红军。

12 月 11 日　蒋介石偕何成濬等离南昌赴九江,临行召集军事会议,各军、师、旅长、江西省府各委均列席,对各路军联络及军需分配等,有具体议决案。蒋抵庐山后电召在京之吴敬恒、陈布雷、陈立夫、马福祥等前往。12日，吴敬恒等到庐山谒蒋。

△　商震、徐永昌应张学良电召抵津，即访王树常及张学良商晋省善后问题，决定晋事由张指挥，军队由徐维持现状，政治交商震，军费一部分由张发给。12、13两日商、徐与张续商晋、绥军政善后办法。

△　国民党中央监察委员会常会决议将方振武开除党籍一年，录案送中执会执行。

△　湘鄂赣边孔荷宠红十六军占修水。继攻武宁，未克。国民党军第十五师、新编第三十一师、新编第三十二师、新编第十师、第五十四师各一部，奉令分由浏阳、平江、通城、崇阳、武宁等向修、武地区合击红军。红十六军乘隙西移，于18日克通城，歼守敌新编第十师一个团和地主武装挨户团一部。

△　陈光中在浏阳就新编第三十二师师长职。

△　戴季陶再次电劝广州中山大学学生欢迎金曾澄长校，被学生拒绝。14日，该校学生800余人因闻金将率宪兵20名接长中大，议决以全部实力抵御金武装上台，并请当局将印信交评议会保管。15、16两日，中大学生贴出布告，封锁校门，不准外人进内。

12月12日　第二次国民政府会议议决，公布《民法》第四编《亲属法》、第五编《继承法》及《民事诉讼法》、《出版法》、《交通部航政局组织法》、《工厂法施行条例》，并定自民国二十年2月1日起为《工厂法》施行日期。

△　"富田事变"发生。红一方面军总前委肃反委员会主任李韶九，奉命带红十二军一个连队到吉安县富田村肃"AB团"，将省行委机关包围，刑讯逼供信，滥捕滥杀。9日，李韶九带一个排，前往东固，同红二十军军长刘铁超商议肃"AB团"。五天之内，抓捕"AB团"20余名，人人自危。12日，红二十军第一七四团政委刘敌，从前线回东固，被疑为"AB团"后，率第一营包围省行委，捆绑军长刘铁超，释放"AB团"犯，李韶九闻讯逃走。酿成震惊中央苏区之"富田事变"。

　　△　　山东省政府接驻济日领田畊一公函,谓是年蒋军与阎、冯军作战,波及山东,张家坊子一带日侨被损害抢掠者共 77 户,损失总额 2.7473 万元,要求赔偿。是日,山东省政府议决令各县调查呈复后,再转咨外交部核办。

　　△　　上海公共租界自来水增价一案,公司采取高压手段,于 10 日、11 日断绝住户章天凯等用水。是日,纳税华人会议决请工部局采纳市民公意,修改合同,并要求自来水公司必须恢复供水,以后不得再有此种压迫行动,并电请政府严重交涉。房产公会亦有此举。次日,外交部驻沪办事处奉部令向工部局及英总领事接洽和平处理办法,英总领事白利南及工程局总董麦克唐均赞同和平解决,并通知自来水公司恢复供水。

12 月 13 日　蒋介石在庐山准备召开湘、鄂、赣三省"剿共"会议,计划三省"剿共"方略,是日何键应蒋电召携"剿共"计划赴浔。次日,何偕汉口市长刘文岛到庐山谒蒋。徐源泉、萧之楚、夏斗寅、谢彬及张印相、岳维峻亦奉蒋召分别于 14、15 两日赴庐山。15 日,蒋在庐山召开军事会议,详细讨论"剿共"计划。

　　△　　国民党中央以"讨逆"军事已告终,陆海空军总司令部无存在必要,决于本年底实行裁撤,蒋介石是日电令总部准备结束。嗣因全国军队改编正在开始,湘、鄂、赣三省"剿共"亦在进行之中,经蒋介石核准,从二十年 1 月起,总部展期三个月结束。

　　△　　原驻新乡一带之第二十六路军,奉调鲁西济宁,所部已陆续到达。该路总指挥孙连仲为报告移防情况及商量缩编问题,是日上午由济宁专车赴济南晤韩复榘。次日,第十五路总指挥马鸿逵由泰安赴济南,与韩、孙二人协商防务及军队缩编事宜。

　　△　　红二军团贺龙部占领公安,小部进城,大部向黄金洞转移。17 日,何成濬电令公安、石首、松滋、监利等处驻军严密堵截,并令李觉、张英两师跟踪"追剿"。19 日,李觉部占公安,红军向藕池方向转移。

　　△　　上海招商局公断员高朔律师就金利源码头案提出公断书,声

明招商局方面不受法方任何拘束，招商局有特许之永租权。

12月14日　张学良与商震、徐永昌会谈晋、绥善后，徐拟请驻晋客军10余万人出境，但无适当地点，久谈莫决，乃力请将孙殿英、高桂滋等部直接听张学良指挥节制，张允。晋军改编及请驻晋客军出境并军饷三大问题，大体解决。张学良即将详情电告蒋介石请裁可，并请由国民政府予商震、徐永昌以新任命。

△　陈济棠、古应芬派马晓军、韦荣超、马展鸿等于上月25日到南宁谈桂和局。桂军黄旭初、梁朝玑、李宗仁、黄绍竑、白崇禧、张发奎等亦到南宁。会议结果，李、白表示，如国民党中央果有适当处置，个人去留不成问题。是日，韦荣超、马展鸿由南宁返梧州。22日，马晓军应第八路总指挥陈济棠电召赴广州。

△　宋子文奉蒋介石电召，自南京到庐山谒蒋，商洽赣省财政整理等问题，并参加牯岭军事会议。

12月15日　财政部长宋子文通电实行裁厘，全国厘金及类似厘金之一切捐税限本年12月31日止，一律永远废除，"另订良好税制，以期与民更始"。同日，国定新税则经立法院呈国民政府核阅批准，定明年元旦实行。

△　第十五师王东原部攻占平江黄金洞红军根据地，将所捕苏维埃委员荣锦全、红七师参谋长刘建彪等十余人就地杀害，并焚毁黄金洞附近30里之房屋。

△　全国现有陆军280师，国民政府拟缩编为100师，内中央军60师、国防军40师；四川军50万人，将缩编为12师。中央军费年定4000万元。是日，陆海空军总司令部通令各部队，限本年12月底一律改编竣事；民国二十年元旦实现新编制，并同时派员点验。

△　国民政府令准考选委员会委员长戴季陶辞职，以副委员长邵元冲继任；任命王用宾为考选委员会副委员长，陈布雷为教育部常任次长，刘瑞恒兼内政部卫生署署长。

△　上海公共租界工部局召开特别董事会议，讨论自来水加价问

题,决定对已断水用户即行恢复接水,但增加附费为已成之事实,用户须暂行承认,并议决由工部局聘请专家组织委员会,专门研究减轻水价之两全办法。次日,上海公共租界纳税华人会决定水价暂照公司账单缴付,将来专门委员会认为不应加价时,则多付之款仍须扣回。

12 月 16 日 鲁涤平令各路军向江西红军根据地中心区进攻。公秉藩师进攻东固正面;罗霖师自左翼攻安福,与蒋光鼐第十九路军联络,谭道源、许克祥两师自左翼与朱绍良第六路军联络进攻。次日,罗霖师占固江、安福。

△ 蔡申熙红十五军由商南转战到达鄂东北黄、麻地区,是日突入河口镇,因地方武装配合失时,未能全歼守敌萧之楚部。

△ 古应芬已被委为接洽桂局和平全权代表。是日,陈济棠访古应芬详商桂局。17 日晚,古应芬接到国民党中央关于解决桂局电数通,遂于 18 日赴总部与陈济棠面商后,于 21 日离广州赴香港,在港曾与黄绍竑会晤,23 日乘轮北上,25 日抵沪。

△ 国民政府任命吕志伊、宋美龄、焦易堂、史尚宽、陈肇英、林彬、马寅初、戴修骏、陶玄、彭养光、马超俊、恩克巴图、钮永建、孙镜亚、冯兆异、楼桐孙、吴尚鹰、张志韩、王用宾、蔡瑄、刘盥训、赵士北、庄崧甫、卢仲琳、刘积学、周纬、罗鼎、郑召荫、曾杰、卫挺生、傅秉常、张凤九、陈长蘅、方觉慧、刘克隽、王荷真、朱和中、吴铁城、刘景新、刘忾辰、魏怀、史维焕、朱履龢、黄右昌、郗朝俊、张默君、刘师舜、李书华、竺景崧为立法院立法委员。又令行政院取消通缉许崇智案。

△ 辽宁省政府委员会议修正通过《辽宁省管理金融暂行章程》11 条,规定以该省官银号及四银行号(东三省官银号、边业银行、中国银行、交通银行)联合准备库所发行之现洋兑换券为本位。兑换券与现大洋一律通用,不得折扣,违者严惩。除官银号、联合准备库以及经专案核准之边业银行所发行之现洋兑换券外,其他外埠所发行之兑现纸币,应即逐渐收回;并规定禁止带运百元以上之现洋出省城,违者除将现洋没收外,并科以扰乱金融罪。

△　广州中山大学学生迎戴拒金运动大会代表李绍华、周可法等抵南京向行政院、教育部请愿。17 日，学生代表电中大同学，称戴说明中央任命金为校长乃经戴提出，由董事会再三斟酌而后决定者；此次蒋介石发表整顿全国学风令，旨在严厉执行，若不从速转机，前途危险，不堪设想。18 日，朱家骅电劝中大学生复课。

12 月 17 日　蒋介石特令闽省各军积极准备进攻闽西红军，第四十九师师长张贞以杨逢年为前敌指挥官，于 14 日起对龙岩分三路总攻击，次日占领之。是日又占龙门，闽西红军退向大小池。

△　全国律师协会对明年元旦大赦案，向国民政府建议，称"因政见上之错误，造成政治上之纷扰者尚可矜宥，则于受政治环境之影响，不幸而罹于罪者，似未忍令其除外于赦免范围"。

△　何成濬偕何键、范熙绩、徐源泉、夏斗寅、萧之楚、谢彬、范石生、刘茂恩、刘文岛自九江乘轮到汉，即召集在汉各军领袖开重要会议，协议"剿共"办法。

△　宋哲元、庞炳勋应张学良电邀自山西抵津，次日谒张报告西北军现状。杨爱源、傅作义及孙殿英之代表亦于同日抵津。

△　驻日公使汪荣宝奉国民政府训电，到外务省访币原外务大臣。汪对记者称：今日与币原氏会见，系交换关于近日报纸所传国民政府对日强硬政策及满蒙铁路问题之意见，国民政府目下正在汲汲于全国统一及建设等内政改造问题，并不对日本采取何种强硬政策，深望日本言论界谅解中国方面之真意。币原亦已充分谅解，且明言彼亦信可以共存共荣之方针，使将来两国邦交圆满无碍。

△　交通部国际电信交涉委员会再函大东、大北、太平洋三公司，略谓中国与该公司水线旧约，截至本年底均届满期，经迭次会议，毫无结果，请再派代表到京会商办法，否则届期惟有宣布旧约失效，并停止一切权利。

△　广州中山大学拒金派集会，通过：一、继续罢课；二、继续封锁校门；三、寒假期间各生不准离校；四、请学校当局封存校印；并电中央

请复任戴季陶长校。

△　上海市典质业 109 家,职工 3000 余人,自 9 月 1 日正式向资方提出修改劳资待遇条件,迭经严重交涉,迄未解决。是日由上海市党部最后调解,但资方缺席。全市典质业职工会即召开紧急代表大会,议决自 18 日起一致总罢工。

12 月 18 日　北平报界公会致电国民政府,以法人在华所办万国储蓄会仅以 20 余万元之开办资本,利用有奖储蓄相招徕,遍设分会于各城市,20 年来吸收华人资金,仅储户基金一项即达 4000 余万元,投资于外人在华经营事业,用华人之资金,向华人吸取暴利,而华人储户之权利却毫无保障,其经济侵略计划之毒,实莫甚于此,要求政府查封该会,将其财产摊还存户。

△　外交部照会美、英、法、荷、挪威、巴西六国,促解决法权交涉。

△　国民党中央常务会议决定选任张作相、王树翰为国民政府委员暨中央政治会议委员;中监会函方振武开除党籍一年案照执行;订定建筑中央党部捐款奖励办法。

12 月 19 日　红军为诱敌深入,主动放弃东固,该地遂为公秉藩师占领。红军退集宁都、兴国、雩都。右翼第十九路军从莲花、永新向兴国进犯,20 日占泰和,22 日占万安;其左翼第六路军向宁都、瑞金进犯;中路第九路军进到兴宁一线;粤军已出"三南"(定南、龙南、虔南),企图四面包围红军。

△　内政部以鲁省聊城海源阁杨氏藏书丰富,宋、元、明木版古书尤多,为海内冠,杨氏后人拟以 20 余万之价格将所藏古书倾箱售与日人,特于是日电鲁省府令转民政厅迅令聊城县长查明制止,如已运津,希即电冀省府转饬扣留,以保国粹。

12 月 20 日　蒋介石下庐山赴汉口,政训部主任周佛海及吴敬恒、邵力子等随行。21 日,蒋抵汉,即召集何成濬、何键、夏斗寅、徐源泉、萧之楚、范石生、范熙绩、岳维峻、郭汝栋、袁英、方本仁、吴醒亚、刘文岛等,询问"围剿"红军情况。同日,第十一师师长陈诚赴汉谒蒋后,即转湘指挥"围剿"红军。

△　监察院院长于右任由南京去西安,是晨赴渭北一带查灾,并赴钓儿嘴参观引泾工程,即日返西安。

△　香港、广州首次飞机通航。

12月中旬　共产国际代表米夫来华抵上海。他要求中国共产党召开六届四中全会,以支持王明为首的小宗派,改变中共中央的领导,贯彻共产国际的路线。

12月21日　财政部决定实行特种消费税,抵补裁厘。全国分为若干区进行征收,以苏、浙、皖为一区,粤、桂、闽为一区,湘、鄂、赣为一区,鲁、豫为一区。是日,财政部分别令委王家驹、郑芷湘、谢奋、潘耀荣为各该区征收局长,即日前往筹备征收。此外,又决定以东三省为一区,以河北、察哈尔、绥远、热河为一区,以山西、陕西、甘肃、宁夏为一区,惟四川为特别区域。

△　古应芬、陈铭枢、陈济棠等在广州会商对桂方针,决俟黄绍竑、伍廷飏到香港,即派全权代表往商。

△　红军李明瑞、张云逸两部自桂边重入湘境,是日占领绥宁县城,第四路军总部电令宝庆第十六师章亮基旅会同黔军第二十五军王家烈部驰往督"剿",23日陷绥宁。25日,李、张两部红军向武冈进攻。章亮基部星夜驰援,何键并加派刘济人旅于26日开宝武"会剿"。

△　国际联盟卫生部长拉西曼偕随员及国联秘书吴秀峰,由日内瓦绕道西伯利亚来华,是日抵达北平。

△　中苏会议代表莫德惠由莫斯科启程回国,29日晚抵达哈尔滨。

△　据《民国日报》讯:日本向东北移民,据统计共21.1258万名。

△　上海市党部等召集典质业劳资双方调解工潮,决定全体典质职工分甲、乙、丙三等普遍加薪,资方并承认职工会有代表会员之权,双方签字,定22日全体复工。

12月22日　阎锡山携眷离津,搭乘日船"武昌丸"赴大连。临行对记者称："在大连过新年后拟赴日本,今后专意研究文化及社会事业,先在日本视察都市及乡间,然后转赴欧美,经一年后再返日本。"阎并致《大公报》记者一函,有"自问行能无状,何幸获得闲暇,身亲两洋文化,乐此余生"等语。24 日,阎抵大连,即入市外黑关庄之临时寓所。

△ 外交部长王正廷、财政部长宋子文、军政部长何应钦、交通部长王伯群、铁道部长孙科、实业部长孔祥熙、代理内政部务张我华、教部政务次长李书华、常任次长陈布雷、蒙藏委员会委员长马福祥、禁烟委员会委员长刘瑞恒在南京宣誓就职,胡汉民授印,王宠惠监誓。

△ 陆海空军总司令部通令各军即日将战时"讨逆军部"一律裁并,归各该师部办理,其军长名义仍照旧存在。

△ 沪、烟、沽水线收回自办,由交通部派沪、津、烟三电局人员分别向大东、大北公司实行接收,所有机件均移至中国电报局安设。至该线借款、欠费及利息,截至是日止,总额国币 300 万元左右,已由交通部一次交还大东、大北,惟津外商公司以未奉到总公司电拒绝交付。

△ 厦门海港检疫事务向属英人管理,是日全国海港检疫处处长伍连德奉派到厦门接收,同时并商得厦门海军司令林国赓之允许,拨地建筑防疫医院。

12 月 23 日 蒋介石委徐源泉、王金钰分任川湘鄂及湘鄂赣边区"剿共"清乡督办。24 日,蒋又电令湘、鄂、赣、闽、皖、豫六省主席慎重县长人选,并发表告六省县长书,谓"放弃县城之县长,不论情节如何,必照军法从事"。

△ 蒋介石以新五师公秉藩部占领东固,特赏洋万元,并将该师升格为陆军第二十八师,以示奖励。

△ 蒋介石任命刘峙为郑州行营主任;鲁涤平兼南昌行营主任。

△ 中共中央政治局发出《中央紧急通告》第九十六号,进一步承认六届三中全会有"调和主义"的错误,承认"三中全会的路线仍然成为立三路线的继续"。

△ 湖南平江红十六军孔荷宠部于 18 日攻占通城。第四路军总

部电新三十一师师长陶广会同新十师师长谢彬迅速规复。是日午后，陶广部向通城攻击，陷通城，并向修水追击。

　　△　黄绍竑之代表伍廷飏奉蒋介石电召赴庐山面商桂局和平，已有结果，是日离沪南下赴港，奉蒋命迎黄绍竑入京。

　　△　财政部长宋子文再度通电贯彻明年元旦裁厘政策，并令各税捐机关，遵限裁撤厘金及类似厘金之杂税苛捐，如有阳奉阴违，决以法律绳治。26 日，蒋介石复就此事通电各省市，严令各地方不得以任何理由请求展期实现，并宣称："此项裁厘能否实力奉行，实为革命与反革命、军阀与非军阀之试金石。"

　　△　中日电信交涉在交通部举行正式会议，中方出席代表庄智焕、吴南如、沙曙云、郭金镣，日本出席代表吉野圭三、饭野毅及野村等，讨论青佐水线移交问题。结果决定，日本在青岛所设之青佐线运用局定明年 1 月 1 日移交中国。下午，续议沪崎线收回问题，吉野允将中国主张转电本国政府请训。同日下午，重光葵访问王伯群，交换青佐水线问题意见，双方颇为接近。

　　△　国民党中央政治会议致函国民政府，核定十九年度国家教育文化岁出经常预算为 1442.2475 万元，临时预算为 29.94 万元。

12 月 24 日　张学良在津分批召见西北军将领宋哲元、庞炳勋、孙良诚及晋军将领徐永昌、商震、杨爱源、傅作义等，议定晋绥军整编方案：一、晋军原有十军，人数约 15 万，现缩编为四军，约八万人，由商震、徐永昌、杨爱源、傅作义等四人分任军长；二、西北军约五万人，减为三万人，缩编为一军，以宋哲元为军长，辖三师，以张自忠、冯治安、刘汝明分任师长；孙良诚另有任用，所部交宋哲元统辖；三、杂牌军队约三万人，全部遣散。庞炳勋、孙殿英各缩编为一师，月饷 105 万元，由晋负担，遣散编余军队之经费另行设法。

　　△　红一方面军在黄陂召开总前委会议，讨论部署反"围剿"任务，决定实行中间突破，先打张辉瓒师或谭道源师。次日，方面军总部在小布召开苏区军民歼敌誓师大会。

　　△　立法院发表各委员会委员长暨委员名单:法制委员会委员长焦易堂,外交委员会委员长傅秉常,财政委员会委员长邓召荫,经济委员会委员长马寅初,军事委员会委员长钮永建。

　　△　国立中山大学拒金迎戴风潮,瞬及一月,行政院批斥该校学生的请愿书,严令安心上课,并令赶紧自行解散非法组织,以端学风。戴季陶复于是日再电警告该校员生,声称"政府告诫学生命令之严厉执行,必自中山大学始,蒋主席自兼教部,以整理学风自任,言出法随,诸生勿再儿戏,以自绝于学校"。

12 月 25 日　王金钰于是晨抵汉向蒋介石请示,所部第四十七、第五十三两师连日陆续抵汉转赣"剿共"。同日,蒋介石又将川、湘、鄂、赣边区划为八区,分别委李觉、王金钰、刘建绪、郝梦龄、刘夷、萧之楚、徐源泉七人为"剿匪"司令。蒋介石即日离汉口回南京,以湘、鄂、赣三省"剿匪"事宜责成何成濬办理。

　　△　国民政府明令优恤已故军事参议院参议、四川省政府委员、前广州大元帅府中央直辖第三军军长卢师谛。

　　△　国民党中常会议决,推陈布雷为中央宣传部副部长;通过《中央党史史料编纂委员会组织大纲》、《各县市党部设立平民学校办法大纲》。

　　△　据《民国日报》讯:据调查,国民政府共辖军舰 54 艘,计:第一舰队司令陈季良,辖舰 13 艘;第三舰队司令陈绍宽,辖舰 23 艘;鱼雷游击舰队司令曾以鼎,辖军舰 10 艘;练习舰队司令陈训泳,辖军舰三艘;归测量局调遣之测量舰五艘。

12 月 26 日　张辉瓒第十八师进至东固。28 日,张辉瓒探知红军驻黄陂一带,谭道源师已占源头,奉令将该师金耀华旅留东固,自率王捷俊、戴岳两旅向红军进攻。

　　△　第六路军总指挥部电京称,毛炳文师向超中旅是日在广昌附近与红军 7000 余人激战四小时,红军向头陂转移,即将广昌占领。

　　△　蒋介石电令广东省政府主席陈铭枢于岁末之前,平定中山大

学"风潮"。

　　△　交通部与太平洋商务水线公司续开水线交涉会议,公司除对宝山、上海间之地缆,允自明年起接至宝山,中国水线应归中国管理开放外,其他如收发报价等,均无切实让步表示。27日,双方对收款权、登陆年限及报费等问题比较接近,但无最后结果。两天来,交通部与大东、大北两公司交涉,也无结果。交通部次长韦以黻对三公司代表表示,倘能容纳我方最低要求,则请于29日答复,否则双方至本年底止断绝一切契约关系。

　　12月27日　立法院通过《政治犯大赦条例》,呈候国民政府于民国二十年元旦公布。《条例》,凡九条,规定"凡中华民国十九年十二月三十一日以前之政治犯均赦免之,但背叛党国之元恶,怙恶不悛之共产党,或有卖国行为者,不在此限"。

　　△　外交部长王正廷在驻沪办事处约见日本代理公使重光葵,洽谈中日宁案。王对记者表示,甚望宁案能于年内解决。

　　△　武汉行营令湘、鄂、赣省府实行边区联防,计湘之长、平、济、醴等六县,鄂之崇、通两县,赣之修、铜、萍、万四县,共12县,以刘建绪兼主任,并令即日召集会议,妥订办法。

　　△　沪法租界捕房政治部长萨利令政治部全体探员查禁《苏维埃画报》、《硬的新闻》、《十月评论》、《赤色海员》、《革命工人》、《武昌革命》等40种报刊。

　　12月28日　英国远东经济考察团抵天津。29日,该团代表汤姆森谒张学良,希望中英直接贸易,请张协助,并询投资东北保障。张称:"希望外商投资,辅助中国工商业发展,则中英国际间感情,当益亲善。"并称:"中国有统一巩固政府,无须他种保障。"

　　△　郑州行营遵蒋介石令移至开封。

　　12月29日　国民政府公布《民国十九年中华民国海关进口税税则》,定于次年1月1日起实行。这是继1929年,由国民政府颁布的第二个"国定税则",由七级税率变为12级税率,税率大约提高一倍。

△ 国民党中常会修正通过《国民会议代表选举法》,凡 23 条,代表总额 520 名,自公布日施行。

△ 中国社会学社在南京中央大学科学馆举行第一次年会,到 42 人,孙本文主席,吴景超报告学社组织情况,谓该社共有社员 80 余人,以籍贯论,以江苏为最多,浙江次之;以职业论,以教育界为最多;以社团论,以中大为最多。

△ 行政院通令各省、市政府及财厅,谓盐税收入,关系中央财政,断不容再见纷歧割裂,有妨统一,凡属原有盐附加税捐省份,均限于民国二十年 3 月 1 日一律划归财部,统一核收,以便分别减免,通筹整理。

△ 岳维峻奉蒋介石令任陆军第三十四师师长,是日在孝感防次宣誓就职。

△ 谭道源第五十师在源头龟缩不出,红一方面军无法利用小布有利地形歼敌,遂转移目标,准备消灭张辉瓒第十八师。是日,红军主力转移到距龙岗圩约 30 里之君埠及其以北地区,隐蔽待命歼敌。同日上午张师先头部队已到达龙岗圩。

△ 国民政府令准免禁烟委员会副委员长钮永建职。

△ 中日电信交涉会议议定青岛—佐世保水线部分合同内容。

△ 中山大学师生全体会议决定复课,但拒金宗旨不变。在戴季陶未回广东前,校务如有变动,教授全体辞职。次日,中大学生全体复课。

△ 新华商业储蓄银行在上海召开董事会,决定由中国、交通两银行增拨该行资本,扩大营业,更改行名为新华信托储蓄银行,并将上海分行改为总行,北平、天津两地改设分行。董事会推定冯耿光为董事长,张嘉璈、胡祖同、宋汉章、王子崧为常务董事,王志莘为总经理。

△ 国货银行经理朱成章于 23 日被刺,是日不治身死。所遗国货银行总经理职,由董事兼协理宋子良代理。

12 月 30 日 第十八师师长张辉瓒率师部及两个旅在龙岗附近遭黄公略红三军阻击,张部等"四面被围,地势险峻,粮弹罄尽,既难突围而出,复无坚守之资"。红军终将敌全部歼灭,毙伤俘敌 9000 余人,张辉瓒被生俘。

△ 国民政府公布《民国二十年卷烟库券条例》,总额 6000 万元,以充办理善后周旋国库之用,月息七厘,自民国二十年 1 月 1 日起照票面十足发行,九八折收款,本息六年半全部偿清。

△ 日代公使重光葵与外交部亚洲司司长胡世泽拟定中日解决宁案协定草案条文。

△ 新任驻华葡萄牙公使那伐洛偕代办福特利司抵南京,向国民政府主席蒋介石呈递国书。

△ 财政部电令全国各厘金局各被裁常关,限 31 日止停止征税,自明年 1 月 5 日至 20 日止办理结束事宜,如有不遵限结束,或有私自敲诈情事,即严重罚办。

12 月 31 日 交通部国际电信交涉委员会与英商大东、丹商大北两水线公司签定交涉大纲七条。两公司于新合同成立后仍获得十四年之登陆权。关于报价、收发权等问题,亦有相当解决。

△ 英人斯坦因在新疆大规模盗掘古物,北平古物保管委员会 26 日曾发表宣言反对,并请政府制止。斯坦因乃托英使馆代为声明:"在新所获古物,非得中国政府许可,决不运出华境。"是日,古物保管委员会再发英文宣言反对。

12 月下旬 南京户口调查完竣,为 26.9766 万人,失业与无业者过半数。

是年 全国年产煤 2603.6564 万吨;铁 225.2468 万吨;石油 36.4137 万桶;锰 7.0722 万吨;钨 6736 吨;金 11.3986 万两;银 11.9595 万两;铜 345 吨;铅 7752 吨;锡 7217 吨。

△ 据工商部调查,全国共有各业工厂 1975 个,其中纺织工业 695 个,饮食工业 405 个,化学工业 261 个,机械工业 225 个,教育工业 132 个,建筑工业 77 个,公用工业 54 个,交通工业 33 个,衣服工业 15 个,器具工业 14 个,美术工业二个,杂品工业 58 个,其他四个。

△　全国设立商业公司 68 所,资本额共计 3190.3385 万元。全国累积共有商业公司 944 所,资本额累计达 5.22730978 亿元。

△　全年对外贸易输入额为 13.09755742 亿海关两,输出额为 8.94843594 亿海关两;入超达 4.14912148 亿海关两。

△　中国留日学生 3049 名,由王克仁任留学生监督。是年,日本文化事业部资助由中国至日本视察团体共 20 个,为上年之一倍。

△　据国民政府公布,全国初等教育(包括幼稚园)共有学校 25.084 万所,在校学生 1094.8977 万人;中等教育(包括师范及职业学校)共有学校 2992 所,在校学生 51.4609 万人;高等教育(包括专科)共有学校 85 所,在校学生 3.7566 万人。全年教育经费占总预算比例 1.46%,入学儿童占学龄儿童 22.07%。青海省每两千人中,入学儿童仅有两人强,而西康省更少,仅有 0.17 人。

△　中华书局出版聚珍仿宋版二十四史。

△　商务印书馆影印出版百衲本二十四史。

△　上海联华影业公司拍摄《野草闲花》一片,以蜡版配音,是为中国摄制有声电影之始。

△　美国友邦银行在港设立分行,经营人寿保险业务。

△　香港电话公司采用新式电话自动接线机,用户也改用带有号码的拨盘机。

△　东京华侨成立东京华商商会。

△　新加坡华文女子中学——南洋女子中学创立。

△　菲律宾华文《侨声日报》创刊,林籁余主编。

△　中国国民党驻法国总支部发起成立参战工善后委员会。

△　美国华文《纽约中国日报》在旧金山创刊。